第三届全国贝叶文化研讨会论文集

贝叶文化
与傣族和谐社会建设

Pattra Leaf Culture and Construction of the Dai's Harmonious Society

云南大学贝叶文化研究中心
西双版纳州贝叶文化研究中心　编

顾问：秦家华
主编：郭 山 周 娅 岩香宰 岩 香

云南大学出版社
YUNNAN UNIVERSITY PRESS

西双版纳傣族自治州刀林荫州长和云南大学曹和平副校长在研讨会上（伍有福 摄）

关门节时，孩子们正在向长辈"苏玛"（祝福，请教）

勐海总佛寺关门节时的滴水仪式

傣族妇女正在为关门
节准备赕物"贺嫩"——
一种牛肉粽子

有四千年历史的傣族
慢轮制陶

橄榄坝曼听佛寺收藏
的装饰精美的贝叶经

正在新建中的第四代傣家民居

关门节时佛寺大殿外的佛幡

百姓赕到佛寺中献给"牙欢豪"（谷魂奶奶）的谷穗，祈盼风调雨顺，五谷丰登

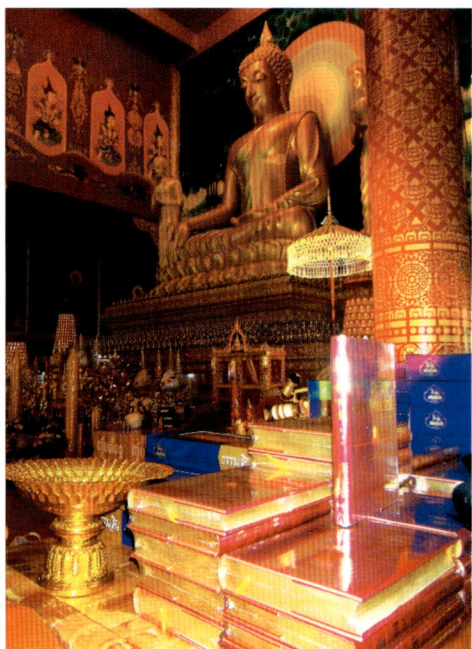

新落成的勐泐大佛寺 （周娅 摄）

色彩斑斓的傣族手工幡锦

勐泐大佛寺开光时着盛装的傣族妇女们

开门节时橄榄坝曼听佛寺的赕品

（图片除署名者外均为郭山提供）

目　录

贝叶文化与傣族社会发展

贝叶经研究

3

Contents, Abstracts and Keywords

Developing the Concept of Ecological Culture and Constructing Harmonious Homeland of Ecological Civilization

——The effect on the concept of ecological culture to promote ecological civilization

Abstract: In the report of the 17th CPC National Congress, the protection of ecological environment was placed into macro-control system in order to make economic development better-and-fast, which is a conceptual distillation of scientific and harmonious development. Thanks to keeping up the tradition of ecological culture for a long time, the Dai people have made an active contribution to protecting ecological environment, which makes our only green land near tropic survived. Carrying forward the traditional concept of ecological culture, nowadays, will play more important role for building civilized and harmonious Xishuangbanna.

Key words: Dai Nationality; concept of ecological culture; Harmonious Xishuangbanna

Theravada Buddhism and the Dai's Social Harmony

Abstract: There are four aspects can be used to present the relationship between Theravada Buddhism and Dai's social harmony: (1) The ecological concept of Theravada Buddhism portrays the Dai people's spirit qualities of revering nature and cherish nature in order to realize inter-growth and inter-glory between human and nature; (2) Moral view of Theravada Buddhism cultivates the Dai people's national character of treating others harmoniously and kindly; (3) the concept of ceremony and propriety regulates the people's behavior and keeps the various social system functioning orderly and effectively; (4) the commandment concept of the Theravada Buddhism can purify people's soul through self-studying and self-cultivating.

Key words: Theravada Buddhism; Dai People; Social Harmony

1

Discussing Dai's Harmonious Culture Tradition in Xishuangbanna
·· Yang Shengneng (13)

Abstract: It is the Dai's tradition to kindly treat nature, kindly treat people and regulated behavior that promote the harmonious relations between human and nature, human and human, which finally boost the harmonious development between human and society.

Key words: Xishuangbanna; Dai Nationality; Harmonious Culture Tradition

Briefly Discussing on the Construction of Dai's Harmonious Culture in the New Century
··· Li Zixian (19)

Abstract: This paper mainly discusses how to construct Dai's harmonious culture from the following three aspects: (1) The Dai's culture is a product of combining marginal culture with primitive culture; (2) Cultivating the individual's heart is highly emphasized by Pattra Leaf culture; (3) There are many quintessence in Dai's culture including goodness and tolerance, cultivating oneself through meditation etc.

Key words: Dai People; In the New Century; Harmonious Culture

A study of the Effects of Religion and Traditional Culture on the Harmonious Society Construction of Border-Minority-Regions
——An illustration of the Pattra Leaf Culture in Xishuangbanna ··· Zhou Ya (22)

Abstract: Religion and traditional culture are the products of the development of society. Though there are both similarities and difference between these two culture-systems, they have definitely great effect on the harmonious society construction of today's China, particularly on the border-minority-regions. As a typical border-minority-region of southwest China, Pattra Leaf Culture is a special combination of religion and traditional culture in Dai Autonomous region in Xishuangbanna, which plays an important role in the harmonious development of local society.

Key words: Religion; Traditional Culture; Border-Minority-Regions; Harmonious Society; Pattra Leaf Culture

The Effect of SuMa on Constructing Dai's Harmonious Society
··· Duan Qiru (30)

Abstract: SuMa, as an activity of ceremony and propriety of traditional moral, is usually hold in the period of Door-Closed Festival every year. It can play an important role in handing down our national culture as well as constructing harmonious society.

Key words: Dai People; Traditional Activity of Ceremony and Propriety

Constructing Harmonious Society of border-national area under the background of cultural identity

——From the view on transmitting and inheriting Pattra Leaf Culture

Abstract: Cultural identity, as an internal mechanism formed by national cohesive force, means value choice and recognition of social consciousness, and also represents a feeling of subordinate to its traditional culture and a feeling of ownership to its groups in the whole national community, which will play an important role in constructing harmonious society. As a unique Dai traditional culture based on Pattra Leaf sutras, Pattra Leaf culture focus harmonious relations on human and nature, human and human, as well as human and society.

Key words: Cultural Identity; Pattra Leaf Culture; Harmonious Society

Altruistic Behavior and Constructing Harmonious Society

——A case study of Dai's in Xishuangbanna

Abstract: Influenced by the Buddhism and religious culture, people in Dai society represent evident altruistic behavior in economic activities, which form a sharp contrast to the egocentric behavior in market economy. This paper, further analyses how an important role that such altruistic behavior can play on accumulating social capital and constructing harmonious society through exploring the existing roots of altruistic behavior under the special background of culture.

Key words: Xishuangbanna; Dai Nationality; Altruistic Behavior; Harmonious Sociey

Dai's Excellent Blessing Words

Abstract: The blessing through tying thread and greeting each other had become the Dai's custom Since the ancient times. Either blessing when tying thread read by the old people or greeting words when meeting is very vivid and excellent, which can be regarded as an exotic flower in Dai's tremendous Pattra Leaf culture through not only extolling the true, the good and the beautiful but also castigating the false, the evil and the ugly.

Key words: Dai People; Blessing Words; Harmony; Civilization

The Influence of the tradition of Culture on child Bearing Behavior of Dai family

——as an example of Xishuangbanna ·············· Guo Shan, Lu Zhaohe (56)

Abstract: Traditional child bearing concept of 'more birth, son preference' can't be supported by the Dai's historical data in Xishuangbanna. The traditional child bearing behavior in Dai people, on the contrary, represents the characteristic of ' less child bearing, no gender preference'. According to the population statistics and village investigation in recent hundred years, the formation of such child bearing concept originated from the unusual social fashion, effective secure mechanism, optimistic life attitude as well as the reciprocal communicative network, it is the social environment that cultivates the Theravada Buddhism.

Key words: Traditional Culture; Dai Family; Child Bearing Behavior

Dai's Ecological Culture and its Sustainable Development ······ Yang Juan (70)

Abstract: Dai people's concept of ecological culture that putting nature above everything else and living with nature harmoniously is closely related to its geographical environment, the mode of production, belief worship and social environment as well, which will play an active role for keeping sustainable development of the modern society.

Key words: Dai People; Ecological Culture; Sustainable Development

Analyzing Dai's Tusi System in Xishuangbanna

·· Yan Xiangzai, Chang Hong (79)

Abstract: Xishuangbanna is a place where Dai people lived there from generation to generation. The reason why Tusi system established in Yuan dynasty and perfected in Ming Dynasty can continue to use until now is due to the obstacle of geographical environment, instability of controlling border land, relative perfect and maturate system as well.

Key words: Xishuangbanna; Dai People; Dais Tusi System

The Origin of Festival and its Development in Xishuangbanna ······ Wang Tao (84)

Abstract: Festival is a kind of celebrated activity based on traditional religion, agricultural production and calendar, which forms the regular time, place, methods, customs and habits etc. Most festival in Xishuangbanna originated from Han dynasty, improved in Tang and Song dynasty, had been further developed afterwards.

Key words: Xishuangbanna; festival; Origin; Development

On the Inheritance and Change of the Dai People's Living Style at Xishuangbanna in the Twentieth Century ···················· Deng Yongjin, Yu Shaojian (93)

Abstract: This article records and analyzes the inheritance and the changes of the Dai people's living style at Xishuanbanna in 20th century through describing their village, house, costume, food, festival, love, marriage, birth, death, courtesy and ways of production. The aim of this study is to let the readers further understand the character of the Dai people, their outlook of the world and living, value and aesthetic stangdards.

Key Words: Inheritance and Change; Dai's living style; Xishuangbanna

Dai's "Charity" in Xishuangbanna ································ Yang Jun (116)

Abstract: Dai is such a nationality that almost all people Believe in Theravada Buddhism. "Charity" is a proper word of Dai's Buddhism, which can be used to express all activities of Dais. There are many forms of "charity", which can be not only regarded as the traditional religion custom but also an excellent traditional culture in Dais.

Key words: Xishuangbanna; Dai People; Charity

Dai's Handcraft Brocade and Pattra Leaf Culture ··········· Feng Xiaofei (124)

Abstract: As an embodiment of wisdom, Dai's handcraft brocade is one of the earliest technique of expression of Dai's plastic arts, which occupies an important position in the history if Dai's social life. At present, since the handcraft brocade is close to dying out, it is very important to scientifically protect and further develop traditional arts and crafts in order to construct harmonious society and socialist new country.

Key words: handcraft brocade; Pattra Leaf Culture; Suggestion for protecting

Pattra Leaf Sutra and the Custom of presenting Sutra respectfully
·· Yang Jun (133)

Abstract: As a kind of buddhism sutra, Pattra Leaf Sutra was carved on the leaves to record Dai people's social history, production and life as well as literature art. The Dai people not only love Pattra Leaf Sutra but also keep the custom to present sutra to temple, which is the main reason to make them hand down unceasingly.

Key words：Pattra Leaf Sutra；manufacture；Presenting Sutra

A Review of the Water Adoration of the Dai People ··· Zhang Zhongliang（138）
Abstract：Thanks to water adoration of the Dai people, they are highly dependent of
water in their production, life and customs, which is closely related to its ecological
environment and its ethnic characteristic. The water has three functions in Dai people's
life：（1）Psychological function：This means accompany with water and live near wa-
ter, which has already become a kind of mental choice and demand；（2）Cultural
function：The water culture such as water festival has already become a unique feature；
（3）Material function：the water plays an very important material role in both field irri-
gation and generating electricity.
Key words：Dai Nationality；Water Adoration；Water Culture

**A case study of combining funeral ceremony with becoming Buddhist Monk in
Dai's Mangnong Village** ···························· Zhang Zhenwei（143）
Abstract：Based on a case of combining funeral ceremony with promoting Buddhist
Monk in Dai's Mangnongcun, this paper analyzes how religious culture can experience
the course from collision to harmony, and emphasizes that the change of religion must
be based on the human's social life.
Key words：Religious Life；Theravada Buddhism；Ceremony；Harmony

**Discussing Dai's Calendar and the Social Function of the Astrology and Practice
Divination** ··· Xi Na（151）
Abstract：The Dai people had ever been dependent on three astronomical calendar to
guide farming historically. Based on natural scientific knowledge and sky phenomenon,
the astrology and practice divination help the wisest men in Dais forecast, deduce and
interpret human and affairs, as well as resist aggression or natural calamities, which
occupies an important position in the course of social development in Dais.
Key words：Dai People；Calendar；Practice Divination Custom；Social Function

**Investigation on Present Situation of Dai's Manlun Pottery manufacture in
Xishuangbanna** ····························· Xi Yunhua, Zhu Jiying（158）
Abstract：Through investigating the present situation on preserving pottery manufacture
of Dai's Manlun in Mange and Mandou country, this paper puts forward some views on

inheriting and protecting the technique of manufacturing pottery: (1) Publicizing immaterial cultural inheritance increasingly; (2) Think highly of protecting and caring the people who inherit the pottery manufacture; (3) Increasing the input to protect immaterial inheritance; (4) Establishing national museum in Xishuangbanna.

Key words: Xishuangbanna; Dai People; Pottery Manufacture; Investigation of Present Situation

Dai People's Several Forms of Tying Thread in MengHai ⋯⋯ Yu Lahan (164)

Abstract: The Dai people in MengHai have a ceremony of tying up bread on many activities such as Marriage Wedding, a baby's completion of its first month of life, Death Funeral etc, which is a kind of way to express a blessing, hope and well-wishing and has been handed down among Dai's families for thousands of years and further make the relationship either human and human or human and society tied, and the traditional culture handed down.

Key words: Meng Hai; Dai People; Ceremony of Tying up a Thread

Modernity in Ganlanba and Its Impact on Dai's Communities
⋯⋯⋯⋯⋯⋯⋯⋯⋯⋯⋯⋯⋯⋯⋯⋯⋯⋯⋯ Shen Haimei, Yu Shaojian (169)

Abstract: Along with the emigration, tourism development and urbanization the position of Jinghong as a cultural center of primitive Dai people is being replaced by Ganlanb. The Dai people in Ganlanba are creating modern Dai culture, and impact on communities around the Dais under the background of globalization. Through anthropological observation in mandi where is 60 kilometers away from Ganlaba, this paper describes how the Dai's modern culture in Ganlanba can change the life styles of the Dai people in Mandi and further reveals the characteristic of change presented by ethnic society under the background of modernization, and discusses the relations between ethnic area in China and its modernity as well.

Key words: Ganlanba in Xishuangbanna; the Dai's Culture; Modernity

Rubber Economy and Daile Society ⋯⋯⋯⋯⋯⋯⋯⋯⋯⋯ Wu Zhennan (182)

Abstract: Based on the purpose of state defense, Xishuangbanna, the region where mainly planted rice had cultivated large-scale rubber since last century, which results in either ecological environment or economic basis an unprecedented change. In 21st century, the traditional rice farming that the Daile people lived on is replaced by the method of panting rubber, which lead to the transition of the traditional culture space constructed by rice farming. Through using anthropological method of field investigation and taking the Man village of Menla county in Xishuangbanna as an example, this paper mainly concentrates on discussing the structural change of Dailes society and how traditional culture can adapt the change of modern life method as well.

Key words: Daile People; rubber; use of land; cultural change.

Countermeasures on Industrial Development of Pattra Leaf Culture and its Market-oriented Operation in Xishuangbanna

Abstract: Only through development of industrialization, the better economic efficiency can be achieved and the culture can be inherited and handed down unceasingly. So the first important is to explore the methods of market-oriented operation through deeply studying excavation of Pattra Leaf resources, production of Pattra Leaf cultural products as well as distribution and service channels in order to find countermeasures of market-oriented operation to further develop the industry of Pattra Leaf culture.

Key words: Pattra Leaf Culture; Market-oriented Operation; Xishuangbanna

A Survey on the era of Pattra Leaf Culture in Xishuangbanna

Abstract: The meaning of harmonious thoughts of Pattra Leaf Culture represents a naturally beautiful state, which can be used to reflect the interpersonal relationships such as honesty, friendliness, mutual aid, respecting the old and loving the young and equality of men and women etc, which also can be used to reflect the relationship between human and nature such as respecting nature and protecting environment as well. If such effect can be fully brought into practice, it should benefit to carry forward the national spirit and better promote the development of economy and society.

Key words: Xishuangbanna; Pattra Leaf Culture; Harmonious Thoughts

The Influence of Economic Development on Dai's Compulsory Education and Ethnic Culture

—— A case study of Dai's Garden in Xishuangbanna

Abstract: Along with the development of rubber economy and family tourism, the living standard of the Dai people in Dai garden have been greatly improved. Meanwhile, both the demand of rubber economy for the labor and the re-structuring of Dai's traditional railing building when people become richer have affected the compulsory education of the children and the inheritance of ethnic culture.

Key words: Development of Economy; Compulsory Education; Traditional Culture

The Views on the Interpret Arrangement of Pattra Leaf Sutra in Xishuangbanna
Abstract: As an encyclopedia of traditional culture in Dais, the Pattra Leaf Sutra, not only records the sutra of Theravada Buddhism, but also records a lot of contents such as philosophy, history, law, linguistics, calendar, literature, morality, scientific technology, medicine etc. To collect and arrange the Dai's Pattra Leaf Sutra will play a very important role in handing down traditional culture, studying historical society, constructing harmonious society and increasing the relationship among ASEN's.
Key words: Xishuangbanna; National Culture; Pattra Leaf Sutra

A study on Pali loanwords in "Travels of Buddhist Patriarch"
Abstract: "Travels of Buddhist Patriarch" is the first Buddhist sutras in Dai language which has been translated into Chinese. This paper, using it as a case, analyzes the characteristics and functions of Pali loanwords, which can be classified into four types: (1) 1. Buddhism gatha; 2. Special nouns; 3. Buddhism terminolog; 4. General transliteration vocabularies. Meanwhile, this paper, from the three perspectives of adjusting function of rhyming, repeating and serving function of semantic meaning as well as psychological recognition function, explains the reasons why there are so many Pali loanwords in Buddhist sutras in Dai language.
Key words: "Travel of Buddhist Patriarch"; Pali loanwords; types; functions

How to translate Pali in Pattra Leaf Sutras
Abstract: Pali, as an opening start, will firstly appear before people's eyes when opening up Pattra Leaf sutras of Dais, either historical legend or sutra. It is the special opening words that only the Pattra Leaf sutra has. As a special linguistic system introduced into Daile, which play an decisive role in enriching the vocabularies of Daile and enhancing its expressive force. This paper, for better solving some problems in translating Pali, tries to talk about my personal experience in the practice to discuss with more

9

experts and scholars.

Key words: Patrra Leaf Sutra; Pali; Translation

From the view of "Awahang" to look into constructing social laws of Dais
.... Guo Shan, Yan Xiangzai（248）

Abstract: Recorded the standard and mode of settling the lawsuit through describing story by the vivid and visualized way, the Awahang of Pattra Leaf Sutras presents one aspect of judicial system in Dais society. Investigating the origin of law presented by case will benefit us to understand the construction of law system of traditional society and provide the material for understanding its political function, economical function and public business function as well.

Key words: Dai Nationality; Social Structure; Behavioral Standard

Summaries of the Special Value and Study Approaches to Pali Literature of Dai's Theravada Buddhism in Xishaungbanna .... Yao Jue（255）

Abstract: The existing Pali literatures of Dais in Xishuangbanna have important academic value. Thanks to some shortcomings on study approaches in the past, the Chinese scholars haven't deeply and carefully studied theses Buddhism literatures that few people in this field of international Buddhism know about it. This paper mainly discusses how to combine the methods of Buddhism linguistics with field investigation to break through and promote the study of these Buddhism literatures

Key words: Theravada Buddhism; Pali Literature; Field Investigation

The Artistic Characteristics of Bushuanlan in Pattra Leaf Sutras and its Contemporary Value .... Yan Wenxiang（260）

Abstract: Based on briefly introducing the correlative background and content of Bushuanlan, this paper not only analyzes the artistic characteristics of this book and its contemporary value, but also advocate to carry forward the excellent thoughts implicated in Bushuanlan in accordance with the contemporary demands to ethic and moral so that it can contribute to play an important role in the course of fully constructing harmonious society in Xishuangbanna.

Key words: Pattra Leaf Sutras; Bushuanlan; Contemporary Value; Harmonious Society

A Brief Discussion on Theravada Buddhism and the Dai's Traditional Reproduc-

Abstract: Dai people in Xishuangbanna have believed in buddhism for hundreds of years and their primitive buddhism thoughts in Theravada Buddhism have successfully permeated into constructing common value system and become an important part of their traditional culture. It is the value system That has formed the unique reproductive culture.
Key words: Theravada Buddhism; Dai People; Reproductive Culture

Summaries on the dada of architectural study of Chinese Theravada Buddhism

Abstract: Today, the architectural Study of Chinese Theravada Buddhism originated from 1930s has approximately experience dthree periods including beginning stage, extensive study stage and specialized study stage. Though the study entered into specialized stage in 1980s and aroused a great upsurge to Chinese Buddhism Architecture, there is still in a start and have a big gap compared with other Buddhism architecture.
Key words: Theravada Buddhism; Buddhist Temple; Buddhist Pagoda

Views on studying and developing old Pattra Leaf Culture

Abstract: Through exploring into Pattra Leaf sutras such as language, character, arithmetic and medicine, this paper, tries to explain the mutual relationship between character and numeral behind the "belief veil" and its mysteries as well, which will contribute to fully recognize Pattra Leaf culture created by Dai ancestors, and think highly of it and apply it in order to benefit to human beings.
Key words: Pattra Leaf Culture; Character; Numeral; Belief

Buddhist Ceremony of Theravada Buddhism and Dai People's Festival Activities

Abstract: From the festival contents of Theravada Buddhism, Buddhist Ceremony presents the characteristic of being harmony with folk festival activities, which result from the joint influence of many factors such as the canon, thought of primitive religion, climate phenomena of the season, as well as the political factors.
Key words: Theravada Buddhism; Buddhist Ceremony; Festival Activity

Entering a new age of development in Chinese Theravada Buudhism

Abstract：Along with the Chinese Religious Policy have been carried out，the Theravada Buddhism of Pali，based on its unique way to meet the time spirit and construction of harmonious society，is entering a new age of high-speed development.
Key words：China；the Theravada Buddhism of Pali；A New Age of Development

Comparative Studies on several Mother Topic of Tai's Folktale

Abstract：Folktales handed down from Tais have many identical characteristics including story form，theme type，especially the mother topic choice of traditional literature. This paper，through studying seven representative mother topics，expounds the similarities and differences of Tai's folktales and its characteristics in order to confirm their same national relations and cultural origin of them.
Key words：Tai's People；Folktale；Mother Topic

Poems and Songs in Ancient Books of Theravada Buddhism in China

Abstract：Created by Dai People during their long-term social development，Poems and songs recorded in ancient books such as the Pattra leaf books and tissue paper books in Theravada spreading regions in China，which created splendid ethnic literary achievement in Chinese literature and art history as well. Songs and poems are the two fundamental types in those ancient books. Moreover，according to their differences of periods of creating，expressing ways，materiel styles and purposes of creating etc，songs may be divided into 2 sub-styles including ancient-songs and laboring & living songs；While poems may be divided into 3 sub-styles including epics，narrative poems and love poems.
Key words：Theravada Buddhism in China；Pattra Leaf Scripture；Dai People；Poems and Songs

Characteristic of Thinking in Dai Myths

Abstract：It has a profound meaning for understanding Dai culture to study the characteristic of thinking in Dai myths. Originated from original religion，the characteristic of thinking in Dai myth concentrated on specific image，analogy，symbolic as well as a genre of talking and singing etc.
Key words：Dai Myth；Characteristic of Thinking；Specific Image；Symbolic

Analyzing the Artistic Characteristics of Herd-boy and the Weaving-girl and its Time Spirit ·················· Yi Yankan (355)

Abstract: As an oft-quoted and widely loved long love poem in Dais, the story of Herd-boy and the Weaving-girl mainly extols how Dai people jointly pursue the true, the good and the beautiful through bright theme thought, vivid figure, beautiful scenery as well as elegant verse.

Key words: Pattra Leaf Sutra; Herd-boy and the Weaving-girl; Artistic Characteristic of Thought; Time Spirit

A study on the Change of the Story of Peacock Princess from Dai Language to Chinese ····················· Chen Mengyun (364)

Abstract: Being a higher artistic work in Pattra Leaf Sutra of Dai's Theravada Buddhism, the story of peacock is collected, arranged and interpreted into Chinese edition such as Peacock Girl written by GuQin and Peacock by BaiHua are popular extensively. This paper, through describing the course of the Dai's sutras story handed down into the Chinese world and its gain and loss, concludes that it is the new Chinese literature form mixed into ethnic literature traits that play a unique role in the history of contemporary Chinese literature.

Key words: Sutra Story; Trans-Chinese Border; Transition

Brief Introduction on the Figure Image of Zhaoxiangmen and Nanzongbu ····················· Yu Kanglong (373)

Abstract: As one of the important works in Pattra Leaf Sutras, the story of "Zhaoxiangmen and Nanzongbu" reflects the mental pursuit of Dai people. Through portraying the figure image of two different people, the story presents a beautiful desire of how justice can defeat evil and kindness can defeat cruelty as well.

Key words: Zhaoxiangmen and Nanzongbu; Sawali; Figure Image

A Review of Dai traditional aesthetic consciousness from the historcal literatures ····················· Mao Yan (377)

Abstract: Based on investigating and partly interpreting and arranging ancient books, a lot of academic papers and works have been produced since the early 20th century. We can further understand the aesthetic consciousness of the traditional society through stud-

13

ying these literatures, which will benefit to provide a useful reference to construct the harmonious society.

Key words: Dai People; Tradition; Aesthetic Consciousness

Methods and techniques of Inter-translation in the classroom teaching of Dai-Han Chinese ·· Yan Xianglun （383）

Abstract: Thanks to the difference of social history, customs and habits, psychological quality, religious belief etc, the diversity of national language system mainly focuses on pronunciation, grammar and vocabulary. In the course of Dai-Han Chinese teaching, if more correlative idiom, proverbs and four-tone vocabularies of Dai's language can be used to inter-translate, which will make the class teaching more vivid and will improve the educational and teaching quality.

Key words: Dai-Han dual-Language; Classroom Teaching; Inter-translation Techniques

Exploiting Pattra Leaf Culture and Constructing Manting Park
··· Yang Shouchuan （391）

Abstract: Pattra Leaf culture, as an encyclopedia of Dai traditional culture, has rich connotation, vivid characteristic and important value, which can be used as a kind of core resource to develop culture industry in Xishuangbanna and a special resource of the second period construction of Manting park in Jinghong. This paper mainly analyzes how to deeply develop the resources of Pattra Leaf culture, create more travel products in order to build Manting park into a famous scenic spot to purify soul and a paradise to enjoy leisure.

Key words: Pattra Leaf Culture; Development; Manting Park; Construction

Studies on Dai People's Benefit Perception to Living Culture in Xishuangbanna
··· Chen Jin （401）

Abstract: Taking the Dai garden of Xishuangbanna as an example, this paper focuses on analyzing the Dai people's benefit perception to living culture and understanding the real desire and its existing issues, as well as putting forward suggestions to solve the problem in order to provide the right basis to make decisions for tourism managers or businessmen, which will contribute to protecting the living culture near extinction and further promoting the development of national tourism.

Key words: Dai Garden in Xishuangbanna; Linving Culture; Benefit; Perception

Excavating the Value of Pattra Leaf Culture and Promoting Tourism Brand of Xishuangbanna ·· Wang Hailing (412)

Abstract: Deeply Excavating the value of Pattra Leaf culture can help tourism in Xishuangbanna keep away from depression. Meanwhile, based on the Pattra Leaf culture, the tourism products with unique features can promote the tourism brand in Xishuangbanna and create new chance of development for local tourism.
Key words: Pattra Leaf Culture; Development of Tourism; National Culture and Features

An inspection of Laos worship of the Village God and the Meng God in Laos
·· Gao Lishi (419)

Abstract: Laos and Dais not only have the identical origin historically, but also worship the Long Forest. It seems that it is due to the ancestor worship of primitive religion on the surface, but in fact it reflects the pure, natural and ecological concept. There is much in either traditional experience of environmental protection or ecological culture that we can develop and make use of.
Key words: Laos in Laos; Dais in China; Long Forest Culture; National Ecology

Briefly Analyzing the Relationship between Dai People and Jinuo People
·· Zhu Yingzhan (427)

Abstract: In the big family of the Chinese nation, the relationship between the various ethnic is changing along with the development of history. This paper, from the perspective of history, represents the different characteristics of mutual relationship in different historical stage between Dai People and Jinuo People in political, economic and cultural fields etc, and further forecasts their developing trend of mutual relationship in the future through comparing the relationship between two ethnics before 1950s and the present age
Key words: Dai People; Jinuo People; Ethnic Relations

15

Developing the Talented People under the Inheritance and Evolution of the Pattra Leaf Culture ······································· Yang Hongying, He Jing (436)

Abstract: Impacted on the tide of globalization, the inheritance and development of

Pattra Leaf Culture, like other ethnic culture, will inevitably meet the severe challenge because of fastening its drain speed. It is important to think highly of developing human resources from the following five aspects in order to better exploit cultural resources of Pattra Leaf and promote the development of local economy and society: (1) Constructing the natural basis of inheriting and developing Pattra Leaf Culture through family inheriting; (2) Cultivating the talented people to inherit Pattra Leaf culture through rich and colorful activities; (3) Based on the unique effect of the religion; (4) Enhancing development of local curriculum in the course of school education; (5) Cooperating from various channels.

Key words: Pattra Leaf Culture; Development of Human Resources; Inheritance

On the Function and Protection of Buddhist Social Capital ··· Sun Jianling (443)

Abstract: The essential of Buddhist social capital is credit and cooperation among social members under the edification of Buddhist culture, which play an important role in promoting economic development and social harmony at region where Buddhism has far-reaching influence. Influenced by foreign culture or driven by economic benefits it is possible that Buddhist social capital can be eroded during the social transition. Thus, Buddhist social capital should be protected in order to better promote economic and social development of Xiahuangbanna.

Key words: Buddhist social capital; Function; Protection

A Summary of the Study of Pattra Leaf Culture ············ Gan Wanlian (453)

Abstract: The influence of the Pattra Leaf culture on China is increasingly profound, which has gradually deepened the people's cognition of it. The flowing particularity of Pattra Leaf Culture will benefit unity and development of our various nationalities, and further promote the cultural cognition from the more orientations. It is the Pattra Leaf culture that will be more brilliant in the process of social development.

Key words: Pattra Leaf Culture; the Course of Study; Summary of Achievement; Pattra Leaf Sutras; Translation and Publication

A Summary of the third Pattra Leaf Culture Forum
——The Pattra-leaf Culture and the Construction of Dai's
Harmonious Society ·································· He Ming (470)

序

　　《贝叶文化与傣族和谐社会建设》是第三届全国贝叶文化研讨会的研究成果，是继《贝叶文化论集》和《贝叶文化与民族社会发展》两本集子之后，云南大学贝叶文化研究中心和西双版纳州贝叶文化研究中心共同组织编印的又一部系统研究贝叶文化的论文集。看到党和政府对我们少数民族文化这样的尊重与关心，看到广大的专家学者对我们少数民族文化这样的热爱与研究，我作为半个多世纪以来西双版纳傣族历史变迁与社会发展的亲历者、见证者，由衷地感到高兴。

　　从2001年至今，全国贝叶文化研讨会在西双版纳召开了三届，我也参加了三届。每一届研讨会后都有论文集出版，在短短六年时间里能看到这么多研究成果面世，这是贝叶文化研究中心的同志们努力工作的结果，也是贝叶文化研究越来越受到世人关注，有越来越多的学者参与到这项有意义的研究工作中来的一个表现，这令人感到很欣慰。

　　贝叶文化，是对傣族传统文化的一种象征性称谓，它代表了整个傣族社会的历史和文化，反映了傣族社会历史发展的进程。与贝叶文化研究中心出版的前两部论文集相比，这部论文集体现出两个特点：第一，研究内容的涵盖面更宽更广了。集子中的文章内容涉及民间文学、历法、神话、法律以及生育文化、现代性等等，这些内容，有的过去研究得不多，有的过去还没有涉及，可见学者们的视野在过去研究的基础上又有了新的开拓，这是贝叶文化研究的新气象。第二，在研究的理论深度上有了提升。尤其是读到了掌握巴利语的年青一代的研究文章，更让人高兴。南传佛教的原典是用巴利语记载的，西双版纳傣文来源于梵文字母体系，是用于翻译转写以巴利语著述的佛教经典的主要文字之一。傣族人民在接受南传佛教的基础上，借入了许多巴利语词以适应宗教上的需要。关于巴利语对傣语的影响，我过去作过一些研究，后来这方面的研究成果就不多见了，原因之一是因为现在从事贝叶文化研究的学者们大多不懂巴利文和傣文，这次的情况，让我看到了贝叶文化研究的新的希望。

贝叶文化博大精深，涵盖的内容非常广泛、丰富，在建设民族文化大省，构建和谐社会的今天，很好地挖掘其中的精髓为当今时代所用，确实是一件非常值得做的工作。中华民族是一个多元一体的民族，国家的和谐就要有民族的和谐，五十六个民族的和谐发展就是国家和谐发展的基础，从这个意义上来说，研究贝叶文化与傣族和谐社会建设就有很强的时代意义。

衷心希望我们的学者能将自己的研究融入时代的脉搏，让贝叶文化这座民族文化的富矿能为净化人类的心灵、促进社会的和谐、推动世界的和平更好地服务。

ᦵᦙᦲᧁᦱᦓᦱ ᦺᦕ 刀世勋

2008 年 4 月 23 日

（作者为云南省政协原副主席、云南民族大学教授、云南省民族研究所原所长、中国云南海外联谊会顾问）

贝叶文化与傣族和谐社会

弘扬傣族生态文化观
建设生态文明的和谐家园

——浅谈傣族生态文化观对促进生态文明建设的作用

刀林荫[*]

摘　要：十七大报告中将生态环境保护列入促进国民经济又好又快发展的宏观调控体系，是我党科学发展、和谐发展理念的一次升华。长期以来，傣族生态文化传统为西双版纳的生态环境保护作出了积极的贡献，才使我们这个地球北回归线附近的唯一一块绿洲得以幸存，今天，弘扬傣族传统的生态文化观，对于构建生态文明的和谐西双版纳具有重要的作用。

关键词：傣族　生态文化观　和谐西双版纳

胡锦涛总书记在十七大报告中首次提出生态文明，将"生态环境保护"列入"促进国民经济又好又快发展"的宏观调控体系，"建设生态文明"作为"全面小康新要求"的"十大亮点"之一，是我党科学发展、和谐发展理念的一次升华。

我作为边疆民族地区的一名基层党代表，光荣出席了中国共产党第十七次全国代表大会，对十七大报告提出的"建设生态文明"感到特别亲切和振奋。西双版纳之所以在国内外享有较高的声誉，之所以能够取得巨大的发展成就，得益于我们良好的生态环境，得益于西双版纳以傣族为主的各民族朴素的生态文化观和为保护生态环境所作出的巨大努力。

下面，我就傣族生态文化观对促进生态文明建设的作用，谈谈自己的

* 作者简介：刀林荫，女，1959年生，傣族，中共云南省西双版纳傣族自治州州委副书记、州人民政府州长。

认识。

一、生态文明建设的社会经济意义

生态文明是人与自然和谐相处的文明形态。它的核心价值理念和根本目标是人与自然和谐相处，这也是建设生态文明的评价标准。

生态文明既是工业文明自身演进、自我超越的必然结果，也是人类置身未来的明智选择。加强生态文明建设，统筹人与自然和谐发展，增强可持续发展能力，促进社会主义物质文明、政治文明、精神文明全面建设，是社会整体文明建设的需要，是实现四大文明和谐发展的时代主旋律。

（一）生态文明建设是构建和谐社会的重要支撑

生态文明是人类在处理与自然关系时所达到的文明程度，它是相对于物质文明、政治文明、精神文明而言的。生态文明建设的目的就是要使人口环境与社会生产力发展相适应，使经济建设与资源、环境相协调，实现良性循环，走生产发展、生活富裕、生态良好的文明发展道路，保证一代接一代永续发展。做好这一工作，功在当代，利在千秋。大量事实表明，人与自然的关系不和谐，就会影响人与人的关系、人与社会的关系。生态文明是关系到人类繁衍生息的根本问题，是和谐社会的支撑点，关系到人民的根本利益，关系到巩固党执政的社会基础和实现党执政的历史任务，关系到全面建设小康社会的全局，关系到党的事业兴旺发达和国家的长治久安。

（二）生态文明建设是落实科学发展观的必然选择

"十一五"期间，我州进入了人均生产总值由1 000美元向3 000美元过渡的关键时期。这既是一个加快发展的黄金期，又是经济发展与环境保护矛盾的凸显期。近年来，在省委、省政府的正确领导下，在全州各族人民的共同努力下，我州生态环境保护工作取得了一定成绩，为又好又快发展提供了环境空间。但是，我们也要清醒地看到，我州生态环境保护形势依然严峻，森林保护、生态环境保护工作与落实科学发展观、构建和谐社会的要求还有差距。经济粗放型增长的方式还没有根本改变，经济发展与资源、环境的矛盾仍然突出；全州主要河流的水环境形势不容乐观，尤其是澜沧江水污染综合防治任务仍然十分艰巨；城市环境污染问题日益突出，工业废气排放量呈逐年增长态势，水土流失在一些地方还较突出；人们的环境意识还有待于提高，一些地方为片面追求发展，不惜牺牲环境，砍伐森林，掠夺式开发资源、破坏生态和污染环境的现象时有发生。解决好这些问题，就要求我们认真落实科学发展观，全面推进西双版纳环境保护行动，进一步加大污染防治和森林保护力度，促进人与自然和谐，促进资源节约型和环境友好型社会建设，促进经济社会发展与人口、资源、环境相协调。

（三）生态文明建设是提高综合经济实力和竞争力的内在要求

生态环境不仅是我们赖以生存和发展的基础，也是衡量发展质量和人民群众生活水平的重要标准，是一个地区综合经济实力和竞争力的重要体现。当一些国家和地区饱受"有河皆枯，有水皆污"、"极度缺水"、"地面沉降"等环境问题困扰时，我们更加深刻地认识到，西双版纳良好的生态环境和自然禀赋就是资源，就是资本，就是参与激烈市场竞争的后发优势，为我们加快发展提供了重要支撑。实施生态环境保护行动，就是要加快生态立州建设步伐，继续打牢生态环境这一发展的重要基础，在经济实力得到提高的同时，使生态环境进一步优化，进一步巩固和提升西双版纳良好的生态环境形象，不断提升综合实力和竞争力。

（四）生态文明建设是实现可持续发展的有效途径

在科学发展观已深入人心的今天，西双版纳作为一块少有的生态绿洲，为"你无我有，你有我优"的特色经济发展提供了广阔的可持续发展空间。当前，我州已进入加快发展的关键时期，随着经济社会的发展，城市化越来越快，发展与资源、环境的矛盾比以往任何时候都更加突出。发达地区的经验告诉我们，靠过量消耗资源和牺牲生态环境保持经济增长的时代已经过去，步"先污染，后治理"的后尘，必将付出沉重的代价。全面实施生态文明建设，就是要在全州上下进一步牢固树立保护环境意识，切实转变经济发展方式，宁可牺牲一点发展速度，也要保住西双版纳良好的生态环境，促进自然资源系统与经济社会系统良性循环，实现经济社会的可持续发展。

二、傣族生态文化传统为西双版纳生态环境保护作出了积极贡献

西双版纳文化丰富、鲜活、独特，它是在热带雨林自然生态土壤中产生形成的文化，是以傣族为主的西双版纳各族人民创造、传承的文化，是由毗邻多国的优越区位带来的多元交融的文化。

傣族的生态文化是西双版纳丰富多彩的民族文化的重要组成部分，内容丰富，内涵深刻，源远流长，包括生态哲学观、生态宗教观、生态经济观、生态生活观、生态审美观等方面。傣族认为人类与自然是相互依存、相互联系的整体，人是自然的一部分，人离不开自然，且依赖于自然。傣族谚语说："森林

5

是父亲，大地是母亲，天地间谷子至高无上。""毁林富三年，山秃穷几代。""有树才有水，有水才有田，有田才有粮，有粮人类才能生存。"这种朴素的生态观，铸就了傣族敬畏自然、崇尚自然、尊重自然、爱护自然的心理特质和文化，使其能够在长期的历史发展中，始终与自然和谐相处，使得西双版纳这片热带雨林得以保存。至今，整个西双版纳仍然保持着良好的生态系统，堪称人与自然和谐发展的典范。

傣族先民早在400多年前就引种铁刀木，发展薪炭林。西双版纳傣族是我国各民族中唯一普遍种植薪炭林的民族。传统的傣族家庭均在村寨附近种植一片大小不等的铁刀木薪炭林。冬春季节，人们砍下铁刀木的枝条做烧柴，留下树桩让其自然萌发，年年如此。铁刀木越砍越茂盛，种植一片铁刀木薪炭林，一般可以连续砍伐近百年。值得注意的是，西双版纳生态良好，拥有大面积的热带森林，并不缺烧柴。栽种铁刀木薪炭林，是热爱森林、保护家园的生态观深深根植于傣族心中的具体体现。

西双版纳共有30余个大小不等的自然勐（坝子）和600多个村寨，每勐均有"竜社勐"，即勐神林，每寨均有"竜社曼"即寨神林。竜山森林里的一切动植物、土地、水源，都是神圣不可侵犯的，严禁砍伐、采集、狩猎、开垦，即使风吹下来的枯树枝、干树叶、熟透的果子也不能捡，而要让其自然腐化。西双版纳有400多座神山，均分布在村寨附近，那里的林木世世代代受到保护，禁止砍伐。据估计，所保存下来的森林面积达3万至5万公顷，占西双版纳州土地总面积的1.5% ~ 2.5%。

傣族是水的民族，把水看得很重，认为"水比黄金贵重"，人可以没有黄金，但人一天也离不开水。水是生产、生活的命脉。没有水，人类的一切生产、生活都无法开展。傣族人民自古以来就十分珍惜水资源，严格保护水资源。为了规范水资源管理，西双版纳地区早在1778年出现的《议事庭长修水利令》即明文规定："大家应该一起疏通渠道，使水能顺畅地流进大家的田里，使水能顺畅无阻。"对无故不参加修筑沟渠者，要处以各种惩罚，即使是贵族子女也不例外。

社会发展到今天，西双版纳森林覆盖率达67.7%，有7个国家级自然保护区，保护区面积达402万亩。在这片仅占全国1/500的国土上，有野生动物756种，占全国野生动物种类的1/4，其中被列为国家Ⅰ、Ⅱ级重点保护的野生动物达129种。现有已知的高等植物7 000余种，占全国高等植物种类的1/5，其中珍稀植物341种，被列为国家重点保护的濒危植物58种。正因为有了这些自然优势，我州1993年被联合国教科文组织列入世界生物多样性保护圈，2004年被国家批准命名为国家级生态示范区，西双版纳热带雨林2005年被评为"中国最美十大森林"之一，享有"植物王国"、"动物王国"、"物种基因库"和"森林生态博物馆"的美誉。我州独特的地理位置，秀美的自然风光，丰富多彩的民族文化为世人所瞩目。在1.9万平方公里的土地上，处处绿荫葱葱。良好的生态环境和丰富的自然禀赋，是祖先留给我们的珍贵遗产，是我们赖以生存和发展的宝贵财富，更是以傣族为主的西双版纳各族人民在长期的历史发展进程中，形成并秉持自身特有的生态文化，才使我们这个地球北回归线附近的唯一一块绿洲得以幸存。

三、弘扬傣族生态文化观对于构建生态文明的和谐西双版纳具有重要作用

在新的历史条件下，继承和弘扬傣族的生态文化观，具有十分积极的现实意义。我们要按照十七大提出的"建设生态文明"的要求，立足全州各民族优秀的生态保护传统，加强生态环境保护，努力使经济效益、社会效益、生态效益相统一，环境保护与经济发展相协调，努力从源头上控制环境污染和生态破坏，实现好、维护好、发展好最广大人民群众的根本利益。

（一）坚持生态立州和环境优先的思想

在经济社会发展实践中，必须把思想统一到党的十七大精神上来，把生态立州和环境优先的思想贯穿于经济社会发展的全过程，贯穿于我们的各项工作之中。在重大决策、区域开发、项目建设、评优树先等方面实行环保一票否决制度，坚决服从生态环境保护的要求。要把环境保护规划作为项目规划的基础，对环境有重大影响的决策要进行环境影响论证，没有通过环评的项目一律不得开工建设。要树立环境就是资源、环境就是资本、环境就是资产的观念，牢固树立保护和改善生态环境就是保护和发展生产力的观念，不断加大投入，切实把生态环境保护的责任措施落到实处，使我们的决策更加有利于环境保护，更加有利于和谐西双版纳建设，更加有利于又好又快地科学发展。

（二）坚持以最小的环境代价实现最大的经济社会效益

我州是一个欠发达自治州，要想在激烈的市场竞争中逐步缩小与发达地区的差距，出路就在结合自身特点，利用比较优势发展特色产业。因此，我们追求的发展应该是符合全州各族群众长远利益和根本利益的可持续发展，既要看到眼前的利益，更要考虑今后的长远发展，绝不能把当代的发展建立在破坏森林、破坏生态环境、牺牲后代利益的基础上。应该用新的眼光看发展、新的方式谋发展，切实转变发展观念，创新发展模式，提高发展质量，注意发展的综

合效益。应该按照生态文明建设的总体要求，把良好的生态环境作为我们的生存之基、发展之本，在开展各项工作时，包括制订发展规划、出台重大经济政策、搞项目建设等，在头脑中要树立一个环境代价、生态成本的概念，既算经济社会效益，也算生态效益，以尽可能少的资源消耗、尽可能小的环境代价实现最大的经济社会效益，使有限的环境、资源得到永续利用。

（三）坚持在保护中开发、在开发中保护

在2006年召开的全国第六次环保大会上，温家宝总理提出，做好新形势下的环保工作，关键是要实现从重经济增长轻生态环境保护向保护生态环境与经济增长并重，从生态环境保护滞后于经济发展向生态环境保护与经济发展同步，从主要用行政办法保护生态向综合运用法律、经济、技术和必要的行政办法解决生态环境问题的转变。发展是根本，保护是前提。只有把资源的开发与保护有机地结合起来，相互促进、协调发展，才能使环境、资源优势转化为经济优势，才能获得持久的发展动力，才能在激烈的市场竞争中立于不败之地。要坚持在保护中开发、在开发中保护、在保护中谋求发展，通过发展来实现更好的保护。要坚持经济建设与保护森林、保护环境同步推进，经济效益与环境效益一起考核，产业竞争力与生态环境竞争力全面提升，物质文明与生态文明同时发展，进一步建立经济发展与生态环境保护之间的良性互动关系。

（四）坚持用改革的办法，运用多种手段保护生态环境

要充分发挥各级政府在生态环境保护中的主导地位，特别要进一步强化各级政府对于环境保护的责任，强化森林环境保护执法部门的职责和权威，严格落实森林环境保护目标管理责任制，把森林环保目标纳入经济社会发展评价范围和干部政绩考核。要加快建立多元化的投入机制，努力形成政府主导、市场推进、多元投入的环保投融资格局，鼓励社会力量参与垃圾、污水处理等环保项目。要突出应用法律、经济和技术手段来解决环境问题。要更加严格地执行国家和省的各项森林保护、环境保护法律法规，切实把森林保护和环境保护工作纳入法制化的轨道，推进依法治理、依法保护。要进一步研究更加有效的综合调控手段，注重法律、经济、技术和行政手段的综合使用，形成合力，争取收到最好的成效。

（五）坚持弘扬保护生态的优秀民族传统，掀起加强生态环境保护新高潮

大力弘扬以傣族为主的各民族生态保护的优秀传统，以灵活多样的宣传手段，唱响生态文明这首歌，叫响保护生态这句口号，树起科学发展这面旗帜，向全国乃至世界昭示西双版纳在经济社会快速发展的同时，生态环境继续保持良好水平，西双版纳各族群众为保护和建设绿色生态作出了巨大努力和奉献；

彰显州委、州政府坚持实现好、维护好、发展好最广大人民的根本利益，建设和谐西双版纳的坚强决心；唱响立足西双版纳特点，发展特色经济，以保护环境，优化经济增长，促进人与自然和谐的主旋律；承诺西双版纳各族人民以保护和建设绿色生态为己任，坚定不移地走"以最少的资源消耗，最小的环境代价，实现经济可持续增长"的科学发展之路；唤起人们对西双版纳的发展给予更多的理解和支持，让更多的人认同西双版纳是一个山区贫困面较大的边疆民族自治州，只有加快经济社会发展，减少生产、生活对自然资源的过分依赖，才能解决好发展不足带来的环境问题。倡导生态文明和环境文化，动员和组织全社会的力量参与生态环境保护行动，形成全社会关心、支持、参与生态环境保护行动的社会氛围。

最后我想用以下这段话来结束我今天的发言。那就是，长期以来，西双版纳各族人民为保护西双版纳这片人类共有的绿色家园作出了巨大贡献，我们将继承以傣族为主的各民族生态保护的优秀传统，并使之不断发扬光大，为把我州建设成为天更蓝、水更清、山更绿、人与自然更加和谐的美丽家园而不断努力。

南传佛教与傣族社会和谐

秦家华[*]

摘　要： 南传佛教与傣族社会和谐，主要表现为四个方面：一、南传佛教的生态观，塑造了傣族民众敬畏自然、爱护自然的精神品质，实现人和自然的共生共荣；二、南传佛教的道德观，培养了傣族民众与人和谐相处、以和为贵的民族性格；三、南传佛教的礼仪观，规范了人们的行为，使各种社会机制有序、有效地运行；四、南传佛教的戒律观，使人们通过自身的学习和修持，达到净化心灵、洁身自好的目的。

关键词： 南传佛教　傣族　社会和谐

佛教是一种和平的宗教。佛教从创立的那一天起就努力主张并实践着人世间的和平宗旨。人心和善、家庭和睦、社会和谐、世界和平，是佛教所追求的目标。关爱生命、热爱和平、追求和谐、慈悲济世，是佛教的基本要义所在。我们常说"以和为贵"、"和合为尚"，也就是这个意思。国家之间、民族之间、人与人之间都要以团结互助、友好相处为最高境界。所以，2006 年 4 月在我国举行的首届世界佛教论坛发表的《普陀山宣言》中提出：世界和谐，人人有责。和谐世界，从心开始。可见，追求和谐是世界性的全人类共同关心的问题。研究南传佛教与傣族社会和谐，可以为解决这一世界性问题提供一份典型的个案材料。

南传佛教传入我国傣族地区已有数百年，在其传播和发展的过程中，吸收了傣族传统文化的内容，适应了傣族社会文化的特点，形成了具有广泛影响力

　　* 作者简介：秦家华，1938 年生，云南墨江人，云南大学贝叶文化研究中心研究员，主要研究方向为民俗学和贝叶文化。

的一种意识形态。数百年来，这种意识形态，已经渗透到傣族社会的社会体制、社会结构、社会关系和社会规范之中。南传佛教的神圣信念、戒律教义和礼仪规范等，已经化为傣族社会普遍的风尚习俗，并逐渐形成傣族社会共同的价值取向。南传佛教的文化功能，对傣族其他各种文化形式产生着重要而深刻的影响。由于这些因素，几百年的傣族封建领主社会在稳定中缓慢发展，人与自然之间、人与社会之间、人与人之间的关系，处于一种和谐、有序的状态之中。

今天，傣族也和全国其他民族一样，正在向着现代化的目标迈进。但是，一个民族的发展是离不开千百年来形成的历史根基和文化传统的。南传佛教与傣族社会之间协调发展的良性关系，已经存在了数百年，时至今日，这种关系仍然存在。如何在科学发展观的指导下，认识和引导这种良性关系，使之在构建和谐社会的过程中发挥积极作用，是一个既有理论意义又有实践意义的问题。

《中国贝叶经全集》——这是西双版纳州政府为抢救和保护民族文化遗产而进行的一项重大工程——的出版，为我们研究南传佛教与傣族社会和谐提供了难得的具体生动的材料。贝叶经汇集和记载了千百年来傣族的文化和智慧，其中就包含了丰富的南传佛教内容，特别是南传佛教如何本土化、傣族化以后所产生的具有中国傣族特色的教理、教义、戒律、礼仪、节日等等，是十分宝贵的有价值的历史资料和文化遗产。近几年来，我有幸参与了《中国贝叶经全集》的部分文字校勘工作，有幸先读到了部分贝叶经的新的译文，深感它的内容博大精深，值得我们几代人去深入研究。就南传佛教与傣族社会和谐这个方面而言，我认为至少有以下四个方面值得研究。

一、南传佛教的生态观，塑造了傣族民众敬畏自然、爱护自然的精神品质，实现人和自然的共生共荣。我们常常引用的一句傣族格言"有树才有水，有水才有田，有田才有粮，有粮才有人"，在贝叶经中就有多处表述，强调这是人类生存的基本规律，人和自然的关系，就是这样密不可分。贝叶经中还说到"人要爱护动物，不要把小鸟捉来关在笼子里，说不定将来有一天，鸟也会把人捉来关在笼子里"，这很精辟地说明了人如违反自然规律，必然要受到大自然的惩罚这一真理。类似的记载还很多，它可以使我们看到傣族民众是如何与自然界和谐相处的。

二、南传佛教的道德观，培养了傣族民众与人和谐相处、以和为贵的民族性格。贝叶经中说："世间的人，不论男女，跟别人讲话要有礼貌，话要说得温柔甜美有分寸，这样才能被别人接受，也才会受到别人尊重，才能脱离全部罪孽。"贝叶经中还说："要时时想着别人对自己的恩德，要知恩图报"，"那怕天天把父母背在背上一百年，也报答不了父母的恩德"。有关道德教育方面的内容，在贝叶经中还很多。它总是教育人们要多行善举，多做好事，礼貌待人，帮助别人。所以我们说，以贝叶经为核心的贝叶文化，实际上是一种和谐文化。

三、南传佛教的礼仪观，规范了人们的行为，使各种社会机制有序、有效地运行，从而促进社会的和谐发展。傣族一年之中有各种各样的佛教节日，都有一定的礼仪和规则，人人自觉遵守。这些礼仪、规则，实际上是在规范个人与社会的关系，是在教育人们凡个人的言谈举止、待人处世，都必须符合社会的要求。《中国贝叶经全集》第四十七卷中还说："务农、经商都应该合理合法，遵循正道。"有一句名言说："最遵守纪律的人，也是最自由的人。"对个人来说是这样，对社会来说，有了这些礼仪规则，就能使整个社会机制更和谐、更有序地运转。

四、南传佛教的戒律观，使人们通过自身的学习和修持，戒除、脱离那些邪念、恶语、劣行，净化心灵，洁身自好。社会是由一个一个的人组成的，如果每一个人都能做到这些，那么社会也就和谐美好了，这正是佛教所追求的目标。《中国贝叶经全集》中有一部《佛说吉祥》，书中讲到，一个人如果不能认真地持守戒律，就会有32个魔兵来把戒律偷走。这32个魔兵，实际上就是人的各种邪念、恶语、劣行的具体表现。持守戒律，就能战胜这些魔兵，就能净化心灵、洁身自好，从而也就能促进社会的和谐。

除上述四个方面之外，南传佛教的宇宙观、哲学观、智慧观、审美观、善恶观等等，都包含着不少天人和谐、社会和谐、人与人和谐的内容，值得我们去加以挖掘和研究。

当然，作为历史文化遗产，它有精华，也有局限，对南传佛教也要这样看。我们今天要做的，就是通过认真的、深入的研究，发扬其中适应社会需要的有益的积极因素，抑制和消除不适应社会需要的消极成分，这才是科学的态度。

（本文属 2005 年度云南省教育厅社会科学研究基金重点项目"宗教与传统文化对少数民族地区构建和谐社会的影响研究"成果之一，批准号：5Z1325G）

简论西双版纳傣族的和谐文化传统

杨胜能[*]

摘　要：善待自然、与人为善、规范行为是傣民族的传统，正是这种传统习俗的规约，促进了人与自然的和谐共处，促进了人际关系的和谐共生，促进了人与社会的和谐发展。

关键词：西双版纳　傣族　和谐文化传统

傣族是一个向往和追求和谐的民族。据《傣族文学简史》记载，傣族族称中的这个"傣"字，含有勇敢、勤劳、和善之意。从傣族族称的含义中可以看出傣族与和睦、友善有着很深的历史渊源。傣族从形成单一民族之时，便把勇敢、勤劳、善良作为不懈的追求。在日常生活中，他们以团结友爱、尊老爱幼、善待他人作为处世准则。在生产活动中，遵循自然规律，重视保护自然，处理好人与自然的关系，创建和谐优美的生存环境。他们对和谐的不懈追求，使浩瀚的贝叶文化史册中，有了一颗和谐文化的宝珠。

一、善待自然，促进人与自然和谐共处

自然界，是人类生存的大家园。生活在这个大家园内的傣族，从大自然中获取吃的、穿的、用的，充分享受着大自然的恩赐，对大自然无比热爱与尊崇。依靠大自然生存、繁衍的傣族，在很早以前便知道人离不开自然的道理，主张善待自然，要求人们像尊敬父母般崇敬自然。傣族认为，大地生长万物、

＊作者简介：杨胜能，男，1938年生，云南省西双版纳傣族自治州科技局干部，主要研究方向为科技情报、民族学。

13

承载万物，是孕育万物的母体；森林生长草木，养育禽兽，是万物生长的摇篮；水滋润大地、哺育万物，是万物的乳汁。人类的繁衍生存既离不开大地，又离不开森林和水。所以，人类应该像崇敬父母般崇敬大地、崇敬森林和水。"大地是母亲，森林是父亲，只有从父母那里才能获得食物"（见《谈寨神勐神的由来》）这句话，既反映了傣族对大自然的认识，又反映了傣族对大自然的崇敬。

"没有森林就没有水，没有水就没有田，没有田就没有粮，没有粮人就无法生存"这句傣族谚语，深刻地揭示了人与森林的密切关系，说明了保护森林的重要。

视森林为"父亲"的傣族，千百年前便重视保护森林、保护自然，促使人与自然和谐发展。傍水而居的傣族，很早就养成了引水开田，种植水稻的习俗。他们不像山地民族那样，在原始森林内开荒种地。在生产、生活中，他们很少成片地砍伐森林，就连建房盖屋所需的木材，也分散在森林内间伐。居住地附近的水源林、风景林都被称为"竜曼"（即寨神林）、"竜勐"（勐神林），让这些森林披上神的外衣，成为人民敬畏的禁地。"竜曼"、"竜勐"内的树木无人敢伐，动物无人敢猎捕。这些保护完好的神林既涵养了水源，又发挥了调节气候的作用。信仰南传上座部佛教的傣族群众，还尊崇佛教植物，重视保护菩提树、高榕、贝叶棕、铁力木等古树名木。佛门弟子视菩提树为"圣树"，把保护菩提树、种植菩提树视为对佛的虔诚。他们一见到菩提树苗，便围栏、垒石，加以保护，还特意把山上的菩提树苗，移到村寨附近种植。移栽菩提树时，还要吟唱这样一首歌谣："菩提树呀，菩提树，我们不愿你长在山间，不愿你长在深谷，我们要让你长在寨边，让我们天天看见……"大家对菩提树的热爱与保护，使菩提树、高榕等树木在傣族居住地普遍生长。榕属植物树型高大，可以为附生植物、攀缘植物提供生长环境，还能为鸟雀和其他小动物提供食物和活动空间。榕属植物的大量存在，为生物多样性提供了条件。

居住在西双版纳地区的傣族，每个村寨都有代代相传的植树造林习惯。据傣文资料记载，傣族的创世始祖桑嘎西与桑改赛就曾经植过树，造过林。傣族群众继承了老祖宗植树造林的老传统，在竹楼四周种植果木，栽竹养花，培育庭院园林，美化居住环境。并在村寨附近广种铁刀木作为薪炭林，既调节了气候，又减少了对森林的砍伐，使生态环境得到了较好的保护。

傣族既爱森林又依恋水、喜爱水。他们傍水而居，注重保护水源林，重视蓄水、引水和节约用水。他们种植水稻的灌溉用水，采用分水器按田亩多少和高低、远近分配，使灌溉用水相对合理。对居住地的生活用水，则实行分类管理。供食用的井水，设井台，建井房，使用公用的取水工具，防止异物落入井内，使井水保持洁净。他们对森林和水源的重视与保护，使傣乡青山常在，碧水长流，保持了人与自然的和谐发展。

西双版纳植物资源丰富，动物资源也丰富。在动物王国中生活的傣族，大多能正确认识人与动物的关系。他们认为人与动物都有求生存的愿望，许多动物都与人有缘。民间流传的"孔雀公主"、"金鹿姑娘"、"金象姑娘"等传说中的人物，不是亦人亦鸟，就是亦人亦兽。许多古老的故事，都说人与动物有缘。在大自然中共同求生存的人与动物，相互间的关系应该是友善的朋友关系。傣族认为，动物是人的朋友。在这种认识的支配下，傣族先民创作了许多讲述动物帮助人的传说。诸如孔雀为在大森林中迷失方向的公主引路，龙助人除恶，动物帮助人寻找、搬运稻种等。傣族民间有则名为《稻种由来》的传说这样讲道：稻种原来叫做麻簸谛簸栽，生长在巨鼠王国。巨鼠王将麻簸谛簸栽送给帕雅桑目底以后，麒麟、虎、兔、龙、蛇、马、羊、猴、鸡、狗、象等十二种动物帮助帕雅桑目底把巨大的稻种运到人间，使人类有了稻种。这些动物助人的传说告诉人们，动物与人的关系是朋友关系，人不应该滥杀动物。人类为维持生存而开展的狩猎活动，虽然是迫于无奈，但猎捕活动应有节制，让动物也能和人一样地繁衍生息。

为保护动物，傣族先民还创作了许多讲述滥杀动物遭灾遭难的故事，告诫人们怜惜动物、爱护动物。虔诚信佛的佛门弟子，还把不杀生害命作为修行的一个方面，不仅以不杀生害命自律，还定期买小动物放生，表示对佛的虔诚。这些古俗佛规的传承，在一定程度上起到了保护动物的作用。

西双版纳的傣族，十分喜爱动物，他们视大象为勇武的象征，视孔雀为吉祥飞禽，从古代便养成了饲养大象和孔雀的习惯。在日常生活中还敲象脚鼓，跳孔雀舞、金象舞，表达人与动物的友善关系。

与大自然朝夕相处的西双版纳傣族，崇拜天地、日月、山水，崇拜植物动物。他们像尊崇父母般尊崇自然、爱护自然。注重保护森林、水源和动物。善待自然，正确处理人与自然的关系，重视保护生态，谋求人与自然和谐发展，使自己居住的地方青山常在，碧水长流，成为享誉世界的"植物王国"、"动物王国"，使傣乡成为和谐傣乡。

二、与人为善，促进人际关系和谐共生

诚信、友善、和睦、团结互助与尊老爱幼，是傣族处理人际关系的准则。

傣族的这个"傣"字，包含有"友善"、"和睦"之意，展示了傣族温和、善良的民族性格。傣族全民信仰南传上座部佛教，佛教"善行修身"的思

想，融入了傣族的民族性格，使傣家人养成了诚信、善良、和睦、友爱和尊老爱幼的良好传统。不偷、不抢、不骗、不作恶、多行善事、热情友爱、尊老爱幼是人们普遍推崇的美德，"路不拾遗，夜不闭户"历来受人称道。"不该得的不拿，不该要的不要"，"别偷花颈鸭，别偷长颈鹅"，"见富别眼红，见穷别歧视"，"老爱小，小敬老，夫妻相爱活到老"，"行善有福，作恶遭灾"（见《傣族谚语集成》）等傣族谚语，就是傣族传统美德的写照。

忠厚诚实，是傣族做人的准则之一。"谎话不说，坏事不做"，"做善事，当好人"，"善待朋友，诚实做人"，"好事多做，坏事莫为"（见《傣族谚语集成》）是傣族老人教育儿孙的格言。傣族鄙夷奸诈，推崇忠厚诚实。民间的习惯法规定：不诚实的人，不能作为办案的证人。习惯法要求办案人员要公正、诚实、不徇私情。传统的法律文件中规定说：办案时，"有理的就说他有理，无理的就说他无理"；"不要因为是自己的亲朋，就颠倒是非"；"不要乘机报复"；"不论是召帕雅（意为官员）还是医生或其他人，都要一样看待，公平处理"。习惯法的这些规定，反映出傣族的忠厚诚实。

傣族群众崇尚尊老爱幼，男女平等与勤劳。傣族教育后代的传世之作《布栓兰》（意为爷爷教导孙子）如是教育儿孙："要尊重长辈和老人，听长辈和老人的话，从老人面前走过时，要收拢裙子，弯腰而行；老人在楼下时，不要在楼上来回走动。""与人说话要和气，举止要文雅，称呼他人要有礼貌，对比自己有知识的人，要谦称'卡'，对年纪比自己大的人，要谦称'怀'"。《布栓兰》教育小伙子说："要学会上山打猎，下河捕鱼，要学会盖房子、围篱笆、编箩筐、织渔网，要学会一门手艺。"教育姑娘"要勤快，不要懒惰贪玩，要学会纺线、织布、缝衣服、刺绣，要学会养猪、鸡、鹅、鸭"。教育已婚男人"要做家里的栋梁，担负繁重的生产劳动，要学会做犁和耙，要学会种田种地，要辛勤劳动，养活妻儿老小"；教育已婚妇女"要养好猪、鸡，料理好家务，做好饭菜，协助丈夫担负起全家的生活的担子"。又说，"猪、鸡、鹅、鸭，由妻子处理，牛马牲口由丈夫处理"。以上这些记载可以看出，傣族没有男尊女卑的思想，妇女在家庭和社会上的地位相同。丈夫和妻子在家庭内既有分工，又有合作，对家庭财产都享有一定的支配权。《布栓兰》教育家庭的各个成员互相尊重，诚实勤劳，各负其责，使家庭成员团结和睦。

心地善良的傣族，热情好客，乐善好施，热心帮助别人解决困难。崇尚"多行善事，以德报怨，以礼待人"的伦理道德，善待一切有困难的人。他们"不嫌瞎子瞎，不嫌跛子跛"，"不嘲笑寡妇，不欺负孤儿"。有客登楼，不论熟识与否，都视为亲朋，热情让座，主动递茶、递烟，用最干净的行李铺床，用最可口的食物接待。"渴敬水与酒，饥待饭与肉"，"祭神宰公鸡，待客煮好米"，"以好酒敬友，以鸡鱼敬客"（见《傣族谚语集成》）这些谚语，就是傣族热情好客的写照。

西双版纳的傣族，由于推崇诚信、友善、乐善好施、尊老爱幼的道德思想，善待他人，家庭关系、邻里关系极好。男女老少相互尊重，相互帮助，人际关系十分和谐。

三、规范行为，促进人与社会和谐发展

社会，是由人组成的群体。正确处理个人和群体的关系，是促进人与社会和谐的必要条件。

团结互助，是傣族古今传承的处世原则。据贝叶经记载，傣族先民在原始的狩猎时期，就形成了共同狩猎、共同分享猎获物的习惯。这种古老的习惯，就是团结互助的基础。

据傣文资料记载，狩猎经济结束之后，傣族先民发现了"雀屎谷"和"鼠屎谷"，开始进入了种豆种瓜、建寨定居的帕雅桑目底时代。傣族先民开始种植"雀屎谷"、"鼠屎谷"时，大首领帕雅桑目底发现山无边、地无界，人们经常为争抢谷物而争吵，他经过深思熟虑后，想出了划地盘、分山水、定地界的办法，带领大家建寨定居，终于解决了争抢谷物的矛盾。之后，帕雅桑目底又带领大家在湿地和沼泽地内筑埂开田，种植水稻。为避免争端，帕雅桑目底让大家在田内栽木桩划田界，把田分配给大家种稻。这种大家开田、大家分种的方法，体现了原始的平等与和谐。帕雅桑目底采取的划地盘、分山水、定地界、筑田埂、栽桩划界的举措，约束了大家的行为，成了傣族最初的社会规范。这种原始的社会规范，解决了土地纠纷，起到了调节人与社会关系的作用，使当时的社会保持安定。

随着社会的不断发展与生产、生活的不断改变，傣族有了相对集中的居住地，形成了共同的风俗习惯。这种共同遵守、古今传承的风俗习惯，成了傣族开展生产、生活活动的准则，起着约束公众行为的作用。后来民间又有了习惯法，傣族群众开始依靠习惯法来调解纠纷，解决矛盾，调节人与社会的关系。封建领主制度产生以后，封建统治阶级对民间形成的习惯法加以归纳、总结和补充、修改，分门别类地制定出较为详尽的封建领主法规，约束人们的各种行为。社会规范的内容更加详细、更加完善。法律、法规约束力的加强，进一步发挥了调节人与社会关系的作用。

封建领主法规，把田地划分为官田、寨公田、家族田、私田等若干种。在以上这几种田中，寨公田面积最大，由村寨成员共同占有。村寨内的住户，耕

17

种一份寨公田，出一份负担。这种分配水田的办法，虽然也存在剥削，但在当时仍然是相对合理的。这种相对合理的分配方法，在调节人与社会的关系方面起到了一定的作用，促进了人与社会的和谐。

民间的习惯法和封建领主的法规，都强调要兴修水利，加强对灌溉用水的管理。强调渠由大家修，水归大家用。采用分水器按田亩的多少和田的高低、远近分配灌溉用水。这种管理方法，也使灌溉用水保持相对的公平，较好地调节了人与社会的关系，减少了矛盾与纠纷的发生，增加了社会的和谐成分。

傣族除了用风俗习惯和传统的法规调节人与社会的关系外，还用团结互助的精神来促进社会的和谐。傣族认为"独树不成林，独户不成寨"，"一根棉线织不成布，一根木柱盖不成房"，"一棵竹挡不住风，一片瓦遮不得雨"。他们提倡"一人有难大家帮"，"一家盖新房，全寨来帮忙"（见《傣族谚语集成》）。村寨里的婚嫁、丧葬、盖新房和抢栽、抢种，大家都主动帮忙。但凡寨里死了人，人们便会将火化所需的柴火摆在门口，让居丧之家使用。抢栽秧苗时，先插完秧苗的人家，会主动帮助未插完秧的人家插秧。谁家盖新房，全寨青年男女都会主动赶来帮忙。《贺新房之歌》在歌唱盖新房的情景时这样唱道："上寨的人来了，下寨的人来了……大家上山去，割茅草，砍木料，笑声闹声满山冈。……新房盖好了，酒席摆好了，贺新房的人，围着酒席坐，喝酒又吃肉。水水水，水！"这段贺新房的唱词，唱出了傣族友爱、团结、互助、和睦的社会风貌，展示了一幅人与社会和谐发展的画卷。

傣族是一个尊重自然，崇拜自然，推崇诚信、友善、和睦和团结互助的民族。在生产活动中，他们始终遵循自然规律，善待自然、保护自然、正确处理人与自然的关系，自觉调节人与人的关系和人与社会的关系，使自然环境始终保持优美，人际关系和人与社会的关系保持和谐。他们对和谐的不懈追求，向人们展示了一幅人与自然和谐发展和人与社会和谐发展的美丽画卷，使自己的文化宝库中有了一枝展示和谐文化的奇葩。

浅论新世纪傣族和谐文化的建构

李子贤 *

摘　要：构建新世纪傣族和谐文化，应关注下述三点：一、傣族文化是边际文化与原生型文化圆融的产物；二、贝叶文化重视族群内部个体的内心修持；三、傣族文化的精神是善良宽容、重内心修持，敬天惜物、做大地子孙，博爱自律、与他人为友，豁达知足、享生命之泉。充分汲取贝叶文化的精髓，稳步地导入新文化并加以整合，在此基础上培育、建构新世纪傣族和谐文化，是一种正确的选择。

关键词：傣族　新世纪　和谐文化

　　笔者在撰写于 2001 年的《贝叶文化与文化立州刍议》中说过："贝叶文化是傣族人民在传统农业社会中创造出来的古典型和谐文化……这种文化的指归，是热爱自然、敬重自然，热爱人类、尊重他人，既热爱传统，又力求创新。贝叶文化的这一内核或人文精神，应当永远不会过时，因为它是人类必须守望的精神家园。这，也许就是贝叶文化的现代价值、贝叶文化生命力的所在。"（《云南民族学院学报》2001 年第 6 期）笔者至今仍坚持这一观点，这是因为：不要说西方，就是在今天的中国，我们已可观察到社会转型期的"现代病"正在蔓延：浮躁心态、重利轻义、自我中心、道德失范以及环境污染、生态危机……这足以说明贝叶文化确乎弥足珍贵，说明现代型和谐文化的建构已成为了一个亟待解决的课题。当然，贝叶文化虽然堪称人类心智范式的古典型和谐文化，但毕竟它赖以"存活"的文化语境已发生了重大变化，历史上贝叶

---

　　* 作者简介：李子贤，男，1939 年生，云南建水人，云南大学教授，主要研究方向为民间文艺学，神话学。

文化之民族性与时代性的统一已经消解，其文化功能已日益衰退。这样，在古典型和谐文化的基础上建构新世纪傣族和谐文化已势在必行。

建构新世纪傣族和谐文化，既有良好的基础条件，亦面对着挑战。在诸多基础条件中，以下三点值得特别关注：第一，傣族文化是边际文化与原生型文化圆融的产物。自古以来，傣族聚居区就处于周边多种文化（如我国中原汉儒文化、印度文化、中南半岛文化）的边界上，具有边际文化的特征，如颇具外张型的文化性格与纯属原生型文化之内向型气质有明显差异；其文化具开放性的结构系统，易接纳外来之异质文化而具活力。傣族历史上受古印度文化的影响，乃至"佛教化"之后出现的文化转型就是明证。但是，傣族文化又有原生型文化的基因，故而避免了边际文化易产生文化断裂的缺陷。边际文化与原生型文化的整合，就使傣族文化充满活力并具有相当的稳态性。当然，随着时间的推移以及地域环境因素的作用，到了近代，傣族文化又逐步显露出原生型文化的内向、守旧之特点，与异质文化交流、整合功能逐渐弱化，其文化对话也从过去拥有的"我—我（古今、纵向）对话"及"我—他（内外、横向）对话"蜕变为主要是"我—我"对话。不过，边际文化的因子仍可激活，从而使傣族文化重现生机。改革开放以来傣族社会生活及文化的变迁与提升即可证明。第二，贝叶文化重现族群内部个体的内心修持。心静、随缘、敬畏自然、尊重他人，人们都有良好的自律心态与宽阔胸怀。这不仅体现在傣族文学作品所塑造的众多人物形象之中，亦可以从现实生活里傣族人民的言行举止中去感知。每个人都是特定文化的载体，文化就如人们的"思想软件"。和谐心态对个体而言，其功能主要是能正确对待自己、对待他人、对待世界。个人内心的修持与和谐，正是和谐文化得以形成的根基所在。这当是建构现代型和谐文化的前提条件。第三，傣族的文化精神是否可以归纳为：善良宽容，重内心修持；敬天惜物，做大地子孙；博爱自律，与他人为友；豁达知足，享生命之泉。文化精神是某一民族文化中具决定性作用的价值系统，对该群体成员的社会活动、生存理念、心理状态、行为模式都会产生目的性或意向性的引导作用，人们会以此为标准，对各种事物作出某种价值评判。傣族的文化精神完全可以按时代要求加以升华后获得现代意义，可以成为现代型傣族和谐文化的灵魂。

正如当前国内学术界展开对儒家文化的现代价值之讨论中提出的问题一样，不论儒家文化还是贝叶文化，今日是否可以全盘照搬？笔者认为，儒家文化是历史上维系等级制度的文化，是"臣民社会"的文化，如若不作改造提升，就难以成为今日"公民社会"的普世文化。贝叶文化当然也有其历史局限，同样需要改造提升。时代不同了，社会环境改变了。我们应当清醒地认识到，社会转型期的"现代病"亦在影响着地处边陲的傣族社会。而且，社会公正、社会分配趋于合理化以及公民素质的提高，公民权利的维护以及公民权利的扩大，已成为今日建构和谐社会的必要条件。这，就是挑战。和谐社会必须以和谐文化作为支撑。和谐文化的功能，是从精神层面促成这些必要条件的实现。因而，充分汲取贝叶文化的精髓，稳步地导入新文化并加以整合，在此基础上培育、建构新世纪傣族和谐文化，当是一种正确的选择。

宗教与传统文化对边疆少数民族地区
构建和谐社会的影响研究

——以西双版纳贝叶文化为例

周　娅[*]

摘　要：宗教与传统文化是社会历史长期发展的产物。作为既有联系又有区别的文化体系，宗教与传统文化对于现今我国社会主义和谐社会构建尤其是少数民族地区和谐社会的构建有着重要影响。西双版纳傣族自治州是我国典型的边境少数民族地区，这里的宗教与传统文化的结合体——"贝叶文化"对傣族社会有着教化规范、凝聚维系和控制调节的作用和影响。

关键词：宗教　传统文化　少数民族地区　和谐社会　贝叶文化

宗教与传统文化是人类文明的有机组成部分和重要表现形式。作为人类社会历史长期发展的产物，它们对于民族、国家、区域乃至整个世界有着广泛的影响。我国是亚洲典型的多民族国家，多元的宗教信仰与各民族的传统文化共同构筑了灿烂的中华文明。在当今全球一体化和国家建设社会主义和谐社会的背景下，宗教与传统文化不仅关乎我国在全球的文化软实力的提升，而且对于团结和凝聚全国人民尤其是边疆少数民族地区的各族人民共同实践中华民族社会主义和谐社会伟大建设具有重要影响。

一、宗教与传统文化的特性和相互关系

宗教是人类发展史上历时最久远、分布最广泛、影响最深刻的文化现象之

---

* 作者简介：周娅，女，1975 年生，云南大学贝叶文化研究中心助理研究员，云南大学国际关于研究院东南亚、南亚国际关系专业博士研究生，主要从事傣－泰民族贝叶文化研究。

一。它起源于人类发展早期对自然环境、生物、死亡等异己力量的不安、未知和无能为力等状态下产生的恐怖、敬畏、崇敬等心理状态和企图战胜和控制各种强大力量的欲求。宗教具有长期性、普遍性、精神性和敏感性等特征。从产生到现在，宗教发展几乎与人类发展同步，经历了数千年历史。马克思在论证宗教的消亡时，认为与任何其他社会历史现象一样，宗教也有其发生、发展和消亡的过程。但宗教只有在其赖以存在的根源消除后才会消亡。今天，人类社会已经步入科学技术繁荣的 21 世纪，但科学并没有解决所有的现实问题。人类甚至在这样"昌明"的凡尘俗世中更加迷惑了。"今日社会，无论中外，都遭受到一股物欲洪流的冲击，人在高度科学发明与物质享受中迷失了自己，家庭伦理、道德观念根本地被动摇了。"① 更有甚者，人类社会因为"发展的需要"，现在正迎来全球气候剧变，生态遭严重破坏，能源和粮食危机，世界各地矛盾冲突升级、战争不断的惩罚性动荡。这种种迷惑与困境，为宗教的长期存在提供了现实的根源。可以预见，宗教在人类未来的发展中仍将作为一种特殊现象长期存在下去。恩格斯曾提出宗教发展的三种过程：在起源上从"自发的宗教"到"人为的宗教"；在信仰对象上从原始宗教（自然宗教）到"多神教"再到"一神教"；在影响范围上从"部落宗教"到"民族宗教"再到"世界宗教"。尤其是遍布世界各地、影响广泛的世界性宗教产生后，几乎有人的地方就有宗教，其普遍性十分显著。人类与动物的最大区别是人具有社会性。人在社会中生存，其生命的一半是物质的，而另一半是精神的。除了物化的宗教偶像和经典，相对固定的宗教场所、仪式和组织外，宗教产生的心理状态和根本欲求，宗教实践的宗教感情和宗教体验，从根本上说都是一种社会意识，一种精神体验，因而宗教具有显著的精神性特质；同时，宗教问题从来都不是孤立的，它往往与世界各国、各地域的政治、经济、文化、民族等敏感性问题密切相关。宗教冲突的背后反映的是政治、经济利益的冲突和民族的矛盾。因此，宗教问题历来是国际国内社会的敏感问题，成为国际关系、区域关系或民族关系的重要组成部分，牵动着世界各国、各地区和世界民族发展的脉动，因而具有高度的敏感性。

传统文化是一个民族②的灵魂和血脉，是这个民族的历史记忆和精神家园，它体现了民族的认同感、归属感，反映了民族的生命力、创造力和凝聚力。传统文化与宗教这一特殊历史现象既有联系又有区别。从特性上看，二者的区别

① 林世敏：《佛教的精神与特色》，昆明佛学研究会印制，2005 年，第 1 页。
② 此处的民族既指国家意义上的民族（nation），也指次国家的、族群意义上的民族（sub - national group/ethnic group）。

比较明显。首先，传统文化也是在国家、民族长期的社会历史发展中形成的，但它的产生和发展要晚于产生于人类蒙昧时代的宗教，而与人类社会文明时代的产生发展相伴随。而且宗教从其产生至今，可以以较小的变化一直延续和传播，其长期性以高度稳定性为依托。而传统文化虽具有一定的长期性和稳定性，但它在不同社会发展时期的变迁性十分明显，因而其存续往往以其稳定性和变迁性的二元妥协和整合为依托。其次，传统文化具有鲜明的地域性和民族性特征，它是一个民族适应一定地域自然环境的产物，且主要对这个地域、这个民族产生影响，对其他地域和民族的影响有限。而宗教的传播可以跨越世界各地和民族，在影响力上更具广泛性。第三，传统文化与宗教相比，更具世俗性且较为外显，往往较多地表现在一个国家、民族的物质文化和制度文化层面，例如人们可以从服饰、建筑、食物、器物、文化艺术等方面直接去感知一个国家和民族的传统文化。而宗教因其精神性特质，往往具有一定的内隐性，我们很难在宗教场所、宗教仪式之外判断一个并未身着典型宗教服饰的个体或群体是否是宗教信徒，或是什么宗教的信徒。第四，传统文化因其只对有限的群体和地域产生影响，因而并不具有明显的敏感性；而宗教则具有高度的敏感性。前已述及，此处不再赘述。

除了上述区别，宗教与传统文化又有着密切的联系。从总体上说，宗教在其长期的发展历程中与一定地域的民族及其传统文化的发展相互交融，既吸取这些传统文化的个性和营养，又丰富和发展了传统文化的形式和内容。二者共同形成了一个国家、区域或民族所建立的"文明"的核心成分。在各民族的传统文化中，包含了不少宗教文化的内容，一些民族的传统文化习俗甚至大部分来源于宗教，因而宗教对传统文化的发展有着较大影响，二者的内容、形式相互交融，很难将其截然分开。

二、宗教与传统文化对少数民族地区构建和谐社会的影响

由于对国家和民族所具有的深刻影响，宗教与传统文化也是当今世界重要的社会现实问题。我国的各个社会历史发展阶段，也一直伴随着宗教与传统文化的发展与深广影响。必然的，它们既会是现阶段我国社会主义和谐社会建设的固有内容之一，也将反过来对我国建设社会主义和谐社会的伟大实践产生影响。尤其在我国广大的边疆少数民族地区，宗教和传统文化更具复杂性。如何处理好宗教与传统文化的保护、传承和发展，从而推动经济发展、民族团结、文化进步、社会和谐、边疆稳定，将是这些地区面临的重大历史课题。这里以云南省西双版纳傣族自治州及其"贝叶文化"为例，对宗教与传统文化对边疆

少数民族地区构建和谐社会的影响和机制作一简要分析研究。

西双版纳傣族自治州地处云南省南部边境，这里聚居着傣、汉、哈尼、拉祜、布朗、基诺、景颇、彝、瑶、壮、回、苗、佤等 13 个民族，2000 年第五次全国人口普查时少数民族人口占全州总人口的 70.88%①。西双版纳各民族都有自己的宗教信仰。这里佛教、道教、伊斯兰教、基督教和多种形态的自然崇拜、动植物崇拜、祖先崇拜、图腾崇拜等原始宗教并存。如此多具有不同传统文化和宗教信仰的民族能够在这里长期友好相处、彼此尊重、和谐共存，成为我国边疆少数民族地区和谐发展的一个缩影。西双版纳与泰国、越南、柬埔寨等国邻近，与老挝、缅甸接壤，边境线长 966.3 公里。占总人口约三分之一的傣泐民族与缅甸掸族、老挝老族、泰国泰族等境外民族地缘相依、族源相同、文化相似，共同构成了东南亚地区的傣－泰民族（Tai Peoples）文化区。傣－泰民族之间的经济文化交往密切，这些交往中也包括大量的宗教文化交流。傣－泰民族普遍信仰南传上座部佛教。因为这种佛教的传播和发展传承与记录其经典的贝多罗树叶分不开，因此也被形象地称作"贝叶文化"，它是以贝叶经为核心载体，以南传上座部佛教思想为主要价值观念体系，以贝叶经（包括纸质抄本）所记录的佛教典籍和傣族传统文化为主要内容，以贝叶经的制作、刻写、诵咏、供奉等相关佛事活动和民间习俗传统为典型表现形式的文化形态②。贝叶文化是我国傣族和东南亚地区傣－泰民族的宗教与传统文化的集中体现，对该民族区域的社会历史发展、民族性格形成等方面有着深刻的影响。

我国提出的"和谐社会"建设目标至少包含人与自然、人与社会的和谐两个基本方面，前者主要是人与自然环境的和谐，后者主要包括人与人、人与自我、人与社会发展之间的和谐。贝叶文化对我国傣族地区构建和谐社会的影响主要通过以下几种功能或机制实现：

（一）教化和规范功能

宗教与传统文化对一个国家或地区的人民的教化和规范作用是普遍的。"个体生活历史首先是适应由他的社区代代相传下来的生活模式和标准。从他出生之时起，他生于其中的风俗就在塑造着他的经验与行为。到他能说话时，他就成了自己文化的小小创造物，而当他长大成人并能参与这种文化的活动

①　西双版纳傣族自治州民族宗教事务局编：《西双版纳傣族自治州民族宗教志》，云南民族出版社，2006 年版，第 2 页。
②　周娅：《一种珍贵的"活态"传统文化及其人文价值——论傣－泰民族贝叶文化》，载《思想战线》2006 第 3 期。

时，其文化的习惯就是他的习惯，其文化的信仰就是他的信仰，其文化的不可能性就是他的不可能性。"① 贝叶文化对傣族人民及其个体的社会化过程同样有着潜移默化的教育、塑造和约束作用。傣族小孩从出生开始，就受到佛教文化和村寨文化的影响。在他满月时，父母要请佛爷或村寨里的老人为他拴线祝福；男孩到七岁左右就会按照传统习俗，由"义父"和村民热热闹闹地送到佛寺，举行隆重的"升和尚"仪式，开始接受佛寺教育，学习傣文、礼仪等传统文化知识和佛教知识，直到还俗；而女孩从五六岁时起，就开始接受族规族礼的严格教育，自幼就养成了在日常生活中文静温柔、守规矩的性格和举止得体、注重礼仪的行为习惯，例如，从长辈面前走过要弯下腰并收拢裙子，有老人在楼下时，不要在楼上随便来回走动，等等。因此傣族无论男女，自幼就懂得做人要诚实、不说谎，要有礼貌、互敬互爱，要守规矩，不赌博和打架斗殴，不偷鸡摸狗②。贝叶经中还有《爷爷对子孙的教育》（傣文名称为《布栓兰》）、《父亲对儿子的训示》、《教育妇女做媳妇的礼节》等专门关于伦理道德的著作，其中心内容都是教育人怎样为人处世、怎样做才符合礼仪规矩，才是为人的美德。这些教育，对傣族人民起到了潜移默化的教化、规范和约束作用，形成了傣族社会的共同行为准则。这种作用不仅限于傣族之间，由它塑造形成的傣民族的热情好客、温良谦恭等开放、包容的民族性格，还使傣族能够与当地众多的其他民族相互尊重，友好相处，从而对傣族社会人与人之间、人与社会之间和谐关系的建立打下了基础。

（二）维系和凝聚功能

社会的发展是动态的，任何一个社会都在不断变化，传统文化也会随着社会外部环境和内部情况的变化而发展变迁。但这种变迁一般是相对稳定和缓慢的。在社会生活的世代更迭中，宗教和传统文化作为一种相对稳定的体系保持着社会的延续性，统一着社会成员的行为方式，凝聚着民族的文化心理和民族精神，维系着社会生活的相对稳定。贝叶文化在傣族社会中由个人、家庭、社会和佛寺各个层级单位综合传承，这种历时数百近千年的文化传统几乎是傣族各个历史时期的"全民教育"。更重要的是，"它带来了民族的稳定性和民族之间的团结性，这正是我们建设现代化祖国最需要的素质文化"③。悠久灿烂的贝叶文化使傣族人民在长期的历史发展过程中从未丧失自我，凝聚着民族精

① ［美］露丝·本尼迪克特：《文化模式》，何锡章、黄欢译，华夏出版社，1987年版，第2页。
② 参看西双版纳傣族自治州民族宗教事务局编《西双版纳傣族自治州民族宗教志》，云南民族出版社，2006年版，第58页。
③ 黄惠焜：《"贝叶文化"十论》，载《思想战线》2000年第5期。

神和认同，这使他们无论在与国内包括汉族在内的其他民族交往中，还是在与东南亚国家民族的经济文化交流过程中，都保持着坚定的民族自信心和自豪感，从而维系了傣族社会文化的发展和稳定。傣族历史上形成的对"勐神"、"寨神"和"家族神"的崇拜，直到现在都对傣族社区生活发生着影响。例如从其他村寨入赘上门的女婿要先举行拜祭"寨神"和"家神"的仪式，征得"神"和村寨里老人的同意，才被认为是这个村寨和家庭的正式成员。这种特殊的"认同仪式"实际上是对傣族社区体系的一种维系。每逢村寨里有人盖新房，傣族村寨便自发地全村行动、家家帮忙，这一传统习俗成为傣族村寨高度凝聚力的最好体现。除了促进民族认同、凝聚民族向心力，维系社会生活稳定外，贝叶文化中有些内容甚至对于维系和保护傣族地区生态环境起到关键作用。例如傣族崇拜佛教植物"五树六花"，对这些植物从不砍伐，且在佛寺和村寨之中广为植之，美化了民居环境；傣族因崇拜祖先习俗而形成的"竜林"崇拜，客观上使大片原始森林和村寨周边的浓密植被得到了良好的保护，维系了生态环境，保证了生态体系的可持续发展。

（三）控制和调节功能

宗教可以为人们提供感情上的支撑和心灵上的慰藉，使人们从精神上获得帮助，并可以消解人的不满等消极情绪，从而有利于社会稳定。宗教与传统文化还对社会有着控制和调节作用。它在教化、规范的机制基础上实现对人们行为的软性控制，并通过宗教和传统文化中的仪式、活动的娱乐、宣泄和补偿等方式，起到调节人们心理的作用。"人类创造了文化，目的是为了享用它。"①傣族丢包、纺线、跳"咿拉唉"② 等传统活动，为人们提供了放松、求偶、社交的娱乐机会。傣历新年的泼水、赛龙舟等活动则不仅是节庆娱乐，更是一种力量和情绪的表达和宣泄。而在"赕塔"、"赕佛"、"赕经书"、"赕新米"等名目繁多的佛事活动中，人们又暂时超越了俗世的烦恼，沐浴在佛的慈悲光辉中，获得了心灵的喜悦和精神上的慰藉和补偿。贝叶文化的无处不在，使傣族人民在行为上有内化自觉方式的软性约束，心灵上有依靠，情绪上有调节和放松，因而赋予傣族人民精神上的和谐与轻松，这客观上促成了傣族社会人与人之间、人与自我之间、人与社会之间的和谐。

① 钟敬文主编《民俗学概论》，上海文艺出版社，1998年版，第31页。
② 一种傣族地区的集体舞蹈。

三、"和谐社会"思想、宗教与传统文化与我国边疆少数民族地区"和谐社会"建设实践

构建中国特色社会主义和谐社会是我国在新的历史发展时期提出的新任务。

"和谐社会"是中华传统文化和价值观念中的一个理想追求,在中国数千年的传统文化和哲学思想中积淀了丰富的和谐思想。例如,中国古代对于民族与民族、国家与国家的关系,主张"和谐共处","协和万邦"。《尚书·尧典》说:"百姓昭明,协和万邦"。《礼记》中更有"大道之行也,天下为公……故人不独亲其亲,不独子其子……是谓大同"的"天下大同"思想。另外,注重民生,也是中国和谐社会思想的重要方面。例如,孟子在《孟子·尽心下》中提出的"民为贵,社稷次之,君为轻"的经典命题,荀子"水可载舟亦可覆舟"的理论比喻,"得民心者得天下"等经验总结,以及《尚书》等其他典籍中"百姓昭明"、"安居乐业"等图景,均是我国古代哲学思想中注重民意民生的人本主义的体现。可见,作为我国历史上重要哲学理想的"和谐社会"理念有着两个最重要的内涵,即"和为贵"和"民为贵"价值观。它们虽源于我国古代封建社会思想遗存,但其中包含着一定的科学性,仍是我中华民族至今为之不懈奋斗的"普适性"理想追求。

今天我国提出的中国特色社会主义"和谐社会"理念,内涵更加丰富,在不同的社会经济发展背景、不同的地理区域、不同的社会自然和人文环境中,对"和谐社会"可以有不同的理解。我国是亚洲典型的多民族国家,领土辽阔,东西部经济社会发展差异较大。对于我国东部沿海地区和中部的城镇来说,当前和谐社会建设的目标在于促进经济全面发展、继续提高人民生活质量、控制通货膨胀、避免贫富差距过大,同时要注重节能减排、保护生态环境、加强法制建设、安定社会秩序、丰富文化生活,从而促进人与自然、人与社会的和谐发展。而在广大中西部地区,尤其在经济发展相对欠发达的少数民族地区,中国特色社会主义和谐社会不仅意味着要以优势特色产业带动当地经济的初步发展,保护当地生态环境,更要注重继承和发扬民族与民族之间和谐相处、友好团结的优良传统,尊重不同的民族在其宗教信仰、文化传统上的选择、保护和传承,实现各民族间的相互尊重、沟通交流和民族地区共同繁荣进步。并在此基础上,推动边境地区与邻国之间民族交往、经济文化交流的繁荣,保证国家统一、民族团结、边境稳定,从而实现我国提出的"和谐周边"、"和谐世界"的远大理想。

地处我国西南边境的西双版纳傣族自治州因为受到当地宗教与传统文化——"贝叶文化"的长期熏陶和深刻影响，在人与自然、人与人、人与自我、人与社会之间呈现着和谐的关系，为该地区的社会主义和谐社会构建打下了良好的基础，对我国边疆少数民族地区构建和谐社会具有一定的启发和借鉴意义。我们当然不能否认，从世界历史发展的轨迹看，宗教对社会发展也会具有消极的作用，但在我国社会主义体制下，因为消灭了剥削阶级和剥削制度，我们完全有可能对宗教加以引导，使其有利于社会主义发展的积极社会功能得到充分发挥，从而推动其与我国社会主义和谐社会的伟大历史实践相适应。同样，我国各民族的传统文化中包含不少优秀成分，我们可以通过研究、整理和发掘其中的精华，丰富和发展中华民族文化，从而对建设中国特色社会主义和谐社会、发展多元和谐的民族文化起到积极推动作用。

（本文属 2005 年度云南省教育厅社会科学研究基金重点项目"宗教与传统文化对少数民族地区构建和谐社会的影响研究"成果之一，批准号：5Z1325G）

论"苏玛"在构建傣族和谐社会中的重要作用

段其儒[*]

摘 要：苏玛，是傣族民间的一种传统道德礼仪活动，在每年的关门节期间举行。这种优秀的传统礼仪活动，对于我们弘扬民族文化，构建和谐社会具有现实意义。

关键词：傣族 传统礼仪 和谐社会

苏玛，是傣族人民在每年一度的关门节期间，利用宗教节日举行的一种传承民间优秀的传统道德礼仪的活动。千百年来，这种优秀的传统在傣族各个村寨、佛寺和家庭中默默地传承着，被傣家人认为是一种天经地义的事，没有宣传，更没有张扬。因此，很少有人对它进行认真的研究和宣传，很少被外界知道。

那么，什么是"苏玛"？"苏玛"又是怎样一回事呢？经笔者向有关的傣族长老和学者请教，其含义如下："苏玛"是傣语"跪谢父母、长辈、老师及兄姊，向他们祝福、道歉和请教"的意思。在苏玛的过程中，针对不同的对象又分为"苏玛波咪"、"苏玛滚涛"和"苏玛波胡"等仪式和礼仪。

一、举行苏玛的时间、地点和对象

因为傣族是一个全民信奉南传上座部佛教的民族，所以，西双版纳地区的傣族，每年关门节的前一天，都要到佛寺进行浴佛。浴好佛后，关门节的第一

30

---

* 作者简介：段其儒，1954年生，云南省西双版纳傣族自治州文化馆馆长，主要研究方向为西双版纳傣族和其他民族非物质文化遗产。

天开始，就集体在佛寺举行一种叫"赕毫怀贺"（傣语，意为赕给佛的一百包饭菜）的活动，进行"苏玛"了。因地域的不同，各乡镇傣族乡亲们举行"苏玛"的形式和时间也不一样。以传承傣族民间传统文化较好的景洪市勐罕镇的傣族为例，关门节的第一天举行完"赕毫怀贺"的传统礼仪之后，第二天，各村寨的信徒就要集中到本村的佛寺向佛爷及和尚"苏玛"，傣语称为"苏玛都比"。这一天，全村的信徒集中到本村寨佛寺里，向佛爷与和尚进行苏玛，由本村的波章（傣族村寨中主持宗教礼仪的师傅）代表信徒向佛爷、和尚诵念经文，请求佛祖、佛爷对信徒的过错给予谅解并祈求祝福；佛爷们则诵念经文，告诉大家要遵守教规教仪，积德行善，同时感谢大家平时对他们的关心和厚爱。通过"苏玛都比"，使佛爷与信徒之间的误会得到消除，关系进一步得到了融洽。"苏玛都比"结束，关门节的第五天，在曼春满中心佛寺进行完"赕嘎腊洼"之后，各个家庭之间的"苏玛波咪"、"苏玛滚涛"、"苏玛波胡"就开始了。苏玛波咪（傣语称爸为"波"、称妈为"咪"）的仪式，各家各户自己安排时间，由当家的长子或女婿准备好要赕给父母的蜡条、自己织或买来的小毛巾（傣语：帕阶图），到了定好的时间，成了家、有了子女的人家在家中主事的儿子或女婿的带领下，全家人洗浴干净，换上干净的衣服，待父母坐好后，便带领老婆和子女，跪在父母前，献上准备好的蜡条、小毛巾、钱等赕品，恭恭敬敬的磕头三拜，首先祝父母在新的一年里身体健康、万事如意，并对自己和家人在平时的生活中对不起老人的话或事，进行认错、道歉、检讨，请求给予原谅，然后把赕品举过头顶献给父母。接过礼品之后，子女苏玛完毕，父母便会拿起两根蜡条，轻轻的轮流按在子女的头上，念上一段感谢子女对他们的孝敬，说上一些教育子女如何做人的道理及祝福的话，对父母的苏玛就完成了。

进行完"苏玛波咪"之后，做晚辈的还得在百忙之中再安排出时间，进行另外的一项"苏玛滚涛"（"滚涛"：傣语，老人和长辈的意思）。苏玛滚涛的对象，是自己的岳父母、伯父、叔叔、姨妈、舅舅、哥哥、姐姐等。进行的仪式，也基本上一样。

除了以上的苏玛之外，拜师学过手艺的艺人，不论有了多大的成就，如果师傅还在世，还得专门到师傅家进行"苏玛波胡"（波胡：傣语，意为师傅），对师傅的培养和授艺表示感谢和祝福。

二、集体举行的苏玛

到了关门节的第五天，在景洪市勐罕镇，各村寨的信徒都要集中到勐罕地

31

区的曼春满中心佛寺进行"赊嘎腊洼"。"赊嘎腊洼"是西双版纳地区的傣语，直译为汉语意思是"请罪、忏悔、道歉"。"赊嘎腊洼"和"苏玛"意思相近，平时傣家人一般称为"苏玛"。不过"赊嘎腊洼"指定了特定的地点和时间，必须在佛寺内集体进行。"苏玛"的内容分为两个部分：一是西双版纳州地区的全部佛爷、和尚、信徒在关门节的第一天都要集中到本勐的中心佛寺，信徒集体向佛爷、和尚苏玛，佛爷及和尚向信徒集体苏玛；二是家庭中和直系亲属中的苏玛。

在集体的苏玛举行之前，中心佛寺所在村寨德高望重的男女老人，会被本村的波章安排坐到佛寺佛祖像的右侧，接受所有信徒的"苏玛滚涛"。在佛寺里进行的苏玛滚涛，内容要比在家中进行的简单一些，一般只是比老人年龄小一些的信徒跪到老人面前，献上礼品（蜡条和小毛巾）、数目不等的钱，拜上三拜，老人接受礼品后对他们念上一段祝福的经文就结束了。如果家中有不顺利之事的信徒，跪拜在老人面前的时间则更长一些，他们跪在老人的面前，向老人诉说自己发生的不幸，祈求老人的指点和祝福。受跪拜的老人则在听完他们的诉说之后，会说上一些开导的话，然后再诵念一些祝福的经文，以求佛祖保佑，为他们祈求平安和幸福。

到正式的"赊嘎腊洼"开始，整个勐罕地区的 46 个佛寺的佛爷、和尚便各派出二个代表会同傣家人按传统组织、轮流负责宗教活动的"星"（类似小组），到曼春满中心佛寺集中。待所有信徒到齐，曼春满村的长老们便敲响佛寺的大鼓、铓、锣，十多分钟后，勐罕镇傣族关门节的"苏玛"就在佛寺内开始了。平时在佛寺内进行的活动，信徒和佛爷们都是面对佛祖的坐像。"苏玛"则不同，信徒除了在进佛寺时对佛祖三拜之外，正式的苏玛开始，佛爷和信徒都是侧身对佛祖，佛爷、和尚与信徒都是面对面。"苏玛"开始，信徒们向集中坐在"桑滇"（诵经台）方向的佛爷、和尚们磕头三拜，佛爷、和尚们还礼，然后由大家公认、选举、德高望重的"波章勐"（勐罕地区级别最高的、还俗的宗教师傅）念诵傣语叫做《告苏玛》（请罪语）的经文，代表信徒向佛爷进行"苏玛"，持续时间至少四十多分钟；待"波章勐"诵经完毕，接下来便是佛爷、和尚向信徒三磕头，由级别最高的佛爷向信徒们进行"苏玛"，念诵的经文傣语叫做《赶板薄》（上座部佛教圣语，代表佛祖原谅信徒的过错）。双方"苏玛"完毕之后，便由"波章"和大佛爷向信徒"告赊"，向"丢奔丢拉"（佛祖）和全勐的信徒公布佛寺所收到信徒所赊的钱币的数目。公布完，整个"苏玛"就结束了。最后的活动就是由作东道主的曼春满村110 户的村民在佛寺外面的空地上，每户人家摆一桌宴席，免费供整个勐罕地区前来曼春满参加"苏玛"的信徒用餐。用餐的人员分为两部分：佛爷、和尚在佛寺内用餐，信徒在佛寺前的广场上用餐。为顺应历史的发展，使每个信徒都吃到饭，勐罕地区的"赕嘎腊洼",从 2002 年起作了改进。由中心佛寺所在的曼春满村的村民们当东道主,每户人家做一桌饭菜,费用由中心佛寺在平时信徒们赕给佛寺的收入中拿出,每户补助 25 到 30 元(每户补助金额均等,但会随年份增加)。做一桌 10 个人吃的饭菜,补助虽然不够,但是作为一年一次的"赕嘎腊洼",谁家也不会因为补助的钱不够而使自己家做的饭菜因为数量少或不好吃而被乡亲们笑话,所以都会毫无怨言地自己加钱把饭菜做得既丰盛又可口,体现了一种传统的古老遗风,被有关学者和傣学家们称为"傣家人的百家盛宴"。

三、优秀的传统礼仪对傣族的影响

一种优秀的文化,必然影响着一大批人;一种优秀的传统,也必然地会熏陶并规范人们的社会行为。苏玛的起源和礼仪,因傣族全民信奉南传上座部佛教的关系,与宗教有着非常密切的联系,表现出一种傣族人民的温柔、善良与包容。

笔者向数位傣家人的长者、佛爷和波章问过苏玛起源的年代,他们均无法说出起源于何时,只知道他们的祖祖辈辈,爷爷的爷爷在他们还未懂事时就带领他们这样做了。问他们为何要这样做,这样做对他们能起一种什么样的作用时,回答是:"这样做好啊,老人在年轻的时候关心、疼爱过我们,现在他们老了,需要晚辈关心他们。每个人都会有老的时候,如果人老了没人关心和看望,他们会很孤单的。另一方面,老人的处世、生产、生活经验比我们丰富,我们通过'苏玛滚涛',能得到他们的教导,指出和原谅我们做得不对的地方,得到他们的祝福,我们的心才好在,才舒服。"

在苏玛传承得较好的曼春满村委会曼乍村,共有 49 户人家,215 人。他们作为一个地处旅游地区、热闹小镇勐罕(橄榄坝)边缘的村寨,虽然老年和年轻人也正在经受着现代文化和外来文化的冲击、影响,但由于传统文化对他们的影响更深,根基没有动摇,所以,社会上的各种影响虽然他们也耳闻目睹,但整个村寨依然民风淳朴,村民为人厚道朴实。作为旅游村寨,前往游玩和住宿的外地客人非常多,但不管是来自何方的客人,生人或熟客,一样会受到热情的招待,绝不会因为初来乍到或不熟悉情况就蒙你或坑你一次。传统文化和优秀仪礼对他们的影响,让他们祖祖辈辈养成了一种与人为善、以善为本,尊老爱幼、家人团结,邻里和睦共处的良好心态。整个村寨中,你就是住上十天半月,也绝对不会听到一次家庭和邻居之间吵架,不会见到大人打骂小孩、孤儿、孤寡老人无人赡养或被虐待之类的事情。经了解,由于他们遵循着祖宗的礼仪和教诲,加上镇上和村里注重精神文明建设,曼乍村好多年以来,就没出现过一个因为打架斗殴进派出所或被劳教的人员。

根据调查,西双版纳的傣族地区过去都有"苏玛"和"苏玛滚涛"、"苏玛波咪"这一优秀传统。据一些傣族老人回忆,过去的"苏玛",除以上列举的礼仪形式外,好多地区的傣家人在前去向老人"苏玛"时,除了带上礼物之外,还要在"苏玛"完毕之后,为老人担上一担水或把老人家的水罐装满了才离开。也有的是专门安排一天的时间为老人做一些农活和家务。

时代发展,社会进步,人们的生活方式发生变化,傣族村寨现在家家户户用上自来水,担水的习俗自然取消了。但"苏玛滚涛"、"苏玛波咪"、"苏玛波胡"的传统,却依然存在。只要家中的祖父母和父母辈还在,家中如果有外出工作、打工或在景洪读书的,做父母的总是会打电话把子女叫回去参加"苏玛滚涛",言传身教,让他们学习和掌握这种优秀的传统。尽管现在已进入21世纪,但是农村的晚辈们前去"苏玛"时,仍然面对老人跪下,磕上三个头,拜上三拜,献上赕给老人的礼物,说上几句对老人祝福的话,请老人指出生活和劳动中做不对的地方,也让老人说上几句对自己祝福的话,了却心中的一个愿望。外出参加工作的同志,平时虽然不能按传统规定时间前去"苏玛",但相当多的一部分人却也要利用双休日和过节放假回家的机会,带上礼物,前往长辈的家中看望。不管外出工作或做事的人当了多大的官,有多少钱,只要他没有忘记自己的根在何处,在老人面前,则一律是下跪的,三拜也必不可免。在"滚涛"面前,功名利禄统统无用,只有认真"苏玛",听取老人的教诲,才能做到人性和心态的自然回归。

四、"苏玛"在构建社会主义和谐社会中的现实意义

在社会经济和物质文明不断发展的今天,人们享受现代文明的程度越来越高,信息传递的速度越来越快,但人与人之间的关系却也越来越冷漠,越来越不协调。一首《常回家看看》的歌曲一经演唱,无数老人和子女的心声被表述出来,马上传遍祖国大江南北,引起共鸣。

傣族同胞没有歌手的煽情和歌声的寄托,在人们即将失去和正在找回优秀传统的时候,却在默默地抵御住各种强势文化的冲击和影响,没有张扬,也没有喧哗和浮躁,只是默默地传承着自己民族的优秀传统,世代相传,以此固守自己民族的精神家园,与时俱进,在建设祖国小康和谐社会和在建设社会主义新农村中传承和发扬着自己优秀的民族传统。让这种优秀的传统礼仪发扬光大,对于我们弘扬民族文化,构建社会主义和谐社会,无疑具有良好的现实意义。

文化认同语境下的边疆民族地区
和谐社会建设

——从贝叶文化传承说起

赵世林　　张秋影*

摘　要：文化认同内涵着价值的选择和社会意识的认可，在民族共同体中表现为对自己传统的遵从和群体的归属感，是民族凝聚力形成的内在机制。文化认同关系着边疆民族地区充满活力的和谐社会构建。贝叶文化就是以贝叶经为核心的独具特色的傣族传统文化，它追求的和谐集中体现在人与自然、人与人和人与社会三个方面。

关键词：文化认同　贝叶文化　和谐社会

一、文化认同的基本界定与内涵

文化认同是文化人类学的一个重要概念，也是当代社会一个重要的论域，指人与人之间，群体与群体之间以及个人同群体之间的文化确认。现时的文化认同主要指各民族之间文化的相互理解、沟通，彼此认可与尊重。"生活在同一个共同社区之内的人，如果不和外界接触，就不会自觉地认同，民族是一个具有共同生活方式的人们的共同体，必须和'非我族类'的外人接触才能发生民族的认同。"也就是界定"我之为我"的过程，使用相同的文化符号，遵循共同的文化理念，秉承共有的思维模式和行为规范是文化认同的基本依据，这

35

* 作者简介：赵世林，男，1963年生，云南鹤庆人，云南民族大学图书馆馆长，教授，博士，主要研究方向为民族学、文化社会学；张秋影，女，1982年生，山东淄博人，云南民族大学艺术学院2006级中国少数民族艺术专业硕士研究生。

个过程包含了伦理道德规范认同、宗教信仰认同、风俗习惯认同、语言认同、文化艺术认同等。中国是一个统一的多民族国家，各民族文化认同表现了高低不同的层次，即是费孝通先生认为"多元一体"格局内部的各族群之间存在着民族认同意识的多层次性。

民族文化高层次的认同保持了民族成员在中华民族共同体内的内心合力，这是促成中华各民族结为一体的内在动因，是中华民族立于世界之林的源源不竭之动力。民族文化低层次的认同是单一民族形成的内在动因，其存在发展的源泉，是各民族的文化传统。各民族内部各个成员通过对共同民族文化传统的认同，尤其是其中价值观和自识感的认同，形成一种强烈的对群体的忠诚、依附和归属感，自觉成为维护传统和秩序的一分子，这种情感最终又演化为一种对同一传统遵从与维护的持久力量。这种低层次的民族认同产生了中华民族的多元，文化的多样。

二、文化认同在边疆民族地区的特殊性

中国是一个统一的多民族国家，中华民族的凝聚力也是一个内涵丰富的多层次概念。由于历史、地理的原因，我国边疆民族地区有很多少数民族跨境而居，这就使得边疆民族地区的文化认同表现出民族内聚力和民族互聚力的特殊性。"民族内聚力"是指各民族的社会成员基于共同的民族文化和认同意识而使其连接成为一个人们共同体的向心合力，这是形成单一民族的内在动因，也是中华民族文化多元的根源；"民族互聚力"是指在长期历史发展和相互交往中，各民族之间相互吸引，相互依存的聚合力量和发展趋向，这是民族内聚力的汇集，是中华民族始终朝着一个整体发展的内在动力。以傣族为例，傣－泰民族分布在我国云南、越南、老挝、缅甸、泰国，他们跨境而居，共同信仰南传佛教，经济文化上交流频繁。这就使傣族的文化认同既有国际傣族的共性，与东南亚国家有着共同的文化圈，并存在着政治经济文化上的天然联系，同时又是我们中华民族的傣族，又有着中国民族文化的特点。

在一个统一的多民族国家中，民族的内聚力和互聚力之间存在着一个辩证统一的关系。首先应肯定的是，由于中国特有的地理生存空间和相同的历史文化背景，尤其是各民族在历史上所形成的水乳交融的关系以及统一国家政权的政治整合，使这两种民族凝聚力绝不是相互背离的力量，而是同一种向心力的不同层次表现，其中存在着的辩证关系更多地表现为一种互动和转化的关系，也就是说，民族内聚力是互聚力存在的基础和条件，而互聚力则是内聚力存在的前提和发展方向。没有民族内聚力，民族互聚力就将成为一句空话。中华民

族的互聚力是各民族内聚力基础上的互聚，中华民族的"一体"是"多元"基础上的一体。同样，没有民族互聚力，或者民族内聚力不是朝着互聚力的方向发展，就会从本质上否定这种力量本身存在的意义。因为从理论上讲，民族内聚力的存在和增强，存在着一个"度"或"临界点"问题，超过这个度，这种内聚力就会恶性膨胀，造成民族壁垒和阻隔，成为一种自我封闭的滞后力量，影响民族自身的发展。只有在这个"度"以内，这种力量才是一种积极的精神要素和经济发展的动力。从这个意义上说，中华各民族的内聚是互聚前提下的内聚，中华民族的"多元"是"一体"前提下的"多元"。

我们在充分肯定民族内聚力和民族互聚力存在着极大的一致性时，也应对其所具有的差异性和对立性有足够的认识。民族内聚力产生自不同的民族群体，其维系功能和表现方式并不是整齐划一的。相对各民族之间的互聚合力而言，它也并不是时时都处于从属或依附地位的，而是具有自身的特点和表现方式。从中国各民族聚合的历史过程来看，各民族交往和融合的结果，也并非都同化为汉族，而是在文化上保有各自的特点。忽视了这点而一味地强调民族的互聚力，甚至人为地去干预或削弱民族内聚力的存在和发展，不仅达不到增强民族互聚力的目的，而且还会刺激这种内聚力的恶性膨胀，使之成为一种封闭排外的力量，最终影响民族的互聚和团结。

民族内聚力和民族互聚力共处在一个矛盾的统一体中，两者之间存在着一种动态平衡关系。一方面要肯定，在一个多民族的国家，民族互聚力的增强、民族间的团结和稳定是压倒一切的大局，民族内聚力的增长不能也不应该以民族互聚力的减弱为代价；但是另一方面，我们又不能简单地越俎代庖，超越社会历史发展阶段地去对待包括民族内聚力在内的民族社会现象。尤其是各民族还面临着社会经济发展的任务，应当发挥民族内聚力的经济发展动力功能。而要做到此，只有从积极的方面引导，承认民族内聚力的能动性和相对独立性，才能发挥这个民族的自主意识和进取精神，并通过这个群体来激活内部各成员的健全人格，形成一种积极向上的同群感和内聚力，使之成为社会变革和经济发展的能动要素。

三、边疆民族地区和谐社会构建与文化认同：以贝叶文化传承为例

（一）和谐社会是稳定的、有秩序的社会

稳定的、有秩序的社会具体到我国实际，就是民族关系良好，各民族之间和睦相处。在人们基本的文化认同之上有一个一致的认同，就是"我是中华民

族的一员，我应该为祖国的安定团结、繁荣发展作贡献"，这是一种爱国主义情操，正是这种爱国精神，使祖国的边疆稳定。贝叶经是传承佛教文化的经典之作。佛教追求人心和善、家庭和睦、社会和谐、世界和平。2006年4月在我国举行的首届世界佛教论坛发表的《普陀山宣言》中提出："世界和谐，人人有责。和谐世界，从心开始。"这种精神可以有利于形成稳定有序的社会。

（二）建设诚信友爱、人与人关系和谐的社会

我们要建设的社会是诚信友爱、人与人关系和谐的社会，就是全社会互相帮助、诚实守信，人们之间互相尊重、相互理解、平等友爱、融洽相处。边疆民族地区在漫长的历史发展进程中，培育了独特的传统文化，在这些传统的民族文化中，蕴涵着丰富的人生智慧与伦理道德，如家庭和睦、长幼有序、守传统、重感情、尊重个体、朴素的社会公平公正等。这些民族文化资源具有强大的生命力和社会整合功能。而现代社会大量充斥诚信缺失、享乐主义、功利主义、极端个人主义等道德危机，很多人的精神世界处于困惑迷茫之中。因此各民族的传统文化认同，对协调人们之间的利益分配、重构价值体系、修复失范的社会秩序起着不可或缺的作用，同时对这些地区的社会变迁发挥着整合与维护功能，成为重构和谐社会的原动力。

傣族是全民信佛的民族，它教化人们要关爱生命、热爱和平、追求和谐、慈悲济世。正是这种信仰赋予傣民族像水一样柔和的性格。孝敬父母、尊老爱幼、团结互助、和睦友爱、诚实守信、宽容忍让等等是傣族人民世代所传承的，形成良好的民风，并受到其他民族的好评和效仿。这正是傣族这些礼仪规范受到社会的认同并广泛传承，这也正是我们今天提出构建和谐社会所要求的。贝叶经中有许多记载，要求人们诚信、友善、互助和尊老爱幼，男女平等等。贝叶经《布栓兰》认为，做一个有道德的人应具备三方面的品德：第一是热爱劳动，尊重劳动；第二是注重仪表，诚实谦逊；第三是团结友爱，互相帮助。贝叶经书的另一作品《线秀》反复歌咏"真正的友谊像太阳，真正的爱情像月亮，真正的友谊和爱情啊，永远在世间放光"。此外，也有一些记录傣族传统伦理道德，提倡人与人、人与社会之间建立和谐关系的思想，这些思想在今天都有其借鉴意义。贝叶经里主张的"诸恶莫作，众善奉行"，"行善布施"，"慈悲为怀"，"自贵其心"，这些基本主张在构建和谐版纳中有着独特的作用。对个人来说是一种机制调节，提高人的道德修养；对社会则是一种"解毒机制"，对维护社会治安，协调人们之间的利益分配，修复失范的社会秩序有着重要的作用。

（三）构建和谐社会要实现人与自然的和谐相处

人与自然和谐相处就是要正确处理人与自然的关系，转变发展方式和生存

方式，实现经济社会的可持续发展。我国边疆民族地区多处于大江大河的源头或上游地带，是中国生态源头的保障，没有地区的生态稳定，就没有中国的生态安全。然而，不断恶化的环境问题和生态的退化将会严重影响整个国家经济的长期稳定发展，边疆各民族长期的对自然环境的依赖利用实践中，积累了朴素的生态维护经验和人与自然和谐相处的智慧，在各民族的神话传说、宗教信仰和风俗习惯等方面，蕴涵着保护生态环境和追求人与自然和谐相处的意识、知识和理想。这种在其所依凭的文化价值基础上形成的朴素的文化认同，成为现代保护生态环境，实现人与自然和谐相处的决定性因素之一。

贝叶经中这样教诲人们："有树才有水，有水才有田，有田才有粮，有粮才有人。"这句话把人与自然的关系说得恰如其分，傣族人民正是根据这样的法则去安排自己的生活，他们感激、敬畏、爱护给予他们一切的大自然，从不去破坏大自然，贝叶经里还这样告诫人们："不要把鸟捉来关在笼子里，说不定将来有一天，鸟也会把人捉来关在笼子里。"除此之外，贝叶经里曾写到某一天神受命到人间给人们划分季节，以利耕作，因他工作疏忽，划分中出了差错，误了农时，结果受到了上一级神的惩处。违反了自然界的规律，连神都要受到惩罚，更不用说普通人了。正是有这些警戒，人们才自觉维护自然规律，给自己创造一个和谐、优美的生存环境。人们对山神、树神、水神以及各种自然神的崇拜、敬畏，实际就体现了人作为自然界的一员，必须尊重自然，按自然规律办事，追求人与自然和谐的心理需求。这种朴素的思想意识反映了傣族人民一种朴素的可持续发展思想，反映了傣族重视保护自然。今天，我们构建和谐版纳，正是要走可持续发展道路，实现人与自然的和谐。那么，古老的贝叶文化在数百年前预示了人与自然的种种矛盾正好为我们今天构建和谐版纳提供了重要的可借鉴的思想。

参考文献：

[1] 赵世林：《云南少数民族文化传承论纲》[M]，云南民族出版社，2006 年版。

[2] 冯建昆等主编：《构建和谐社会与加快发展》[C]，云南民族出版社，2006 年版。

[3] 赵伟：《文化认同是民族融合的先决条件》[J]，载《广西民族研究》2005 年第 1 期。

[4] 杨寿川主编：《云南特色文化》[C]，社会科学文献出版社，2006 年版。

[5] 黄惠焜：《"贝叶文化"十论》[J]，载《思想战线》2000 年第 5 期。

[6] 陈爱林：《贝叶文化的可持续发展思想探索》[J]，载《经济问题探索》2001 年第 8 期。

[7] 赵伯乐：《贝叶文化的学术价值和研究难点》[J]，载《思想战线》2006 年第 3 期。

[8] 骆锦芳、黄金有：《浅析贝叶文化的先进性与历史作用》[J]，载《学术探索》2001 年第 5 期。

经济利他性行为与和谐社会构建

——以西双版纳傣族为例

朱翠萍[*]

摘　要：傣族社会由于长期受到佛教和原始宗教文化的影响，使人们在经济活动中表现出明显的经济利他性行为，而且这种经济利他性行为无论从利他的维度还是深度来看，其利他行为的"普遍性"都与市场经济中普遍存在的利他行为的"稀缺性"形成了鲜明的对照。本文通过探求傣族社会特有的文化背景下经济利他性行为存在的根源，进一步分析了西双版纳傣族社会中经济利他行为在累积社会资本及构建和谐社会中发挥的重要作用。

关键词：西双版纳　傣族　利他行为　和谐社会

一、引　言

在经济学家眼中，人性是指长期及不同的文化背景下人类行为所具有的不变特点。"经济人"到底是利己还是利他？无论生物学、心理学还是社会学和实验经济学的研究都表明，人虽然是自利的，但也还关注他人的利益和行为。尽管利己是人的本质属性，但这并不妨碍经济学把经济利他性偏好当做人性的一个组成部分。无论是利己还是利他行为，都是为了满足个人欲望和需求，都是为了实现"经济人"自身效用极大化的目标。因此，利己是"经济人"行为的根本目的，利他是"经济人"实现自己效用极大化目标的有效手段。当我们运用效用极大化来解释人的行为时，必须在相应的文化背景下解释行为者的

41

---

* 作者简介：朱翠萍，女，1968 年生，甘肃酒泉人，云南大学发展研究院博士生。主要研究方向为制度经济学。

偏好及效用极大化的方向。

傣族社会由于长期受到佛教文化和原始宗教文化的影响，使人们在经济活动中表现出明显的利他性行为，而且这种经济利他性行为无论从利他的维度还是深度来看，其利他行为的"普遍性"都与市场经济中普遍存在的利他行为的"稀缺性"形成了鲜明的对照。长期以来，傣族人利用"神力"与佛教的影响来教育和规范个人行为，影响了傣族人民的精神信仰和物质生活的方方面面。尤其是傣族明显的经济利他性动机和行为的普遍存在，形成了人与人之间和睦相处的氛围和互帮互助的机制，增强了人们生存的安全感和幸福感。尤其在今天，由于收入差距扩大、社会保障机制滞后带来了一系列的社会问题，社会矛盾日益加剧。经济利他性行为作为一种社会资本，在维护傣族社会的安定与和谐中发挥了重要作用。本文拟通过探求傣族社会特有的文化背景下经济利他性行为普遍存在的根源，进一步分析西双版纳傣族社会中经济利他行为在累积社会资本及构建和谐社会中发挥的重要作用。

二、经济利他性行为存在的根源

西双版纳是中国傣族的主要聚居地之一。傣族不仅是一个全民信仰南传上座部佛教的民族，多年来积淀了丰富多彩的佛教文化，而且还有兼信自然宗教的文化传统，是一个神佛两信的地区。这里的人祖祖辈辈生活充裕，互帮互助，与世无争，悠然自得，过着类似于"有闲阶级""世外桃源"式的生活，尤其在经济活动中表现出明显的利他性行为，其根源主要有以下三个方面：

（一）赕佛积德——通过利他而完善自己

从古至今，信仰一向是最丰富的价值观源泉。自从一千多年前中国三大语系佛教之一的南传上部座佛教的教义传入西双版纳以后，逐渐成为了一个全民性的信仰。尤其是佛教的"四谛"（苦谛、集谛、灭谛、道谛）、"五蕴"（色蕴、受蕴、想蕴、行蕴、识蕴）、和"三法印"（诸行无常、诸法无我、涅槃寂静）等基本教义思想[1](P75)，对傣族人民的价值观以及个人的理性选择行为产生了深远的影响。南传上部座佛教宣扬人空、生空、我空，认为人的生、老、病、死都是苦，而痛苦的根源在于人的欲望，放弃一切欲望就能够消除痛苦。主张以"赕"来积个人善行，修来世功德，以达到自我解脱的目的。"赕"是南传佛教的专用词，是傣族所有敬佛活动的总称，多在宗教节日以村寨为单位举行，并以钱币、食品、鲜花等向佛奉献，称为赕佛。其实，赕就是敬献、布施或供给之意，"赕"所表现出来的这种经济利他性行为主要是通过

"积功德"来达到利己的目的。南传佛教提倡信徒对佛要有无私奉献的精神，尽自己所能在各种宗教活动中向佛像奉献供品并无偿提供寺庙中佛爷及和尚们日常生活所需的消费品，以此来表达自己对佛的虔诚和信仰，不断积累功德。从现实社会中人的角度出发，涅槃是人们追求的最高和最终理想，功德则是衡量日常生活中人们向善努力的尺度。西双版纳丰富多彩的宗教节日就是围绕着一个"赕"字进行的，信徒们除了定期到佛寺举行施舍、奉献的"赕佛"活动外，也通过其他一些利他行为来"积功德"，以便得到佛的保佑，使自己能在来世过上更加幸福美满的生活。如为水井更换舀水的水筒，到路边的凉亭给行人送水，为过往的游客提供食宿等都被视为积功德的表现。信徒们将其时间和商品在宗教和世俗之间进行配置，以获得今生和来世的效用最大化，而追求来世消费是人们参与宗教活动的一个主要原因。教徒们通过"赕"这种个人消费行为来积善行，修来世，以求最终达到涅槃。他们认为，教徒在现世如果不潜心行善和布施，在后世将会被打入地狱，转生为饿鬼或畜生，受尽折磨。这些观念在佛寺的壁画中也有突出的体现，如《天堂地狱图》、《八热八冷地狱图》等，告诫人们人在世间所做的一切不义不善之举，在地狱中都会有相应的惩罚。如《十世轮回》在讲述佛祖如来成佛之前从天界到人间轮回的故事时，穿插宣讲佛教教义，告诫人们要淡泊名利，行善积德。人们都虔诚地向佛求福，向代表佛的僧侣求福，希望他们能赐予大家吉祥幸福。同时，佛教教义中还蕴涵着一种"舍"的精神，一种无爱无憎的以平等和无所谓的眼光看待一切的心态，强调佛教徒的无私，由无我达到利他以至于为他人而牺牲一切的一种崇高境界。佛教对世界的认识还强调一个"空"字，即世间一切皆因缘而生，都是刹那间的事，所有的事到头来都是空的，从而消除了信徒们贪财、敛财的欲望和心理。相反，信徒们必须通过修行、修道、做善事才能不断完善自己，最终摆脱人间烦恼，到达理想的彼岸——涅槃境界。由此信仰的目的很直接，而功利的目的也很明显，即通过利他而完善自己。长此以往，南传佛教影响下的傣族村民逐渐形成了乐善好施的传统习惯和经济利他主义行为。

（二）道德力量——宗教具有的道德功能约束着人们的行为

爱因斯坦认为，科学与宗教两者都是人类认识和改造世界必不可少的。科学提供认识的证明，宗教提供道德的力量。道德有三个基本层次：最高层次是利他主义和无私无我——这是圣人和殉道者的道德；最低的层次是犯罪，不顾他人的权利和无视法律；中间的层次则是雷蒙德·阿伦所说的"合理的利己主义：个人的行为既不是圣人，也不是犯罪，而是在履行社会责任和遵守法律的范围之内，合理地谋求自己的利益"[2](P85)。傣族社会普遍流行一种观念，认为男性成员只有入寺过一段时期的僧侣生活，才算是受过教育的人。而他们还俗以后，也将宗教的道德观带入到了日常生活中。西双版纳傣族社会的上层和民间流传着傣文抄本《布栓兰》，直译为"爷爷教育子孙"，又译《祖训》。在《祖训》中讲到"要学习各种知识，不要使坏心眼害人"，"有权有粮时，要可怜无田地的穷人"等。关于社会公德的教育，《祖训》中有"不要拆毁寨门"，"不要砍菩提树"，"不要改动田埂，不要大斗小秤"等。这些民间故事、谚语除了宣扬上述道德观外，还指出做有道德的人的价值及重要意义，如"为人无道德，花开无香味"，"宁丢银，不丢脸"。还劝告人们"为人要正直，不要两面鬼"，"不骗他人财物，不占他人便宜"。教育社会成员，与人交往"说话要有分寸，议论要有证据"，"不轻信逸言，不采纳恶语"等。同时，还宣传团结和互助的思想，如"互助能使荒山变良田，团结能使草坪变村寨"，"要吃饭，同出主意；想丰收，互相帮助"等。上述道德思想的传播，使社会成员不断受到来自各方面潜移默化的教育和引导。他们在继承这些道德后又代代延续，形成了传统道德的传承机制。这些法律法规与道德习俗提供了傣族伦理和道德的标准，并通过主张和宣传"自我解脱"、"慈悲为怀"、"因果报应"等宗教思想和价值观引导人们在生活中要与人为善，不能损人利己。要布施穷人，广积功德，以求得来生的幸福。这样，"修身"和"积德"就成为人们要履行的神圣义务和要追求的崇高理想。

尽管个人道德修养是向内心的追求，强调自我修养，提倡对内心道德境界真实无妄的信念与追求。但道德的根本问题却突出表现在利益关系方面，尤其是经济利益方面。孔子的义利观明确地将道德中的"义"和经济中的"利"结合起来。同时，墨子也说："义者，利也"。近代西方功利主义者也把道德与功利等同起来，认为道德就是有利于增进主体功利和幸福的行为。功利主义者的观点尽管具有片面性，但其把道德与经济利益相结合的说法显然具有一定合理性，由此得到了马克思的积极评价。马克思和恩格斯在历史唯物主义的基础上，分析了道德的经济根源，解释了道德实质上是一定社会利益关系的反映，道德与经济有着不可分割的内在联系。道德具有经济意义，说明了道德伦理和经济利益二者之间并不相悖，在一定程度上是可以相互联系，相互统一的。自从贝克尔（1976）开创性地用理性选择模型对利他偏好作出了解释，利他行为就逐渐步入了主流经济学的研究视野，而利他行为与道德密切相关，只有将道德融入主流经济学的研究范畴，才能更好地实现个人理性与社会理性的趋同。道德这种"软件"是具有结构性的东西，具有极强的渗透力，其影响几乎弥漫在所有个人理性行为的选择中，在潜移默化中规范着人们的行为。一种道德品质、一种文化传统、一种民族精神可以将最糟糕的环境和法律条件转变为有利的条件。只有将道德伦理这种"软件"和物质利益这种"硬件"有机结合起来，齐抓共管，才能约束个人行为，减少或避免个人理性带来的集体非理性，走出"集体行动的困境"，真正促进社会的进步与繁荣。特别是市场经济需要道德信念的支持，道德信念具有其他的经济、非经济因素无可替代的功能，即自然调节人与人之间的关系与冲突，道德信念真正和终极的目标是通过约束人的行为而实现个人理性和社会理性的融合，促进个人利益和社会福利的整体增加。正如费孝通（1998）所言："从社会观点说，道德是社会对个人行为的制裁力"[3]。很显然，傣族的道德观在形成和发展的过程中，起到了调节人与人之间、人与社会之间关系和行为规范的重要作用。傣族利用宗教的威慑力量对民众的思想道德进行规范，以达到法律的控制作用。宗教是通过对彼岸的构筑，即为善者入天堂，作恶者下地狱的因果关系而影响着人的心理和行为，在社会中构筑起一个道德"屏障"约束着人们的行为。尽管这种宗教的控制能力主要取决于受控制者的自律、自觉，不具有法律规范的强制性和约束力，但正是这只"无形的手"往往比"有形的手"更具有约束力和持久性。

（三）追求快乐最大化——激发利他主义行为

人类不仅可以从利己行为中获得效用，也可以从利他行为中获得效用，从而实现自己快乐最大化的终极目标，这是人类能够最终超越自我，而使物我、群己、劳逸、天人走向统一的根本的人性基础。认识到利他与利己共为人性的基础属性，并把利己、利他收敛于基于快乐观的"利己一致性"人性说，可以使"经济人"概念得以进一步的完善[4]。需要是行为"经济人"追求效用最大化的原动力，追求具体需要的满足，就是人们进行一切活动的具体行为动机。从多维的角度考虑，人类所有活动都是在一定目的驱动下根据偏好来进行理性配置以实现自己快乐最大化的目标。最大化自身快乐的利己动机，在不同的制度环境激励下，可以表现为利己行为，也可以表现为利他行为，也可能是两种行为不同程度兼而有之的发挥。人们总是在利己偏好和利他偏好的不稳定性交织中通过个人理性配置来实现自己快乐最大化的目标。现代心理学研究表明，引起快乐的最主要的情境条件之一是一个人追求并达到目的。边沁功利主义伦理观认为，人的任何行为都必须从个人出发，要最大限度地满足个人利益；人类的一切动机和行为都根源于快乐和痛苦，人是一种追求快乐和避免痛苦的动物，趋乐避苦是人之本性。而边沁也认为，合乎道德的行为是使个人快乐总和超过痛苦总和的行为[5]。佛教中也蕴涵着"避苦趋乐"的思想，只是佛教往往把现实世界的一切，包括我们的人生都视为是苦难的，强调如何从"苦"中发现积极的一面予以承担，并从中摆脱出来，转苦为乐。《佛教格言》

"经书三十三品"中的"自己应当告诫自己不要作恶；做事懒惰散漫，将得不到好的结果；把自己喜欢的东西布施给他人，一定会得到自己的快乐；嫉妒是灭亡的根源；智慧是人间的光明；资助别人的人，一定会受到资助"等格言对人们的思想产生了深远的影响[6]。这样，佛教在阐述世界是苦及苦的原因的同时，又给人以积极向上的希望——指出了离苦得乐、走向解脱的途径——八正道。八正道是佛教培养和树立正确人生观、世界观和道德修养的行动规范，涉及的是人的精神生活和物质生活两个方面。佛教在强调具有健全的物质生活的同时，更加强调借助健全的精神生活而获取快乐，如佛教中"能使人清心寡欲，求全性命，以出离生死；又能慈悲普爱，济度群生，去其苦恼而跻之快乐"[7]的思想影响着人们的观念，使信徒们在追求快乐最大化的过程中，产生利他行为。傣族的"傣曼"（同一寨子的人）意识即集体意识很强，邻里之间互帮互助，和睦相处。开田种地，村人主动支持；沟渠塌方，大家共同去修。别人盖房要去帮一把，他人种田要去犁一铧。从经济学的角度分析，个人越利己，则越注重物质财富的生产；个人越利他，则越注重精神财富的生产。个人选择物质收益和精神收益最大化来追求快乐的行为也同利己利他行为的选择一样存在着一定的替代关系。正是由于这种替代关系，使得行为人并非只是单纯地为了满足其低层次的物质需求而追求其物质收益（货币收入）的最大化，还追求一种非物质的收益以满足自己高层次的精神需求。但无论是追求物质利益的利己偏好，还是追求精神利益的利他偏好，其终极目标是为了追求个人快乐最大化。一般来说，利己和利他行为的边际替代率的大小或利他主义的实现程度取决于个体的认知能力及学习能力的大小。傣族的教育深受南传佛教影响，傣族地区寺庙即学校，和尚即学生。教育是通过佛寺来传播，与佛教密不可分。傣族男孩七八岁就进入寺庙当和尚，通过诵读经书来学习傣文，小和尚长大后如果不愿意还俗，年满 20 岁即可升为"都"（即二佛爷），几年后又可升为"都龙"（即大佛爷），年满 30 岁可升为"祜巴"。这些和尚和佛爷在寺庙里不仅学习傣文和佛教经典，还学习天文、历法、音乐、绘画等方面的知识，还俗后成为村寨中的知识分子。这样，傣族社会中人们积累的宗教信仰和道德观念对提高个体的认知能力，为"生产"或"塑造"个人的偏好，对个人在选择利己还是利他，物质利益还是精神利益以实现个人追求快乐最大化目标的权衡中起到了至关重要的作用。

三、经济利他性行为在构建傣族和谐社会中的作用

（一）经济利他性行为产生了社会剩余

美国宗教社会学家约翰·斯通说："首先，就诚实、公正、守信用。就这些个人和商业的美德而论，它们在经济生活中是至关重要的，而在宗教成功地将这些美德灌输给自己的信徒的范围内，宗教便对经济产生了影响。"[8]同时，"宗教文化除了对人们的经济生活具有一种规范、定位、引导的功能之外，还有另一个重要的功能，那就是给人以精神安慰，从而使人的心理健康，心灵平静，生活乐观，对于促进社会的稳定和市场经济的良性运转起着重要作用"[8]。尽管在宗教信仰影响和道德观念约束下，追求物质收益与精神收益的效用组合对追求快乐最大化的个人来说是无差异的，但个人通过"赕"而放弃自己一部分物质利益的行为在增加个人精神效用的同时，也使他人的物质条件得到了改善，而且对整个社会来说，个人追求快乐最大化的利他行为带来了正的外部性，即利他行为产生了社会剩余。傣族村民都有很强的村寨意识，正如傣族俗话所言："人无寨子，如同鸡无羽毛。"人们重视村寨，村寨的利益就是个人的利益，村寨的事就是个人的事。"一家有事，全村帮忙"，成为全体社会成员的共识。在傣族之中不能出现乞丐，如果出现，那是整个村寨的耻辱。一人有困难，大家来帮忙，包括主动施舍粮食和钱财。傣族有"不管来客贫与富，迎上竹楼不偏心"，"宁愿自己省吃省喝，也不怠慢远方客人"等美德。有的傣族村寨在路边专门建有供客人休息用的"撒拉房"。而且从前傣族"夜不闭户，路不拾遗"的风气很浓，寨子里的牛、猪、鸡、鸭等都是放养的，但很少遗失；园子里的菜和树上的果子，也很少有外人去采摘，因为宗教观念影响下的傣族人始终认为"万物有灵"，每个人的所作所为天知地知，万物皆知。信仰促使其信徒通过戒律去恶为善，通过彰显自己善良的本性而完善自己，进而影响他人，以个体为善而推进整个村寨乃至社会的为善。由此，"宗教信仰对经济行为的影响在任何时候都具有重大的意义"[9]。

（二）经济利他性行为降低了交易成本

宗教产生的一个根源是人们对不确定性的担心和恐惧，不确定因素的存在或者说信息成本的存在是交易成本产生的一个重要根源。如有不可预见的现象发生时，因缺少先验的解决模式，就会进行讨价还价，导致交易成本的上升。而在傣族社会中实际上很少存在不确定性，这是因为生长在同一文化土壤上的人们共享着它所载的信息，也即习惯准则和道德规范共享于每个成员，内化于

人们的意识形态和价值观中，使得人们能够事先预期到他人对自己行为作出的反应，结果是大大减少了个人决策中的不确定性，进而降低了交易成本。诺斯（1994）将意识形态看成是一种能使接受者的决策简单明了的节约机制，而意识形态一旦被人们接受，就具有克服人们"搭便车"问题、降低交易成本的社会功能[10]。根据"效用最大化"的分析框架，个体之所以接受或信奉一种意识形态，一定是由于这种意识形态能帮助人们提高认识与决策的效率，节约信息费用，从而间接增加人们的效用。同时，接受或信奉一种意识形态能够通过直接满足人的某种欲望或心灵的快乐而直接或间接增加人的效用。同时，在宗教思想潜移默化的影响下，个人的理性选择一定程度上是以外在的社会压力为基础的，即社会压力的存在减少了配给公共品时不劳而获的"搭便车"行为和其他"越轨"行为。同时，道德资源在经济运行中也要受到供给和需求的约束，因而也会有收益和成本产生，道德行为主体也会通过成本－收益分析权衡利弊得失。在傣族特有的宗教信仰环境下，行为主体通过成本－收益的核算后决定实施"积功德"的这种"赕"的行为，是因为人们预期到违反教义所产生的机会主义行为的成本将会远远大于收益，而遵守道德所付出的成本会使他们得到更高的"收益"，他们始终信奉着一个原则：今世的"赕"，可以带来来世的"快乐"。如果一个人的道德行为失范，损害了他人的利益，实际上是将内部的成本外部化而造成了社会利益的损失；而如果个人遵守道德规范，并实施道德行为，实际上是在生产一种公共产品，这种公共产品使生产者之外的人得以消费，而不用支付成本，这种正的外部性行为使道德作为一种伦理规范，在经济运行中具有特定的经济意义和经济价值，它能够为社会带来价值，是一种"稀缺资源"。体现在个人追求自身利益最大化过程中的"见利思义"、"见利思信"、"以义求信"、"以信求利"的道德观念和减小交易成本的理性选择中。在傣族群体内部，道德无论是作为一种伦理规范还是有效的监督机制，都有力地克服了"损人利己"和"搭便车"行为，降低了交易成本。道德的经济价值在于它本身并不能提供显性的物质财富或物质利益，但它有助于提高经济效益，通过抑制机会主义行为而减小交易成本，并给主体带来非物质的财富和精神享受，促进整个社会福利的增加，成为一种有价值的、隐性的、稀缺的社会资源。

（三）经济利他性行为促进了社会和谐

人性的存在是一种必然，而宗教信仰可以驾驭人性，并通过改变人性而调节人的理性配置，改变人的理性选择。从个人理性出发，当个人面临囚徒困境时，很可能会出现违约或败德行为，因为别人不违约而自己违约时的收益或效用是最大的。而宗教的魅力就在于形成人有灵魂不灭的观念，实际上这种观念就是无限增加了博弈次数，因为违约或败德行为意味着在无限重复的博弈中，最终要受到"受害者"的报复或惩罚。从这个意义上说，宗教使人性得以不断丰富和完善。人的理性选择总是由其内在的观念所决定的，观念帮助他对周围的环境作出反应。观念成为信仰，信仰成为制度，制度推动区域乃至整个社会的发展。观念上，佛教本身就十分强调人与自然的和谐相处，不杀生，且又随遇而安。渐渐地个人理性形成了社会理性，个人观念形成了社会观念，主观精神变成了客观精神，从而累积了社会资本并形成了一定的"社会文化环境"。在这种文化氛围中，"向佛"、"从善"、"求和"的精神理念逐渐内化于傣族人民的灵魂之中，形成了一种心理积淀，对人们的伦理道德观念产生了潜移默化的影响，成为傣族一种共同的价值趋向和风俗习惯，这种无形的力量使人与自然、人与人、人与社会之间处于一种和谐有序的状态。"万物土中长，森林育万物"的思想是西双版纳傣族对大自然重要性的认识，而"森林是父亲，大地是母亲"，"保住山上常青树，沟底清水年年流"等民间谚语更是傣族人民保护自然环境意识的集中体现。这种宗教信仰影响下的价值观念外显为经济利他性行为，形成了人与人之间和睦共处的氛围和互帮互助的机制，增强了人们生存的安全感，促进了和谐社会的构建。

建立和谐社会，重要的是将一种民族的信仰、一种社会的习俗和一种特有的文化观念加以引导和传承，使其成为社会主义精神文明建设的重要积淀。并通过塑造个人偏好和优化个人理性配置，形成个人偏好与社会偏好之间一种良性互动的耦合机制，实现一定"道德阈"内个人追求快乐最大化目标与建立和谐社会目标的一致。

参考文献：

[1] 玉康龙：《傣族传统伦理道德与和谐社会的关系》[A]，载秦家华、周娅主编《贝叶文化论集》[C]，云南大学出版社，2004年版。

[2] [美] 塞缪尔·亨廷顿、劳伦斯·哈里森：《文化的重要作用》[M]，新华出版社，2002年版。

[3] 费孝通：《乡土中国 生育制度》[M]，北京大学出版社，1998年版。

[4] 陈惠雄：《经济人假说的理论机理于利己一致性行为模式》[J]，载《社会科学战线》2006年第4期。

[5] 边沁：《道德与立法原理引论》[A]，载周辅成主编《西方伦理学名著选辑》（下卷），商务印书馆，1987年版。

[6] 秦家华、周娅、岩香宰主编：《贝叶文化与民族社会发展》[C]，云南大学出版社，2007 年版。

[7] 严耀中：《佛、道、儒合一与社会和谐的建设》[J]，载《佛教文化》2007 年第 3 期。

[8] 赵玲：《传统文化与现代经济》[J]，载《学术探索》2001 年第 3 期。

[9] 阿瑟·刘易斯：《经济增长理论》[M]，商务印书馆，1998 年版。

[10] [美] 道格拉斯·C. 诺斯：《制度、制度变迁和经济绩效》[M]，上海三联书店，上海人民出版社，1994 年版。

傣族祝福词的文明之光

征　鹏*

摘　要：傣家人自古以来就有拴线祝福、见面相互祝福的习俗。在举行拴线仪式时长者念诵的祝福词，内容广泛，语言优美简练，比喻贴切，排比得当；见面相互祝福词虽然只有几句话，但说得十分生动、精彩。这些祝福词处处闪耀着和谐、文明之光，通过对真、善、美的歌颂来鞭挞假、恶、丑，它是傣族浩如烟海的贝叶文化中的一朵瑰丽的奇葩。

关键词：傣族　祝福词　和谐　文明

一、傣族祝福词的种类

傣族的祝福词分为拴线祝福词和见面祝福词两大类。其中，拴线祝福词又分为结婚拴线、荣升拴线、贺新房拴线、离别拴线、出远门拴线、迎宾拴线等祝福词。

拴线傣语称"树宽"，意为拴魂，即把人的灵魂牢牢地拴在人的身上。据说人是有灵魂的，一旦灵魂离开身体，人就会生病、有灾难，因此必须通过举行拴线仪式，把灵魂拴在人的身上。举行拴线仪式通常需要一张藤篾桌，用一片芭蕉叶铺在桌面上，桌上摆放煮熟的雌雄雏鸡各一只、盐巴一坨、春盐棒一根、芭蕉一梳、糯米饭一盒、白棉线若干根，雏鸡上罩着用芭蕉叶做的类似基诺族妇女帽子的"索累东"。拴线桌子傣族称为"木宽"，意为魂桌，无论是何种类型的拴线仪式，都需要这样的魂桌。拴线仪式需由一名德高望重的长者

51

* 作者简介：征鹏，男，1943 年生，西双版纳州政协原副主席，作家，主要研究方向为民族历史、民族文化。

主持，其他长者和亲友参加。魂桌上摆放的东西基本相同。魂桌上的"索累东"，据说是西双版纳第九世召片领娶了一名基诺族女子为妻，生下的儿子继父位成为第十世召片领。为了纪念这位基诺族母亲，召片领规定傣族家人举行拴线仪式时，魂桌上需摆上仿基诺族妇女帽子的"索累东"，从此，这一习俗就一代代地传下来了。

（一）婚礼拴线祝福词

拴线仪式开始时，主持仪式的长者盘腿坐在魂桌的正上方，把右手搭在魂桌边上，其他长者亦把右手搭在魂桌边上，新郎新娘男左女右地跪在魂桌的下方，把右手搭魂桌边上。主婚人揭去罩在雏鸡上的"索累东"，念道："今天是个美好的日子、吉祥的日子，现在是好日子中最好的时辰，金凤凰（指新娘）与铜凤凰（指新郎）结成一对，你俩恩恩爱爱结为夫妻，日子一定会幸福美满，盼子一定生子，盼女一定生女，祝福你们幸福美满，永不分离。"

祝福词较长，内容包括祝福新郎、新娘新婚幸福，百年好合，养鸡成凤凰，养猪成大象，做生意发大财，干事业成大功，走路踩着金元宝，跌跤跌进银窝窝，生出儿子像召树屯王子一样英俊潇洒，生出姑娘像孔雀公主一样漂亮迷人等等。

主婚人念完祝福词后，从魂桌上揪起拇指般大的一坨糯米饭，在鸡、盐、舂盐棒、芭蕉上点了点，然后把它放在魂桌边，这样的动作连续做了三次。新郎新娘也像主婚人那样，连续做了三次点祭动作。主婚人从魂桌上拿起一根长棉线，从左至右搭在一对新人的肩膀上，表示已把两颗心联系在一起。接着，主婚人用四根白棉线分别拴在一对新人的左右手腕上，口中念念有词，意味着已把两个人的灵魂拴在一起。其他长者也分别为新郎新娘拴线，边拴线边念祝福词。

（二）荣升拴线祝福词

凡是头人（或领导人）晋升，乡亲们都要为其举行隆重的拴线祝福仪式。祝福词的内容主要是祝福新上任的头人（或领导）把自己的灵魂和心拴在为民谋利益的事业上。如："祝福你一路走好，当好百姓的父母和贴心人"；"遇到沟沟坎坎，不要犹豫徘徊，要大胆地跨过去"；"遇到崇山峻岭，要一步步地攀上去"；"遇到虎豹豺狼，不要怜惜手中的弓弩和猎枪"；"祝愿你办事像穿过坝子的流水一样顺利，像刮过山顶的狂风一样不可阻挡"；"走到东边得到金银财宝，走到西边得到绫罗绸缎，向上走得到智慧和力量，向下走得到关怀和体贴，心里暖暖洋洋"等等。祝福词还告诫新上任的头人或领导："乃曼（村寨头人）要爱寨边井，乃勐（勐级头人）要顾千村民"；"通心草靠水塘生长，当官靠民得爱民"；"别贪千两银，要爱千勐民"；"收谷别忘了稻草，当官别忘了百姓"；"做官心要宽，就像那莽莽的林海无边无际；做事要敢作敢为，当机立断"；"不该看的不要看，不该拿的不要拿，不该说的不要说，不该做的不要做"；"大家拥护的人，树梢上站得住，大家反对的人，大山顶上坐不稳"。1953 年 1 月 23 日，当西双版纳傣族自治区（1955 年 6 月改为自治州）成立时，年长的政协委员和人民代表为自治区的主席、副主席和政府委员们举行了隆重的拴线仪式，祝愿他们把自己的灵魂和心拴在为全区（州）各族人民服务的事业上。

（三）贺新房的祝福词

傣家人历来有一家盖房全寨来帮忙、新房落成后全寨人来祝贺的习俗。在贺新房时也要举行隆重的拴线仪式，由年高德劭者为新房的主人拴线祝福。祝福词说："今天是个吉祥的日子，是孔雀开屏的日子，是凤凰下蛋的日子，是金宝石、红宝石、吉祥宝石像雨点般降下来的日子，××的新房落成，全寨喜气洋洋来祝贺，祝愿××的新房像野牛角一样牢实、坚硬，永远挂满彩云；祝愿新房主人夫妻恩恩爱爱，火塘里的火永不熄，竹楼下的碓声不断，稻田里的谷穗压弯腰，院里的井水不枯竭……"

（四）离别拴线祝福词

凡是亲友要出远门，乡亲们都要举行拴线仪式，为他送行，祝福他"魂不离身，心不离体"，"走到东边有好人相助，走到西边有好酒款待"，"梦想能成真，理想变现实"……

（五）回归叫魂拴线祝福词

亲人从外地归来，乡亲们都要为他举行拴线仪式，把他游荡在外地的魂招回来。如果从外地归来的亲友得了病，除了举行拴线仪式以外，还要为他举行招魂仪式。招魂时，先用一个竹盒盛上白米饭，并带上几个鸡蛋到野外叫魂。白米饭象征受到伤害或游荡在外地的灵魂，鸡蛋象征生病的人体。叫魂的人先将鸡蛋直立在地面上，然后一边大声念招魂词，一边将米饭撒向四方和鸡蛋上。倘若落在鸡蛋上的饭粒是双数，就意味着魂已经招回来了。招魂词有好多种，其中《招儿女魂》的词是："今天是个吉祥的日子……魂啊魂，爹妈爱的魂，别躲在山洞里独自悲哀，别躲在河边泪眼汪汪，别钻进树林草棵，别粘在牛马身上。头魂要回到头里住，牙魂要回到牙里住，耳魂眼魂要回到头上来，皮魂要回到人身上，脚魂不要往外奔走。三十二魂要今天回来！九十二魂要今天回来！所有的魂，今天要集中，父母亲要给你们拴线……"

（六）迎宾拴线祝福词

嘉宾远道而来，傣家人都要举行隆重的拴线仪式，以表示热忱的欢迎。长者在祝福时首先对嘉宾的到来表示欢迎："今天啊，空气比往日更清新，阳光比往日更灿烂，全寨男女老少喜气洋洋，澜沧江水涌起欢乐的波浪，热烈欢迎嘉宾来到我们村庄，走进幸福和谐的家园，和我们同饮一杯酒，同唱一首歌。莫嫌帕垫不厚被子薄，莫嫌火塘的火烧不旺，莫嫌粗茶淡饭味不香……""祝愿我们的嘉宾无病无灾，冰雹不要敲打你的门窗，病魔不要跨进你的门槛，活到二百二十九岁不嫌老；夫妻相互体贴，天天像新郎新娘一样，全家一片乐融融，日日如过节一样……"

傣族人相互见面都要相互问候一声"儒里金宛"（意为"好吃好在"）或者说一声"舒沙摆里"、"沙瓦萨里"（意为"吉祥如意"）。这两句既是问候又是祝福的话语虽然很短，但寓意却十分深刻。"好吃好在"一词虽然十分通俗，但其分量却很重很重，因为只有"好吃好在"才能身体好，工作好，生活幸福愉快。反之，如身体不好，心情不舒畅，家庭不和睦，就不可能做到"好吃好在"。把"好吃好在"的意思进一步升华，就成了"吉祥如意"。因此"好吃好在"和"吉祥如意"是傣家人追求美好的理想和愿望的集中体现，是和谐社会放射出的文明之光。

二、傣族祝福词产生的历史背景

新中国建立以前，西双版纳的傣族社会保留着完整的封建领主制度。虽然封建领主召片领拥有辖区内所有的土地、森林、河流，但历代的召片领只把14%的土地划为自己和大臣、头人的薪俸田，而把86%的土地以"份地"的形式分到村寨，由村寨头人按劳动力和人口分配给农民耕种，凡是愿意出负担（出少量地租，参与修桥补路等公益性劳动）者，均可分到一份土地，每年或每三年按田地的肥瘦、远近打乱重分一次，使耕者有其田，人人有饭吃。也就是说，在封建领主统治时期，虽然有阶级压迫、剥削，但阶级矛盾不是十分尖锐，阶级压迫、剥削不是十分沉重，傣族社会相对稳定、和谐。

傣族与辖区内的哈尼、布朗、拉祜、基诺、瑶、佤等世居少数民族的关系相对和谐。辖区内各民族虽然都是受傣族封建领主的统治，但是傣族封建领主不是直接地对各民族进行统治，而是任用该民族有威信有影响的头人为"金伞大帕雅"，颁发给他一把金伞，赠送给他一把宝刀，赋予他管理本民族内部事务的权力。金伞大帕雅可以骑马挎刀直到召片领司署下面才下马，而傣族大臣和头人是没有这样的特权的。在封建领主制度下，西双版纳辖区内虽有民族压迫、歧视，但民族矛盾不是十分尖锐，民族关系相对是和谐的。

傣族全民族信奉南传上部座佛教。在佛教不杀生、不偷盗、不调戏妇女、不酗酒等戒规戒律的影响和约束下，傣家人心地善良，乐善好施，形成了道不拾遗、夜不闭户的良好的社会风气。在傣族村寨里，很少看到夫妻打架、父母打骂孩子、邻里关系不和的现象。据说夫妻吵架，若其中一方大发雷霆，变成一团烈火，另一方就要变成水，用水把火泼熄。

傣族历来热爱自然，保护生态，他们认为"有林才有水，有水才有田，有田才有粮，有粮才有人"，"森林是父亲，大地是母亲"，他们不乱砍森林里的一草一木，甚至把林子里的树苗、野菜、藤子移到自家院子里栽。烧柴靠种薪材树铁刀木来解决。傣族把孔雀和大象视为吉祥动物，同时也热爱和保护其他野生动物。因此虽然西双版纳的土地面积只有全国的1/500，但它却拥有全国1/5种类的高等植物，1/4种类的陆栖脊椎动物，1/3种类的鸟类。西双版纳是人与自然和谐相处的家园。

以上就是傣族祝福词产生的历史背景和社会环境，没有这样和谐的历史背景和社会环境，是不可能产生如此优美动人、闪烁着文明之光的祝福词的。

三、傣族祝福词的推陈出新

傣族祝福词早在两千多年前就产生了，它随着社会的发展、环境的改变，人们不断传诵和修改而不断完善。在新中国建立以前，傣族的祝福词除了传承传统的内容以外，加进了不少为召片领、召勐和各级头人歌功颂德的内容；新中国建立以后，傣族的祝福词除保留健康向上的内容外，又增加了歌唱共产党、歌唱毛主席、歌唱社会主义新生活的内容。

党的十一届三中全会以后，西双版纳的经济、文化建设发生了巨大的变化，各族人民生活大大改善了。傣家人不仅住上了新式竹楼，而且拥有了汽车、拖拉机，用上了电脑和移动电话。过去连做梦也想不到的好事，如今都一一变成了现实。因此，傣族的祝福词也推陈出新，加进了改革开放、建设社会主义新农村和反腐倡廉的内容。如：过去祝福新婚夫妇"生出儿子会犁田盖房，生出姑娘会织布绣花"，改成了"生出儿子会犁田盖房开机器，生出姑娘会织布绣花用电脑"这类因地、因事、因人而增加新的内容。两个朋友相见时，除了祝福"好吃好在"、"吉祥如意"以外，也增加了一些"不该看的不要看，不该拿的不要拿"的内容。

伴随着改革开放的不断深入，经济、文化建设的不断发展，傣家人精神、物质生活水平的不断提高，傣族的祝福词将日益丰富和完善，其和谐、文明之光也将日益显现。

论傣族传统文化对家庭生育
观念及行为的影响

——以西双版纳为例

郭　山　　吕昭河[*]

摘　要："多生、男性偏好"被认为是我国的传统生育行为，但这一命题在西双版纳傣族中得不到历史实证材料的支持，相反，傣民族的传统生育行为表现出"少生、无性别偏好"的特点。通过对近百年来该民族人口统计和村寨调查实证显示，此种生育观念的形成源于傣民族社会独具特色的社会风尚、合理有效的村寨保障机制、悠闲乐观的生活态度和互帮互助的人际关系网络，而这种社会环境的造就在很大程度又缘于南传佛教文化的影响。

关键词：传统文化　傣族家庭　生育行为

一、引　言

马尔萨斯人口理论认为家庭具有高生育需求弹性，即人类总是受到高生育率的支配。但这一命题在世界范围内没能得到历史实证的充分支持，研究数据表明，多育价值指向下的"高生育率"与人类最大自然生育能力之间始终存在着差距[①]。对这一问题的解释，贝克尔从经济学边际成本——效益理论出发，

---

* 作者简介：郭山，男，1963年生，云南大学贝叶文化研究中心副教授，主要研究方向为民族文化与民族经济发展；吕昭河，男，1956年生，云南大学发展研究院教授，主要研究方向为人口学、民族问题研究。

① 贝克尔的研究指出，一个妇女从20岁结婚到45岁自然终止生育，如果不采取任何节育措施，其最大生育能力为11个孩子（见贝克尔著《家庭论》，王献生、王宇译，商务印书馆1998年版，第148页）。国内学者考虑到早婚曾经是一个在我国十分普遍的现象，因此按照适龄生育年龄计算，得出在15岁到49岁的34年中，人类最大自然生育能力为每个妇女生育15.7个孩子（见吕昭河、余泳、陈瑛《我国少数民族村寨生育行为与理性选择的分析》，载《民族研究》2005年第1期）。

认为人类的生育动力是受经济理性支配着的，假如新生一个孩子的边际成本是正值的话，就可以视孩子为耐用消费品；反之，则可视孩子为耐用生产品，从而理性选择生多或生少。国内学者则从社会经济发展存在差异的角度，认为不同的生育需求源于对自身生存环境的客观判断，多育追求是基于规避生存风险、增加劳动力资源、提供养老保障等客观因素的理性选择[1](P26-35)。其基本观点都认为：人类生育率与生育能力的差距是人类经济理性抑制使然，其动力基础来源于生育效用与利益博弈的结果。然而，这种可称为经济理性驱动模式的生育理性既无法解释低度发展下的中国社会人们仍然追求"多生、男性偏好"的行为，对当下中国经济相对发达地区的超生现象也缺乏解释力①。费孝通先生则从文化的角度来解释这种追求多生、生男的现象，指出在中国社会里，有尊老的传统和儿子养老子的现实，他把这种现象归因于中国的传统文化，并将这种生育模式称为接力模式（子承父业）和反哺模式（养儿防老）。但这种解释仍存在一定的局限性，当下的中国，不但在城市，就是在富裕的农村，两种模式都很难概括现实情况的全部。笔者对近百年来云南省西双版纳州傣族人口统计和村寨调查的历史实证材料进行研究后发现，无论是在新中国成立前后还是在国家计划生育政策推行前后，傣族家庭在生育上都显现着"少生、无性别偏好"的行为指向，而这种现象既不能归因于经济利益的理性，也有别于费老所指的中国传统生育文化追求。本文选择其为研究对象，试图从文化认同的视角来发现南传佛教文化在该民族人口变迁过程中的潜在影响，探讨傣民族这种与上述传统生育观念相悖的、颇具"现代性"的理性生育观念形成的微观基础。

二、相关人口统计学及田野调查资料显示的基本事实

新中国成立以来，我国少数民族人口政策经历了三个阶段的变化，即1950~1970年代初的积极推行"人口兴旺"政策阶段；1971~1981年的酝酿开展计划生育阶段；1982年以后的正式开展计划生育阶段②。伴随着人口政策的这三次转变，少数民族人口的数量发生了较大的变化。

从全国范围来看，从1953年至2000年的五次人口普查数据显示，大陆的

---

① 据湖南省人口和计划生育委员会公布，2000~2005年，湖南全省共有1 968名党员干部、21名人大代表、24名政协委员、112名企业主、6名高级知识分子超生。

② 张天路著：《中国少数民族人口政策及其转变》，转引自《八个少数民族妇女婚育情况抽样调查数据汇编》，载《人口动态》1989年专刊。

少数民族人口由 1953 年的 3 532 万人增加到 2000 年的 10 634 万人，37 年间增长了 201.1％；占全国人口的比例由 1953 年的 6.06％ 提高到 2000 年的 8.41％。同 1990 年第四次人口普查相比，少数民族人口增长率比汉族人口增长高了 5.48 个百分点，为 16.70％。从"五普"数据看，1999 年，我国人口最多的少数民族为壮族（1 617.88 万人），满族已过千万（1 068.23 万人），人数最少的为珞巴族（2 965 人）。新中国成立初期仅有 300 人的赫哲族，现已增加到 4 640 人。①

我国少数民族人口的这种过快增长，已对少数民族地区社会经济的进一步发展和人民生活质量的更快提高形成了相当的压力，在有些地区，这种人口增长与经济发展不相适应的状况十分突出。经济发展的成果为人口增长所抵消，人民生活质量没能得到有效的提高。正因此，人口增长问题成为我国当前实现全面、协调、可持续发展，构建和谐社会的主要问题之一。

但当我们将目光聚焦到云南西南的六个边疆少数民族聚居地区，并从更长的历史时段来审视时会发现，西双版纳傣族的人口增长与其相邻的其他民族相比，似乎始终以一种相对持续稳定的模式在变迁，这在边疆少数民族中表现得比较突出。其特点集中表现在以下几个方面。

第一，从云南省西南部与缅甸、老挝接壤的（傣族主要聚居区）六个边疆少数民族 1953 年至 2000 年人口普查数据来看，半个世纪以来傣族人口增长相对平缓。

表 1 云南省沿边境六个少数民族五次人口普查人口增长比较（万人）

族 别	1953 年人口数	1964 年人口数	1982 年人口数	1953~1982 年人口增长		1990 年人口数	2000 年人口数	1982~2000 年人口增长	
				增加数	增长率（%）			增加数	增长率（%）
哈尼族	48.12	62.86	105.84	57.72	119.95	125.40	134.51	28.67	27.09
傣 族	47.88	53.43	83.58	35.70	74.56	102.51	112.38	28.80	34.45
拉祜族	13.91	19.12	30.41	16.50	118.62	41.14	42.70	12.29	40.42
佤 族	28.62	20.02	29.85	1.23	4.30	35.20	37.02	7.17	24.02
景颇族	10.18	5.72	9.29	-0.89	-8.74	11.92	12.93	3.64	39.31
布朗族	3.21	3.94	5.83	2.62	81.62	8.23	8.99	3.16	54.20

数据来源：根据参考文献［2］及云南省第四、五次人口普查资料整理。

根据上表数据可见：新中国成立初期（1953 年）至改革开放初期（1982

---

① 数据来源：根据参考文献［1］及《中国 2000 年人口普查资料》（中国统计出版社，2002 年版）中相关数据计算整理。

年）的 29 年间，傣族人口增长率排位列六个民族中的第四位（依次为：哈尼、拉祜、布朗、傣、佤、景颇）。其中，佤族 1964 年数据比 1953 年低和景颇族出现负增长是由于当年普查数据不够准确和政治因素导致边民流动等原因所致[2](P8-11)。从 1982 年到 2000 年的 18 年，是我国改革开放的 18 年，也是经济发展最快的 18 年，同时还是国家计划生育政策在边疆民族地区大力实施的 18 年。总体上看，由于国家刚性人口控制政策的干预，各民族的人口增长率都呈不同程度的下降，傣族人口增长率的排位仍列第四位（依次为：布朗、拉祜、景颇、傣、哈尼、佤），但部分民族的人口增长率排位顺序却发生了大的跳跃，1982 年统计时排在第三位的布朗族上升到 2000 年的第一位，而哈尼族则从 1982 年的第一位下降到 2000 年时的第五位。哈尼族排位下降较大的原因在于其人口分布更靠近滇中地区，与其他五个民族相比更早更强地受到国家人口控制政策的规制。佤族位列最后的原因在于其婴幼儿死亡率较高，1982 年普查时，该民族 15～64 岁妇女生育子女平均存活率仅为 68.84%，是云南省 24 个民族中最低的①。从而可看出，相比之下，在六个沿边境少数民族中，傣族人口增长波动不大，呈较平稳的增长走势。

第二，新中国成立前后都以核心家庭结构为主，家庭人口规模不大，用清宣统年间和 1953 年统计数据对比，显示傣族家庭人口数量增长幅度不大，生育水平不高。

人口统计学上用"生育水平"来描述既定时空条件下某一人口群中育龄妇女生育率的高低程度及其变化，它反映育龄妇女的生育强度。鉴于新中国成立前和新中国成立初期人口统计资料的欠缺，笔者无法以总和生育率（TFR）这样的指标来反映当时西双版纳傣族妇女的生育水平，但由于傣族的风俗是家庭结构以一夫一妻制的核心家庭为主，如果双方父母家庭不缺乏劳动力，夫妻有了孩子后都另立门户，因此我们可用"户均人口"这一统计数据来间接地观察其生育水平的概貌。

"夷人生育不繁，人口稀少"[3](P141)是姚荷生先生对 20 世纪初西双版纳人口图景的描述。宣统年间关于普洱府的人口调查资料（见表 2）是笔者查阅到的最早与西双版纳人口有关的统计资料，尽管其统计范围只包含了现今西双版纳地域内的部分地区，数据也不是对单一傣族的人口统计数据，还包括了当时在该区域内的其他少数民族，但据李拂一先生的《民族表》记载，当时在西双版

---

① 当年云南省平均值为 76.42%，少数民族合计值为 74.70%。见陈旭光、李光灿主编《云南少数民族人口概论》，云南人民出版社，1990 年版，第 75 页表 3-5。

纳的总人口中，傣族人口占了 60.40%[1]。因此，我们仍能从姚先生的描述和这组户均人口数据中，间接地再现出该时期西双版纳傣族人口的粗略情况。

表 2　宣统元年（1909 年）普洱府所辖地区户、人口及户均人口数

地　区	户数	人口数	户均人口数
宁洱县	12 264	60 688	4.95
思茅厅	3 158	13 322	4.22
威远厅	6 764	23 614	3.49
他朗厅	8 424	37 564	4.46

资料来源：根据《云南省档案史料丛编·近代云南人口史料》有关资料整理[2]。

表 3 所显示的数据是 1954 年至 1955 年间，中共云南省委边疆工作委员会、云南省民族事务委员会对云南省少数民族社会历史情况进行调查时所得的数据。

表 3　1954～1955 年西双版纳 26 个勐傣族村寨所属户、人口及户均人口数

序号	勐名	寨数	户数	人口数	户均人口数
1	景洪	93	2 848	14 369	5.05
2	勐海	44	1 330	6 426	4.83
3	勐混	34	1 434	6 928	4.83
4	打洛	9	269	463	1.72
5	勐板	6	247	1 303	5.28
6	勐宋	12	507	2 395	4.72
7	勐往	15	587	3 154	5.37
8	勐康	4	90	361	4.01
9	勐阿	8	306	1 252	4.09
10	勐遮	95	2 573	12 716	4.94
11	景真	37	1 046	4 272	4.08
12	勐满	8	426	1 793	4.21
13	勐笼	63	2 838	15 963	5.62
14	勐罕	54	1 440	8 761	6.08
15	景哈	4	226	1 193	5.28
16	勐宽	4	137	731	5.34

① 李拂一：《十二版纳纪年·民族表》，转引自邓永进《移民与开发》，见林超民主编《新松集》，云南大学出版社，1996 年版，第 227 页。

② 转引自邓永进《移民与开发》，见林超民主编《新松集》，云南大学出版社，1996 年版，第 223 页。

序号	勐名	寨数	户数	人口数	户均人口数
17	勐养	23	642	2 903	4.52
18	勐旺	6	—	—	—
19	景糯	28	674	3 171	4.70
20	普文	11	321	1 569	4.89
21	景董	12	255	1 344	5.27
22	勐仑	21	541	2 746	5.08
23	勐远	5	175	1 559	8.91
24	勐醒	3	99	576	5.82
25	勐腊	51	1 366	8 684	6.36
26	勐捧	45	1 217	8 093	6.65

资料来源：根据《傣族社会历史调查》之二、五、九有关资料整理。

从这份对傣族村寨不算详尽但十分珍贵的统计数据中可看出，当时西双版纳傣族家庭户均人口平均数为4.89人。江应樑先生对该地区100对健康夫妇的调查也显示："在傣族区域内，平均每家有子女数一点八九人。"[4](P596)

对照表2、表3的数据并结合西双版纳傣族聚居区的总体情况看，版纳傣族与周边民族相比，无论是聚居地的地理位置、生态环境还是经济水平、生活条件等，诸方面状况均优于其他民族，故婴儿死亡率应比其他民族相对较低（1982年普查时，傣族15~64岁妇女生育子女平均存活率为76.07%，在六个民族中最高）①。综合上述情况可看出，西双版纳傣族家庭在新中国成立前后的生育水平总体不高，多孩家庭比例很低，家庭平均子女数不超过3人。

第三，国家生育控制政策在少数民族地区实施之前（以1984年中共中央明确规定："少数民族也要实行计划生育"② 为分界线），家庭生育行为就已在控制之中。

总和生育率是假定一批同龄妇女按某一年的分年龄生育率度过整个生育期，平均每个妇女所生的孩子数。孩次别生育率指按照生育胎次计算的妇女生育率。这两个指标可以形象地概括妇女的生育行为，从而体现出在既定社会中某民族不同层次在生育需求方面的价值取向与行为选择。

从表四中可看出，在整个20世纪70年代，傣族妇女的总和生育率是三个边疆少数民族妇女中最低的（傣族平均为4.14，佤族平均为5.86，布朗族平均达6.30），到70年代后期，其总和生育率下降到4.0以下，进入80年代时，

① 陈旭光、李光灿主编：《云南少数民族人口概论》，云南人民出版社，1990年版，第75页表3-5。

② 陈旭光、李光灿主编：《云南少数民族人口概论》，云南人民出版社，1990年版，第356页。

更进一步降到了 3.0 以下，表明傣族家庭平均每个妇女一生所生育的子女数已不足 3 个。

表4 1971～1981 年三个边疆少数民族总和生育率（TFR）

年　份	傣　族	佤　族	布朗族	年　份	傣　族	佤　族	布朗族
1971	4.66	5.28	6.14	1977	3.42	5.67	5.91
1972	5.55	6.47	6.24	1978	3.61	5.40	5.28
1973	4.91	6.39	5.78	1979	3.38	5.23	7.30
1974	5.32	6.66	7.09	1980	3.03	5.30	6.51
1975	4.21	6.56	7.28	1981	2.94	4.90	5.79
1976	4.46	6.65	6.02				

数据来源：《八个少数民族妇女婚育情况抽样调查数据汇编》，载《人口动态》专刊 1989 年本第 21 页。

表5 "三普"、"四普"、"五普"沿边境六个少数民族总和生育率、孩次率构成

民　族	1982 年"三普"				1990 年"四普"				2000 年"五普"			
	总和生育率（个）	一孩率（%）	二孩率（%）	多孩率（%）	总和生育率（个）	一孩率（%）	二孩率（%）	多孩率（%）	总和生育率（个）	一孩率（%）	二孩率（%）	多孩率（%）
哈尼族	5.59	21.19	19.25	59.56	3.36	34.36	30.27	35.36	2.16	47.23	36.59	16.18
傣　族	3.39	35.32	26.67	38.01	2.63	40.19	36.32	23.49	1.70	60.59	34.44	4.96
拉祜族	5.64	24.25	19.00	56.76	3.67	29.69	26.57	43.74	2.10	52.88	34.87	12.25
佤　族	5.53	22.64	17.84	59.52	6.64	27.46	24.93	47.51	2.30	46.63	33.00	20.37
景颇族	4.86	24.33	18.03	57.64	4.21	27.83	25.31	46.86	2.18	56.31	29.28	14.41
布朗族	6.35	22.01	16.41	61.58	4.19	27.36	23.38	49.26	2.34	47.76	30.60	21.64

数据来源：根据参考文献[5]中相关数据整理。

当时，云南全省少数民族地区都实行着比汉族更宽松的生育政策，对一些少数民族聚居的县规定：凡城镇的少数民族可生两个孩子，农村或高寒山区的少数民族可以生三个孩子，而居处边境一线乡、村的少数民族则不限定生育指标，只进行计划生育的宣传教育[2](P11)。但从表五中"三普"所显示的数据看，傣族的多孩率（三胎及以上）远低于其他五个少数民族，说明傣族家庭在国家

政策实施之前就已经在有计划地安排自身的生育行为。

第四，国家计划生育政策指向与傣族的低生育取向相一致，因此在傣族地区实施得非常顺利，傣民族生育指标进一步下降。

以 1980 年 9 月 25 日中共中央《关于控制人口增长问题致全体共产党员共青团员的公开信》为动员令，国家开始提倡一对夫妇只生育一个孩子。1982 年在公布"要控制人口数量，提高人口素质"的人口政策时，要求"国家干部和职工、城镇居民，除特殊情况经过批准者外，一对夫妇只生育一个孩子。农村普遍提倡一对夫妇只生育一个孩子，某些群众确有实际困难要求生二胎的，经审批可以有计划地安排。不论哪一种情况都不能生三胎。对于少数民族，也要提倡计划生育，但在要求上可适当放宽一些。"[6](P19) 但在许多地区，这一政策指向与群众的生育意愿之间存在较大的差距，导致政策的实施在有些地方引起了冲突，甚至直接影响到了政府和群众的关系及社会的稳定，对此，1984 年中共中央 7 号文件及时作出了有针对性的调整，才有效地缓和了计划生育干部和育龄群众之间的关系。

相比之下，国家生育控制政策在傣民族中的推行不仅没有遇到阻力，还得到了高度认同。表 4 数据显示，西双版纳傣族在国家计划生育政策实施前的生育水平就不高（平均总和生育率4.14），在该项政策全面实施以后，更以积极行动响应这一号召。如景洪市原妇联主任刀美英（傣族）就带头做了当地第一例绝育手术，此举在群众中影响很大，很多傣族妇女相继实行了节育措施，还有许多能生育三个孩子的妇女在生育了第二胎后就主动做了绝育手术。[2](P335)

表 5 所列"三普"、"四普"和"五普"统计数字进一步表明，国家全面实施计划生育政策 18 年来，傣族总和生育率从 3.39 下降到 1.70，多胎生育率（生育三个或三个以上孩子）从 38.01% 下降到 4.96%。景洪县傣族 1985 年四胎以上生育的仅占 1.52%，而且出现了无三胎生育行为的村寨 329 个。勐罕区曼嘎俭乡傣寨连续七年无三胎生育，受到了国家和省计生委的表彰奖励[2](P360)。正因此，傣族的一般生育率指标从"三普"时的 105.20‰ 下降到"四普"时的 99.56‰，再降到"五普"时的 53.44‰，其生育率指标的顺序在"三普"、"四普"时均处在全省的第 18 位，到"五普"时猛降到了第 26 位，成为云南省少数民族中一般生育率最低的民族[5](P44)。

上述材料证实：傣族家庭并没有"多生、生男"的偏好，相反，妇女的生育数量普遍低于周边其他民族，而这种生育行为是一种家庭自主性控制的理性行为，即这种行为是傣族家庭内生选择的结果。

三、傣族家庭自主性低生育行为的社会基础

傣族家庭这种生育行为的价值取向是与其独特的社会风尚、有效的村社保障机制、乐观的生活态度和互帮互助的人际关系网络密不可分的。

（一）独特的社会风尚

首先，傣族社会里没有"传宗接代"的思想。一方面，傣族有名无姓，无家谱记录，死后不垒坟。这种淡漠的血缘家族观念使傣族家庭没有以男性子嗣来承继香火，令宗族兴旺的思想。另一方面，直到民主改革前，西双版纳傣族社会只相当于西周时期封建领主社会的历史阶段，农村公社的遗迹还保留得比较完整。在这样的农村公社中，"水土是'召'的，田地是寨上的，田是我的"①。每年播种之前，要由村社头人召集各户户主召开抽田、领田和交还田会议，进行土地的分配、调整。被批准新立门户或被吸纳入社的新户都可分得一份田地，被批准离社的户，则必须先将过去耕种的那份田地交还村社后才能离开。这种"领主所有，村社公有，个人占有"的土地制度既使家庭对土地只有使用权，没有买卖和出租权，更没有家族后代对土地的继承权，也保证了凡是与该村社共同体一起生活的、有劳动力的家庭都可以分得一份土地耕种。这样，以家中男性子嗣来继承家庭财产就失去了意义。因此，传宗接代的思想自然不突出。

其次，家庭中没有"重男轻女"的思想。在中国的广大农村，不论是在价值性层面还是在现实性层面，"生一个男孩"都是大多数家庭生育需求的核心②。但在西双版纳，傣族家庭中就不存在这种思想。傣族至今仍保留着"入赘"的习俗，男方到女方家"上门"一般要三年才回自己父母家，而且这种"留"与"回"是灵活的，完全根据双方家庭劳动力的状况协商确定。如果双方家庭都不缺劳力，有了孩子后就另立门户。这种"入赘"的习俗有效地保障了傣族家庭农业劳动力的供给，所以家庭中不需要非生一个男孩不可。另外，从傣族为婴儿满月祭神的习俗中也能表现出在家庭中不存在"重男轻女"的思想。傣家婴儿在出生满周和满月时，要由家中的老人主祭家神，不论婴儿是男是女，都要杀一只鸡，在祭桌上放祭品，并由老人念祝福词，然后给产妇和婴儿拴线，所不同的只是摆放的祭品有别。若是男孩，祭品是一支笛子，一把胡

① 《傣族社会历史调查》（西双版纳之七），云南人民出版社，1985 年版，第 10 页。
② 陈震：《农民生育的外部性与文化边际性》，见《人口与经济》1998 年第 1 期，第 37 页。

琴和一杆秤；若是女孩，则笛子换成纺织工具，胡琴换成盐巴，秤换成饭团①。

第三，婚姻关系上不存在男尊女卑。傣族家庭中的男女平等集中体现在男女财产平等、婚姻地位平等和父母子女关系平等诸方面。家庭中的经济是很民主的，父、母和年龄稍大一些的子女都有自己的私房钱。未婚的女子在家里便饲养家禽、耕种园圃等，劳动收入归个人所得，其他成员没有支配权。妻子通常掌管全家的财产，丈夫想买卖家中的家畜，要征得她的同意。婚后夫妻共同劳动积累的财产（如耕牛、农具等）属于共同所有，但丈夫做小生意或零星手工产品挣的钱、妻子从事家庭副业的获利则为各自的收入，可以自由支配，不受对方约束。

傣族的小家庭制崇尚男女青年恋爱自由，结婚离婚自由。傣族传统习惯认为，婚姻大事老人不应干涉，因为要一辈子共同生活的是儿女自己，只有让儿女们自己做主，婚姻才会美满。夫妻离婚只要双方同意就行，分手时不吵不闹，分开以后也不结仇怨，仍然以朋友兄妹相待。离婚时儿女抚养多数归女方，财产则由双方协商处理。离婚后儿女与父母同样往来。若男女各自成家，继父母对前妻前夫的孩子也不歧视，视同亲生的一样对待。如一家有几个子女，年长者都已成家另立门户的话，幼子或幼女就与父母一起居住，父母的赡养主要由他们承担（其他子女也要负一定责任），财产也由他们继承，其他子女不会来争夺。

傣民族性情温和，家庭和睦，夫妻间、婆媳姑嫂间、兄弟姊妹间均能和睦相处，很少有夫妻吵架、打骂孩子、虐待老人的现象。另外，在傣族社会中，如果一个家庭没有子女，则可以抱养，夫妻对抱养子女视同亲生，孩子长大后也会如亲生子女一般孝敬养父母。

这些社会风尚都为其家庭追求低生育偏好提供了社会支持。

（二）有效的村社保障机制

傣族社会这种"入赘"、"抱养"的风尚，为家庭内部的劳动力补偿及父母赡养提供了保障机制。同时，乡规民约也提出了对老人孝敬、赡养的要求。民主改革前，西双版纳傣族寨规、勐礼中就有这样的规定：当百姓的人有三个父母，第一个是亲生父母，第二个是哥哥姐姐，第三个是寨里的老人、头人。这三个父母都要尊重、孝顺，违者无理；子女长大后，必须替换父母负担和劳动，孝敬父母，若东奔西跑，不孝敬父母者，有罪无理；父母老后，无力劳

65

---

① 民族问题五种丛书编委会：《西双版纳傣族社会综合调查》（二），云南民族出版社，1984年版，第132页。

动，子女不得打骂父母，不扶养父母者，有罪无理①。俗语中也说："挡水堵坝靠红土，治理地方靠老人"；"田中土丘是谷魂，村上老人是寨宝"；"见好的要学，见老人要尊敬"。

对村社中的鳏寡孤独，则由共同体给予供养，承担起与有子女家庭相同的职责。据文献记载："老废无依，不能劳作者，则村落共同体共养之。""居住由村落共同体公建配给，衣食则由村人轮流供应，不令匮乏"。"故有无子女，在摆夷社会，无多大差别也。"② 这里所说的摆夷社会即傣族社会。在傣族村寨中，若有孤寡老人丧失劳力，又不能维持生活者，本村有责任赡养；若本村不赡养，孤寡老人流落外村，该村人会受到社会舆论的谴责。

正是这种"老有所养"的保障机制，使"养儿防老"的观念在傣族社会中失去了存在的价值。

（三）悠闲、乐观、尚美的生活态度

傣族民间流传着许多反映生育价值取向的谚语，如"果多压枝，儿多母苦"，"儿多不如儿少，儿少不如儿好"，"儿多而不精干，等于用牛屎当泥堵水没有用"；"好菜不用多，快刀不需大"等等。傣族多居住在坝区，生态环境较好，客观自然条件特别有利于水稻和其他经济作物的生长。因此，农民每年从事劳动的时间较短，男子从事农副业生产每年约为120天，每天劳动4～5小时，其余时间则多为串亲访友、赶街、闲逛、赕佛；女子从事农业生产的时间每年只在50天左右③。这就为他们能悠闲、乐观、尚美的生活创造了条件。

傣族有"早生早富，父母清闲"的思想，妇女们大多数在25岁以前就完成了生育任务，她们认为这样做，孩子长大时自己还年轻漂亮，可以有更多的时间追求各自的理想。这种思想一方面导致傣族妇女早婚早育现象相对突出（以1982年为例，当年15～19岁妇女的生育率为24.1‰，远远高于全国6.12‰和云南省少数民族19.73‰的水平，20～24岁为233.62‰，25～29岁为214.33；1990年15～19岁的生育率为37.08‰，20～24岁为231.32‰，25～29岁为169.40‰)④，另一方面也促使其更愿意响应政府号召，并选择最可靠的节育方式节制生育。据戴季玲等的调查，1990年至1995年在景洪农场医

---

① 民族问题五种丛书编委会：《西双版纳傣族社会综合调查》（二），云南民族出版社，1984年版，第21页。

② 李拂一：《十二版纳志》，正中书局，1955年版，第118页。

③ 民族问题五种丛书编委会：《西双版纳傣族社会综合调查》（二），云南民族出版社，1984年版，第15页。

④ 田雪原主编：《中国民族人口》，中国人口出版社，2005年版，第202页。

院接受妇女输卵管结扎手术的人群中，傣族是汉族的将近两倍（见表6）①。

表6　景洪农场医院1990～1995年妇女输卵管结扎情况调查表

年　份	总人数	傣族人数	汉族人数
1990	214	150	64
1991	208	160	48
1992	185	105	80
1993	158	98	60
1994	155	90	65
1995	160	106	54

20世纪初的《水摆夷风土记》中这样记载：从关门节到开门节的三个月间，他们一面忙着斋僧礼佛，一面从事田间劳作。所以关门节不仅是一个宗教的节日，也是一年中生活的转折点。过去他们的生活是浪漫的疏懒的，完全沉溺于爱情和欢乐之中，此后他们的生活将变为严肃的紧张的，一面和艰苦的现实生活奋斗，一面追求着死后的超升②。这也从一个侧面展示了傣族那种张弛有度的生活节奏。有了这样的生活态度，反映在生育行为上必然是"少育"。

（四）互帮互助的村社关系网络

在傣族社会中，很多单个家庭的事务（如结婚、建房、犁田、栽秧、割稻、打谷、守灵、送殡等）并不是以家庭为单位来实施，而是由一套互帮互助的村社关系网络来完成的。在他们看来，"独寨不成勐，独户不成寨"。因此要"有田大家分，死了大家抬"。无论谁家建房，从进山运料到立架盖顶、铺板上窗，全寨各家各户的成年人都会自带工具来帮忙，男的抬运木料，女的送水做饭，直到建成为止；遇谁家有人过世，全寨每户出一人到死者家伴灵一夜至两夜，死者未出殡前，全寨停止工作③；对耕种、收割等一类季节性农事，就以村民小组为单位来进行；对新迁入寨的住户，则免除一至三年的上交负担，并能得到其他补助。另外，还有认"老庚"的习俗，只要是同年出生的，不论性别，就是彼此的"老庚"，遇事就要相互关照，相互帮助。因此，傣族家庭内

---

① 戴季玲、王国祥：《傣族的生育习俗与生育保健》，见方铁主编《传统文化与生育健康》，中国社会科学出版社，1997年版，第220页。

② 姚荷生：《水摆夷风土记》，上海文艺出版社，1990年版，第205页。

③ 民族问题五种丛书编委会：《西双版纳傣族社会综合调查》（二），云南民族出版社，1984年版，第74～75页；《傣族社会历史调查》（西双版纳之二），云南人民出版社，1983年版，第34～35页。

农业劳动力的多少和有无并不至于影响到一个家庭的生存问题。这种互帮互助的社会关系网络，为每个家庭构建了一个家庭外部的、以村社为单位的劳动力供给保障体系。

凡此种种，都是形成傣族家庭自主性低需求生育行为的社会基础。

傣族家庭的这种生育偏好是建立在"少生、无性别偏好"生育观念基础之上的，是其应对生存环境的一种选择，在现实生活中具有充分的理性和实践逻辑。事实上，这种观念的形成过程伴随着傣族传统文化的形成过程，生育行为只是其生育文化在现实生活中的客观反映和具体体现。因此可以说，不论从村寨社区层面还是从家庭个人角度，这种自主性控制生育的行为是傣民族文化内生的，在既定意义上是文化自觉的，是人们主动追求控制自然生育以实现各自生育环境下家庭和社会功能的结果①。而这种生育文化传统的形成，在很大程度上是缘于南传佛教思想的影响，是南传佛教核心价值取向在共同体价值体系中的一种体现。

四、余　论

"这些温柔、天真的人民，他们和平地活着，安静地死去，在他们的一生中，没有痛苦与忧患，永远是满足和快乐。他们的脸上从没有显出愤怒或悲哀的表情，只有和善的微笑。他们不会用欺骗和争夺来聚集钱财，他们也不想用谄媚和诡诈来攀登高位。他们用坦白、纯真来对待一切的人们，就是对于外来的客人，也一样诚恳地相处。在他们之间人性的美，充分表现了自由、互助、纯真的爱……这些文明人士所昼夜追求的理想，在这里是随处存在着。"② 这幅和谐的生活图景既是姚荷生先生眼中的西双版纳傣族，也仍然是当下的西双版纳傣族。历经了数百年的洗炼，南传佛教文化在傣民族心中已幻化为布迪厄所表达的"持久的、可转换的潜在行为倾向系统"③，在共同体生存方式（包括生产方式、生活方式、思维方式等）的方方面面发挥了直接的或是间接的功能，当下，其在控制人口增长、构建和谐社会中的功能仍有待我们去探讨。

① 吕昭河等：《我国少数民族村寨生育行为与理性选择的分析》，见《民族研究》2005 年第 1 期，第 28 页。
② 姚荷生：《水摆夷风土记》，云南人民出版社，2003 年版，第 253 页。
③ ［法］皮埃尔·布迪厄：《实践感》，蒋梓骅译，译林出版社，2003 年版，第 80 页。

参考文献:

[1] 张天路主编:《中国民族人口的演进》[M],海洋出版社,1993年版。

[2] 陈旭光:《云南少数民族人口概论》[M],云南人民出版社,1990年版。

[3] 姚荷生:《水摆夷风土记》[M],云南人民出版社,2003年版。

[4] 江应樑:《傣族史》[M],四川民族出版社,1983年版。

[5] 罗淳、严乃贵:《云南各民族妇女生育水平与生育模式比较研究》[J],载《云南民族大学学报》2004年第6期。

[6] 彭珮云主编:《中国计划生育全书》[M],中国人口出版社,1997年版。

傣族的生态文化与可持续发展

杨　娟[*]

摘　要：傣族自然至上，人与自然和谐共处的生态文化观与傣族所生存的自然地理环境、生产方式、信仰崇拜和社会环境是分不开的。傣族人与自然、人与人的和谐相处的生态文化对于现代社会的可持续发展有积极意义。

关键词：傣族　生态文化　可持续发展

任何一个民族的生态文化都是在对其所生活的自然环境的适应和改造过程中形成的，因而各民族的生态文化各具特色。傣族也不例外，在适应生态环境，开发利用自然资源的实践中，在求得生存和发展的基础上，形成了独具特色的生态文化。与生态文化密不可分的人类生存环境不外乎是自然环境、社会环境以及文化心理背景，它们既是人类社会的生态要素，也是文化产生不可或缺的基本条件。傣族的生态文化调适着人与自然、人与社会、人与自身心理的关系，使其互相达成平衡，推动傣族社会向前发展。研究傣族的生态文化，深入发掘傣族生态文化中所蕴涵的维持人与环境、文化与自然良性互动的古老智慧和宝贵经验，对于今天傣族地区、云南各民族乃至全国、全球范围内的可持续发展都有重要意义。

一、傣族生态文化的主要表现

文化是一个民族对周围自然环境和社会环境的适应性体系，生态文化就是一个民族对生活于其中的自然环境发生互动关系的内容，主要是这个民族的宇

* 杨娟，女，1983年生，云南大学中文系民俗学研究生。

宙观、生产方式、生活方式、社会组织、宗教信仰、风俗习惯等。生态文化中包含这个民族对宇宙形成、天地自然、山川河流、土地、森林、动植物、水利、气候等自然资源的合理认识、主动调适和持续利用，对生计方式的选择和适应，对人与自然关系的理性认识和协调等等①，是民族传统文化体系中的重要组成部分。

对于宇宙的形成，根据傣族传说，傣族的创世神王以及人类都起源于水。宇宙中原有七个太阳，把地球烤成一个万物均不能生存的火球，是在天神的帮助下引来雨水，才把熊熊大火浇灭，拯救了地球，也为万物的生长创造了条件②。此说即认为宇宙世界是自然的产物。

在生活方式上，傣族以稻作文化为核心。稻作文化既是傣族生态文化形成的背景，也是其生态文化的重要表现。在西双版纳，稻米不仅是主食，还是节庆、婚丧礼仪中的礼仪食品，在宗教活动中又是沟通人神的物质媒介。

傣族全民信仰原始宗教和南传上座部佛教，傣族的生态观是反映人与自然和谐相处的生态文化观，主要表现在傣族人民对水、植物、动物的崇拜祭祀上。以下以水崇拜和植物崇拜为例。

（一）水崇拜

水是生命之源，任何生物都离不开水，任何生产生活都离不开水。彝族尚火，傣族尚水，人们常说傣族是水的民族是不无道理的。在傣族的观念信仰中，认为水是孕育生命的母体。傣族创世史诗《巴塔麻嘎捧尚罗》中就说，地球是英叭天神用自己身上的污垢和水面上的泡沫与渣滓制造的，因此是水形成了地，创造了世界，水是万物之源，没有水就没有地，没有地就没有世界万物。傣族把澜沧江、瑞丽江等大小河流看做河神的化身，通过供奉祭品向神灵传达信息，来表达对神灵提出风调雨顺，五谷丰登的希望和要求。傣族还认为水具有净化和重生的双重功能。在贯穿傣族人生的礼俗中，水作为生命力、再生力的象征成为人们礼俗中祈求、祝愿的吉祥物。如：傣族的诞生礼仪式中要给新生婴儿洗澡，在洗澡水中放入草药，用以清热消毒，而且希望通过洗澡驱除婴儿身上的邪气，避免鬼怪的缠绕，祝福婴儿健康成长。在傣族象征着人生转折过渡的升和尚、升祜巴仪式中也要用水来完成整个仪式。傣族婚礼上要以酒水泡蕉叶，新郎新娘谁先把蘸有酒水的蕉叶放在桌上，谁在将来的生活中就

---

① 郭家骥：《生态文化与可持续发展》，中国书籍出版社，2004 年版。
② 参见征鹏主编《西双版纳传说故事集》（第 1 集），中国民族摄影艺术出版社，2005 年版。

居于主导地位。葬礼上则需要借助水来祈愿死者再生①。傣族传说中为了纪念七个大义灭亲、为民除害的姑娘，每逢傣历新年都要举行泼水活动，以寄托对七个姑娘的怀念，同时，洗去人们身上的污垢、污秽和晦气，希望在新的一年里，更加健康、幸福。傣历新年元旦那天，人们需要到江边挑回沙子，在佛寺旁堆成塔，每座塔上掘一口小井，挑来净水，围坐在沙塔四周，边聆听佛爷讲读经书，边把净水一滴一滴地滴进沙井里，一方面祈求丰年，一方面让人与人、人与神灵之间的一切成见、仇恨、纠纷均似水滴在沙上一样消失和解。在傣族看来，水的功能不仅能净化客观世界，而且还能净化人的思想和灵魂。

（二）植物崇拜

在傣族传统社会中，植物被人们赋予灵性。生活在西双版纳的傣族把高大的树当成"神树"来崇敬，作为神树的大青树，人们从来不敢砍伐，而要栽于村寨中或附近，让其庇护村社的安宁。傣族的每个村子都有一棵大青树，当地人称之为龙树，每年最为隆重的一项祭祀活动就是祭祀大龙树，称之为祭龙。不仅如此，傣族还用木头制作的符号代表祖先神灵以供人们祭祀，傣族房屋建筑中的神柱，不能背靠，也不能挂东西，以表示对家神的尊敬。傣族把谷魂封为王，每年谷子收割时，每家每户都要举行叫谷魂仪式。菩提树、高榕、贝叶树、铁力木和莲花等植物演化成了南传上座部佛教的礼仪植物和花卉，受到人们的尊敬和保护。

傣族生态文化中还有一个组成部分就是庭院绿化意识。傣族人民认为，没有花草果木就不成家。各家各户用竹篱、矮墙围成院落，竹楼前后左右都种满了花草、果木、药物。竹楼掩映在绿树翠竹中，构成了傣族民居独特的一景。各种果木经济实用，方便取食，美化环境，净化空气。而且傣民还在庭院、村寨中种植作为传统建筑用料的竹林和薪炭林铁刀木，减少了对森林的破坏，客观上起到了保护植被、维护生态平衡的作用。

二、傣族生态文化的形成原因

傣族的生态文化与居住环境的自然地理条件是分不开的。傣族主要分布在云南西南部和南部的亚热带河谷盆地，这里气候温和，土地肥沃，雨量充沛，分布着大小河流，山区覆盖着茂密的森林，蕴藏着丰富的动植物资源。以西双版纳为例，它地处北回归线以南的热带北部边缘，气候类型为热带季风气候，

---

① 参见郭家骥《西双版纳傣族的水文化：传统与变迁——景洪市勐罕镇曼远村案例研究》，社会学人类学中国网。

山区为亚热带季风性湿润气候，而且属于太阳直射地区，故终年温暖、阳光充足、湿润多雨，具有"长夏无冬，一雨成秋"的特点。这样的自然地理环境为傣族的生态文化的产生提供了先决条件。

傣族的生态文化离不开稻作文化的影响。傣族选择了与所居住的地理自然环境相适应的水稻种植，维持生计并获得发展，创造了自成体系、举世闻名的稻作文化。早在两千多年前，这里便有种植水稻的灌溉农业出现①，文献记载西双版纳的傣族隋唐时已广泛采用象牛踏耕，后又为金属犁耕所取代。明代以后，傣族稻作农耕技术已发展成熟②。傣族地区历史上以牛踏田的传统一直延续下来，让牛边吃草边踩收割后不要的谷草和谷草根，于是腐烂的谷草和牛粪便成了很好的肥料。早在远古的时代，傣族先民便会打桩筑坝、开渠引水，修建了完善的水利设施，并有着严密的管理制度③。在长期水稻种植的实践中，傣族形成的生态文化观认为人是自然的产物，"森林是父亲，大地是母亲，天地间谷子至高无上"。认为人与自然是和谐共处的关系，其排列顺序是林、水、田、粮、人，"有了田地才有粮食，有了粮食才会有人的生命。"④ 在这样的生态观念指导下，傣族不断与自然环境相互影响和主动调适，对自然资源的可持续利用，使傣族地区人文生态和自然生态得到和谐发展。

地理环境不仅决定了生产方式，而且对居住形式也有一定的影响。干栏式建筑是傣族人民在长期适应环境的过程中创造的，已有一千四百多年的历史。这种独特的建筑形式不仅具备民族特征，而且也体现了傣族的生态文化。在滨水而居的河谷坝区，因受炎热、潮湿、多雨、竹木繁茂等生态环境的影响，傣族的民居建筑以干栏式为主。干栏式民居是一种下部架空的住宅，它具有自然通风、防潮等优点，具有良好的室内气候条件和较强的生物气候调节能力，以满足人们居住生活的环境舒适，使人、建筑与自然生态环境之间形成一个良性循环系统。这种建筑形态对于气候炎热、潮湿多雨的中国西南部亚热带地区非常适用。傣族的干栏式民居多为竹木结构，茅草屋顶，故又称为竹楼。西双版纳是有名的竹乡，大龙竹、金竹、凤尾竹、毛竹多达数十种，都是建竹楼的天然材料。这种民居的选材是按照当地的自然资源状况决定的，保护了自然环境，使资源可持续利用。在部分气候变化较大，平坝少、山地多，依山麓而居的傣族地区，代之而起的则是厚重、结实的平顶土掌房。土掌房系土木结构，

---

① 《傣族简史》，云南人民出版社，1985年版。
② （唐）樊绰：《云南志》；（明）朱孟震：《西南夷风土记》。
③ 郭家骥：《西双版纳的稻作文化研究》，云南大学出版社，1998年版。
④ 刀国栋：《傣族历史文化漫谈》，民族出版社，1992年版。

一般为两层,一楼住人,二楼堆放粮食和杂物,牲畜单独建圈。土墙有两层,厚达三尺,起到了隔热防寒的功效,也具有良好的室内气候条件和较强的生物气候调节能力。

宗教信仰也是影响傣族生态文化的因素之一。人的生存离不开自然环境,自然环境可以塑造宗教信仰,宗教信仰亦可以通过人对自然环境产生作用。原始宗教的自发性、全民性、广泛性,特别是它的民族传统文化性,对信仰民族具有重要影响。

在傣族地区,自然崇拜是原始宗教形态之一,其具体形式与该民族的自然生态环境相适应。傣族认为万物皆有灵,山有山神,水有水神,树有树神,只有与这些神灵和平共处,才能在神灵的庇佑下幸福生活,如果触犯神灵,就会受到惩罚,因此傣族要举行种种仪式祭祀各方神灵,遵守种种禁忌取悦各方神灵。水是原始自然崇拜的主要对象。水与人类的生存息息相关,人类对水的依赖远远超过其他任何自然物,水可以灌溉农田,保证庄稼作物的生长,水中还生活着鱼虾等很多动物,给人们提供了不可多得的食物资源。但同时,水也会泛滥成灾,淹没农田乃至毁坏房屋,给人类带来无尽的祸害。这种对水的依赖和恐惧,使水成为傣族最早产生并延续最久远的自然崇拜物之一。如上所述,傣族是最早种植水稻的民族之一,拥有先进的稻作文化,已形成了初步规模的农田灌溉系统。众所周知,与其他生产形式相比,稻田的耕作对于水的依赖显得特别突出,水就因其灌溉作用而备受重视,傣族每年的清理水井,赕水神,求水神由此而来。祈望通过各种祭祀取得神灵的恩赐和消灾,以求风调雨顺,五谷丰登。

同样,植物崇拜也源于原始宗教。植物崇拜有植物自身在生长、发育过程中具有的某些鲜明特征的原因,如树木枝叶的繁茂、树干的粗壮、花草的色彩气味和人们对稻谷的需求因素等。另外,某些神话和家族观念,也在使植物成为人们崇拜对象的过程中起到了重要作用。傣族地区"竜林"的形成和受到保护,就是典型的在神灵万能、抑恶扬善、消灾获福的宗教信仰下形成的。它是原始宗教"万物有灵观"和祖先崇拜的产物,也是傣族淳朴自然生态观的体现。由于禁止在"竜林"内狩猎和樵采,"竜林"起到了保持水土、涵养水源、维护生物多样性、调节雨量和温度的作用,使农业生态系统获得良性循环。

此外,佛教僧侣作为傣族中掌握文化、传承文化的代表,也将反映人对自然的认识以及持续利用自然的指导原则著成贝叶经书《坝兴麻版》,通过佛教节日传播下去,让蕴涵其中的生态观为人们所认识和接受。

在这样的社会环境中,傣族村民从小接受这样的教育,故而形成自觉意识并付诸行动，一代一代传承下来，成为人们生产生活中不可缺少的一部分。在傣族看来，人是自然的一部分，人与自然是相互依存、相互联系的整体，人离不开自然，而必须依赖于自然。大自然先于人类而存在，人是自然的产物，没有大自然就不会有人类，不管是毒蛇猛兽，还是微小的植物，都是相互依存，相互制约的，任何一种生物的灭绝都不利于人的生存。傣族不把人作为万物的主宰来看待，反而把大自然当做生人养人的父母亲，把动植物当做兄弟姐妹，因而对待自然如同对待自己的亲人一般关心爱护，从而在对自然崇拜的基础上产生了保护自然的观念。

这种通过宗教观念表现出来的宗教意识，是傣族生态文化的重要组成部分。宗教信仰下的生态哲学观铸就了他们独有的心理特征和文化，对保护傣族地区生态平衡具有积极的作用，使其能够在长期的历史中与自然和谐相处，不断发展。

三、傣族生态文化与可持续发展

中国在《21 世纪议程》的指导下，已把可持续发展定为 21 世纪的基本国策和基本发展道路，其主要内容包括资源和生态环境可持续发展、经济可持续发展和社会可持续发展三个方面。也就是说，可持续发展以资源的可持续利用和良好的生态环境为基础，以经济可持续发展为前提。可持续发展问题的中心是人，以谋求社会的全面进步为目标。傣族的生态文化必将联系中国实际走可持续发展的道路。傣族地区现状为人口不断增长，生活水平不高，而传统的生态发展模式虽也为可持续的，但随着时代的进步，这种模式已经不能适应当今社会，应该探索一条傣族人民生态文化可持续发展的新道路，使傣族地区经济、社会、资源、环境相协调。所以傣族传统的生态文化应与现代化相互适应，相互融合。

可持续发展的基本内容可阐释为两类关系——人与自然的协调及人与人的协调。

在处理人与自然的关系上，傣族地区在措施的制定和实施上，需要结合傣族社会的实际情况。在生产方式上，如稻作技术，保留原有长期历史实践中的种植经验，融合现代科学种植技术，使傣族稻作文化适应现代化的生产要求，形成高效、节能及可持续发展的新型稻作技术；在自然资源方面，对于傣族地区的水利资源、森林资源的利用，不仅要充分发挥传统法规和"竜林"观念意识，而且需要加强现代科学的资源管理模式；在思想意识观念上，应充分尊重和保护其原始宗教、南传上座部佛教、传统的生态文化观、传统生态伦理道德观中有利于可持续发展的因素，同时需要通过学校教育、家庭教育和社会教育，向傣族民众进行现代科学知识的传授和普及。除此之外，还应重视对傣族生态文化的研究，扩大与各民族、各区域的交流合作，发掘传统生态文化中值得学习借鉴之处，同时为新措施的制定提供依据。总之，可持续发展要求尊重、实现和维护自然界本身的存在价值，建立人与自然的互利共生，实现人与自然的和谐发展。

在处理人与人的关系上，傣族社会有着良好的传统道德观念。傣族的《布栓兰》（"爷爷对儿孙的教育"），教导傣族人民热爱劳动，尊重劳动、诚实善良、尊老爱幼。在生产生活中形成的伦理道德观念，成为做人的准则，造就了傣族的审美观即勤劳、正直、善良是美，反之则丑。傣族社会有路不拾遗的风气。傣族原始宗教的自然崇拜观念认为"万物有灵"，每个人的所作所为天知地知，万物皆知，违反了传统道德将会受到惩罚。因而不贪、不偷、不抢是傣族人民的共识，团结友爱、互帮互爱是傣族道德伦理的核心，与人方便、与人为善始终是他们传统美德的基本出发点，从而达到人与人之间的和谐。

总之，人文、自然资源和生态环境的协调，需要我们在现代化的进程中充分发扬民族传统文化中有利于生态和可持续发展的文化功能，加上现代技术的保障、制度的创新和人文环境的支持。只要使傣族的传统生态文化得到继承和发扬，傣族地区的生态可持续发展一定是大有希望的。

参考文献：

[1] 郭家骥：《生态文化与可持续发展》［M］，中国书籍出版社，2004年版。

[2] 王维：《人·自然·可持续发展》［M］，首都师范大学出版社，1999年版。

[3] 周鸿：《人类生态学》［M］，高等教育出版社。

[4] 王国祥：《傣族历史文化求是录》［M］，云南民族出版社，2006年版。

[5] 江帆：《生态民俗学》［M］，黑龙江人民出版社，2003年版。

贝叶文化与傣族社会生活

浅析西双版纳傣族土司制度

岩香宰　常　虹[*]

摘　要：傣族是西双版纳的世居民族，在这片土地上，始于元末、完善于明的土司制度一直沿袭至新中国成立，其主要原因在于地理环境的障碍，中央王朝对边地控制的不稳定和召片领制度发育得较为完善、成熟。

关键词：西双版纳　傣族　土司制度

傣族是中国 56 个民族中的一员，主要分布在云南省南部和西南部的西双版纳傣族自治州和德宏傣族景颇族自治州。此外，还在丽江市的永仁县、保山市的龙陵县、腾冲县，临沧市的凤庆县、云县、双江县，玉溪市的新平县、元江县，普洱市的景谷县、景东县、孟连县、澜沧县、江城县，红河哈尼族彝族自治州的金平县等地有散居分布。据统计，我国傣族现有 115 万多人口，其中，西双版纳傣族有 30 多万人。傣族是一个跨境民族，越南、老挝、泰国、缅甸、印度均有分布。

一、西双版纳傣族的历史沿革

傣族源于古代的百越族群。西双版纳傣族自古以来就是云南境内世居民族之一，汉文史籍已有关于傣族先民的明确记载。汉代把傣族称为"滇越"、"掸"，唐代称傣族为"金齿"、"银齿"、"黑齿"、"茫齿"、"白衣"，宋代沿称"金齿"、"白衣"，元明时期称"白夷"或"夷"，清代以来则多称"摆

* 作者简介：岩香宰，男，傣族，1961 年生，西双版纳州民族宗教事务局局长，主要研究方向为民族事务与傣族宗教问题；常虹，男，1973 年生，西双版纳职业技术学院讲师，主要研究方向为民族文化。

夷"。在西双版纳因居住地域和文化方面的某些差异,又分别称为"水摆夷"、"旱摆夷"和"花摆夷"等等。上述都是他称,至于傣族本身,一直自称为"傣"。新中国成立后,按照傣族人民的意愿,正式定名为"傣族"。据傣族编年史《泐史》的记载:1180 年,西双版纳傣族先民首领帕雅真在景洪建立了景龙王国,实行君主专制的封建领主经济制度。元明清朝廷设置的土司,就是上至宣慰使,下至各"勐"的大小领主。其辖地超过今天的西双版纳,号称有八百四十四万人,白象九千头,马九万七千匹。西双版纳傣族先民在 20 世纪时已经创立了以召片领为首的成熟的政治体制。这一体制影响到西双版纳傣族的整个历史进程。

西双版纳意即"十二千亩田"。版纳是一个专门名词,每一大坝子为一版纳,是一个行政的或贡赋的单位。十二版纳的最高行政领袖是车里宣慰使。这个官职是元朝初封称的,一直沿用到新中国成立初期。除了上级行政机构对下级行政机构的管理外,各级行政机构的议事会之间还存在着垂直管理制度。村寨议事会由村寨头人和乡老构成,而以上各级议事会则由各下一级机构的头人组成。议事会起到监督、决策等重要职能,凡是地方头人任免都要经议事会商议,一些重大决策则必须由议事会通过方可执行。

二、西双版纳傣族历代土司及沿革

1293 年,元朝在西双版纳设车里路军民总管府,开始建立土司制度。元代以景洪为中心,包括现在的西双版纳、普洱市的一部分以及缅甸、老挝北部地区。而后,车里军民总管府改为车里宣抚司,元朝任命傣族召片领为宣抚使。按元代的制度,宣抚使秩正三品。从史料记载上看,元初在车里宣抚司设达鲁花赤一员、宣抚一员,还有其他中央委派的官员。元朝在西双版纳地区的建制已经是这个朝代的末期。这一时期傣族地区又处在混乱之中,各种史料记记不详。因而,我们很难判断西双版纳土司制度的整个过程,但可以肯定的是,元朝末期西双版纳土司制度已经建立,而且傣族上层已经被元朝统治者委任和利用。

明代是西双版纳土司制度较为兴盛的时期,其各种相关制度都比较完备。朝廷在这里设立了车里宣慰司,任用傣族首领召片领进行统治。明代的车里宣慰司所辖除包括今天的西双版纳全境外,还包括普洱市的一部分以及缅甸、老挝境内的部分地区。车里宣慰司设于洪武十五年（1382 年）,以第八世第九任召片领刀坎为宣慰使。按照明代制度,宣慰使秩从三品,掌管地方军政大权,并定期向朝廷纳贡,一般三年一贡。尔后,明朝曾一度将车里宣慰司一分为二，即在西双版纳及周边地区设了车里宣慰司和晋安宣慰司。明朝之所以这样做，是因为当时西双版纳傣族贵族内部发生了内讧，在两派之间，明朝政府不宜偏袒哪一方。这种状况一直持续到宣德六年（1431年），出于傣族贵族的要求，明朝复设车里宣慰司，合并此前设的两宣慰司，但由刀霸羡和刀霸供两人共同出任宣慰使，共同执政，是为第十一世第十四任宣慰使。到了明朝中后期，由于缅甸洞吾王朝的兴盛和明政权的衰落，因而使西双版纳地区与中央王朝的联系减少。1568年缅甸大光王征服景龙（即景洪），傣族第十四世十九任召片领（明朝宣慰使）刀韫勐出降。此后，西双版纳成了明朝和缅甸的势力缓冲带，它与明朝中央的联系受到影响。从第十五世二十一任召片领刀应勐开始，傣族首领既要受到明朝皇帝册封，又要受缅甸王册封，而双方都冠以"宣慰使"之名。事实上，明朝对西双版纳的控制更多的是处于名义上的节制，而缅甸洞吾王朝（后为木梳王朝取代）则不然，它对西双版纳地区征派赋役，具有武力上的优势。在这种情况下，明朝和洞吾王朝在这一地区矛盾不断，特别是在召片领的继立问题上，双方都不承认对方的任命而各自拥立不同的傣族上层。总的来说，到明代后期，西双版纳与明朝中央的联系减弱了。

清朝建立后，在傣族地区仍然沿袭明代土司制度，但其间亦有所损益。顺治十七年（1660年），第十九世二十七任召片领刀穆祷向清军投降，清政府委任其继续担任车里宣慰使。清朝时期，对边疆地区进行武力征服的同时，中央政府也重视对边疆的控制。雍正七年（1729年），清政府划车里宣慰司的六个版纳归普洱府，从而基本形成了今天西双版纳的格局。与此同时，清朝还加强了对思茅厅（今普洱市）等地的驻军，以控制西双版纳。乾隆三十八年（1773年），云贵总督彰宝建议废除车里宣慰司，设专营管理。清政府采纳其建议，在西双版纳设立普安营，拨兵巡防，并且改土司的土练兵为屯兵。这样，清朝在车里地区便建立了军事统治。但是四年之后，由于"普安营瘴盛，兵丁等惮于拔应募，且孤悬江外，不足控制各猛"，清政府便以"刀氏管理车里夷众已二十四代，众不能忘"为由，重新委任第三十二任召片领刀士宛为宣慰使。从清初到乾隆时期，缅甸木梳王朝曾多次入侵西双版纳，清政府屡次派兵还击。乾隆以后一直到清朝末期，由于清朝势力的衰弱以及外来入侵的加剧，从而使中央政府无暇顾及西南边疆的改土归流。与此同时，外来入侵也一度使西南边疆出现危机。在此期间，西双版纳仍然是一个独立于中央王朝绝对控制之外的地区。

民国初年，西双版纳归普思沿边行政总局管理。地方军阀实际上控制了西双版纳，他们在此分区设治，并在保留原来土司制度的基础上，实行"土流共治"。

1927 年，云南省政府划全省为十个行政督察专员区，车里地区为第八行政督察专员区。与此同时在车里地区改设县治，设车里、佛海、南峤、宁江等十个县。此举虽然进行了形式上的改革，但是西双版纳地区的统治仍然依靠土司来维持。召片领仍然保有宣慰使的封号，并且其继续受到政府的重视。民国时期的召片领依次是：第二十六世三十七任刀承恩，第二十七世三十八任刀栋梁，第二十八世三十九任刀世勋。1944 年刀世勋继位时，云南省政府主席龙云为他举行了隆重的仪式。在召片领继续拥有统治权的同时，召片领的议事会被改造成为国民政府的参议会。"勐"被改为县，勐以下的各级组织"陇"、"播"、"哈麻"、"火西"等相应的演变为"区"、"乡"不等。原来的各级行政机构头人仍然被任命为长官。西双版纳的土司制度在民国时期依然存在和运行。

新中国成立后，直至 1956 年民主改革，傣族土司制度才退出了历史舞台。傣族最后一任召片领刀世勋先生现仍然健在，他是我国傣语学界、民族史学界的专家。

三、西双版纳傣族土司制度长期存在的原因

(一) 地理环境因素是首要原因

笔者认为，一方面，云南特殊的地理位置，即由山地、河流、小盆地构成了天然的地理隔绝。这使得云南各少数民族之间联系较少，使得各民族在自己的居住地范围内显示出较大的独立性、封闭性和自保性。傣族地区在地理上的这种封闭与隔绝使得任何外部力量要想介入都较困难，所以外部的力量不能最终决定其一切。但由于地域有限，力量不足以达到独立的程度，因而决定了傣族必须依附于外部力量。这种既具独立性又显示出软弱性的特点使西双版纳傣族土司制能够长期存在。另一方面，傣族地区属于热带气候，湿度较高，而且海拔相对较低，蚊蝇孳生，恶性疟疾等传染病较为流行。外地官员或兵民想进入西双版纳，首先得面对疟疾等传染疾病的困扰。在医疗条件落后的时代，要想对西双版纳进行改土归流，派遣流官或军队戍守是不现实的，这也是造成傣族土司制度能够长期存在的因素。其三，这一地区与内地的政治中心相距较远，中央无法有效控制，只能长期采用土司制度这个办法，进行名义上的管制，因而使傣族地区土司制度能够长期存在。

(二) 中央王朝对地方控制力的不稳定性是原因之二

笔者认为，从历史上看，任何一个中央王朝对地方的控制力都不是始终如

一强大的。一般来说，王朝初创时期中央对地方的控制力是最强的，之后随着皇权的衰弱而使中央对地方的控制力逐渐减弱。到王朝末期，中央权力已经大部分下移或分散，再加上王朝内部矛盾的加剧，致使中央对地方很难进行有效控制，特别是对于偏远落后地区则更是鞭长莫及。清朝初期政权是最强的，此后一直到清末，由于中央对地方控制力的减弱，因而使得傣族土司制度在王权之下能够继续存在。民国时期在 1927 年以后，虽然在表面上实现了全国统一，但是国民党新军阀势力仍然存在，特别是 1937 年之后，由于国民政府忙于抗日战争和国内战争，所以更加无暇加强对地方的控制。基于这些因素，所以西双版纳傣族土司制度能够长期存在，一直到新中国成立后。

（三）傣族的社会政治体制较为成熟和完善是原因之三

用传统史学的眼光来看，傣族早在 12 世纪即大理国时期就已经进入了封建制社会，并形成了自己成熟的社会政治体制，而且一直延续到现代社会，因而使土司能够长期依存于此进行统治。这也是西双版纳傣族土司制度所以能够长期存在的原因。

总之，我们认为，西双版纳傣族土司制度为延续其统治的长久起到关键的作用，同时也为边疆与中央的关系、傣族与内地汉族的关系以及傣族与其他少数民族的关系奠定了坚实的基础。如今，西双版纳傣族的各大节日，如赶摆，仍延续着过去的古老传统。探讨西双版纳傣族土司制度的形成并长期存在的原因，对探讨边疆稳定、民族团结和构建社会主义和谐社会，都具有十分重要的历史意义。

参考文献：

[1]《西双版纳傣族社会综合调查》[Z]，云南民族出版社，1983 年版。

[2]《西双版纳州民族宗教志》[M]，云南民族出版社，2006 年版。

[3] 姚荷生：《水摆夷风土记》[M]，云南人民出版社，2003 年版。

[4] 朱德普：《泐史研究》[M]，云南民族出版社，1993 年版。

浅论西双版纳节庆的起源和发展

汪　涛[*]

　　摘　要：节庆是人们在长期的生产、生活中，以传统宗教祭祀、农事生产、历法等为蓝本，创造而形成的有固定时间、地点、活动方式、风俗习惯的社会群体性庆祝活动。西双版纳各民族的节日大多起源于两汉时代，定型于唐宋时代，并在其后的历史岁月中不断演变和发展。

　　关键词：西双版纳　节庆　起源　发展

一、引　言

　　节庆是人们在长期的生产、生活中，以传统宗教祭祀、农事生产、历法等为蓝本，创造而形成的有固定时间、地点、活动方式、风俗习惯的社会群体性庆祝活动。

　　节庆风俗的产生和形成过程是一个长期的历史积淀过程，许多现代保存并流行的节庆活动是古代人民社会生活的写照。节庆活动形成、发展、演变是一个潜移渐进的过程，渗入历代人民生活方式的细枝末节，表现出一定时代人民的心理特征、审美情趣和价值观念。节庆内容会随时代的发展而发生演化，并在历史长河中留下一条脉络清晰的演进轨迹。在莽莽苍苍的热带雨林腹地，西双版纳各族人民拓展了独特而多彩的生活空间，形成了特有的生产和生活方式，创造了丰富多彩的民族文化，节庆文化就是其中一朵耀眼而瑰丽的奇葩。西双版纳各民族的节日大多起源于两汉时代，定型于唐宋时期，并在其后的历

84

---

　　[*] 作者简介：汪涛，男，1966 年生，云南南涧人。西双版纳报社主任记者，主要研究方向为西双版纳少数民族习俗和节庆文化。

史岁月中不断演变和发展。

二、西双版纳节庆的起源

西双版纳属东南亚和南亚季风交汇的低纬度地带，地处热带北部边缘。高温、多雨、湿润、静风，属热带、亚热带季风性气候，年平均温度在摄氏20℃以上，年降雨量在1 000～1 700毫米之间，终年无冰雪，大部分地区终年无霜，没有明显的四季之分，但干季和湿季却非常明显。西双版纳各民族多居住在坝子和丘陵、缓坡地带，一般海拔在500～1 300米之间。这些地区地势平坦、气候湿润、雨量充沛、土地肥沃、风景秀丽、物产丰富，有浓郁秀丽的热带、亚热带风光。远山森林密布，近处茂林修竹，身旁鸟雀鸣啼之声不息，空气中充溢着植物和百花散发的清香；稻谷一年多熟，热带水果丰盛。大自然赐予西双版纳得天独厚的自然条件和丰富的资源、物产，使各族人民两千多年来尽管经历了无数沧桑之变，却仍能在这一方富饶的土地上生活、繁衍、发展，为形成具有西双版纳地域特色和气候特色的节庆文化产生、演变、发展奠定了物质和环境基础。

节庆活动是人类社会发展到一定历史阶段的产物。节日产生、发展的过程是人类认识自然、改造自然的过程。在"山中无历日，寒暑不知年"的原始社会，生产力水平低下，人们征服自然和改造自然能力十分有限，物质生活极度匮乏。在这样的状况下，不可能有节日的产生，这是一个众所周知的公理。

节日风俗的产生和形成与社会发展和文明进步直接相关，也就是说，社会发展和文明进步孕育了节庆文化。史前至我国秦代，西双版纳（古称勐泐，直到明朝才改称西双版纳）一直处于漫长的原始社会。到两汉时，中国的封建统治者加强了对西南地区的开发、安抚和管理，汉武帝在公元前109年开发西南夷地区，设立了益州郡，西双版纳属益州郡管辖范围，中原先进文化尤其是先进的农耕技术开始传入。此时，这里封建社会的生产关系开始萌芽，生产力得到发展，物质产品日渐增多，古代先民从长期的饥饿和半饥饿的生存状态中逐步摆脱出来，认识自然、改造自然、征服自然的能力逐步增强。各民族的神话故事、传说、创世史诗大量产生，很多风俗活动勃然兴起，原始崇拜、迷信、禁忌成为节日产生的最早渊源。

原始崇拜中，图腾崇拜占据了重要地位，是节日产生和存在的土壤。基诺族把大鼓作为本民族的图腾。相传在远古那场大洪水中，是大鼓帮助基诺族的祖先——玛黑和玛妞躲过了劫难，洪水退却后，玛黑和玛妞从藏身七天七夜的大鼓中走出，男耕女织，繁衍了基诺族的后代。因此，在每年的特懋克节中，都要举行"司土拉"——祭鼓仪式,并由村寨中的长老率先敲响大鼓,众人围着大鼓,欢快地跳起"特懋妞"。大鼓作为基诺族图腾崇拜,在基诺族群众的心中占有重要位置,是特懋克节中一项主要的祭祀内容,此习俗一直延续至今。

哈尼族的节日活动中,多神崇拜贯穿在红秀、红米、老卡、亚开、补电争朗、耶苦扎、扁里捏、撵板天、绕拉、卡炎、鸭鸡鸡、嘎汤帕等 12 个全民性的节日中。哈尼族属于多神崇拜的民族,认为人生只有信服并崇拜天地间所有与人类生存发展有密切关系的妙物和神灵,才能保佑人生顺利和平安。自古以来,哈尼族祖祖辈辈都以不同的方式祭祀天神、路神、雷神、雨神、风神、山神、石头神、河神、火神、牲畜神等。在节日中,这样的祭祀活动得到了充分、系统、虔诚的表现。哈尼族先民认为,神保佑任何一种生命,并能帮助人们驱邪避灾,逢凶化吉。因此,每逢节日,一代又一代哈尼人都要对被他们尊称为"腰点然暗桑"(活人的寄托者)进行虔诚的祭祀和膜拜。他们对每个节日都非常看重并精心准备和认真参与,节日中力求让每位成员吃好穿好,玩得愉快,象征人类以一种积极、昂扬、乐观、向上的精神状态与自然抗争,与害人的鬼神搏击和抗争,并显示出人类征服自然的巨大力量、旺盛的生存能力和快乐的生活观念。

傣族的泼水节、拉祜族的扩塔节、布朗族的年节和瑶族的盘王节等,也保留很多原始崇拜的色彩,体现出这些民族的先民对自然、对人的认知和理解。

原始禁忌是促成节庆风俗产生的另一个重要因素。在这方面,我们从傣族的傣历新年——桑勘比迈的节日起源传说中,就可以看出清晰的原始禁忌痕迹。据传,掌管气候的天神捧玛点达拉乍自恃神通广大,无视天规,为所欲为,让雨旱失调,冷热不分,人间五谷无产,灾难不断。但捧玛点达拉乍的七个女儿却美丽、善良,极富正义感,她们对父亲无恶不作的行为异常愤慨,下决心大义灭亲。她们在探明父亲生死秘诀后,趁父亲熟睡之时,拔下父亲的头发,然后用头发作武器割下了父亲的头颅。而头颅一落地就生火,邪火燃烧猛烈无法扑灭。姑娘们只好将父亲的头颅抱在怀中,不时轮换,互相用清水泼洒冲洗污秽,洗去遗臭。据传这就是现在每年一度的泼水节的来历。

从这个流传很广的传说中可看出,西双版纳傣族先民的禁忌特征十分明显。在他们面前,世界是错综复杂而又严峻无情的,他们只能凭借着感性的、质朴的思维方式,去探索宇宙万物的奥秘,把握自然的某些表象,当其对大自然的许多奥秘和现象找不出答案时,就产生了许多禁忌。当旱季进入到傣历年六月前后时,是西双版纳坝区最热的时节,太阳就像火魔焦烤大地,气候异常炎热。由于气温骤然升高,有毒气体和虫害大量产生,危害人畜健康,给农作物造成很大威胁。傣族先民认为，这一切都源于太阳带来的炎热酷暑，但先民们却对此感到无能为力，于是对太阳产生了敬畏和惧怕。在这样的禁忌心理支配下，傣族先民向往和希望一种神奇无比的超自然力量，改变炎热的生存环境。于是，七女儿勇灭神威无比、作恶多端父亲的传说就这样产生了。

在酷热难当的南方旱季，还是各种疫病流行的高发期，这个区域的古代先民，要在这个时期被禊防疫，所以，泼水节中还有一定以迷信方式被禊的色彩。这与中原汉族的上巳节（农历三月三日）春季防病颇为相似。《风俗通祀典》云："按周礼女巫掌岁时以被除与浴。禊者洁也，故于水上盥洁之也，巳者祉也，邪疫已去，祈价祉也。"南方古代的傣族先民也一样，尽管对各类流行疾病缺乏必要的认识和防治办法，但是，在发病的季节，已经认识到应该讲究清洁，注意卫生。这表面以迷信方式出现，实质却注入了朴素的健康观念，在泼水节传说中有了明显的体现。七个女儿轮流用清水相互泼水清洗身体，一方面可降温避暑，另一方面可清洁身体，抵御疾病侵袭，透示出原始朴素的卫生健康观念。

上述的原始崇拜、神鬼迷信、禁忌等习俗无疑是节日风俗产生的土壤。但是，这些习俗要注入节日还需要很长时间，一方面，要使上述的原始习俗上升到礼仪性质，成为"约定俗成"的礼俗，另一方面，通过神话传奇故事给特定的节日增添浪漫迷离的色彩，通过历史传说的附会使其更加合情合理，某些民间习俗一旦被统治者引入宫廷生活中，于是上行下效，更加风靡普及……从某种意义上讲，这些条件都是节日风俗形成的催化剂。

到两汉时，西双版纳社会出现了封建社会生产关系的萌芽。大量的奴隶逐步转化成自耕农，一些奴隶主也向封建地主转变。与前代相比，人民有了自然生活的权利。民间风俗也自然"相染成风，相沿成俗"，得到了长足发展。无可否认的是，在普通的西双版纳各族先民中，最先复苏的是原始思维、意识。人类早期的迷信、崇拜、禁忌再次地进入人们的生活。节日风俗早期萌芽大部分是在这个时期。但是，在这一时期，节日风俗的内容尚不够丰富，形式上也往往比较单一，流行地区不够广泛，有些节日的时间也还没有固定下来。

总之，西双版纳节庆风俗大致产生于本土封建社会生产关系萌芽的两汉时代。随着中原先进农耕文明的逐步传入，各族先民摆脱了蛮荒和饥饿，逐步踏入了文明社会的征程，为节庆风俗的产生奠定了社会基础。大量的神话、传说和故事，广泛兴盛的原始崇拜、迷信、禁忌，为节庆风俗的诞生提供了发育的土壤和不尽的素材源泉。

三、西双版纳节庆的定型

唐宋时代，尤其宋代，是西双版纳节庆风俗的定型时期。泼水节、关门节、开门节、嘎汤帕节、扩塔节、盘王节、特懋克节等西双版纳主要节庆的风俗特征和活动内容，基本上都定型于这个时期。

西双版纳主要节庆风俗定型于唐宋时代有其深刻的历史原因及多方面的社会条件。除沿袭继承两汉社会生活风俗这个历史原因外，从唐宋时代的背景来看，促成西双版纳节庆风俗定型主要有三个方面的因素：一是区域性政治、经济的稳定、统一和发展；二是唐宋先进科学技术的大量涌入和这一时期西双版纳社会在科技成果上的大量推广应用；三是南传上座部佛教的传入和广泛渗透。

唐宋以前，西双版纳社会有很多个割据而治的独立政治、经济体，俗称"小国"。景洪地区的"九塔十二城"（傣语为"告庄西双景"）中的"十二城"，就是隋唐时期十二个相对独立的"小国"。各国之间、地区之间都有各自不同的历史积淀和传统习惯，影响了已经萌芽的节庆风俗的推广和发展。当时，国与国之间、地区与地区之间，节庆风俗不尽相同，而林立的"小国"界线又把人们囿于狭小的生活圈子里，生活风俗缺乏必要的交流、沟通和融合，造成了"百里不同俗"的局面。同时，早期萌芽的各国和各地的节日风俗也比较单一。因此，节庆风俗的大交流、大融合乃至基本定型，有待政治、经济的稳定和统一，科技、文化的繁荣与发展。

唐宋时代，中国的封建社会进入鼎盛时期，中央集权的统治力量进一步加强，封建经济空前繁荣和发展，科学技术尤其是农业耕作技术大跨步前进。随着统治者对边疆各地统治力量的进一步加强，政治、经济、文化、科技的传播、渗透的广度和深度不断加强，促进了当时西双版纳经济社会的进一步发展。

从当时西双版纳的社会发展情况看，封建社会的生产力得到进一步发展，与之相适应的生产关系得到巩固和确立。这个时期（公元 8 ~ 12 世纪），西双版纳属于唐、宋王朝的地方政权"南诏"、"大理"所管辖。当时傣族先民被称为"金齿"、"银齿"、"茫蛮"。唐代樊绰的《蛮书》云："金齿蛮银齿蛮……并在永昌、开南。""茫蛮部落，妇人披五色娑罗笼，孔雀巢人家树上，象大如水牛，俗养象以耕田，仍烧其粪。"这里的"开南"就是指"开南节度"，辖区包括今天临沧、景东、景谷、思茅及西双版纳一带。《蛮书》记载有关开南一带"茫蛮"的风土习俗，如妇人披娑罗笼、畜象、多孔雀等，正是过去西双版纳风土习俗的真实写照。

值得关注的是，据傣文《泐史》记载：宋淳熙七年（公元 1180 年，傣历542 年），傣族首领帕雅真统一了西双版纳各部，建立了一个以景洪为中心的地方政权"景龙金殿国"，接受中国封建皇帝的封号。这是有史以来西双版纳第一个有明确记载的地区性统一的封建集权王国，之后一直以召片领这样的地方统治方式传承下来。帕雅真建立"景龙金殿国"所辖地域广阔，人口众多。《泐史》称"有人众八百四十万，白象九千头，马九万七千匹"。高度统一的地方政权，为节庆风俗的交流、融合、定型提供了良好的政治基础和社会环境。在高度统一的政治背景下，过去若干个独立的政治、经济体不再存在，这使两汉以来西双版纳各地不同的风俗出现大交流和大融合，本民族内部、各民族之间的节庆风俗相互融通，各种文化逐步融合交流。各地风俗也相互吸收渗透，你中有我，我中有你。傣族泼水节与布朗族的年节，在时间、风俗习惯、活动内容等方面基本没有太大的差异，这无疑是相互交流融通的结果。西双版纳各民族在创造节庆文化中，还深受中原文化习俗的影响。拉祜族的扩塔节，在节庆时间上完全与汉族春节和元宵节的时间一致，节庆中清洁房屋、家具、衣物的习俗，春糍粑的习俗，抢新水的习俗，年三十吃"团圆饭"的习俗，正月十五过小年的习俗，几乎与汉族过春节的方式一模一样。这样的节庆习俗的融通，只有在唐宋时代，中原文化与边地文化大交流、大融合中，才会出现，才会有如此丰富多彩的节日内容。

同时，唐宋时代的西双版纳社会，又是一个科学技术得到广泛应用和推广的时代，这为节庆风俗的定型和发展提供了良好的土壤和社会氛围。唐宋时代的天文学和天文历法有了长足的发展，天文学和天文历法为节庆风俗的定型提供了固定而准确的时间。节日的产生与天文、历法、数学有密切的关系。到现在我们所能看到的傣族泼水节、开门节、关门节，哈尼族的嘎汤帕节，拉祜族的扩塔节等，无不深深烙下天文和历法的印迹。

唐朝稍前的公元 7 世纪，傣族人民借鉴汉族的先进科技成果，创造了独特而科学的天文和历法。纪元以公元 638 年 3 月 22 日为起点。傣历年的交替以泼水节为标志，依次为 6 月、7 月、8 月、9 月、10 月、11 月、12 月、1 月、2月、3 月、4 月、5 月，逢闰年在 9 月后增加一个"后 9 月"，每年平均为365.258 75 天。如此精准的计算，没有高度发达的天文历法，是无法完成的。也就从公元 638 年开始，傣历新年——泼水节的固定时间就已经确定下来了，随后，傣族的开门节和关门节，也依靠天文历法，确定了节庆活动的准确时间。

哈尼族也在唐宋时代稍前创建了本民族的物候历法。历法分为三季："残岗"（冷季）、"弓南"（暖季）和"腌岗"（雨岗），每季 4 个月。阳历 11 月至次年 2 月为"残岗"，3 月至 6 月为"弓南"，7 月至 10 月为"腌岗"。哈尼族历法称星期为"纳也"。每 13 天为一个星期，其中，第 13 的"贺"（属鼠）是重复计算的。因此，第一、二两个星期只有 25 天而不是 26 天，第一、二、三个星期总共为 37 天，以此类推。"嘎汤"是哈尼族的纪元名称，也是哈尼族的纪元年号，"嘎汤帕"节，就是依据这样的物候历法确定的日期，同时，耶苦扎节确定在每年七月秧苗返青后一个属牛的日子为节庆举办的固定时间，也是应用了这样的物候历法确定的。

科学技术的发展为节庆习俗注入了大量新颖而精彩的活动内容。唐宋时代造船技术的传入，使傣族长期以来依靠竹筏作为摆渡工具的历史实现了新的跨越。那时，傣族已能造出密封性能好、运行平稳、有较强抗击风浪能力的船只。正是在这样的条件下，泼水节中的龙舟竞赛才能成为可能，并逐步发展演变为泼水节中一项重要的活动。千余年来，龙舟竞赛在每年泼水节中很受欢迎，十分热闹。有这样一段文字记载了当年车里宣慰司龙舟竞赛的热闹场面："车里宣慰司治，并有竞龙舟之戏，士女如云，锦绣夹道，高升喷射空中，清歌声满江上，洵佳辰也。竞舟者以先至目的地为胜，胜者宣慰使奖予银牌，负者则以不去毛竹篾亦剪裁如银牌状予之……"

唐代，南传上座部佛教传入西双版纳，成为傣族、布朗族全民共同信仰的宗教，为很多节庆的定型增添了浓重的佛教色彩。傣族泼水节及布朗族年节的节庆中，都有浴佛活动和僧侣诵经仪式；傣族和布朗族共同过的开门节和关门节，基本上是两个南传上座部佛教色彩很浓的节日。有隆重而盛大的"赕佛"、"熬星"、"赕坦"等宗教活动，每个活动都进行得庄严而神圣。这是西双版纳民族文化与传入的宗教文化相融合后而出现的民族节日。南传上座部佛教色彩注入于节日中，只有在佛教传入西双版纳地区后才会出现。

四、西双版纳节庆的发展和演变

元明时代，是西双版纳节庆风俗的发展和演变期。很多节庆完全从原来的禁忌、迷信、被褉等神秘氛围中解放出来，转变为娱乐型、礼仪型的节日，成为真正的"佳节良辰"。

节庆风俗的这种变化，是历史背景和社会政治因素所决定的。当时，中国封建王朝进一步加强了对西双版纳的统治和管理，元朝起西双版纳开始实行土司制度，明朝继续实行，并于公元 1386 年，"改车里军民府为车里军民宣慰府，以刀坎为宣慰使"（《明史·云南土司传·车里》）。从而使这时期成为中原文化和科学对西双版纳地区影响最大的时期。这一时期，西双版纳社会的封建制度已经完全建立，小农经济不断发展，手工业有了长足进步，以茶、盐、布匹为主的商业贸易交易活跃，并有了一定的交易规模。社会经济的发展和人民生活的相对稳定，为节庆风俗的演变和发展提供了条件。因此，表现在节庆风俗上，一个突出的特点就是由神秘化向通俗化过渡，由枯燥、烦琐的祭祀仪式向轻松、娱乐型演变和发展。

在元明时代，西双版纳很多节庆中的活动，如击鼓、放礼花、放高升，已从过去单一的"驱鬼"、祭祀功能向欢庆、娱乐等多功能转变，过去庄严神秘的仪式变成为了人们喜闻乐见的娱乐活动。

同时，文化与科学技术的大量引进和传入，又为节庆风俗增添了大量精彩的活动内容，并在一定领域得到了广泛应用。反映在节庆习俗上，最明显的就是傣族泼水节中，增添了两个群众参与性强、气氛热烈的活动内容：放孔明灯和燃放高升。孔明灯传说是三国时期蜀国丞相诸葛孔明南征时教会傣族人民的，但据历史考证，这一传说缺乏依据，不过是傣族群众的一种美好愿望和寄托而已。实际上，应该是到了元明时代，空气动力学原理在生产生活中的实际应用成果传入西双版纳后，傣族先民们运用这一原理，把一种称之为"孔明灯"的热气球放飞天空的一种节庆娱乐活动，同时也放飞了傣族先民的一种希冀和祝愿。这项活动通过近千年的传递和演化，如今已成为傣族泼水节活动中一项不可缺少的活动内容。

燃放高升，更是火药制造技术传入西双版纳地区后才出现在节庆中的一项活动内容。火药传入西双版纳的准确时间不详，但据有关史料记载，也是到了宋朝中后期才传入的。高升，是傣族人民利用火药、竹筒制作的一种"土火箭"，尾端拖着一根长长的竹竿，一经点燃便发出呼呼声响，射向高空，所喷出的烟雾在空中划出一道美丽的弧线。传统的放高升活动，在"麦帕雅晚玛"（傣历新年第一天）之日举行。这天，人们在赶摆活动中，傣族男子抬着自制的高升，唱着"大高升，长高升，长又大，抬上架，点燃它，庆节日"的古歌，在赶摆场上预先搭好的高升架上燃放。据说民间燃放高升，是为了纪念那位为消除人间的灾难而死于天庭门前的帕雅晚。传说，新年来临这一天，帕雅晚带着全年的风雨信息返回人间，人们便燃放高升对他表示欢迎，表示纪念。随着节庆的发展和演变，现在放高升时，傣族群众一支接一支地点燃，观看着它们冲入云霄。青年们唱着放高升的歌狂舞欢呼。高升飞得越高，欢呼声越热烈。现在，经过发展和演变，放高升已经完全成为泼水节的一种娱乐活动。

总之，元明时代，西双版纳在稳定的社会环境和繁荣的社会经济下，产生了轻松愉快的节庆活动内容。在随后的发展进程中，节庆活动变得欢快活泼，活动内容也变得丰富多彩，不断注入具有时代特征的活动内容，节庆风俗出现了大跨度的演变和发展。元明及以后，大量的体育娱乐活动也出现在各民族的节庆活动中，如荡秋千、放风筝、射弩、打陀螺等，这些活动的广泛开展，进一步增强了节庆的参与性、竞技性和娱乐性等特点，使更多的人民群众参与其中、娱乐其中，并汇入了他们无限的想象力和创造力。

二十世纪西双版纳傣族生活方式
传承与变迁管窥

邓永进　余少剑*

摘　要： 本文采取历史文献摘录和人类学田野调查相结合的方法，对二十世纪西双版纳傣族生活方式的传承与变迁，从村寨民居、服饰冠履、饮食习惯、传统节日、婚恋习俗、生丧风尚、礼仪礼貌和生产方式八个方面进行了记录、描述和部分分析，旨在提供一个二十世纪西双版纳傣族生活方式传承与变迁的基本情况，并让人们透过这些生动的表象，去了解西双版纳傣族的世界观、人生观、价值观、审美观，进而对其民族特点和民族形式有一个更为深入和更为全面的认识。

关键词： 二十世纪　西双版纳　傣族生活方式　传承与变迁

这里所说的生活方式，在一定意义上讲，也可以称之为风俗习惯，它是指一个民族在居住、服饰、饮食、节庆、生丧、婚恋、礼仪、生产等方面所特有的喜好、风尚、传统和禁忌。①

一个民族的生活方式，有很大一部分也就是我们通常所说的民族特点、民族形式。"一个民族总是要强调一些有别于其他民族的风俗习惯、生活方式上的特点，赋予强烈的感情，把它升华为代表本民族的标志。"②

生活方式涉及一个民族物质生活和文化生活的各个领域。正因为这样，笔

* 作者简介：邓永进，男，1962 年生，云南宣威人，云南大学旅游研究所副所长，博士，教授，主要研究方向为民族风情旅游、傣族文化；余少剑，男，1969 年生，云南宣威人，西双版纳州文物管理所所长，主要研究方向为西双版纳地方民族历史、傣族文化。

① 参见熊锡元《民族心理与民族意识》，云南大学出版社，1994 年版，第 139 ~ 140 页。

② 费孝通：《关于民族识别问题》，载《中国社会科学》1980 年第 1 期。

者通过历史文献记载和人类学田野调查相结合的方法，亦即用笔者的描述对照前人的记录的方法，将20世纪西双版纳傣族生活方式传承与变迁的情形，大体分上半叶（前50年）和下半叶（后50年），主要从村寨民居、服饰冠履、饮食习惯、传统节日、婚恋习俗、生丧风尚、礼仪礼貌和生产方式八个方面，挂一漏万地呈现给读者。

一、二十世纪西双版纳傣族村寨民居的传承与变迁

20世纪前半期，人们关于西双版纳傣族的村寨、房屋的描述大同小异，而以江应樑先生的描述最为细致、深入。

摆夷村落都在大平原中近水之处，小溪之畔，大河两岸，湖沼四周，凡翠竹围绕，绿树茵茵的处所，必定有摆夷村寨，大的寨子积聚到三二百家人，小的村落只有十数家人，房子都是单幢的，四周有空地，各人家自成院落。思普沿边，则完全是竹楼木架，上以住人，下栖牲畜，式样皆近似一大帐篷，这与《淮南子》所记"南越巢居"的情形完全符合，这算是摆夷固有的典型建筑。这类竹楼下层高约七八尺，四无遮拦，牛马拴束于柱上，上层近梯处有一露台，转进即为一长形之大房，用竹隔离出一个角来做主人的卧室并重要钱物的存储处；其余便是一大厂（敞）间，屋顶不甚高，两边倾斜使屋沿（檐）及于楼板，故无窗。若屋沿（檐）稍高者，则两侧亦有小窗，后面亦开一门，楼的中央是一个火塘，无论冬夏，日夜燃火不息，煮饭烹茶，都在这火上，主客集谈，也都围炉而蹲或坐，屋顶用茅草铺盖，梁柱门窗楼板全部用竹制成。此种住宅的建筑，极为便易，只须伐来大竹，约集邻里相帮，数日间便可造成；但也极易腐毁，每年经雨季后，便须重加修补。土司头人的住宅，便多不用竹而以木建，式样仍竹楼，只略较高大，不铺茅草而改用瓦盖顶。十二版纳境内，摆夷自己能烧瓦，瓦如鱼鳞，三寸见方，薄仅二三分，每瓦之一方有一勾（钩），先于屋顶椽子上横钉竹条，每条间二寸许，将瓦挂竹条上，如鱼鳞状，不再加灰固，故摆夷屋顶是不能攀登的，若瓦破烂需要更换，只须在椽子下伸手将破瓦除下，再将新瓦勾上就可，凡住此类房屋的，便算是村中的大户了，就是车里宣慰衙门，建筑式样也不过如此，只是间格面积较一般摆夷地中的木楼大得多，楼上隔为大小若干间屋，四周有走栏，但不开窗，故黑暗无光，楼下空无遮拦，只见整齐的一百二十棵大柱排列着，任牛马猪鸡自由地在其中活

动，这就是摆彝最高领袖的官衙兼住宅了①。

经过近 50 年的发展，到 20 世纪后半期，西双版纳傣族村寨和院落的分布，格局基本上没有大的变化，只是部分院子的"围墙"已由传统的篱笆变成了砖墙。房屋一方面顽强地保持了传统外观样式，另一方面则发生了巨大的变化。首先，从建筑材料上讲，过去傣族农户住的竹架草顶干栏（也称传统竹楼，第一代竹楼）在傣族社会中几乎没有人住了；而过去土司头人住的木架瓦顶干栏（也称第二代竹楼）则成为傣族平常人家的选择，只是过去的一些竹子露台已被水泥露台所替代，竹篾"地毯"一部分换成了地板胶。此外，一部分傣族住进了砖木、钢混"干栏"（也称第三代竹楼）。其次，从功能结构上说，第一代竹楼无窗的情况，在第二、三代竹楼上已不存在，只不过窗子小点罢了；第二、三代竹楼与第一代竹楼相比，前者露台上增加了自来水管，一部分人家还修建了简易的"沐浴室"；第二代竹楼的卧房与客厅的板壁有不少已为组合柜代替，组合柜的门变成了卧室的门；第三代竹楼的下层有的不再是四面全开放的了。再次，屋里大多修了灶台，火塘、三脚架不像以前那么重要了；屋里的家具，桌、椅、筐、箩依旧是竹子编制的，陶器依旧是传统的，而被子、褥子每家都有若干套，蚊帐多为缅甸进口，尤其是基本上家家都增加了电视机，许多人家增加了组合柜，少数人家还购置了音响、VCD；一些人家门厅仍放着传统的纺织机，而有一些人家购置了缝纫机，绝大多数人家楼下多了一台手扶拖拉机，少数人家还停放着摩托车。

此外，我们要提到的是傣家卫生间和沐浴室的问题。据笔者的调查，西双版纳傣族村寨历史上一直没有茅房、厕所，人民的习惯是去江河和树林中方便。到 20 世纪后期，部分村寨开始建筑厕所，但为数极少，且多位于学校，至于室内厕所，连第三代竹楼里我们也没有见到过。不仅如此，即便是有厕所的村庄，很多中老年人都不愿去，这中间有一个习惯问题。说到沐浴，西双版纳傣族农村在露台上建沐浴室的只是少数，大多数人还是去江河里沐浴，而且保持一日一二浴的传统，只是妇女洗头用的淘米水大多换成了洗发精或香皂。

二、二十世纪西双版纳傣族服饰冠履的传承与变迁

关于 20 世纪前半期西双版纳傣族服饰的情况，文献记载的情况大体相同，其中江应樑先生的《摆彝的生活文化》记载较为全面、细致。

---

① 江应樑：《摆彝的生活文化》，中华书局，1950 年版，第 164～166 页。

今日摆彝男子的衣服，与内地农村男子所着者大体相似，大襟短上衣，小袖，无领，中裤，裤脚窄小，白布或青布制，以青布束腰，再用丈余长的一块白布或青布包头，用宽三数寸长数尺的青布裹在两腿上，冬季天寒时，并不穿棉衣，只用一块毛毡披在身上，这毛毡是从缅甸运来的洋货，白天做披毡，夜里便做被盖。这是道地的摆彝男子服装，近缅甸各村寨，则多以西装衬衫代上衣，或者上身西装，下面仍穿一条中裤，头发剪短，周围剃光，习惯上全都赤足。

妇女的服饰较为复杂，且富有原始风味，又随年龄的不同，装束也便各异，而南部与西部，也略有不同。……南部妇女装束则较为华丽，上衣大襟圆领，长袖，但极窄，紧束肘腕上，腰细窄，下摆宽，成荷叶状，长仅至脐，用轻软的洋布或薄绸裁制，其色或纯白，或粉红，或水绿，或杏黄；裙长至脚面，用特织之彩色花布制成，贵族妇女则用鲜艳的绸缎裁制，赤足，或着凉拖，或穿皮鞋，冬季天寒时，披一方彩色绿绒或羊毛方巾，头上裹花色毛巾。南部的未婚少女与已婚少妇，在装束上无分别。

男子不带饰物，偶或在腕上带一支银镯，女子则带手镯、耳环、项链，皆为银制，手镯项链其粗大的直径可及一寸，中空，镂花纹，南部妇女则多带汉地的金质首饰，头上插金花珠翠，且以鲜花插鬓边。

简单、清洁，式样美观，色调调和，这是摆彝服饰的特点。

摆彝男子文身，女子染齿，此俗起源甚早。……今云南境内的摆彝，男子文身之俗尚很普遍，女子染齿，则仅腾龙沿边尚有之，思普沿边已无此种风俗了。

今日摆彝的文身，只限于男子行之，其部位在胸、腹、背、四肢，而不及于面部；所刺花纹，约分四类：动物形状、图案花纹、文字、线条[1]。

到20世纪末，除了在傣历新年（泼水节）期间，一部分傣族男子用一条镶边带穗浅色的确良或丝绸包头，着一套丝绸对襟上衣和大裤管长裤外，除了一部分傣族男青年在腕上文有个别傣族文字或简单图案等外，除了大多数傣族男性仍喜欢穿拖鞋外，其余不分城市农村，发式、穿着都与内地汉族完全相同。百年间，傣族男性服饰最大的变化应当是：文身的人们越来越少，文身的面积越来越小；赤足和披毡子的习俗已经基本上不存在了。

而傣族妇女的服饰，在这百年间，广大的农村基本上还是以传承为主，而城市、城郊的傣族女性已大量地穿着时装，农村的一部分少女也不时地穿着牛

---

[1] 江应樑：《摆彝的生活文化》，中华书局，1950年版，第172~178页。

仔衣裤等时装了。当然，我们说以传承为主，并不等于说其服饰一点变化都没有，而是说其圆领窄袖紧身大襟上衣和筒裙、披肩、包头巾、金首饰、银腰带及特有发式基本上没有发生大的变化①。

至于"变化"，首先，是衣裙的材料的变化，从"布"、"绸"到"人造丝"、"的确良"，再到后来的"真丝"、"乔奇纱"等。其次是衣裙款式的变化，一段时间她们采用西装式翻领，一段时间她们又采用月牙形翻领，一些人仿效别的民族采用"百褶"作筒裙的下摆，一些人学习印度的装束在后肩上加一个宽飘带……再次是装饰的变化，年轻女性头上插的鲜花已大多变成塑料花或绢花。此外，赤足的情况已不复存在，大多穿皮鞋、凉鞋或拖鞋；每当天气寒冷时，大多以西装或毛衣作外套，筒裙与长裤、毛裤套穿。

需要指出的是，傣家妇女的节日盛装与平日里的着装略有不同。节日里，特别是傣历新年，傣族服饰一般都较为讲究，尤其是女性的衣裙，通常都是全新的，且饰物齐全，不但色泽鲜艳，而且同一个村寨年龄相当的女性穿戴一模一样。多少年来，这种情况始终如一。

三、二十世纪西双版纳傣族饮食习惯的传承与变迁

20世纪上半叶，西双版纳傣族的饮食情况怎样？

江应樑先生的《摆夷的生活文化》记载为：

摆夷以大米为主要食粮，该地不出产麦子高粱等，虽有豆类，但只用作菜蔬不以之作食粮。民间食的习惯是早晚两餐，在家中进餐时也用碗和筷，遇到上街赶集或到田里工作，便将饭煮好，用两个竹盒，一个盛饭，一个盛菜，带到工作地点，席地而坐，用手将饭捏成团，两指夹菜而食。摆夷有嗜酸之癖好，近边汉人皆呼之为"酸摆夷"，不仅食物中喜加酸素，且有几种特殊食品是以醋酸为主体的。现在把摆夷家庭中几种重要食品及烹制方法记述于下：

一、米饭　摆夷不食粳米而食糯米，米粒很柔糯，所含油腻质甚丰富，饭用瓦甑蒸熟，蒸法先将米用水浸六七小时，然后蒸之，蒸至半熟，揭开甑盖在饭上洒以冷水，再加盖续蒸，蒸至米粒柔而无核时便可吃。热时饭粒柔软可口，稍冷便硬不能下咽。

二、肉食　以猪为主，牛副之，鸡、鸭、鹅亦为普通食品，摆夷不养羊，故不食羊肉。各种肉类喜用油煎炸而食，或炖至烂熟后食，很少炒食。屠牛后

---

① 姚荷生《水摆夷风土记》（影印本）转引 Dadd 的话说，傣族的饰品最特殊的是其银腰带。上海文艺出版社，1990年版，第97页。

小肠中的粪便汁是最喜吃的美味，买牛肉必索此汁少许，如内地之酱油一样吃来津津有味。

三、水鲜　摆彝居近水，故水产可食者极多，鱼是最普通之一种，澜沧江沿岸的车里等地，常可捕获二三十斤重的大鱼，这在山国的云南，实不能不视为奇珍。鱼的种类很多，有一种彝名叫做"巴鲫"的，刺少，肉肥厚而鲜嫩，是九龙江（即车里境内之澜沧江）中的特产，淡水虾也产的很多，此外甲鱼、鳝鱼、螺、蚌，都为摆彝所嗜食。水中的青苔，是该地一味特殊菜肴，以产于九龙江上游打角渡者味最美，秋冬之季，每日有成群妇女小孩，赤身潜入江中取苔，取出洗净泥污，做成薄饼状，晒干，用油炸酥，香脆可口。

四、蔬菜　瓜类、豆类、白菜、青菜、萝卜、竹笋，都是该区中常食的蔬菜，棕树的嫩蕾和芭蕉的嫩叶，也用作蔬菜来吃。

五、嗜好　（1）酒　凡边民皆嗜酒，摆彝也不例外，男子不论早晚两餐，多喜欢饮酒少许，遇有宴会，必痛饮尽醉而后快，且饮酒不限于吃饭时，凡跳舞、歌唱、游乐，必皆以酒随身，边饮边乐。摆彝善酿酒，全用谷米酿制，车里回旋寨所酿之酒，驰誉边区，味香而醇，酒精成分达百分之七十以上，非有相当酒量，难进三杯，而摆彝多能饮至十杯不醉。（2）槟榔　边民之于槟榔，犹乎汉人之于烟茶，客来用以敬客，闲时放口中嚼之，不单纯嚼槟榔，而是用槟榔、芦子、石灰膏和切碎的草（烟）叶，拌入一堆，放口中大嚼，嚼至满口流涎，有如喷血，年老人因吃槟榔太多，嘴唇尽成殷红色，口角有如积满污血，唐樊绰《蛮书》所谓的赤口濮，也许就是指此而言。（3）草烟　除切成细末和入槟榔中嚼食外，也用烟杆吸食，摆彝男子几乎人人有此嗜好。十二版纳境内的摆彝，用草烟和一种植物叶做成卷烟，大小形状全似雪茄烟，贵族中吸的最多。（4）鸦片烟　土司贵族阶级多有吸食鸦片者，平民有此嗜好的很少，工具及吸食法全与内地同。

六、特殊食品　有棕色蛆、沙蛆、蛘窝、酸蚂蚁、竹蛆、蜂蛹、蚂蚁蛋、干牛皮。

七、饮料　彝地河流沟渠纵横，水潭池沼亦到处都是，但却并不都能供饮料，大概江水及山泉供饮用，沟渠池沼水只能作沐浴洗衣之用。

八、燃料　摆彝的燃料主要的是柴薪，十二版纳有一种黑心树，生长极快，每户人家只需在屋后空地上种下三数十株，便不愁没有柴用。每年冬天采伐一次，只需留五六尺高的主干，到第二年秋天，又可长成二丈高的大树。

姚荷生先生的《水摆夷风土记》说：

最有趣的是他们只吃糯米饭，不吃籼米饭。每天吃饭没有一定的顿数，也没有一定的时间。清晨起来蒸好一锅饭后，每人把自己的扁圆形的篾盒装满。出门工作时将盒子带在身边，坐在家中的把它放在灶旁。什么时候饿了，就用手抓几把，吃下肚去。

说到他们的菜肴，实在可怜。平时几乎看不到一点菜，几块槟榔，一匙蜂蜜，或几只野生水果，就可以下一顿饭了。

在菜的质料方面，肉类以猪肉、鸡肉、水牛肉为最普通，麂、鹿、鸟等野味和鱼类也偶或能尝到。蔬菜非常缺乏，除了野生植物（如树头菜等）外。几乎没有绿色的菜，瓜豆更是罕见了。

在菜的味道方面他们喜欢吃酸的、臭的和辣的。让我们在这里写一页名贵的菜谱：（一）拿煞（或叫金煞）——把牛大肠和其中的废物一起煮熟后，倒入剁碎的生牛肉里，加盐，辣椒，葱等作料拌匀后食之。（二）巴格罗里——把猪肉切成小块煮熟，加牛大肠中的废物、青菜和作料，再煮一次食之。（三）拿密——把煮熟的青菜密封于瓦罐中，听其发酵，待酸味臭气很浓时，取出晒干，加盐和辣椒拌匀食之。（四）拿腊——把竹笋装在罐中，封紧，变酸后食之。"以竹笋为醋味，颇香美，惟淹醋臭恶，不可食矣。"（《西南夷风土记》）（五）煞勒——把猪肺切成小块，在锅中略炒后，取出加生猪血，再加冷水，放阴凉处，待其冷凝成块状取食之。可口。（六）拿波——将蟹去壳，放竹筒中捣碎，待其发臭变黑后，加盐、辣椒等拌食之。（七）金屋勃——用刀背把鸡肉捣松，加盐和辣椒，用青菜包之，扎紧，放火上烤熟，淋油于其上食之。（八）丐——采取江中石上所生的一种淡水藻，制成直径约五寸的极薄的圆饼，晒干后收藏，食时取数张切碎，用猪油煎熟，极香脆可口。

他们很爱吃数种昆虫，最普通的有：（一）幼蝉——用油煎或煮熟食之。（二）竹虫——竹中寄生着一种肥白的幼虫，形状像蚕，斫竹得虫，用油煎熟，据说味如蚕蛹。（三）白蚁后——白蚁虽很小，但是他们的后的腹部却特别大，普通的有三四厘长，最大的可达十厘，取来用油煎，或炒熟，或捣碎加作料拌食之。

此外，还有一种名贵的而且味道确实美的菜是鸡棕（枞）菌。

除了饭和菜外，还有许多种零食，为太太小姐们所嗜好。这些零食全是用米粉做的。最普通的是：（一）靠棚——用米粉做成薄饼，放荤油中炸酥。香脆可食。（二）靠绿黍——用一种绿叶包着米粉，放在饭锅里蒸熟，味道像糍粑，但是多一点清香。（三）米虾（夷名靠雨贡，本文作者注）用米粉做成虾仁状，煮熟了加糖水吃。（四）米干（夷名靠帅）——像云南人吃的饵块，食法也同。（五）米线（夷名靠侬）——是用米粉做成的细线，食法同面条。这是滇黔诸省很普通的食品。

夷人很爱喝酒，就是小姐们，喝上一二十杯，也毫无醉容。他们的酒是由米酿成的，酒性猛烈，但味不醇，而且没有香气。

十二版纳虽然遍地有茶树，可是夷人并不爱品茶。口渴了就到水罐旁舀一瓢冷水喝喝。有时他们把米炒枯了，加水煨开了喝，或者从一种叫做'梅晚感'的树的径（茎）上斫下几块，放到瓦罐里煨开，也有点清香味，据说喝了可以解热毒。

他们还有三种重要的嗜好品，一是辣椒，二是烟草，三是槟榔。

到20世纪下半叶，关于西双版纳傣族的饮食情况，根据我们的调查了解和亲身体验，大致可以描述为：

广大的农村仍以大米（主要是糯米）为主食，大多数人家一日为三餐，早餐大多吃糯米饭夹豆豉或米干、米线，中餐农忙时依旧在田间地头，晚餐较为丰富，一般都在天黑以后。糯米饭的做法如旧，蒸好后或装入"圆形的篾盒"或装入小瓦罐。籼米饭的做法是用铝锅、电饭煲煮。菜肴有鱼肉、猪肉、水牛肉、鸡肉；有各种野菜和竹笋，鸡枞菌不大多见，而白菜、青菜、黄瓜、茄子、西红柿、萝卜等蔬菜已经不稀奇了。平日里，他们做的菜肴品种不多，数量较少。吃糯米饭不用筷子和碗，仍"用手将饭捏成团"吃，用他们的话说，捏得越紧味道越好。吃籼米饭和菜肴时则用筷子和碗。部分妇女还喜欢用茶水泡饭吃。男人们普遍好酒，只要有酒，哪怕没有更多的下酒菜，他们也会边饮边聊天至深更半夜。过去他们喝米酒，20世纪后期喝的则大量是包谷酒。槟榔只有少数老年人嚼。草烟基本上为内地产的香烟所代替。吸食鸦片烟、海洛因的人属于极少数、极个别现象。饮茶却已经十分普遍。

在烹饪上，他们讲究烧、炸、蒸、生，在味道上，他们喜欢酸、香、辣、鲜。每逢有节日喜庆之时或有亲朋好友来家做客，他们总要做丰盛的饭菜以示庆祝或欢迎。这些饭菜大多是前述传统饭菜，它们是：

（1）剁生（即"拿煞"、"金煞"）；

（2）白旺（即"煞勒"）；

（3）生酸鱼（将鲜鱼去鳞、开膛、取出内脏，洗净后密封于竹筒中，待鱼发酵时，即可取出蘸盐和辣椒粉生食）；

（4）竹笋（"拿腊"为酸笋，另外还有苦笋、黄笋）；

（5）纳咪（酱类"拿密"、"拿波"皆属此类，还有西红柿做的，辣椒做的等等）；

（6）生菜（将水香菜、黄瓜、鱼腥草叶、莲花白等洗净后，蘸纳咪生食）；

（7）炸牛皮（与"干牛皮"大致相同，"干牛皮"是将牛皮去毛，切成宽数分、长一二尺的条状，晒干后，用江沙拌炒，即变成白色松脆的泡形长条，炸牛皮只是将沙炒变成油煎）；

（8）青苔（即"丐"）；

（9）香茅草烤鱼（将佐料放入剖好洗净的鲜鱼腹腔内，用能散发出清香的香茅草缠捆，再用竹子夹住，放在火上烤熟，其味甚美）；

（10）芭蕉叶蒸鸡、蒸猪脑（先将佐料置入宰好洗净的子鸡腹腔内或拌入猪脑花中，再用芭蕉叶将它们包扎好清蒸，嫩而味鲜）；

（11）烧干巴（做法类似"金屋勃"，先将干牛肉用火烧烤，然后用刀背将其捣松）；

（12）烤猪肉（将精肉切成四棱条状，加盐用火烤，熟后切成片淋油食用）；

（13）煎竹虫；

（14）臭菜炒蛋（臭菜实际味道极香，蛋为鸭蛋、鸡蛋）；

（15）杂菜汤（用水蕨菜、臭菜、甜菜等野菜煮成的汤，清凉可口）；

（16）炸米饼（即"靠棚"，还有一种傣话称之为"豪滇"，分甜味、咸味两种）；

（17）豪糯素（即"靠绿黍"）；

（18）香竹筒饭（将糯米用水浸泡若干小时，然后放入香竹中密封火烤，熟后破竹取用，味道香甜独特）。

其中，臭菜炒蛋、香茅草烤鱼、芭蕉叶蒸鸡、炸牛皮，番茄纳咪（西红柿酱）、烧干巴、烤猪肉、杂菜汤、常用来款待客人，特别是汉族和其他兄弟民族朋友；豪糯素、炸米饼通常要过年过节才做；香竹饭、煎竹虫一般要到傣味餐馆才吃得上；刹生、白旺、生酸鱼、竹笋、煎青苔、纳咪、生菜、杂菜汤和糯米饭为傣族自己特别喜爱的食物。

麂、鹿、鸟等野味已经不见了，但鱼类，尤其是引进的罗非鱼则有不少。江应樑先生记的傣族"特殊食品"，除竹虫、蜂蛹和"干牛皮"以外，其余已不多见。在姚荷生先生记的傣族饮食中，"米干"、"米线"已从"太太小姐的零食"变为最大众化的早餐之一。

说到饮用水，20世纪末期，傣族大多饮用山泉或水库、水井里的水，只是家家几乎都安装了自来水管，不用清晨去挑水了。

至于柴薪，绝大多数傣族人家依旧靠自己栽种的黑心树（Cassia，也称铁刀木）。

四、二十世纪西双版纳傣族传统节日的传承与变迁

西双版纳傣族最主要的节日是傣历新年、关门节和开门节。这里先重点谈谈 20 世纪前半期傣历新年的情况，因文献记载各有所侧重，为求全面，将它们"组合"于下。

水摆夷以清明后十日为新年元旦，元旦之晨，所有贵族平民，皆须沐浴，更换新衣，诣佛寺赕佛。并堆沙，故又名曰"堆沙节"。妇女辈各担水一挑，泼向佛身，而由寺中和尚，为佛洗净灰尘。浴佛之后，男男女女，互浇以水，表示祝福，然后燃放"高升"（一种土制火箭）。"高升"以整棵大竹筒为之，根部附有六七尺长之火药筒，火药筒之周围，再环以硝筒十数，并接以药线。

整个"高升"，有长至四五丈，重至数百斤者。于空旷地筑一竹木高架，"高升"即斜依其上。然着火线，药发竹升，利用喷射原理，喷射天空，高数百丈，哨筒迎风作响，其声嗡轰，观众欢声如雷，有歌者，有舞者，颇极一时之盛。下午又有彩球之戏。俗称"丢包"。红男绿女，成群结队，齐集球场，勿论人数多寡，概分两组，男为一组，女为一组，相向对立，距可三四丈或五六丈不等。球以布为之，或绣花，或否，中实柔物，上缀流苏，并具提手。球为女子物，故发球由女方面居先。此发彼接，无一定秩序，无规则，毬（疑为毬，即球）近者，皆可举手接之。然大都先期私约，非感情素惬，不轻掷予，而掷夺不受也。接失者负，得者胜。女胜，则男方面赠以铜元；男胜，则女方面奖以槟榔葵果。或负或胜，观众皆拍掌欢呼曰"水"，以为笑乐。抛球之戏，旧仅行于小历元旦，今则凡遇中历春节，彼等亦迎合助兴焉。车里宣慰司治，并有竞龙舟之戏。士女如云，锦潇（疑为繡，即绣）夹道，"高升"喷射空中，清歌声满江上，洵佳辰也。竞舟者，以先至目的地为胜：胜者，宣慰使奖予银牌；负者，则以不去毛竹箨，亦剪裁如银牌状予之，罚令悬耳上。亦激励之意也。秋千亦新年游戏节目之一，多妇女为之，或一人，或二三人，飞掷平架，雅拟半仙，亦乡僻间有助于妇女界体育之一种娱乐也。……元旦三日间，摆夷青年男子，更沿门跳舞贺年，歌玉纳呵。至者饮以烧酒，泼水为戏，无不淋漓尽致，故又有人称此日为"泼水节"者。汉人多赠予银元，彼等尝作数日之饮乐焉①。

浴佛节又称为泼水节，是一个富有青春意味的男女狂欢日。这一天，村寨

---

① 李拂一：《十二版纳志》，正中书局，1955 年版，第 145～146 页。

中的青年男女，一清早便群往山中摘取野花树枝，携到佛寺中供佛，中午，把一尊佛像放置院里，担清水来浴佛，浴毕，以水灌花，灌毕，男女互以水溅泼为戏，溅到遍体淋漓，然后相偕担水游行街中，遇人便以水溅之，被溅的不论是土司头人或汉官，都只报之以笑脸。俗以这一天被泼水在身上是一种吉利，所以都特意走到街上去让青年们溅泼，这样嬉戏有如疯狂，直到街中水流成渠，沟渠皆盈，始淋漓尽兴而归①。

摆夷一年要过两次新年，一次是陪汉人过阴历的新年，一次是他们自己的新年。……原来摆夷也有自己的历法，和我们的阴历大同小异。

夷历的正月相当于阴历的十月，十二月则为阴历的九月。以六月为岁首，约当清明后十天。

元旦日的下午宣慰府前的江中举行赛船。……岸上和沙滩上临时搭了许多竹棚，岸上的棚内是太太们在卖米线和其他零食。滩上的棚内都是未婚的姑娘，有些卖生荸荠，有些卖米酒熟鸡，有些卖红纸竹骨的折扇。……各寨姑娘也都排队走来，她们穿着新衣，戴着鲜花，撑着纸伞，细步姗姗。

夜间各寨在空地上放火花，在火花周围排成许多同心圆，跟着鼓的节拍跳舞。直闹到夜半方罢。……夷人也行贺年的礼节，各猛的土司都派祝贺的专使到车里来。……年青人则向年老的长辈拜年②。

20 世纪后半期，特别是 1978 年以来，西双版纳傣族泼水节在规模上可以说远远大于以往任何时期，那么，在内容上与前半期有什么异同呢？

为了吸引更多的海内外游客前往西双版纳参与一年一度的泼水节，当地各级政府每年都要牵头举行节日的庆祝活动，节日的时间，为便于人们记忆，一般定在公历的 4 月 12 日开始（傣历元旦不一定都在这一天），同时，考虑到旅游市场的需求，州内一市二县不再依照傣历同一天开始，而是先景洪市，后勐腊县、勐海县，这样，对游客来说，节期就延长了。

节日的主要活动为：着盛装、赕佛、浴佛、堆沙、发射高升、龙舟竞渡、斗鸡、燃放火花焰火、放孔明灯（热气球）和水灯、拜年、丢包（抛球）、赶集、商贸活动、群舞、宴饮、游行、泼水祝福。其中，赕佛、浴佛、放高升、拜年、集市贸易、群舞、宴饮、泼水祝福，不论是在景洪市，还是在勐海县、勐腊县，不管是在城市，还是在农村，都仍大量地传承；龙舟竞渡，燃放水灯主要在澜沧江边传承；堆沙、丢包、燃放火花只在部分地区传承；斗鸡、放孔

103

---

① 江应樑：《摆彝的生活文化》，中华书局，1950 年版，第 204 页。

② 姚荷生：《水摆夷风土记》（影印本），上海文艺出版社，1990 年版，第 184～188 页

明灯虽然前面的文献不见记载，但城市、农村都流行；大型商贸活动和游行为政府所组织，而焰火则是近年来从内地汉族地区引进的。

因此，我们有理由说，到 20 世纪后半叶，西双版纳傣族的新年节庆，依旧以传承为主，变化较小。说到变化，除了新增加了几项活动外，只是第一天（相当于农历的除夕）去"山中摘取野花……供佛"已不多见，相互泼水不发生在第一天而发生在第三天（相当于汉族过年的正月初一）；"荡秋千"已不见；赶摆的姑娘们，头上的鲜花几乎全变成了绸花、绢花和塑料花，手上的纸伞更多地变成了尼龙花伞；折扇已不见卖，取而代之的却是琳琅满目的小商品。

需要指出的是，尽管由政府牵头，但节日的主体是傣族群众，主要的传统活动也是由傣族乡镇承办，政府主要负责组织、宣传和促进。至于广大农村的新年活动，则完全是自发的民间年节活动，虽然规模较小，内容也相对少一些，尤其是泼水的方式不如城市那么狂放，然而，也许农村保持的傣族元旦传统要比城市多得多，换句话说，在农村我们能够看到更多的西双版纳傣族社会的过去。

此外，姚荷生先生说："摆夷一年要过两次新年，一次是陪汉人过阴历的新年，一次是他们自己的新年。"从我们在景洪市区，勐海县城和勐腊县的勐腊镇、勐捧镇、勐润乡、象明乡参与傣历新年和农历春节所了解到的情况看，傣族过泼水节，附近的汉族朋友要被邀来傣家做客；汉族过春节，附近的傣族朋友同样要被邀去汉家做客。1998 年 1 月 28 日（农历正月初一），我们前往象明乡曼路村，村长告诉我们，全村三分之二的傣族都去汉族朋友家过节了。由此看来，当年的"陪汉人过阴历的新年"，到 20 世纪末，在一些地方已变成"与汉族共度春节"了。1992 年 4 月 16 日（傣历 1354 年新年），我们在勐捧镇曼沙迈波香甩家过泼水节，当天来他家做客的农场汉族朋友多达 15 人，波香甩告诉我们，像他家这种情况，寨子里有很多家。可见，傣族的泼水节不但吸引着成千上万的旅游者，而且已为当地的不少汉族民众所接受。

五、二十世纪西双版纳傣族婚恋习俗的传承与变迁

关于 20 世纪前半期西双版纳傣族的婚恋情况，文献记载的侧重点不尽相同，这里需要作分别的摘录。

江应樑先生说：

摆彝两性结合的婚姻关系，是本着下面的几项制度而建立的：

一、除了土司阶级的婚姻，因为要论及门阀地位，不能不由父母代为物色作主外，一般民间的男女结合，都是由双方当事人自由恋爱而完成结婚基础的。

二、行族内婚制，过去是绝对不与外族（指摆彝以外的他系边民和汉人）通婚的，近来则对汉人已打破了此种禁例，入边经商的汉人，常娶彝女为妻而留寓边地，土司头人，也常娶汉人的女子为室，南部摆彝区自军队驻防十二版纳，不少军官都有一位摆彝太太。这种通婚只限于摆彝与汉人间，汉人以外的阿卡、傈僳、山头、卡瓦、苗、瑶族等任何一种边民，则迄今摆彝仍绝未与之发生婚姻的关系。

三、行阶级婚制，土司贵族只能与土司贵族互婚，平民绝对不能与土司发生婚姻关系，这种阶级婚姻只限于元配正室，至若妾及不正当的姘职，则不受此种阶级的限制。

四、土司贵族阶级行多妻制，结婚的仪式，贵族阶级和平民阶级截然不同，贵族阶级尤其是土司的婚姻仪式，实际已经充分汉化而非摆彝原有的礼俗了。……婚礼一如内地，有纳聘、迎亲等仪节……也须大宴宾客，亲戚朋友必群来道贺，并致送礼物，所不同者有两事：一是民间须家家派款以作贺礼，款数多少由土司决定，二是来贺的亲朋例须由主人回送礼物，礼物是被盖枕头和布料，视亲族关系之深浅而回礼有厚薄。

民间的婚姻，便与此大不相同了，《百夷传》载："其俗，不重处女，其通媒匹配者甚罕，年为笄，听与弱冠男子通，而相得者约为夫妇，未婚，辄引至男家，姑亲为之濯足，数日送至父母家，方用媒妁，以羊酒财帛之类为礼而聘之。"今日摆彝民间婚姻礼俗，与此大略相同，但并不如是简单，在摆彝活泼的天性与自由的生活里，两性的接近诚然是无所阻隔的，在任何集会中，如宗教集会、节会、婚丧、公私宴集等场合，都是青年男女接近的好机会与恋爱的好场所，一经在此种场合里面认识，于是，夕阳黄昏，花前月下，便可挽臂踏歌，畅叙衷情。凡旅游到摆彝区域中的外客，住在翠竹翳荫的竹楼上，每当风清月白之夜，常可于竹楼中，隐约听到一种柔和的、婉娓的、拉长了音调，富有感动性的乐声，这便是最能打动少女心弦的葫芦笙的吹奏。摆彝男子到了青春期，都必得学会吹奏葫芦笙的技能，当意有所属的时候，便乘静夜携笙走到伊人所在的村寨，低徊于竹篱茅舍之旁，呜呜地吹奏起来，倘使这竹篱茅舍中确住着这么一位待字的淑女，那做父母的便须依照习惯，闻笙声而自知回避，好让他们的女儿寻声而往，和吹笙的男子相会于溪边林下，浅诉低语，待到夜色深沉时，始漫吹芦笙，伴送女郎回返家下。在这样的场合中经过几个月的热恋时期，双方的心意已经结合了，便可进而谈到结婚。

恋爱是自由的，但结婚就得经过一定的手续及仪式，先由男家请托亲邻并村中头人作伐，双方条件谈妥了（主要是聘金多少问题），男家便可订期纳聘迎娶。这一天，新夫妇先到佛寺拜佛，男家由亲族数人伴同新郎步行或乘马到女家，沿途鸣枪示威，藉以驱逐邪魔，女家在门前地上铺一块花毡，上面陈设着敬佛的鲜花果酒，新夫妇席地并坐毡前，一个摆彝和尚在面前念一通经，以酒饮新夫妇，然后在预备好的托盘里取出二条彩色棉线，分别束在新郎和新妇的手腕上，和尚退席，四周观礼的亲朋，便依尊卑次序走上去，各向盘里取彩线分系在新夫妇腕上，并放银币一枚或铜币几枚在新人前面预置的钵中，以为贺仪，婚礼便算完成。

离婚在摆彝社会中也是难免之事，不过，因为他们的结合是自主的，而一经结婚之后，便离开父母迁出另居，组成小家庭，所以离异的事便比较为少，而离婚的原因，也便较为单纯，下面是造成摆彝夫妇离婚最通常的原因：一、生活不调和；二、经济负担的不平衡；三、生活放荡或不贞。

摆彝离婚的手续非常简单，若女方欲与男方离异，只需回归母家，不再返回夫处，经过一段时间，做丈夫的想着女的既不相爱，势不可勉强，便会自动地履行离异手续。如果离异的主动者是属于男方，那只需约集亲邻头人，用新木一块，刻上缺口，当众交给其妻，这便等于古人打上脚模手印的休书，妻子得了木刻，便可执为凭据而改嫁他人，在这种场合里，女方是绝对没有不愿意离异的。因为经济即不依赖男子供给，而再嫁又非困难之事，所以为离婚而发生争执的事便很少见。

男女离婚后的处置，在习惯上也有一定的制度：一、女方不能向男方要求赡养费；二、原夫有向后夫索还原日聘金之权，但一般并不能取回原聘金之全部，因再嫁女的聘金，习惯上较初嫁者为少；三、所生子女，归男方或女方抚育，由当事人商决办理，多数是离婚后子女全归女方领育的。在摆彝社会中，一个女子再嫁是可以冠冕堂皇地带着前夫的子女从嫁的，后父对于这种子女也少有歧视的心理，甚至很多为后父的，把子女养育大了后无条件地归还其生父。

社会上对于异婚再嫁的女子，并不歧视轻蔑，纵然这种离婚是因为女方的不贞或放荡而被丈夫休弃，但人们对之并无讥议，不仅是离婚的女子可以再嫁，就是死了丈夫的寡妇，再醮也是当然的正途①。

---

① 江应樑：《摆彝的生活文化》，中华书局，1950 年版，第 179～187 页。

姚荷生先生另有这样的描述：

平民的婚姻完全是自由恋爱的结果。……新年的抛球，冬夜的纺纱，更不知造成多少美满的姻缘，就是各处的街期，赶街的也过半数是年轻的女子，藉此可以多见些人物，或许凑巧遇着合意的主顾。在这里不能有柏拉图式的恋爱。

然而这并不是说他们只直接地追求性欲的最后的满足。他们之间也常有多少带点欧洲式的浪漫的爱存在着。

夷人是行着严格的一夫一妻制的。虽然法律上并不禁止平民娶妾，只要他们有力量有金钱，可以随意娶几个女子。不过事实上却有许多限制，而且离婚也很简便。

在许多民族里，大多数人的性生活是从结婚时开始，并且受着婚姻的限制。但是摆夷的性生活并不限于婚姻，在婚前就有了丰富的性的经验。就是已婚的人，实际上他们常各自过着秘密的浪漫生活①。

李拂一先生还有如此的记载：

摆夷比较早婚，大抵十五六岁之子女，既可娶嫁。配合不拘行辈，不避血统。有父娶其姐，而子纳其妹，父子为大小姨夫者，有舅纳其甥女，甥娶其姑姨者；有堂兄弟姐妹互婚者；有子纳父妾者，其血统行辈之紊乱，盖达于极点也。主婚不由父母，求婚不假媒妁，彼此钟情，即可自由伴合，抑有须经父母表示赞同后，方举行结婚仪式者。其结婚手续，极为简单，而以平民阶级为尤甚。有经数小时，或一二日之求婚，而即行伴合者。贵族尚多妻，平民则否。……平均以入赘占多数，一般俱以生女贵，盖可以赘婿以助农耕，增加劳力也。

摆夷之于婚姻也，有绝对之自由（贵族例外），故其离婚也甚多。或离或合，皆可获得社会公平之评判②。

20 世纪后半期，西双版纳傣族的婚恋情况发生了怎样的变化了呢？

如果说节庆习惯是 20 世纪西双版纳傣族生活方式里变化最小的部分的话，那么，婚恋习俗当是西双版纳傣族生活方式中变化最大的部分之一。

第一，阶级婚制、一夫多妻制和"配合不拘行辈，不避血统"，随着剥削阶级被推翻、《中华人民共和国婚姻法》的颁布以及新观念的冲击而宣告结束。

第二，在一定程度上，族内婚制已经不复存在，因为他们不但与汉族通

107

---

① 姚荷生：《水摆夷风土记》（影印本），上海文艺出版社，1990 年版，第 104～108 页。
② 李拂一：《十二版纳志》，正中书局，1955 年版，第 119～121 页。

婚，而且也与其他少数民族通婚。只是由于经济水平的差距、风俗习惯的不同以及地理环境的影响等，他们与汉族联姻的情况越来越多，与其他少数民族联姻的情况还比较少，而绝大多数婚姻家庭仍在他们自己内部产生。

第三，恋爱依旧自由，但是恋爱的方式已经有较大的改变，传统的"抛球"、"纺线"、"吹葫芦笙"几乎见不着了。取而代之的有：20 世纪 80 年代以前为相约看电影，后来为骑自行车、摩托车兜风和相约上歌舞厅、吃夜宵（露天烧烤）等。当然，更多的村寨青年男女仍是利用节庆、集会、赶集和生产学习中相识，然后三五成群地在花前月下、密林深处低语倾诉。

第四，结婚的手续还是"先由男家请托亲邻并村中头人"去女方家提亲，但是，不再谈条件（聘金多少），"村中头人"也变成有威望的老人。接着，新郎新娘去依法进行结婚登记。之后，两家人便商订迎娶日子。

第五，婚龄比过去的"十五六岁"显然是推迟了。但是，由于热带的人们成熟较早，特别是大多数人不是在医院出生，而是家里出生的，其真实年龄只是其父母知道，因此，结婚登记时所填报的年龄与实际年龄往往有出入，换言之，部分人的婚龄比法定婚龄要小。

第六，婚礼也有了一定的变化。以往土司贵族的婚礼是不存在了，但其中的一部分做法又走进了寻常百姓的婚礼之中。结婚这天，不再是"新婚夫妇去佛寺拜佛"，而变成新郎新娘的父母去佛寺拜佛；新郎不再是"步行或乘马到女方家"，而是乘手扶拖拉机前往女方家；沿途由"鸣枪示威"变为"鸣鞭炮示威"，"藉以驱逐邪魔"；仪式不再是在"门前"举行而是在屋里举行；新郎新娘不是"席地并坐毡前"，而是并排跪在长老跟前，请"和尚念一通经"变成长老训导、祝福和赞哈说唱；银币和铜币变为"红包"；"被盖枕头"不再是主人送给客人的礼物，而多是客人送给新人的礼物。诚然，竹桌上敬佛的鲜花果酒如故，为新人拴线（傣语为"素宽"）的情形也依旧，且大宴宾客。机关单位的傣族婚仪，通常是在城市机关单位举行一次汉式婚礼，回农村父母家则再举行一次傣式婚礼。

第七，关于《百夷传》所说"其俗，不重处女……"以及《水摆夷风土记》所说："摆夷的性生活不限于婚姻，在婚前就有了丰富的性的经验"，根据我们的调查了解，20 世纪后半期，大多数年轻人对婚前性关系持较为谨慎、严肃的态度。

第八，平均依然"以入赘占多数"，然而"一般俱以生女为贵"已经改变为"生男生女也'们甘'（傣语'一样'）"，而入赘与否，完全取决于男女双方家庭的实际情况，若男方家确实有困难，入赘只需三天，做做样子罢了。

第九，离婚依旧自由，社会对离异者依旧宽容而不歧视，但是，从我们对已婚妇女作的一次"分年龄抽样调查"结果看，70 岁以上妇女的离婚率比 50 岁以下的妇女的离婚率高出一倍以上；有些村寨新中国成立前离婚者不少，新中国成立后离婚者仅是极个别现象。由此，我们可以说，人们对待离婚问题，20 世纪后期比前期更慎重、更保守。

六、二十世纪西双版纳傣族生丧风尚的传承与变迁

20 世纪前半期，关于西双版纳傣族社会生育和丧葬的情况，主要文献记载如下：

摆彝是小家庭制，据沿边各县局政府的户口统计数字，平均每户丁口只得四人，这便是说明在摆彝区域内，每一对夫妇的育儿率平均只得两个。

彝地无医生，也没有专业接生的人，妇女生育，皆有邻里相帮料理，遇到难产时，请有经验的妇人，用手按摩产妇的腹部，使胎儿受到压迫而产下，彝人有许多妇女对这种按摩术都很擅长，据说多有得心应手之妙。

《百夷传》记摆彝生产的情形："凡生子，贵者以水浴于家，贱者则浴于河，三日后，以子授其夫，耕织自若"。常见摆彝把出生不久的婴儿抱到河里去洗浴，这或者就是古之遗俗。土司贵族生子，也一般如内地三朝满月，宴请亲友，这已经是汉化的风气，并非当地固有的习俗了。在该地中，对于婴孩的抚抱，确然不是母亲的专责，常见摆彝男子背负婴孩出来工作和应酬，有时走到彝人家里，见不到妇人，只有男子留在家里照看孩子，这也许便是《百夷传》所谓"三日后以子授其夫"的遗俗。

摆彝死，以棺盛葬，亲朋不送丧，葬后亦无守孝之礼。浅土一堆，不祭拜，不扫墓，数日后坟土被牛马践平，便不再记得父母坟茔之所在。故在边区，并看不到民间的坟山或墓地。……僧侣的葬仪便与此不同，不用土葬而行火葬[1]。

摆夷于子女出生之后，为父母者，应即将其出生年月日时干支，记录于竹片之上，以备将来命名、为僧、婚姻、远行、重病及重大变故时，请佛寺住持，或星命家据以推算。名为"生辰片"。有病则检视"生辰片"，如发现虫蛀，须立易新片，并加赎祝。子女成人则授之，令勿忘其生辰。遇难产，须拆除屋顶。产妇抚育子女，比较放任，甚鲜约束责罚。一俟子女成人，婚嫁之后，即分居别爨，各自生活，不相为谋。老废无依，不能劳作者，则村落共同

109

---

① 江应樑：《摆彝的生活文化》，中华书局，1950 年版，第 188～194 页。

体共养之。孤儿独女，亦概由村落共同体抚育，亦有由个人私自收育者。故有无子女，在摆夷社会，无多大差别也。

摆夷奉佛教，薄躯魄，不迷信风水，不以丧炫富，丧葬之仪，因以简单。无灵床，无供献，不用刍灵冥锭，不着丧服。为子妇者，仅于头巾上系白布小条二三日，并卸耳环首饰不御，以示居丧耳。凡遇有死亡，家人举哀，村邻闻声，应每户派一人诣丧家唁问，为之料理殡殓。丧家并诣佛寺赕佛，为死者祈祷，然后方能出葬。……出殡日，柩周满饰纸花，由家属亲族，以及村邻人等，执绋拽送垄山（摆夷坟场曰垄山），沿途歌唱呐喊，钹声鼓声爆竹声，震动天地。至垄山，先以一人，以生鸡蛋一枚，用左手向空地抛去，随抛随祝，即鸡蛋触破之处，作圹而埋葬焉。亦有不用鸡子觅穴者。葬有火葬、土葬、水葬及天葬之别。火葬惟贵族之富有而寿终者得行之。法于尸身棺椁，遍注易引火油类，派人民户集一薪，而举行火化，拾其灰烬，入新瓦器中埋之。或即就火化之所，筑一塔式之坟而窀窆之。火葬之仪式，大概如此。其一般人之平常老病死者，或用棺，或裹以竹席，或一物不蔽，即异送垄山，以土掩埋，与汉人无异，是为土葬。惟圹浅而不坟起，且无任何标识，为少异耳。……被人盗杀，以及其他一切强死者，或死于天花疫疠者，小儿之夭死者，是为不善终（善终限年老病疟而死者）。多数投诸江河，任其浮沉，是为水葬。支解尸体，抛弃郊野，任鸟兽所啄食者，称曰天葬。但须得死者生前之遗嘱，方能举行天葬云。摆夷普遍行公墓制度，村寨城镇，各有公共之坟场，择人迹罕至之地，而距离村落又不甚远者，封树为识①。

到 20 世纪末，西双版纳傣族的生育、丧葬习俗有哪些仍在传承，有哪些已发生了变迁了呢？

在农村，"生辰片"的内容和作用依旧，不过，形式不一定是"竹片"了，有的已变成了布。妇女分娩，大多数仍在家里请"有经验的妇女"相助，只是遇上难产，不再"拆除屋顶"，而是就近送医院。20 世纪 40 年代还普遍见得到的"把出生不久的婴儿抱到河里去洗浴"，"男子背负婴孩出来工作和应酬"，"男子留在家里照看孩子"的情形，已经基本上见不到了。产妇分娩后不再"以子授其夫，耕织自若"，而是要休养恢复一个月才开始劳作。傣族的家庭依旧以小家庭为主，生男生女一样看待，妇女生育完第二胎便自觉去医院做结扎手术。这在中国 56 个民族中是出类拔萃的。他们抚育孩子，仍旧"比较放任"，基本上不存在打骂孩子的情况。子女成家后，仍旧"分居别

---

① 李拂一：《十二版纳志》，正中书局，1955 年版，第 118～125 页。

爨”，各家经济独立核算。对只身老人和孤儿独女，男性可入佛寺，女性或被人收养或全村人民轮流供养。

在城镇，妇女分娩都去医院，因而孩子出生便多了一个“出生证”。而一个月的产假只会多而不会少，婴儿以母亲看护为主，父亲则大力协助。虽然同样自觉节制生育，但做结扎术的人远远少于农村，许多人采用节育环等。机关的傣族家庭，大多为只有一个孩子的核心家庭，对孩子的要求仍然比较宽松，对老年人依旧十分尊重。

文献中的“天葬”对于许多中青年傣族来说，不仅没见过，连听都没听说过。文献中的“水葬”不少傣族只听说过，而没有见过。传统的“火葬”仍在农村部分传承，其对象也只是一部分老人。绝大多数村寨傣族仍旧选择传统的“土葬”，其程序、内容、气氛与江应樑、李拂一所描述的基本相同。不同之处在于：江先生说“亲朋不送葬”，20世纪末的情况是一部分亲朋参与送葬；李先生所说“或裹以竹席，或一物不蔽”的情形已属罕见。两位先生所说傣族所谓的“坟”，为“浅土一堆”，“且无任何标识”，“数日后坟土被牛马践平”，便不知死者坟墓之所在的情况到20世纪末也同样如此，只是下葬初期，我们能看到“坟上”会有一把撑开的伞，伞下是一座竹架纸糊的小竹楼。

七、二十世纪西双版纳傣族礼仪礼貌的传承与变迁

关于20世纪前半期西双版纳傣族礼仪，文献中有这样的记载：

明李思聪《百夷传》对摆彝有这样一段记载：“百夷……其相见有合掌之拜，屈膝之跪，而无端肃拱揖之礼；长于己者则跪之，有所言则叩头受之，虽贵为把事叨孟，见宣慰莫敢仰视；凡有问对，则膝行以前，三步一拜，退亦如之、贱见贵，少见长皆然；侍贵人之侧，或过其前，必躬身而趋。”今日在边区所见的摆彝，其举止言谈，与三百年前的记载尚无多大出入①。

卧褥三四重相叠者，则为尊贵之显示。……火塘迤内，为接待亲朋地点，满布竹席，不具竹椅，宾主皆跌坐竹席之上。靠卧室之左上角及火塘之正对面，各置一矮榻，前者专供尊长贵宾之坐卧，曰：“尊长贵宾榻”；后者则为一般普通宾客以及家人父子座谈卧息之所，曰“普通坐卧榻”。尊长贵宾来，则长踞合十为敬，饷客以槟榔卷烟茶果。家人妇女过客前，必屈膝裣衽为礼。晤

---

① 江应樑：《摆彝的生活文化》，中华书局，1950年版，第162页。

久别，必详探其家人妻子儿女状况，兼及房屋牛马鸡犬①。

摆彝以致送枕头来表示敬意，固不限于结婚时，献佛可以用枕头来代鲜花果酒，所以每佛寺中都堆着大小无数的枕头，对汉官和外客表示敬意，也可以呈送枕头。枕头有特殊的式样和花样，入该区得到此物算是一件珍贵的纪念品②。

到20世纪后半期，普通人日常相见，已不见"合掌之拜，屈膝之跪"。倒是在缅寺里或佛塔前，在人与神的对话以及个人、家庭、集体的重要时刻，此种礼节尚十分普遍，还俗的长者与中老年人之间也还互行合掌之礼。家里有老人和客人时，主人，特别是女性"过其前"，仍旧"必屈膝裣衽"，"躬身而趋"。为客人铺二层卧褥（傣语称"爬垫"），仍为"尊贵之显示"。过去"饷客以槟榔卷烟茶果"，"以致送枕头来表示敬意"，到20世纪后期，则以茶果待客，多致送自织的傣锦等表示敬意。久别重逢，仍"必详探其家人妻子儿女状况"。

火塘与卧室之间，仍"为接待亲朋地点"。20世纪后期，由于不少人家增加了灶台，因此，火塘的地位与作用也就发生了改变，围绕着火塘而产生的坐卧主次尊卑礼节，对外族人已经不再讲究，对族内人，特别是长者依旧有所讲究。

值得一提的是：尽管在汉文献中我们没有发现关于傣族人说话的礼节礼貌用语，但是在与傣族的交往、交流中我们发现：不少傣族的礼节是通过遣词造句来表现的。晚辈跟长辈说话，一定要选择敬辞称呼长辈，而选择谦辞称呼自己。平辈之间说话和对小辈说话，用词及语气也都有所不同。这其中的奥秘你可以用一个简单的方法去任何一个傣族村寨验证。当傣族长辈（波陶、咩陶）对你说"麻跃喽？（来玩，好吗？）"时，如果你点头说"好"，他们不会有更多的反应；如果你的回答是否定的，他们就会很高兴地看着你这个懂傣族礼貌的人。据傣语文专家说，傣语中的礼貌用语用词具有相当长的稳定性，20世纪也没发生太多的变化。

八、二十世纪西双版纳傣族生产方式的传承与变迁

关于20世纪前半期西双版纳傣族的生产情况，文献中较为全面、专门的记载，当数江应樑先生的《摆夷的经济生活》。

---

① 李拂一：《十二版纳志》，正中书局，1955年版，第131～133页。
② 江应樑：《摆彝的生活文化》，中华书局，1950年版，第181页。

夷区的季节很正常，雨量也很平匀，但大多数的田亩，却不完全恃雨水种植，因为河道沟渠纵横，水利极为方便，天旱可以引河水溉田，天雨可以利用河身来调节水量。每年在清明前后一二日，夷地中有一个浴佛节，俗称泼水节，过了这一天，夷区便由干季而进入雨季，摆夷们也停止了宗教活动，停止了造屋修桥，停止了一切娱乐，担负起一年一度的耕种工作。先把荒芜了一个小春的田亩放水或藉雨水浸润，然后用牛拖犁把田土浅浅犁起。犁后数日便放水浸田，浸数日，再用横木一条，上嵌木齿，仍用牛拽之使泥土松碎，即可准备插秧，秧苗亦先植于秧田内，长至约一尺长，即拔起分插于犁好之水田内。

在撒种，插秧，收割，这一时期，其工作所最不同于内地之处，即是一不施肥，二不除草，所谓春耕夏耘，摆夷是只有耕而无耘的。不仅稻谷不施任何肥料，即蔬菜，豆类，甘蔗，棉花，也一概不用肥，他们听说内地种植要加粪便为肥料，令他们惊异不已，以为这样污秽之物撒在田地中，则生长出来的物品，如何吃得下口？

割稻也用镰刀。稻穗割下后，便平铺田中或田埂上，任其晒干，然后用大石一块横放地上，双手握稻梗将谷穗向石上摔掼，使谷粒脱离谷秆落下；另一法则将谷穗平铺地上，用一枝弯曲的木棍击之，使谷粒脱落，取得谷粒后便堆置于田旁广场中，场的一角竖立一枝竹竿，上系布带一条，看风起布条飘动时，男妇多人，围着谷堆，用铁铲将谷粒铲起，用力抛于空中，糠灰被风吹走，落下的便是洁净的谷粒。于是便挑回家中，堆存竹楼上，每天食用的米，都是当天清晨或前一晚舂碾出来的。

夷地一律不种小春，稻谷收割后，田便任其荒芜，须到翌年清明后，始放水犁田。至若黄豆，蔗，蔬菜，草烟，皆不种在稻田内，另有地供种植。

谷是摆夷农村中的主要生产，夷地所种者皆为糯稻，米粒较大，富黏性，汉人食之多不习惯，抗战期中军队驻防边区，因适应需要，曾勒令摆夷每户须播种若干粳稻以供军用，人民皆不甚愿意，因据民间经验，种粳稻收获仅及糯稻七成。

以夷区气候言，多数地带均可年种谷两次，但因为供求上无此需要，所以通常都只种一发。

豆类之主要者为蚕豆，豌豆和落花生，菜蔬的种类并不多，仅瓜类，青白菜，辣椒等数种。

蔗，每家所种亦不过数百十株，收割后用土法榨为糖，供自己需用。

棉，在十二版纳境内产量很多，都是零星的出产，没有大规模的培植。

草烟，也只是为自己吸用而在屋子附近种植些许。

茶，夷地中的茶树，初本为野生物，后来因为茶叶销路日好，夷人也便有种植茶树的。

果品，摆夷地盛产各种果类，过去大都是随处野生，近来有多种已经为农家所专门培植而成为农产品之一部分了。

畜牧是农村里所见的一种普遍副业，但都并非大规模的蓄养而是家庭中零星的饲喂……牛是大多数人家都有的……马只限于贵族，僧侣，头人这类阶级始蓄养……猪、鸡、鸭是每家均蓄养的①。

20世纪60年代以后，一部分傣族已用手扶拖拉机代替牛犁耙田；所有傣族都基本上使用化肥；大部分傣族已逐步采用掼槽、脚踏打谷机等打谷，采用铁皮风车等扬弃；多数傣族已经种粳稻，并且引种杂交水稻良种。其余耕种方法基本上如故。农产品除水稻有上述变化外，甘蔗的种植规模已经相当大，蔬菜的种类也增加了不少，如西红柿、茄子、萝卜、卷心菜等，果品的产量很大，并且能够将其加工成果脯等，茶叶的销量也比较可观，棉花和草烟则变化不大，倒是经济作物新增了砂仁、西瓜、西番莲等。牛、猪、鸡、鸭仍然几乎家家饲养，傣族传统的"套杆养牛"和"放养畜禽"仍然随处可见。与过去不同的是：马已经属于"罕见之物"了，而挖塘养鱼，特别是养罗非鱼逐年增多，鱼已成为傣族的主要肉食和一项可观的经济来源。

通过以上对20世纪西双版纳傣族起居饮食、服饰冠履、节日喜庆、生养婚娶、丧葬祭祀、待人接物、生产方式等的记载和描述，换言之，通过对百年间西双版纳傣族干栏式竹楼从"第一代"到"第三代"的发展，衣裙从布到"的确良"、"真丝"的变化，吃糯米饭仍然不用筷子和碗，族内婚制已经不完全存在，泼水节已为汉族等所共享，坚持生男生女都一样和厚养薄葬等的记录和描述，读者可能会对20世纪西双版纳傣族生活方式甚至对其文化的传承与变迁有一个概貌，进而可能会对其世界观、人生观、价值观、审美观，对其民族特点和民族形式有一个更为深入和更为全面的认识。因为生活方式本身是最生动的文化表现，而正是这些平凡的事物使我们的文化变得丰富多彩、绚丽多姿。

[基金项目：国家社科基金资助项目：活态文化的保护、传承和发展（04BJY071）]

---

① 江应樑：《摆夷的经济生活》，清华印书馆，1950年版，第45～52页。

参考文献：

[1] 江应樑：《摆彝的生活文化》[M]，中华书局，1950年版。

[2] 江应樑：《摆彝的经济生活》[M]，清华印书馆，1950年版。

[3] 李拂一：《十二版纳志》[M]，中国台湾正中书局，1955年版。

[4] 姚荷生：《水摆彝风土记》[M]（影印大东书局1948年本），上海文艺出版社，1990年版。

西双版纳傣族的"赕"

杨　俊[*]

摘　要：傣族是一个几乎全民信奉南传上座部佛教的民族。"赕"，是傣族佛教的专用名词，也就是傣族佛教所有活动的总称。西双版纳傣族的"赕"有许多种，"赕"作为傣族民间的传统信仰习俗，是一种优秀的傣族传统文化。

关键词：西双版纳　傣族　赕

提起西双版纳，很多朋友都会联想到它旖旎神奇的自然风光、绚丽多彩的民族风情、让人终身难忘的泼水节等等。但是，在参观傣家村寨或寺庙时，只要你注意，你可能会看到成群结队的傣族群众，敲着锣、打着鼓，抬着祭祀用的供品，前往佛寺。细心的朋友可能会注意到，在傣族佛寺和佛塔周围，立着许多栽在地里的长竹竿，上面垂下一条条宽约 30 ~ 40 厘米，长约 6 ~ 7 米、色彩鲜艳、构图各异的幡（傣语称之为"董"），幡上拴着崭新的、面值不等的小额人民币，有的还挂着一面小圆镜。另外还有一种形式是中间一竹竿，紧挨着竹竿底部用三根尺把长的竹子扎成的、类似发射塔状的架子，傣族叫做沙拉的祭祀架子，上面插着呈放射状的竹签，竹签上扎着纸花、塑料花或夹着人民币，架子底部堆着用芭蕉叶包着一包一包的食物，上面还插着蜡条。每当傣家人有节庆活动的时候，他们就会不约而同地前往佛寺烧香、磕头、祭祀贡品，祈求佛祖保佑平安吉祥、五谷丰登、六畜兴旺等。这些在西双版纳傣族地区特有的、比较盛行的活动，傣语称之为"赕"。

傣族，是个几乎全民信奉南传上座部佛教的民族①。因此，"赕"在傣族

---

* 作者简介：杨俊，女，1968 年生，西双版纳州委宣传部干部（文化馆馆员），主要研究方向为非物质文化。

①西双版纳傣族地区也有少数几个寨子的群众信仰基督教。

中占有重要和神圣的位置，它的内涵和宗教有着极其紧密的联系。那么，什么是"赕"，它又包含了什么含义呢？"赕"，是傣族佛教的专用名词，在傣族人心目中占有重要的位置，一般有以钱财赎罪和为来生积累财富之意。凡是到了一定年纪的傣族老人，因为信仰的关系，认为只有生前多"赕"，死后到了另外一个世界才会有财富。即生前赕得越多，到了另一世界财富才会更多。所以，只要逢赕，傣家人都会尽力而为，认为只有现在多赕，来世才会有更多的财富，有多赕多得福之意。

生活在西双版纳的傣族，一年中有三个最重要的节日——泼水节、关门节和开门节。在这三个节日中，便有着许许多多的赕。泼水节第二天（公历 4 月 14 日），傣语叫做"宛恼"，意为空日，即不属于旧年也不属于新年的日子。这一天，傣家人凌晨四五点钟就起床准备赶摆和赕的物品了。她们先到江、河边或村旁的水井，把水担回家准备好，天刚放亮，大家就赶到佛寺去跪拜佛祖，点燃蜡条、滴水许愿，祈求佛祖保佑全家平安、六畜兴旺、风调雨顺、五谷丰登。到全村人跪拜完毕，接下来就是浴佛。浴好佛，就开始赕了。近 10 年来，景洪市城郊的曼景兰、曼听、曼阁、曼蚌囡、曼允、曼景宽、曼沙等村寨的傣族乡亲们，还会组织起来，举着布幡，抬着沙拉及祭祀用的物品排着长队，沿着景洪市区的勐泐大道和宣慰大道经南过境路，前往瓦巴姐总佛寺，去进行滴水、浴佛和赕。

经过了泼水节后约三个月的时间，傣历 9 月 15 日（公历 7 月中旬），是一年一度的关门节（傣语称之为"毫瓦萨"）。随着关门节的到来，傣家人便多了许多的禁忌：不能出远门走亲戚，不得建房修佛寺，不得结婚和举行庆典等等。同时，赕的活动也多了起来。作为传承自己民族宗教礼仪的一个重要节日，他们在关门节到来的前一天，就要忙着准备到佛寺里烧香拜佛的物品，制作金银花篮和其他赕物。到了傣历关门节这天，整个西双版纳的傣族信徒都要集中到自己村寨的佛寺统一举行赕的活动。关门节早上，人们天未亮就起床准备带到寺院里的物品，争先恐后地赶到佛寺里敬献赕品，据说谁进得早谁就先得功德。他们在佛寺里滴水祈福，祈祷人畜平安，呼唤死去亲人的在天亡灵，希望他们在一年一度的关门节到来之际，关注人间，保佑活着的亲人吉祥平安，让死去的亲人来接受亲人们祭供的物品。接下来就是信徒们的"赕毫怀贺"。

"赕毫怀贺"，傣语意为善男信女向佛爷及和尚布施一百包饭菜。在过去的关门节期间，西双版纳地区的佛寺里，曾普遍传承着"赕毫怀贺"（布施百包饭）的习俗。然而，在"文化大革命"期间，由于佛教受到冲击，这种在傣族社会中营造人与人之间以及民众与僧侣之间相互敬重、和睦相处的良好传统，在许多佛寺里都失传了。整个西双版纳州的所有傣族村寨，现在只景洪市勐罕镇曼春满中心佛寺仍保留和传承着这种活动。"赕毫怀贺"的这天早上，景洪市勐罕镇曼春满村的傣族群众到佛寺滴水结束，从9点钟开始，全勐有佛寺的每个村寨就由选派出来的若干个人陆续到曼春满佛寺"赕毫怀贺"。选派来的都是妇女，她们用准备好的野芭蕉叶，从本村群众准备好送到佛寺供奉的食品当中，挑选最好的鸡、鱼、烤肉、包烧肉等10多种食品凑足100份，放在芭蕉叶里包成一个大包，插上花，挂上线、钱和自织的手帕，拿到曼春满佛寺供奉给佛祖、佛爷。赕到佛寺中的"毫怀贺"，等到赕结束之后，就由波章和老人们按照佛爷的人数和级别的不同，分给佛爷和波章①，归各人支配了。

"赕毫怀贺"结束，又是"赕嘎腊洼"（傣语相互宽容致敬的意思）。它是保留在傣族社会里，群众与僧侣之间、僧侣与僧侣之间、群众与群众之间通过宗教形式表达相互尊重、相互宽容的传统习俗，沿袭了千百年直到今天。进入关门节的第五天，整个西双版纳傣族村寨的佛寺里，都要举行规模大小不同的"赕嘎腊洼"。这一天，各村寨佛寺里的佛爷、和尚，都要集中到当地的中心佛寺里朝圣、敬拜佛祖。各寺院的僧侣们在一起相互表示敬意和歉意，互相畅谈各寺的情况。同时，僧侣们与来朝拜的信徒群众之间，互相表示敬意和道歉，保持、延续并增进僧侣与群众的长久和睦关系。按照传统惯例，在"赕嘎腊洼"的这天，举行"赕嘎腊洼"的中心佛寺所在村寨，要无偿为远道而来的信徒准备一桌饭菜。因为历史沿革中的各种原因，这种习俗在许多佛寺里已经失传，只有在勐罕镇的曼春满佛寺，完整地保留了这种习俗。2000年开始，曼春满佛寺作了改革，由佛寺从积累中拿出钱每户补助30元，让他们各自准备一桌丰盛的饭菜，到时间端出来摆在佛寺门前的广场上，招待前来朝拜的各村信徒们。信徒们在佛寺里拜过佛祖，听佛爷诵完经之后，出来围坐在饭桌前接受布施的食物。就餐前由寨里的长老点燃两根蜡条，向提供午餐的主人们表示感谢和祝福。提供午餐的人们也点起蜡条，集中在一起跪在一旁接受长老的祝福。顿时佛寺前的广场上香火缭绕，祝福声不断，呈现一派和谐融洽的气氛。这种景象，被一些学者称为"傣族的百家盛宴"。

完成了"赕嘎腊洼"后，"赕"的活动更加频繁起来，每七天便有一次小赕。所谓小赕，指的是一家一户或一村一寨的赕；大赕则要全勐（整个乡镇）或是在更大范围举行，时间少则三天，多则五天，一般每年做七次，如"赕新年"、"赕关门节"、"赕开门节"、"赕新"、"赕毫岗"、"赕坦"、"赕帕"等

---

① 波章为傣族村寨中管理和主持各种宗教活动的专职人员，必须做过佛爷，懂得各种仪式规则，他既是佛教的管理者，又是原始宗教的祭司。

等。整个关门节期间共有 12 个戒斋日，也就等于有 12 次以上的赕。

还有一个活动为"赕滚拜崩"。它的意义是亲人滴水祈祷死去的亡灵在天国得到安宁。有的是赕给自己的父母亲，有的则是赕给儿子和孙子。这一天，到佛寺里受戒听经的善男信女们，一方面以斋食敬奉僧侣和住在寺院里受戒居士及老人，另一方面以食物祭奠亡魂，请求佛爷诵经呼唤死者灵魂，让他们来接受亲人的祭献，也可以说是傣族集体举行的清明节时的祭祀。

关门节后的傣历 10 月，是傣家人祭祀家中刚故去亲人的祭祀，傣语称为"赕滚拜冇波"，意思是祭奠死去不再复生的人，类似汉族的清明节。这也是只能在关门节期间举行的一个传统祭祀活动，祭奠死去亲人没有固定的时间，只要在关门节与开门节之间的三个月里就行。要进行赕滚拜冇波的人家，首先要请村中的波章选定某个吉日后，便着手准备，一般都是家有丧事但未办赕滚拜冇波的几户人家相约一起进行，很少有一户人家单独搞的。定好日子之后，他们便向各村亲戚朋友发出邀请，请人撰写祭文、制作各种祭奠的金银花篮、劫波树。根据死者的身份，在制作祭赕物的时候赕给死者的床是必不可少的，上面铺着床垫，放着被子和一切睡觉休息的全部用具。近几年与时俱进，还多了一张死者的遗像。制作完祭奠物品后，在出行祭赕的前一天晚上，亲戚便会送来赕物，敲奠鼓，诵念《涅槃经》。第二天，亲戚们从四面八方，聚集到主人家进行吊唁，主人家则要请一位德高望重的老人，接受前来祭祀的人们的跪拜和礼品，对前来祭祀的人们诵念祝福的经文。主人家则以礼相待，至少杀一头猪和一头黄牛，宴请前来参加祭奠的人们。午饭过后，能歌善舞的人排在前面，有的敲着象脚鼓，有的跳着舞，共同把赕物送到佛寺，请佛爷诵经超度，点燃蜡条并滴水，将一些没有使用价值的赕物焚烧给亡灵，其他的物品赕给佛寺，完成对死者应尽的责任。赕滚拜冇波活动，是傣族对死者的一种吊唁，对一位死者只举行一次。这个活动，在死者逝世的当年如遇上关门节，可以在当年举行，也可以在次年或更长的时间进行，什么时候举行要根据主人家的经济能力而定，但不能在开门节期间进行。

傣历 10 月里的"赕毫甘"（守戒），也是傣族在每年关门节期间不可缺少的传统宗教活动。赕毫甘期间，西双版纳地区每个勐的所有佛爷、和尚，都要集中到本乡镇的中心佛塔所在地，搭棚居住，集中 10 天诵经拜佛，静思己过。从进入到塔旁临时棚居住的第一天起，下午就要举行隆重的洗浴仪式。佛爷、和尚们集中到佛塔旁专门围起的无顶的棚子里，由信徒们端着水，排着队，按先后顺序把水倒在用芭蕉树壳做成的水槽上流下，给佛爷、和尚净身。到佛爷、和尚洗浴完毕，10 天的守戒就正式开始了。这 10 天中，佛爷、和尚要做到"十戒",其家人和信徒要一天不断地给他们送吃的,同时也要有人与其居住,伴随听经拜佛,净化心灵。到了第10天早上,还要在佛塔旁举行布施,全勐参加赕的信徒们沿路排成长队,波章敲着铓锣,缓步在赕的队伍中收受赕物和钱币。赕毕,在定好的时辰,佛爷、和尚坐在塔旁,信徒们跪在塔四周,先听波章和佛爷诵经,然后向佛塔跪拜,点燃蜡条、滴水,然后再绕塔三周敬献赕品,然后将蜡条插在塔上,对着塔滴水跪拜。

在傣族民间,还保留着一种向佛寺敬献经书的习俗,傣语称为"赕坦"(献经)。"赕坦"是傣族较大的赕事之一,全称叫做"赕坦绷竜",即献经盛典。时间一般在傣历11月(约公历7月中旬。各地的时间不一,是个较为随意的日子),是整个勐乃至整个地区统一进行的活动,也是佛寺集中搜集、传承珍藏民间传统文化的日子。这天,每户傣家人都要把在这天以前根据自己的心愿抄写或撰写好的一部乃至几部贝叶经或纸本经,放在精心制作的金银花、沙拉献经篮里,拿去赕给佛寺,并在佛寺里听经忏悔、滴水许愿。民间供奉的经书内容非常丰富,有民间故事、神话传说、天文地理、医书药方等等,给佛寺里增添许多新的经藏内容。佛爷与和尚们对信徒送来的经文进行认真筛选,挑出内容好的文章,集中用三天三夜的时间来诵读这些经文。按照佛教惯例,首先诵念《三藏经》,然后诵念《维先达腊》(即:佛祖前世第十次轮回的故事),最后念诵民间的经文,直到念完为止。通过赕坦,既满足了信徒们的虔诚之心,佛寺又收集和积累了许多宝贵的民族文化知识藏本。

赕坦是西双版纳傣族按地域划分,各个勐(现在为一个乡镇)统一时间进行的活动,也有信徒们单独敬献的。这种敬献的方式没有统一规定,随敬献者心愿。过去,赕的经书多是贝叶经或是纸本经,它可以由主人自己刻写或抄写,也可以请人制作。现在,由于会刻制贝叶经和愿意抄写纸本经的人太少,满足不了信徒们的需要,所赕的经书大部分只好被复印品取代,真正赕贝叶经和纸本经的人越来越少,失去或冲淡了赕坦的意义。

进入傣历11月,傣家人又开始"赕萨腊"了。"赕萨腊"的意思是敬献歌词,它包含着几种内容:一种是"赕萨腊甩",是祭奠死去亲人的一种形式。"甩"的原义是垂链或者垂丝,这里引申为如同长丝般的牵挂和思念。因此,这里的"赕萨腊甩"全意为"敬献常思念的悼词"。关于"赕萨腊甩"有个很动人的故事:传说,在古代有一对恩爱夫妻,丈夫叫召丙巴,妻子叫喃摹宁,夫妻俩恩恩爱爱相敬如宾,过着幸福美满的日子。后来疾病夺去了丈夫召丙巴的生命,喃摹宁悲痛万分。在出殡的那一天,喃摹宁在哭送丈夫亡灵的时候,泣声如歌地诉说在丈夫生前他们是如何相亲相爱,形影不离。如今丈夫死去,留给她的只是长长的痛苦和思念。但愿丈夫的灵魂一路走好,没有任何坎坷来阻挡，一直去到美丽的天国……其内容悲切感人却不凄惨，押韵的词句、优柔的音调，使在场的人们听了以后都非常感动，前来超度亡灵的波章更是感叹不已。于是，波章就将喃摹宁的泣歌内容记录下来，作为以后祭奠死去亲人的悼词流传至今。这是傣族丧葬文化的传承。现在人们"赕萨腊甩"，只要将时间地点人名稍加改动，就成新的悼词了。因此，人们就将"赕萨腊甩"的悼词称作《喃摹宁的歌》。"赕萨腊甩"没有时间规定，如果谁有心要赕，提前选定时间后，一边去请学者或波章撰写"萨腊甩"，一边准备金银花篮等各种赕物。因为"萨腊甩"是思念悼词，在撰写的时候，要把十几张乃至二十多张纸粘连起来写，表示长长的思念。写好后将它卷成筒放在金银花篮里，到选定的日子，带到佛寺里去祭赕滴水，请佛爷、和尚或者波章吟唱，祭献给亲人亡灵。

还有一种赕萨腊叫做"赕萨腊亥"，这是恋爱中的情人赕的形式。"亥"指的是丝线，"赕萨腊亥"的意思是"敬献用丝线相连的歌"。傣族的婚姻是自由恋爱，男女青年相爱后，为了长久地，即使是结婚生儿育女后也要延续这种爱，直到生命的终点，热恋中的恋人，有的就双双去找波章或学者，请他们撰写"萨腊亥"，然后拿到佛寺里敬献，让佛爷为他们诵读作证。让"萨腊亥"像金色的丝线，将两颗相爱的心紧紧地连在一起。同时一对恋人也在佛祖面前立誓，永远爱着对方，今生今世永不离弃，祈祷来生还能相伴在一起。

另外还有一种赕萨腊形式，叫做"赕萨腊苏"，其意为"同龄结盟"。这是一种由本村三五个或者更多的同龄人，在长期和睦相处、同甘共苦、互帮互助、志同道合的前提下，由父母承担所有事务，为儿子举行的有福同享、有难同当的友谊结盟形式。到选定的日子，为儿子举行"赕萨腊苏"的人家，就会把做好的赕品送到佛寺集中起来，然后请佛爷诵经，为参加赕礼的人员拴线，祝福他们友谊长久，牢不可破。村里的其他人家，也要做好赕品参与，共同庆祝。"赕萨腊苏"不是每个村寨或每个人都能举行的，举行的前提是每个村至少要有三五个同年出生的人一起举行才可以。

"赕萨拉帅"是关门节期间最惹人注目的一个赕事，因为它不是每年都有，要经过大佛爷的严格推算，隔五六年才赕一次，"赕萨拉帅"有严格的规矩，至少有 7 个 7～12 岁的女孩才能举行。而且是只有这个年龄段未进入青春期的"干净之身"的女孩才能赕的一种赕事。赕"萨拉帅"，女孩是主角，她的父母及家人提前几天就把赕奉物品准备就绪。赕的那天，父母及家人带着女孩把赕奉物品送往佛寺，寺中的大佛爷念完古老的滴水经词，赕奉仪式就开始了。接下来由老人们分捆"朵萨拉"给佛爷、和尚，分剩的全给佛寺的佛祖。"朵萨拉"里裹写着的是各家各户赕奉者的姓名物品的清单及赕奉愿望。和尚拿到自己的那份"朵萨拉"，就要根据上面所写的找到赕奉的人，把上面的祝词念

121

诵一遍，赕奉的人会虔诚地听完祝词，然后毕恭毕敬、心甘情愿地把赕奉的物品举过头顶递给来人拿走。

随着时间的推移，开门节即将到来，11月中下旬，傣家人又开始了隆重的"赕塔"。塔在傣族人民心中是神圣的，占有很重要的位置。按傣族人的传说，塔里置放着佛祖的舍利和遗骨，于是人们就把现实的佛塔与自己心中的塔联系在一起。千百年来，傣家人虔诚地拜塔敬塔，其目的一是敬奉佛祖的伟大功德，二来也祈求自己身上的四塔五蕴，能够通过自己的修行和布施持戒，达到佛祖的涅槃境界。由于赕塔活动的时间是在守夏期里，人们便相约选定关门节期间的某个日子，一起到佛寺的佛、法、僧三宝场里堆沙塔敬拜。祈求经过布施持戒、多行善事、多积功德而得圆满，到达涅槃境界。赕塔的这天，各村的信徒们也像其他节日一样，准备好赕物，集中到佛塔前进行跪拜并在大塔旁堆起沙塔，拴上线，点燃蜡条。赕塔仪式中，村子有塔的先赕好自己村子的塔，然后再赕各勐的中心塔。他们去到中心塔后，先到佛爷处跪拜，然后进佛殿点燃蜡条祭祀，再到外面赕塔，聆听佛爷诵经，对着塔跪拜，最后沿顺时针方向围着塔走三圈，边走边给佛塔点燃两根蜡条并放上食品。

赕开门节（傣语称之为"奥瓦萨"）。它和关门节是联在一起的节日。历时三个月的守夏期结束，人们做完了在节日期间该做的各种传统祭祀活动后，整个西双版纳地区信奉佛教的傣族群众，又开始着手准备迎接开门节的到来，显示出一派欢乐的景象。和关门节一样，各家各户又开始准备制作或购买金银花篮、劫波树等各种赕物。傣历12月14日这天，信徒们到街上购买要带到佛寺里敬供的物品，在家里准备布施给居士们的粽子等食品。第二天清晨天没亮，到佛寺里敬香膜拜的人们，带着各自制作的赕物，陆续来到佛寺广场，按先后进入佛寺敬供物品，听经受戒，滴水祈福。佛爷向信徒们传教"开门"《功德经》及《阿毗达摩经》（大法），教育人们谨记守夏的功德，"开门"后继续以身、以语、以意布施持戒，多行善事，广积功德。

开门节后，进入傣历一月，傣家人的"赕帕"活动又开始了。"赕帕"的意思为给和尚、佛爷赕袈裟。一般的傣家人都要给佛寺赕上三四米黄布供佛爷们做袈裟用。

在以上诸多"赕"的活动中，傣族都会赕上许多的食品和物品，用现在的眼光来看，似乎有些浪费。但在过去衣物和食品紧缺的年代，人们的"赕"，对接济贫困的人，却起着非常大的作用。佛寺在收到赕品之后，每次都要把食品分发给长者、贫困人员以及一些从山区赶来的人，把衣服或其他用品非常便宜地卖给那些平时想买但又缺钱的人们，对于救济穷人或弱者，起到了一定的积极作用。

经过一年中众多的赕礼和听经、布施持戒，虔诚信奉南传上座部佛教的傣族群众，对各种活动记忆犹新，无论做什么事，要会把以人为善、以善为本、布施持戒作为生产生活的准则来约束自己，始终保持着本民族的优秀传统，继续多行善事、广积功德。同时还不忘教育下一代，继承和发扬傣族优秀的传统文化，保持各种信仰和禁忌礼仪。

参考文献：

[1] 岩温扁、杨胜能等编著：《贝叶文化》。

[2] 伍琼华：《南传上座部佛教与妇女发展研究》。

[3] 宋恩常：《西双版纳佛教简介》（初稿）。

[4]《西双版纳资料简编》（内部资料）。

[5] 王松、王思宁：《傣族佛教与傣族文化》。

傣族手工织锦与贝叶文化

冯晓飞[*]

摘　要：傣族手工织锦是傣民族集体智慧的结晶，是傣族造型艺术最早期的表现方式之一，在傣族社会生活中占有极其重要的位置，可以说，傣族的物质生活和精神生活都离不开手工织锦。当下，傣族手工织锦技艺正濒临消亡的危险，对它进行及时的抢救和继承，是科学地保护、开发民族民间传统工艺，弘扬民族优秀文化，建设和谐社会和社会主义新农村的重要内容。

关键词：手工织锦　贝叶文化　保护建议

一、傣族手工织锦的历史渊源

傣族为古代百越之后，不仅是我国最早栽培水稻的民族之一，也是我国较早从事纺织、织锦的民族之一。

《后汉书·西南夷传》载："知染采文绣，罽毲帛叠，阑干细布，织成文章如绫锦；有梧桐木华，绩以为布，幅广五尺，洁白不受垢污，先以覆亡人，然后服之……"

唐《蛮书》卷四载："茫蛮部落……皆衣青布绔，藤篾缠腰，红缯布缠髻，出其余垂后为饰。妇人披五色娑罗笼。"卷七载："自银生城……蕃种并不养蚕，唯收婆罗树子，破其壳，其中白如柳絮，纫为丝，织为方幅，裁之为笼段，男子妇人通服之。"

万震《南州异物志》载："五色斑布，以丝布古贝木所作。"

124

---

　* 作者简介：冯晓飞，1947 年生，西双版纳州文联原副主席、《版纳》杂志原主编，主要研究方向为民族文学艺术。

天启《滇志》载："以其丝织五色土绵充贡。又有白毡布。""贵者衣纻丝缕锦，以金花金钿饰之。"

明《百夷传》载："男子衣服……或衣宽袖长衫，不识裙绔，……妇人……衣窄袖衫，皂统裙，白裹头……"

《云南通志》载："旱摆夷，山居，性勤，男子衣及膝，女高髻帕首，缀于五色丝，裳亦然。"

从上述记载中可以看出，早在唐宋时期，傣族就掌握了用木棉果内的纤维来纺线、织布的手工技艺。明洪武、万历时，已能用手工织出"丝幔帐"、"绒锦"等作为贡品了。足见傣族纺织、织锦技艺渊源之久远。

过去，傣家不能织锦绣花的女子，得不到男人的喜爱。因此，女孩长到十一二岁，便要学习织锦绣花。她们几乎人人都是善织锦的技工、能刺绣的好手。能用白色或彩色粗线，织出精美的凹凸花纹，并能用各种彩色丝线与金缕银线，交织成有着复杂美丽花纹的傣族织锦，其精致艳丽不亚于江南织锦。由于现代纺织业的强势影响，现在的年轻人已很少使用传统手工方法制造的傣锦来缝制服装了，但用傣锦制作的床上用品、佩饰、筒帕、香囊和布艺品等，仍在民间部分地流行着。手工织锦这门技艺也只在村寨中的一些中老年妇女中流传着。随着人们返璞归真意识的回归，傣锦的透气、吸汗、穿着舒适等优点，可能会再次受到人们的欢迎和喜爱。

二、傣族手工织锦的基本内容

（一）傣族手工织锦的方法

傣族织锦是在构造简单的工具——织布机上制作的。傣族的织布机，除一个木框架外，仅有分别牵引经线和纬线的箅子和梭子。织锦时，先要设计出构思图样，再用许多棉线制作"纹版"，然后在木架式织机上按照"纹版"的样式，安排不同颜色的经线和纬线，才能织出图案多样、色彩丰富的傣锦。

（二）织锦使用的原料

主要是自种、自纺的，经土法染成红、黄、蓝、黑、紫、青、绿等色的彩色棉线和丝线。染料也是自采自配的。

（三）傣锦的种类

按所用材质可分为丝锦、棉锦、丝棉混合锦、麻丝混合锦、麻棉混合锦等，以棉锦居多；按花色可分为素锦、朱锦、花锦。素锦朴素大方，朱锦是色彩醒目的朱红色，花锦则五彩斑斓。

（四）傣族织锦上的图案

大致可分为三类：一是几何图形，如正方形、菱形、多边形等；二是花草树木图案，造型经过抽象、夸张、变形，宛若逆光摄影的效果，能看出是花草树木的轮廓形态，却不能具体辨出其名；三是象征吉祥和睦的飞禽走兽图案，常见的有大象、龙凤、孔雀、狮子、老虎、麒麟等，也都经过了抽象变形处理。此外，有的傣锦上还有日月星辰、亭塔楼阁、大海涌波及其他一些奇形怪状的神秘图案。

（五）傣族织锦的用途

在自给自足的农耕社会，傣族妇女不仅要负责织出一家人穿着的布料，织出具有花纹图案的筒裙，而且，还要织出床单、幔帐、被面、门帘等生活用品和嫁妆，以及作为装饰品的挎包等。南传上座部佛教传入后，还要织成拜佛、赕佛的各种祭品，如长幅的佛幡"董"之类的傣锦。

（六）傣族织锦的工具和材料

①织锦机，傣语称作"哄旦费"，即自制的织布机，与内地农家过去的织布机形似但结构更简单，有"腊绕"（梭子）、"萨均"（挡线板）等，用木头或竹子做成，高150厘米左右，宽120厘米左右。附件有"玉"（棉花脱籽机）、"贡"（纺车）等。②纹版，即傣锦的花样设计图，又称花本。③经纬线，经线，是系在织机一端、均匀穿过算子、并能随算子的上下运动而闭合张开的许多纵向棉线，是傣锦的"筋骨"；纬线，是装在梭子里，按照纹版图样的需要，横穿经线间的不同颜色的棉线，用于构成傣锦图案的花样造型和色彩。

（七）傣族织锦的工艺流程

①设计织锦花样图案（又称花本）。②准备原料，将自种的棉花除去籽粒，纺成棉线，并按需要用自制染料染上不同颜色，一部分作为经线，一部分作纬线用。③将经线系在织机一端，按顺序逐一穿过算子后，裹紧在滚轴上；算子下面连接着踏棍或踏板。④将不同颜色的纬线绕成线锭，装进一只或几只梭内待用。⑤踩动踏棍将经线分开，用手把装有不同颜色纬线的梭子穿过去，回拉算子将纬线压紧；然后重复同样的动作，按事先设计的图样，分别把梭子来回穿梭，直至将图案织完。

（八）傣族织锦的主要制成品

①挎包，傣语称作"筒帕"，既是日常生活的必需品，又是特色浓郁的工艺品，是男女老少都喜欢佩挂的实用性工艺品，已有一千多年的生产历史。筒帕用棉、麻、丝、毛等材料织成，织工精细，图案丰富，美观大方。常见的图

案纹样有变形的象脚纹、龟背纹、蝙蝠纹、红毛树纹等，有较为写实的孔雀纹、驮象纹、芭蕉花纹、奔马纹、神兽纹、锦鸡纹、莲花纹、蝴蝶纹等，还有吉、寿、喜等文字或者佛教吉祥符号等。图案形象生动，颇具民族特色。它们既是美丽精致的装饰品，又是美好心愿的寄托物，因而深受各族群众的喜爱。②佛幡，傣语称作"董"，是傣锦中长度最长的工艺品，一般有十米左右长、三十厘米左右宽，主要在关门节等佛教节日期间，敬献给佛寺，用于供奉佛祖，悬挂在佛殿之中，表达信徒虔诚敬畏之心和祈佛保佑之愿，图案多为佛塔亭阁等建筑和犀象麒麟等神兽。其规模之宏大、气氛之肃穆，非一般傣锦可比。③床单、垫褥、枕头、门帘等日常用品，一般会在床单、垫褥、枕头、门帘等用品的局部区域织上图案花纹。如床单，仅在布面的三分之一或四分之一处织上花纹图案即可；又如垫褥，仅在其中心位置织一块长五十厘米、宽三十厘米红白色花纹即可；又如枕头，仅在两头立面处织有五彩花纹而已。它们的实用性和装饰性的完美结合，显示出傣锦艺术的高超水平。

三、傣族手工织锦的基本特征

傣族织锦是傣族先民手工劳动的产物，是傣族造型艺术最早的表达方式之一，经历了从实用品到艺术品的发展历程，在傣族社会生活中占有极其重要的位置。人们的衣食住行等物质生活和鬼神崇拜、宗教信奉等精神生活，都与傣族织锦密切相关。

傣族织锦艺术是傣族社会劳动生活的反映，与其所处的生产生活环境和社会环境密切相关。西双版纳地处热带雨林，拥有丰富多样的动植物资源，景观奇丽独特，为傣锦的制作提供了极为丰厚的参照对象。人们总是喜欢在傣锦图案中用大自然里的动植物形象来表达美丑，象征善恶。由于傣族生性平和、善良温柔，傣锦图案也多用高洁的荷花、亭立的槟榔、艳丽的睡莲、吉祥的孔雀、庄重的大象、威严的麒麟、圆润的蕨菜、祥瑞的龙凤等，以表达人们对和平幸福的美好追求与向往。

傣族织锦艺人将傣族传统文化与其他民族文化融会在一起，经过自己的想象构思和升华创造，形成了朴素的傣锦艺术风格：以白底为主，衬托出一个个独立的图形，或者多次重复的连续花纹，虽仅为剪影式的侧面造型，但因轮廓鲜明、形象生动而给人以深刻印象。此外，还有强调相互间的对称性、对比性、连续性，以及疏密结合、具象抽象结合等特点，既含蓄又爽朗，想象丰富，构思巧妙，手法独特。

127

四、傣族手工织锦的文化意义

傣锦是傣族先民最早期的造型艺术之一，来源于古代先民的劳动实践。通过对傣族织锦技艺的深入研究，可以了解古代傣族的社会形态、审美观念、生活习俗等方面的发展演变历程。如：在纺纱、织布基础上产生的傣锦，最初仅是为了满足蔽体、保暖等实用功能，后来却成了供奉佛祖的精神祭品。用于赕佛的"董"，它的图案多为佛塔、亭阁、殿堂等建筑，一般家庭日用品上绝对不能出现这些图案；而大象、骏马、龙凤、麒麟等图案，只能出现在上层人物的家庭用品上，在一定程度上具有权力的象征意义。这些，在傣锦产生的初期都是不存在的。

在审美观念上，早期的傣锦图案，是以模仿自然景物的写实手法为主。后来，随着社会的进步，经过织锦艺人的不断加工提炼，逐渐升华出抽象的、象征的、充满审美情趣的图案。

在简陋的织机上，在简洁的经纬间，通过色彩能显现出构图鲜活、画面丰富的图案，借助经纬交汇点位置的不断变化，又有对比突出的凹凸立体效果。充分表现了傣族人民的智慧。

傣族织锦是傣族传统文化的知名品牌之一，与泼水节、赞哈演唱、手工慢轮制陶、叙事长诗、贝叶经制作、象脚鼓舞、傣医药等一样，有着很高的知名度和影响力。人们一提起傣族或者西双版纳，就会不约而同地想到泼水节，想到傣锦，想起那些具有浓郁傣族风味的美丽图案。凡是来过西双版纳的人，大都会带走一些令人爱不释手的傣锦。

傣族织锦是展示傣族女性智慧和技能的动感平台。傣族女性，历来以身材苗条、吃苦耐劳、活泼温柔而著称。除了日常繁重的劳作外，她们还有着丰富的精神追求。她们把自己对真善美的向往，融入傣锦经纬的丝丝缕缕，一梭一梭地编织进傣锦中。傣锦的精致程度，体现着织锦人的心灵手巧和勤劳技能。过去，不会织锦的女性，很难得到男人的欢心。现在虽然有所变迁，但仍是衡量一个女人是否勤劳贤惠的标志之一。织锦技艺高超的姑娘，往往是小伙子们最心仪的对象。

五、傣族手工织锦技艺的传承现状

傣族手工织锦技艺，与泼水节、赞哈演唱、手工慢轮制陶、象脚鼓舞、贝叶经制作一样，都是傣族非物质文化遗产的代表。但由于其产生于遥远的农耕时期，一家一户的耳濡目染、口传身授是其主要传承方式，时至今日，家庭手工作坊仍是其唯一的生产方式，生产出来的成品也多为家庭自用，仅有少量外销或馈赠亲友。因此，目前仍掌握此技艺的民间艺人已为数不多，以下为部分地区的传承人情况简介。

（一）景洪市嘎洒镇"傣锦之乡"曼峦典村

玉嫩（1918— ），傣泐，女，现已五世同堂，有四代人都掌握织锦技艺，第五代因年幼尚未开始学艺。

玉儿甩（1959— ），傣泐，女，十五岁起随母学织锦，因其心灵手巧，勤学好问，两个月即出师，现已成织锦能手，多次应邀四处传艺，接受媒体采访报道，并获总佛寺、省佛协等单位颁发的荣誉证书。两个妹妹都师从她学习织锦技艺，现已是村里的织锦骨干，被国内外多家媒体宣传报道过。2006年获云南省民族民间传统文化传承人（有独特技艺的人）称号。

玉罕叫（1958— ），傣泐，女，十六岁时拜本村玉香胆（现年七十六岁）为师学习织锦，两个月即出师。经过多年的钻研和积累，已成本村有名的织锦骨干，有"来丁来么"（即"有某种技能的人"）之称。她织的傣锦，构思独特新颖，形象栩栩如生，很受国内外客人的喜爱。2005年应邀为全州妇女纺织培训班授课，有徒弟及学员六十多人，曾获州总佛寺、州佛协、省佛协表彰。2006年获云南省民族民间传统文化传承人（代表人物）称号。

玉金（1960— ），傣泐，女，十五岁起随母亲学织锦。由于她心灵手巧，很快就掌握了织锦技艺的要领。经过多年的积累，她织出的傣锦织工精巧，搭配合理，美观大方，并能根据客人的要求织出不同的图案和色彩，有"来丁来么"之称。曾获总佛寺、州佛协、省佛协的联合表彰，2006年获云南省民族民间传统文化传承人（代表人物）称号。被国内外多家媒体宣传报道过。

玉养（1960— ），傣泐，女，十五岁起师从母亲学织锦，能根据不同图案织出各种傣锦，深受客人欢迎，曾到总佛寺参加表演展示，获荣誉证书，被国内外媒体宣传报道过，2006年获云南省民族民间传统文化传承人（代表人物）称号。带有徒弟一人（女儿玉光，已学艺二年）。

玉庄（1962— ），傣泐，女，十五岁开始学习织锦，技艺精巧，有"来丁来么"之称，织品常被抢购一空。被州电视台、广播电台宣传报道过，2006年获云南省民族民间传统文化传承人（代表人物）称号。带有徒弟一人（女儿玉波，已学艺三年）。

玉喃嫩（1964— ），傣泐，女，十五岁随母亲玉甩学织锦，三个月出师，手工精细，图案清晰，有"来丁来么"之称，国内外客人慕名前来购买其织品者众多，曾被《云南画报》等宣传报道过，2006 年曾获云南省民族民间传统文化传承人（代表人物）称号。有徒弟二人，其中最好的叫玉应罕，已织锦三年。

玉喃（1968—　），傣泐，女，十五岁随母亲学习织锦，由于她聪慧好学，善取各家之长，补已之短，多年摸索后，织工精巧，美观大方，有"来丁来么"之称，曾被多家媒体宣传报道过，2006 年获云南省民族民间传统文化传承人（艺人）称号。现有徒弟一人（女儿玉叫，织锦已三年）。

（二）景洪市勐罕镇曼听村

玉婉（1957—　），傣泐，女，十八岁随母亲学习织锦，经过多年学习积累，既能织出传统的被子、床单、床垫套、坐垫套、洗脸帕、佛幡等，又能织出适应现代生活需要的围巾、挎包、新款筒裙等精美织品。2005 年，在总佛寺举办的传统纺织培训班结业时，曾作拣、选、弹、纺、浸泡、脚踩、染色、导线、穿算篦、织锦等全过程的操作展示。2006 年，在云南省第一个文化遗产日上，展示了精湛的傣锦编织技艺，深受中外专家客人的好评，所成织品现场被抢购一空。

（三）景洪市勐养镇

叶娟（1955—　），傣雅（花腰傣），女，曼龙岗村人，十一岁跟母亲玉腊学习织锦，十三岁时即可独立织锦。她织的花裙带子、床单、被褥头、被面、挎包等傣锦，织工精细，图案清晰，色彩相宜，特色浓郁，很受当地群众欢迎，日本、美国、荷兰等国游客慕名而来者络绎不绝。2006 年，获云南省民族民间传统文化传承人（艺人）称号。她的徒弟叶香宝，现年二十二岁，十三岁起跟她学习织锦，十五岁出师自立。

玉腊（1959—　），傣雅（花腰傣），女，曼么卧村人，十岁起跟随母亲玉叶学习织锦刺绣技艺，十三岁时即独立刺绣和缝制傣雅服装，曾被中央电视台采访报道过。2006 年获云南省民族民间传统文化传承人（代表人物）称号。有徒弟玉叶比，现年四十岁，十三岁起随玉腊学习，二十岁出师，也是当地闻名的刺绣能手。

六、对傣族手工织锦技艺传承和保护的几点建议

傣族织锦产生于遥远的农耕时期，属于经历了漫长岁月的自给自足、自产自用的庭院经济产物之一。"文化大革命"中曾被作为"资本主义尾巴"受到

种种遏制打击，许多能工巧手被扣上各种莫须有的罪名，被迫放弃世代相传的独特技艺，曾使傣锦工艺濒临消亡的边缘。进入市场经济时期后，傣族织锦曾一度复苏。但由于现代纺织工业的高度发达并强势涌入，冲垮了自给自足庭院经济的藩篱。手工编织竞争不过现代化大生产，编织艺人及其后代纷纷改行易辙，另谋出路，傣锦再次处于濒危状态。然而，据专家研究分析，随着人类回归大自然意识的复苏，追逐豪华时尚的潮流必将逐渐返璞归真，到那时，也许将会迎来傣族织锦技艺的新时代。

党的十七大，把社会主义新农村建设摆到了坚持科学发展观，建设和谐社会的突出位置和重要高度。如何将傣族手工织锦技艺、贝叶文化等的传承保护与社会主义新农村建设有机结合起来，值得认真研究和探索。对此，笔者提出以下建议：

1. 在普查登记和广泛征求傣族群众意愿的基础上，对傣族手工织锦技艺的历史沿革、分布区域、表现形式、文化内涵、技艺传承、展示场所等予以确认。

2. 充分利用文字、图片、音像等媒介和数字化信息技术，对傣族织锦的自然环境、社会环境、技艺展示、文本实物、功能意义、传承特点、审美风格、艺人信息等方面的内容，进行系统的搜集、记录和分类、编目，建立全面系统的傣族手工织锦技艺档案。

3. 在现有的民族博物馆、文化馆、旅游景区景点等场所，设立傣族织锦专题展示中心，对相关资料和实物进行收藏、保管、维护和展示，并向社会提供相关项目的信息、咨询等服务。

4. 根据《云南省西双版纳傣族自治州自治条例》等法规，制定并采取切实可行的具体措施，有效保护傣族手工织锦技艺，使其在保持固有传统的前提下，能够更好地适应现代社会生活的需求。并根据《云南省民族民间传统文化保护条例》，结合民族民间传统文化之乡、民族民间传统工艺之乡、民族民间艺人等项目的申报工作，出台相应的暂行办法，保护民族民间传统工艺代表作和传承人的知识产权等合法权益。

5. 在职业技术学院、职业高中开设民族传统技艺专业班，培养新一代傣族手工织锦艺人和创作高质量的傣锦作品；在民族中小学里开设傣族织锦鉴赏课和织锦技艺训练课等，使传统的傣族手工织锦技艺的传承后继有人。同时，以精神和物质相结合的方式，鼓励和资助传习机构、传承人等，开展傣族织锦手工技艺的传习、授徒等活动。通过电视、广播、报纸杂志、文艺演出等传媒，结合"回归自然"、"共建和谐"等主题宣传展示，促进社会共享。鼓励电视、广播、音像制作公司等机构，摄录制作并传播与傣族织锦相关的视听节目及文化产品，组织人员推介优秀织锦作品和艺人，进一步提升傣族手工织锦的知名度和影响力。

6. 鼓励和支持对傣族手工织锦技艺文化遗产及其保护进行科学的调查、研究。在州县文化馆、民族民间艺术研究机构、旅游纪念品销售中心和民族特产展示销售专柜等处，开展傣族手工织锦技艺的展示和研究，更有效地帮助、指导、激励傣族手工织锦技艺的传承、保护和提高工作，培养出更多更好的傣族手工织锦专家和民间艺人。

1987 年，《云南省西双版纳傣族自治州自治条例》颁布实施，"继承和发展优秀的民族传统文化"、"收集、整理历史文化遗产"、"加强民族文化的研究" 等被正式写入条例。自治州、县市文化馆、文化站，把傣族织锦等传统技艺及其艺人的保护、管理，纳入工作职责范围。进入 21 世纪以来，尤其是《云南省民族民间传统文化保护条例》出台后，傣族手工织锦等传统技艺的保护力度逐渐得到加强。

西双版纳傣族自治州人民政府，按照国务院办公厅文件、文化部通知、云南省文化厅文件的要求和标准，已制定了《傣族手工织锦技艺五年保护计划》，成立了项目申报和保护工作领导小组，协调项目申报和保护工作，成立了专家组、业务组，分工实施各项具体工作，拟定了项目申报和保护的工作日程、经费预算和五年保护计划等，决定《傣族手工织锦技艺五年保护计划》的日常工作由州文体局主管，州文化馆具体实施。如果以上这些措施能得以很好的落实，科学地保护、开发民族民间传统工艺，弘扬民族优秀文化的工作一定能取得成功。

参考文献：

[1] 江应樑著：《傣族史》[M]，四川民族出版社，1983 年版。

[2] 岩温香著：《西双版纳民间工艺文化》[M]，云南教育出版社，2001 年版。

[3] 刀国华著：《云南傣族民间织锦图案艺术初探》（内部资料）。

[4] 岩温扁、杨胜能等编著：《贝叶文化》[C]，四川民族出版社，2001 年版。

[5] 西双版纳州文化馆、景洪市文化馆民族民间传统工艺档案资料。

刻写在树叶上的经文

—— 傣族贝叶经与赕坦习俗

杨 俊[*]

摘 要：贝叶经，傣语称"坦兰"，是用铁笔刻写在贝多罗树叶上的佛教经文和记录傣族社会历史、生产生活及文学艺术的典籍，是傣族先民们用于记录本民族文化的一种重要载体。西双版纳是继承和保护贝叶经制作技艺较为完整的地区。贝叶经的制作，主要经过四道工序：取叶、制匣、刻写、装帧。傣族对贝叶经的钟爱和民间保留着的向佛寺敬献经书的习俗，傣语称为"赕坦"（汉语：献经），是贝叶经得以能够渊源不断地流传下来的主要原因之一。

关键词：贝叶经 制作 习俗

西双版纳是全国唯一的傣族自治州，据 2006 年统计，全州傣族人口有 304 531人，占全州总人口的 34.22%。傣族信仰南传上座部佛教，每座傣族佛寺都有一幢藏经阁，里面珍藏着大量用巴利文、傣泐文书写的贝叶经。

一、贝叶经是珍贵的文化遗产

贝叶经是世界独特的文化现象。从古到今，人类记录文字的载体多种多样，在中国最早的是乌龟的背甲和兽骨，称为甲骨文；之后是竹简、木简、羊皮，再后是帛、绢、纸等，在当今则有磁带、光盘等新媒质，这些在世界各个地区几乎都是共同的。而贝叶经现象，也就是用铁笔在贝叶上刻制佛经及相关

133

---

* 作者简介：杨俊，女，1968 年生，西双版纳州委宣传部干部（文化馆馆员），主要研究方向为非物质文化。

典籍或史料的现象，除印度之外，则似乎只有在信奉南传上座部佛教的傣－泰民族地区使用并传承。

据专家学者考证，贝叶经最早起源于古代印度，他们认为贝叶经是公元 7 世纪前后随南传上座部佛教传入斯里兰卡，再经缅甸、泰国传入我国云南省西南边疆地区的。现在发现有贝叶经留存的国家，除了中国以外，还有印度、泰国、缅甸、老挝、斯里兰卡等国。据调查，云南西双版纳、思茅、临沧、德宏一带有傣族居住的地方除了发现傣文贝叶经以外，还发现了用老挝文、缅甸文、泰国文刻写的贝叶经。其中，西双版纳是继承和保护贝叶经制作技艺较为完整的地区。

根据《傣族文学简史》记载，西双版纳佛教高僧布塔果沙厅是第一个用傣文将佛教经文刻写在贝叶上的人，时间在公元前 24 年至公元 76 年之间（佛历 520～620 年之间），距今已有两千多年的历史。被刻写在贝叶上的第一部经文，是布塔果沙厅本人所著的《帷苏提麻嘎》。

在西双版纳发现的贝叶经，有巴利文本和傣文本两种，其规格有每页四行式、五行式、六行式和八行式等四种。傣文贝叶经是我国珍贵的文化遗产。其内容除了记载佛教经典之外，还有傣族的天文历法、社会历史、法律法规、民情民俗、医理医药、生产生活、伦理道德、文学艺术等诸多方面内容。贝叶经的著述形成了具有鲜明特色的傣族传统文化，傣族人民对傣文贝叶经倍加珍惜，视为传世之宝，被傣学家和有关学者誉为"运载傣族历史文化的神舟"。

贝叶经不仅刻写了佛教经典《三藏经》，还刻写了大量的世俗文学，如《粘响》、《召树屯》、《兰嘎西贺》、《葫芦信》及傣族著名的"六大情诗"（即《花卉情诗》、《隐语情诗》、《韵律情诗》、《转行情诗》、《鹦鹉情诗》和《凤凰情诗》），形成中华文化中极具特色的地方性民族文化，从而使丰富的贝叶经典变成傣族文化的百科全书。

二、贝叶经的制作与工艺

傣族是个把文字刻写在树叶上的民族。从古到今，傣族的祖先就把整个民族的社会历史、生产生活、文化、宗教教义、文学艺术等等百科知识，刻写在一片片贝叶上。贝叶，傣语称"兰"，是贝叶树的叶片。贝叶树，古代称为"贝多罗树"，只能生长在热带和亚热带地区，是一种棕榈科木本植物，植株高大，躯干粗壮笔直，不分枝长杈，叶片呈手掌状展开，具有长柄的叶片，聚于树顶，其形如一把绿叶伞。贝叶厚实，虫不蛀，久而不枯，易保存。

贝叶经，傣语称"坦兰"，是用铁笔刻写在贝多罗树叶上的佛教经文和记录傣族社会历史、生产生活及文学艺术的典籍，是傣族先民们用于记录本民族文化的一种重要载体。西双版纳贝叶经分为叶质形和纸质形两种。叶质形贝叶经是用民间特制的铁锥笔刻写在经过特制的贝叶树叶片上制作而成的，是傣族最早的经文和典籍。

贝叶经的制作，主要经过四道工序：

（一）取贝叶

在冬天时将已长老的贝叶从树上砍下，用刀割去叶脉，将叶面一片一片修割整齐，三至五片卷成一卷捆好，放入锅中用淘米水煮。煮时要加入酸角或柠檬，使贝叶表面的皮脱落（煮的时间越长，贝叶表面的皮越易脱落）。贝叶一般要煮半天（6~7小时），直到叶片从绿变黄，从硬变软，变成略带淡绿色，才从锅中取出来，拿到江河边用细沙子或在粗糙的木棒上拖拉打磨，然后搓洗干净，再将贝叶压平放在阴凉处晾干，收起来后让它风干一段时间。

（二）制 匣

制作贝叶经以两片木尺为标准。木尺长约一尺半，宽约四寸，距木尺两端约半尺处各钻一个小孔。把一片片已经风干压平的贝叶叠在一起，紧紧夹在特制的两片木板中间。两头用绳子绑紧固定好，然后用特制的钉子沿木板两端的小孔将贝叶钻通，再穿上搓好的线绳，按五百至六百片贝叶订为一匣。订好后用刀沿木匣把贝叶修光滑，使其每片大小相同，尔后用专制的墨线弓，按照刻写格式，把线条轻轻弹在贝叶上，留备刻写。

（三）刻 写

贝叶经的刻写，最初是用小尖刀把傣文刻写在弹好墨线的贝叶上。现用铁锥笔沿着墨线把傣文刻写在贝叶上。然后用植物果（肉桂）油掺锅底的黑烟灰或火炭灰，拌成墨汁涂抹在刻好字的贝叶上，再用粗糠、锯末或扭干水的湿布擦拭一遍，使贝叶上的文字清晰易读。

（四）装 帧

这是最后一道工序。把刻写好的贝叶装订成册，在贝叶的四周边缘涂上一层金粉或红漆、黑漆加以保护和装饰。至此，贝叶经便制作完毕。

贝叶经做工精细，规格统一，加上金粉和彩漆的装饰，给人一种精湛、古朴、大方、美观的感觉。它不但字迹清晰，而且擦抹不掉。贝叶经过水煮等特殊工艺处理，可以防虫、防水、防变形，虽然是当做纸张用，但比纸经久耐用。其特点是不会剥蚀或产生字迹模糊等现象，比用纸张和笔墨书写的读物还有某些优点，可以保存几百年甚至上千年。

135

三、赕坦习俗

一千多年来，经过历代的社会变革和某些灾难性的毁坏，为何傣族佛寺里还会保存有成千上万的贝叶经，并且不断得到补充和能够源源不断地流传下来呢？这得益于傣族群众对贝叶经的钟爱和民间保留着的向佛寺敬献经书的习俗，傣语称为"赕坦"（献经）。

"赕坦"是傣族较大的赕事之一，全称"赕坦绷竜"，即献经盛典。每年举行一次，时间一般在傣历11月（公历7月中旬，各地的赕坦没有统一的规定和时间，在傣族关门节与开门节之间是个随意的日子，关门节7天后至开门节来临7天之前），是整个勐乃至整个地区统一进行的活动，也是佛寺集中搜集、传承珍藏民间传统文化的日子。在"赕坦"前几天，每一个傣家人都会根据自己的心愿，出钱请佛爷或还俗的康朗抄写一部乃至几部贝叶经或纸本经，放在精心制作的金银花、沙拉献经篮里，拿去赕给佛寺，并在佛寺里听经忏悔，滴水许愿。这期间，所有佛爷、和尚都集中在佛寺念经，所念的经书都是百姓"赕"的新经书。佛爷、和尚穿着洁净整齐的袈裟，坐在佛寺里念诵经书，赕奉经书的人跪拜在佛爷、和尚的前面，双手合十，边烧蜡条边虔诚地聆听佛爷、和尚念诵自己赕奉的经书。因此，对佛爷、和尚来说，"赕坦"就像一场考试，孝官就是赕经书的信徒，佛爷、和尚念诵得顺畅，赕奉经书的人就可以少跪，遇到念诵结结巴巴的，他在信徒中的威信就会大大降低。

在傣族佛教信仰中，把抄写经书献给佛视为一种最高的美德，一种真心向佛的善举，并形成了一种群众性的习俗，人人都愿"赕坦"，识傣文的人可以自己抄写，不识傣文的人可以出钱请人代为抄写。僧侣认为抄写佛经的弟子，最通晓佛的宗旨，最能修成正果。信徒认为赕书越多，积德求来世过好日子就越有希望。为此，每家每户都甘愿出钱请人转抄自己或者父母生前所喜爱的一部叙事长诗、民间故事等，拿到佛寺里去赕，使死者得以超度。

每年的"赕坦"，都有新经书源源不断地送入佛寺里，这就是佛寺收藏的经书不断得到补充的原因。佛寺方面认为信徒赕书越多，佛门越兴旺。

随着时代的进步，科技的发展，受市场经济和外来文化的影响，傣文的贝叶经传统制作技艺也受到严重的冲击。由于制作贝叶经工序复杂、费时，经济效益低，年轻人不愿意学习，会刻制贝叶经的艺人越来越少。在西双版纳，现在只有极少数佛寺里的佛爷，或者是村寨里精通傣文的老人会偶尔制作几册贝叶经，其他场合便很难找到制作贝叶经的人了。如不加以拯救和保护，贝叶经制作工艺将面临消亡和失传的危险。如今，在傣族人民一年一度的"赕坦"

中，许多老百姓因买不到贝叶经，只有用复印来的纸质经书作为"赕坦"之用，这样的经书也失去了收藏价值。

参考文献：

[1] 西双版纳傣族自治州民族事务委员会编：《傣族文学简史》［M］，云南民族出版社，1988 年版。

[2] 中国贝叶经全集编辑委员会：《中国贝叶经全集》［M］，人民出版社，2006 年版。

[3] 铁锋、李传宁编著："西双版纳—勐巴拉娜西民族文化丛书"《贝叶文化》［C］，云南教育出版社，2006 年版。

傣族水崇拜刍议

张忠良[*]

摘　要：傣族崇拜水，生产、生活及习俗都离不开水，这与其生态环境及民族特点密切相关。水在傣族生活中具有三个方面的功能：一、心理功能。与水相伴，临水而居，成了傣族的一种心理选择和需求。二、文化功能。以泼水节为代表的水文化，成为傣族文化的一大特色。三、物质功能。在农田灌溉、发电等方面发挥了巨大的物质功能。

关键词：傣族　水崇拜　水文化

水作为一种物质形态，在人类社会生活中具有十分重要的意义，最远古的生命孕育，就发源于水。水具有的某些物质属性在儒家的文化圈中投射了道德的寄托，历千年而不衰。水，具有滋养万物生命的德性。它能使万物得它的利益，而不与万物争利。《老子》云："上善若水，水善利万物而不争，处众人之所恶，故几于道。居善地，心善渊，与善仁，言善信，正善治，事善能，动善时。夫唯不争，故无尤。"老子以"上善若水"为题，指出了人们如要效法自然之道的无私善行，便要做到如水一样至柔之中的至刚、至净、能容、能大的胸襟和气度。一个人的行为如果能做到如水一样善于自处而甘居下地——"居善地"，心境养到像水一样善于容纳百川的深沉渊默——"心善渊"，行为修到同水一样助长万物的生命——"与善仁"，说话学到如潮水一样准时有信——"言善信"，立身处世做到像水一样调剂融合——"事善能"，把握机会，及时而动，做到同水一样随着动荡的趋势而动荡，跟着静止的状态而安详——

---

　　* 作者简介：张忠良，男，1951 年生，回族，云南民族大学离退休处副研究员，主要研究方向为民族文化。

"动善时"，再配合最基本的原则，与物无争，与世无争，那便是永无过患而安然处顺，犹如天地之道的似亲至私而无私的妙用。在融合了多元文化而形成的傣族文化中，对水的感情与依赖更胜一筹。

傣族与水，有不解之缘。傣族崇拜水，生产、生活及习俗都离不开水，这其生态环境及民族特点密切相关。傣族沿河迁徙，无水之平川没有傣族，有水之河谷才有傣族。回首傣族的历史与文化就使人自然而然联想到水及与水有关的景物：傣族"傍水而居"，没有建在高山的傣寨；傣族居楼，以避水患侵扰；傣族从事水稻种植，重视生态环境保护，不毁林开荒；傣族喜居低海拔气候炎热的河谷平坝，"一日十浴"成了傣族的习俗；傣族群众不分男女均习水性。傣族文化，从水开始。傣族认为没有水就没有宇宙、地球、万物和人类。水同傣族的心理、文化、物质生活息息相关，多少年来，积淀为心理定式在傣族生活中释放着心理、文化、物质的效应。对水的依恋成为傣族的集体无意识。水在傣族生活中主要具有三个方面的功能。

（一）心理功能

在广袤的滇西南，不论从澜沧江畔到怒江坝，或从瑞丽江边到红河之滨，千百年来，在这片肥沃的河谷平坝，养育着傣族先民，他们在这里繁衍生息。传说傣族有一个能干的首领名叫帕雅拉吾，他十分喜爱打猎。一次，他率领一伙年轻人来到森林中，帕雅拉吾一箭射中了一只金鹿的左腿，但金鹿负伤逃逸，猎人们紧追不舍，翻过了九百九十九座大山，跨过了九百九十九条大河，突然，一个美丽的金湖出现在眼前，金鹿纵身跳入湖中，顿时，湖面开满了溢彩流光的莲花，清风吹来，香气袭人，帕雅拉吾轻轻采摘了一朵莲花，数数花瓣足有一千瓣，他就为这种莲花取名为"千瓣莲花"。人们爱上了金湖，便在那里定居下来，这就是傣族传说中的"勐巴拉娜西"，便是今天的西双版纳。"西双版纳"意思是"神奇、美好而理想的乐土。"这个传说故事反映了傣族先民逐水而居的理念。傣族一生喜水、爱水，与水结下不解之缘，他们认为水是大地的乳汁、生命的源泉。按照傣族的习俗，当婴儿呱呱坠地时，首先要用水沾一沾小脚板，这样今后和水打交道就会顺利得多。在民间还流传着有趣的滴水成歌的故事：过去，傣族村寨里没有歌声和笑语，有一个姑娘，每天清晨都要到泉边汲水，听到泉水在晨风中"叮咚、叮咚"地歌唱。姑娘听久了，觉得胸中有一股泉水般的东西在涌动，她放开了歌喉，伴着山泉歌唱，伴着泉边饮水的孔雀起舞。从此，傣家人有了歌，有了舞，有了欢乐。傣族认为水是孕化万物的圣水，他们在《滴水颂词》中这样赞颂水："滴水哟！您是一切生命的源泉/您在供养万物时/愿您洗去人间的烦恼和不幸/冲刷掉人间的自私和贪

139

婆/让天下的生灵永远平安。"傣族妇女特别爱水、敬水、崇水，一生和水相依为伴，她们对水的依恋，对水的感情是其他任何一个民族妇女无可相比的。水不仅赋予她们秀丽、健美的体魄，同时赋予了水一样的秉性，坦荡的胸怀，她们的心像泉水般透亮，心比花儿美，水流到哪里，哪里就呈现一片生命的绿色，哪里就有生命的赞歌。与水相伴，临水而居，成了傣族的一种心理选择和需求，水对傣族群体是一种心灵的抚慰，水在傣族的精神家园中，已内化为一种精神的象征而不可缺少，水释放着精神的能量，具有对傣族群体心理抚慰的功能。傣族群体长期生活积淀形成了水心理。

（二）文化功能

水在傣族群体形成心理定势后，又逐渐形成了别具一格的傣族水文化，泼水节就是其中最具代表性的载体。泼水节最初源于印度，是婆罗门教的一种宗教仪式，每年婆罗门信徒宣布农业年成预测，要相互泼水，可助天降雨，以祈求丰年之意，泼水节随着印度的婆罗门教和佛教的传播，首先传入缅甸，后再传到泰国和老挝。根据有关资料的研究，我国傣族地区，南传佛教虽然传入较早，但直到12世纪末才逐步站稳脚跟，据说西双版纳景洪县大勐龙曼飞龙佛塔，是由印度僧人设计的，史载于傣历565年（宋嘉泰三年，公元1203年），从此傣族有了佛寺，泼水节的习俗随之传入。但是傣族群众为什么要过泼水节？这其中流传着许多动人的传说。据说很久以前，在遥远的地方，有一个凶恶残暴的魔王，他不仅武艺高强，而且会使法术、弓箭、刀、矛……任何对手休想挨近他的身子。这个魔王生来就好打仗，抢占了许多弱小国家的土地，抢来许多善良、美丽的民女做妻子。百姓们害怕魔王打仗，纷纷离开家园，肥沃的土地荒芜了。从此，竹楼看不到炊烟，听不见鸡啼，整个国家变成死一般的沉寂。魔王抢来的第七个妻子不仅美丽善良，而且非常聪明，从她被捉进魔王宫中，就听不见她再唱歌，看不见她梳妆打扮，而是整天泪流满面，为全勐百姓忧愁和悲伤。一天，魔王外出掠夺，又大获全胜。第七个妻子趁魔王高兴，也装出一副平时没有的笑脸，对魔王说："威震全勐的大王，听说你的本领比天高，弓箭刀矛无法伤害你，到底大王有什么武艺和本领，告诉你妻子听听。"魔王听了最爱的妻子从来没有说过的温存话，心中高兴得飘飘然起来。他无意中露出了真话，说："弓箭刀矛虽然不能伤害我的命，但只要用一种办法就能要我的命。"说到这里，魔王贴着妻子的耳朵悄悄地说："谁只要拔下我头顶上的一根头发，轻轻地勒在我的脖子上……"第七个妻子牢牢记住魔王的话，她要寻找时机为民除害。一天深夜，她见魔王已经睡熟了，心中又高兴又害怕，连叫三声大王，魔王没有动静，仍然发出鼾声。她轻轻地从魔王头上拔下一根长发，试着往魔王的脖子上一勒，果然，魔王的头滚落到地上。顿时，地上冒起熊熊的烈火，吓得她不知如何是好。这时她不顾个人安危，想把魔王的头抱起来丢出去，当她刚刚把头抱起来时火就熄灭了。她把头扔到野地里，头一着地就火星四起，她又把头抛到河里，河水随之暴涨。最后她把魔王的头紧紧抱在自己的怀里不放，火灭了，魔王腥臭的血浸透了她洁白的衣裳。由于她忍受百般痛苦，换来了全勐百姓的平安，傣族人民为感谢这位为民除害的女英雄，挑来一担担清水为她淋浴，用圣洁的水冲掉罪恶和灾难。泼水节由来的故事在传入我国傣族地区后，与本民族的神话传说相结合，突出表现出善恶之间的斗争，正义战胜强暴的较量。

新中国成立后，傣族人民革新了泼水节的一些旧俗，增添了不少新的内容，如歌舞、体育表演，已成为民族团结的纽带。傣族地区处在热带亚热带地域，一年仅有较明显的雨、旱两季，从气候条件而言，泼水节正好处于一年旱季与雨季的转折点，泼水节一过，农业生产将进入大忙季节。更重要的一点，它反映出农业对雨水需要的迫切感，因为雨季到来迟早和雨量的多少，都直接影响当年的收成，特别是在生产力低下，缺少水利设施的条件下，仅能靠天吃饭，雨水与人民生产、生活密切相关，这是泼水节能够一代代传承下来的根本原因。泼水节反映了傣族人民对水的钟爱，他们认为泼水节是充满安宁和亲密的，从泼水节中得到清凉，从而在生活中可以得到幸福，水已演绎为一种精神的象征，文化的载体，发散着文化的功能。凡是傣族群众，都要过泼水节，不仅仅是傣族群众聚居的西双版纳、德宏及一些县份，在昆明、北京、上海等地的傣族，每逢泼水节也都要举行隆重的庆祝活动，形成了富有特色的水文化。泼水节成为文化认同的一个载体和形式，为鲜艳夺目的民族文化百花园增添了一抹新的亮色。

（三）物质功能

云南傣族地区地形地貌及生态状况一般都是河川纵横，森林密布，阡陌交错，土地肥沃，光照充足，雨量充沛，冬无严寒，夏无酷暑，自然资源十分丰富。傣族先民在这片美丽富饶的土地上，依河开沟，引水灌田，从事农耕。据傣文古籍《勐泐王族世系》记载，傣历123年（唐上元二年，公元761年），傣泐王召巴塔维建立统治之后，即令百姓在今景洪坝子开沟引水，灌溉农田。后来这些水沟都归勐泐王控制，号称"南召领召"（王水王土）。随着生产力的不断提高，灌溉农业的规模也日渐扩大，据傣文《勐景洪志》记载，傣历826年（明天顺八年，公元1464年），景洪坝子的水沟已有8条，灌溉面积近2万亩，已形成较完整的灌溉系统及管理系统，促进了农业经济的发展，使景

141

洪地区出现了"渔盐之利，贸易之便，莫如车里"（《西南夷风土记》）的繁荣景象。

新中国成立后，党和政府把傣族地区水利工程建设作为一项最重要的基本建设来抓，以西双版纳州为例，几十年来，累计投入资金 1 亿多元，建成各类蓄水工程 287 个，总库容 22 753 万立方，实际灌溉面积 24.33 万亩。建成中型水库 5 座，小一型水库 24 座，小二型水库 106 座，坝塘 152 座，水渠 3 717 条，灌溉面积 30.19 万亩。全州综合灌溉面积已达 50.64 万亩，占总耕地的 32.64%，占水田面积的 78.43%，旱涝保收面积 28.32 万亩，全州水利化程度已达 32.6%，其中农田水利化程度达 78.4%。在 1958～1993 年的 35 年中，西双版纳州各级政府，调动各方面的力量，合力开发水能资源，大力发展水电建设，全面建设了水电站 53 座，装机容量 61 003 千瓦，年发电量 16 048.01 万千瓦时。全州 40 个乡镇通电，通电率达 100%，家庭通电率达 79.48%。水在农田灌溉、水力发电方面，为傣族人民创造了巨大的经济效益和社会效益，充分体现出自身特有的物质功能。水能作为巨大的物质力量，推动了傣族地区的社会进步和发展，同时也形成了别具一格的水经济。

在长期的社会实践中，傣族人民形成了爱水、敬水的传统和心理，让水为人类造福，遵循自然规律，充分发挥水在生产生活中的作用，实现人与自然和谐相处。党的十七大报告提出走科学发展道路，构造和谐社会，就是要在遵循自然规律的前提下，保持生态平衡，建设生态文明。傣族群众的水崇拜的文化现象与走科学发展道路、构建和谐社会的一致性，为建设可持续发展社会提供了很好的借鉴和启示。

仪式差异与文化融合

——以芒弄村傣族一个丧葬仪式与升和尚仪式的结合为个案

张振伟[*]

摘　要：本文通过对沧源县芒弄村的一个丧葬仪式中加入升和尚仪式的分析，指出南传佛教传入傣族地区以后，与当地原有的宗教文化经历了从冲突到融合的过程。南传佛教与当地原有宗教都作出一定程度上的改变，来适应彼此。并进而指出宗教作为人类社会生活的异化，从来都是以人类的社会生活为依据的。

关键词：宗教生活　南传佛教　仪式　融合

宗教作为人类生活世界在思想中的异化，从来都是以实在的社会生活为依据的。人们不可能找到完全脱离了社会生活的宗教，宗教生活的所有事项，都可以在人类的社会生活中找到或明或暗的依据。人们选择什么样的宗教信仰，从来都是有其现实生活依据的，从来不存在没有受到现实生活丝毫影响的神灵。反过来说，宗教信仰也或多或少地影响着人类的现实生活。宗教是为人类的生活服务的，人类的理性始终支配着人类的宗教生活。当人们觉得信仰某种宗教不能满足他们的要求，或者说这种信仰已经超过了他们的现实生活的承受能力的时候，他们就会放弃这种信仰；只有某种宗教的信仰不会对他们现在的生活构成重大威胁，始终保持在他们现实生活能够承受的范围之内的时候，他们才会保持这种宗教信仰。傣族地区的南传佛教能够与其他的宗教和文化经历

143

　　* 作者简介：张振伟，男，1982 年生，云南大学中文系 2005 级民俗学专业硕士生，主要研究方向为南传佛教、少数民族文化。

从冲突到融合的过程，就在于南传佛教不仅不会对傣族民众的生活构成重大威胁，反而还能满足他们精神层面的一些要求，对信仰南传佛教的经济支出也在他们经济能力可以承受的范围之内，正是建立在这样的现实基础之上，南传佛教才能够在傣族地区扎下根来。下面我们以云南省临沧市沧源县勐董镇芒弄村的一个丧葬仪式中加入了升和尚仪式为个案，来对这一论述作具体的事例分析。

一、丧葬仪式的主要过程

南传佛教最早约于公元 7 世纪由泰国勐润经由缅甸景栋传入云南，其传入临沧的时间要晚到公元 15 世纪①，先是传到耿马县，传到沧源县则要更晚一些，芒弄村大约也是这段时间开始传入的。整个临沧地区的南传佛教到清朝初年趋于鼎盛。新中国成立以后，经历了"文化大革命"的打击和改革开放之后的恢复，现在进入了一个平稳发展的时期。

芒弄村位于沧源县县城所在地的勐董镇北面，村子离县城最主要的一条大街——司岗里大街直线距离大约只有 500 米。整个村子呈一个东西轴较长的椭圆形，耕地位于村子的北面，坟地位于村子的东面。根据村委会 2006 年 7 月的统计数字，全村共 108 户，近 500 人，其中傣族占 80%，佤族占 15%，汉族占 5%。村民绝大多数信奉南传上座部佛教。村中有一座佛寺，位于村中心靠东的地方，叫芒弄佛寺，寺中有三位佛爷，四位小和尚，其中大佛爷一般被称呼为长老，其他两位佛爷被称呼为二佛爷和三佛爷。

去世的老人已经 103 岁，2006 年 8 月 1 日下午去世。在老人临终时，家人请佛爷到家中念经；老人去世之后，家人一边通知亲友和村中的所有村民，一边砍竹子，搭棚子，准备丧事上用的物品。按照当地傣族习俗，有人去世之后要到佛寺中立一根长竹竿，上面挂一面白幡。竹竿高约 8 米，白幡长约 6 米。这既是向外宣告一位老人的去世，也是向天国宣告一位新成员的到来。老人去世之后，家人给老人洗澡，之后换上准备好的寿衣，在死者手中放上五个蜡条和一个银花，然后将死者放入棺中。棺材停放在正屋的墙角处，上面罩一个竹子编的罩子，罩子上面盖有死者生前用过的毯子和被子，最上面搭有一层白布。死者的衣服以及一些生前用过的小物件被包成一个大包裹，放在家中供奉佛像的地方，供别人祭奠。

---

① 王海涛：《云南佛教史》，云南美术出版社，2001 年版，第 390 页。

按芒弄村傣族的习俗，人死后要举行七天的丧事，在这七天之中择吉日下葬。择吉日的工作一般由佛寺中的长老完成，村中德高望重的老人也可以根据历书来推算吉日。在这七天之中，死者的家人必须每天都请佛爷到家中来念经，洗清老人在世时的罪业，让老人死后升入天国。念经每天分三次，分别在上午 9 点钟、中午 1 点钟和下午 5 点钟，每次念经都会念 5~10 段。经可以由大佛爷念，也可以由二佛爷念，而三佛爷由于对经文还不够熟练，所以还不能念。

8 月 2 日村民们搭了一个竹子做的台子。台子一米多高，呈纺锤状，外面糊有白纸，并搭有梯子。台子的四脚各有一个竹筒，筒内插有水葫芦和另外一种当地傣族叫做"孟呀个龙"的旱地植物，代表水土相连的意思。台子是供佛爷在上面念经用的，所搭台子是模仿佛祖释迦牟尼所坐莲台的造型，梯子供佛爷上下台子用。台子后面插有一根竹竿，竹竿撑起一顶白布做的宝盖。宝盖里面挂有芭蕉、菠萝、白糖、米花、米酒筒、装大米的罐子等六样东西，宝盖上面还挂有死者生前用过的腰带（这些东西合起来表示死者在天国衣食丰裕）。佛爷在台子上念经的时候，安赞领着村中德高望重的老人蹲在屋子里跟着念[1]，每念完一段，众人都会休息一会。

根据佛爷的推算，8 月 3 日是个吉日，决定在 8 月 3 日下葬。当天中午吃过饭后，几个村中的小伙子就到此前选好的墓地去挖墓穴。芒弄村的傣族有一块专用的墓地，并划分到各家各户。墓地和村子中间建有一座佛塔，据村长说建佛塔是为了保护村中的人不受死人的困扰。家中人死之后，就到墓地中选一块地挖墓穴就可以了。墓穴挖得仅比棺材稍大，约 1 米宽，2 米长，1.5 米深。

下午三点多钟，离老人下葬还有三四个小时的时候，由大佛爷主持，在老人的棺材旁，给老人的重外孙举行了升和尚的仪式。仪式前，安赞把一个小篾桌抬到大佛爷的面前，篾桌上放有几沓用白布包裹起来的钱，这些都是死者家中为给孩子升和尚而赊给佛寺的。在此之前，家里人已经给小孩剃了头，洗了澡。小孩子剃头之前，可以向他的长辈亲戚们要一次钱，而剃头之后就表明他和俗世脱离了关系，就不能再要钱了。升和尚的过程开始之后，由佛寺的三佛爷带着小孩在大佛爷面前脱了衣服，然后围上一块白布，再罩上一件袈裟，完成由一个普通小孩向一个小和尚的转变。然后三佛爷带着小男孩五体投地跪在大佛爷面前，由大佛爷念经。大佛爷一边念经，一边把披在自己肩上的袈裟披在小男孩头上，同时从自己的口袋中掏出一些钱来给刚升的小和尚。诵经完毕

---

[1] 安赞为掌管佛寺经济权力的人，由还俗后的佛爷担任，是佛寺和外界沟通的桥梁，也是佛界和俗界沟通的桥梁。

后，大佛爷又把袈裟从小和尚的头上拿回来披在自己肩上，三佛爷带着小和尚站起来并退出屋子，升和尚的仪式就此结束。安赞在这个过程中一直跪在旁边，后面跪着小孩的姑姑和姨妈，她们两位一直在滴水，直到小男孩退出屋子。这个过程完成之后，小男孩就正式成为一名和尚，就再也不能穿回他以前穿过的俗世的衣服，也不能住在家中，而且紧接着还要完成接引他的曾祖父到天国的任务。

升和尚的仪式完成以后，大佛爷带着其他两位佛爷继续诵经。到下午五点多的时候，诵经结束，佛爷们回到村中的佛寺。此后死者入葬等事，佛爷们就不再参与，而是由安赞和村中的一些老人主持。

等到七点左右，太阳快要落山的时候，村民们开始做一些出殡的准备工作。村民们先把竹台拆掉，把死者生前的衣服和用具用箱子装起来，又准备了一套全新的衣服和用具，这些都抬到佛寺中供奉起来。除竹台之外，其他东西在佛寺供完七天之后都可以拿回来，想接着用的话可以接着用，不想用的话丢掉也可以。接着把棺材上的白布、毯子等拿了下来，也抬到佛寺中供起来。罩棺材用的竹罩子也取了下来，踩扁之后垫在棺材下面，准备和棺材一起埋到坟墓中去。之后，安赞把放在棺材上的一团白线拿起来，一端递给死者的家属，另一端已事先拴在了棺材中死者的手上，然后拿一把剪刀把线剪断，代表死者和生者彻底脱离了关系，从此天地两隔，死者也不会再给家人带来什么厄运了。安赞又协调众人用一匹白布搭桥，中间一段用板凳撑起来，代表了死者通往天国的路上的重重险阻。亲戚们从口袋中掏出一些零钱撒在白布上，让死者拿这些钱来买通路上的那些看门的小鬼。刚刚完成仪式的小和尚这时要坐在一个板凳上，把脚踩在白布上面，充当死者的领路人。这些仪式完成之后就代表了死者可以出门了，但是在把死者抬出门之前，还有最后的一道仪式要完成，安赞要进行一次占卜，看看可不可以抬出去了。安赞拿一个小篾桌，上面放一小堆米，用手指撮起一小撮米来，撒向空中，重复做了几次之后，又撮起一小撮米放在小篾桌的另一边，两粒两粒地数。如果最后剩下的还是两粒，那么代表抬出去的是两个人，是不吉利的，还要重来；如果最后剩下的是一粒，就代表了抬出去的是一个人，就吉利了。安赞一直做到第三次才算是成功，围观的众人纷纷说"好了"，"可以抬出去了"。

这时太阳已经落山了，芒弄村傣族的习俗是死者必须到太阳落山之后才能被抬出家门。几位年轻力壮的汉子用绳子将棺材捆住，用竹杠穿过这些绳索，将棺材抬起来。抬到门外巷子中的时候将棺材放下，将绳索重新固定，以确保不会脱落。这时，由一位村民举着用油布包成的火把走在前面引路，众人抬着棺材跟在后面，死者家属哭着跟在最后，往坟地走去。走了一段之后，死者家属就回家，只有抬棺材的和一些看热闹的村民一直要走到坟地。从巷子口到坟地大约有五百米的路程，中间棺材是不能放下的。如果抬棺材的人累的话可以换，但是棺材不能放下来，否则死者的灵魂就会在这个地方停留，危害村中的人。到了坟地之后，村民将棺材放进墓穴中，填好土，竖起墓碑，然后众人开始折一些树枝互相拍打身体，以驱除身体上沾染的不洁的东西，然后就可以回村了。去过墓地的村民回到村中首先要洗一遍手，否则是不能进家门的，村民们认为那样会把秽气带到家中，那些抬过棺材的村民还要再吃一点饭，哪怕是象征性地吃一点，以代表和刚才的那段时间划清界限。

死者入土之后，在剩下的四天里佛爷还要到死者家中念经，村民们还要到死者家中聚集，直到四天之后，七天的丧葬仪式才彻底完成。

二、世俗生活对南传佛教的影响

世俗生活是在丧葬仪式中加入升和尚仪式的直接动因。信奉南传上座部佛教的傣族群众的习俗中规定：男子一生之中必须到佛寺出家当一段时间的和尚，时间可长可短，但最短不能少于七天，长的则可以一直当下去。沧源县的傣族小男孩在以下两种情况出现时才可以当和尚：一是家中发生了重大的事情，比如说家中有老人去世，有人结婚，或者建新房等；二是家中举行一次赕佛仪式。家中有老人去世时，通常情况下要从老人的后代中找一个年龄合适的小孩入寺当和尚，充当老人去往天国的领路者①。如果老人的后代中没有合适的孩子，也可以出钱请别人家的孩子代为出家。这两种情况都要求升和尚的家庭举行一次赕佛活动，只是很多家庭选择家中有大事发生时来进行赕佛，进而让小孩子升和尚。这里就可以看出南传佛教信众的理性思维在其中所起的作用：尽管信众们信仰佛，但并不是一切都以佛为生活的轴心，生活中的很多方面也是信众们所必须考虑的。家中一旦有什么大事发生时一般伴随着大笔的花销，而且一般伴随着复杂的仪式，不论是婚丧嫁娶，还是建新房都是如此。选择这个时候来进行升和尚，既可以节省时间，又可以节省花销，同时又起到强化氛围的作用。此次由于死者家的经济条件较差，所以丧事也是尽量办得简单，而且老人去世得比较突然，和老人一起住的孙子和孙媳妇都在外打工未回，所以丧事由村中佛寺的安赞和一些老人来主持。将升和尚放在这样的仪式中进行，更可以起到节省时间、减少花销的作用。

147

---

① 芒弄村傣族认为人死后如果行善就升入天国，并没有死后升入西方极乐世界的说法。

社会因素会对丧葬仪式施加强烈的影响。按照芒弄村傣族的习俗，一旦村中有人死亡，全村都要到死者家中帮忙，在丧葬仪式举行的七天之内都必须到死者家中集中，同时停止一切生产活动，吃饭也是在死者家中吃。据村长介绍，像这种经济情况比较困难的家庭，村民也会体谅他们的难处，村委会也会有适当的补助，所以花钱不是很多。一天的花费大约在两三千元，七天的丧事办下来，起码也要一万五千元。要是家中经济情况好一些，花上三四万元也很正常。一个正常的丧葬仪式本不用办这么长的时间，也不用如此多的花销，但是这是一种增进群体之间凝聚力的仪式，同时也通过这种时间较长的活动来强化个体对民族自身的认同，便以这种强制性的规定来达到社会整合的目的。

社会生活的理性使得傣族民众信仰南传佛教。"一个宗教群体跟周围的张力越高，对于这个宗教群体的归属就越昂贵，这里的昂贵就是指归属一个宗教群体所要付出的物质的、社会的和心理的代价。"① 南传佛教与其他的宗教和文化之间较低的张力，使得大部分的信众可以在以较低的代价信仰它的同时，还保持其他的信仰和文化。以上面我们所举的仪式为例，芒弄村的信众们所要付出的，仅仅是请佛爷念经的一些费用和升和尚时的一些费用而已，这些费用放在总的丧葬支出中，只是很少的一部分，而且还可以带来很大的回报。而最大的支出则是用来招待来帮忙的村民们的费用了，这些支出是与信仰无关的。在这里，我们不能把村民们用来请佛爷念经和升和尚的费用算做额外支出，能省则省，因为，在任何人类社会的丧葬仪式中，都要涉及形而上的一些仪式。这些仪式在不同的民族、不同的宗教信仰那里，可能会有不同的表现仪式，但都是不可或缺的。

同时，"一个宗教群体跟周围的张力程度越高，它所要求的委身程度就越排他、深广和昂贵，它的成员的委身程度也就越高"②。与此相反，一个宗教群体跟周围的张力程度越低，它所要求的委身程度也就越浅，排他性也就越低。南传佛教对信众的委身程度要求相当低，信众们可以选择出家当一个星期的和尚，也可以选择出家当几年的和尚；还俗很容易，即使当到了佛爷以上级别的和尚，还是可以选择还俗。而且，还俗以后的傣族民众可以选择信仰其他的宗教，佛寺并不会对此加以干涉。

① 罗德尼·斯达克、罗杰尔·芬克：《宗教的法则》，杨凤岗译，中国人民大学出版社，2004年版，第180页。
② 罗德尼·斯达克、罗杰尔·芬克：《宗教的法则》，杨凤岗译，中国人民大学出版社，2004年版，第181页。

三、以社会生活为背景的宗教

在关于宗教的多种多样的定义中，唯有马克思清楚地说明了宗教的本质。泰勒把宗教定义为对精神存在的信仰，可是他回避了什么是"精神存在"的问题。格尔茨聚焦于宗教所代表的东西，在他看来，宗教是：（1）一套行动的象征制度；（2）其行动的目的是建立人类强有力的、普遍的、恒久的情绪和动机；（3）其建立的方式是拟定关于存在的普遍秩序的观念；（4）给这些观念加上实在性的色彩；（5）使这些情绪和动机仿佛具有独特的实在性。可是正如霍顿对此的反驳："将宗教定义为象征，如同把'亚麻布'的实质定义为偶尔用做旗帜：象征的功能是首要的本质的伴生物。"霍顿自己把宗教定义为"超出纯粹的人类社会之外的人类社会关系领域的延伸"[1]。这些关于宗教的定义，都没有揭示宗教的本质内容，在马克思看来，则是"这个国家，这个社会产生了宗教，一种颠倒的社会意识，因为他们就是颠倒的世界"。离开人的生活世界，宗教意识、神的世界就是飘浮在空中的"以太"。一旦深入生活实践内部考察宗教之根底，宗教意识及其诸种存在形式都将失去自己独立的外观[2]。因此，宗教的本质就是人类的社会生活，宗教生活的一切形式都可以在现实生活中找到依据，宗教生活的目的也就是现实生活的目的。

宗教就是生活这个论述，可以在上述的个案中得到验证。当地的南传佛教信徒，除了那些受到外界文化影响较大的人之外，任何本地土生土长的，和外界接触不多的信徒都不会说出自己信奉的是南传佛教，他们只能说出自己信奉的是佛教，甚至"佛教"这个称呼也是汉族加给他们的，他们原来只知道自己信仰的是佛。因此，我们所称呼的南传佛教，就是他们的社会生活中的一部分。关于佛的信仰，还有佛教的所有的仪式，都围绕着他们的社会生活来展开宗教的目的归根究底还是生活的目的。信仰佛是为了能够升入天国，丧葬仪式上请佛爷来念经是为了消除在世时的罪业，在丧葬仪式上升和尚是为了让和尚充当死者通往天国的领路人，同时还可以节省一部分花销。除了宗教以外，他们还有其他的生活，当宗教不能满足他们的需要时，他们就以其他的文化来作补充。丧葬仪式除了南传佛教的参与外，还有大量的其他文化的参与，如被剪断的白线，安赞的占卜，举在棺材前面的火把，等等。

149

---

① 菲奥纳·鲍伊：《宗教人类学导论》，金泽、何其敏译，中国人民大学出版社，2004年版，第26页。

② 王福民：《论马克思宗教观的生活纬度》，载《哲学研究》2006年第9期。

把社会生活作为宗教生活的背景，也就解释了傣族地区南传佛教为什么能够与当地原有宗教和文化和谐共处。既然社会生活是宗教生活的背景，宗教生活是以社会生活为目的的，同时作为社会生活文化的一部分，那么无论是南传佛教也好，还是其他宗教与文化也罢，都是为社会生活服务的。既然如此，也就不会存在彼此之间的斗争，即使有，也在社会生活可以容许的范围之内。以傣族地区流传很广的一则佛爷与谷魂奶奶的故事为例：谷魂奶奶作为谷物的神，本来是傣族地区最大的神，可是佛爷来了之后宣称佛爷最大，要求其他的神都向他朝拜，否则就不算是神。其他的神都向佛爷低头了，只有谷魂奶奶不仅不愿意低头，一气之下还走了。这下所有的谷物都没有了收成，人们活不下去了，于是又敲锣打鼓地请谷魂奶奶回来，佛爷也被迫承认了谷魂奶奶的地位。在这则故事中，以佛爷为代表的南传佛教和以谷魂奶奶为代表的傣族本民族宗教尽管有了一些冲突，并且一度占据了有利位置，可是一旦这些冲突危害到了傣族本民族生存的时候，傣族民众毫不犹豫地又把他们本民族的宗教抬了回来。因为在傣族民众看来，信仰什么宗教不是最主要的，自己的生活才是最主要的。不管是什么宗教，一旦威胁到了自己的生存，就应该对它进行一些改变。

社会生活作为宗教的背景还可以解释傣族的泼水节。泼水节作为傣族的新年，是在南传佛教传入之前就有了的，至于现在泼水节中的大量的南传佛教的文化因素，如浴佛等，一般的解释是把这些看做是南传佛教对傣族文化的影响并加以的改变。其实，不是南传佛教对傣族文化有了某些改变，而是傣族民众的社会生活吸收并同化了南传佛教，让其为自己服务，这其中的关系就像马克思所说的："我们不是到犹太人的宗教里去寻找犹太人的秘密，而是到现实的犹太人里去寻找犹太教的秘密。"①

① 《马克思恩格斯全集》第一卷，第446页。

浅论傣族历法与星占术、
占卜术的社会作用

西　娜*

摘　要：历史上，傣族曾依靠自身有过的三部天文历法来指导农耕，星占术、占卜术在傣族民间也广为流传，它们是傣族智者以一定的自然科学知识为基础，根据天空现象来预测、推断、解释地球上人和事的一种方法，是根据日月星辰的运行对地球上各种状况的半科学解释，是人类面对不可知的大自然的精神活动产物。这些占卜习俗是古代傣族先民部落族群在恶劣生存环境中求生存的一种精神产物，是凝聚部族力量抵御外敌或自然侵害的一种方式，具有很强烈的现实意义，在傣民族社会发展史中占有一定的地位。

关键词：傣族　历法　占卜习俗　社会作用

回望傣族社会的发展历史，历法、星占、卜卦等术数千年来一直都贯穿、影响着傣民族的社会生存和发展，它们与傣民族的繁衍息息相关。时至今日，社会进步了，但我们将如何看待这一历史事实的社会作用呢？树有根，水有源，本文拟从以下三个方面对其进行探讨。

一、傣族历法的起源及其应用

傣民族自进入文明社会以来，在思维方式上就有了自己独特的创造，有关对天文历法的认识，记载最完整的要算《哈伴洼萨》一书。这不仅是一本经

* 作者简介：西娜，女，傣族，1953 年生，西双版纳州政协退休干部，主要研究方向为傣族文化及民间文学翻译整理。

书，也是一门学问，它是几千年贯穿在傣民族生活中形成特殊思维的历法文化。在远古靠天吃饭的时代，人们对大自然的威力感到迷茫、恐惧，敬天畏神的思想非常浓厚，历法指导着整个民族的生产、生活，这一伟大的贡献是不可磨灭的，也是值得探讨的。

傣族文献《五千年佛历》中记载着傣民族曾使用过三部天文历法。第一部《阿扎达沙都萨哈》历法使用了 560 年，第二部《帝得扎胡玛哈萨哈》历法使用了 622 年，第三部《朱腊萨哈》历法迄今还在民间使用。

《朱腊萨哈》即是朱腊历法，它主要是以《苏定》、《苏力乐》、《西坦》作为推算法则。以公元 639 年作为纪年元年，公元 639 年 3 月 22 日，也就是傣历法年历的元旦日。这部历法从公元 639 年 3 月 22 日到公元 2007 年 4 月 15 日，共有 1 369 年。在傣历法的年历表里，除翔实记录各曜星运转的位置与日期、宫序之外，还记录有日序数、闰月数、纪元年数、纪年积月数和纪元积日数等等，并且，在年历表的下方还注明了过去时的年数及未来时的年数。具体情况如下：

过去时年数——将《阿扎达沙都萨哈》历法使用的 560 年加上《帝利扎胡玛哈萨哈》历法使用的 622 年再和《朱腊萨哈》历法所使用过的时间相加，得到的和数为过去时年数。

未来时年数——用 5 000 的佛历年作为基数减去过去时年数，所剩差数是未来时年数。

综上，说明了傣民族历史上曾使用过三部历法，也经历了三个历法发展完善的时期，到 2007 年为止，三部历法已使用了 2 551 年，《朱腊萨哈》剩余的未来时年还有 2 449 年。

傣族历法是一部以太阳年和朔望月相结合的阴阳历法。它以地球公转一周为一年；以月亮圆缺一个周期为一个月。其中规定双月为 29 天；单月为 30 天。另外，对傣历的八月作了特殊规定，如果遇到"八月满"则当月为 30 天。当然，这需要隔四五年才会发生一次。

根据傣历推算法则，十九个周年之后，加上七个闰月的总日数还剩余三天半多的错位时间，为了弥补这个差数，傣历法学家设置了"八月满"来调整错位的时间差额。

傣历法平常年份为十二年月，有 354 天；若逢"八月满"则该年有 355 天；如果逢闰九月的话，该年则有十三个月，有 384 天。

在傣历月份的划分上，元月的称谓是"登景"即"正月"之意；二月称谓是"登甘"，意为寒冷；三月之后按数字顺序称谓。岁首是六月，从该月份开始运转至来年五月份就是傣历的一个周年了。另外，傣历的闰月只发生在九月，称之为"双九月年份"。

由于傣历推算法中全年只有354或355天，而地球绕太阳运行一周的实际天数是365天，这样每年相差的时间是10至11天。又因为，回归年不是朔望月的整倍数，于是在傣历中每隔二三年就设置了一个闰月，使回归年与朔望月能够协调一致，所以，傣历法就按十九年为一个周期进行推算，在十九年中设置了七个闰年。

傣历按冷季、旱季、热季、雨季划分为四季，指导农耕。按日、月与火、水、木、金、土五个行星的顺序划定一周七日的纪法。周日的日序与公历相比较的情况是：

傣历"腕笛"日曜日是公历的星期日，"腕朏"月曜日是公历的星期一，"腕淦"火曜日是公历的星期二，"腕布"水曜日是公历的星期三，"腕帕"木曜日是公历的星期四，"腕舒"金曜日是公历的星期五，"腕韶"土曜日是公历的星期六；傣历的新年是泼水节的最后一天。

二、傣族星占术与占卜的区别

星占术的历史和占卜的历史都很久远，它是由早期的原始宗教因对天体的自然现象无从解释而产生敬畏崇拜，到逐渐对太阳、月亮、五大行星的观察了解后，为了种族的生存需求演变产生的。

傣族先民惊异发生在身边的大自然现象，比如日出日落，月亮圆缺、天火、地震等等，认为无论哪一种现象都不是人能够按自己的意志左右的，除了按神的意志外，别无他法，同时也认为人类的命运肯定和自然现象之间有某种相通的感应关系，猜想神会不会在发生危及人类命运的时刻，提前用一些自然现象给予提示，等等，神的启示要靠什么载体来传播呢？用什么方法来控制主导大家的意志呢？居于这种种情况，因此产生了各种各样怪异的因果解释，根据占卜人各自对天体现象认识的程度，神化之后进行传道。经过千百年的演变完善，形成了傣民族独特的占卜体系。

例如，傣族家里有小孩要出生时，就要请"莫呼拉"大喷来占卜孩子的命运，解说小孩子出生后的生老病死，婚姻、事业、财富等各方面情况，并给出生的小孩用棉布绘制一张只有占卜师自己才能懂的运星"载达"。从婴儿出生时的天象行星征兆，认定了他从生至死的一切运数，"载达"成了他不能遗失的圣物。它让人相信，天体各曜星的运行与人类的命运之间有着不可小视的关联。故尔，以天宫图来判断一个人命运的占卜，迄今还流传于傣族的乡土民间。

　　傣族天文历法文献《呼拉龙》经书里《梯利桑木》一文中，有关占卜个人生辰八字是这样说的："在本人的生辰八字里，会给你带来财运；会给你获得金银财宝；会有高朋满座、妻儿满堂；生老病死也能顺其自然，让你满意。在你得到意外收获时，也会有不幸的灾难降临。"这篇占卜文章分四个部分，叙述了完成占卜编算生辰八字的全部要素。第一部分是财运；第二部分是爱好与朋友；第三部分是意外之财与不幸之灾同在，以及家庭生存状况；第四部分是人的生老病死。它不仅表明了人的一切都由天定，并且把预测全部事项的过程、结果都详细记录于"载达"里。傣族的出生证"载达"是一份天宫图，是用各种符号组成的繁杂密码，是按规律、天象编绘的命运启示。这些圈圈点点，不相干的人是看不清楚的，各个占卜大师写的密码暗语，为使它有特殊的神秘感，哪怕是其他的占卜大师拿到了，也不一定能看明白。因为"载达"是每一个不同的人踏上生命之途的不同的命运符号。

　　在傣族占卜术里，认定天体中至高无上的主宰力是太阳，其次是月亮，其余的行星虽有决定人性与命运的因素，可是，还要具体看太阳处于黄道十二宫的什么时段和哪一颗曜星同处于什么宫来决定。例如，占卜文中说：

　　如果生辰八字属太阳，那么他会是一个大人物，喜欢玩弄金器，有很如意的人生。

　　如果生辰八字属月亮，他会喜欢展示自己的才华。因为，他有一个好的妻子和充裕的财富。

　　如果生辰八字属火星，他的八字高强，是一个吃俸禄的好官。

　　如果生辰八字属水星，虽有财富，可是会毁于来自日出方向的妻子手中。

　　如果生辰八字属金星，若是男人则只靠依附女人过日子，是女人却能嫁个好丈夫。

　　如果生辰八字属土星，一生常病，死于财富。

　　如果生辰八字属罗睺，虽然有权力，有朋友，神通广大，但父母却因他而贫困。

　　傣族的占星术涉及整个傣民族社会演变进化的全部历史过程，在不同的历史阶段，分门别类地以口头流传及文字经书形式，作了阐述和记录。关于个人祸福运星的有《梯利桑木》、《看日子婆嫁》、《命星占卜图》、《腊兰开》等。关于地方战争、兴衰、政治、吉凶祸福的有《纳玛章》、《章响》、《法底象》、《芽依纳广》、《历法与占卜》及《大历法》文献中的占卜部分等。

　　以上的文献中都阐述了日、月、星、辰的运行，天地间晴雨寒暑的变化，山川林木和天变地异的自然现象；涉及国家兴亡、生老病死、农耕作物、牲畜品种等与人类生存密切相关的问题；并且还兼顾到民族道德伦理、生产经济，规范傣族的礼仪、祭祀典礼的活动等，可谓天下万物万事都尽括其中了。

傣族占星术的立意基点是，人间发生的一切都与天上的星体相关联。基于此观念，占星术的目的就是要把天上的自然表象与地上的人和事，融合后进行解释和判断，告诉人们清楚自己的未来，知道事情的结果。例如，若要知道国家命运如何，就用该国召片领的出生时辰与太阳、月亮、行星在天球上的位置情况推算，据此来判断该国兴亡，若召片领运数好则国家繁荣富强。另外，对发生的地震、洪涝、干旱、瘟疫、虫灾等自然灾害以及因灾荒造成的国家内乱、民众饥饿而引发的战争等事项，都要请国师来占卦卜运。这就是占星术能长期存在的土壤基础。

傣族的占卜术五花八门，有简单的石灰占卜法，鸡卦占卜法，有最复杂的历算占卜法。简单的占卜法一般是由女巫师来主持操办。如果谁的东西丢失了，想知道东西遗失的方向地点或者是否能寻找回来，那么，采用石灰占卜法是很简便而易行的了。该法主要针对个人进行。另一种鸡卦占卜凶吉的方法，主要是用于祭勐神、祭家神的祭祀活动。它是根据鸡头中脑浆的颜色和数量的多少来定义灾难或平安的程度；以鸡舌的弯曲度和鸡脚筋的单双数来决定凶吉。

笔者认为，傣族的星占术与占卜术的根本区别是：

星占术是以傣族智者或历法大师丰富的自然科学知识为基础，根据天空现象来预测推断解释地球上人和事的方法，是根据天体太阳、月亮、行星、在黄道十二宫与地球万物间发生相互感应现象之后，对地球上各种变异的自然状况的半科学解释，是人类自下而上心理作用下的精神活动产物。更主要的是，构成占星术思想的基础是以数字组成概念，这些数字对傣族先民来说是不可逾越的神秘梦幻。星占大师通过加、减、乘、除的运算方式来解释事物与数字间的关系，并以数字来阐明各人未来的命运，世间的平安和灾难。然后，给人予警告及劝诱，让人们深信特殊的几个数字里包含的是人与万物相关的真理。

另一方面，傣族的星占师既是祭司又是学者，他们具有渊博的天文知识及很高的社会地位，深爱人民崇拜，所说的话影响极大，感召力极强。尤其是在远古的农耕时代，为祈求雨量充沛，保证风调雨顺、国泰民安，被列为召片领召勐的求雨祭祀大典，都须由专职祭祀官"波勐"国师负责举行仪式。

155

傣文献《呼拉龙》书内记载："占卜雨水要以当年的地支来确定。子年龙上水二条；丑年三条；寅年四条；卯年六条；辰年七条；巳年八条；午年二条；未年七条；申年四条；酉年六条；戌年八条；亥年一条。占卜结果是龙上水越多，雨量越少；龙上水越少，雨量越多。"对于这种预告，官家与民众都绝对相信。至于每年对河流的监测，对天象进行缜密观察等，都须由祭司操控。

笔者认为，傣族的星占大师在这个意义上应属于天文学家。因为，星占术的一半应属于古典天文学知识基础的严密的自然科学。同时，也认为星占术与天文学是同步发展起来的一门学问。历法中对金、木、水、土四个元素符号作了区分疾病的定义，从而证明了天文学与星占术间的互通性。而占卜术则是一种以简单手法迎合各人心理慰藉的宗教行为。在全民信教的傣族民间，它仅在一定程度上体现了傣民族的宗教感情基础和行为道德观念。

三、如何看待傣族社会这种独特的习俗

当然，从自然科学的立场看，星占术和其他占卜术一样，也有许多不符合科学的东西，对此，笔者不存丝毫异议。然而，这些占卜习俗是属古代傣族先民部落族群在恶劣生存环境中求生存的一种精神产物，是凝聚部族力量抵御外敌或自然侵害的一种方式，具有很强烈的现实意义。所以，迄今在文化落后、生产落后的民族中仍然保留着。甚至在世界文化较先进的民族中，占卜并没有在民间社会销声匿迹，或许还更为盛行。

究其根源，大约是人们还未挣脱命运主宰一切的观念，由此而产生了想预知自己将来的结果，才费尽心机地去了解猜测影响命运吉祥平安的端倪，试图在处于命运交叉路口时，能够凭着猜测进行预防或凭着意志选择认为正确的方向。

简而言之，由于占卜能为人提供先知先觉的东西。而且，这也是人们苦苦寻觅的东西。因此，当人们意识到自己命运是怎么一回事之时，就会为了实现好运，避免厄运去努力。这就是占卜术能够流传保留的原因之一。

可悲的是，人们也都明白，占卜术是一种说好说坏都无济于事的骗术，却还是有不同层次的人接受它去占卦。难道它能在人们频繁的社会交往中，在不同的情况下调节不同层次人群的心理，具有改善调节社会环境的作用吗？其实，占卜术犹如造物主留给人类宇宙间的雾霭，弥漫在宇宙空间久久不肯散去，也就是因人们太迫切于要预先了解自己的命运，也就是因人们太多想掌握自己未来的渴望，所以，形成了占卜术能存留至今的必然性。

傣族星占术系傣民族社会发展史中不可缺少的一部分，若遗弃则是一种民族文化的残缺，使它失去了悠远深厚的原貌。因此，笔者认为国家应责成相关部门设立课题，进行挖掘整理，弃糟粕，留精华，使之增进民族间的了解和团

结。因为随着最后一批老一辈民族文化传承人去世之后，集体记忆也就散失殆尽，再来说挖掘就成为一段美丽的谎言。

综观上述三方面特点，可以肯定，傣族天文历法、星占术、占卜术在社会取向上有一致性，相互间产生了深刻、广泛的影响，对推动傣民族在不同社会阶段的发展和进步是有过积极作用的。

西双版纳傣族慢轮制陶现状调查

——以景洪市曼阁、曼斗村制陶情况为例

奚云华　　朱继英[*]

摘　要：本文通过对保存傣族慢轮制陶工艺较为完整的西双版纳景洪市曼阁、曼斗村的现状调查，对传承和保护傣族慢轮制陶技艺提出了建议：一是加大对非物质文化遗产的宣传。二是重视对慢轮制陶传承人的保护和关心。三是加大对保护非物质文化遗产的投入。四是建立西双版纳州民族博物馆。

关键词：西双版纳　傣族　慢轮制陶　现状调查

傣族是一个勤劳善良、富有智慧的民族。在漫长的历史发展中，他们以自己的聪明才智，创造了博大精深的民族传统文化，为后人留下了丰富的民族文化遗产。2006 年，在我国公布的 518 项首批国家级非物质文化遗产保护名录中，云南省占了 34 项（居全国第一位），其中傣族就占了 11 项，而西双版纳傣族占了 3 项，即：傣族慢轮制陶、傣族赞哈、傣族泼水节。2007 年，笔者对西双版纳保存傣族传统制陶工艺较好的两个傣族村寨——曼阁村、曼斗村进行了调查，为傣族手工慢轮制陶做出的精美陶器而惊叹，更为慢轮制陶技艺后继无人，面临失传的困境感到担忧。

一、曼阁、曼斗村基本情况

曼阁村、曼斗村位于景洪市江北。曼阁、曼斗是傣语。"曼"为"村"、

158

---

* 作者简介：奚云华，女，1965 年生，云南省西双版纳傣族自治州民族宗教事务局副局长，主要研究方向为民俗与民族文化；朱继英，女，1969 年生，哈尼族，云南省西双版纳傣族自治州少数民族研究所翻译，主要研究方向为民俗与民族文化。

"阁"为"哈尼族"。曼阁即"哈尼族村"。相传因土司派哈尼族在此服劳役修筑渡口而得名。斗为"屯集",曼斗即"屯集村"。相传召法王(汉皇帝)的皇三公子入主勐泐景洪,渡江前屯兵于此。

曼阁村有 232 户 749 人,曼斗村有 295 户 1009 人。过去,两个村寨的人以种田和制陶为生。20 世纪 90 年代后,由于城市化的不断扩大,村民的田地或被村民转包,或被国家征用,制陶业也由于市场需求量的减少而衰落。现两个村子的村民主要靠种植橡胶和出租房屋增加经济收入。

二、慢轮制陶传承现状

(一) 传承人情况

现曼阁村、曼斗村各有一户人家仍传承着傣族慢轮制陶技艺。

岩罕滇,曼阁寨人,今年 60 余岁。1999 年 6 月被云南省文化厅、省民委命名为"云南省民族民间美术师"。其父母都是有名的制陶人,父亲已去世,母亲近 80 岁,曾是曼勒寨人(曼勒为傣语,意为土锅寨,是新中国成立前专门为傣王宫——宣慰街的贵族们制造生活所需和宗教所需陶器的寨子),也掌握制陶技艺,但由于年岁大,已不制作陶器。岩罕滇老人现在还在家里制作宗教用品、土锅等。但是他已改用快轮制作土锅的陶坯。

玉勐,曼斗村人,现年 54 岁,从小看母亲做陶器长大,自己从事制陶时间已有 30 余年。1999 年,玉勐被云南省文化厅、省民委命名为"民族民间美术师"。玉勐 1997 年曾到日本参加"世界陶瓷博览会"制陶表演。玉勐制作陶器的作坊就在自家木楼下,旁边盖了一间简易平房,用于烧制陶器或摆放陶器成品。玉勐每天主要的事情就是做陶器,制陶收入是玉勐家的主要经济来源。

(二) 传承方式

过去,慢轮制陶的传承方式以家庭传承为主,现这种方式仍占主导地位。岩罕滇有一儿两女,都掌握了傣族慢轮制陶工艺。但只有小女儿玉章凤以制陶为生。玉章凤开了一个家庭制陶厂"博宫莎湾制陶工厂",有 4 个工人。近年来,由于市场需求量的增大,玉章凤的制陶厂已改用快轮(以电动代替人力)批量生产陶器,陶器的造型、图案也加入了大量的现代元素,做工更精致、美观。产品主要有佛教用品、茶罐、土锅、花盆、灯罩等。产品深受当地群众喜爱,并销往广州、深圳、香港、台湾及老挝、缅甸。傣族传统的"慢轮制陶工艺"仅在游人参观、学者考察时进行表演。我们参观玉章凤的陶器厂时,她简

159

单地为我们展示了慢轮的使用方法。

玉勐有一儿一女，都已结婚。女儿和儿媳都学会了基本的慢轮制陶手艺，会制作一些小件陶器，但大件陶器的制作技术还掌握不好。小女儿玉丹罕毕业于云南民族大学计算机专业。她目前还不想待在家里做陶器，想出去闯荡几年后再回来制陶。她说母亲长年坐着制陶，长年与泥水打交道，颈椎、腰椎都有了毛病，手指关节也不好，难得有人把这门手艺继承下去。我们看到，玉勐的手因为长期与泥水为伴，手指都很粗大，甚至有一点变形。在追求享受的年青一代中，有谁能长年静静地坐着把这项传统技艺坚持下去？玉丹罕能坚持吗？玉勐说即使女儿不做陶器，她也不担心，因为她还有一个聪明伶俐的小孙女，虽然她现在还只有几岁，但已学会做好多小陶器，将来只要她想做，会好好培养她。但是，小孙女长大了会愿意吗？我们很担心。

（三）村寨传承情况

村里人有时会到岩罕滇和玉勐家买一些陶器，但是对于制陶，他们不感兴趣。虽然岩罕滇和玉勐两位老人表示只要有人愿意学制陶，他们都愿意传授，但寨子里没有人来学。岩罕滇的女儿玉章凤曾请了寨子里几个赋闲在家的年轻人到厂里帮忙，不仅免费让他们学手艺，还开工资给他们，但是才做了几天，几个年轻人就不愿意做了，说不自由，不好玩，不如打麻将。玉勐家常有村外的人来向她学手艺，玉勐免费传授给她们，并允许他们把自己制作的陶器收入归自己。但因为纯手工制作太辛苦，这些人学了两三天后就不见踪影了。

（四）技艺传承情况

傣族慢轮制陶的工艺特点为慢轮手工制作，器物的表面均用刻有花纹的木拍拍打印纹，与南方出土的新石器时期的印纹陶器非常相似。在用料上均采用泥土加砂石料，有露天焙烧和封闭半焙烧等多种方法，成胚方式多样化，有无转轮制胚、脚趾拨动慢轮、手拨动转轮等。现掌握这种技术并还在经常运用的只有玉勐一人。岩罕滇及其女儿玉章凤的制陶厂已没有沿袭这种传统的技术了。

玉勐制作的陶器从舂土、制胚、装饰、烧制（采用古老的平地窑烧制）全都是纯手工制作。在玉勐家的木楼下，她一边与我们交谈，一边从一个大缸里拿出一团发酵好的泥巴做起陶器来。只见她先把一小团泥放在木轮上按平做底，然后用脚趾转动木轮，把泥巴搓成条一圈圈地盘筑上去（这是古老制陶技术之一：泥条盘筑法）。边盘边转，边转边盘，不一会，一个陶胚成型了。玉勐又一手拿石头放在罐里敲打，一手拿没有花纹的木拍在外面拍打，脚还不停地转动木轮。陶胚形状匀称后，玉勐用湿抹布把陶器抹平滑，然后用细铁丝一划，陶胚做好了。她说要把陶胚晾半干后，才能拍上花纹。说着，她从一块塑料薄膜下拿出一个已半干的陶胚放到转轮上，一边用脚趾转着转轮，一手拿石头在罐里敲打，一手拿着刻有古老纹饰——篮纹的木拍在外面拍打，拍好印纹后，玉勐又用刻有大象图案的模子在陶罐上一按，一只简单而乖巧的大象就印在了上面。玉勐的陶器简单、古朴，许多人喜欢这种古老的气息，要求玉勐不要加入现代元素，也无需华丽。过去，傣族制陶有性别分工，女人只能制作生活用品，男性可制作宗教用品和生活用品。玉勐仍固守这个传统，只生产茶罐、土锅、水缸、茶杯、茶壶等 11 个品种，产品受当地群众喜爱，并销往广州、深圳、河北、台湾、香港等地和新加坡、日本。

由于纯手工制作陶器费时费力，家里来了大订单玉勐却不敢接，怕完成不了，白白丢了许多生意。为此，玉勐曾打算改用快轮制造陶器，扩大生产，增加经济收入（同样大小造型的陶器，快轮制作的一般比手工制作的收入高 2 ~ 3 倍，时间节约几十倍）但有关部门认为慢轮制陶技艺濒临失传，建议他们继续保留这门传统手艺。玉勐考虑再三，还是坚持用慢轮制作陶器。她说：老祖宗传下的东西，我不能丢了。在玉勐出访日本 10 周年时，中央电视台专门为她拍摄了电视专题片作纪念，还为她制作了名片，称她为"慢轮制陶的传人"。对于玉勐制陶的手艺，日本学者跟踪调研了 8 年，2006 年才停止调研。

三、保护、传承慢轮制陶面临的困难

通过对曼阁、曼斗两个村子制陶现状的调查，我们发现传承、保护傣族慢轮制陶工艺面临许多困难。

（一）主体保护意识淡漠

慢轮制陶被传承下来，主要一点就是制陶可以为制陶人家增加经济收入，使生活变得更好。但由于手工制作陶器投入人力、物力大，经济效益低，因此，就是制陶传承人的后代也改用了现代制陶工具"快轮"代替古老的制陶工具"慢轮"，用现代的装饰图案代替古老的装饰图案，而作为传承慢轮制陶技艺的群体——傣族年轻人，对这种传统手艺的兴趣已不如他们的上一辈。

（二）慢轮制陶的环境被破坏

传统的手工制陶需要黏土、稻草、柴火。过去制陶，在自己家附近、田坝里、薪炭林里很容易就能找到这些原材料。现在，由于城市化的不断扩大，从90 年代起，曼斗、曼阁和附近村寨的田地、薪炭林被转卖、征用，他们曾经的田地里盖起了一座座高楼，村寨被包围在一幢幢现代钢筋混凝土的高楼中。

161

现在，制陶用的黏土、稻草、柴火都必须出钱购买。一卡车黏土卖到了12 000元，这对于产品少、纯手工制作、一年制陶收入仅在15 000元左右的玉勐家来说，很难承担。所以，有时玉勐听说有黏土的地方要盖房子，就会拉着土去与主人换土。有的主人好商量，以一车土换一车土；有的根本不换。玉章凤的丈夫则说，如果哪里发现有制陶的黏土，他们想把地买下。

（三）保护工作滞后

为了更好地保护西双版纳州的民族民间传统文化，2006年2月，西双版纳州制定了《西双版纳傣族自治州国家级非物质文化遗产保护办法》，并拨出专款在州文化馆建立了非物质文化遗产档案室，从立法上、机构上加强对非物质文化遗产的保护工作。但由于缺乏人力、物力、财力和设备，西双版纳州对非物质文化遗产的保护只能分批实施。2007年的保护项目是"傣族赞哈"，慢轮制陶的保护工作还没有制订计划。

（四）资金困难

玉勐想在自家住房旁边盖一间厂房，下面是制作间，上面是产品陈列室，但由于没有资金，这一想法没有实现，她的制作间就是自家的木楼下层。而玉章凤开的"博宫莎湾制陶工厂"，虽有祖上留下的四亩多地，但由于无资金，厂房只是用竹子支撑、石棉瓦盖顶的简易工棚。

（五）对非物质文化遗产传承人的关心支持不够

近年来，随着国家对保护非物质文化遗产工作的重视，西双版纳州已有35名少数民族传承人被云南省文化厅、省民委命名为"云南省非物质文化遗产传承人"。但同时也存在着对这些传承人重申报、轻保护的问题。一旦申报成功，再无人过问。在我们走访岩罕滇和玉勐两位传承人时，他们都说，来找他们的除了买陶器的就只有记者和学者了。而政府的有关部门对他们存在的资金困难、原料紧缺等问题未给予关心重视。

（六）传承困难

过去，制陶方式以家庭传承为主，现在这个传统已被打破。两位传承人说，只要有人愿意学，他们都愿意教，但是年轻人对制陶的兴趣淡漠，如今传承的方式仍以家庭为主，而学艺人中存在学艺不精、心思不专等问题，而且纯手工制作的陶器从造型、装饰、经济收入、精致、美观等方面都劣于快轮制造的陶器，市场竞争力弱，这些都对慢轮制陶工艺的传承发展极为不利。

四、对慢轮制陶保护工作的几点建议

（一）加大对非物质文化遗产的宣传

对于什么是"非物质文化遗产"，保护"非物质文化遗产"有什么意义，社会上的许多人并不了解。因此，各级政府及相关部门要以每年 6 月 10 日的"文化遗产宣传日"为契机，加大对非物质文化遗产的宣传，形成全民的共识，增强保护的意识。特别要加强对非物质文化遗产传承人主体地位的宣传，增强其文化自觉性，使传承和发展有更坚实的基础。

（二）重视对慢轮制陶传承人的保护和关心

非物质文化遗产是一个"活态"的文化。虽然现代手段的影像、图片可以让慢轮制陶技艺保存下来，但没有了实际的传承者，传承也只是纸上谈兵，失去了它应有的生命力和魅力。笔者认为，非物质文化传承的核心是人，保护好了人，就是保护好了这个文化的一半。因此，应加强对非物质文化遗产传承人的保护和关心，除发放一定补贴外，还可以每年定期为他们做一次健康检查，逢年过节到家里看望慰问，帮助他们选徒弟、传授技艺，解决资金和原料等问题。

（三）加大对非物质文化遗产的投入

一定的自然环境和社会环境构成了一定的文化场所，即"文化空间"。如果这种特定的自然环境和社会环境遭破坏，那么这个文化空间就要逐渐消亡。笔者认为在重视社会环境保护的同时，也要注意对文化环境的保护。要认真落实国务院《关于加强文化遗产保护的通知》的精神，制定支持非物质文化遗产保护的优惠政策，并通过多种渠道筹措资金，建立名录保护基金，加大对非物质文化遗产的投入。

（四）建立西双版纳州民族博物馆

目前，全省已有 114 个县设立文物管理所，共有 50 座博物馆。西双版纳州有 1 个县级文物管理所、1 个县级民族博物馆，还没有州级民族博物馆。西双版纳州应尽快落实"十一五"建设博物馆的规划，充分发挥博物馆在研究、传播、展示方面的作用，为传承者提供展示的平台，也使更多的人认识到非物质文化遗产的价值和生命力，从而更自觉、更主动、更积极地传承优秀的非物质文化遗产。

勐海傣族拴线的几种形式

玉拉罕[*]

摘　要：勐海傣族有婚礼拴线、上新房拴线、婴儿满月拴线、丧葬拴线、"斯辛达"和"幌唤"等拴线仪式。拴线是傣族人民表达祝福、寄托、希望、祝愿的一种方式，千百年来，这种仪式在傣家人中间一直流传着。通过这种仪式的表达，人与人之间、人与社会之间的关系得到了维系，传统文化得到了延续。

关键词：勐海　傣族　拴线仪式

一、婚礼拴线仪式

勐海傣族结婚那天，本寨的同龄男青年把新郎送到新娘家里，傣语叫"焕黑"（意思是把新郎交给女方家），然后就举行拴线仪式。竹楼屋内的客厅处摆上一张篾桌，用芭蕉叶铺好，桌上放有煮熟了的公鸡、母鸡各一只，红布、白布各一块，芭蕉、盐巴、糯米团、一杯酒及白线等。如双方父母有送新郎和新娘的贵重礼物（金银首饰），就把它放到桌子上。主婚人坐在桌子的上首，家族长辈或亲友们靠近主婚人围桌而坐，新郎、新娘按男左女右侧跪在主婚人的对面。拴线仪式开始时，先由主婚人致祝词（傣语叫："腊木欢"）。主婚人的祝词为：祝你们婚后幸福，生出会犁田、会盖房的儿子或会织布、会栽秧的女儿等祝福语和一些教诲语，"腊木欢"快到结束语时，主婚人一边念词一边从桌上拿起一根较长的白线，从左到右绕过新郎、新娘的肩，把线的两端搭在

164

---

　　*　作者简介：玉拉罕，女，1957 年生，傣族，西双版纳州勐海县文化体育局副局长、云南省民间文艺家协会理事，主要研究方向为傣族民俗、文化与教育等。

桌上，意思是把你们俩的灵魂拴在一起，让你们白头偕老，永不分离。然后，他又拿起两根较短的白线，分别拴在新婚夫妇的手腕上。接着，在座的长辈一一地给他俩拴线祝福，祝词大体为祝你俩白头偕老，要会孝敬双方父母，关爱双方弟妹，勤劳致富等祝福语。

二、上新房拴线仪式

勐海傣族的上新房拴线仪式，一般在中午 12 点前举行。新房卧室的正中摆两张篾桌（傣语叫"木欢"，即神桌之意），用新鲜的芭蕉叶铺好，放上煮熟了的公鸡、母鸡各一只，酒一瓶，镰刀、菜刀、红布、白布、香芋、米、谷子、盐巴、香蕉和 8 对蜡条以及白线，本寨召曼坐在桌子的上首，新房主人跪在召曼对面，一只手扶神桌，其他亲友们围桌而坐。先由召曼致贺词，拴线给新房主人，接着，又是寨里最有威望的长者给新房主人拴线。上新房拴线一般要拴双线，也就说，要得召曼和老者两个人为新房主人拴线，意思是好事成双。

三、婴儿满月拴线仪式

婴儿满月那天，双方父母的亲朋好友都来给婴儿及其母亲祝福拴线。竹楼正厅摆一张"木欢"，如是女孩桌上就放煮熟了的一只鸡、纺织工具、饭团、盐巴、书和笔等，是男孩就放煮熟了的一只鸡、笛子、胡琴、秤、糯米饭团和书、笔等。意思是女孩长大后，希望她勤劳，会纺线、织布、插秧、摘茶的活计。希望男孩长大后，会吹笛子、拉胡琴、犁田、盖房、做生意。拴线一般先由婴儿父亲家族中最有威望的老者念祝福词，拴线给婴儿及其母亲后，其他的亲朋好友才能一一地给婴儿及母亲拴线。表示把母子俩的心拴在一起，谁也不能分开他们（指鬼神抢不走婴儿了）的灵魂了，心已经连成心。祝福词大体为祝婴儿平平安安，快快长大，女婴越长越苗条、美丽，男婴越长越有志气、勇敢。

四、丧葬拴线仪式

165

丧葬拴线仪式，是一种压惊驱邪，以示保佑平安和安慰死者家属的一种形式。一般送葬完毕，亲戚和朋友从坟地回死者家有两种习俗：一是在寨子路口，用干草烧一种野果，让它散发出来的气味洗去身上的"鬼气"；二是回到死者家门口时，要用"嘀守拜"（一种压邪撵鬼的吉祥水）洒全身，撵鬼气，上楼后进行拴线。拴线由死者家里的老人向抬棺人和送葬人拴线，以示保佑平安。当晚请佛爷、和尚再念经驱鬼。然后，佛爷和家族长要给死者家属拴线，把他的灵魂拴住，不让灵魂跟着死鬼去阴间。另外一种是让生者与死者断绝夫妻关系，这样是用白线和一对蜡条举行断绝夫妻关系。要死者的夫或妻握住线的一端，将另一端系在死者的棺木或包尸上，请一位长者将那白线割断，表示生者与死者解除婚约，不再保持夫妻关系。

五、"斯宰达"和"惶唤"的仪式

"斯宰达"和"惶唤"的拴线仪式，大体分为两种。一是"斯宰达"（傣语祈求福分的意思），通常是体弱多病或接连出事不顺者，认为魂飞散了，得"斯宰达"唤回魂来。在竹楼的客厅正中，用数根竹子和数根芦苇搭成一个架（架里能容3~5人），用长长的白线把整个竹架围绕起来，佛爷坐在竹架上首，左右都要坐着2~4个和尚，正中，也就是佛爷坐的面前，摆有"木康"（神桌）放上红布、白布、米、谷子和4条蜡条及银元（现放人民币），被"斯宰达"人跪在竹架里，由佛爷、和尚（3~5人）为其念经叫魂，时间一般1个小时左右。念完经，佛爷要给被"斯宰达"的人拴线祝福，表示其魂已招回来，今后会顺利平安的意思。二是"惶唤"（傣语"招魂"），通常是受过惊吓者，要到受惊吓地点把魂招回来。一般用米、白线和受惊吓者的衣物、包头、帽子之类，请老人到其受惊吓的地点招魂，招魂词大体为："玉叫"或"岩香"（被惊吓者姓名）你回家吧，这里不是你待的地方，招魂词念完得赶快直接回被招魂者的家。招魂人一回到就说："'玉'（或'岩香'）你的魂已回到家了！"说完把用去招魂的衣物还给被招魂人，然后，进行拴线祝福，一边拴线一边嘴里不停地念着："你的魂已招回，但愿日后健康、平安！"

六、出远门拴线仪式

傣族习惯在要出远门做生意或旅游之前，到缅寺或请老人给拴线，用一对蜡条、白线和钱（5~10元），放在盘子上，双手合十跪在佛爷面前，把自己要去的方向和要做的事情讲给佛爷听，佛爷会为其拴线祝福。另外一种是长者为其拴线，用一对蜡条、白线、钱（3~5元）放到竹盘里，双手合十下跪在长者前面，请长者拴线祝福。

贝叶文化与傣族社会发展

橄榄坝的现代性及对周边
傣族社区的影响

沈海梅　余少剑*

摘　要: 随着移民、旅游开发及城市化步伐的加快,景洪作为原生傣族文化中心的地位正在被橄榄坝所取代。在全球化的背景下,橄榄坝的傣族人正在创造着充满现代性的傣族文化,并对周边傣族社区产生影响。本文通过对距离橄榄坝六十余公里的曼底村寨的考察,来描述充满现代性的橄榄坝傣族文化如何改变着曼底人的生活,从而揭示现代性背景下的少数民族社会所呈现出的转型特点,讨论中国少数民族与现代性的关联性。

关键词: 橄榄坝　傣族文化　现代性

一、橄榄坝的现代性

在英国著名现代社会理论家和社会学家吉登斯看来,现代性是现代社会或工业文明的缩略语,主要指称在后封建的欧洲所建立、并在 20 世纪日益成为具有世界历史性影响的行为制度与模式。"现代性指社会生活或组织模式,大约十七世纪出现在欧洲,并且在后来的岁月里程度不同地在世界范围内产生着影响。"① 在这个意义上,现代性大致等同于"工业化的世界",包括其竞争性的产品市场和劳动力商品化过程中的商品生产体系,也包括从世界观、经济制度到政治制度的一套架构。"现代性"在根本上属于一种"制度性的转变",

169

* 作者简介:沈海梅,女,1968 年生,云南大学民族研究院民族学人类学研究所教授,博士,主要研究方向为社会性别、族群性等人类学研究;余少剑,男,1969 年生,云南宣威人,西双版纳州文物管理所所长,主要研究方向为西双版纳地方民族历史、傣族文化。

① [英] 安东尼·吉登斯著:《现代性的后果》,田禾译,译林出版社,2000 年版,第 1 页。

表现为与传统的断裂，即在制度性、文化与生活方式等方面发生的秩序的改变①。吉登斯将现代性描述为"难以驾驭的庞然大物（juggernaut）"②，是一种不可阻断且向前移动的巨大力量，无情地铲平阻挡在它面前的所有事物。尽管现代性的概念来自早已进入工业社会的西方世界，并在日益强劲的"后现代"的语境中逐渐消退，但对于东亚社会，现代性仍然还是一个充满活力的概念，正如华语世界重要的社会科学家金耀基先生在《现代性论辩与中国社会学之定位》一文中，曾转引史马脱（B. Smart）的观察，认为："现代性之终结，最好用来指西方现代性之终结，或者，温和地说，西方现代性之终结已经在望，西方已经随着一种疲惫之感达到'巅峰'，但在东亚及世界其他地方却没有一点疲象，他们都正在追求自己国家和文明的带有混合性的现代。"③

西双版纳的傣族社会正是这样一个正在追求现代性的中国少数民族社会。自 20 世纪 80 年代以来，随着西双版纳对国内外开放，移民人口增加，旅游工业兴起，橡胶种植和国际林产品贸易量增加，城市化步伐加快，国际大通道修建和乡村道路建设，使得原来相当封闭的少数民族社区日渐暴露在世界经济文化景观中，增加了文化接触的机遇，并密切了相互间的联系。这些世居在西双版纳的傣、基诺、布朗、哈尼等少数民族也随着该区域一道，以一种不可逆转的方式卷入全球化的世界体系中，搭上了如铁达尼号般的充满"现代性"的发展巨轮。

包括对世界一系列态度、复杂的经济制度，特别是工业生产、市场经济和民族国家政治制度等多种维度的现代性不断在构建出充满现代性的西双版纳。州府景洪及乡镇街道上时时闪现的成人用品商店和生意兴旺的"发廊"折射出的是大量的移民与游客的需求；鳞次栉比、霓虹闪烁的星级酒店展示着西双版纳在世界一体的旅游产业中的位置；以大型民族歌舞《勐巴拉娜西》为代表的民族歌舞演出市场彰显的是西双版纳少数民族文化产业的崛起；西双版纳傣族女州长在党的十七大后进入中央候补委员在密切着国家与少数民族边疆政治间的关联。现代性的多维度要素在构建出西双版纳傣族自治州崭新的、鲜活的现代景象。当首府景洪市在城市化中建起整齐的钢筋混凝土高楼，大街上琳琅满目的世界名牌或中国名牌商店，操着河南、山东口音开着出租车满街跑的出租车司机……除了农贸市场内还在顽强地穿着傣装做生意的妇女，原来景洪市内

① 陈嘉明著：《现代性与后现代性十五讲》，北京大学出版社，2006 年版，第 238 页。

② ［美］乔治·瑞泽尔著：《当代社会学理论及其古典根源》，杨淑娇译，北京大学出版社，2005 年版，第 114 页。

③ 金耀基：《现代性论辩与中国社会学之定位》，见马戎、周星主编《二十一世纪：文化自觉与跨文化对话》（一），北京大学出版社，2001 年版，第 360 页。

的傣族村寨和村民们，无一例外也与外地移民一道城市居民化了。西双版纳傣族主体的族群特性被淹没在一体的城市生活节奏中，景洪作为傣族原生文化表述者的身份悄然隐退，代之而起的是被誉为"孔雀尾巴"的橄榄坝。

橄榄坝，傣语称勐罕，东与勐仑毗邻，南与缅甸、金三角及景哈乡接壤，西与景洪市相连（距离景洪城区35公里），北与基诺山相依。勐罕镇全镇辖区有9个村委会，84个自然村，95个村民小组，居住着傣族（76.77%）、哈尼族（19.96%）、汉族（3.27%）等民族。全镇总人口26 332人①。20世纪90年代初笔者首次来到橄榄坝，当时在老百姓中流传着一句话："没有到过西双版纳就不能算到过云南，没有到过橄榄坝就不能算到过西双版纳"，可以想见橄榄坝在西双版纳州刚刚兴起的旅游业中扮演的重要角色。当时，初初兴起旅游业下的橄榄坝，还不过是些规模较大，有几百户人家的典型傣族村寨，修建整齐的竹楼密密挨挨，穿过寨中阡陌纵横的小道把每个农户连在一起。寨子中的佛塔很是壮观，但一块醒目的牌子上用汉语写着"女人禁止上塔"。傣族文化传统对妇女的规范还很严格，传统文化仍有很大势力。那时，并不能看到很多的外地游客到此，村民还是怡然自得地生活着。但很快，旅游业就打破了这一丛林村社的静谧。

旅游业的发展推动着橄榄坝从一个传统的傣泐村群落向具有电力设施、通信网络、笔直宽敞的街道、便捷的道路交通等现代设施的乡镇发展。在橄榄坝，以曼春满为代表的傣族村落逐渐开始以家户为单位，通过卖傣味烧烤、热带水果给游客介入到旅游业中。随着从事旅游经营的家户增多，村民以村社为单位自发组织建设旅游基础设施，如风景园大门、铺路、种植花木等。越来越多的家户开始加入旅游经营的队伍，开设了商店出售旅游工艺品，增加了收入。经过公司＋农户的旅游业经营模式的发展，橄榄坝的傣族园已经被打造成为代表西双版纳傣族文化的主体景区之一，向游客展示原汁原味的傣民族文化。

橄榄坝是西双版纳开展旅游业较早的地区，随着大量游客的到来，文化接触发生得较早也较频繁，成批游客们进入村落，走进家户。他们较早就用砖墙取代祖辈们使用了若干年的竹篱笆墙，这样可以免去竹篱笆墙需要隔年更换的劳务。混凝土式的竹楼变得更加牢固，成为傣泐聚落中的一道新文化景观，在割裂传统家居与自然间的依附，人与自然环境间的张力凸显。为避免游客进入家户后对卧室的好奇窥望，橄榄坝傣族开始在盖新房打家具时用成排的组合柜

171

巧妙地将私密的卧室空间与公共空间分隔开来，关上卧室门，俨然就是浑然一体的组合柜，这样保持了私密空间的隐秘性。同时，霓虹彩灯镶在了屋内，屋顶吊顶等现代城市中使用的许多新建筑材料和家居装饰材料也不断在村落中使用。"旅游的全面进入使村民思想开放，开始逐步认同和接受现代化，村中拖拉机、摩托车的拥有率逐年提高，至 1998 年止，全村拖拉机拥有率为 90%，摩托车拥有率为 99%，使用燃气灶的农户近 50%，有卡拉 OK 的人家也越来越多，港台的流行歌曲被翻译为傣语广泛流传"。① 橄榄坝傣泐人生活方式所发生的变化只是傣泐社会发生转型的表征。

在旅游业和橡胶种植业的推动下，人们的社会分工早已经脱离了传统稻作农业的分工模式，橡胶种植、制胶、运输、建筑、零售业、旅游服务业等傣泐社会从未有过的行业不断涌现，形成诸多行业，整个社会的分工更加细致。社会理论家涂尔干从社会分工的角度将社会分为机械连带社会（mechanical solidarity）和有机连带社会（organic solidarity）②。在机械连带社会，"此种社会少有分工情形，其结果是几乎每个人都从事相同的工作"，而在有机连带社会，"社会则有了大量的分工，而人们也会去承担越来越专业化的工作。因为现代社会有非常多的分工，所以社会的凝聚力是来自差异，换句话说，人们需要更多人的贡献以维持正常运作，乃至生存"③。涂尔干强调"前一种团结是建立在个人相似性的基础上的，而后一种团结是以个人的相互差别为基础"④。橄榄坝傣泐社会正如涂尔干所描述的，正在从机械连带社会向有机连带社会进行结构性的转换。

如果说现代性的多种维度在世界体系与西双版纳丛林中的乡村社区间发生关联，那么，橄榄坝就是这样的一个联结点。作为一种战略物资和汽车工业崛起后的重要消费品，橡胶在现代工业生产中占有重要地位。正因为如此，橡胶也作为一种重要的物质媒介，将发达的西方资本主义经济体系与欠发达的可种植橡胶的美洲、亚洲热带丛林社会联结起来，其作用有如人类学家悉尼·W.明茨（Sidney W. Mintz）曾在《甜蜜的权力与权力之甜蜜》⑤一文中讨论的甜

---

① 段颖、杨慧：《权力边缘的曼春满：旅游作为现代性与民族意识的个案研究》，载《旅游、人类学与中国社会》，云南大学出版社，2001 年版，第 104 页。

② 又译为机械团结和有机团结。

③ ［美］乔治·瑞泽尔著：《当代社会学理论及其古典根源》，杨淑娇译，北京大学出版社，2005 年版，第 12 页。

④ ［法］埃米尔·涂尔干著：《社会分工论》，渠东译，生活·读书·新知三联书店，2000 年版，第 91 页。

⑤ Sidney W. Mintz：《甜蜜之权力与权力之甜蜜》，见香港《历史人类学学刊》2004 年第 2 卷第 2 期，第 143 页。

蜜的蔗糖，当欧洲对蔗糖的需求增加时便将美洲的蔗糖生产地社会卷入资本主义经济体系之中，并带来当地的社会文化变革。

勐罕镇的国营橄榄坝农场是在 1948 旅泰华侨所建立的暹华胶园的基础上发展而来的。到 1957 年社会主义建设期间，一批南下的军转干部率部筚路蓝缕，在遮天蔽日的原始热带雨林中种下了胶苗，开垦胶林。1958 年正式组建了橄榄坝农场。随着移入人口的增加，五年后，橄榄坝农场下辖曼洪、春满、曼法、曼卡、沧江 5 个分场，发展成以橡胶种植为主的农场。到 1993 年拥有一万余职工的橄榄坝农场，其 7 个分场和 1 个直属分场种植橡胶园69 822亩，胶树 167 万余株，有制胶厂 4 座，日生产能力 46 吨。长期以来包括橄榄坝农场在内的云南农垦一直是上海沪胶期货市场的保值商。包产到户和土地分配后，橡胶种植逐渐从国营农场进入当地傣泐社会，遍布西双版纳。勐罕镇也成为西双版纳橡胶生产的主要基地之一，密布着许多与橡胶生产相关的工厂、乡镇企业，如勐罕镇曼养村胶厂，曼暖董胶厂，曼胶胶厂，曼列胶厂，勐宽制胶厂，曼达制胶厂，上海凤凰标准胶有限公司，兴旺橡胶有限责任公司等等，在商品经济的市场中起起落落。近年，随着国际天然橡胶价格的飙升，一些大型国有股份公司也在橡胶生产上加大在西双版纳的投资。如以天然橡胶种植、收购、加工、销售及进出口贸易为主的大型综合性公司，隶属中化国际（控股）股份有限公司的西双版纳中化橡胶有限公司投资 1.2 亿元人民币正在勐罕镇建设年产干胶 4.5 万吨的国内最大、最先进的大型现代化橡胶加工厂，建成投产后将成为中国单厂产能最大、工艺领先的天然橡胶加工厂。正是以橡胶为媒介，全球一体化的现代金融体系渗入边地社会，模糊了边疆与内地的界线。

橄榄坝星罗棋布的压胶厂成为附近及其周边村落出售橡胶的地方，成为现代丛林社会各族群日常生活的重要场地。村落里村民们起早贪黑割来的胶汁经过摩托、拖拉机、汽车等现代交通工具的短途或长距离运输，流进这些制胶工厂的机器，制造出成品，源源输往国际市场。而与世界市场链接并受世界橡胶市场价格影响所确定的胶价在决定着许多傣族村落家户的收入，决定着他们当年的花销、娱乐和休闲，也决定着他们的购买力指标和消费品位，能购买的是组合音响、液晶电视、摩托还是运载汽车。

交通条件改善扩大了远距离活动的可能，同时也带来了交通事故的发生，日益增加的风险需要神灵来化解，疾病、骚动与哀痛需要让心灵获得慰藉，获利的雄心需要在祈愿中获得庇护，宗教情感的回归唤起人们对寺庙、村寨神灵的虔诚。有一定历史感的橄榄坝曼春满佛寺不仅是橄榄坝的中心佛寺，而且在东南亚享有盛名。每年的重大佛事活动，橄榄坝寺庙的僧侣和村寨的善男信女，都要云集曼春满举行诵经活动。在橄榄坝发展旅游业时，曼春满佛寺是吸引游客的傣族文化象征资源，旅游开发公司与佛寺协商，把赕佛作为傣族文化园的活动之一，佛爷可为游客开光赐福，同时收取一定费用。村民与游客的功德钱日益丰裕，使这座古老的佛寺充满了极浓的现代气息，佛寺的建筑经过集体捐资，多次的翻修、重建，一些新建筑材料也用于装饰佛寺，如佛寺地面铺上了花岗岩地砖。佛爷们驾驶摩托、汽车出行，使用传呼机、手机等现代化的通信工具与外界联系。电视机、影碟机、高级组合音响等家庭现代娱乐设施在佛寺里一应俱全，佛爷、小和尚们的生活丰富多彩，甚至在酒吧里也有了他们的身影。电脑、MP3、数码相机、DV 机是佛爷们诵经之余的爱好，用影像来记录他们的生活和本民族的发展变化。可见，充满现代性的物质也在模糊神圣与世俗的边界，介入佛寺僧众的社会生活变迁。

现代信息的流动、旅游的互动更加激发橄榄坝傣族对宗教情感在更大共同体中的满足与民族主义的世界想象。许多富裕起来的村民首先满足家中老人的心愿，让老人们前往缅甸仰光等地拜佛、观光，或是到景洪或省城勐些旅游①，一些新兴的旅游公司为此生意兴隆。在现代性背景下，乡村市场的活力很快被激发出来，族群性的身份和扩大的亲属关系有助于建立市场开拓与维系社会网络。农闲时间，橄榄坝的建筑师傅结队深入附近及其周边傣族村落，承包建筑工程，改变着传统傣泐人建房中的互助模式，把一种新的居住方式和享受生活的理念带给了这些社会，也把市场和金钱嵌入傣族社会。伴随着市场经济的无形推力，橄榄坝的现代性及其重构的现代傣族文化，正散发出极大的辐射力，向周围更为偏远的、更固守傣族文化传统的社区扩散。距离橄榄坝 60 余公路外的曼底就是这样一个正在受到橄榄坝现代性辐射的傣族村寨。

二、橄榄坝的现代傣族文化辐射力

2002 年 1 月 19 日，老村长波淘香罕家热闹非凡。这天他家上新房，几乎全寨子的人都来庆贺、帮忙。男人们站成一排在忙着传递瓦片，把瓦片挂上新房沿房檐一圈的屋顶。盖上最后一块瓦片，意味着一座房子的建造工程就算完工了，房主可以迁入新居了。男性村民集体出力上瓦片是整个上新房中的象征性仪式，表明全体村寨中的男性都为他家建房子出了力。妇女们则在忙着切肉，拣菜，做饭，为盛大的午宴作准备，所有来贺新房的人都要被邀请接受新房主人家的款待。波淘香罕家的新房子占地约 500 平方米，歇山式房顶，房檐

174

---

① 西双版纳傣语中对云南省城昆明的称呼。

八角飞翘（通常只有四角），这栋曼底最大的竹楼看起来很是壮观。沿着竹楼砌起了 1 米左右高青砖围成的围墙，还安了带窗花的铁大门，在曼底找不到比它更新潮的房子了。之所以说它新潮，不仅是从房屋的内外结构，更重要的是老村长的建房方式已大大突破以往祖辈们传下来的规矩。

传统的傣泐人建房、造屋是对男性家长生计能力、名声的考验。瓦顶、竹木结构的傣族竹楼在居住十年左右就需要翻盖，盖房需要有一定的经济能力，一个家户生计能力的好坏就体现在是否有能力建盖起令人自豪的家屋。盖房还需要大量劳力，需要男性家长与其他社会成员间共同协作。男人之间的协作往往发生在建房前木料的准备工作上以及建房过程中，男人之间需要在砍伐树木、搬运回家、解木料、立房柱等事情上搭成帮手。妇女也会在家务劳作方面相互协作。以往谁家要盖竹楼，会请亲戚早早帮忙备好所需木料。动工时，村中的男人们会主动前来帮忙，盖房的主人家则会杀鸡、杀猪或杀牛来款待所有来帮忙的人，直到房子盖好。若主人家在寨子中名声好、影响力大，则前来帮忙的村民就多，一栋竹楼在一周内就能建成。否则，来帮助的人少，盖房的时间就得延长。这种帮忙是义务的或者说是互惠的，不用付给工钱，等别人盖房时，自己也应该去帮忙。建房在考量着每个成员的声望，也在强化成员个体对集体劳作的参与。傣泐人建房的集体劳作在密切每个社会成员、每个家户与社区的联系，增强了人们对该社会的归属感、认同感，周而复始，薪火相传。

2002 年，曼底老村长家盖房，没有请村民们来帮忙，见多识广的他从橄榄坝请了两位师傅来帮他家盖房，名之曰请包工，意即把房子包给专业师傅盖。为此，老村长波淘香罕出了 4 500 元钱给橄榄坝的师傅。这笔建房包工费与传统的杀鸡、宰牛款待来帮忙的村民相比无疑是昂贵了些。尽管多出了些钱，但对于波淘一家来说，却省去了天天杀鸡、杀猪来款待帮忙盖房的村民的花销与辛劳。而且，从房屋内部的柱、横梁、顶、厅、廊到外部的围墙、铁门等，都由橄榄坝的师傅来帮他设计。他认为橄榄坝的师傅是值得信赖的，至少橄榄坝的师傅自己是住竹楼长大的，知道怎样来建竹楼，请他们来做包工，盖的还是传统的傣族竹楼，能让自己满意，而不是其他的民居样式。房子盖好后，村民们发现老村长家的新房子和自己家的房子相比，是有些不一样了。

首先，在有火塘的厨房与放电视的原来连通的厅中间多增加了一道镂空雕花的木制隔墙，这样，看电视的房间变成单独的房间，可以在木板地上铺上印有各种花纹的塑料地板胶，更舒适、更干净了。其次，木板墙上增开了玻璃窗户，房内更亮堂了，还挂上粉红色的布窗帘，很漂亮。特别是气派的围墙，令村民们很是羡慕，既漂亮，又实用，省得每年都要更换竹栅栏，还可省力。许多人表示，有钱后也要像他家一样修建围墙。实际上，很快，村中有钱的人家已经行动起来了，当笔者 6 月底回到曼底时，有两户人家的竹楼下，约 1 米高的青砖围墙已经修葺一新。

可以看得出来，是橄榄坝的师傅通过他们的辛勤创造，把一种新的居住方式和享受生活的理念带给了曼底，而且很快就得到了村民的认同，并带动着曼底村民的住房革新。其实，只要仔细考察一下，橄榄坝傣族对曼底人的影响还远不止这些。通过在曼底的人类学田野考察发现，橄榄坝傣族对曼底人的影响还表现在对具有现代性的傣族文化的追求方面。

近几年，二三十岁年龄段的曼底人建房安家，不仅都买了电视、VCD 机，而摆放这些娱乐设备的柜子也在橄榄坝人的引导下镶嵌上了大面的玻璃镜子，通常在做柜子时就把几个木柜子做得联成一体，沿卧室与客厅隔墙摆放，于是这些组合的柜子本身就成了隔墙，取代了原来的木板隔墙，一扇可关闭的门取代了原来的布帘子，而且可以上锁了。通电以后，沿柜子的顶端和底边装上了塑料霓虹灯线，插上电源，一闪一闪有动感的霓虹灯把屋内装饰得流光溢彩，极富现代气息。就像骑摩托、开手扶拖拉机一样，这也正开始成为曼底傣泐人现代生活的一部分。

1999 年，曼底通往勐仑镇的车路在盼了几辈人后终于通车了，这是曼底人的大事。为了举办盛大的通车典礼，村里请来了橄榄坝的艺人，年轻的依哨、岩抱以及咩亨、波亨①被组织起来，从简单的傣族舞蹈手势、舞步到各种队形转换，曼底人从橄榄坝人那里学会了跳表演性的集体舞蹈。传统的乐器铓锣、象脚鼓敲起来了，穿上节日盛装的一男一女配成一对，组成长长的队伍，围绕着村寨寨心神，在行进中边走边跳，动作舒缓，舞姿优雅。以后曼底有什么公共活动都要请他们跳舞，寨中的男女老幼都十分喜欢看。2002 年傣历年的夜晚，和着现代电声音乐欢快的节奏，三对年轻人为大家表演了正在学跳的十六步舞（一种现代交谊舞），尽管跳得还不太熟练，但它的欢快热烈，是任何傣族舞蹈所不能相比的，也吸引了大家，获得热烈的掌声。可以想象，曼底傣泐年轻人对外面世界的现代生活充满好奇和热望，而从橄榄坝人那里，他们获得了许多现代生活的信息。

老村长波淘香罕家的贺新房活动持续到很晚，辛苦了很长时间的橄榄坝包工师傅得到了主人家的隆重款待，吃饭、喝酒之余，照例以男女间对歌来助兴。因今天有橄榄坝的两个男性包工头做客人，按规矩曼底男人们就不参与对歌了，因而对歌实际就在橄榄坝男子与曼底咩亨间进行。主人家把功放机与音

---

① 在西双版纳傣语中依哨指年轻未婚女性，岩抱指年轻未婚男性，咩亨指已婚有子女的年轻女性，波亨指已婚有子女的年轻男性。

箱的线接好，拿出话筒交给唱歌的人，话筒在人们手上传递。对唱中所用曲调似乎都是固定的傣族调式，但唱词却用傣语即兴发挥，唱出兴致，所有在场的人齐声呼："刀光，水、水、水！"

整个晚上所唱的歌都在表达男女间的爱慕之情。

橄榄坝男子唱："你们女人好看，鱼在江里也要跳起来看，鸟在山上也要飞来看；你是小姑娘时我想遇你遇不着，现在遇着你，你有娃娃了。"

曼底咩亨唱："你唱的歌那么好听，你讲的话那么好听，我们女人不好看，男人才好看；我们想嫁你，别人先嫁上。"

橄榄坝男子唱："夜深了，在得远，要回家睡觉了；我不死么，下次遇着你再唱。"

曼底咩亨唱："你不要忙回去，你的咩哨在家没人会去争；晚了也不让你回家，你回去了，哪个来陪我唱歌？"

情感在歌声中缠绵，这样男女老幼聚集的公众场合，如此炽热的感情表露，它必须有相关的前提，即共同的语言以及由此关联的"经验"、"思维"、"认知"，一致的情歌调子以及相互都熟悉、理解、接受的情感表露方式，乃至心有灵犀的原生情感的默契等。相通的语言是橄榄坝人与曼底人产生原生情感的基础，对歌使曼底人在交流中得到情感的宣泄，也使橄榄坝人获得赞美的喜悦和包含在其中的认同。同时，在曼底，他们还获得情感之外的经济利益的回报。在现代性与全球化的场域中，社会的现代化、竞争性、经济利益成为超过族群意识的诱惑，同时，族群也难以逃脱被用来作为增强竞争能力和获取经济利益的象征性纽带。像来曼底做包工的两个橄榄坝人一样，橄榄坝一些傣族把其族群身份和族群性作为开拓初级市场的筹码，通过族群性的关联，文化的认同感而获得了乡村市场份额，在这一过程中，具有现代性特质的傣族文化仍然是橄榄坝人开拓市场的资本。族群认同既是原生情感的认同，也是工具的、政治的、经济的认同，族群认同的实践被政治运作所利用，同时也被市场经济的利益驱动所利用。橄榄坝及其建立在族群身份认同前提下的市场拓殖方式，是现代性背景下少数民族社会的重要景观。

2006 年笔者再次回到曼底，寨中许多家户在忙于建混凝土的晒台，在晒台上搭建砖混结构的浴室，或者在竹楼内做吊顶。这次参加建房的已经不只是橄榄坝的师傅了，有专门做吊顶装修的四川师傅，专门砌墙的墨江泥水匠，在曼底这个小小的村落里有了更专业的分工。

三、现代性与少数民族社会

通过对西双版纳傣泐社会的观察，我们可以看到，现代性正在成为少数民族社会发生转型的新动力。因而，"现代性"概念应当成为对像西双版纳这样正在发生社会重构的边疆少数民族社会有效的分析性概念。橄榄坝的现代性在中国的少数民族社会中是有代表性的，它为我们提供了一个可考察现代性与中国少数民族社会之间关联性的鲜活案例。

首先，海德格尔把现代性看做一个存在"作为技术的世界"而出现的时代，"现存一切无条件的物化"①，指明了现代性表现出来的物质性特质。现代性的世界图像在中国少数民族社会呈现出的首先就是物质性的图像。我们已看到，在曼底傣泐社会，摩托、拖拉机、汽车等作为交通工具的物质是将偏远零距离化的条件，电视、DVD机、电话、手机等娱乐、通信工具是信息社会获得娱乐、资讯以及新社会交往方式的媒介，作为新生计类型的橡胶是将世界现代生产体系与现代性风险并置于傣泐社会的关联体，正是这些具有现代性特质的物质的介入，使少数民族社会不断作出调整与适应，正如人类学家萨林斯所描述的"这是一个交流频繁的世界，而这样一个世界，却又不能简单地理解为某种具有特定力量的文化改变另一种文化的过程。从社会行动这一点上看，土著民族向来以他们自己的世界体系来兼容正在影响他们的事件，在他们的活动领域中，存在着一种现代性的边缘文化的兼容运动"②。当第一家摩托车修理店在曼底开张时，交通机械更加专业的知识似乎并没有阻挡傣泐人摆弄它们的自如，DVD机里被无数遍翻看的还是他们能听得懂的"景洪岩抱"等傣族流行歌手们灌制的傣歌，兼容的结果就是具有现代性特质的物质进入少数民族的日常生活中，调适出与传统相似但似是而非的生活方式。然而，当这些具有现代消费主义特征的物质成为少数民族生活消费的必须符码后，具有现代性特质的物质介入，正成为少数民族社会演变的新动力。

其次，现代性在根本上属于一种"制度性的转变"，表现为与传统的断裂，即在制度性、文化与生活方式等方面发生的秩序的改变③。在少数民族社会，现代性对传统的冲击、改造，其力度是强烈的，但对"断裂"不应该理解为一种刚性的断裂，传统在面对冲击时仍有一定韧性。通过文化同质感的橄榄坝傣

---

① 陈嘉明著：《现代性与后现代性十五讲》，北京大学出版社，2006年版，第163页。
② 转引自王铭铭《从芝加哥到萨林斯的世界》，载《社会学丛刊》。http://sociology.nju.edu.cn.
③ 陈嘉明著：《现代性与后现代性十五讲》，北京大学出版社，2006年版，第238页。

渤人，有现代性特质的竞争性的产品市场和劳动力商品化过程中的商品生产体系，已经介入曼底傣渤人的社会。正是橄榄坝师傅包工式的建房，将曼底傣渤社会延续了上百年的建房互惠原则终止。互惠原则要求交换的双方都要有回礼的持续义务，强调以同样的方式报答对方，使双方在交换活动中都可获得实惠。百余年来，互惠的原则确立起曼底傣渤社会关系的基础和社会文化的基调。用市场化的包工替代互惠原则，则意味着市场交易的原则已经嵌入曼底傣渤社会，面对这种转向，曼底傣渤人有选择性地将两种机制并置。老村长家的新房即将竣工时，橄榄坝师傅特意将沿房檐一圈的屋顶留出来，在上新房中象征性地保留了全体男性村民集体上瓦的仪式，传统的互惠原则在这个社会中仍具有象征性意义。其结果，尽管在市场机制下每个成员可以更加独立地控制自己的家庭事务，对集体的依赖性可能在降低，但这个社会并未因此离散。现代性正是这样一种力量，把社会关系从有限的地方性场景中剥离出来，从而能够跨越广阔的时间－空间距离去重新组织社会关系。

再次，现代性是一个流动的过程，将偏远零距离化。现代制度的影响已经波及生活在不发达地区的、处于较为传统的情景下的人们。① 当我们尚未摆脱社会进化论意识形态下对少数民族"原始"、"落后"的定位时，其实，这些社会已经在现代性的力量驱动下关联到全球化世界体系中了②。在人们的日常生活本质中，地方和全球之间的联结通过劳动分工和对外贸易等途径，已经被卷进"一组更深刻的演变之中"③。像橄榄坝和曼底的傣渤一样，许多少数民族社会都是从传统的农业社会进入充满现代性的系统中的。社会分工的增长，成为现代性背景下少数民族社会与世界体系关联的基础。在短短几年中，曼底出现了放电视专业户、碾米房、"公司"（小卖部）④、摩托车专修户、制豆腐专业户，贩牛户、甚至服务村落的仪式专家、宗教实践者等慢慢变成了有职业分工的人群。在这里，分工的意义不只是如涂尔干所认为的是为追求幸福的愿望，而是来自社会、文化接触的选择理性。现代性下经济交换越来越摆脱本地社区，沿着时空被重组。当曼底的摩托车修理店需要从勐仑或橄榄坝的配件店购买修理配件，开张的小卖部需要从乡镇的副食品、百货批发商购进货物的时候，也正是与外部世界经济、社会及文化的接触过程对这个单一的丛林社会提出分工要求之时，曼底社会内部分工的出现是对外部有分工的社会世界的适应

---

① 陈嘉明著：《现代性与后现代性十五讲》，北京大学出版社，2006 年版，第 246 页。
② 陈嘉明著：《现代性与后现代性十五讲》，北京大学出版社，2006 年版，第 246 页。
③ ［英］安东尼·吉登斯、克里斯多弗·皮尔森：《现代性——吉登斯访谈录》，尹宏毅译，新华出版社，2001 年版，第 77 页。
④ 曼底傣渤人最初把在寨中出现的小卖部称为"公司"。

性选择。如果说以往的傣泐社会是因没有分工，社会成员行动高度相似而联结在一起，那如今分工的存在，相互间仍然会因需要而获得联结。无论如何，从没有分工的社会到有一定专业分工的社会，分工使曼底正在呈现由原来传统农耕稻作下的机械连带社会向以种植业为主的有机连带社会的转变。

最后，现代性是一个充满风险的社会。在吉登斯看来，"风险"是由于人类知识的不确定性以及由此带来的社会发展的不可预测性所导致的人类活动可能具有的"偶然性"的结果。疾病、灾难、自然灾害的频发，风险在不同的地区可能有不同的形式，但在全球化时代，风险的影响被普遍化了，少数民族社会在亲历现代化的过程中也在经历风险，或者当他们作用于自然时，也产生了"人为的不确定性"，是人为风险的一部分，而且在现代性的高风险面前显得十分脆弱。2005 年，哺育了曼底傣泐人的速底河发生洪灾，河水漫进寨里，河床改道。2007 年夏天，曼底发生风灾，许多已经开割的橡胶树被大风吹断，村民包括老人都说从来没有见过这么大的风。这一年，许多家户的收入因之锐减。除了受自然灾害的影响，橡胶的售价每年也不断在变，有的年份胶价高，有的年份低，这些变数是他们难以掌控的。在他们的认知体系中，尽管难以将风灾与毁林种植橡胶关联起来，也不能指认世界天然橡胶市场如何左右了橄榄坝的胶价和他们的收入，但曼底傣泐人仍有自己解读风险和管理风险的方式。对于风险，人们选择投入更多的钱来修缮寺庙，更加隆重地来祭祀竜神，或是更加密切与竜神管理者的联系。少数民族社会在共同面对现代性风险时必须重新团结在一起。

全球时代，不是简单地在创造着现代性的同质化现象，各个地方文化仍然呈现异质性。橄榄坝和曼底傣泐人的现代性体验，是中国乃至东亚社会与现代性遭遇的一部分。

参考文献：

[1]［英］安东尼·吉登斯著，田禾译：《现代性的后果》［M］，译林出版社，2000 年。

[2]［英］安东尼·吉登斯、克里斯多弗·皮尔森著，尹宏毅译：《现代性——吉登斯访谈录》［M］，新华出版社，2001 年版。

[3] 陈嘉明著：《现代性与后现代性十五讲》［M］，北京大学出版社，2006 年版。

[4]［美］乔治·瑞泽尔著，杨淑娇译：《当代社会学理论及其古典根源》［M］，北京大学出版社，2005 年版。

[5]［法］埃米尔·涂尔干著，渠东译：《社会分工论》［M］，生活·读书·新知三联书店，2000 年版。

[6] 马戎、周星主编：《二十一世纪：文化自觉与跨文化对话》（一）［C］，北京大学出版社，2001 年版。

橡胶经济与傣泐社会

——西双版纳曼村傣泐人的土地利用
转换与社会文化变迁

吴振南[*]

摘 要：因为国防需求，西双版纳这个传统上一直以水稻种植为主的地区从二十世纪开始大规模地种植橡胶，导致该地区从生态环境到经济基础都发生了空前的变化。跨入二十一世纪，围绕橡胶种植而衍生的生计方式进一步取代传统稻作农耕成为傣泐人的主要生计依靠，传统稻作文化中构建的人文空间在悄然发生变迁。笔者以西双版纳勐腊县的曼村为例，通过人类学的田野调查方法，从土地资源利用方式的转变入手，透过橡胶经济发展的大背景，探讨傣泐社会所发生的结构性转变和传统文化在应对现代化生活方式时发生的变迁。

关键词：傣泐 橡胶 土地利用 文化变迁

一、导 论

（一）橡胶的价值和地位

西双版纳处在东南半岛和我国西南内陆地区的交汇地带，近年来，社会与经济的快速发展，使这块背靠祖国腹地面向东南半岛的多民族聚居的"澜沧江—湄公河"流域核心区处在了时代变迁的敏感前沿，橡胶种植是最能反映出这

182

---

* 作者简介：吴振南，男，1980 年生，云南经济管理职业学院计算机科学系助教，民族学硕士，主要研究方向为计算机教学和民族学、影视人类学。

一地区经济、自然和文化在历史变迁进程中相互影响和关系的。

如今，西双版纳的橡胶种植已是如火如荼，全州境内原本莽莽苍苍的原始森林已被大片的橡胶树林所替代，虽然夏天看上去依然茂密葱绿，但当冬天橡胶树落叶的时候，我们就能看到棕黄的橡胶林和苍绿的原始森林之间明显的分界。橡胶树之所以能够成为这片热土上新的主人，甚至向境外大举扩张，推动这个千年来一直以水稻种植为主的地区土地利用方式的变化，完全源自橡胶在国际市场上日渐攀升的价格的杠杆作用。作为一种重要的工业资源，在获得越来越高的市场价值的同时，也回报给种植它们的人滚滚财富。正因此，人们广泛种植橡胶，任由它们占满山头、侵入坝区，获得越来越多的生存空间。与此同时，傣泐人传统上一直密布的水稻田地在悄然发生变化，种在田地里越来越多的是能够快速带来实际效益的经济作物，而不是传统上维持生计的水稻。随着土地的开垦利用方式由主要的农耕和栖居向更多样化的用途变迁，这里的社会面貌和人际关系也在悄然改变。

为了填满工业化生产不断扩大的胃口，以自给自足的方式生产自己的食物，维系数千年而不变的文明被迫卷入到更广泛的贸易体系中。"在20世纪初美国的汽车生产突然迫切需要橡胶做汽车轮胎，于是生意人勾结当地权势役使亚马逊印第安人生产橡胶。英国驻里约的领事凯斯曼（Roger Casement）指出，在1900～1911年，生产4 000吨普特马由橡胶，就要牺牲3万个印第安人的性命。"①

现在，天然橡胶是关系国计民生的重要物资，与钢铁、石油、煤炭并列为现代社会四大工业原料，不仅民用工业大量需要，军事工业更离不开它。但天然橡胶对地理环境、土壤、气候、湿度等自然条件要求很严。所以，长期以来，产量一直有限，始终供不应求。冷战结束之后步入到21世纪，国际政治经济格局发生了深刻变化，全球化的贸易组织系统一度成为新的支配力量，橡胶价格连年上涨，西双版纳的橡胶种植便随之如火如荼地发展起来，凡是能利用的山林和土地几乎都被用于种植橡胶，自给自足的农业生产方式逐渐让位于市场交换的价值体系。

183

---

① ［美］阿尔文·托夫勒：《第三次浪潮》，中信出版社，2006年，第59页。

表1　世界天然胶主要生产与消费国情况　　　　单位：万吨

	国家	1998	1999	2000	2001
生产国	泰国	221.6	218.1	252.5	205.0
	马来西亚	88.6	76.9	61.5	66.5
	印度尼西亚	171.4	160.0	158.8	194.0
	印度	59.11	62.0	62.9	62.9
	中国	46	49	48	48
	其他	81.29	113	101.3	123.6
世界合计		668.0	679.0	685.0	700.0
消费国	美国	115.7	109.2	110.5	114.5
	日本	70.7	73.4	75.0	78.0
	西欧	97.8	99.8	101.9	103.7
	中国	91	100	108	115.0
	其他	282.8	285.6	287.6	296.8
世界合计		658.0	668.0	683.0	708.0

表2　世界天然橡胶供需情况　　　　单位：万吨

年份	产量/增长率	消费量/增长率	消费生产指数（%）
1995	587.4	575.8	98.0
1996	602.8/2.6%	593.4/3.1%	98.4
1997	639.0/5.7%	650.0/9.5%	101.7
1998	668.0/4.3%	658.0/1.2%	98.5
1999	679.0/1.6%	668.0/1.5%	98.4
2000	685.0/0.9%	683.0/2.2%	99.7
2001	700.0/2.2%	708.0/3.7%	101.1

以上资料根据 IRSG（国际橡胶研究组织）数据整理　http：//www.rubberstudy.com/statistics - quarstat.aspx

（面积）

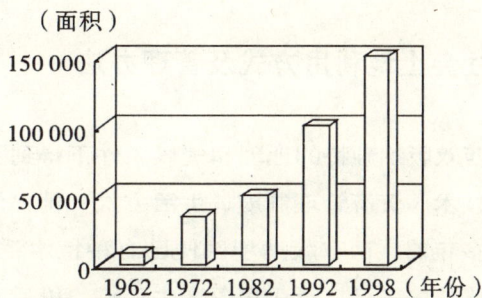

图 1　西双版纳橡胶种植面积增量统计图　单位：公顷

根据西双版纳州统计信息整理　http：//www. xsbntjj. gov. cn

事实上，橡胶种植必须通过市场交换才能带来滚滚财富，这就意味着种植橡胶的土地不再是能直接满足生计需求的根本，转而成为传统农业社会通过社会分工分享以工业化生产为主导方式的城市经济主体增殖利益的渠道，或者说，成为以工业消费方式为主的社区获得工业材料，并释放出增殖资本的渠道。

一旦放弃了自给自足的方式，为金钱和交换而生产，一旦依靠以种植工业原材料为主来重新组织其社会结构，传统社会的人们就得依赖他们无力左右的经济市场。人类学家 Sidney W. Mintz 在《甜蜜之权力与权力之甜蜜》一文中讨论了美洲的蔗糖生产与资本主义经济体系间的关系，他说道：“从人类学的角度去看‘低度发达’地区中一个社区的文化，该社区由于为欧洲本身正在膨胀的消费市场生产始创的基本农业商品，被卷进了西方的政治经济模式……它们的生产集中体现了热带地区的人民如何被融合于西方的意图。”[①] 在西双版纳，橡胶正使当地文化生态和社会经济的关系发生着变化，未来将向何处去，我们也会成为另一个典型的工业化发展的缩影吗？

（二）田野点概况

田野点曼村在云南省西双版纳傣族自治州勐腊县勐腊镇曼庄行政村曼乍自然村。勐腊是云南省最南端的县城，东部、南部和西南与老挝接壤，西部与缅甸相邻，国境线长 700 公里，西北、北部与景洪市、江城县相连。勐腊县境内世代居住的主要有傣、汉、哈尼、彝、瑶 5 个民族。傣族先民一直自称为“傣”。宋元时期因为迁徙导致居住地扩大，逐渐在内部有“傣那”、“傣泐”、

185

---

① 　Sidney W. Mintz：《甜蜜之权力与权力之甜蜜》载《历史人类学学刊》2004 年第 2 卷第 2 期。

"傣雅"、"傣崩"等自称。勐腊傣族自称"傣泐"。

二、传统傣泐社会土地利用方式及管理办法

稻作文化曾经在西双版纳独特的地理和气候条件下得到了充分的演绎和诠释，形成了包括农耕技术、资源管理制度、生活方式、精神信仰乃至于民族认同的基础。早在两千多年前，西双版纳坝区便已有种植水稻的灌溉农业出现，降至隋唐，文献记载傣族先民已广泛采用象、牛踏耕，以后又为金属犁耕所取代。迟至明代，傣族稻作农耕技术已发展成为一套比较完备的系统。在笔者调查的曼村，这套系统一直延续到 20 世纪 50 年代才逐步为工业化的耕作方式取代。

对于农田的利用，贝叶经《巴塔麻嘎捧尚罗》中提到帕雅桑木底带领众人建盖房屋定居，还有对他率众播种谷物的描述："帕雅桑木底/率领着众人/用尖石翻土/撒下雀屎谷/撒下鼠屎谷/场地渐渐扩大/固定在一块地种。"[1]

以上传说史诗所表现的场景更多地让人联想到傣族先民由采集狩猎为主的食物获取方式向农耕为主的食物获取方式转变的情形。历史上，傣泐人大多居住在坝区，故而没有周围山区民族刀耕火种的习俗。得益于版纳丰富的动植物资源，傣族先民曾使用过"象耕"的水稻耕作形式，据高立士先生考证："古代越人的象耕，很可能不是以象曳犁的耕作，而是一种象王充所说的'踏土'，亦即驱象入田踩踏，所谓'象自踏土，鸟自食萍，土厥草尽，若耕田状，壤糜泥易，人随种之'。这就十分正确和形象地复原了'象耕'的原意。"[2]

对于山地的保护和利用，则有以我们熟知的"竜林"为主形成的山林利用管理体系[3]。"表面看，'竜林'是原始宗教祖先崇拜的产物，实质是傣族人民纯朴的自然生态观。……在与大自然的长期相处过程中，傣族人民深刻认识到没有森林就没有水源，没有水源就没有水稻田，没有水稻田就没有鱼米，没有人们赖以生存的鱼和米，人类就不能繁衍生息。"[4]"研究显示'竜林'的保土能力是橡胶园林的 4 倍，是刀耕火种地的 776 倍；保水能力是橡胶园的 3 倍，是刀耕火种的 35 倍。"[5]总之"竜林"是用之不竭的绿色水库，是生物多样性

---

① 杨胜能：《西双版纳勐巴拉娜西民族文化丛书——农耕文化》，云南教育出版社 2006 年版，第 19 页。

② 高立士：《傣族悠久的稻作文化》，载《昆明师范高等专科学校学报》1999 年第 3 期。

③ "竜"字或作"龙"、"垄"、"陇"等字。

④ 高立士：《"竜林"傣族纯朴的生态观》，载《昆明师范高等专科学校学报》2000 年第 3 期。

⑤ 高立士：《"竜林"傣族纯朴的生态观》，载《昆明师范高等专科学校学报》2000 年第 3 期。

的保护地，是地方性局部气候的调节器，是农林病虫害天敌的繁殖保护地，是阻挡风沙和寒流的天然屏障，是传统农业体系支撑和发展的重要基石。

在以树木为主的森林山地之外，竹林也是傣泐人对山地开发利用的主要对象。"竹林深处，大青树旁，凤尾竹下，竹楼座座，错落有致……光影中穿插着傣族少女婀娜的身影……"这是大多数异乡人对于版纳的最初印象，无论他从哪里获得，这至少从材料的选取和结构方面展示着傣泐社会特有的文化气质。竹楼对建筑工具的要求远比其他民居建筑为低，所以"竹楼既可粗陋营构以适应迁徙性生活，又可精心建造以适应定居性生活"[①]。此外，衍生于竹子的行为还有相关的宗教仪式[②]，傣泐人日常捕鱼、耕种、收晒，使用的器具也有许多竹制品，所以傣泐村寨的周边有许多土地成为竹林。

在对坝区水田和山地的保护及有效利用过程中，傣泐人的生计形成了以坝区种植的水稻田为主体，依托山林与河流，通过"'垄林'—坟林—佛寺园林—竹楼庭园林—人工薪炭林—经济植物种植园林—菜园—鱼塘—水稻田"[③]组成的土地利用链条，自然与人文相适应的土地利用开发方式，形成生产活动和生存活动有效的支持和保障体系[④]。"土地、森林、水利三大自然资源共同形成了支撑稻作农业发展的铁三角，傣泐人传统的资源管理制度实质上就成为在稻作文化的框架下把这三大自然资源的管理三位一体地有机结合在一起，通过文化框架平衡分配自然资源，实现人与人、人与自然的关系调适，从而构造出的适合自身长远发展的一个文化有机体。"[⑤]

三、现代性背景中傣泐人土地利用的多种选择

（一）依靠土地获得的现实收入

曼村的居住中心分布在大约 500 米长 90 米宽的土地上，村中的房屋呈带状分布。村中有佛寺一座，在村寨的正中心。住家 60 户，共 303 人，村里有耕地 570 余亩，其中 443.7 亩水田平分到每个村民头上。平均每个村民有约 1.88 亩耕地，相对当地其他的村寨不算多，但是相对那些来到曼村租种土地

① 廖国强：《竹楼：云南少数民族的文化质点》，载《云南师范大学学报》，（哲学社会科学版）1996 年第 8 期。

② 关于竹子和巫术可参考何明《竹与云南少数民族巫术》，载《云南民族学院学报》（哲学社会科学版），1996 年第 2 期。

③ 高立士：《"垄林"傣族纯朴的生态观》，载《昆明师范高等专科学校学报》2000 年第 3 期。

④ 高立士：《"垄林"傣族纯朴的生态观》，载《昆明师范高等专科学校学报》2000 年第 3 期。

⑤ 高立士：《"垄林"傣族纯朴的生态观》，载《昆明师范高等专科学校学报》2000 年第 3 期。

的汉族人家，土地还是很充裕了。此外曼村还有大约1 500亩橡胶地，橡胶地全都分布在山上，少数的农田和村落中的空地上也培育有橡胶苗，最能体现橡胶种植热度的恐怕算得上是寺庙中的空地了，属村中寺庙的土地上虽然不能生长大的橡胶树，但是却不能阻挡橡胶苗占领这些地方。

表3　曼村中集体土地获得收入情况统计

集体土地类型和 数量（亩）	土地利用方式	主要作物或产品	收入状况	年收入（万元）
旱地100亩	出租	蔬菜	200元/亩·年	2万元
鱼塘34亩	出租	渔业	400元/亩·年	1.36万元
合计村中集体收入	土地租让收入＋上级拨款＋其他＝3.36万元＋0.2万元＋其他不确定性收入＝4万余元			

据吴振南田野调查资料

表4　曼村中个人土地收入情况统计

村民手中的土地类型和数量（亩）	土地利用方式	主要作物或产品	收入状况	年收入（万元）
水田350余亩	出租	香蕉	1 000元/亩·年	35万元
水田80余亩	自用	蔬菜等农作物	满足自给伙食	不详
田地10亩左右	自用	不详	不详	不详
橡胶林	自用	橡胶	因地点面积而异	不确定

据吴振南田野调查资料

这样，村中主要收入依靠种植橡胶和香蕉，橡胶种植因为利润高，投入和收获期长，可以由个人经营的特点，收入大多直接由个人拥有。村中集体土地上种植的香蕉则因为种植的统一度、专业程度要求高，形成了村中收入的大头。租给外乡人种植的菜地和管理的鱼塘也构成了村中收入的一部分，间接补贴了村中的副食供应，而零散的菜地成为各家生活膳食补贴的主要来源，原来作为生活基础口粮和经济来源的稻作田地则全面让位于香蕉和蔬菜的种植。

（二）让位于经济作物的宜耕稻田

傣族本地区特有的一些蔬菜，如芫荽、香茅草、生葱、酸番茄等原生果蔬已经在傣族人家的田地里繁衍了许多世代。在以稻作为主的农田里，它们并不起眼，因为它们本来就是副食，不可能有丰富、大量的优质淀粉和蛋白质与稻米竞争。为了在田地里站稳脚跟，它们凭借大自然赋予自己特有的滋味和口感，生长出各种维生素、酶、生物碱，创造出甘、酸、苦、麻、涩等各种各样的味道，刺激食用者的味蕾不断分泌出消化液。而这些大量的消化液正是在湿热的热带、亚热带气候条件下最好的开胃、解暑剂，从而不断吸引着爱好它们的人们不断关爱、呵护、种植、食用，成功地获得了比那些仍然栖息在原始森林里的同类更多的生存空间，甚至形成了富有地方特色的傣族风味，让许许多多人趋之若鹜。在过去的数个世纪里，它们无疑赢得了在这个地区的骄傲，也在稻作农业中站稳了脚跟。

但是"甜蜜"似乎是城市中追求的唯一，同质化的消费市场难以容忍那些酸涩的，略带着苦味、麻味甚至怪味的"草根根"。虽然偶尔我们也会喜欢"尝尝鲜"，但是这些"鲜味"似乎依然是唯一的，因为我们挑剔的味蕾哪怕有一点点不满意，下一次这种味道恐怕就再难有入我们口的机会了。另一方面，有些奇怪的味道也会被我们挑剔的味蕾识别出来，成为我们宠爱并大量消费的对象。可是，创造这样味道的种子和植物在历经数代的延续中只顾及创造出特色的味道，还充满着与生俱来的桀骜不驯，不肯依照市场要求的时空开花结果以实现自己的扩张，于是它们很快被采摘完了。

敏锐的商业潮流又带来了香蕉。

种植香蕉虽然也需要像水稻那样亲自深入田间，但是其劳动强度和劳动力需求量远低于水稻种植，而且最大的好处在于不愁销路。在一个种植周期中，每亩田地可以收获近 1.7 吨香蕉，直接获得 5 000 元左右的回报，除去相关的生产资料费用后，租种者依然有可观的利润，所以曼村种植香蕉的土地租赁价格从 2006 年的 700 元/亩逐步攀升到 2007 年的 1 000 元/亩，并且还有进一步上扬的趋势。

不过，香蕉种植之后带给这曾经种植稻米的土地一个不大不小的麻烦。香蕉的根茎埋在土壤中需要 6 个月的时间才能逐步降解消耗完，虽然这不会产生非自然降解的土地污染，但是在这 6 个月的时间当中，土地就难以开发利用种植各种蔬菜了，这成为出租土地给外来种植者的一个顾虑。

现代化市场经济的一大特点就是强调不断的、更多的、超越性的消费，鼓励人们充分释放自己的体验欲望，获得空前的物质享受。消费不仅是为了生存和生活的需求，也为了心灵的体验，为了感官的需求，为了和同族保持一致，为了获得社区内部的生存空间，甚至是为消费而消费。只能满足衣食饱暖的水稻做不到这些。在香蕉地的绿荫下，我们再也难觅那些土生土长的，和稻米一起放上餐桌的各种野菜、草根、浆果，因为它们不再受到香蕉地的欢迎，香蕉地里大量使用的除草剂、农药、化肥使得它们难于找到自己的生存空间。水稻

189

和原生蔬菜的生存空间受到挤压逐渐被边缘化。

（三）种到国外的橡胶树

1997 年亚洲金融危机，东南亚各国货币贬值，出口商品大幅下滑。泰国、马来西亚、印度尼西亚、越南等拥有比我国境内更加优越的橡胶种植条件和产胶基础的国家面对危机纷纷清仓出货，橡胶价格急转直下，国内勐腊、勐捧等几大农场一时间生意清淡收入锐减。随着经济气候的回暖升温和国内经济的强劲发展，橡胶价格又再次攀升。尤其是 2005 年，泰国遭受台风灾害，橡胶供不应求，于是紧缩出口，而另一个产胶大国印度尼西亚则恰逢橡胶生产替换周期，大批橡胶树被砍倒更替，一时间国际橡胶价格犹如气球飞升，极大地刺激了国内胶价的攀升。

橡胶价格的涨涨跌跌，在国营大农场里反映出来的是企业生产的浮沉起落，在中小农户身上反映出的则是对于生计空间的选择安排。在这一过程中，始终不变的是土地价值的增加。曾经乏人问津的荒山老林变成珍贵的橡胶种植地，各方力量积极参与开垦胶园，对生态环境造成的影响是极具破坏性的。为此，国家林业部门出台了保护天然林的政策，要求只能更新已有的橡胶林，不得再继续开荒种植橡胶树，橡胶地变得更加稀缺。然而，在一些边远的村寨，往往有人故意纵火烧山，被火烧过的"荒山"则不受保护，可以继续开垦。在曼村，就曾有人对笔者说："老板，只要肯出个好的价钱，在某某地方还是有橡胶林地的。""老板，只要有钱还可以买到山中的轮歇地，200 元一亩，租金每年 5 元，只是要自己开路。"① 在利益的诱惑下，一向本分的当地居民也有铤而走险的想法，实在是令人感慨。

中、老、缅三国交界的金三角地区，长久以来因为历史、经济、文化等各种因素，是臭名昭著的毒品产区。在中国经济高速增长的大背景下，我国政府高瞻远瞩，自 1990 年以来，指导毗邻缅、老的边境六州市开展境外罂粟替代种植工作。经过多年的努力，累计投入资金 5 亿多元人民币，开展境外罂粟替代种植总面积 62 万多亩，每年可减少产出 400 多吨纯鸦片或 40 多吨海洛因。开展境外罂粟替代种植取得的成效，不仅得到了邻国政府和人民的赞赏和支持，而且赢得了国际社会的高度评价。其中，橡胶种植是中老替代种植合作项目中最为稳健的。因为老挝气候更加炎热，宜林荒山多，十分有利于橡胶的种植，而橡胶的生产周期相对较长，收益稳定，形成替种项目之后不易产生反弹

---

① 200 元是首次从村民手中取得土地的费用，5 元是每年支付给当地村寨或村民的费用，是村民出让土地长期获得利益分红的体现。土地的实际所有权和使用权关系非常复杂，实际支付的价格也在不断变动。

的情况。对投资于替代种植项目的企业，国家也给出了一系列优惠政策，例如减免种植企业对成品回流的关税，鼓励企业延伸产业价值链条等等。同时橡胶作为不可替代的生产原料，国际、国内市场对于其价格波动非常敏感。因此我国也严格限制境外橡胶及其产品的回流，尤其防止第三国借助替种回流的渠道倾销其产品。在境外投资种植橡胶林地除了要承担市场风险之外，还承担了国际政治关系稳定的风险，但是这些因素都不能完全阻挡境内资金涌向老挝投资橡胶种植的热情。

在族群认同实现的过程中，实践认同应当优于文化认同。橡胶作为能够平衡国家战略发展的重要物资，当跨越国境成为一种国际化商品之后，在两个操有相近语言的同源群体之间所带来的认同和归属观念，这是其他的经济作物无法做到的。"一个研究者以某个社会或社区作为研究对象时，他关心的是单一民族或族群的社会，较少面对族际之间，甚至于跨越国境的族际之间的问题。这样在某种程度上实际把这个社会'提纯'或者'简化'了。通常，研究者在田野调查中必须设计一个边际，对其范围有个明确的界定，有时便有意或者无意地忽视了更大的族际背景，忽视了还有别的因素影响着这个社区、这个村落的社会生活。"① 那么，当我们将目光投入到曼村所发生的一系列文化变迁时，我们不可以忽视橡胶林种到国外所起到的重要影响。

四、曼村的土地利用和社会文化变迁

（一）农时安排和生产生活周期调整

水稻有着它特定的生长规律。为了获得最佳的种植成果，人们不断调适自己的作息安排，以适合水稻的生长周期。人类也用自己精巧的智慧设计安排各种典礼和祭祀活动来发动相关的群体，按照一定的时间周期获得尽可能多的收成。农业社会所形成的作息时间规律，可以说是人和水稻之间按照自然的运行规律共同达成的时间约定。

傣历年和汉族的农历年有差别，和今天我们常用的公历（阳历）又不同，为了方便说明，我们可以参照以下时间表：

① 朱凌飞：《作为归侨的苗族》，载《新翼集》，云南大学出版社，2006 年版，第 153 页。

表5 汉历、傣历、公历月份对照

汉族农历月份	1	2	3	4	5	6	7	8	9	10	11	12
傣族农历月份	4	5	6	7	8	9	10	11	12	1	2	3
公历（阳历）月份	2	3	4	5	6	7	8	9	10	11	12	1

据吴振南田野调查资料

表6 曼村水稻和橡胶种植时间与传统节庆对照

汉族农历月份	傣族农历月份	公历（阳历）月份	水稻种植农事活动	主要传统农事活动	主要传统节庆及祭祀典礼	橡胶种植时间安排
1	4	2	种晚稻，驮柴，修沟	开荒；割盖房用的草，砍木料；卖菜		无
2	5	3	月头挡坝，放田水，寨内同时抽补田地；月尾评公粮，开旱谷地	砍竹编竹器；编草排，盖房；卖菜，找苦笋	巡田坝节	橡胶地施肥，砍坝，管理橡胶树
3	6	4	月头送公粮；月尾挖地，点种包谷、瓜类	挑木柴，种菜，找苦笋，找野菜，种玉米	泼水节，堆沙节	开割橡胶
4	7	5	月头做秧田，种旱谷；月尾种花生及棉花	找野菜，种棉花，种西番莲		割胶
5	8	6	月头撒秧；月尾翻犁田地，准备栽秧	休息，赶摆，种菌子		割胶
6	9	7	犁、耙秧田，撒种；种旱稻，薅秧，拔草	收玉米，找菌子	关门节，祭龙节	割胶
7	10	8	种田，田间管理；月底开始犁板田	割埂草，挡鱼坝，捕鱼	过了关门节七天一赕佛；	割胶
8	11	9	犁、耙板田插秧，种田	采砂仁，收西番莲	做纸花，赕佛；献经节；傣族中秋节	割胶

续　表

汉族农历月份	傣族农历月份	公历（阳历）月份	水稻种植农事活动	主要传统农事活动	主要传统节庆及祭祀典礼	橡胶种植时间安排
9	12	10	割谷，堆谷	砍木料，制打谷床、砍竹编席，准备秋收；收谷子，做生意	开门节；赕萨拉，赕帕	割胶
10	1	11	打谷，挑谷入仓	种烟，收早熟粘稻；种菜，收柚子，收棉花	傣族吃新米，赕塔	割胶直到25日前后停割
11	2	12	割山草、砍柴；	种菜，种辣子、土豆、西瓜	赕毫伦坝与几光咯（烧白柴节）	无
12	3	1	编草排，砍木料修建房子。	上山砍柴，捉鱼，编制小竹器，在家种菜		无

据吴振南田野调查资料

橡胶种植嵌入到了傣泐传统的农业生产中，对于传统的生产节奏有着明显的影响。"关门节"和"开门节"期间的三个月，正值西双版纳地区的雨季，是亚热带、热带地区植物生长的关键时期，在这一期间劳动力投入到农事劳动中对于保证一年的粮食收成有着至关重要的作用。而割橡胶的工作劳动周期跨越了"泼水节"、"关门节"和"开门节"三大节日。"关门节"和"开门节"期间的三个月，也正是橡胶生产一年中的最高潮，同一个劳动力很难有足够的精力在三个月间既从事水稻种植又从事橡胶收割，这就意味着种植水稻和收割橡胶之间必须有所舍取。所以曼村的傣泐人放弃种植水稻，也不仅仅是由于市场价格带来价值取向的权衡。同时，传统的傣泐社会中"开门节"的到来意味着一年农忙的结束，稻谷将在半个月间悉数入仓，人们除了庆祝丰收之外，还进入了秋收冬藏的季节轮回。祭祀活动和人际交往将更加丰富，在农忙时节人们因为劳动而暂时疏远的人际关系又再次通过赕佛、过节等等的典礼融合在一起。年轻人则大多选择这样的时候恋爱和结婚，于是傣泐人在完成了农业生产之后开始将精力投入到了人和人际关系的再生产过程中。这样的生活节奏和时间安排无疑是精妙地契合了物的生产、人的生产以及社会关系的生产之间的时空步调，是农业社会所形成的有利于族群发展和延续的周期安排。割胶的工作将在开门节之后继续，这就使得传统文化节奏和现代生活方式发生冲突，要割胶必须要放弃休息和团聚的时间，劳动时间延长肯定使交往的时间减少，传统的典礼作息时间必须作出与之相适应的调整。由此，一系列的传统文化生活空间也就发生了变迁。延长的独立工作时间事实上破坏了传统节庆所约定"修整和调养"时间的潜在规则。

（二）新的生计角色

越来越多的曼村傣泐人从传统的农民角色转变成为商人。在橡胶交易的市场中，抛头露面的主要是男性而不再是女性。传统傣泐社会中男性是不屑于做生意的。因为传统的生意主要指"赶摆"这样的村寨集市，"赶摆"的内涵除了物资交易之外，"摆"主要还是妇女和孩子们通过集市彼此交流互动的场所。但是在现代商业社会中，傣泐人要实现和其他市场主体的交往就必须要适应新的社会生计角色的分工。这样的生计角色的划分是一个更大的市场经济主体，把自己认同的社会生计角色通过橡胶的生产贸易体系加载在了传统社会中。在传统的傣泐社会里，做生意操持家庭经济一直是妇女的主要劳作活动，主持家庭经济意味着妇女在家庭中具有举足轻重的地位，对于女性获得较高的社会地位是具有积极意义的。傣泐人历史上长期以来保持一夫一妻婚姻关系的背后，性别角色的分工起到了非常重要的作用。不从事橡胶的交易，传统的农业事务又逐渐减少，傣泐妇女将会有更多的时间从事其他工作或者待在家里。生计生产方式变迁引起社会生计分工的变化无疑将对妇女的社会角色，乃至于婚姻关系产生深远影响。

抛开了田地耕种和传统手工业，越来越多的傣泐青年成为城市生活的一分子。我们不能够再以"干部、农民、工人、商人"等类似角色来简单定义曼村的傣泐人。他们是以橡胶种植为主，间接从事橡胶贸易，同时接触多种工作的一个主体，他们的文化认知是多元化的，他们的生计是多元因素构成的统一复合体，他们与父辈有着本质的差别，我们现在似乎还难以给他们新的生计方式作出定性的描述。

（三）曼村年轻人的学业和婚姻

曼村的年轻人并没有像想象中的一样在快速积累财富的同时快速地完成向城市青年的生活转化。从外表上看他们和我们一样崇拜着西方文化色彩强烈的现代音乐、流行消费等内容，而生活实质内容却受到传统价值观的制约。早婚、不易涉足高等教育等与城市青年大相径庭的生活形态是由多方面因素共同决定的，而橡胶经济产生的作用没有促进上述内容的改变反而加深了这样一种

"传统"的生活方式。

实际上，随着国家高等教育的连年扩充，村中经济条件的改善，虽然要支付一个大学生每年的生活费用对于村民来说依然不太容易，但总还是可望可即的。然而，作为一个身处边城的农村家庭，其经济基础依然是紧密地和土地捆绑在一起的。橡胶林带来的富裕直接转嫁到广大种植户身上仅仅不过三五年时间，许多农户虽然在数年间收入了几十万元，但是这些资金大部分被消耗在对基本生活设施、医疗、住房等条件的改善之中，小部分的结余还没有形成一个能稳健支持家庭收入的产业体系。国际橡胶价格的波动最终会层层传递到种胶人身上。橡胶虽然站在资源产业链条的上游，当总体供给不足时，橡胶生产者可以轻松地通过抬高胶水价格将成本转嫁到下游生产者身上，最终由市场中的消费者承担。然而，在现实的市场环境中，除了广大的中小橡胶种植者之外，支撑橡胶产业的主体依然是成规模的国有大型橡胶企业和那些走在时代前沿的橡胶种植大户。决定鲜胶价格的依然是实力雄厚的经济主体，中小橡胶种植者并没有实际意义上的话语权。对于依靠土地生活的橡胶种植者而言，出现市场风险他们就会像那些长久以来依靠农耕生活的人们在第一次面对风云变幻的市场时束手无策的情况一样，不堪工业生产的轻轻一击。当前的实际情况是，大学毕业时农村背景的学子往往不易找到一份稳定高薪的工作，在城市里能够顺利找到工作的人寥寥无几。在景洪这样的城市，一份稳定的工作工资大约在1 200～2 000元左右，在曼村所在的县城，一份诸如售卖商品这样的工作，月收入大约在600～1 200元之间，这与割胶期间每天平均数百元的收入相比实在是不高。

所以，接受更高层级教育的目的和意义就必须结合所有付出的现金成本和家庭成本慎重考虑了，因为读书付出的机会成本很高。继续教育的缺失对于年轻人的成长必然不是好事，尤其对于女性而言，她们在失去继续教育的机会之后将把自己的生存之路更加紧密地捆绑在赖以维系的土地上，这无疑将使得她们更少地参与到日渐丰富的社会文化过程当中，使得自己在经济生活、社会生活中的角色被边缘化。在家里的年轻人彼此间有着更多的沟通时间，也广泛地参与到城乡间五光十色的社群生活中，唱卡拉OK、上网、邀约出游成为最寻常不过的生活方式。但是，接触现代化的信息必然要求参与者拥有相当的关于现代化生活的基本技能，而缺乏进一步教育的年轻人恰恰缺乏这些在学校生活中才能学习到的现代知识，于是他们难免尴尬地处在传统知识体系和现代化知识体系的夹缝中。一方面他们快速地吞下当前广播、电视、因特网上的各种信息，飞快地模仿一个又一个被媒体渲染的明星，然后又飞快地抛弃，寻找下一个。他们努力寻找时尚资讯的切入点，急切地想知道热门新闻背后的内容，但是当他们希望进一步深入时，却又被文化的樊篱隔在墙外。他们知道使用 QQ 这样的聊天工具进行沟通，使用搜索引擎找寻电子游戏的接入点，但是对于因特网上更加广泛的信息却视而不见。他们根据自己或者同伴的兴趣爱好找到每一个关于信息的碎片，进而把它们拼凑成自己的信息框架。然而，很快这些信息碎片搭建起来的框架被发现根本无法形成一个统一的、安静的、有秩序的、可以依靠的、确定性的整体。在快速变动的社群环境中建立的友谊、关系、认同远远没有父辈们曾经在劳动、交换、互酬过程中形成的关系那样可靠，疏远的距离需要有新的关系重新融合拉近。于是每当村寨里举办各种各样的群体性活动时，年轻人其实正在悄悄模仿父辈们举起酒杯。曼村的年轻人从表面上看起来是时尚的城市青年，而实际上他们认同的老根和父辈比起来似乎有着惊人的一致。

在年轻人的婚姻问题上，橡胶树成为婚姻关系中的重要砝码。在种植橡胶的过程中，因为生产方式不再主要依靠人力和畜力，劳动力方式变动导致的社会劳动分工不再是简单的男耕女织。男主外、女主内的社会性别角色因为从事橡胶种植和交易的需求可能发生转变。在曼村的傣泐人家，父母为子女择偶的时候往往也要充分考虑对方的经济实力，尤其是是否有橡胶林。女方家因姑娘出嫁后少了劳动力，更看重男方是否有更强的经济实力以回报自己，择偶过程的功利性目的更加明显。婚姻稳定性在年轻人群中有所下降，离婚的人比从前多了。郑晓云研究员十年前在景洪地区的傣族村寨调查之后发现："相比之下，男青年则处于劣势。他们较少外出打工，在'长知识、开眼界'上已经落后于女青年一步，又面对女青年择偶观的外部世界指向，只好以不选择外出工作过的本村姑娘作为回应。"[1] 而在笔者对曼村的调查中，今天曼村男女青年选择外出工作的机会几乎是均等的，橡胶种植带来的收入加速了社区的城市化进程。有了相对雄厚的经济基础，年轻人对于外部环境的眼界大大拓宽了，经济基础才是决定婚嫁的重要因素。

五、结语：橡胶经济与傣泐社会文化变迁

在西双版纳，在曼村，我们经历的时代与发展过程或许将是跨越式的。因为地处祖国的边陲，受制于地理环境和交通条件的阻隔，在现有的低层次技术条件下迈出乡村现代化工业的脚步或许需要付出物质财富与精神财富的双重代价，一时间不仅难以企及，也考验着自然环境的承载能力和人对自然环境的适应形成的

---

① 郑晓云：《社会变迁中的傣族文化——一个西双版纳傣族村寨的人类学研究》，载《中国社会科学》1997 年第 5 期。

生活方式与传统文化空间。在多重因素的博弈选择中，曼村走上了依靠种植橡胶树和经济作物为主要经济来源的道路。橡胶树依靠自身白色的胶水吸引着人们抛弃对自然界其他物种的宠爱，开垦出百万亩上好的山林来种植它。人们得益于橡胶经济的发展，通过土地资源这一重要渠道在新的时代享受着工业化物质基础带来的繁荣，空前拥护市场所带来的机遇和好处。在市场的怂恿下努力开垦橡胶园，种植橡胶树，将自己牢牢绑在了市场经济的链条之上。

在传统的，自给自足的水稻农耕体系里，人们对于土地的依附是因为土地是唯一能够带来生计基础的重要资源。人一旦离开了土地，就离开了赖以维系生计的空间，所以人和土地的关系是绝对依附性质的，人同自己土生土长的土地之间可以比喻为鱼和水的关系。而大规模种植橡胶之后，在工业化浪潮和大范围市场贸易的大背景下，人对于土地资源的需求是扩张性的、消费性的，土地资源不仅是能够维持生计的重要资源，也是搭上城市发展的经济快车获得消费空间的有利渠道，人虽然不再唯一依靠土地而获得生存，但是可以依靠土地而获得生存需求之外的收入，对于土地资源的利用开发从必须依靠向提升消费水平转变。与此同时，在消费主义的外部推动下，更助长了为消费本身而消费的情结。人和土地的关系不再是鱼和水的紧密联系而成为人对于物质的占有和获得消费空间的关系，土地是商品，是获得收入的渠道。人们依附土地的形式不变，但是依附土地的情感和内在需求变了。从而，橡胶经济导致了土地利用方式的转变，这种转变中诞生了新的生计方式，新的生计方式在多元文化互动的空间中与传统的社会结构和文化空间彼此适应协调，进而传统的傣渤文化与现代社会认知产生了交锋，傣渤社会和傣渤传统文化在此种交锋中不断变迁，由此，人文空间发生了深刻的变化，这样的变化或许是结构性的。

但是现代化生活方式所搭建的文化空间并不能完全满足人们的生活需要，老一辈对曾经给自己带来安静、温暖的农业大家庭的生活方式日渐回归，虽然当年他们也曾卷起袖子寄希望于开发、建设、改造这样的词语中。中年一代正在为橡胶树、胶水的价钱奔走忙碌，而在精神上仍依靠老一辈流传的文化资源而支撑。在 80 年代后成长起来的年轻人，接触到的既有充满乡土气息的草根文化，也有激烈变革的社会新风，他们的接触实在有点类似所谓的"弹片文化"。"不再接受统一的信息，就个人而言被一些矛盾、零散的形象所包围，旧的观念受到考验，在短时间内需要吞下大量的信息，并不把一切资料都套入标准的框架之中，而是把搜集到的片段资料组织成自己的模式。"① 于是在日常生活中，文化的组

197

---

① ［美］阿尔文·托夫勒：《第三次浪潮》，中信出版社，2006 年版，第 104 页。

织构架就不再是单一的，"草根传统"和外来文化之间的交锋与碰撞展现出的文化变迁场景甚至可以说用"多元"来形容尚不足以囊括其全貌。

傣泐人绝非20世纪初费孝通先生笔下的"江村居民"，也不再简单是20年前我们所认知的以现代化为唯一目标的傣族社群，对于他们的发现和认识还需要更多努力。

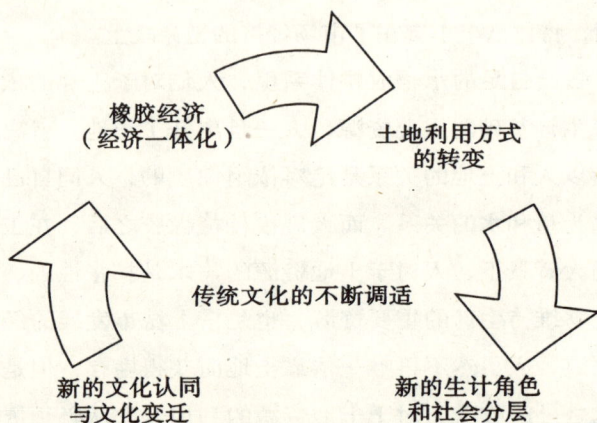

橡胶经济
（经济一体化）　　　　　土地利用方式
　　　　　　　　　　　　的转变

传统文化的不断调适

新的文化认同　　　　　　新的生计角色
与文化变迁　　　　　　　和社会分层

图 2　傣泐社会文化变迁的总体描述

这与克莱德·伍兹关于文化变迁的总体模型有许多类似的地方①。

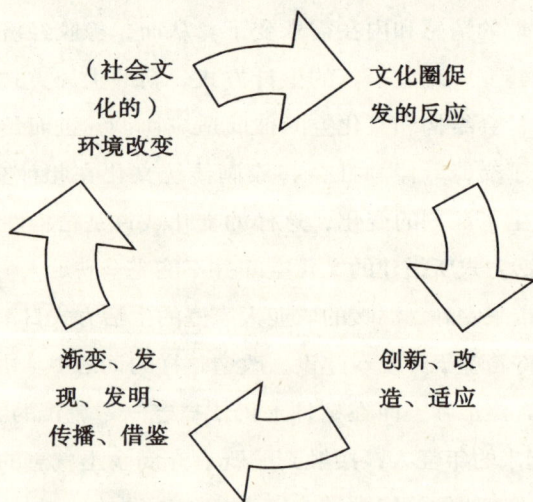

（社会文
化的）　　　　　　文化圈促
环境改变　　　　　　发的反应

渐变、发　　　　　　创新、改
现、发明、　　　　　造、适应
传播、借鉴

图 3　克莱德·伍兹关于文化变迁的总体模型
根据克莱德·伍兹图整理②

---

① ［美］克莱德·伍兹《文化变迁》，施惟达、胡华生译，云南教育出版社，1989年版，第28页。
② ［美］克莱德·伍兹《文化变迁》，施惟达、胡华生译，云南教育出版社，1989年版，第28页。

关于文化变迁的定义，郑晓云研究员归纳为："在文化变迁中，包括了时间、变迁的条件，即文化变迁的内外部因素；变迁的过程，即内外部因素与原有文化的整合过程，人们的认同结果等诸方面的因素。缺少了这些因素，文化的变迁便不能成立。因此文化变迁是一种综合因素的结果，而不是一事一物的变化。"[1] 从这一定义出发来看，橡胶经济的快速发展所带来的文化变迁是巨大的。从水稻从农田里消失开始，到曼村的年轻人对于现代文化跨越式的吸收和重塑。土地利用方式的变化促使水稻耕作为主形成的乡土文化更加朝向工业化的文化生活方式转变，村民们的生计方式不仅和市场经济紧密相连在一起，甚至在更大范围内和国际经济的脉动连在一起。这一方面能够享受到全球贸易和更大范围内经济发展带来的好处，但是也增加了自身参与到市场中所要承受的风险。

在文化空间上，传统经济价值观虽然受到市场经济价值观的冲击，曼村人在认同现代社会和异文化所带来的特征时，认同了在傣族社会和现代化的工业经济相接轨时所需要的转变，欣然接受着现代化的价值观和生活方式。傣渺社区与外界的交流一方面在更广的范围里得到扩展和延伸，走出社区甚至于走出国门的人会越来越多。另一方面因为生活节奏的异步，村民们彼此之间的交往可能会越来越少。这些现象毫无疑问地导致了生产生活方式与当地自然生态和社会发展程度上出现的不平衡。而在民族文化认同的层面，他们却又保持着自己独特而不愿放弃的民族生活习惯，为的是在被打破了平衡的生活状态和自我的民族认同之间得到平衡的弥补。曼村的生活既没有完全被现代化的生活方式所淹没，也没有完全遵循传统农业社会的模式，更没有明确的企图直接超越于后现代，而是在多种因素的冲击中显出复杂的状态。

在特定的历史背景下，或者说在特定的时空坐标上，一个民族或者一个种族的生活方式，在面临控制和统治一个复杂社会的强势文化时定然会发生变迁，否则它将被侵蚀或同化。如果我们并不仅仅是从抽象的文化定义上来探讨问题，而是将我们的注意力聚集到各种社会类型中所上演的一幕幕广泛而深远的文化冲突的时候，我们就可以想见历史上的各种文化之间在相互尊重、相互包容的同时，也必然存在着相互排斥、相互冲突的情况。进而在这想象、冲突、融合、认同、接受、排斥的背后，文化变迁和族群认同的方式被扩散于时间与空间之中，重构成新的认同。所以，"传统决不简单地是现代性的对立物，那种认为二者冰炭难容的看法是缺乏根据的。传统民族文化不但有的因子本来

199

---

① 郑晓云：《文化认同与文化变迁》，中国社会科学出版社，1992 年版，第 201 页。

就可以和现代性相协调，而且还可以通过重构实现其现代适应。所以，理性地对待民族文化而不是简单地否定和抛弃民族文化，不但可以促进民族文化的繁荣，还可以在社会变迁中降低变迁成本，提高社会的整合水平"①。这样的社会整合在今天看来，不仅需要放在地区经济发展的适应和协调中来看，还需要在一个更大的背景中看待——那就是不断发展的经济一体化进程和技术带动中快速进展的全球化步伐。

我们生活在这样一个多元化的时代，在一体化和分离化的旋涡中左右摇摆。当橡胶林茁壮成长的时候，美丽的西双版纳曼村正在加速融入经济一体化的进程中而成为更加广大的政治、经济格局的一部分。为了现实的诉求，我们将自己已有的文化认知不断调适，在这一点上，或许没有"他者"和"自我"的区分。于是文化既为实现自身而变迁，也为实现变迁而发展自身。曼村傣泐人的文化空间还会有怎样精彩的发展，我们拭目以待，因为它的变化魅力无穷。

参考文献：

[1] 费孝通著：《江村经济》[M]，商务印书馆，2001 年版。

[2] [英] 克利福德·格尔兹著，纳日碧力戈译：《文化的解释》[M]，上海人民出版社，2000 年版。

[3] 王铭铭著：《想象的异邦》[M]，上海人民出版社，1998 年版。

[4] 马歇尔·萨林斯著，王铭铭等译：《甜蜜的悲哀》[M]，三联书店，2000 年版。

[5] 王筑生主编：《人类学与西南民族》[M]，云南大学出版社，1998 年版。

[6] 高立士著：《西双版纳傣族传统灌溉与环保研究》[M]，云南人民出版社，1999 年版。

[7] [法] 克洛德·列维－斯特劳斯著，张祖建译：《结构人类学》第 1、2 卷 [M]，中国人民大学出版社，2006 年版。

[8] 勐腊县志编撰委员会：《勐腊县志》[M]，云南人民出版社，1993 年版。

---

① 郑晓云：《社会变迁中的傣族文化——一个西双版纳傣族村寨的人类学研究》，载《中国社会科学》1997 年第 5 期，第 139 页。

［9］［英］C.A.格雷戈里著，杜杉杉、姚继德、郭锐译：《礼物与商品》［M］，云南大学出版社，2001 年版。

［10］［美］古塔·弗格森著，骆建建、袁同凯、郭立新译：《人类学定位——田野科学的界限与基础》［M］，华夏出版社，2005 年版。

［11］尹绍亭著：《森林孕育的农耕文化——云南刀耕火种志》［M］，云南人民出版社，1994 年版。

［12］尹绍亭著：《人与森林——生态人类学视野中的刀耕火种》［M］，云南教育出版社，2000 年版。

［13］尹绍亭、深尾叶子主编：《雨林啊胶林》［M］，云南教育出版社，2003 年版。

［14］［比利时］伊里亚·普里戈金、［法］伊·斯唐热：《从混沌到有序——人与自然的新对话》［M］，上海译文出版社，2005 年版。

［15］［美］迈克尔·波伦：《植物的欲望》［M］，上海世纪出版集团，2005 年版。

［16］王治河：《全球化与后现代性》［M］，广西师范大学出版社，2003 年版。

［17］［日］栗本慎一郎著，王铭铭等译：《经济人类学》［M］，商务印书馆，1997 年版。

［18］郭家骥：《西双版纳傣族的稻作文化研究》［A］，载王筑生主编《人类学与西南民族》［C］，云南大学出版社，1998 年版。

［19］王筑生、杨慧：《人类学的文化概念与人类学理论的发展》［A］，载王筑生主编《人类学与西南民族》［C］，云南大学出版社，1998 年版。

［20］郑晓云：《论全球化与民族文化》［J］，载《民族研究》2001 年第1 期。

［21］沈海梅、余少剑：《橄榄坝的现代性及对周边傣族社区的影响》，第三届全国贝叶文化研讨会参会论文，2007 年 11 月。

［22］李全敏：《保山潞江坝大中寨德昂族水崇拜研究》［A］，载林超民主编《新翼集》［C］，云南大学出版社，2006 年版。

［23］张海超：《在三塔的灵光下——一个白族社区的宗教信仰、土地权益和文化重构》［A］，载林超民主编《新翼集》［C］，云南大学出版社，2006 年版。

[24] [美] 小约翰·B. 科布:《全球经济及其理论辨析》[A]，载王治河主编《全球化与后现代性》[C]，广西师范大学出版社，2003 年版。

[25] [美] 阿兰·盖尔:《叙事与文化：人类自我创造历程的原初角色》[A]，载王治河主编《全球化与后现代性》[C]，广西师范大学出版社，2003 年版。

西双版纳贝叶文化产业开发市场化运作的对策分析

徐丽华　段学品[*]

摘　要： 文化只有通过产业化的开发才能够实现较好的经济效益，使文化不断得以继承和弘扬。文化产业利润的实现必须依赖于市场这一重要的不可或缺的环节。探讨市场化运作是发展贝叶文化产业的首要任务。对于贝叶文化产业来说，它的市场开发仅处于初级阶段，只触及了表层，文化产业优势不够明显，应深入研究贝叶文化资源的挖掘、贝叶文化产品的生产、贝叶文化产品在市场的销售和服务等几个环节，从中找到贝叶文化产业开发市场化运作的对策。

关键词： 西双版纳　贝叶文化　市场化运作

文化的生产和经营必须进入市场才能成为产业，只有通过产业化的开发，文化才能够实现较好的经济效益，文化才能得以保存和延续。因此探讨文化产业的市场拓展就显得尤为重要。丽江的"纳西古乐"与《丽水金沙》、昆明的《云南印象》等文化产品的市场运作已经取得了良好的效果，树立了良好的市场品牌。相比之下，贝叶文化内涵博大精深，内容丰富广泛，有很多可开发为文化产业的东西，但是目前对贝叶文化的开发只触及了表层，仍然处在规模小、档次低的初级阶段，因此，对西双版纳贝叶文化的市场拓展还有许多工作要做。

*　作者简介：徐丽华，女，1980年生，云南省社科院经济研究所实习研究员，主要研究方向为民族地区的产业经济；段学品，男，1974年生，云南大学国际关系学院讲师，主要研究方向为世界民族与民族问题。

一、文化产业开发市场化运作的重要意义

贝叶文化是傣族人民智慧的结晶，经历了长期的历史积淀，源远流长，它是傣族文化的集大成，是我国民族文化宝藏中耀眼的一窟，对贝叶文化进行市场开发具有重大的意义。

（一）可以充分体现贝叶文化的经济效益

文化具有高附加值性，它是可被商业化开发的文化资源，被企业家用于与资本结合，从而以工业化生产方式将其制作成商品，或以企业化管理方式将其规范为一种可交易的服务，迅速进入流通领域，不仅在产品或服务的销售环节实现利润，而且还可在该产品或服务的创意环节通过现代知识产权的途径再度获取利润。因此，贝叶文化利润的实现，必须依赖于市场这一重要环节，市场是文化产业发展的基石，没有市场，文化产品的价值就无从实现；没有市场，文化产业的发展就是空中楼阁。

（二）有利于拓展区域市场

云南的傣族与东盟成员国中泰国的泰族、缅甸的掸族同宗同源，具有共同的文化特征。其文化特征的基本内容都能在贝叶文化和贝叶文化的活形象中找到。贝叶文化的市场运作，可以扩大同这些国家乃至世界的经济文化交流，打破常规界限，大力发展区域、次区域经济合作，增强经济实力，推动"大东盟自由贸易区"合作关系不断巩固和加强。

（三）可以满足大众的文化消费需求

随着我国社会的分化，文化的消费出现了差异性。文化的需求与社会流行的文化价值及个人因素有关，这种消费上的差异性决定了文化不是所有社会成员的共同需要，因而不必由社会提供，只能采取市场的方式满足人们的不同文化需求。另一方面，在人们身心高度紧张的现代社会，追求紧张工作之余的轻松是人们的一种普遍心态。在这种情况下，以消遣性、娱乐性、益智性和营利性为特征的文化产品，更可能在大众的文化消费需求中居于首要的位置并成为大众的文化消费对象。

（四）可以充实、深化"西双版纳"品牌的内容

贝叶文化通过影视等传媒的宣传拓展了市场以后，可以使西双版纳这一品牌的内容更加充实。过去人们一提西双版纳，就只想到热带雨林、动植物王国、民族风情，其实贝叶经的内容已经渗透到傣族社会生活的各个方面，形成傣族特有的气质，贝叶文化可以更准确、更形象地概括西双版纳的特点。

（五）可以使西双版纳的旅游业更具民族特色

面对旅游市场的激烈竞争，近几年到西双版纳旅游的客人呈逐渐减少的趋势。没有特点就没有吸引力，这是很普通的市场法则。越是民族的，就越是世界的。贝叶文化丰富博大、底蕴深厚，具有很大的开发潜力，通过专题旅游、教学科研旅游、学术考察旅游等途径对贝叶文化产业旅游市场的开拓，可以使西双版纳的旅游业更具特色。贝叶文化也可以像纳西族的东巴文化、白族的南诏文化、彝族的毕摩文化、哈尼族的梯田文化一样，成为傣族文化的代表，完全可以作为西双版纳旅游的主题和形象。

二、文化产业与市场的合力互动

（一）市场对文化产业的推动作用

市场是文化交流和发展的桥梁和纽带，市场对文化产业的推动作用有如下几点：

1. 文化产业的形成依赖于市场的前期发育

文化产业是文化在市场经济条件下发展的产物，没有市场就没有文化产业。假若市场发育不良，文化企业生产的各种文化产品、提供的各种文化服务，就不能及时交换，相关的文化产业的生产投资活动将受到影响。在我国，如果没有二十多年的文化市场培育和发展，不可能有现代文化产业的跨越式发展。

2. 文化产业的正常运转，需要市场来支撑

文化产业的所有活动，必须面向市场，根据文化市场的需求状况来调整产业的投资方向和产品结构。

3. 文化市场是文化产业的"晴雨表"

文化产业投资什么，生产什么，以及规模的大小等问题的决策，都要根据各类文化产品在市场中流通的行情来确定。文化市场就像是一个"晴雨表"，自动调节着文化资源的合理配置。

4. 文化市场是文化产业竞争的重要场所

无论是不同类的文化产业之间，还是同一类文化产业之间都存在着竞争，包括在投资取向、营销方式及市场份额等方面，但最根本的是市场的竞争，市场是各路文化产业经营者潜心角逐的地方和场所。

（二）文化产业对市场的促动作用

文化产品作为商品生产出来，必然要进入市场进行交换，这种交换对市

所起的作用是不言而喻的。主要表现在：

1. 文化产业是市场繁荣的原动力

文化产业作为一种文化产品或文化服务的生产者和提供者，它的主要任务就是经过生产过程生产出社会和市场需要的文化产品和提供文化服务。没有文化产业为市场提供丰富的产品，文化供给就会严重不足，文化市场就会萧条、没有生气。

2. 文化产业以其发展的张力改变着市场的构成与规模

我国文化产业从无到有，从小到大，从少到多的变化，必然会引起向文化市场供给的文化产品和文化服务活动结构的变化及各市场形态规模大小的调整。可见，文化产业的扩张必然引起文化市场的调整。

3. 文化产业的国际化发展必然带动市场的国际化推进

现代文化产业是现代文化经济发展到高级阶段的必然产物，如今的文化经济发展早已超出了国界，成为一种全球性的行为，开拓国际发展空间，增加国际性业务，是目前文化产业从业者正梦寐以求的。文化产业向其他国家的渗透，必然带动文化市场的扩张。

4. 文化产业的发展水平提升着市场的品位层次

文化产业的发展是靠其生产的文化产品的市场价值体现出来的，文化产品的市场价值在很大程度上又取决于文化产品本身的价值含量。作为文化产品的生产者，在利益的驱动下，他们会尽可能地挖掘文化的价值，使文化产品的价值含量越来越高，从而提升文化市场的层次与水平。

5. 文化产业的发展扩大着文化市场的覆盖面

文化产业发展纵横交错的产业链把文化产品创作者、文化产品生产企业、文化产品和文化服务以及文化市场等相关内容产业联结在一起，扩大着文化市场的覆盖面。

三、西双版纳贝叶文化产业开发市场化运作中存在的问题

贝叶文化产业虽然对市场具有促动作用，但在市场化运作的过程中，也存在很多的问题。

（一）开发不足

贝叶经是指记录在贝叶上的佛教典籍，内容十分复杂，涉及天文、地理、历史、医学、教育、社会、体育、心理、法律、政治、文学等诸多方面，形成一个完整的文化体系，被看做是傣族文化的"万有文库"、"百科全书"。傣族

贝叶经据说共有八万多部，目前西双版纳已搜集到三千多部，但是目前翻译出来的仅是其中的一小部分，其他的开发和利用更是屈指可数。

（二）投入不足

西双版纳州的财政十分困难，2006 年全州的财政收入仅为 7.4 亿元。由于经济发展滞后，对民族文化资源的研究开发和投入也是有限的，还没有形成一个社会化、市场化的投融资机制。由于资金的缺乏，使丰富的文化资源得不到开发，文化资源产品转化率很低，文化产品市场占有率也很低，经济效益难以显现。

（三）市场混乱

文化市场混乱的原因，一是体制不顺，政出多门。文化市场所包容的文化内容广泛，牵扯杂沓，相关的部门很多，以致政出多门，指挥交叉，下面无所适从。二是于法少据，有规难循。尽管有的文化法规已经出台，但多数尚无着落，这给管理带来麻烦。

（四）人才短缺

贝叶文献多使用老傣文，同时还涉及巴利文等古老的佛教语言，而且许多年代久远，对研究者的要求更高，不仅要有研究民族文化的一般基础知识，而且需要具备宗教、语言、民俗等各方面的专门知识。因此研究队伍出现了几个问题：其一，精通本民族文化且汉语言文字造诣较深的少数民族专家、学者不多，青年专家又出现了严重的断层现象，造成了翻译研究人员太少，水平难以进一步提高；其二，翻译人才资源配置不合理，有的专家、学者身兼多职，精力不够，无法保证对贝叶文化研究的全身心投入；其三，翻译队伍的综合素质有待提高，有的汉语水平较高但傣语水平较低，有的傣语水平较高但汉语水平有限。这些问题都极大地限制了对贝叶文化的研究。

（五）文化产品的精神内涵和艺术精致度低

目前，贝叶文化资源缺乏深层次的开发，贝叶文化产品流于表面化和随大流，缺乏独特的文化底蕴。其实，根据旅游资源的普查，西双版纳拥有众多文化独特的资源，如傣族风情、古老的佛教文化胜迹、各民族独特的习俗风情等。但是，以贝叶文化为核心的产品存在文化内容单调和设置不合理等问题，文化产品缺乏精神内涵和艺术精致度。

四、推动贝叶文化产业开发市场化运作的对策

（一）细分贝叶文化市场

文化产业的兴起固然有其客观原因和现实可能性，而文化产业的发展壮大

207

还需要对文化细分市场进行培育和开发，只有将人们的文化消费需求定位分析清楚，才能知道市场开拓的目标在哪里，有了清晰的目标系统，文化产业才有可持续发展的空间。

对西双版纳贝叶文化市场应根据不同的消费需求来进行分类。对贝叶文化的需求有科研、考察、教育、访古寻根、增长见识等不同方面，如果对此了解不足，有商机闲置和浪费的可能，更有特殊需求得不到满足的缺陷。同时要设计独具贝叶文化内涵的产品以满足特定的需求。

（二）生产适销对路的贝叶文化产品

商品的文化含量越大，文化品位越高，文化个性越突出，其文化附加值也就越高。贝叶文化具有无穷的魅力，我们应对其精心培植，把反映贝叶文化的诗歌、音乐、绘画、经文、文学作品、服饰等作为商品来开发。总之，应把最有特色的贝叶文化进行提炼后，以高品位、高质量的产品供给市场，以满足各种不同层次的需要。

1. 打造歌舞、影视作品

以民族文化为题材的影视作品，可以大力宣传文化特色，对贝叶文化品牌的建立和增强人们对西双版纳的向往起到积极作用。云南近几年大力发展影视业，其中《花腰新娘》、《诺玛的十七岁》等大获成功，加深了人们对彝族文化和哈尼族文化的认识。贝叶文化内容博大精深，可以为影视作品提供取之不尽的素材。同时，西双版纳的金色佛塔、绿色的热带雨林和甜美婀娜的田园风光、宁静祥和的村寨风情，这种融环境氛围和文化气息于一体的拍摄资源，在我国绝无仅有。

大型歌舞能把贝叶文化的内涵融入令人叹为观止、美不胜收的表现形式之中，既能吸引游客，占领市场，又能较为全面地反映傣族人文风情和传统文化。如丽江的《纳西古乐》、《丽水金沙》、《印象丽江》，昆明的《云南映象》等都大大提升了当地的品牌形象。因此应利用大量的傣族贝叶经中的佛经故事和文学作品创作出好的歌舞作品。

2. 医药产品

傣族贝叶经中有许多医学著作，其医药理论和实践方法与我国的中医药和其他民族的医药理论相比有其显著特色，因此具有独创性，值得研究和开发。应把傣族的传统医药与现代技术相结合，打造"健康"、"安全"、"绿色"品牌的非处方类傣医傣药。

3. 以贝叶文化为核心的重点项目

西双版纳具有独特的、不可替代的自然风光和民族风情，但更深层的东西则是贝叶文化。因为一个地区的风土人情，总是在一定的文化环境中生成，在一定的文化背景中存在，它有自己发展的根基，所以加强重点项目的文化内涵是核心内容。重点项目可以表现贝叶文化的以下内容：（1）贝叶制成书写材料的全过程；（2）贝叶经刻写、染色、装饰的全过程；（3）傣味食品的制作；（4）"赕坦"的全过程；（5）丢包，泼水，傣族的拴线祝福礼、祭祀活动等。

（三）培育贝叶文化产业市场主体——企业

在社会主义市场经济条件下，企业是发展文化产业的主体，企业是构建文化产业有机整体的基础细胞。要采取各种措施，创造条件，鼓励和支持大批文化企业迅速成长，造就一批能够产生品牌效应的知名企业，培育和扶持一批强势文化企业集团，用强大的企业群体来支持文化产业的发展。具体措施有：

1. 对贝叶文化企业在财政税收和融资政策上给予优惠

要改变主要依靠财政性投入和文化企业自身积累扩大再生产的方式，运用投资控股、金融信贷，资本融资等手段建立多渠道投资文化产业体制和有效的筹资机制，鼓励各种社会资金投入文化企业，放宽和取消一些对非公有制经济成分投入文化产业领域的限制，形成多元化投资主体的新格局。

2. 加强贝叶文化企业与国际的合作

以贝叶文化为纽带，促成市场营销和产品组合等方面的合作，争取将赴东南亚及其他地区，尤其是泰国的国际游客中的一部分吸引到西双版纳来。

（四）加强贝叶文化的品牌宣传

1. 媒介宣传

要发挥政府部门的主导作用，充分调动作为市场主体之一的贝叶文化企业的积极性，认真策划宣传方案，确定宣传内容，通过电视、网络、宣传图册、音像制品等渠道和形式进行大力宣传。

2. 文化交流

贝叶文化与泰国、老挝等东南亚国家的文化是一脉相承的体系，通过与国外的交流与合作，可以充分挖掘贝叶文化的深刻内涵，加快对贝叶文化资源的开发。西双版纳可以通过举办文化艺术节等各种形式和载体，加强文化的交流。如"泼水节"、"西双版纳边境交易会"，组织中老缅泰四国艺术交流，组织以贝叶文化为主题的研讨会，组织学者到国外进行考察等。

3. 导游词的编写

导游是直接与游客进行交流的关键一环，导游的语言服务沟通了不同的文化。贝叶文化内涵深厚，是勤劳勇敢的西双版纳人民宝贵的物质财富、精神财富和骄傲，导游词必须能够帮助旅游者了解西双版纳的历史、地位、特色、价

209

值，使旅游者增长见识、加深阅历、获得美的享受。因此，加强对贝叶文化导游词的编写，对文化的宣传起到举足轻重的作用。

4. 构建以贝叶文化为核心的城市景观

城市绿化以贝叶树和贝叶经记载的"五树六花"（"五树"是菩提树、铁力木、贝叶树、大青树、槟榔树；"六花"是：莲花、扶桑花、缅桂花、刺桐花、鸡蛋花、无忧花）为主。可以让游客一进入版纳就感受到强烈的贝叶文化气息。城市的房屋、道路、水井、农作物均要有贝叶文化的特色。

（五）加强市场管理

文化市场变化快，问题复杂，所以文化市场规范和繁荣是一项长期而艰巨的工作。一是要加强文化市场的法制建设。要继续进行文化法制宣传教育工作，提高广大文化消费者的法律意识。二是加强执法队伍建设。文化市场管理不同于一般的市场管理，对执法人员的思想意识、法制观念、政策水平、业务能力要求较高，执法者的整体素质如何，直接关系到执法水平和市场管理情况。因此要有计划、有步骤地开展文化产业人才培训工作，提高文化经营管理人员的整体素质，尤其是依法经营意识。加大对文化市场执法人员的选拔、培育、教育和管理工作。

（六）加强学者对贝叶文化的研究

贝叶文化资源的挖掘是一项基础性的工作，没有这项工作，后续的研究、开发、利用都无从谈起。所以要组织力量翻译贝叶经，使更多的人了解贝叶经的内容。对已搜集到的贝叶经资料，目前翻译出来的仅是其中的一小部分，要投入更多的人力、物力，加大这方面的工作力度。挖掘贝叶文化资源关键是培养贝叶文化研究人才。不论是贝叶经的保护、整理和翻译，还是"赞哈"演艺业的推广和发展，文化产业的运作都需要大批专业传人，只有不断培养高素质、懂技术、重实践、懂市场的贝叶文化产业人才，贝叶文化才能获得持续发展和不断拓展的动力，才能不断与市场较好地结合并得到提升。培养人才可以从三个方面入手：一是在大专院校中增设培养文化传人的专业，培养贝叶经翻译人才；二是定期举办高层次人才培训班、研修班，邀请国内外专家、学者、知名人士作专题讲座或组织外出考察，提高学员的知识水平、业务水平，开阔他们的视野；三是制定相应的人才激励政策，应从财政或宣传文化专项资金中，划出一定资金，用于奖励重大成果和创新成果。

参考文献：

[1] 杨寿川：《云南民族文化旅游资源开发研究》[M]，中国社会科学出

版社，2003 年版。

[2] 杨寿川：《云南特色文化》[M]，社会科学文献出版社，2006 年版。

[3] 黄映玲：《贝叶文化》[M]，云南教育出版社，2006 年版。

[4] 丹增：《文化产业发展论》[M]，人民出版社，2005 年版。

[5] 王懿之、杨世光编：《贝叶文化论》[C]，云南人民出版社，1990 年版。

[6] 秦家华、周娅、岩香宰主编：《贝叶文化与民族社会发展》[C]，云南大学出版社，2007 年版。

[7] 忽云芳：《市场文化与文化的市场化分析》[J]，载《经济师》2001 年第 1 期。

[8] 周娅：《贝叶文化的社会经济价值》[J]，载《思想战线》2006 年第 3 期。

[9] 黄惠焜：《"贝叶文化"十论》[J]，载《思想战线》2000 年第 5 期。

[10] 蓝甲云、王铁军、陈冠梅：《文化产业市场化的价值导向》[J]，载《财经理论与实践》2007 年第 5 期。

西双版纳贝叶文化的时代审视

陈爱林　陈茜茜　朱子东[*]

摘　要： 贝叶文化和谐思想的内涵，表现为自然天成的"和美圆融"之美，它所追求的和谐状态，反映在人际关系上，就是诚信、友善、互助和尊老爱幼、男女平等；反映在人与自然关系上，就是尊重自然、注重环境保护。充分认识并切实发挥贝叶文化的这种作用，有利于弘扬民族精神，促进社会经济全面发展。

关键词： 西双版纳　贝叶文化　和谐思想

培育和谐理念，弘扬和谐精神，建设和谐社会，已成为当今时代的重要命题。以贝叶经为核心的贝叶文化源远流长，是中华民族灿烂文化的重要组成部分，是傣族人民智慧的结晶。继承和弘扬贝叶文化和谐思想的合理内核，充分发掘其和谐思想蕴涵的时代价值，对于构建和谐版纳具有十分重要的现实意义。

一、贝叶文化和谐思想的基本内涵

贝叶文化和谐思想的内涵，表现出一种自然天成的"和美圆融"之美，它所追求的和谐状态，反映在人际关系上，就是诚信、友善、互助和尊老爱幼、男女平等；反映在人与自然关系上，就是尊重自然、注重环境保护。

212

---

* 作者简介：陈爱林，女，1959 年生，云南省西双版纳州妇女联合会常务副主席，主要研究方向为民族文化；朱子东，男，1984 年生，云南师范大学成教院中文系本科生；陈茜茜，女，1987 年生，广东外语外贸大学国际政治系本科生。

（一）人与人之间的风俗和美是贝叶文化和谐思想的重要表征

1. 家庭和美是社会和谐的基础

家庭是社会的细胞，傣族家庭的健康与稳定，对促进傣族社会和谐起着重要作用。家庭成员之间互相尊重，和睦友爱，互敬互让，彬彬有礼。不仅夫妻平等、和睦相处、相敬如宾，而且婆媳关系亲如母女。男女青年可以自由交往、自主择偶，充满和谐的气氛。尊老爱幼的传统不仅在村村寨寨、家家户户完整地保留着，而且是人们普遍遵守的美德，至今仍保留着许多严格的孝顺礼仪。傣族用"甘蔗甜在根，老人是寨宝"的谚语告诉人们要尊老爱老，尊老爱老表现在人们生活的方方面面。如傣族老人生病，亲戚和村邻常去探望安慰；路遇老人要躬身问候和让路，如果遇到老人负重物要主动帮助；凡宴请或就餐要让老人坐上席，有好食品先给老人品尝；不在老人面前讲庸俗话；若寨子里发生纠葛、离婚等都由老人协商裁决；生产生活中的大事要充分听取老人意见，采纳老人的看法。对孩子则是疼爱有加，没有重男轻女的陋习，无论男孩女孩都喜爱，极少打骂孩子，没有孩子因父母打骂而离家出走的事发生，在傣族村寨没有不赡养父母或遗弃孩子的事发生。孤寡老人会有亲戚照顾，孤儿常有人主动收养，且如一家人一样看待。

2. 社会群体和谐是和谐社会的主体

傣族特定的自然环境和社会环境使他们从经济生活到社会生活的各个方面组成了一定的社会群体，但傣族的社会群体是无意识地按照性别、年龄等自然属性结成的。由于贝叶文化的世俗性、普及性和全民性，傣族社会群体之间有着共同心理和认同意识，从而形成了共同的习惯、信仰、情感、道德观念和伦理规范，各群体的成员在行为中都受这种意识制约和指导，使傣族人与人、人与社会达到了一种和谐的状态，并体现出了一种朴素集体主义精神。从"一棵树不成林，一根木架不起桥"、"一个人的本事虽大，也难抵御漫天而来的灾难和风沙"、"山离得再近也靠不拢，人隔得再远也能会面"、"不管来客贫或富，迎上竹楼不偏心"、"脸笑口开，欢迎客来"等傣族谚语中，都反映出团结友爱，互相帮助是傣族人民赖以生存的一种精神力量。村寨里一户有难，众人相助成为人们的自觉行为，无论谁家拆屋建房，无论谁家的红白事，不需要通知或邀请，全寨的家家户户都会主动前来相帮。此外，傣族的集体意识很强，一人有困难，大家来帮忙，包括慷慨施舍粮钱财物，所以，在傣族村寨没有行乞的人。

213

（二）人与自然之间的天人圆融是贝叶文化和谐思想的重要特征

1. 尊重自然是人与自然和谐的前提

傣族谚语"森林是父亲，大地是母亲；万物土中长，森林育万物"等反映傣族对自然的认知，都是基于人与万物的一体感为基础的。贝叶经中这样教诲人们：有森林才有水源，有水源才有水稻田，有水稻田才有鱼米，有鱼米人类才能生存、繁衍生息。由于傣族全民信仰南传上座部佛教，受佛教思想的影响，傣族崇拜自然，崇拜祖先，崇拜神灵。因此，在护林的实践中，傣族借用对神的崇敬与畏惧，把森林与土地当做无形的父母崇拜，把勐神、寨神等祖先居住的地方称为神山——龙山，把一些重要的水源林、风水林称为神林——龙林。傣族人民通过对山神、树神、水神以及各种自然神和祖先的崇拜，在崇拜的基础上产生尊重自然、保护森林的意识，从而起到保护森林、保护物种、涵养水源、调节气候，绿化美化环境的生态保护作用。

2. 善待自然是人与自然和谐的关键

由于傣族生产和生活依赖于大自然，因而深切地感受到人的生息繁衍与森林休戚相关，通过谚语"保住山上常青树，沟底清水年年流"、"山上林茂，坝子水富"、"保住龙山风水林，美景长在水长清"等告诫人们要与自然和谐相处。在贝叶经中还记载着傣族人民善待自然的许多习俗和传统，这些习俗还广泛地存在于现实的生产生活中。如种植薪炭林和竹林。傣族和其他民族一样，自古以木柴做燃料，各户人家根据自己的生活需要，在村寨附近连片种植铁刀木，于是，村寨前后便出现了一片片薪炭林。而竹则是傣族生活中一种用途最广、用得最多的材料，他们除了在庭院内栽培竹子，还在村寨周围的空地上种植用材竹林，形成了哪里有村寨，哪里就有婆娑起舞、婀娜多姿、亭亭玉立的竹林的景象。这些习俗充分体现了傣族追求人与自然和谐的心理，展示了傣族人民热爱自然、崇敬自然、善待自然、与自然圆融和谐的绿色画卷。

二、贝叶文化所面临的挑战

任何一个民族的传统文化在其发展的过程中都必然要受到现代文明的挑战。弘扬贝叶文化，需要我们用时代的眼光对其进行"审视"，分析贝叶文化的民族性与现代化的开放性，贝叶文化的世俗性与现代化文化的渗透性，贝叶文化的地域性与现代化的公共性，贝叶文化思维方式与现代思维方式的差异，认清贝叶文化的"历史方位"和面临的问题。

（一）市场经济对贝叶文化的冲击

由计划经济到市场经济的变革，是一场根本性的变革。贝叶文化中封闭的自然经济观念和重情轻利、重农轻商、安于现状、悠然自得的小农意识，仿佛就像一个"童稚"或是一个"老朽"，受到了市场经济开放、竞争、效益、创新等思想观念的冲击。因此，人们的思想观念日益变得复杂，心理也日益变得浮躁，如部分傣族青年受市场经济开放大潮中涌入的商品拜物教、个人主义与物质利益中心主义等价值观的影响，追求吃喝玩乐，贪图享受，丢掉了傣族不偷、不骗、不抢、不盗，勤劳善良等传统美德。

（二）全球化对贝叶文化的影响

全球化是一个任何民族、任何国家都无法阻挡的发展趋势，它使得世界变成了一个小小的"地球村"。全球化带来了经济的繁荣，资源的共享，通信的快捷，拓展了文化的思维空间，有助于人们从全球的角度来审视多样性的民放文化，有助于人们以动态开放的心态、发展的观点进行文化交流，促进了各民族多元文化的并存、互渗和互补。但是，在全球化繁荣的背后，世界上的各种少数民族传统文化，在外来强势文化的挤兑中痛苦地呻吟和反叛，贝叶文化也不例外。如傣族的建筑文化惨遭异域文化的挤兑，导致西双版纳傣族民居、村落和城镇面貌的趋同平庸，陷入了当今世界城市"特色危机"的怪圈。

三、对弘扬贝叶文化、构建和谐西双版纳的构想

构建和谐西双版纳，弘扬贝叶文化的和谐思想，就是要用与时代进步潮流相适应的眼光，挖掘贝叶文化中蕴藏着的众多精华，继承有价值的东西，以科学的心态，考察、整理、提升贝叶文化和谐思想的合理内核，发挥贝叶文化在精神文明建设中的积极作用。

（一）发挥贝叶文化的现实作用

由于傣族人民对南传上座部佛教的信仰以及对贝叶文化的尊重，贝叶文化在调适傣族社会人与人、人与社会、人与自然等关系，维护傣族地区社会秩序安定等方面，仍发挥着不可忽视的作用。

1. 充分认识贝叶文化在建设和谐西双版纳中不可替代的作用

贝叶文化从远古傣族先民"绿叶信"时代萌发，到贝叶经文的产生，犹如一条川流不息的文明之河，绵延至今。共同心理特征和文化特质，在傣族漫长的历史发展中形成，并已经在傣族人民心中深深扎根，具有不可替代的作用。由于傣族人民与贝叶文化血脉相通，因此，在傣族人民的生产和生活习俗的方方面面都体现着贝叶文化和谐思想。贝叶文化所倡导的和谐思想，在西双版纳傣族人民心中起着并将继续起着极其重要的作用，这就是我们弘扬贝叶文化的

215

历史坐标和历史方位。我们应当充分发挥贝叶文化不可替代的作用，积极推进和谐社会建设的进程。

2. 切实发挥贝叶文化在提高道德修养、培养道德规范方面的重要作用

信仰是一个民族精神文明的基础，是展示一个民族道德规范的平台，是一个民族对真、善、美的追求。傣族的宗教信仰旨在教人向善，这种宗教文化伴随着傣族而生存，与傣族的道德修养观息息相关并诠释了傣族兴衰的历史。贝叶经的伦理道德机制中，如《爷爷教训孙子》、《父亲对儿子的训示》、《妇女做媳妇》等所倡导的"诸恶莫作，众善奉行"行为准则，以及在傣族社会中普遍崇尚的尊老爱幼、戒偷戒淫、和睦共处、热情友爱、互帮互助等民风，养成了良好的道德行为习惯。这些优秀道德规范对于我们今天构建和谐西双版纳，仍具有重要的借鉴意义。要从傣族的传统伦理道德中汲取营养，弘扬贝叶文化中有利于社会和谐的内容，形成符合传统美德和时代精神的道德规范和行为准则，提升社会成员的精神境界，在全社会形成尊重劳动、尊重知识、尊重人才、尊重他人、尊重创造的社会氛围，实现社会的稳定与和谐。

3. 弘扬贝叶文化中蕴涵的民族精神，形成以开拓创新为核心的时代精神

民族精神是一个民族在长期的共同生产生活和共同的社会实践基础上形成与发展的，为民族大多数成员所认同和接受的思想品格、价值取向和道德规范，是一个民族的支柱和灵魂，对于塑造民族的品格和风貌，对于民族凝聚力、向心力的增强，具有重要的作用。贝叶文化是傣族民族精神的重要载体，以开拓创新为核心的时代精神是当今社会的时代需求，要以马克思主义思想为指导，以倡导中国特色社会主义共同理想、弘扬中华民族精神和开拓创新的时代精神及社会主义荣辱观等为主要内容，进行时代精神的宣传教育，让人们树立起与时代进步潮流相适应的思想观念、价值取向和行为方式，形成社会主义核心价值体系，激发人们的民族自尊心、自信心和构建和谐西双版纳的热情，促进贝叶文化的发展。

（二）加强贝叶文化的保护和宣传

为了让世人更多地了解贝叶文化，让贝叶文化的创造活力充分释放、文化创新成果不断涌现，让贝叶文化更加多姿多彩、更具吸引力和感染力并发挥其应有的作用，就必须进一步挖掘、保护、利用和宣传贝叶文化。

1. 进一步细化贝叶文化理论研究

贝叶文化不仅反映了人与自然、人与社会的美好和谐，而且反映了不同历史时期傣族的哲学思想，影响着傣族人民的思维方式、行为方式、生产方式和生活方式，在当今的傣族社会中具有不可忽视的价值导向和构建功能。要积极

组织动员州内外、省内外和国内外的文化界、学术界、企业界、政府和社会团体中的研究人员，从不同的层面、不同的角度，进一步细化对贝叶文化的挖掘、提炼和归纳，为培育当代西双版纳和谐精神提供理论支撑。

2. 进一步强化贝叶文化的开发与保护

贝叶经、佛寺、傣族建筑、民族节庆、民族歌舞、民间文学等等，都是体现贝叶文化的重要载体。这当中既有物质形态的"有形文化"，如文物、古迹，又有内容丰富、形式多样的非物质文化，如民俗、礼仪、节庆、传说等。要进一步规划好对贝叶文化的保护，启动贝叶文化的保护工程，守住西双版纳傣族人民的精神家园。同时，要深入挖掘、充分利用蕴藏在民间的鲜活故事、习俗、理念，积极打造贝叶文化的新景点、新亮点，有效促进文化旅游产业发展，提高贝叶文化对当代西双版纳人的感染力和影响力，彰显西双版纳的地域魅力。

3. 进一步优化贝叶文化的传播形式

传承贝叶文化精髓，推进和谐西双版纳建设，是全州人民和社会各界的共同责任，但是，文化、新闻、出版、文联、社科联等部门首先要承担起责任。深入研究和重视对贝叶文化的宣传，进一步优化贝叶文化的传播形式，要创造条件整合现有的贝叶文化资源，丰富其藏品和展品，积极推动在国内外巡展。要通过小说、歌曲、影视、戏剧等文学艺术形式，以及现代传媒体系，展示贝叶文化的个性和积极要义，提升贝叶文化的时代精神。要致力于推进贝叶文化与现代科技的结合，培育新的贝叶文化产业，不断提高贝叶文化生产和传播的社会效益。

4. 进一步深化对青少年的贝叶文化教育

在全州教育和引导广大青少年认识贝叶文化的和谐思想，树立科学发展观，对于增强青少年的民族自豪感，培育青少年爱祖国、爱家乡的情怀是十分有益的。因此，要在现有的基础上，建设青少年贝叶文化教育基地，组织人员把贝叶文化的和谐思想编写成通俗易懂的贝叶文化乡土教材，在潜移默化中培养青少年奋发向上的精神品质和责任意识，从而更好地担当起创造西双版纳美好明天的历史重任。

经济发展对傣族义务教育和
民族文化的影响

——以西双版纳傣族园为例

熊　娟[*]

摘　要： 随着橡胶经济的发展和家庭旅游的开展，西双版纳傣族园内傣家人的生活水平有了很大的提高。但同时，橡胶经济对人力的需求和家庭财富增多后对傣族传统干栏式建筑的改造，影响着园内家庭儿童义务教育的开展和民族文化的传承。

关键词： 经济发展　义务教育　传统文化

傣族园位于西双版纳州景洪市勐罕镇西南角，由曼将，曼春满，曼乍，曼听和曼嘎五个傣族自然村寨组成，它依托别致的傣族自然村落布局、独特的傣族建筑风格、迷人的傣家节庆和民族歌舞、原汁原味的傣族风俗等傣族文化资源，通过艺术的加工和提炼，隆重推出"日日度桑康"、"天天过泼水节"的大型歌舞展演，燃放高升以及住傣楼，跳傣舞等活动，使傣族的文化内涵得以提升，让傣族的风情得到很好的展示，很快由原来的云南旅游精品景区一跃而为中国旅游知名品牌，在为傣家人获取丰厚经济利益的同时，也走向了海外。正是这得天独厚的自然条件和保留完好的民族风情，使傣族园内的 5 个傣族村寨从 20 世纪 80 年代至今一直得以走在经济发展的前列，据笔者调查，当地经济的快速发展在很大程度上得益于近年来国际橡胶价格的不断攀升和寨内居民对旅游开发参与度的不断增大。

---

* 作者简介：熊娟，女，1981 年生，云南民族大学 2006 级民族学专业硕士研究生。

表1　20世纪60年代以来橡胶价格逐年变动表①　　　单位：元/公斤

时间	60~70年代	80年代	90年代初~2001年	2002~2007年
价格	0.5~0.6	7~8	9~15	15~25

表2　傣族园五个寨子从事小家庭旅游经济的发展概况②

寨名	曼将	曼春满	曼乍	曼听	曼嘎
开始从事旅游接待的时间	2000年	1992年	2000年	1991年	1997年
小家庭参与率	3%	40%	60%	1%	30%

　　从表1、表2可看出，随着傣族园经济发展的多元化，当地居民的生活水平有了很大的提高，然而，这种变化却对当地的民族教育和文化形成了冲击。

一、傣族园经济发展对当地义务教育的冲击

　　傣族信仰南传上座部佛教，其传统教育是在佛寺里进行的，男性一般到七八岁时就要进佛寺当和尚，接受佛教教规教义和一些其他知识的学习，以此完成从"生人"（傣语称为"岩哩"，意为没有受过教育的人）到"熟人"的转变过程，赢得人们的尊重。正是因为这种习俗，直到20世纪90年代初，西双版纳的民族教育一直在佛寺教育和学校教育的生源冲突中发展着，这种状况对民族地区整体教育水平的提高造成了冲击，同时也阻碍了国家九年义务教育政策的落实。据调查，西双版纳州的"普九"工作直到2007年才全面通过验收。

　　经济的发展，特别是90年代中期后橡胶价格的逐步上涨和90年代末期开始大量兴起的民族风情旅游经济，使得傣族刚刚转变过来的学校教育观念又遭遇了一个"寒冬"，对经济利益的追逐导致傣族学生的辍学率上升，升学率下降，教育战线"控辍保学"的工作在西双版纳有相当的难度。

① 资料来源于笔者2007年10月8日在傣族园公司的调查，调查对象为该公司民族事务部的负责人岩香，男，42岁，傣族。
② 资料来源于笔者2007年10月9日在曼春满寨玉温家中进行的调查。玉温，女，经营小家庭旅馆的老板，41岁，傣族。

（一）橡胶经济发展带来的冲击

橡胶经济的发展首先是对人力产生了很大的需求，进而影响了傣族对接受学校教育的看法，在一些家庭出现了学生逃学家长不管的现象。

表 1 显示，西双版纳橡胶经济的发展是从 20 世纪 60 年代初开始的，虽然当时民营橡胶的种植面积还不是很大，但到了 90 年代初，随着国际橡胶价格的逐步上涨，种植面积也开始随之扩大，从而对劳动力有了较大的需求。这是因为，橡胶一般是从每年 3 月份开割，10 月份才结束，时间长达 7 个月。随着橡胶种植面积的扩大和胶树成熟面积的增大，就需要越来越多的人力来参与橡胶经济，同时，也因为橡胶经济的利润颇高，使得越来越多的人愿意参与进来。那么，在无形之中，从事橡胶经济就成为一份稳定可靠、收入颇高的工作。因而，民众不用担心必须要通过好好读书才能找到一份好工作。这样一来，在学校的教育需求与家庭的人力需要之间就出现了"竞争"，使得一些家长愿意让孩子从学校回来帮助割胶，学生的逃学也因此失去了监督者，无形中助长了逃学乃至辍学的行为。

另一方面，随着傣家人生活的不断富裕，家庭会有一份不菲的家产或一定的产业及土地，小孩可以在家割胶挣钱。因而，他们对自己小孩的文化水平不去作过高要求。另外，家长都有把小孩留在身边防老、保障自己家承包地的想法，而小孩的书读多了就有可能要出远门。再者，傣族普遍还有一种从众的心理，认为别家小孩没读书，自家小孩也不必去读。

橡胶经济的过热，使得家长没有严格要求自己的小孩要好好读书，小孩自身对义务教育的认识也消极，这些都导致傣族青少年的文化水平不是很高。

（二）傣族园小家庭旅游经济带来的冲击

西双版纳在 20 世纪 50 年代就因为浓郁的民族风情和优美的自然风光而闻名全国，民众作为主体直接参与到旅游经济中来则是从傣族园的 5 个村寨开始的。2000 年后，得益于云南民族文化大省的建设，傣族园 5 个村寨借助保留完好的干栏式建筑，以小家庭旅馆经营为主的民族旅游经济得到了长足发展。从表 2 可以看出，即使是位于景区外围的曼乍村，以经营小家庭旅馆为主的参与率都已达到了 60%，而在 1991 年，位于主景区旁的曼听村的参与率还只有 1%。

小家庭旅游的开发，无异于为已经从橡胶经济中获利的傣族家庭又增加了一条致富的途径，使傣族的家庭经济观里开始重视家产的积累与传承。笔者调查的一部分傣族学生认为自家有产业，而且能赚钱，因此对求学的热情不高。

傣族园小家庭旅游经济的发展，虽然也需要更多的人力资源投入其中，但是在从事旅游工作这方面，傣族园公司要求工作人员至少是初中毕业。那么，想要在傣族园唱歌、跳舞或从事导游的学生就必须至少完成初中的学业，公司对文凭的要求，在一定程度上降低了学生辍学的数量。另外，小家庭旅游经济的发展，使得大量的外地游客来傣族园游玩、逗留，普通话也就自然成为当地人与这些来自不同地方的游客交流的工具。当地人为了让游客买自己的东西，就必须学好汉语以便和游客交流，无形之中也促进了他们学习讲汉语的热情，扩大了汉语在傣族园里的使用范围，但同时也相对降低了日常生活中傣语的使用频率。因此，各个学校开始强调双语教学，在一定程度上避免了傣语的逐步消亡。

总的来说，义务教育虽然受到了佛寺教育、橡胶经济发展和小家庭旅游经济的冲击，但当地的学校已经意识到这个问题的严重性，并且已经开始进行相关课程和教材的开发，如勐罕镇中学已经开始和中央民族大学合作开发乡土教材，并且在教材里，增加了一些与佛寺教育、橡胶经济和小家庭旅游经济相关的实用性内容，能"学以致用"，使学生对上学有了更多的兴趣，从而在一定程度上减少了辍学生的数量，保证了民族教育的发展。

二、傣族园小家庭旅游经济对傣族文化的冲击

（一）房屋建筑的变化：传统干栏式建筑式样与材料逐渐消失

干栏式建筑是傣族的外显文化之一，千百年来一直保持着它独有的格局，体现了傣乡独有的异族风情。西双版纳傣族园则更是傣族民族文化特色的最佳代表之一。但自从西双版纳傣族园开始发展旅游经济以来，园里的房屋建筑也随之发生了一些变化。虽然过去干栏式的建筑到现在还保留了一些，但是，随着小旅馆经济在旅游经济带动下的逐步发展，人们生活富裕了，也就开始想改变自己的生活条件，希望自己住的房子更漂亮。在房屋建筑方面，他们开始改变建筑材料的使用习惯，从20世纪六七十年代的竹子转变到今天的木材并开始向钢筋水泥转变。从建筑材料来看，5个寨子里一共有60%的房子是用木材和钢筋水泥这两种材料建造的，32%是主要用木材建造的，还有8%是主要用水泥建造的。从房屋的使用格局来看，有20%的傣楼把过去饲养家畜和堆放杂物的底楼作为卧室，70%的只用来堆放杂物，还有10%的用来养狗或晾衣服。总的来说，曼将和曼春满这两个寨子因为离傣族园正门最近，因此是傣族园最热闹的地方，也就比其他三个寨发展得快一些，在建筑上趋汉化的程度也深一些。傣族干栏式的房子作为傣族园的旅游资源之一，吸引了很多游客来游玩，

但如果傣楼继续这样汉化下去，无疑对傣族园旅游经济的发展是极为不利的。现在已经有很多傣楼都盖了琉璃瓦。据傣族园公司的秘书长说，公司过去反对盖琉璃瓦，现在不反对了，但要求整个傣族园用同一种颜色的瓦，而有的村民却又反对公司规定的瓦的颜色。虽然傣族园公司为了保持傣族园旅游经济的持续健康发展，希望通过奖励的方式来使每家每户都建筑干栏式傣楼，但还是有一些房屋建筑开始趋于汉化。

傣族园公司的范总经理为了呼吁大家保护竹楼，还写了一首《珍爱竹楼》的歌：

北京的历史很古老/上海的楼房有天高/为什么？为什么/四面八方的游客爱往这里跑/游客说/这里的风景很奇妙/竹楼像风景一样美丽/好日子是竹楼带给的。

为什么有人却嫌弃/为什么有人不珍惜/假如傣楼都没有了/游客就再也不会来/如果是那样/我们的祖先会难过/我们的后代会悲伤。

爷爷 奶奶/爸爸 妈妈/父老乡亲/珍爱竹楼吧，珍爱竹楼吧/竹楼会给我们幸福/竹楼会给我们好运/游客喜欢竹楼/我们就珍爱竹楼/竹楼会给我们幸福好运。

（二）传统节日的变化：由"节日"变成了"节目"

每个民族都有自己的传统节日和习俗，傣族当然也不例外。曼将村的玉香嫩初中毕业后在傣族园当导游，每天下午三点钟负责带着游客到泼水广场看泼水节，过"泼水欢歌"。傣族的泼水节是他们极具民族特色的传统节日，每年的公历4月15日前后举行。但在傣族园里，为了吸引游客，发展经济，泼水节已经成为每天下午三点钟必然举行的节目了。由以前每年才举行一次的"节日"变成了现在每天都会上演的"节目"，泼水节似乎失去了它本来的意义，也减弱了它原汁原味的民族特色。

（三）传统习俗的变化：一些民族习俗在逐渐消失

在传统习俗中，丧葬，盖房是全寨的事。在上新房时，老少都会到，如果有事不能去的话，就要事先通知主人。但现在，这种集体观念正在渐渐远去，人们去上新房时，送的礼也已经由实物转化为人民币；再者，对待上门女婿的习俗也在发生变化，20世纪60~70年代，对于上门女婿，如果是不戴眼镜的，就须先做三年苦力，而戴眼镜的就不需要做苦力了，因为在傣族看来，戴眼镜的人都是有知识有文化的；而现在，这种习俗几乎没有了。

三、对经济发展与义务教育和民族文化传承间关系的思考

诚然，经济的发展是时代的需要，也是必然的趋势。它使我们各族人民的生活水平都得到了提高。就傣族园橡胶经济和小家庭旅游经济的发展而言，虽然它对当地的义务教育和民族文化造成了一些冲击。但不可否认，园内经济的发展不仅使园内傣族同胞的生活水平得到了提高，也给他们提供了很多的致富之路。因而，经济的发展和民族文化的保留并不是一对不可调和的矛盾体，我们可以从中找到平衡点，使经济和文化能够在全球化的经济发展背景下持续健康发展。而且，不仅仅是傣族园的人们，其他各民族人民在面对经济发展的同时，都应该学会缓解经济发展和其他方面的矛盾，适当保护好我们民族的优秀文化，并学会在兼顾经济和文化共同持续发展的前提下，联系实际情况，掌握合适的度让其自由健康地发展，而这个度的把握还有待我们去认真思考。

（本文在调查过程中得到景洪市勐罕镇中学梁华校长、傣族园艾诺老师的大力协助并提供相关资料，在此表示感谢！）

参考文献：

[1] 赵世林、伍琼华：《傣族文化志》［M］，云南民族出版社，1997年版。

[2] 张宁：《勐捧模式研究》［M］，云南民族出版社出版，1998年版。

贝叶经研究

谈谈西双版纳傣族贝叶经的编译整理

岩香宰[*]

摘　要：贝叶经不仅记载南传佛教经典，而且记载了哲学、历史、法律、语言、历法、文学、艺术、道德、科技、医学等内容，是傣族传统文化的百科全书。搜集编译整理傣族贝叶经对于弘扬民族传统文化、研究傣族的社会历史、构建和谐社会和增进东南亚各国人民之间的友好交注，具有不可替代的价值。

关键词：西双版纳　民族文化　贝叶经

贝叶经是刻写在贝多罗（梵文 Pattra）树叶上的佛教经文，最早起源于印度，而在中国，自唐至今已经有一千多年的历史。现在发现留存贝叶经的国家有印度、中国、缅甸、泰国、老挝和斯里兰卡等。西双版纳的贝叶经，有巴利文本和傣文本两种。保存在贝叶经里的不仅仅是南传上座部佛教的教义，还记载了傣族的社会历史、天文历法、法律法规、风俗民情、医药卫生、生产生活、伦理道德和文学艺术等诸多方面的内容。

一、编译整理出版《中国贝叶经全集》的意义

民族古籍作为世界共享的人类记忆遗产，闪耀着永不磨灭的光芒，有着不可再生的珍贵价值。编译、整理、出版《中国贝叶经全集》有利于中华文化的整体建设，有利于建设云南民族文化，有利于历史研究，有利于贯彻党的民族

* 作者简介：岩香宰，男，1961 年生，傣族，西双版纳民族宗教事务局局长，主要研究方向为民族事务与傣族宗教问题。

227

宗教政策和对宗教的研究，有利于研究生态环境的保护，有利于研究社区教育的经验，有利于继承道德教育的优秀传统，有利于对外文化交流，有利于推进西双版纳旅游业的发展，有利于进一步提升西双版纳在国内外的知名度。总之，编译、整理、出版《中国贝叶经全集》，对于弘扬民族文化，宣传西双版纳，促进西双版纳民族文化产业发展及云南民族文化大省的建设，都有着极其重要的意义。

二、何谓贝叶经

贝多罗树（贝叶树），西双版纳傣语称之为"戈兰"。自古以来，傣族人民与贝叶树就结下了不解之缘，贝叶树在傣族人民心目中是一种吉祥物。傣族社会所有的历史事件和文化，全靠用一片片贝叶作载体而世代相传，傣族人民把贝叶经视为本民族的宝贵财富加以保护。历史上，每座佛寺旁都有一个藏经阁，西双版纳傣语称为"波顺"，所有的贝叶经都要统一保管在这里，由佛爷们严格看管。未经佛寺住持允许，任何人不得擅自进入这里带走贝叶经书。对贝叶经的管理也很严格，除绵纸抄写的唱本、生产生活常识、医药、历法、伦理道德及占卜、法律典籍等可以保留在村里供寨人使用外，凡佛教经典和其他内容的贝叶经都不允许个人带出佛寺藏入私人家中。所以，很少出现贝叶经在佛寺里流失的现象。

贝叶经文本有叶质形和纸质形两种样式。叶质形一类贝叶经，傣语称"坦兰"。它是用民间制作的铁笔刻写在经过特制的贝叶片上，其规格有每页四行式、五行式、六行式和八行式等四种，傣语分别称"兰戏"、"兰哈"、"兰贺"、"兰别"。前三种规格的贝叶经最为普遍。

纸质形一类是指绵纸经书，傣语称为"坦嘎兰沙"。它是用野蕨杆削成的笔蘸墨后将文字书写在绵纸本上而成。其规格有宽面页式和连折叠式两种。连折叠式傣语称"薄练"，其中以宽面页式最为普遍。以上两类经书，数量多、内容丰富、含义博大精深，被称为"别闷戏版康"（八万四千部），在傣族社会中流传至今。

三、工作开展情况

在云南省委、省政府的关心和重视下，2001 年"首届中国贝叶文化研讨会"在西双版纳傣族自治州召开。来自全国各地的 100 多位专家学者满怀着对西双版纳的深情厚谊参加了会议，围绕贝叶文化的研究提交了论文 120 多篇，以他们的慧眼卓识，对流传并保存的贝叶经作出了高度的评价，并进行了深入的探讨，使贝叶文化第一次作为一个全国性学术会议的研讨专题，成为我国社科研究的一个新命题，引起了世人的关注。在此次会议上首次提出了"中国贝叶经"这个概念，专家学者们对编译、整理、出版中国贝叶经提出了很好的意见和建议。之后，促成了西双版纳傣族自治州委、州人民政府决定编译、整理、出版《中国贝叶经全集》100卷。

自2005年4月，西双版纳州人民政府与昆明汉慧经贸公司签订了出版《中国贝叶经全集》100卷的协议。由西双版纳州民族宗教事务局组织西双版纳州贝叶文化研究中心的研究人员和21位傣族老专家学者一起编译整理贝叶经。为了更好地配合出版工作，西双版纳报社与山东潍坊北大青鸟华光照排有限公司投资16万元，联合开发研制了西双版纳傣文激光照排系统并投入使用，彻底改变了傣文过去靠人工捡排、字体不规范、错漏字多的现象，使傣文进入了电子信息的行列。大大加快贝叶经的出版工作，并以"六对照"的形式，即贝叶经原件扫描图像、老傣文、新傣文、国际音标、汉文直译和汉文意译六对照，编译整理傣族文化遗产瑰宝，让更多的人有机会了解它，认识它。云南大学贝叶文化研究中心则全面参与到汉文翻译校勘的工作中。

（一）组建一支编译人才队伍

经过积极努力，西双版纳州贝叶文化研究中心，现已经组建一支专业与业余相结合的翻译人才队伍，培养了一批贝叶经专业翻译骨干人员。一是州委、州政府非常关心和重视这项工作，抽调了三十多位专家学者加入到《中国贝叶经全集》的编译、整理工作队伍中来。二是招聘一批懂傣、汉语文，且有一定翻译基础的年轻人，通过举办讲座、培训班，对他们进行规范标准训练，提高他们的翻译水平，经过几年的工作实践，已经基本掌握了翻译技巧。现已拥有专业翻译人员15人，业余翻译人员6人，翻译顾问2人，贝叶经书整理人员3人，意译整理人员4人。这批翻译队伍，已经能够胜任贝叶经的编译整理工作，为《中国贝叶经全集》后续编译、整理、出版工作和今后弘扬和传承民族文化人才队伍的建设奠定了良好的基础。

（二）成绩明显

整理和出版《中国贝叶经全集》是一项"功在当代，利在千秋"的伟业工程。西双版纳州民宗局和州少数民族研究所，一是对贝叶经古籍进行挖掘、搜集，共收集到经书400多部，其中贝叶经书152部、绵纸经书211部、赞哈唱本40部；搜集、整理傣族古籍总目2 100多条，其中书籍类1 200多条、讲唱类800多条。基本摸清了底数，掌握了贝叶经典籍的藏量。二是在州委的领导

229

下，由西双版纳州人民政府、云南大学主办，州民宗局和云南大学贝叶文化研究中心承办，先后于 2001 年 4 月、2006 年 4 月、2007 年 11 月举办了三届全国贝叶文化研讨会，研讨会围绕贝叶文化与民族社会发展、贝叶文化与和谐社会等主题，共收到论文 250 多篇，出版了 3 部论文集，这些论文从不同的角度，探讨了傣族社会、历史、文化、宗教和和谐社会的建设等。提出了具有指导性、针对性、可操作性的意见和建议。《中国贝叶经全集》1 至 40 卷共 61 部，现已正式出版发行。这表明了《中国贝叶经全集》的编译、整理、出版工作已见成效。三是西双版纳州人民政府已将出版的 40 卷经书稿费及时兑现。四是编译、整理工作进度明显加快，翻译、整理质量不断提高。截至 2008 年 3 月，州民宗局和州贝叶文化研究中心组织编译人员，翻译、整理并审定完稿 80 卷，按原计划 100 卷总目录已翻译完稿 97 卷。

为了便于广大读者认识了解贝叶经，西双版纳州人民政府再次与昆明汉慧公司合作，在《中国贝叶经全集》出版的基础上，进一步开发出贝叶文化系列丛书项目——"贝叶文库"，目前出版的汉文通俗本有《维先达腊》、《苏帕雪》、《佛教格言》等三部。又从《中国贝叶经全集》中精选了众多人物形象生动、主题深远的傣族神话传说、佛教经典故事，编辑出版了《中国贝叶经故事连环画》。由云南海诚实业集团投资，上海大可堂文化有限公司编绘印制。目前，已出版的有《佛祖巡游记》、《话说贝叶经》、《召树屯》、《赶塔南》、《嘎鹏》、《王子出家记》等 7 部。

当然，编译整理出版贝叶经取得了很大的成绩，就上述对贝叶文化的开发和利用工作，对贝叶文化的知名度的扩大和品牌形象的塑造而言，的确起到了一定的作用。但是，笔者认为，相较于贝叶文化博大精深的内涵来说，开发和利用仍然规模小，档次还很低，没有发挥它真正的经济价值。如研究贝叶文化产业的人才短缺，从事翻译整理贝叶经的人员素质有待于提高，在对民族生态环境的保护理念上和宣传工作方面还很滞后等等。

四、对策和建议

傣文贝叶经不仅是佛教的经典，也是傣族人民传统文化的集大成者，是傣族人民的"百科全书"。贝叶经中的许多内容与我们今天所进行的社会主义物质文明、精神文明、政治文明、生态文明建设的宗旨不但不矛盾，而且还有相通之处。因此，笔者对今后的工作思考如下：

（一）增进东南亚各国人民之间的友谊往来

西双版纳与老挝、缅甸接壤，毗邻泰国、越南，一江连六国，澜沧江—湄公河纵贯全境。全州边境线长达966.3公里。历来就是中国通往东南亚各国最便捷的通道。西双版纳州的傣族与泰国的泰族、老挝的老族、缅甸的掸族具有相同的族源（百越族群），有共同的信仰（南传上座部佛教），其居住地江河同源，山水相连，唇齿相依，语言文字相通，风俗相同，文化同源，民族同根，双方友好相处，相互通婚，都有亲戚和朋友。而贝叶经是一种跨国家、跨地区、跨民族的文化。出版和研究贝叶经，可以加强国家、地区、民族之间的了解与合作，特别是加强我国与南亚、东南亚、中亚各国的友好与合作。《中国贝叶经全集》的出版，对开展国际文化交流，增进与东南亚各国人民之间的友谊与交往都可以发挥重要的作用。

（二）建立一批民族语言文字研究、编译、整理的骨干队伍

抢救、搜集、整理少数民族古籍工作对弘扬民族文化，发展文化产业都有着极其重要的意义，因此，重视培养民族语言文字工作者是关键。要加强对民族语言文字的研究、翻译、整理人才的培养，建立培养人才、引进人才、留住人才，关心人才、爱护人才、利用人才的机制。努力形成良好的创业环境和结构合理、特色鲜明的民族语言文字研究、翻译、整理人才队伍，不断地造就一批又一批从事民族语言文字工作的优秀人才队伍。

（三）加强与周边国家的交往，扩大合作领域

按照中央提出的"睦邻友好，与邻为善，以邻为伴"和与东盟各国建立睦邻互信合作伙伴关系的方针政策，实施"走出去"的发展战略。要利用跨境少数民族的天然感情纽带及其得天独厚的自然条件，与周边国家开展多形式、多层次的友好交往与合作，增进与周边邻国之间的友谊，不断促进科学文化教育等方面的相互交流和经济协作，维护好这一地区的社会稳定和经济文化的向前发展。同时，要加强协调、沟通工作，及时妥善地处理好国与国之间的各种矛盾和纠纷，以维护国家的主权、领土完整和我们各民族的利益。

（四）加强民族文化建设工作，促进各民族文化繁荣发展

文化是一个民族赖于生存发展的内在动力，也是维系社会和谐的精神纽带。要继承和发展少数民族优秀文化，使我州各民族多姿多彩的文化交相辉映。各级各部门要提高认识，认真学习贯彻落实党的民族语言文字政策，重视民族语文的推广和使用。加大对乡村文化公共基础设施的建设、公益性文化事业的投入，积极扶持群众性少数民族文化活动的开展，扶持民族语言文字的新闻出版、广播影视等各项事业。丰富边疆各族人民的精神生活，弘扬爱国主义、集体主义、社会主义的主旋律，努力挖掘优秀的民族传统文化，为全面建设社会主义小康社会提供强大的精神动力。

（五）精心打造西双版纳－东南亚傣民族寻根的好地方

西双版纳与东南亚友好往来历史悠久，有着非常亲近的渊源关系。历史上，西双版纳的傣族和其他民族多次迁徙东南亚各国，并一直定居。20 世纪 90 年代以来，东南亚掀起了寻"根"热，很多东南亚民众认为，他们的"根"在西双版纳。一批批东南亚游客，走进西双版纳旅游观光，探古访幽。还有那独特的傣族村寨文化，都让客人们流连忘返。尤其是西双版纳与东南亚相似的热带风情，相通的语言，相近的生产生活习俗，相融和谐的文化氛围，深深吸引了东南亚游客，让他们倍感亲切。

因此，要凸显西双版纳"热、傣、水、边"特色，建设现代绿洲西双版纳，提升民族生态旅游品牌；办好一年一度的泼水节、"边交会"和西双版纳边境地区文化艺术节，加强与老挝、缅甸、泰国的交流与合作。大力营造与东南亚傣民族民族同根、文化同源的氛围，努力将西双版纳打造成东南亚傣民族寻根的好地方。

总之，贝叶文化是一种人类古典型的和谐文化，要实现社会的进步、经济的发展，仍然需要处理好人与自然、人与人、传统与现实的关系。所以说贝叶文化是绿色文化，是农耕文化，是信仰文化，是和谐文化，是开放文化，更是一种柔情文化。深入研究和探讨贝叶文化，对于增进我国民族团结、社会进步、边疆稳定繁荣将会起到积极的促进作用。

参考文献：

［1］高立士：《傣族贝叶文化》［A］，载《高立士傣学研究文选》。

［2］秦家华：《贝叶文化特点的再探讨》［A］，载秦家华、周娅、岩香宰主编《贝叶文化与民族社会发展》［C］，云南大学出版社，2007 年版。

［3］岩温扁、杨胜能等编著：《贝叶文化》［C］，四川民族出版社，2001 年版。

《佛祖巡游记》中的巴利语借词研究

保明所[*]

　　摘　要：《佛祖巡游记》是傣族学者们翻译出版的第一部傣文佛经。本文以此书为个案，对其中的巴利语借词作微观的研究。该书中的巴利语借词可分为四种类型：第一类是佛教偈语，第二类是专有名词，第三类是关于佛教教义的专业术语，第四类是音译一般词汇。本文阐述了傣文佛经中巴利语借词如此丰富的原因主要体现在三个方面，即它具有韵律调节功能、语义的反复与衬托功能和心理认同功能。

　　关键词：《佛祖巡游记》　巴利语借词　类型　功能

　　巴利语是南传佛教的经典用语，它随着佛教的传播以宗教经典的方式输入到傣族地区，在传教布道的过程中，被翻译为傣语，并用傣文记录下来。可以说，用傣文译写的佛经是巴利语与傣语交融的前沿阵地。这样的经文对研究巴利语借词具有重要意义。傣文佛经号称八万四千部，对它的整理工作正在有条不紊地进行，《佛祖巡游记》是傣族学者们翻译出版的第一部傣文佛经。笔者以此书为例，对巴利语借词作微观的研究。

一、《佛祖巡游记》的版本

　　《佛祖巡游记》的傣文名称叫做《pha⁶tsau³lep⁸lok⁹（帕召列普罗克）》，"pha⁶tsau³"指释迦牟尼佛；"lep⁸"在傣语中是游行的意思；"lok⁹"巴利语为

　　* 作者简介：保明所，男，1975年生，回族，云南寻甸人，文学博士，云南大学人文学院讲师，主要从事傣族语言文字的研究。

loka，是地球的意思。完整的翻译应该是"释迦牟尼佛巡游世界记"。《佛祖巡游记》是一部用西双版纳老傣文（即傣泐文）刻写的贝叶经。

《佛祖巡游记》有大小之分，大的有人简单地翻译为《列罗龙》（列罗，傣语，巡游世界；龙，傣语，大），共有 22 册（册指贝叶经的卷数），小的翻译为《列罗囡》（囡，傣语，小），共有 11 册，二者基本内容相近，只有繁简之别。2003 年 4 月，《佛祖巡游记》的 11 册本由《中国贝叶经全集》编委会翻译完成，由云南人民出版社出版发行。全书分为 11 章，809 页，130 余万字，翻译所依据的贝叶经原件共 11 册，437 片贝叶，每一片贝叶上刻有老傣文 10 行，双面刻写，每面各 5 行。该经是学者们从众多版本中认真挑选出来的，内容丰富，刻本保存完整，书中所叙述的故事在云南信仰南传佛教的傣族地区妇孺皆知，深受傣族人民喜爱。

汉译佛经中跟《佛祖巡游记》有渊源关系的经文是《长阿含经》①中的第一卷大本经，第二、三、四卷游行经。两种经文在主要情节、主要人物和叙述方式等方面具有明显的对应关系。

二、《佛祖巡游记》中巴利语借词的特点

傣文佛经从译文的形式来分，大致有以下三类：一类是全巴利语的，只用傣文字母转写过来，如《沙达经》、《嘎姆玛娃扎经》等；一类是半傣语半巴利语的经典，如《大品经》，《十世书》等；还有一类基本上全用傣语译出，仅夹杂少量巴利语词，诵读出来男女老少人人能懂，如简本《维先达罗本生经》和《丘萨本生经》[1]。《佛祖巡游记》的译文形式属于第三类，它的故事内容非常简单，属于常识性的读物。据西双版纳州文史办主任岩罕介绍，此书很少在正式的宗教场合念诵，但在傣族地区却家喻户晓，因为书里面记载的地名与人们的生活息息相关，它的受众是非常广泛的。即使是这样通俗的佛经，其中的巴利语词总量也不少，这些巴利语借词主要包括以下几种类型：

（一）偈　语

偈语又叫偈颂，指的是佛经中用来赞颂教义或众神的唱词。信仰宗教的人们在祈祷、颂赞及礼拜中会使用特殊的语调、词语或句法，用大量的类比、隐喻和寓言来表达自己对神灵的敬仰和崇拜。因而产生了偈语，这是一种经过加工的语言变体。当南传佛教传入傣族地区时，人们还在信仰原始宗教，其固有

---

①　中国佛教文化研究所点校，宗教文化出版社 1999 年出版发行。

文化力量无法在短期内消化强大的佛教文化，在吸收深奥的佛教文化时有些囫囵吞枣的味道。巴利语偈语只用傣文字母转写而不译为本族语是这种现象在语言文字方面的一种表现，同时又保持了宗教的神秘感。在浅显易懂的傣文佛经中，偈语也往往是其中一个重要的组成部分。《佛祖巡游记》正是如此，在每一章的开头，都有一段偈语，全部是巴利语的音译，即按其语音转写为傣文，等于是本章的提示。其词语都没有进入傣族民众口语中。在这段偈语之后，才开始用傣语叙述故事。如第一章的开头是这样的：

na^{8}mo^{2}ta^{7}sa^{7}thu^{1}ma^{1}ha$^:$ka$^:$run^{2}ni^{1}ko^{1}na$^:$tho^{1}hi^{1}ta$^:$ja^{8}sa^{7}pa^8 ba$^:$ni^{8}naŋ^4

南无达沙都　　　大慈大悲的佛祖世尊　　　圆满　一切

bu^{1}re^{4}tva$^:$ba$^:$ra^{8}mi^2 sa^{7}pa^{8}ba^{7}to^1 sam^{1}po^{2}ti^{2}mu^{2}ta^{7}man^{2}ti^1 sa$^:$tha^{8}vo^2

　　　波罗蜜　　　　普遍　　　正觉　　　　　　信解脱者

意译：南无达沙都，大慈大悲的佛祖世尊圆满了一切波罗蜜经，获得正觉。

这种偈语不仅在于每一章节的开头，在文章中间也有很多处，当佛祖向他的随从或信徒传教布道时，往往说出这样的偈语。对于这样的巴利语偈语，只有在经典研究方面有很深造诣、而且熟悉巴利语三藏的佛爷、长老才了解其意。研究傣族的著名学者刘岩先生把三藏经称之为傣族佛教信仰的第一精神支柱，而懂三藏经的"四众"[①] 是傣族信众中的第一层次，是传播傣族文化的佼佼者。实际上，傣族的日常佛教生活中所念的经文有许多是类似这样的巴利语偈语，如：《南无经》（阿罗汉）的经文就是纯巴利语的偈语：

na$^:$mo^{2}ta^{1}sa^1 pha$^:$ka$^:$va^{4}to^1 pa$^:$ra$^:$ha$^:$to^1 sa^{1}ma$^:$sam^{1}pho^{2}tha:sa^1

直译：南无达沙　　佛祖世尊　　罗汉　　一切智佛

意译：皈依佛主，远离尘垢，圆满正觉者。

类似的还有《布陀经》（三皈依）、《星哈经》（五戒经）、《芒格拉》（吉祥经）等

（二）专有名词

专有名词主要包括人名和地名。《佛祖巡游记》中的佛名和神名大部分是巴利语。如：

pu^{4}tho^4　　　　　buddha　　　　　佛陀

ko^{1}ta^{1}ma^4　　　gotamma　　　　乔答摩

si^{1}tha^{6}ta^{6}tha^1　　siddhattha　　　悉达多（释迦牟尼之名）

---

① 指出家的比丘、比丘尼，在家的优婆塞、优婆夷。

sa¹pan²ju⁴	sabbannññū	佛陀
pha⁵ka⁵va⁴	Bhagavaṅ	世尊，薄伽梵
su¹me¹tha⁵	sumedha	［佛的前世］须弥陀
ve²sɛn¹ta¹raː⁴	vessantara	［佛的前身］尾施缚多罗
ti⁵ba¹kɔn¹	dīamkara	［佛名］燃灯佛
ʔaː¹nan⁴da¹	āanda	［多闻第一］阿难陀
sa¹ri⁵but¹ta¹	Sariputta	［智慧第一］舍利弗
ʔa¹mi⁴ta³	Amita	阿弥陀

在《佛祖巡游记》中佛祖的名称有很多个，除上面直接音译的五个（pu⁴tho⁴、ko¹ta¹ma⁴、si¹tha⁶ta⁶tha¹、sa¹pan²ju⁴、pha⁵ka⁵va⁴）外，还有两个音兼意译的 pha⁶pu⁴thaː²tsau³ 和 pha⁶tsau³。有时 sa¹pan²ju⁴ 可以与 pha⁶pu⁴thaː²tsau³ 连用来指称佛祖。同一概念有很多名称往往说明它在人们的生活中具有非常重要的地位。可见，佛祖在傣族心目中的地位是神圣的。

《佛祖巡游记》中的巴利语地名词自成系统。此书的主要内容就是讲述佛祖为所经过的地方命名，今天的傣语地名中有许多就是直接来源于该书。除傣语地名外，书中还记载了大量的巴利语地名，这些地名有些是从印度借来的古地名，有些是佛祖在巡游过程根据当地的风土人情和事件用巴利语直接命名的地名。这些地名除了一些用傣语注释的外，大多不可考证。[1]如：tse⁴ta¹van⁴na⁵（Jetavan 逝多林，逝园精舍）、saː¹va⁵tɪ¹（Savatthi ［桥萨罗国的首都］舍卫城）、ve⁴saː¹di¹（Vesālī ［城］比舍离，吠舍离）、laŋ⁴kaː¹（Laṅka ［城］楞伽国，今斯里兰卡）、ka¹bi¹laː⁴va⁴thu¹（Kampillavattu 迦毗罗卫城，释迦牟尼的诞生地）等。这些地名只存在于文献中，没有进入口语。

《佛祖巡游记》中记载的地名，有一类是由巴利语和傣语固有词组合而成的，又可进一步分为两个小类：一类地名由傣语通名加上巴利语专名，或者是傣语通名加上完整的巴利语。如：mɤŋ²（傣语，地方）ma⁴ha¹（梵语，大）na⁴kɔŋ²（巴利语，城市）loŋ¹（傣语，大）、mɤŋ² paː²laː²na⁴si¹（西双版纳古称）、nam⁴mɛ⁶（傣语，河流）ra⁴min²（巴利语，原为地名，印度古十六国之一，后指滇西一带傣族地区）、mɤŋ²（勐，傣语，地方）ko¹sam¹pi²（巴利语，意义不明）、xau¹tsak⁷（傣语，山峰）ne²lo²raː²tsaː¹（巴利语，山名，意义不明）、bok⁷（傣语，湖，池塘）xaː¹ra⁴ni²（巴利语，意义不明）、paː²（傣语，山林）ve²thu¹van²na⁴（巴利语地名）、dɔi¹（傣语，山）ʔaː²ra⁴vi²（梵语，西双版纳的一种古称）ba¹pa⁴ta¹（巴利语，山）、mɛ⁶nam⁴（傣语，河流，在佛经中 mɛ⁶nam⁴ 经常并用，在口语中则只用 nam⁴，国外同语支则通常用 mɛ⁶，如湄公河中的 mε⁶）mu⁴ka⁴ta¹na⁴（巴利语，意义不明）、mɤŋ²（傣语，地方）ve²la:²la⁴（巴利语，意义不明）ba¹pa⁴ta¹（巴利语，山）等。另一类地名的巴利语成分已经进入傣语的词汇系统了。如：ta:⁶（傣语，渡口）pha⁶tsau³（pha⁶，巴利语，和尚；tsau³ 傣语，主人，合起来就是"佛祖"的意思）ʔa:p⁹（傣语，洗澡）、vat⁸（巴利语，寺庙）si¹li¹（巴利语，菩提树）loŋ¹（傣语，大）、dɔi¹（傣语，山）tha²tu¹（巴利语，骨灰）pu¹xam²（傣语，金蟹）等。可见，《佛祖巡游记》中的巴利语地名的难易程度是不同的，第一类地名比较难，一般人不易理解；第二大类中的第二小类比较简单，一般的老百姓都能够理解其意思，有的甚至进入口语，沿用到今天。如：西双版纳有三个叫 ba:n³si¹li¹ "曼西里"的村名就有三个，si¹li¹ 就是巴利语借词"吉祥、光华"的意思。作为一种次生文化，巴利语借词已进入到傣族的地名中，这种现象从一个侧面反映出巴利语对傣语的影响是非常深刻的。

（三）佛教术语

佛教是一个复杂的系统，它有整套的术语来表达它的教义和戒律。《佛祖巡游记》作为宣传佛教的经书，其中佛教术语丰富也就不足为奇了。这些借词具有一定的系统性。有关佛教徒的称谓系统，如：

pi¹xu¹ 比丘，和尚。巴利语 bhikhu，版纳当地汉语俗称"佛爷"。傣语还有另一个称呼为 tu²，疑为巴利语 Dhūta（头陀，行脚苦行僧）的节译形式。

phi⁴xu¹ni² 比丘尼，尼姑。巴利语 bhikhuni，文中还有另一个称呼叫 pha:³xau¹，直译为白色的和尚，因傣族的尼姑穿白衣而得名。在西双版纳女性不出家，所以没有比丘尼。新中国成立前，在德宏曾有比丘尼存在。

u³ba:¹sa¹ka¹ 优婆塞，男信士。巴利语 upāaka。

u³ba:¹si¹ka¹ 优婆夷，女信士。巴利语 upāika。

ʔa:²tsa:n¹ 阿阇梨，轨范师。巴利语 ācriya，当地叫"波章"或"阿章"，是村寨里管理佛教事务的人，通常选举精通佛经教义的在家信士担任。

文中还有许多关于佛教教义的词，意义非常深奥，一般人都不解其义，有的词还成系统地出现。如：

su¹tsa¹ri¹ri⁵ta¹	sucaritta	善行，妙行，善业［三种］
ba:⁴ra⁵mi⁴	pāramī	波罗蜜
ra:⁴sɔi¹	rāsi	聚［三种，正定，邪定，不定］
sa¹tsa¹	sacca	真谛
ba¹ri⁴su1tha⁵	parisuddha	清净

有些巴利语词是关于戒律或宗教活动的。如：

237

tsaːˈka⁴	cāga	施舍，布施，施与，舍弃
phaːˈva⁴	bhāva	修行，所想
va⁵saːˈ	vassa	雨季，夏季，雨安居，佛年
paˈva⁴naˈ4	bhāvana	修，修习，修行，禅坐
uˈboˈsatˈthaˈ	uposatha	齐戒，八戒，布萨会

（四）音译一般词

《佛祖巡游记》中也有许多一般的巴利语词汇，如：

satˈtaˈ	satta	有性，众生，灵
saˈba⁴	sabba	一切
saˈmutˈ	samudda	海，大海，海岸
maˈnu⁴saˈlok⁹	manussa	人，人间
aˈju²	āyu	寿，寿命

从上面的分析可以看出，《佛祖巡游记》中的巴利语借词系统难易程度层次分明，深奥的佛教术语只有造诣很高的佛爷才能懂，但这些术语的存在并不影响人们对经文的主要内容的理解。因此，该书适合不同的读者群，从普通百姓到高级知识分子都可以从中获得知识，但要完全弄明白其中的意思是比较困难的。在用傣语翻译的佛经中，这是一个普遍现象。如在傣族地区流传最广泛的佛经《维先达罗本生经》第一节的一千余词的经文中就有难度不同的巴利语词六十多个[4]。

三、《佛祖巡游记》中巴利语借词丰富的原因

佛教文化是傣族在其历史进程中吸收的外来文化，属于次生文化。"次生文化必然要根植于原生文化的基础上，同样带有本民族的个性和特点。一个民族在吸收其他民族的文化成果时，总是要把外来因素纳入本民族原来的文化结构，对其进行必要的改造。……佛教经典的庄严性本来是不容许随意改动的，但傣文的《佛祖巡游记》中，释迦牟尼给傣族村子一个一个地命名，这些也属于本民族的创造，将原生文化因素依托次生文化而存在。"[5]佛教刚传入傣族地区时，和傣族文化有质的不同，要想在当地扎根，必须把博大精深的佛经教义翻译成当地民族的语言。于是，佛教徒编纂了用傣语宣讲佛教教义的大量通俗读物，其中的大部分是在原典基础上的再创造，因而是原生文化与次生文化的结合体。《佛祖巡游记》就属于这一类型，一方面，经文的内容和形式都本土化了，融入了傣族的原生文化的结构之中。另一方面，它依然保存着异文化即

次生文化的特点，巴利语借词的大量运用就是这种特点的具体体现。巴利语词汇在经文中的功能主要体现在以下几方面：

（一）韵律调节功能

佛经是用来诵唱的，一般都比较讲求韵律，在信仰南传佛教的傣族地区，佛爷或信士们经常念诵的短经文往往全部是巴利语的。原因之一就是在巴利原文中，这样的经文是以韵文的形式存在的，它的押韵规则比较严格，读来朗朗上口，不易忘记。

散文体的佛经有无韵律呢？傣族学者岩温扁、刀正明、刀新华都作了肯定的回答，当笔者进一步追问押韵规则时，他们说："巴利语词多嘛，去问佛爷就晓得了。"景洪县嘎洒镇曼洒村的"波占"岩扁龙也作了类似的回答。他还为笔者念诵了《佛祖巡游记》的第一章，并作了"讲解"①。由此我们可以肯定巴利语词的存在，对佛经的韵律有调节作用。这一点我们可以从佛经文本中也可以略知一二。在《佛祖巡游记》的每一章的开头都有一段巴利语偈语，紧接着是一句"（faŋ²）du²laː²saʔbuʔriˀsaʔtaŋ²laːiˀ"——"听吧，贤人善士们"。然后才开始叙述故事，这是本生经的常用格式。巴利语偈语往往为全章定了一个诵唱的基调。此外，巴利语是没有声调的多音节语言，而傣语是有声调的单音节语言。二者有对立的一面，又有互补的一面。当巴利语词游离出来进入傣语时，必须按傣语的语音音节结构发音拼写；而在佛经中，巴利语比较多，其独立性增强而服从性减弱，尤其是在诵唱时，巴利语的无声调和多音节特点往往能弥补傣语所不具备的优势，使得佛经经文的韵律更加丰富曲折。《佛祖巡游记》第一片贝叶经文的开头是这样写的：

naˀmo²taʔsaʔthu¹ maˀhaː¹kaː¹run²ni²ko¹naː²thoˀ hi¹taː¹jaˀ saˀpaˀbaː¹niˀnaŋ⁴

南无达沙都　　　大慈大悲的佛祖世尊　　　圆满　　　一切

bu¹re⁴tvaː¹　　　baː¹raˀmi²　saʔpaˀbaʔto¹　sam¹po²ti²mu²taʔman²ti¹

saː¹thaˀvo²

　　　波罗蜜　普遍　　正觉　　信解脱者

faŋ²du²laː²　　saʔbuʔriˀsaʔ taŋ²laːiˀmaˀhaː¹kaː¹run²ni²ko¹thoˀʔan²vaː⁶

　　听吧　贤人善士　众人　　大慈大悲的佛祖世尊　　且说

phaˀputˀthaˀtsau³　tun¹pha¹　pɔm⁶do³　maˀhaː¹ka¹run⁴naː⁴　nai⁴satʔta1lok³

taŋ²laːiˀ

　　佛祖　　世尊　精通于　大慈大悲在　　里　生灵世间　众

①　因为不懂太多的语音知识，这种讲解只是他的体会和直觉。

239

$ma:k^6 nak^6$ $bu^1 re^2 ta:^1$ ko^4 $pam^2 pɤŋ^2$ $lɛu^4$ $jaŋ^2$ $ba:^1 ra^8 mi^2$ tam^2 $tsau^3 taŋ^2 mon^2$

盛极　　　　前　　就　圆满　了　其　　波罗蜜　　经　召　　全部

$ʔan^5 dai^3$ $sa:m^1 sip^1 tat^8 kɯ^4 va^5$ $pan^1 tsa^7$

意译：听吧，智者贤人们。大慈大悲的佛祖，精通人世间的一切，圆满了三十波罗蜜，大彻大悟，时间久远得有二十阿僧祇零十万大劫。为了要给世间众生带来益处，我们的佛祖生慈悲之心，觉悟圆满功德正果，怜悯世间所有生灵。

上面一段经文中，下面画线的都是多音节的巴利语借词。在平时阅读或唱诵过程中，这些巴利语中间是不能停顿的，人们是将其当作一个整体来理解的。佛爷或"波占"念诵此经文时，其音节就显得错落有致，富有音乐的美感。

（二）语义的反复与衬托功能

宗教语言往往会用大量的反复、类比、衬托的手法来表达自己对神灵的敬仰和崇拜之情。南传佛教也是如此，在"三皈依"经文中就是反复唱诵三遍"皈依佛、皈依法、皈依僧"。在《佛祖巡游记》中，这样的同义反复也经常使用。同是表达佛陀的方法就有许多同义反复的形式。如：

$ma^8 ha:^1 ka:^1 run^2 ni^2 ko^1 tho^1 ʔan^2 va:^6 pha^8 put^8 tha^8 tsau^3$

大慈大悲者　　　就是　　佛祖

$pu^2 tho^2 ʔan^2 va:^6 pha^8 put^8 tha^8 tsau^3$

佛陀　　就是　　佛祖

$sa^1 pan^2 ju^4 pha^6 pu^4 tha^2 tsau^3$

一切智　　佛祖

$pha^5 ka^5 va^4 ʔan^2 va:^6 pha^8 put^8 tha^8 tsau^3$

梵天　　就是　　佛祖

在叙述过程中也有许多同义反复的形式，如：

$so^1 po^1 thi^2 sɛt^7 to^1 ʔan^2 va:^6 po^2 thi^2 sɛt^7 tsau^3 tun^1 nan^4 dai^1 kət^9 ma:^2 nai^2 pa:^2 va^8 tsa:^2 ti^1$

波提先多　　　就是说　波提先召　尊　那　得　生来　里　修行

$ʔan^1 dai^3 ko^2 dai^3 k^9 t^2 ma:^2 pin^1 te^2 va^8 put^7 te^2 va^8 da:^1 pin^1 ʔin^1 pin^1 phum^2 ko^4 di^1 pin^1 kun^4$

什么　　即　得　生来　是　男神　女神　是　天神　是　天神　也好　是　人

$ko^4 dipin^1 sat^7 ta^7 ri^2 sa:^{n^1} to^1 nɔi^4 to^1 jai^5 ko^4 di^1 pha^1 kɔp^2 doi^3 pha^1 ja:^2 ban^1 ja:^2 ʔan^1 trat^1 hu^4$

也好是　　动物　个小　个大　也好　喜好　其　智慧　那　精通

sa^{1}pa^{8}ki^{7}tsa^{7}ka:^{n1}taŋ^{2}mon^{2}lɛ^6

所有　　事物　　全部了

直译：不管波提先召（菩萨）投胎转世为神、为人，还是动物，他都精通一切。

（三）心理认同功能

在全民信教的民族中，宗教活动中使用的语言文字有一种崇高的地位，人们不愿意做出有损于这种语言的事，更不会轻易放弃它。在傣族看来，巴利语是佛祖的语言，不能轻易改变。但为了传播教义的需要，不得不用傣语对巴利语佛经进行翻译和讲解。为了克服这一对矛盾，傣族人民走了一条中间道路，即在经文中仍然保留大量的巴利语词汇，尽管这些语词的意思已经用傣语表达出来了。这样做既照顾了信教群众的心理需求，又有利于传播佛教教义。巴利文的存在也使得经文变得庄重、典雅起来。在某种程度上说，傣语只相当于注释语言，而不是真正的宗教语言。在《佛祖巡游记》中有许多这样的例子。如：

soŋ^{1}xa:^{1}pho^{1}me^{2}ko^{4}ma:^{2}thɯɯ^{1}tiínan^{4}ko^{4}han^{1}pha^{8}put^{8}tha^{8}tsau^{3}beŋ^5 <u>la^{8}sim^{1}sa^8</u>

两　　位　　夫　妻　就　来　　到　　　处那　就　看见　　佛祖

闪烁　光芒色彩

pan^{2}na^8 <u>laŋ^{2}si^{1}la:i^{1}pa^{8}ka:n^{1}ta:ŋ^{2}ta:ŋ^2</u>

　　　光芒　　多　　种　　　等等。

直译：两夫妻来到那里，就看见佛祖身上闪烁着各色光芒。

上例中画 ＿＿＿＿ 线的是巴利语词，画 〰〰〰 线的是傣语词。二者的意思是相同的，但给人的心理感受是不同的，如果去掉巴利语词就不能体现经文的庄重意味了。这种心理的需求不仅存在于佛经中，也存在于史书、医书、天文历法等著作中。在傣族佛经文献中，有一部分与佛教并无关系。但是为了能够进入佛寺的"藏经阁"供人们学习，它就改头换面，加入一些佛教的内容和巴利语词句，让傣族群众从心理上接受它们。例如，在傣族史书《勐泐王族世系》中，开头就讲述建立佛塔的传说，自始至终都贯穿着一条佛教的线索。其中的第一节是这样写的：

本节讲的是<u>佛教</u>预言一千年的历史，在勐<u>阿腊维</u>（西双版纳古称）荒坝建立<u>佛塔</u>的故事。佛塔名叫<u>俎底牙</u>。<u>帕萨办汝召哥达玛</u>（释迦牟尼）死后，建议让<u>帕雅英达提拉召</u>、<u>帕雅阿索坦玛拉札</u>为首有四个罗汉，一个叫<u>帕雅塔打腊他</u>，住在东方；一个叫<u>帕雅密仑纳</u>，住在南方；一个叫<u>帕雅密陆摆哈</u>，住在西方；一个叫帕雅故密腊，住在北方，让他们去传教。

傣族的史书以佛教传说开头，说明南传佛教的宗教观已经深入到傣族内心深处，人们在心理上接受了佛教。巴利语词也走出了佛经的范围，进入到许多傣族文献中。上例中的画_____线部分都是巴利语借词。这样就在使用上获得了一种特殊的心理效果，让人感到佛祖的恩泽高深而又非同一般。在傣族的许多文献典籍中，或多或少都带有佛经风格的印记。

（本文属 2007 年云南大学社会科学基金青年项目"傣语中的巴利语借词研究"成果之一）

参考文献：

[1] 张公瑾、王峰：《傣族宗教与文化》［M］，中央民族大学出版社，2002 年版，第 54 页。

[2] 戴红亮博士论文：《西双版纳傣语地名研究》，中央民族大学，2004 年，第 75 页。

[3] 戴红亮博士论文：《西双版纳傣语地名研究》，中央民族大学，2004 年，第 76 页。

[4] 张公瑾：《傣文〈维先达罗本生经〉中的巴利语借词》［J］，见《民族语文》2003 年第 4 期，第 2 页。

[5] 张公瑾：《文化语言学发凡》［M］，云南大学出版社，1998 年版，第 194 页。

略谈贝叶经典籍中巴利语的翻译

刀金平*

摘　要：翻开傣族贝叶经典籍，不论是历史传说故事还是经典典籍，首先进入人们视线的便是作为开头语的巴利语。这便是傣族贝叶经典籍特有的开首语。巴利语，作为一种特有的语言体系，被引入傣泐文后，对丰富傣泐文词汇、增强傣泐文表现力起着决定性作用。这里，笔者想从个人的角度，谈谈自己在翻译巴利语实践中的一点体会，以期与各位专家学者一起探讨，更好地解决巴利语翻译问题。

关键词：贝叶经　巴利语　翻译

由于从事有关民族语文翻译工作的原因，笔者接触到不少关于傣族贝叶经巴利语典籍。幸运的是在西双版纳傣族自治州人民政府组织翻译、出版《中国贝叶经全集》100 卷的工作中，笔者参与了该项工作部分贝叶经典籍的翻译，并独自翻译完成了两部以巴利语论述为主要形式的贝叶经典籍。在一年多的时间里，笔者在翻译的实践中，学到了不少有关巴利语方面的知识，也遇到不少难题。现就笔者在翻译实践中的一些体会，粗浅地谈谈巴利语的翻译，请各位专家学者给予指正。

巴利语，系古印度的摩揭陀语，属于印欧语系的语言。同其他民族的语言一样，巴利语被引入傣泐文后，在漫长的发展历史过程中，形成了一种丰富的语言体系。在众多的傣族文学作品及经典典籍中，尤其是傣族经典典籍中，可以说巴利语无所不在、无所不有。这些巴利语的存在，给翻译傣族文学作品及

243

---

* 作者简介：刀金平，男，1966 年生，傣族，西双版纳少数民族研究所翻译，主要研究方向为傣族贝叶经翻译、研究。

经典典籍增加了很多难度，直接成为关系到翻译质量的最核心的因素。对此，笔者有深切的体会。如何翻译好巴利语，笔者以为应注意把握好以下几项原则。

一、讲究"信"、"达"，不要强求"雅"

一般而言，翻译一部文学作品，必不可免地要讲求"信"、"达"、"雅"三字。只有达到了"信"、"达"、"雅"，才算一部成功的作品。但笔者认为，任何事物总有其不确定性，不能墨守成规。在翻译傣族文学作品如叙事长诗、历史故事等时，讲求"信"、"达"、"雅"，可以使一篇文章"活"起来，被人们所接受、被人们所欣赏，可以说这篇文章就成功了。而如果翻译宗教、伦理等方面的典籍，尤其翻译巴利语经典，片面地追求"信"、"达"、"雅"，势必对文章进行修饰、加工、提炼，文章是精彩了，但可能会失去它的价值。因为巴利语在傣泐文中是一种特殊的语系，语言结构非常严谨，没有文学作品中常见的华丽辞藻。所以，其经典的翻译不能视同一般文学作品，达到"信"、"达"就可，不要强求"雅"。如典籍《释解羯磨说》开首语：ၼမောတဿ（南无阿弥陀佛）ဘဂဝတော（佛陀）ဘုဟတော（阿罗汉）သမ္မာသမ္ဗုဒ္ဓဿ（三藐三菩提）ပိကၥပဖၥ（解释章节）ဝိဋ္ဌဝယော（研究）သတၥၐ်ေၥၥၻယကွော（沙大几罗夜叉）ဘုဘိၐ္ဌ（跪拜）ပၥဖၥ（章节）ၼံ（亦）ၼမော（南无）ၻိ（赞颂）ဘုသုၐ်ေ္ဌၥ（阿修罗）ဝ（就）ဘုဘိဝၥ္ဌ（跪拜）ပၥဖၥ（章节）ၼံ（亦）တသၥ（致敬）ၻိ（赞颂）သက္ကၥၥိဖဝၥၥဖၥ（天神之王因陀罗）ဘုဘိဝၥ္ဌ（跪拜）ပၥဖၥ（章节）ၼံ（亦）ဘဂဝတော（佛陀，这里应译为世尊）ၻိ（赞颂）ၥတ္တၥၥောၻဖၥၥဖၥ（四天王）ၺဟိဖ္ဌိက（神通）ဘုဘိဝၥ္ဌ（跪拜）…ဘုဟတော（阿罗汉）ၻိ（赞颂）ပၺၥ်ကြီၼၥၺဖၥ（五梵天王）ၺဟိဖ္ဌိက（神通）…သမ္မၥသမ္ဗုဒ္ဓဿ（三藐三菩提）。这样文理不通、难以理顺的一段短文，要翻译达到"信"和"达"就很难了，要达到"雅"恐怕更加困难，也很不实际。若一味地讲求"雅"，将会适得其反。

二、注重理解和表达

理解和表达是翻译的两个重要环节，俗话说"读书百遍，其义自见"。巴利语在典籍中大多以术语或名词出现，其特点表现为语序比较散乱，没有连贯性，很难组成一段完整的句子。如前所引《释解羯磨说》开首语，这样一种前言不搭后语，没有连贯性的短文，该怎样理解，又该如何翻译？笔者以为，要译好这一段落，首先要联系上下文，加以融会贯通；其次，在组合文章时，有些词句该增的增、该减的减，傣语与汉语是两种不同表达方法的语言，翻译时在词句上增减也在所难免。如上述短文，译文应为：南无阿弥陀佛，章节里解释说，沙大几罗夜叉朝拜佛陀时，应说“南无”；阿修罗朝拜佛陀时，应说“达萨”；天神之王因陀罗拜见佛陀时，应说“世尊”；具备神通的四大天王拜见佛陀时，应说“阿罗汉”；五尊梵天王拜见佛陀时，应说“三藐三菩提”。经过增减和加工，这样译出来的短文，也许妥当些。如若对该短文的词句不增不减，文章译出来，就会曲解原意，译文的内容将变异。

三、选词力求准确

选词准确妥当与否，是保证翻译质量最关键的因素之一。贝叶经典籍中巴利语一词多义的现象很普遍，当中也掺杂不少傣语中古老的语言，这就要求译者在选词或翻译过程中更多地注意对选用的词进行比照、甄别，选用最恰当的。如သောဘာယသုပါတော译为傣语应是ေၶ်တုိမိဘၢ္ဃုတိုင္ငွ。这里ေၶ်တုိမိဘၢ္ဃု可以分别直译为ေၶ်（召）တို，（尊）မိ（有）ဘၢ္ဃု（年纪），意思为有年纪。但它隐含着高龄者、长辈的意思。如果选词不当，选用“有年纪”，则汉译文可能变成“有年纪的那位”，则违背了原文含义。实际上该句子的含义并非如此，它的真正含义是“那位长辈”。所以，这句子在选词时应用“长辈”而非“有年纪”。若准确选用“长辈”，句子就变成了“那位长辈”，这样就贴切多了。如ဥတ္တကံဥတုပမာဏံ是这里，ဥတ္တကံ是那么多、大约那么多的意思，ဥတု是舒服、无忧、季节的意思，ပမာဏံ是数量、数目、大概、范围等意思，译为傣语应为ၵႃမိဃတ္ထုဂ္ဂပေၵ်ငွ。对这样一个看上去不成句子的句子，若不认真地揣摩，还真无从下手。实际上，如果把所译出来的词组认真组合后，就不难得出“季节的数量大约那么多”的句子。如ဘိက္ခုသုံခေဝ်，这里ဘိက္ခု是指比丘，သုံခေဝ်有用饭、吃饭、用膳、用斋之意。笔者以为သုံခေဝ်在这里应该选择用斋为好，译为比丘用斋就贴切多了。又如ဘိက္ခုဂ္ဂိယ္ယကင္ပ္ပုေကေ်ၽူင္ငွ ေသ်ဥ္ဥဝ်ခၡုဂ္ၶ်ခၡုသုံဝဲကၵမ္ဓုတိဴပိ၊，这里ယ္ယကင္ပ္ပု可解释为加罪、诬陷，ၵမ္ဓု可解释为凑、拼、汇总，笔者以为还可以解释为“送”。按照句子的意思，是这样说的：即比丘想怎么样怎么样那个人，故意用饭去怎么样怎么样给他。在这里前一句“怎么样”中用加罪呢还是用诬陷？后一句“怎么样”中用凑、拼、汇总好，还是用送更好？不难看出，前后两处中用诬陷和送更为贴切，整句的意思为比丘想诬陷那个人，就故意把饭送给那人，句子就通顺多了。如果用加罪和凑、拼、汇总这些词语，整个句子就不顺畅。再如傣族年轻人向长辈"苏玛"（谢罪）时，通常会说：ခၢင်ꨓꨫꨦꨓꨲꨤꨵꨲꨝꨲꨳꩁꨀ ，其大致意思为；若奴（傣族谦称）有过错的地方，请长辈宽恕奴的罪过。也可以采取对译的方法，如ꨓꨲꨝꨲꨳꨤꨵꨲꨝꨲꨳꩁꨀ，字面意思是走低的地方却踩了高处，意思是不敬，可采用对应的汉语词汇——不知高低。ꨁꨬꨤꨵꨲꩃꨵꨲꨓꨳꩃ，字面意思是在长辈面前吐口水，蔑视长辈的意思，可采用对应的不恭不敬。ꨤꨀꨝꨲꩁꨀꨤꩃꨵꨀꩁꨵꨀꩁꨁ，意思是在长辈面前莽莽撞撞，不把长辈看在眼里，可采用对应的举止粗鲁。这样一来，整个句子就变成了"若奴在长辈面前不知高低、不恭不敬、举止粗鲁，请长辈恕罪"，句子就妥帖多了。如果文中翻译成"若奴有过错，请长辈恕罪"，句子是通顺了，然意思似乎粗浅了些，也不符合文中所要表达的意思。有些词语，尤其是熟语，意义不能从字面上简单地来理解，望文生义地选词或翻译，这样也会出笑话。如ꨝꨀꨥꨓꨬꨰꨬ，这里的ꨝꨀꨥꨓ可译为佛祖，ꨬꨬꨵ可译为的，熟语ꨬ可译为妻子，还可译为我。准确译法应该是"我的佛祖"，而如果选词不当，就译成了"佛祖的妻子"。所以为什么说选词是保证翻译质量的关键因素，原因就在这里。

四、找出语言特点，并对存在问题加以解决

任何语言都有自己的语法规律。傣文语法与汉语语法对比，最大的特点就是修饰语倒置，通俗地讲就是傣语语法中修饰语的位置往往与汉语相反。如汉语"牛头"，傣语则称"ꩃꨓꨲꩍ"，即"头牛"；汉语"社会主义社会"，傣语则称"ꨛꨳꨆꨵꨁꨵꨳꨬꨲꨁꨲꩁꨟ"，即"社会社会主义"。从笔者翻译的《吉祥问题》、《释解羯磨说》这两部经书上看，巴利语也有与傣文一样的语法特点。如ꨝꨱꨥꩃꨆꩃꨟꨱꨥꨀꨀꨝꨀꨥꨓꨬ，这里ꨝꨱꨥꩃꨆꩃꨟ译为法典，ꨆꨟꨱꨥꨀꨀ译为羯磨说，ꨝꨀꨥꨓꨬ译为佛祖。以傣语看，即"法典羯磨说佛祖"，汉语译文应为"佛祖法典羯磨说"。如ꩀꨓꨆꩀꨓꨲꨛꨥꩁꨆ，这里ꩀꨓꨆ可译为那么多、大约那么多，ꩀꨲꩀ可译为舒服、无忧、季节，ꨛꨥꩁꨆ可译为数量、数目、大概、范围；傣语意为"大约那么多季节数量"，汉语也可译为"季节数量大约那么多"。如ꨛꨀꨝꨥꨬꨀꨆꨵꨛꨥꨳꨀꩁꨓꨬꨀ，ꨛꨀꨝꨥꨬꨀꨆꨵ可译为别解说，ꨛꨥꨳꨀꩁꨓꨬꨀ可译为说法；傣语意为

“别解说说法”，汉语也可译为“说法别解说”。再如词组မဟာဝဂ္ဂပဏ္ဏာသက，这里မဟာဝဂ္ဂ译为大品，ပဏ္ဏာသက译为典籍，傣语即“大品典籍”。汉语应是“典籍大品”。两相对照，则不难看出语法上的不同特点。

五、难以破解的词句先存疑

傣文史料《波塔麻嘎波罕》和《波纳腊坦》两书记载，巴利语传入傣族地区已有上千年的历史，在这么长的时间和空间里，文字的发展和变化是我们所无法追溯的，加之我们的知识有限，有些词句是无法从工具书中找到的，我们要翻译好巴利语确实很困难。遇到这样的问题，该如何解决？笔者以为对目前尚不能准确翻译的词句，应该先存疑，或以音译留待以后研究。不能凭空猜测，以自己主观意志而为。如ဋ္ဋိင်ဒ်ဘုဒ္ဓယံဘုဒ္ဓယတောဖိသွ္ဂဒ၎，这里ဋ္ဋိင်ဒ်译为“才得”，而ဘုဒ္ဓယံဘုဒ္ဓယတောဖိသွ္ဂဒ၎这一短语，笔者不仅查阅了工具书，也讨教过几位专家学者，再联系上下文，都无法破解。对待这种只知其音、不知其意的地方，唯一的办法只能先音译存疑，留待今后研究解决。翻译时不能因为它不能破解就扬弃，这样就违背了忠实于原文的要求。

巴利语，作为一种特殊的语言，不仅存在于傣泐文史籍中，而且在傣族日常生活中也被广泛地应用，可以说它是傣族语言和文字中的精华。作为译者，在翻译傣泐文史籍时，是无法避开巴利语的。要译好巴利语或很好地应用巴利语，必然会遇到这样那样的问题。这就要求我们不仅要勤学好问，还要更多地下苦工夫去面对它、认识它，解决它的诸多问题。以上仅为笔者在翻译巴利语实践中的一点点认识或看法。诚然，在众多的贝叶经巴利语典籍中，要解决好翻译问题，仅凭这一点点认识和看法是登不上大雅之堂的。只要我们努力钻研，巴利语翻译问题必定是能解决好的。

社会结构的框架 行为规范的边界

——从《阿瓦夯》透视傣族社会法律框架的建构

郭 山 岩香宰[*]

摘 要：贝叶经《阿瓦夯》通过故事的叙述，以生动、形象，非常贴近生活，为百姓易于理解和接受的形式记载了傣族传统社会中的断案模式、标准和方法，为我们展现了傣族社会中司法制度的一个侧面。通过对这种以判例形式表现的法律渊源的研究，有利于我们了解傣族传统社会法律体系的建构，同时还为我们进一步理解其政治功能、经济功能和执行社会公共事务的功能提供良好的素材。

关键词：傣族 社会结构 行为规范

法是由国家制定或认可，并由国家强制力保障实施的行为规范体系，它通过规定某种权利与义务，去规范人们的行为，从而确认、保护和发展有利于统治阶级的社会关系和社会秩序。《阿瓦夯》是巴利语音译，字面意思是"偷盗、抢劫"。它将生活中常常遇到的刑事、民事等法律案例及其处理结果，通过一个个小故事的形式记录在贝叶经中，既方便说者的讲述，又利于听者的理解，因此在民间流传很广。

一、《阿瓦夯》的结构及内容概说

贝叶经《阿瓦夯》分为上、下两篇，上篇标题为《阿瓦夯二十五种》，下

---

* 作者简介：郭山，男，1963年生，云南大学贝叶文化研究中心副教授，博士研究生，主要研究方向为民族文化、民族经济发展；岩香宰，男，傣族，1961年生，西双版纳州民族宗教事务局局长，主要研究方向为民族事务与傣族宗教问题。

篇标题是《按教规判》。上篇通过对二十五个案例的讲述，用戒内（僧人）案件与戒外（俗人）案件对照的形式，规定了傣族传统社会中僧俗二众在行为规范方面宽严标准不完全相同的准则，说理中充满了智慧的语言。每案融教诲、训诫、评判、引导于一例中，以非常生动而具体的言语，显现了傣族社会法律制度的相关内容。下篇则运用列举法，对社会生活中常见的四十多种容易引起纠纷的行为进行了评判，起到警示、规范的作用，从而为百姓的日常生活编织了一张行为规范的边界网。

上篇《阿瓦夯二十五种》开篇即言："这里要讲述的，原本是佛经中的五个字，现在用世俗的语言来解释，就是阿瓦夯二十五种。"清楚地说明了这些故事来自于佛经经典。二十五个小故事都讲述的是刑事法律案件，其共同特点是，故事情节都按一个基本的模式展开，先介绍戒内的一个案例，然后再用戒外的一个类似案例来对比，同时说明对此案件的处理方法和结果。每个故事中包含两个案例，指出一种错误行为，明确对戒内、戒外不同行为主体的不同处理方式和结果，从而起到评判、教诲、警示、引导的作用。这样，二十五个故事就讲述了戒内、戒外共五十个案例，涉及二十五种不同类型的犯罪案件。让我们看一个实例：

阿瓦夯第十八种 有一个和尚叫善搭，他有一个徒弟叫沙达。有一天善搭去村子串门时，见村民嘎哈般利有一个小金盒子放在房柱顶上。他回到寺院就悄悄对徒弟沙达说："明天一早你想法去把嘎哈般利家放在房柱顶上的小金盒子偷来。"

第二天一早，沙达真的去了并且把金盒子偷到了，但走出来时被起来蒸饭的女主人看见。她就去告诉男主人嘎哈般利说："刚才有个和尚来到我们家，不知道翻些什么？"嘎哈般利说："恐怕是来偷我们那个金盒子吧？"他急忙去查看，金盒子果然不见了，于是喊道："和尚把我们家的金盒子偷去了！"他带着家人急忙去追赶和尚。和尚沙达见事情不妙，便把金盒子丢在路上，空手跑回寺院，把情况告诉了师傅善搭。

事后，师徒俩感到忧心忡忡，惶恐不安，就一起去拜见乌巴利长老（摩诃乌巴利），将事情的经过全部告诉了长老。乌巴利长老听后说道："善搭和沙达你们俩人犯的是同样的罪孽，走的是同一条路，坐的是同一条船。当你们把金盒子搬离原来的位置一根头发丝的距离的时候，你们的罪恶就产生了。"两个和尚听后知道自己已无法清白，在戒内难以再待下去，于是就在当日还俗了。

这件事可以用戒外的一件事来作对比：有一个游手好闲的男人叫术塔，他叫手下的四个人去偷黄牛来杀吃。四个人出去后找不到黄牛，就偷了一头水牛

249

来杀吃。当他们挑着水牛肉来给头头术塔时，术塔说："我叫你们去偷黄牛，你们却拿水牛肉来，我不吃！"偷牛的四个人说："你不吃就算了，我们自己吃。"于是四个人就把水牛肉分吃了。

后来，牛的主人发现牛被盗，就告到官府官员（召坤）那里去。召坤把偷牛的四个人拿来审问，知道还有一个指使他们去偷牛的头头术塔，于是把他也拿来一起审问。术塔回答说："我没有与他们合伙偷水牛。我让他们去偷黄牛，他们却偷水牛来。他们说找黄牛不见，只见水牛，就拿水牛来了。"召坤听后判决到："是术塔你雇佣指使别人去的。不管偷到的是黄牛、水牛，还是猪、狗、鸡、鸭，也不管你吃了没有，都同他们是一样的犯罪。按照所偷牛的价格赔一罚二，共合银三百钱。入官府银库一百钱，给牛主人一百钱，召坤吃一百钱。"这个戒外的名叫桑更达甘毕的案子就这样判了。

这两件都是教唆盗窃犯罪的案例。对戒内僧人的处理程序是由摩诃乌巴利断决事件的性质，对戒外百姓的处理程序是由召坤判决；戒内案件属于实施未遂，戒外案件属于犯罪对象变更的实施既遂；最终事实认定的结果是教唆者与行为实施者同罪；对戒内僧人的处理结果是让其主动还俗，对戒外百姓的处理结果是实施经济处罚。

作为上篇《阿瓦夯二十五种》的有机组成部分，下篇《按教规判》重点讲述了民事法律案件的处理。它以列举的方法，通过四十四段小短文，说明百姓日常生活中常见的四十四种民事关系、纠纷的处理办法及处理原则，如寄存物被盗或被挪用、牲口踩伤他人、租来的牛被盗或死亡、家庭遗产继承、卖东西质量不好要包退换等等，涉及买卖、婚姻、继承、借贷、租赁等等与人身权、财产权密切相关的民事法律关系，可以称得上是一部傣族社会的民法通则。例如第三十五条"卖东西质量不好要包退换"是这样说的：

买卖东西时，买者要仔细询问货物的质量、价格等，卖者则要约定不满意包退换的日期。在约定的日期内，买者不满意应给予退换；若不退则要罚卖者三百零三罢钱①。因为货物的质量不好，容易损坏却还要冒充好货欺骗买主，让买方买去后就坏了，这种做法是有罪的。

又如第十七条"父母遗嘱"是这样讲的：

儿子儿孙们：父母存放在其他地方的财物，如果他们过世前已托付给了其他人，那子孙们就不能去拿，即使是官员的子孙也不能去要，因为财产的主人

---

① 罢：傣族计量单位，一罢约合15克。

已将财产托付给他人了。除了这些，其他的财产子孙们则可以继承。谁也不能篡改已过世的人的遗嘱，并非子孙们发誓说要怎么样就怎么样。最终的结果不以子孙们的发誓来定，而是以遗嘱中所说的话来定。

二、《阿瓦夯》中体现的傣族社会结构框架解读

在贝叶经《阿瓦夯》中，社会中的芸芸众生被分置于戒内、戒外两个空间概念里，各自的行为规范有着宽严不同的标准，其基准均源于佛祖所订的教规。

对僧众，通过修行，使自身在思想上明白"诸行无常"、"有漏皆苦"的道理，在行动上做到"诸恶莫作，众善奉行"的善举，在状态上达到"戒、定、慧"，才有希望获得果报，实现进入涅槃的目标。因此，对自身的"业"进行反思是每日重要的一课，"戒规"就是其行为规范的边界。在这个空间里，僧众是否犯了戒，犯了哪一条戒，悟到自己犯了戒后应怎样行事等等都是有章法可循的。《阿瓦夯》对犯戒之僧的处罚种类有：（1）训诫；（2）退还原物，不再追究其他责任；（3）退还原物，并加罚两倍的款；（4）自己主动还俗；（5）逐出僧界。对犯戒僧人处以何种罚，由乌巴利长老决断，而且，他作出的决断是终极性的。

对百姓，《阿瓦夯》采用列举法的方式，规定出了法律规范中的禁止性规范和义务性规范；对法律没有明文规定的，百姓均可为之。对百姓犯法的处罚种类有：（1）训诫；（2）归还原物；（3）罚款；（4）归还原物并罚款；（5）替债主做工抵债；（6）鞭子打；（7）逐出寨界；（8）死罪（用水银灌进嘴巴里）。另外，还有一种附加劳动罚，如《按教规判》第三十七条：

如果有谁去别人的田里解大便，那自撒秧到收割要让他拿两罐酒、两只鸡，并带上米花、纸花去敬贡田神，然后罚款一百罢。

对犯罪（规）百姓处以何种罚由官员、大臣、国王决定，国王作出的判决是终审判决。

《阿瓦夯》篇终时这样写道：

（对这里所描述的）阿瓦夯二十五种，要按照佛祖制定的教规定罪处理，不应该放任不管。俗人做了这些错事也应当比照着进行处理。对佛教的这些规定大家要听清看明，不要去胡思乱想那些不该想的事情。

另外，在阿瓦夯十四种、二十四种和二十五种各案中，官吏、大臣与百姓

犯同罪时，对官吏、大臣的处罚要严厉些；在阿瓦夯十一种中，徒弟和师傅犯同样的罪，对师傅的处罚要严厉些；僧人和百姓犯同样的罪，对僧人的处罚要严厉些。这些都表明了该法律制度的惩戒原则：对戒内紧对戒外松，对官吏严对百姓宽。

在惩戒的手法上，对戒内，乌巴利长老都是为犯罪僧人讲明其犯罪行为过程与犯戒层次的对应关系，通过和尚自己的反省、悔过，以明示与暗示相结合的手法实现惩戒的目标。如：

乌巴利长老说："你把别人存放的钱偷来放在寺院里，自己拿了还不算，还拿了一部分给自己的徒弟，你这样做已违犯了教规，违背了佛祖的教导。你的徒弟虽已得到了一部分钱，有一些过错，但还不是很重，还可以原谅。"和尚听了这些话后知道自己不清白，就于当日还俗了。（阿瓦夯第十一种）

乌巴利长老听后说："当你将火炭放入罐里时，你已起了坏心；当你把金子拿了离开罐子时，罪过已侵入了你的心；当你把金子放入自己的箱中时，大罪已降临到你的身上。"阿拉兀哇尸和尚听后无法再在寺院待下去，便于当日还俗了。（阿瓦夯第八种）

而在戒外，官员、大臣乃至国王对犯罪的百姓，都是用明示的方法明确指出采用何种处罚，但对有些处罚也会有变通，如：

官府官员判定：七个骗子都要杀掉；还要罚款，但他们穷得什么都没有。官员拿不定主意，便去拜见国王巴先。国王巴先听禀告后说："把他们都杀了，这种做法会使我们国家的人民灭绝，还是作周全考虑改为罚款吧！"于是官员就按国王旨意作了判决：前去行骗的六个骗子每人罚三百罢，在家未去的那人也适当处罚，共一千九百罢。（阿瓦夯第十种）

这里，既体现出法官（国王）断案时的自由心证原则，又表明了法律的最终目的还是要有利于国家（统治阶级）的利益。

至此，我们已可以依据《阿瓦夯》，透视出傣族社会结构及法律框架的雏形。

表1　傣族社会结构框架简表

一个行为规范体系	佛祖制定的教规	
二种社会空间	戒内	戒外
三类社会分层	乌巴利长老 和尚师傅 和尚徒弟	国王 官员摩诃些纳 百姓

表2 傣族社会法律框架简表

法律渊源	佛祖制定的教规	
法律形式	判例（习惯法）	
法律规范种类	禁止性规范	禁止性规范、义务性规范
法律适用者	乌巴利长老	国王、官员摩诃些纳
法律适用对象	和尚师傅、和尚徒弟	官员、百姓
处罚种类	训诫、退还原物、罚款、主动还俗、逐出僧界	训诫、归还原物、罚款、归还原物并罚款、替债主做工抵债、鞭子打、逐出寨界、死罪、附加劳动罚
调整对象	平等主体间的人身关系和财产关系	
审判制度	一审终审	二审终审

三、《阿瓦夯》在傣族社会法律体系中的地位及其意义

从法的基本分类来看，学术前辈所论及的《阿雅兴安龙召片领》（西双版纳傣族封建领主的法律）、《西双版纳傣族封建法规》及《喜广召》（召片领的王法）、《喜曼西双》（十二条寨规）、《广勐西细》（十四条勐规）等法律法规属于成文法，而《阿瓦夯》属于不成文法，又称习惯法；从适用的时间上看，《阿瓦夯》早于前述的成文法①；从适用空间来看，前述成文法只适用于西双版纳傣族地区，而《阿瓦夯》的适用范围应超出了西双版纳②。另外，从《阿瓦夯》的内容来看，它既包括了一般法（适用于戒外百姓）、特殊法（仅适用于戒内僧众）等实体法的内容，又有程序法（如何断案）的内容，断案者能从中找到判例来指导评判，僧众与百姓也能从中获得教益，可以说，这部贝叶经"收一般法和特殊法于一书，贯实体法和程序法于一线"，是一部展示傣族社会司法实践的教科书。

---

① 成文法是由有立法权的国家机关依照一定程序以条文形式制定和颁布实施的法律；不成文法（习惯法）是由国家机关认可的、不具有条文形式的法律。通常情况下，习惯法的形成早于成文法。另据吴云、方慧研究，元代傣族的社会法律规范只有习惯法，至明清时才形成了成文法。见《元明清时期傣族成文法的形成与变迁》，载《思想战线》2006年第5期。

② 《阿瓦夯二十五种》中有四个案例涉及婆罗门人，是古代印度四种种姓之一。

参考文献：

[1] 王懿之、杨世光编：《贝叶文化论》[C]，云南人民出版社，1990年版。

[2] 高立士著：《西双版纳傣族的历史与文化》[M]，云南民族出版社，1992年版。

[3] 秦家华、周娅主编：《贝叶文化论集》[C]，云南大学出版社，2004年版。

对云南西双版纳现存傣族南传上座部佛教巴利语文献特殊价值暨研究方法的几点认识

姚　珏[*]

摘　要: 西双版纳傣族现存巴利语文献具有重要的学术研究价值。由于过注研究方法的缺陷,中国学者对于这支国际佛学界所知最少的佛教文献尚未能进行深入、细致的研究,本文从研究方法的角度探讨如何运用佛教语言学与田野调查的方法,突破、推进对此种文献的研究。

关键词: 南传上座部佛教　巴利语文献　梵文　田野调查

巴利语(Pāli)全称 Pāli – bhāsā,意为"经典(Pāli)的语言(bhāsā)"。这是一门印度古语,作为南传上座部的经典语言得以流传至今。语言的分类上,巴利语属于中印度 – 伊朗语族下普拉克利特语(Prakrit)。语言学上,普拉克利特语与梵文相对应,它由一系列的印度古方言和文字组成。当然,不论是普拉克利特语还是梵文都来自印欧语系的古印度 – 伊朗语族。有关巴利语最早在古代印度什么地方出现,有不同的说法。通行的观点认为是在古代印度东北部的摩揭陀地区。佛经记载,成年后的释迦牟尼生活在摩揭陀及其周边地区。因此,有学者推测,还有不少的佛教徒相信释迦牟尼使用摩揭陀方言布道,而巴利语就是摩揭陀的方言。但是,有学者通过对摩揭陀方言语法的分析比较,发现这种方言与巴利语的语音存在有不一致的地方。

上座部佛教(Theravāda)是早期佛教的一个重要部派。它使用巴利语来记

255

---

* 作者简介:姚珏,女,1976 年生,云南大学民族研究院暨西南边疆少数民族研究中心人类学博物馆研究部助理研究员,博士,主要研究方向为西双版纳傣族巴利与巴利语文献。

录和传承佛教的经典，因此，上座部佛教的三藏经又名巴利藏，学术界也称这支佛教为巴利语系佛教。大约在公元前 2 世纪，阿育王皈依佛教后派遣传教僧团到各地传播佛教。摩哂陀长老一行来到斯里兰卡，把上座部佛教带入这个岛国。斯里兰卡位于印度的南面，传到该国的上座部佛教因此又被称为南传上座部佛教。在摩哂陀长老之后，僧伽密多比丘尼也来到了斯里兰卡，她在此建成了比丘尼僧伽。自此，南传上座部佛教在斯里兰卡建立了完备的僧伽制度。公元前 1 世纪，斯里兰卡出现了最早的巴利三藏经贝叶刻本，当时用来刻写的文字是古僧伽罗文。在此后的一千年里，南传上座部佛教虽历经战乱、灾荒与佛教教派争夺，但始终保持了在斯里兰卡国教的独尊地位。公元 11 世纪，南传上座部佛教由斯里兰卡传播到缅甸。此后的三百年间，又传播到东南亚的其他国家。伴随着南传上座部佛教在东南亚的流传，巴利语三藏也进入这个地区。为了记录巴利语三藏，不少皈依南传上座部佛教的东南亚民族使用本族的文字语言转写和翻译了斯里兰卡巴利语三藏经，甚至有民族是为了要转写和翻译巴利语三藏经而创造了自己的民族文字。目前，南传上座部佛教主要分布在斯里兰卡、缅甸、泰国、老挝、柬埔寨与中国的西南隅。

云南是中国境内唯一有南传上座部佛教流传的省份。南传上座部佛教流传在云南省西南部的西双版纳傣族自治州、普洱市、临沧市、保山市和德宏傣族景颇族自治州。当地的傣族、布朗族、佤族和德昂族信仰南传上座部佛教。其中，傣族信仰人数最多（约一百万），也最具有代表性。南传上座部佛教传入后，傣族为了便于记录和传写佛教经典，创造了傣文①。历史上，傣族使用傣文，以贝叶或绵纸为书写载体，发展出傣族文献体系。该文献体系以傣族南传上座部佛教巴利语文献最为独特。其特殊价值在于：（1）它是中国现存唯一的民族文字的巴利语文献体系。汉文佛经翻译史上，有佛教徒把巴利语佛经翻译为汉文佛经，这些译经中的一部分流传至今，而当时翻译所使用的巴利文底本都没能保留下来。由于原始文献的缺乏，中国学术界对于佛经翻译史上的巴利语佛经的使用民族、文字和使用特点缺乏深入的了解与研究。傣族是中国现存民族中唯一拥有完整巴利语文献体系的民族，这无疑可以为上述问题的解答提

---

① 傣族称之为"坦木"。实际上，这是巴利语 dhamma"法"、"佛法"一词省略了末尾元音 a 后的音读。由此也可以看出这种文字起源于宗教信仰的需要。傣族地区佛教徒当中有这样一种说法：在佛历一千年左右，在今天泰国北部清莱府的"花园佛寺"里，一位名叫阿雅昙孙多的傣族长老创造了"坦木"。笔者认为，既然傣族是为了转写南传上座部巴利佛经而创造了这种文字，如果能够断定最早的傣族巴利语佛经译本在什么时候出现，也就能够比较准确地推断出这种文字的创造年代。在西双版纳勐龙的田野调查中，根据当地僧侣世袭的口传资料以及一块重要的僧侣墓志铭，可以断定当地最早将巴利语三藏经转译为"坦木"的傣族僧侣生活在公元 17 世纪。由此可以推断出这种文字大约出现在 17 世纪。

供一种全新的研究路径。与此同时，唯有对此门文献的解读，方能深入了解和解释傣族的宗教信仰。（2）它是南传上座部佛教巴利文献在地理分布和完成时间上的极至。从地理分布上看，中国的傣族位居南传上座部佛教文化圈的最边缘。自上座部佛教公元 1 世纪传入斯里兰卡后，就以该国为母地向东南亚传播，而中国傣族的所在地区则成为这支佛教在东南亚流传上的地理极至。换言之，斯里兰卡系南传上座部佛教在东南亚的流传以傣族地区为终点。从时间上看，在所有信奉南传上座部佛教的民族中，傣族的巴利语文献体系最晚形成。勐龙是西双版纳傣族佛教重镇，在勐龙的田野调查，尤其是对当地译经僧侣世系的研究表明，当地最早译经的僧侣大致生活在 16 世纪至 17 世纪之间，而整个文献体系的完成大约在 19 世纪末期至 20 世纪初期。西双版纳傣族巴利语文献在地理分布和完成时间上的特点，导致它偏处一隅，始终没有进入国际佛学研究界的视野，成为国际佛学界了解最少的一支巴利语文献。傣族巴利语文献的这种特殊性决定了对它的研究就是对最边缘地巴利语和南传上座部佛教为何的解答。

　　笔者在西双版纳的田野调查证明：傣族南传上座部佛教巴利语文献由三个部分构成：（1）傣族巴利三藏与三藏疏①；（2）傣族从巴利三藏中遴选、编写而成傣族常用巴利语佛经，以《出家业经》、《比丘业经》为代表；（3）傣族创作的南传上座部佛教经典，以《本生经》为代表②。从使用的语言来看，前两种文献是纯粹的巴利语文献，第三种文献中巴利语也占相当大的比重。

　　傣族巴利语文献研究具有丰沛资源的同时，由于以下缺陷，迄今为止，中国学者对于它的研究尚未进入探究原典、深入精髓的境地。这两重缺陷一是缺乏必要的巴利语以及梵文训练，二是不能进行有效的田野资料搜集工作。

　　巴利语与梵文训练是研究傣族巴利语文献所必需的锁钥。原因有二：一是现存傣族文献语言构成的复杂性。历史上，傣族创造有经典体傣文以转写巴利语佛经，同时，傣族也使用这门文字来记录傣语言文献，更有两种文字在文本中混合使用的情形。因此，唯有精娴于巴利语，才能辨别所面对之文本是以巴利语为载体，以傣语为载体，或是两种文字混合之使用。这样才能够深入地研究文本的内容、旨趣，进而探究傣族使用巴利语及其南传上座部佛教之民族特性。二是现存的傣族巴利语文献的巴利语中混合有梵文。基于对搜集到的傣族

---

① 通过田野调查已确定：在 19 世纪的末期，经过数代僧侣的努力，西双版纳勐龙的傣族僧侣把除《长老尼偈经》以外的全部南传上座部巴利三藏经转写为"坦木"，而且还出现了傣语的佛经翻译本和佛经疏解。

② 见拙文《傣族本生经研究：以西双版纳勐龙为例》，载中国社会科学院世界宗教研究所《世界宗教研究》2006 年第 3 期。

巴利语文献手稿之研究，以最基础的文字拼写为例，"念经亭"① 一词写做 ꨵꩃ（prāsād），巴利语当写做 pāsāda，而古典梵文作 prāsāda。此外，傣族巴利语语音学中有s、s'两个意韵尾存在，此两音一概不存在于巴利语中，而两音之字母却存在梵文之中。由此可窥见，傣族的巴利语文献中确实包含有梵文的影响。因此，对于傣族巴利语文献的研究在对纯傣语言文献进行筛滤的基础上，又另有一重工作，就是在对现存傣族文献中纯傣语言文献筛除的基础上，还有要辨析剩下之文献语言究竟为巴利语还是梵文的工作，唯有经过这项工作，才能真正理解傣族佛教经典语言的特质。

田野工作是搜集傣族现存巴利语文献唯一可行之途径。这是由傣族文献之分布现状所决定的。傣族文献现状特征有二：一是大量文献散落在民间，尤其是包括巴利语文献在内的佛教文献大量散落在民间，非进行田野调查不能搜集。傣族南传上座部佛教徒有每年在"雨安居"抄写佛经奉献给佛寺的传统，历史上，乡村佛寺藏有大量的佛经。此外，傣族男子有出家为僧的习俗，还俗后，男子将在寺院习得的佛学与文字知识带回各自家中，寺院刻写佛经的传统也因此在民间很是风行。这样的传统在笔者 2002 年西双版纳曼塞村的调查中仍能得到确证。还有一点格外值得关注，那就是对布朗族南传上座部巴利语佛教文献的田野搜集。以西双版纳的布朗族为例，当地布朗族基本上都信仰南传上座部佛教。历史上，布朗族没有发明自己的民族文字来转写、传承南传上座部佛教经典，而是借用经典傣文来书写佛经②，因此，布朗族的佛经是经典傣文体的佛经。当下傣族传统佛教文献散佚的状况很严重，而布朗族居住在山区，交通闭塞、经济较为落后，这使得他们能够较为完整地保留了包括傣文体巴利语文献在内的傣族文献。以西双版纳勐海的布朗族村寨章朗为例，其村寨佛寺藏经阁收藏之傣文体佛教文献之完整居西双版纳之冠。二是尚未出现基于对傣族巴利语文献系统研究后精准的目录学成果。所谓精准的目录学成果所指有五：（1）勘录有所集经文之经文名称；（2）其作者或抄写者；（3）其创作或抄写时间（傣族对于此项不甚注重，常缺）；（4）其收藏地（寺院名或佛教信徒居住村寨）；（5）其他基本情况（抄写材质、页数、完整程度等）。傣族巴利语文献或藏于村寨民间或隐于深山，对其之搜集非艰苦的田野工作不能完成。而有效的田野工作则指在谙晓巴利语、梵文与傣语的条件下，前往乡村作访询，逐村寨探明所藏佛经之情形，渐渐累成今日傣族佛经目录之面貌。

---

① 傣族佛寺大殿内放置的木制小亭，雨安居期间，僧侣轮流端坐此亭为傣族佛教徒诵读佛经。
② 2008 年 2 月，笔者在章朗进行田野调查时，仍能见到年老的布朗族比丘在章朗寺院内刻写经典傣文体贝叶经。

　　在语言分析研究与有效田野工作的基础上,当可以完成以下两项工作:
(1)建立较为精准的傣族巴利语文献目录,进而比照斯里兰卡系巴利语文献,
探究傣族巴利语文献在目录、版本和内容上的特色。(2)根据所搜集的文献,
总结、归纳傣族使用巴利语的规律,为学界今后进一步解读这门文献提供方
法。同时,也可让国际佛学界知晓南传上座部佛教语言在其地理分布极至的情
形如何,进而在提供文献材料和语言研究工具的基础上,让更多的学人投身此
项研究。

　　(本文曾刊于四川大学道教与宗教文化研究所《宗教学研究》2006 年第 4
期,现根据田野调查与研究工作的进展,又增加了新的内容)

贝叶经《布栓兰》的思想艺术特点及其当代价值

岩温香[*]

摘　要：本文首先对傣族传统伦理道德教科书《布栓兰》的相关背景和内容进行简要的介绍，然后对此书的思想艺术特点及其在当代的价值作了分析和探讨，同时倡导把《布栓兰》所蕴涵的优秀的、符合当代需求的伦理道德思想发扬光大，使之在构建全面和谐的西双版纳社会的过程中，发挥其积极的促进作用，更好地体现出所具有的当代价值。

关键词：贝叶经《布栓兰》　当代价值　和谐社会

构建和谐社会与全体社会成员的思想道德素质是分不开的，没有良好的道德规范，社会是无法和谐的。千百年来，贝叶经《布栓兰》中所传达的道理和教诲，在培养傣族民众的思想道德素质和规范行为举止等方面起到了良好的作用。作为傣族社会伦理道德传统教育的主要教科书之一，其对傣族社会的形成、发展和进步起到了积极的作用。时至今日，《布栓兰》中所蕴涵的许多伦理道德思想，仍对现实傣族社会产生着潜在的影响。今天，对它进行挖掘和弘扬，对西双版纳地区社会的和谐与发展具有现实社会价值。为此，笔者就《布栓兰》的思想艺术特点及其当代价值，进行一些分析和探讨。

一、《布栓兰》产生的背景及内容简说

佛教传入以前，西双版纳傣族把崇拜自然神、家神、寨神和部落神，作为

＊ 作者简介：岩温香，男，1982 年生，傣族，西双版纳州少数民族研究所研究人员，主要研究方向为少数民族文化。

他们最崇高的信仰。他们相信万物有灵，崇尚巫术，并在漫长的社会生产生活实践中，形成了自己独特的伦理道德观念。随着南传上座部佛教的传入并占有一定的统治地位以后，傣族的信仰开始发生变化。佛教的"四谛"（即苦谛、集谛、灭谛、道谛）、"五戒"（即戒杀生、戒偷盗、戒邪淫、戒妄语、戒饮酒）和"四无量心"（即慈无量心、悲无量心、喜无量心、舍无量心）等基本教义，对傣族社会产生了极大的影响，推动着傣族思想文化、伦理道德观念的转变和发展。因此，在佛教与原始宗教相互碰撞、摩擦和斗争中，傣族选择了保留原始宗教的信仰，接受佛教教义的观点，最终形成了神佛共存的特殊社会环境。就信仰来说，南传上座部佛教所宣扬的人空、生空、我空，把人生三常即生、老、死都看做是苦，主张以布施行善积聚功德，求取来世的功果和福运，以自度度己，修行来世，达到自我解脱的涅槃境界，作为祈求来世的精神寄托。把架桥铺路，挖水井盖凉亭，多行善积德，死后定能升天的原始宗教信仰，融进佛教的因果报应的思想中，一边祭祀求神，一边烧香拜佛，通过各种各样的"赕"（即敬献或布施）来祈求风调雨顺，满足现实的精神寄托，并将这种双重的理念，渗进傣族的道德观念教育里，一代接一代地延续下来。

在《布桩兰》中，许多传统道德理念都是历代傣族先民的志士贤人们，从敬畏大自然、认识大自然、改造大自然到与大自然和谐相处的漫长历史进程中，将原始道德意识、佛教教义的基本思想相结合，逐渐总结创立出来的。与《布桩兰》道德教理典籍相关的典籍还有《嘎里罗嘎里坦》、《嘎里婉桩罗》、《孟腊甘达来》、《佛教格言》、《佛教教语》等。

《布桩兰》是傣语，意为"爷爷教育儿孙"，实为世俗伦理道德教育。它广泛流传在西双版纳民间，其形式有口头传授和文字记载两种，成文本又有"贝叶本"和"绵纸抄本"两种。

《布桩兰》所教的行为规范，为整个傣族社会提供一种伦理道德观念和行为规范教育的模式。无论是老人、小孩、未婚男女青年、已婚男女，还是佛爷、和尚、百姓和官家，都有自己的行为准则，都必须按照这些行为准则去做人、处事，展示适合自己身份的言行举止，把握自己做人的美德。

《布桩兰》所讲的道德礼仪，融合了傣族原始伦理道德意识和佛教教义的精华，其所倡导的伦理思想与儒家的三纲五常教条有些相似，但又有自己的特色。它教导人们做一个有道德的人应具备三方面的品德：一是热爱劳动，尊重劳动；二是注重仪表，诚实谦逊；三是团结友爱，互相帮助。遵循"做人不贪，当官不败"、"做人要讲信义，当和尚要守戒律"的做人理念。

《布桩兰》进行教育的方式主要有三种：一是赞哈们把书中的思想和内容编成唱词，在人们贺新房、举行婚礼、节日赶摆等场合进行演唱，让满堂听众

261

人人受教育；二是由阿占（宗教职业者）和老人们把有关训条编成祝福词、颂词和祷告词，利用节日祝福、婚礼、拴线、小孩满月取名、祭祀等传统仪式进行教育；三是傣族的文人们通过其他文学形成来表现《布栓兰》教义中的思想和内容。有的被写成唱词，有的被编成谚语，有的被编成礼教书，有的则改写成为著名的道德故事。像《甘哈西林龙》、《玉拉窝》等，就是根据《布栓兰》的礼仪思想改编而成的礼教书，侧重教育人们要诚实善良、尊老爱幼和安分守己。又如《松帕雪》、《孟腊甘达来》等，是根据《布栓兰》教义中的思想写成的道德教育书，它的教育对象包括土司头人、平民百姓、佛爷和尚以及商人等。这些书在傣族民间世世代代流传，教育着人们。

二、《布栓兰》的思想艺术特点

（一）家庭内部的伦理道德

《布栓兰》的内容非常广泛，它联系整个傣族社会，包容了对各个阶层各个领域的教育。在家庭和睦方面，《布栓兰》指出，一个幸福美满的家庭，取决于每一个家庭成员之间的和睦相处，要互相关爱，互相分担家庭生活的担子。

对于夫妻之间的关系，《布栓兰》中这样要求："夫妻要辛勤持家，共同把家庭致富。丈夫是家庭里的栋梁，要负起繁重的家庭生产劳动，地要种得肥，田要开得宽，要会制作犁和耙，要能养活妻儿老小，不能随便欠债……做妻子的要会料理家务，保证早晚饭菜，养肥猪、鸡、鸭、鹅。"还说"当丈夫要懂得理，当媳妇要懂得规矩，不要忘记父母的养育恩"等等。这些道理不仅在过去，就是在现实经济社会中都有着重要的意义，夫妻和睦，共同致富，才能实现小康社会的愿望。

对于年轻人和小孩，《布栓兰》这样要求："要尊重长辈和老人，听长辈和老人的话；从长辈们面前走过时，要弯下腰轻步而过，女的还要收拢裙子；老人在楼下时，你不要在楼上来回走动；要诚实，不要说谎，要守规矩，不要去赌博和打架斗殴，不要去酗酒闹事，不要去偷鸡摸狗"等等。尊老爱幼是中华民族的美德，无论在何种场合，傣族都很重视对下一代尊敬老人的教育。

对于长辈和老人，《布栓兰》又这样要求："不要随意打骂儿女，骂儿女不要说要杀，骂儿女不要说要卖，要平等对待每一位子女，要会耐心叮嘱儿女，要会说好话教育子女。"如此等等。可见，在过去的傣族传统家庭中，长辈们对待子女、教育子孙的方式是多么的合理，多么的注重人格自尊问题，这些都符合当代所倡导的家庭教育思想，能起到防止子女产生逆反心理的作用。

夫妻和睦相处，是家庭幸福平安的前提保证；老人会教育子女，下一代才会得到健康成长，《布栓兰》的这种和谐家庭伦理道德教育，让我们领悟到的不仅仅是家庭生产、劳动和成员间的和睦相处问题，从深层次的角度去认识，我们还能看到这些教理所蕴涵的道德礼仪、民族精神和民族传统美德。

（二）人与人、人与社会之间的伦理道德

社会要稳定，不仅需要家庭的和睦，更重要的是整个社会的和谐与平安。有史以来，团结友爱、互帮互爱、与人为善和乐善好施，是傣族伦理道德的核心，也是人们赖以生存的一种精神力量。在处理人与人之间的关系上，《布栓兰》里这样说："人家爱你要加倍报答，人家恨你不要伺机报复。""人家踩你的头，你就去踩草根。"这是知恩图报、有仇化了、与人为善的道德观念，是文明礼貌的具体表现。在讲到个人与集体之间的关系问题时，《布栓兰》开宗明义地说："一棵树不成林，一根木架不起桥；一个人的本事再大，也难抵御漫天而来的灾难。"同时告诫人们："众人爱可把你举到竹梢，众人恨可把你摔落谷底。"一个人的智慧和力量是有限的，对于每一个生活在群体中的社会成员来说，想要得到别人的爱戴，首先要学会爱戴别人。社会是个整体，处在这样的整体大家庭中，若是你会爱人人，人人就会爱你。正如《布栓兰》里所说的那样："大家对你的信任，原因来于你对周围每一个人的同情与帮助；俗话说，要造船留在所有的渡口，要蒸饭留在所有的地方，这样在你贫穷困难的时候，才会有人来帮忙，否则就会更困难。"另外，对于如何做人，做什么样的人，在《布栓兰》里，对人的道德品行也有明确的阐述。如："没有信义的人和好吃懒做的人，是会被人看不起的；做人要宽宏大度，不必斤斤计较，人家才会信任你，才会和你交朋友；做人不要鲁莽粗暴，不要自作自受；不要口出狂言，是非未清别打骂；不讥笑穷汉，不骂老实人；见人富莫眼红，见人穷莫欺负；不挑过重担，莫谈偷盗行为；不要横行逞凶，不要目中无人；不要破坏别人的婚姻，不要和订婚的女人在一起；借别人的东西应有借有还，还别人的东西要好好查看，看有没有损坏；别人很忙的时候，即使不喊你，你也去帮忙，是会受人尊敬的；勐里的事不要拿回寨子里讲，寨子里的事不要拿到家里讲，话讲偏了会惹麻烦；做人处事要谨慎小心，因为爱你的人像一张皮，恨你的人如一张席。"如此等等。

《布栓兰》所倡导的以人为本的思想，跟佛教所提倡的"广施仁义，慈悲为怀"的思想，是不谋而合的。给人方便、与人为善，怀有一颗同情心，处处为他人排忧解难的伦理道德精神，是融洽社会成员之间感情、集体团结友爱的

263

桥梁和纽带。从傣族社会发展的历史和现状来看，傣族人民都在传承和发展着这种伦理道德精神，故而使傣族的社会群体始终保持着热情和善良的本性。

（三）官员与百姓之间的伦理道德

官员与百姓之间的协调与和谐，是关系着整个社会生活秩序能否健康发展，社会制度和法律能否顺利实施的关键性问题。对于这一问题，《布栓兰》也有着自己独特的伦理道德要求。说到官员，《布栓兰》这样教育道："谁当了大国王，都应该按照法规办事。要把大臣官员和平民百姓都请来，教育和告诫他们，让他们知道什么是轻，什么是重，并让他们按照教规的要求去做。教育和告诫他们以后，就放手放心地让他们去做，使他们感到高兴和感激。"还说："谁当国王统治一方，就要立志把自己的疆域建成繁荣昌盛的地方；要关爱属下官员臣民，才能得到他们诸多贡奉和拥护。为人臣者，要遵循国王的律令法规，不能让它演变消亡；对属下的头人寨主要宽抚善待，多讲温柔动听的话，使他们凝聚在你的身边，这样才能仕途平安。作为重臣长者，日夜都要想着'不要爱银子十万锭，要爱百姓十万勐'，才能得到最后的圆满。当官爱民如子是好事，当大官不摆架子也是好事。君主和臣官如果不善待百姓，不为百姓谋求福利，必将失去人心，得不到百姓的拥护；当官老爱处罚别人不好。"如此等等。这是傣族智者告诫为官者的忠言，它和现代提倡的为官清正廉明是一致的。官有官法，民有民规，"当官不为民做主，不如回家种红薯"，这是汉语中倡导为官清廉的警句。在傣族官场上也有类似的名言："当召勐要爱官员，做官员要爱百姓，做百姓要爱家人，这样，勐才会繁荣兴旺，寨才会吉祥平安，家才会和睦幸福。"

说到平民百姓，《布栓兰》又这样教育道："身为平民百姓，就应该承担属于自己的各种劳役负担，遵守地方法规法律，拥护头人寨主，服从寨规民约；说话要和气，举止要文明；无论大小事，好说好商量，这样才能吉祥平安，功德圆满。身为平民百姓，不遵守法规不好，爱夸耀自己不好，爱说官员的坏话不好，胆敢殴打官员也不好。"另外，《布栓兰》还告诫道："村民如果不尊敬寨主头人，必然会招惹麻烦，必然要吃尽苦头，没有什么幸福可言；长者如果不尊敬官吏，必然会得罪于人，失去人们的尊重，谁也不会同情可怜，更不敢去拯救你这个违抗法令的人。"

从《布栓兰》对官员与百姓的伦理道德要求中，我们不难看出，在过去的傣族社会里，早就注意到官员与百姓关系的和谐，官王要维持自己的地位，必须得到百姓的信赖和支持，百姓要安居乐业，必须同官员们保持和睦的关系。在傣族的法律里，若官员和百姓犯同等罪过，处罚时必然是官重民轻。这是因为做官的知法犯法要重罚，百姓不懂法从轻处理。平民谩骂和殴打官员，无论是有理或无理，都要受到处罚。这是因为要维持上下关系，保持和谐稳定的原因。在处理上，先罚有打骂行为者，再依据事态的具体情况，是谁的责任由谁来承担。这是由《布栓兰》里所提倡的官员与百姓之间关系而制定的法律，它的伦理道德思想，具有较高的和谐精神。因此说，《布栓兰》又凝聚着傣族人民维护社会生活秩序、法律秩序稳定的思想精神。

三、《布栓兰》的当代价值

伴随着时代的转型，今天的傣族社会也在发生着巨大的变化。兜里的金钱多了，脑里的法规淡了，传统美德也随着大把大把地赚钱而日益衰落，不和谐的因素也随着经济利益的冲击越来越多，家庭不和、邻里不睦、村寨之间发生冲突的严重社会事件开始出现。去年在大勐龙地区，有两个傣族村寨因为土地的问题，互相争执而引发严重的冲突，致使政府不得不派出武警官兵前去控制事态的发展。同样类型的事件在其他傣族村寨中也时有发生。另外，吸毒、赌博、卖淫、偷盗、斗殴等现象也越来越突出，正严重地影响着傣族这个具有悠久文明历史传统民族的形象。一个和谐的社会，离不开各社会主体之间的平等交流与沟通。从这个意义上讲，构建和谐社会需要提升整个社会的文明与和谐度。

细读、静思《布栓兰》的名言警句，不由得对现实产生思考：构建和谐平安社会，应当如何起步？无论何时，政府与公民、官员与百姓之间的关系，是协作、互动关系，而不是对立关系。正因为有这样的关系，政府管理也就不是行政机关单方面的行为，而是一个政府权力和公民权利、官员职责和百姓义务的持续协调、全面互动的过程。是政府通过与公民平等沟通、共同协商、建立伙伴关系、确立共同目标等方式，实现对公共事务的管理的目的。从这点上说，政府应积极建立、健全公民对行政管理的参与、监督机制，并不断增强公民的参与、监督能力，通过沟通、协商、合作等方式，形成一个行政权力与公民权利互动的合作机制。没有一个健全和发达的公民社会，没有一个良好的政府与公民、官员与百姓的关系，依法行政就无法真正推进，社会和谐就难以实现。我们知道，由于权力和地位的关系，政府与公民、官员与百姓之间仍存在着较大的隔膜。无论在内地还是在西双版纳傣族地区，都或多或少地存在这些问题。笔者认为，现今社会，官若想了解民，只要诚心，只要肯下工夫，按说并不缺少渠道和方法；而民若想真实、全面、有深度地了解官，则不那么容易，因为这其中还有个权限问题，中间还有一道隔膜。要化解这道隔膜就需要

265

营造一个充分民主的氛围，无论是官还是民，都需要在思想上融入优秀的民族传统美德。而《布栓兰》中那些平实的话语，平和的劝教，都包含着伦理道德思想，蕴涵着为人做官的处世哲理，大可作为营造政府与公民、官员与百姓和谐氛围的优秀教材。

从八万四千般若中撷取《布栓兰》的智慧，用傣族传统社会伦理道德教育的教义，铺垫当今社会主义大道的路基，或许脚下的路会更平，行走的人会更稳。贝叶文化曾经熏陶了一个有悠久文明历史的傣民族，今天，它仍然是傣族人民心中衡量人的道德素养的一把重要尺度，在傣族社会道德的建设中，仍具有不可估量的价值及其作用。希望《布栓兰》的思想能继续和永远引导人们树立和谐理念，培育和谐精神，营造崇尚和谐、追求和谐、维护和谐的浓厚氛围。

贝叶文化与南传佛教

南传佛教与傣族生育文化初探

郭　山[*]

摘　要： 西双版纳傣族是一个被称为"全民信教"的民族，数百年来，南传佛教文化所体现的核心价值取向成功地融入该共同体价值体系的建构之中，成为傣族传统文化不可分割的有机组成部分。而正是在这样的价值体系主导下，傣族家庭形成了自身独特的生育文化。

关键词： 南传佛教　傣族家庭　生育文化

一、引　言

"夷人生育不繁，人口稀少"[②] 是姚荷生先生对 20 世纪初西双版纳人口图景的描述。从人口理论的视角，家庭生育观念及行为是人类物质文化和精神文化在现实家庭生活中的客观反映。南传佛教作为我国西南边疆少数民族地区民众普遍信奉的一种宗教，从其传入以来就一直影响着该地区各信仰民族的物质生活和精神生活的各个方面。本文选择云南省西双版纳傣族为研究对象，试图探讨南传佛教文化在该民族人口变迁过程中的潜在影响。

二、原始佛教思想的核心价值取向

根据佛教经典的记载，释迦牟尼悟道成佛的过程是一个从"觉苦"到"识苦"再到"脱苦"的过程，是关于对人生的"苦"的认识和如何才能认清

269

* 作者简介：郭山，男，1963 年生，云南大学贝叶文化研究中心副教授，博士研究生，主要研究方向为民族学、民族文化与经济发展。

② 姚荷生著：《水摆夷风土记》，云南人民出版社，2003 年版，第 141 页。

这种苦，使自己超越"苦"达到脱"苦"的思想境界的升华过程。可以说，他关心的是人生价值和人的精神解脱问题，"悟道"学说也是围绕着人生哲学问题而展开的，其理想目标是希望在人与人之间达成相互理解、相互扶助、相互支持的和谐生活。为了让这种思想为众生所接受，佛陀以自己觉悟人生之道的经历为教材，通过讲述自己悟道全过程的心灵体验，向大众阐述了自己关于人生价值和人的精神解脱的思想，形成了以四圣谛、缘起法、四法印、八正道等为基本教义的原始佛教思想体系。概括来说，在释迦牟尼创立的佛教思想体系中，至少体现了以下几个方面的核心价值取向：

（一）众生平等

这一思想的弘扬贯穿于释迦牟尼觉悟成佛后向众生讲经说法的始终。它既是对当时占主导地位的婆罗门教种姓制度的一种挑战，也是沙门思潮中的一股新风。在佛陀看来，一个人一生的命运和境遇，既不由梵天或天神的意志主宰（婆罗门教思想），也不由前世的宿命决定（命定论者主张），也不像偶然论者所宣扬的那样是无因无缘、偶然而生的，而是由个人的行为决定的。例如，《长尼迦耶》第 27《起世因本经》是佛陀为婆私吒和婆罗豆婆遮两位婆罗门所说的法，佛陀通过讲述国家和种姓的起源，批驳了认为婆罗门种姓优越的说法①。在《长尼迦耶》第 3《阿摩昼经》中，佛陀通过回答来访的婆罗门青年阿摩昼的问题，告诫他说：凡是受出身论束缚，受族姓论束缚，受傲慢论束缚，受嫁娶论束缚，都远离无上明行（智慧和德行）成就②。另外，在《经集》第 2 品《小品》的《婆罗门法经》，第 3 品《大品》和《婆塞特经》，《中尼迦耶》第 84《摩陀罗经》中，都有佛陀反对婆罗门关于种姓优越思想的阐述。在《中尼迦耶》第 93《阿摄和经》中，佛陀说：婆罗门、刹帝利、吠舍和首陀罗四种种姓并不是一种普遍永恒的存在，每种种姓的人都能行善而获得善报，四种种姓皆纯洁，四种种姓完全平等③。通过批驳种姓优越论，释迦牟尼将个人自身的行为置于首位，充分强调个人的主观能动性。他指出，一个人的生命和命运是由各种因缘和合而成的，这种因缘最主要的就是人自身在其生命过程中所作的"业"（即行为）。众生现世的命运或来世的结果都是由其前世或现世所作的"业"决定的，是"自己作业，自己受果"。以此鼓励人们通过自身的努力多作善业，不作恶业，既"诸恶莫作，众善奉行"。

---

① 郭良鋆著：《佛陀和原始佛教思想》，中国社会科学出版社，1997 年版，第 149 页。
② 郭良鋆著：《佛陀和原始佛教思想》，中国社会科学出版社，1997 年版，第 153 页。
③ 郭良鋆著：《佛陀和原始佛教思想》，中国社会科学出版社，1997 年版，第 153～155 页。

（二）自律不贪

四法印之"有漏皆苦"中的漏即烦恼的意思，而烦恼的种类极多，贪（贪欲）、瞋（仇恨）和痴（不懂道理）是三毒，加上慢（傲慢）、疑（无端怀疑）、恶见（不正确的见解），合在一起为六大根本烦恼①。八正道中的正思要求人们应该端正自己的思想意志，正确思维佛教谛理，不思贪欲，不起愤恨与害人之心。正念则要求应集中精神，以高度的佛教智慧对身（肉体）、受（感觉）、心（心识）、法（一切宇宙事物和现象）四境进行观察和思考，远离贪欲和愚痴。②

（三）现世平安

四法印之"诸行无常"是佛陀在对八正道中正见的具体阐述中十分强调的，在《增一尼迦耶》的三集中，佛陀说道："无论如来是否出现，这种诸界法性，这种法则始终存在，即诸行无常。"③。意思就是宇宙中的一切事物和一切现象间的相互关系都是此生彼生、此灭彼灭、相待相持的，不会有恒常不变的存在。所以任何现象的性质都表现为无常的，在刹那间"生、住、异、灭"的。佛经中说弹指一下的时间就有六十刹那，一个刹那具有"生住异灭"的过程。一个人一生的"生、老、病、死"就是无数刹那相续的存在，从各个组成部分来说，则是刹那的"生住异灭"，从而显现出个人要注重现世太平安定的思想。另外，业报说关于"自己作业，自己受果"的思想也倡导人们在此生要多做善事才能获得现世的平安。

（四）乐观豁达

在《杂尼迦耶》第56《谛集》和律藏《大品》中，佛陀讲述了四圣谛说，并将自己的修行方式称为中道（Majjhima Patipada）。他说："众比丘！出家人应该避免两种极端。哪两种极端？一种是耽于欲乐，低极，粗鄙，凡俗，不体面，无意义；另一种是热衷苦行，痛苦，不体面，无意义。众比丘！如来已经避开这两种极端，而通晓中道。中道产生见和知，导向平静、通慧、等觉和涅槃。众比丘！何谓中道？这就是八正道，诸如正见、正思维、正语、正业、正命、正精进、正念和正定"④。佛陀创立的"八正道"学说集中体现了不苦不乐的中道主张，提出只有避免耆那教提倡的苦行和顺世论和偶然论者提倡的纵

① 王晓朝著：《宗教学基础十五讲》，北京大学出版社，2003 年版，第 120 ~ 122 页。
② 李富华等著：《中国现代科学全书·宗教学·佛教学》，当代世界出版社，2000 年版，第 176 页。
③ 郭良鋆著：《佛陀和原始佛教思想》，中国社会科学出版社，1997 年版，第 139 页。
④ 郭良鋆著：《佛陀和原始佛教思想》，中国社会科学出版社，1997 年版，第 58 页。

欲两个极端，按照中正之道去生活，才能真正灭除人生的各种痛苦，达到涅槃的理想境界，因此要知足常乐，乐观地对待人生。

（五）随缘而安

缘起说是佛教的基本教义之一，也称"因缘和合"学说。缘起即"诸法由因缘而起"，意思是说，世间一切事物或现象都是相待相持的生存关系和条件，离开关系和条件，就不能生成任何事物和现象。释迦牟尼曾给"缘起"下过这样的定义："若此有则彼有，若此生则彼生；若此无则彼无，若此灭则彼灭。"如用通俗的语言来举例就是：没有树木就没有森林，而树木则是由树的种子发芽后长出来的，因此没有种子，就没有树木。树木是要靠土壤、阳光、空气、水分才能成长的，因此，没有土壤、阳光、空气、水分等一切条件，就没有树的种子的生长。所以，森林、树木、土壤、空气、阳光、水分是相待相持的互存关系和条件，离开了它们，就没有树木，没有树木也就没有森林①。世间某种结果的产生是缘于先前具备了产生此种结果的条件，而这种条件与结果间的关系是相待相持的，因此，凡事不宜刻意追求而宜随缘。

三、南传佛教文化对傣族生育文化的影响

释迦牟尼原始佛教思想体系的创立及传播，标志着原始佛教文化的形成。随着佛陀的讲经说法，信众群体逐渐扩大，佛教思想的影响也不断扩大，其中，从印度到斯里兰卡，再跨越印度洋到达东南亚各国的这条传播线路，因地理方位的走向而被指称为南传佛教。由于南传佛教在弘法过程中始终保持以巴利语三藏经典为核心，其教义、教理完好地保留了佛陀在世时原创的佛教思想体系，因此，以巴利语三藏经典为核心的南传佛教文化所体现的是释迦牟尼创立的原始佛教文化思想，其核心价值取向也始终保持着众生平等、自律不贪、现世平安、乐观豁达、随缘而安的原旨。

尽管学术界对南传佛教传入西双版纳地区的具体时间至今尚无定论，但《泐史》中记载第十三代召片领三玻渥傣即位时的情景说："推选既定，人们群诣佛寺，面对佛像、佛经、住持三个佛主代表者宣誓，并交誓词铭镌寺中。"三玻渥傣即位于公元1457年，即傣历819年②，因此，在此之前南传佛教已经传入西双版纳应是不争的事实。

据佛经记载："佛祖率众弟子游世传教数年，每到一个地方都受到当地人

272

---

① 王晓朝著：《宗教学基础十五讲》，北京大学出版社，2003年版，第120～122页。

② 刘岩著，《南传佛教与傣族文化》，云南人民出版社，1993年版，第91页。

们的欢迎和崇敬，以饭水食物及各种财物虔诚供奉和布施，为建立佛教，向佛祖讨取头发及脚印，建造佛发塔及脚印塔以及佛祖寺庙，作为信徒叩拜和供奉的地方。"① 于是，西双版纳出现了"村村有佛寺，寨寨有和尚"的景象。正是在这个意义上，傣族被称为一个全民信教的民族。

从文化人类学的视角看，西双版纳傣族信奉南传佛教文化的过程实质上是一个文化认同的过程。作为一种异域文化，南传佛教文化在傣族地区的传播得到人们的认同，标志着其所倡导的价值取向、处世态度、生活方式为傣族民众所接受，在这种文化认同的进程中，佛陀的原始佛教思想作为一种人生价值的追求和精神寄托，通过实施全民性、持久性、多样性、灵活性、开放性和通俗性的教化，深深浸润到傣族民众的心灵深处，并体现在其生产、生活的各个方面。

首先，在对象上，傣族的每个男性到七八岁就要进佛寺当和尚。送子弟进佛寺当和尚是家长的义务，当了和尚就懂道理，还能写会算，是傣族的知识分子，既受人尊敬又容易找老婆，否则就是不懂道理的"野人，被人看不起"，这是傣族民众的普遍共识②。这使每个家庭中的男性都能通过佛寺直接学习佛教知识。对于女性，则通过做赕、雨安居③等活动及家庭内男性成员的潜移默化，间接地学习佛教知识，实现了教化的全民性。

其次，在时间上，佛寺中的和尚接受的是长时期的佛教文化教育，当他们还俗后，还要在每年的雨安居时与村民们一起到寺中听佛爷讲经、说故事，其效果是一年一度对全体民众（无论是还俗的和尚还是女性）实施了定期培训。另外，傣族一年中做赕的节日很多，其中，赕新年、赕关门、赕开门、赕星、赕坦、赕岗、赕帕这七次是必须做的。每次做赕，都是到佛寺中接受一次佛教文化的再教育。这种入佛寺当和尚长期学习与例行定期的雨安居培训及不间断的、短暂而频繁的做赕相结合的安排，实现了教化的连续性。

第三，在内容上，佛寺对出家和尚来说提供了三方面系统、规范、严格的学习内容：一是学识傣文；二是系统学习佛教的经、律、论三藏经典；三是学习诸如历史、文学、医学、艺术、道德、法律、哲学等科学知识（属藏外佛教

---

① 《中国贝叶经全集》第1卷《佛祖巡游记》，人民出版社，2006年版。
② 《傣族社会历史调查》（西双版纳之三），云南人民出版社，1983年版，第105页。
③ 雨安居指印度洋季风带来的雨季期间，在我国西双版纳地区为农历四月十六至七月十五的三个月。按佛经《律藏》中《大品》的说法，此期间僧伽要安止寺中，一为坐禅修行，二为不出门便不至于践踏伤害生命，没有特殊理由僧众都不能外出。由于雨季时不便外出，因此村民们也都利用这段时间到寺中听佛爷讲经、说故事，由此，雨安居成为南传佛教地区一个重要的节令。参见宋立道著《传统与现代——变化中的南传佛教世界》，中国社会科学出版社，2002年版，第51页。

典籍)。傣族的文字是佛教传入后才有的,佛寺里的经书都是用傣文书写的,也要用傣语来念诵。通常,只有进佛寺当过和尚的人才能识、记傣文,因此,入寺当和尚是傣族学识傣文的最主要途径。三藏中的经藏是佛陀宣传教义的经文汇编,律藏是有关佛教教规和戒律的经文汇编,论藏是有关总结和阐释各种佛教教义或概念的经文汇编。同时,佛寺还教化如何做人、做事,只有那些学习好、有德行、不为非作歹、心直的人才能从和尚升为佛爷再升为大佛爷、祜巴。而通过进佛寺学识傣文,再学习三藏经典和其他科学知识,最终成为社会上知书达理、德高望重的人是傣族民众心目中的理想。而对于在家的信众,学习内容则是不带学究气的、轻松的佛经故事。每当雨季到来时,乡村寺庙的楼上总有村民在聚精会神地听那带有伊索寓言式风格的、甚而有点幽默的佛经故事,这种融教规教义与讲故事为一体的内容,为信众们所喜爱,显现了佛教文化教化的通俗性或称民间性。

第四,在形式上,佛寺中对出家男子实施的是系统、规范的正规教育,每日所做之事(如外出托钵乞食,上早、晚课,劳动,用餐,就寝等等)都按照寺院作息时间执行。而对在家的信众,雨安居、做赕、各种节日及各种家事(如盖房、娶亲、孩子取名、送丧等)时对大众实施的讲经、诵经就似非正规教育,无论出家和尚和在家信众都能经常受到佛教文化的熏陶,达到了教化的多样性。

第五,在方法上,对村民而言,雨安居时在佛寺中听佛爷讲经说法,是一种比较系统的文化学习,而平日里的教化,如每日清晨小和尚到村中求供养(托钵乞食)、各家到寺中做赕、各种节日中听佛爷念经等活动时僧侣的迴向,则是接受相对松散的教化。这种定期系统学习与不定期的、松散性的学习相配合,体现了教育方法的灵活性。

最后,在地点上,不论是出家的和尚还是还俗的僧人,在佛寺中听的是佛爷讲经说法(以佛爷为师),到了寺外,则由负责管理佛教事务的"波章"与民众对话(以波章为师),无论在寺内还是在寺外,民众都会受到佛教文化的熏陶。这种寺内、寺外的教化,实现了教育空间的开放性。

正是通过这种全方位的、持久的教化,南传佛教文化所体现的核心价值取向成功地融入傣民族共同体价值体系的建构之中,傣族人民将其树为自身的人生目标,南传佛教文化从此成为傣族传统文化不可分割的有机组成部分。而正是在这样的人生价值观主导下,傣族形成了自己独特的社会风尚、社会保障机制、生活态度和人际关系网络,为傣族家庭自主性低生育行为奠定了坚实的基础。

不可否认,从宗教义轨、义理来看,佛教对人口生育行为的教律、规约并没有像世界多数宗教那样直接、明确且有鲜明的指向性①，相比之下，它表现得间接、含蓄而温柔，但我们仍能领悟到其核心价值取向在对待生育观、生育行为上的倾向性，如提倡众生平等，就是不应有男尊女卑思想和生育上的性别偏好；自律不贪、随缘而安就是主张不要去刻意追求多生、生男；而弘扬现世平安、乐观豁达的思想就是要人们在日常生活中多关心他人，积德行善，互帮互助等。总之，南传佛教采用了内敛的方式展现其教旨，通过阐释佛陀对人生、对世界的"真理性"的认识②，以其独特的人生观及与之相对应的关于解脱的理论和缘起说、业报说等，让信众在冥冥中受到引导，从而让其所表达的理念体现在了傣族民众生产、生活的方方面面。生育行为作为生育观的现实实践活动，也当然地反映出共同体的价值取向，这正是南传佛教文化对傣族生育行为的影响之所在。

参考文献：

[1] 王晓朝：《宗教学基础十五讲》[M]，北京大学出版社，2003 年版。

[2] 郭良鋆：《佛陀和原始佛教思想》[M]，中国社会科学出版社，1997 年版。

[3] 李富华等：《中国现代科学全书·宗教学·佛教学》[M]，当代世界出版社，2000 年版。

[4] 刘岩：《南传佛教与傣族文化》[M]，云南人民出版社，1993 年版。

[5] 中国贝叶经全集编辑委员会：《中国贝叶经全集》第 1 卷《佛祖巡游记》[M]，人民出版社，2006 年版。

[6] 民族问题五种丛书编委会：《傣族社会历史调查》（西双版纳之三）[R]，云南人民出版社，1983 年版。

[7] 陈震：《农民生育的外部性与文化边际性》[J]，载《人口与经济》1998 年第 1 期。

[8] 李拂一：《十二版纳志》[M]，中国台湾正中书局，1955 年版。

---

① 基督教《旧约全书》中说"要生众多，布满地面，治理大地"。伊斯兰教主张"能生多少就生多少"（参见刘天才《世界主要的宗教婚育观对人口生产的影响》，载《曲靖师范学院学报》2005 年第 1 期）。犹太教的生育观提倡子孙众多，在犹太人的经典《托拉》中有多处体现，如上帝对犹太人祝福多是子孙众多；对亚伯拉罕的应许就是要让他的后裔"多如天上众星"；给亚伯拉罕之子以撒的祝福也是让其子孙多得"如同天上的星，海边的沙"（参见范晓云《从犹太经典看犹太人先进的生育、饮食和教育观》，载《安康师专学报》2005 年第 2 期；马成良《宗教、人口与社会问题研究》，载《西北民族学院学报》1995 年第 4 期）。

② 李富华等著：《中国现代科学全书·宗教学·佛教学》，当代世界出版社，2000 年版，第 3 页。

[9] 姚荷生:《水摆夷风土记》[M]，云南人民出版社，2003 年版。

[10] 马曜:《马曜学术论著自选集》[M]，云南人民出版社，1998 年版。

[11] 民族问题五种丛书编委会:《西双版纳傣族社会综合调查》（二）·[R]，云南民族出版社，1984 年版。

[12] 民族问题五种丛书编委会:《傣族社会历史调查》（西双版纳之二）[R]，云南人民出版社，1983 年版。

[13] [美] 鲁思·本尼迪克特:《菊与刀》[M]，吕万和等译，商务印书馆，2005 年版。

[14] [法] 皮埃尔·布迪厄:《实践感》[M]，蒋梓骅译，译林出版社，2003 年版。

中国南传佛教建筑研究资料综述

田玉玲[*]

摘　要： 发端于二十世纪三十年代的中国南传佛教建筑研究，发展至今大致经历了三个时期：发端时期、泛化研究时期和专业研究时期。二十世纪八十年代末，中国南传佛教建筑研究才真正开始进入专业化专题研究阶段，带动了中国南传佛教建筑研究的热潮。但总体而言，中国南传佛教建筑研究还处于起步阶段，与汉传、藏传佛教建筑研究尚有很大差距。

关键词： 南传佛教　建筑　佛寺　佛塔

一、中国南传佛教建筑研究史概述

中国南传佛教研究是中国佛教研究中的薄弱环节。作为其中一个组成部分，南传佛教建筑研究也长期没有得到学界足够的关注。这段为期不足百年的研究史，可以大略分为三个时期，即发端时期、泛化研究时期和专业研究时期。

（一）发端时期

20 世纪 30 年代至 50 年代初为中国南传佛教建筑研究的发端时期，即起步时期。此期的研究成果，主要是一些从事边疆史、民族史及人类学、社会学研究的学者在西双版纳及德宏等傣族地区进行民族调查研究时撰写的田野调查报告及论文。其中，姚荷生《水摆夷风土记》、江应樑《摆夷的生活文化》等一系列调查报告中的"宗教信仰"部分，对当地南传上座部佛教的教派、宗教活

277

　＊ 作者简介：田玉玲，壮族，女，1974 年生，云南大学中国少数民族艺术专业在读博士研究生，主要从事南传佛教及少数民族文化研究。

动、宗教节日和僧阶等方面情况作了概要的介绍和记录。

另外，有少量关于傣族佛历的论文和傣文史书的译文也涉及南传上座部佛教，同时部分提及南传佛教建筑，但记载简略，一笔带过，基本没有展开任何实质性的研究。

（二）泛化研究时期

20 世纪 50 年代中期至 80 年代中期为中国南传佛教建筑的泛化研究时期，研究成果主要是南传佛教的综合性普查记录，尚未全面展开系统性的研究工作。这批调查报告主要收载于 20 世纪 80 年代出版的"民族问题五种丛书"，包括《傣族社会历史调查》（包括西双版纳系列和德宏系列）、《西双版纳傣族社会综合调查》（系列）及《云南民族民俗和宗教调查》等系列丛书。报告主要是 20 世纪五六十年代开展的民族社会调查资料的整理，内容涉及各地南传佛教的僧阶、经典、宗教节日、建筑、仪式、宗教开支等，为以后的相关研究提供了重要史料。但是，这组调查报告主要以社会、阶层、经济状况等方面为中心，佛教建筑方面的内容并不多。其中，邱宣充先生撰写的《西双版纳景洪县傣族佛寺建筑》、《沧源广允佛寺调查》是此期的两篇重要论文。

此前，邱先生于 1954 年发表的《云南小乘佛教的建筑与造像》[1]，郭湖生 1962 年发表的《西双版纳傣族的佛寺建筑》[2] 是早期的中国南传佛教建筑专题研究论文。但由于年代久远，现在已经很难觅得。李伟卿 1982 年发表的《傣族佛寺中的造型艺术》[3] 一文是"文化大革命"之后发表的第一篇此类专题论文。

（三）专业化研究时期

20 世纪 80 年代末，中国南传佛教建筑研究开始进入真正的专业化研究阶段。1990 年出版的《贝叶文化论》一书，集中刊载了邱宣充《傣族地区小乘佛教的建筑与造像》、杨玠《西双版纳的佛塔》、李伟卿《傣族佛寺的绘画艺术》等论文，第一次全面介绍了中国南传佛教建筑及其装饰艺术。此后几年内，各类学术期刊陆续发表了杨昌鸣的《云南傣族佛塔与泰缅佛塔的比较》、黄夏年《云南上座部佛教研究四十年》、徐伯安《我国南传佛教建筑概说》、罗廷振《西双版纳佛寺及其附属建筑的民族特色》和《西双版纳佛塔的类型及其源流》等数篇专业论文，掀起了南传佛教建筑研究的一个小高潮。

近年发表的专题论文主要有：卢山的《云南傣族小乘佛教建筑比较研究》、王晓帆《南传佛教佛塔的类型和演变》、李晓珏《西双版纳景洪地区傣族佛塔信仰研究》等，各位作者从不同的角度展开和深化南传佛教建筑的专题研究。

另外，有几份学位论文也值得一提。2003 年台湾佛光山文教基金会结集出

278

版的《中国佛教学术论典》第75辑收录了两篇建筑专业的硕士论文，即周浩明《云南傣族小乘佛教建筑研究》（由郭湖生教授指导）、冯炜青《建筑·宗教·文化——论我国南传佛教建筑文化》（由徐伯安教授指导），二文比较系统地梳理和吸收了前人对中国南传佛教建筑研究的相关成果。2006年，王晓帆在网上发表的博士学位论文《中国西南边境及相关地区南传上座部佛塔研究》则是第一部中国南传佛塔研究的系统性论著，也是中国南传佛教建筑研究的一次总结与提升。

二、佛寺建筑研究资料综述

佛寺，傣语称"洼"，当地俗称缅寺、奘房，是南传上座部佛教的重要建筑，是僧侣最重要的日常活动空间，它具有三个重要功能。首先，是僧侣的修行场所和日常生活空间；其次，是面向广大信众举行各种宗教仪式的公共场所；第三，也是信教民族重要的村落文化中心。

20世纪三四十年代的相关史料，已经初步涉及傣族的佛寺建筑。其中，记录最为详尽的当数江应樑和姚荷生二位先生。

"江应樑是历史上第一个以人类学者身份进入高黎贡山以西对傣族社会进行民族学研究的人"。[4]1937年、1938年，江应樑先生先后两次历尽艰辛远涉滇西腹地，对滇西德宏地区的傣族（当时称摆夷）进行深入调研。之后撰成《滇西摆夷之现实生活》一书，详细记录了前工业社会时期摆夷淳朴的民风民情，为我们留下了最可宝贵的历史资料。书中专列一章——第八章《佛与魔》对傣族的宗教信仰进行叙述，并刊载了几幅珍贵的历史照片。

时隔不久，姚荷生先生于1939年初抵达版纳，并在此逗留年余，广访车里（即今日的西双版纳景洪一带）的风土民情，用其生花妙笔为我们描绘了六十多年前的版纳风物画。两位先生一西一南，遥相呼应，共同为我们勾勒了20世纪30年代中国西南广大傣族地区的现实生活画卷。

从两位前辈学者的记述中可以看出，同一时期，两地傣族佛寺在相似中也显露出一些地方性差异：

佛寺风格方面，版纳朴素，没有任何藻饰、雕刻和绘画；而德宏佛寺富丽堂皇，屋顶有饰金的璎珞塔，梁、柱、门、窗加以精致的雕刻粉饰。外来文化影响方面，德宏深受缅甸及汉文化的影响，佛寺风格可分为缅式和汉式两种，还可见到佛寺门口悬挂的汉字金匾；西双版纳则较少受到汉文化影响，文化更具单纯性。佛寺建筑方面，德宏佛寺多为单体建筑，僧侣的修行、学习、生活、休憩都在大殿，而版纳佛寺则有单独的僧舍等等。直到今天，这些明显的外部差异与两位先辈当年所录相比并未发生根本性变化。当年的详录为后人的研究提供了基本的研究线索，后续的许多研究正是沿着两位前辈的思路进一步深入展开的。

新中国建立之后，政府组织各民族工作队对边疆民族地区开展大规模民族社会调查，由此产生了一大批内容广泛的社会调查报告。报告基本是对 20 世纪五六十年代开展的民族社会调查资料的整理，水平参差不齐，佛寺建筑方面的相关内容不多。此期的研究，仍然以概貌式的综述为主，着重记录所见所闻，尚未展开系统的专业性专题研究。邱宣充的《西双版纳景洪县傣族佛寺建筑》、《沧源广允佛寺调查》是其中两篇重要的建筑研究专文。

《西双版纳景洪县傣族佛寺建筑》[5] 撰于 1965 年 12 月，作者根据 1964 年 8 月对西双版纳景洪县多所佛寺进行的实地考察撰写而成，是第一篇全面介绍西双版纳景洪佛寺、佛塔及其装饰艺术的研究论文，内容丰富，记录周详。该文描述了西双版纳传统佛寺的建筑样式、内部构造与布局装饰，详细介绍了佛寺的等级、布局，佛塔与佛寺的配置关系、戒堂的特殊地位和作用，以及景洪佛寺的建筑架构、瓦片、脊饰等各种用材。该文将佛殿木构梁架与墙壁的关系分为无柱式、墙柱式和边柱式三类，认为这是预防白蚁的一种有效措施。作者作了大量的统计和绘图，文后附录了"汉傣佛寺建筑译名对照表"、"景洪佛寺建筑一览表"、"佛寺年代估计表"和多所佛寺的平面、立面图，为后人的研究提供了翔实的图文资料。

李伟卿《傣族佛寺中的造型艺术》一文根据作者 20 世纪 60 年代在西双版纳景洪佛寺收集到的田野资料撰写而成，记叙了傣族佛寺的布局、木架结构和独特的重檐结构。

邱宣充《沧源广允佛寺调查》[6] 一文记载了临沧地区沧源县广允佛寺的布局、规模、构造及佛寺精美的木雕、壁画工艺。

1985 年，刀述仁会长特撰《南传上座部佛教在云南》[7] 一文，详细介绍了西双版纳上座部佛教寺院的组织制度、各级佛寺的宗教功能以及佛寺的建筑构成。刀会长认为，中国南传佛寺建筑存在一定的地区性差异："在寺院建筑方面，德宏州、保山地区多为木结构的楼房；临沧大部、思茅和西双版纳地区又多是砖木结构的殿堂式平房，有些地方僧舍是楼房，其余建筑是平房。"

周浩明《云南傣族小乘佛教建筑研究》[8] 一文全面梳理和吸收了前人的南传佛教建筑研究成果，是 80 年代最系统的南传佛教建筑研究论文。文中对傣族佛寺的选址习惯作了解释，并将佛寺与傣族村寨常见的区位关系归纳为五种类型①。但由于该文长期未公开发表，对中国南传佛教建筑研究产生的影响有限。

影响广泛、真正启动南传佛教专业化研究的第一部重要作品当数 1990 年出版的《贝叶文化论》。本书集中刊载了邱宣充《傣族地区小乘佛教的建筑与造像》、李伟卿《傣族佛寺的绘画艺术》、杨玠《西双版纳的佛塔》等数篇论文，第一次全面介绍了中国南传佛教建筑及其装饰艺术，带动了傣族佛寺建筑研究的热潮。

邱宣充《傣族地区小乘佛教的建筑与造像》[9]是作者继《西双版纳景洪县傣族佛寺建筑》一文之后的另一篇关于傣族佛寺建筑的重要论文。作者认为，小乘佛教与大乘佛教殿宇建筑的区别在于："大乘佛教的殿宇面阔大于进深，为横式平面；而小乘佛教的殿宇则是进深大于面阔，属纵式平面。"根据傣族佛寺建筑的地区性风格差异，作者将傣族佛寺建筑分为西双版纳型、德宏型、临沧和思茅型三种类型。该文的分类与论述是学者第一次宏观统揽中国傣族南传佛教佛寺建筑，并分门别类进行介绍，因此成为中国南传佛教佛寺建筑分类的重要基础，以后的分类多沿此说。

此后，颜思久《耿马县小乘佛教》[10]一文将临沧耿马的佛寺建筑分为宫殿式和楼房式两类。颜思久《景谷县小乘佛教调查》[11]一文指出当地佛寺建筑具有突出的汉傣结合特色："若从正殿的外表观察，这种形式很像内地大乘佛教殿堂形式而不像西双版纳的小乘佛教殿堂形式，但若从殿侧的布书亭和殿前佛塔形式观察，又与西双版纳的大体一样。殿内的布局与西双版纳佛寺基本相同。"

杨昌鸣《东南亚与中国西南少数民族建筑文化探析》[12]一书是 20 世纪 90 年代初出版的关于中国南传佛教建筑研究的重要作品。本书《小乘佛教建筑》篇专题进行云南傣族及泰、缅等国南传佛教建筑的比较研究。该文从佛殿与戒堂的关系入手，通过追溯戒堂与佛殿的发展脉络，探讨西双版纳与滇西地区的佛寺构成差异，为小乘佛教入滇的传播路线提供了佐证，也为今后的南传佛教建筑研究提供了新的思路和启发。

黄夏年《云南上座部佛教研究四十年》[13]一文，对新中国成立 40 年来云南上座部佛教研究所取得的成果进行全面综合述评，为以后的南传佛教研究提供了重要的资料线索。

281

---

① 主要表现为五种关系：佛寺位于进入村寨主要道路的一侧；佛寺可位于正对进入村寨的主要道路上；佛寺可与村寨分开，位于村寨居住区一侧、佛寺在村寨内主要道路的尽端；也有的佛寺位于村寨居住区内，佛寺附近有较大的场地与主要道路相连。参见周文第 113 页。

徐伯安《我国南传佛教建筑概说》[14]认为，我国南传佛教在它传播和发展历史上有三个明显特点：（1）自上而下推行；（2）具有全民性；（3）有些地区带有"村寨佛寺（或村寨佛教）共同体"性质。这三个特点在佛寺与村寨的地缘关系以及佛寺的建筑形制、总体布局、个体结构和装饰图案的法缘关系方面，都有直接反映。而且，西双版纳佛寺具有几个共同的特点：普遍以地名称呼寺名；寺门大多向东开设；大都没有围墙（或只有低矮的扶手墙）；总体布局没有明确的轴线对称关系，几乎全部呈现出一种没有规律的散落（或自由）布局形式等等。

罗廷振《西双版纳佛寺及其附属建筑的民族特色》[15]概要地总结了西双版纳佛寺建筑的发展历程①，介绍了西双版纳佛殿独特的屋宇造型，并根据其造型特点将佛寺大殿细分为五种类型。此外，该文对方形重檐攒尖顶式戒堂、多角重檐攒尖顶式戒堂和藏经楼、单檐和重檐多面坡歇山式顶戒堂和藏经楼等其他佛寺建筑也作了介绍，并简要介绍了版纳常见的几种门亭和凉亭建筑。

冯炜青《建筑·宗教·文化——论我国南传佛教建筑文化》[16]一文指出，与汉化了的汉地佛寺建筑相比，南传佛教建筑更接近于原始佛教建筑。南传佛寺在村落中显著的识别性主要通过尺度、建筑造型、材料、色彩、装饰等几个方面来体现。（详见下表）

表1　南传佛寺建筑在村落中的识别性

	佛　　寺		民　　居
	西双版纳	德　宏	
造型	大体量的高台落地建筑 造型别致的叠落屋顶 群体性	带长引廊的干栏式建筑 造型别致的高窗叠落屋顶 群体性	小体量的干栏式建筑 造型简单 个体性*
色彩材料	红色砖墙 黄色琉璃瓦顶或青瓦 雕梁画栋，装饰华美	红色木质墙面 银色瓦楞铁皮屋顶或青瓦 各种装饰	竹墙面或席纹墙面 草顶或瓦顶 材料原色

*德宏民居常以竹笆围合底层的架空空间，而佛寺通常不进行围合。

冯炜青着重从建筑的平面柱网构成、内部陈设和戒堂建筑三个方面论述佛寺建筑，从佛殿的穿斗式结构体系和空间处理、采光处理、空间的宗教体验等几个方面论述佛殿结构造型与空间处理，同时专题论述了佛寺的内外装修和陈

---

① 包括单檐单面坡歇山式顶大殿、重檐单面坡歇山式顶大殿、重檐三面坡歇山式顶大殿、重檐五面坡歇山式顶大殿及亚字形重檐歇山式顶大殿五种类型。

设，描述了两地佛寺风格相异的屋顶造型艺术。目前所见资料中，多数详版纳而略德宏，以此文对德宏佛寺建筑的描述最为详尽。

而且，以往的研究仅以"布局灵活"来描述中国南传佛寺的布局，冯炜青试图运用轴线关系观测法和十二宫位观测法对西双版纳及德宏佛寺的构成布局进行概率统计分析，力求从无序中找出内在规律。

卢山《云南傣族小乘佛教建筑比较研究》[17]一文以比较的视野，从傣族佛寺的选址、形制布局和佛殿、佛塔的外观造型等方面，通过与内地汉传佛教建筑、东南亚地区南传佛教建筑的比较和渊源追溯，阐述了傣族佛寺建筑的独特风格。文中提供了多幅精美的建筑素描，增强了文章的现场感和学术价值。

景洪勐泐大佛寺是一座周密规划、规模宏大、宗教象征意义明确的南传佛寺，其设计、布局及装饰充分吸收融合了傣、汉、缅、泰的艺术风格，是中国南传佛教建筑艺术的大荟萃。肖永明《云南上座部佛教巡礼》[18]一文介绍了该寺的建筑规划理念及其建筑的宗教象征意义。

三、佛塔研究资料综述

佛塔是中国南传佛教建筑的重要组成部分，也是研究者关注的一个中心问题。早期的佛教资料中已经有佛塔的相关记载。

江应樑在《滇西摆夷的现实生活》[19]中记载了滇西佛塔，并生动记录了一个当地流传广泛的建塔传说。姚荷生先生记载了西双版纳傣族的堆沙塔习俗及其有关的传说。

邱宣充在《西双版纳景洪县傣族佛寺建筑》一文中将景洪佛塔分为塔基、塔身、塔刹三个部分。认为景洪傣族佛塔以独塔为主，大多是砖结构的实心塔，外敷石灰涂料，大概可以分为须弥座式佛塔、多角多边形佛塔、亭阁式佛塔及一支笔式佛塔四种类型，这是学者第一次对西双版纳佛塔进行分类。文后附录了多幅版纳著名古佛塔的草图，为后人的佛塔研究提供了很大便利。《傣族地区小乘佛教的建筑与造像》一文将傣族佛塔分为泰式金刚座塔、缅式钟形佛塔、串字形佛塔、高基座佛塔、亭阁式佛塔和八角形密檐式塔六种类型。以上分类，作者以列举实例展开论述，并未列举明确的佛塔的分类依据和标准。

周浩明《云南傣族小乘佛教建筑研究》一文认为，佛塔在傣族佛教建筑中占重要地位，傣族地区在相当长的历史时期内是塔重于寺的。即使在中后期，塔也是傣族人民崇拜的重要对象。根据佛塔与佛寺的关系，傣族佛塔可分为寺塔、半独立式塔与独立式塔三类。依据塔身的造型，傣族佛塔也可以分为叠涩形、圆鼓形、覆钟形三类。此外也有不少塔的塔身在各个不同的高度采取不同的平面或立面形式，总体效果灵活多变。

杨玠《西双版纳的佛塔》[20]是第一篇系统论述西双版纳佛塔的专文。该文追溯了西双版纳佛塔的发展史："西双版纳兴寺建塔，在宋代已经盛行，至明、清时，佛塔的实物例证更多，是该地区佛塔发展史上的繁荣时期。"作者将版纳佛塔分为单塔、双塔和群塔三种，其中以单塔的数量最多，双塔和群塔较少。从塔的立面上看，佛塔可分为塔基、塔座、塔身和塔刹四个部分，有的塔不设塔基。塔座平面有方形、六角形、八角形、圆形多种。塔身的造型归纳为五种：金钟式、金刚宝座式、密檐式、折角多边式和亭阁式。

文章的结论部分，作者归纳总结了版纳佛塔特点，认为：西双版纳佛塔的结构和造型，在初期主要是采用了缅甸、泰国佛塔中的钟形、折角亚字形等式样。后来逐渐地方化和多样化，佛塔的装饰也逐渐由古朴到繁华富丽，其中也大量吸收了内地汉族以及其他民族在建筑艺术上的优秀传统。

颜思久《景洪地区佛教调查》[21]一文则将景洪佛塔分为螺旋式、覆钵式、一条鞭式和叠涩式四类。颜思久主编《云南宗教概况》一书中的分类与此一致。

杨昌鸣《云南傣族佛塔与泰缅佛塔的比较》[22]一文将傣族佛塔分为覆钟式、叠置式两大类，并重点论述了傣族佛塔与缅、泰佛塔的关系。

徐伯安《我国南传佛教建筑概说》一文认为，我国南传佛教佛塔（文中称缅寺塔）同藏语系佛教喇嘛塔一样，仍旧保留有古代印度窣堵波形制的明显印记，但其建筑造型及宗教内涵均有差异。

罗廷振《西双版纳佛塔的类型及其源流》[23]一文绘制了西双版纳的佛塔分布示意图，为后人的研究提供了很大便利①。文中将版纳常见的佛塔分为覆钟式舍利塔、折角亚字形高基座塔、亭阁式塔、多层须弥座佛塔（又称"串"字形佛塔）及金刚宝座式塔群五种。对每一种塔形详细列举多个例证，并配上相应图片。此外，也对僧侣墓塔及村寨井塔两种版纳常见的塔式建筑进行了介绍，拓宽了版纳佛塔的研究视野。

冯炜青《建筑·宗教·文化——论我国南传佛教建筑文化》一文从佛教艺术中普遍运用的象征手法入手，解析了佛塔单体中常用的象征表现手法，如圆形或四边形、六边形、八边形及折角亚字形等佛塔平面的象征意义，以及相轮、莲花和色彩的象征等，进而解构南传佛塔中常见造型手法的宗教象征意义。认为傣族地区常见的群塔，其象征意义多与佛陀或佛陀业绩、佛教教义、

284

① 当然，随着西双版纳经济的发展，今天的佛塔数量已经有明显的增加。但是，作者绘制的示意图为我们指出了版纳佛塔历史上的基本分布格局，对后人的佛塔调查及研究仍然具有很大参考价值。

宇宙观有关，与藏传的金刚宝座塔内涵不同。并对傣族佛塔与泰、缅佛塔进行了比较研究。

另外，卢山《云南傣族小乘佛教建筑比较研究》一文也论及了云南傣族的佛塔。伍琼华等撰写的《临沧几所宗教寺庙调查》[24]一文记录了临沧的两座名塔——临沧西塔（又被称为白塔、西文笔塔）和勐旺白塔。

王晓帆《中国西南边境及相关地区南传上座部佛塔研究》[25]是目前所见第一份关于中国西南边境及相关地区南传上座部佛塔研究的博士论文，是目前所见对中国南传佛塔研究最深入周详的作品，是对中国南传佛塔研究的一次深入总结与提升。

该文分为背景研究、形制研究和象征研究三大板块。宗教方面，除了关注南传上座部自身特质之外，同时强调该地区历史上曾广泛流传的大乘密教、印度教以及原始宗教在世俗层面上对上座部佛塔形制、营建和供养的影响。地域方面，作者认为，中国西南边境地区的佛塔研究不能仅局限于中国云南的西双版纳、德宏等地，而应扩展至相邻的东南亚北部泰语地区。文中将这个区域划分为"西双版纳—泰国北部—缅甸东掸邦"和"德宏地区—缅甸中北掸邦"两个区域进行对比研究。

从建筑风格上来说，西双版纳深受泰北影响，其许多佛塔甚至可以直接从泰北找到原型。泰北地区佛教建筑形式来源非常复杂，表现出来就是建筑形式上的多元化和混合的风格。其具体特点是：多为单塔，高基座和小覆钵，塔身与塔刹之间界限明晰，覆钵为较瘦长钟形及钟形变体，塔身为数个相似形体的叠置，塔身与基座之间划分不很清晰。据此，作者赞成将西双版纳佛塔分为覆钵式和叠置式两大类。佛塔组合的划分上，作者沿用了群塔和单塔的称谓，但其划分与前人显然有所不同。

德宏佛塔属于另一个传播系列："德宏州的佛塔大致与缅甸掸邦相同，有一个原型或基本型，诸多的样式都是在它的基础上进行有规律的变化形成的。"德宏佛塔多以群塔出现，主要为缅式覆钟形塔。塔身与基座界限明晰，但塔身及相轮部分合为一细长圆锥体，没有平头，覆钵之上直接立相轮塔刹。一般可以分为塔基、塔座、塔身、塔刹、金属伞盖五个部分，并以金色和白色将佛塔划分为基座和塔身两大部分，这是佛塔东传以后逐渐世俗化的结果。

"西双版纳—泰北—东掸邦"与"德宏—中北掸邦"两地毗邻，地区文化及南传佛教交流频繁，佛塔具有一定共性，也表现出一定的差异性，主要体现在三个方面：

285

1. 形式来源不完全相同

缅甸中北部掸邦佛塔基本上是在蒲甘缅式佛塔的基础上发展而来。而"泰北—东掸邦"的佛塔形式来源却非常复杂，其形式的基础是蒲甘初期缅人风格与印度波罗风格的混合，也有来自堕罗钵底孟族和中南部泰人以及高棉的影响。而且，蒲甘佛塔传入两地的时间不同，风格也有较大差异：蒲甘佛塔形式传入泰北地区是公元11世纪，佛塔的风格深受大乘密教影响，其实是由缅人带来的印度波罗风格，称"僧伽罗式"。公元16世纪左右，蒲甘佛塔形式经曼德勒传入缅甸中北掸邦，此时的佛塔已经是缅化后的"缅式"佛塔，与早期的"僧伽罗式"已有很大差异。

2. 发展历程不同

"德宏—中北掸邦"的佛塔形式发展基本上是单线的，可以归结为蒲甘—曼德勒—掸邦—德宏。尤其在传入掸邦之后几百年间，基本上是因循之作，变化非常小，类别较单一。"泰北—西双版纳—东掸邦"的佛塔形式发展则是多线的或网状的，佛塔类型较多，不同类型之间互有交叉借鉴和创新。

3. 具体来看，两地佛塔形式上也有较多差异

例如西双版纳佛塔的变化是集中于塔身，而德宏的变化集中于塔基座和群体组合之上。另外，泰北—西双版纳—东掸邦的佛塔以单塔为多，德宏—中北掸邦的佛塔以群塔为多，这与他们所受影响和传入的地区有关。本文部分章节已在期刊上公开发表[26]。

此外，作者从塔身由覆钵向覆钟的转化、基座的增高、塔刹及细部装饰等方面讨论了佛塔的实体及其象征意义的转化发展。其中，在塔刹部分，作者选取伞盖与"提"、相轮、林伽及"塔包树"进行探讨。在佛塔的细部装饰方面，重点讨论了莲花与象、龙的象征意义。仪式象征方面，则从佛经对相关仪式的记载、佛塔的建造及供养等方面进行论述。作者跨越佛塔的物相层面，深入探讨佛塔的深层宗教内涵，有效深化了对中国南传佛塔的研究。

李晓珏《西双版纳景洪地区傣族佛塔信仰研究》[27]一文从民间信仰层面对景洪地区傣族的佛塔信仰习俗进行研究，主要涉及佛塔的宗教规约、佛塔禁忌传说、建塔传说、主要的佛塔祭祀活动，以及由佛塔崇拜衍生出的堆沙与塔葬习俗。

正在筹建的景洪勐泐大佛寺万佛塔将是中国最高大的南传佛教佛塔，其规模宏大，造型新颖，将成为中国南传佛教佛塔的一个新类型。肖永明《云南上座部佛教巡礼》一文对此已有所介绍。

四、小结

佛寺和佛塔是中国南传佛教建筑的两个重要组成部分。从上述资料可以看

出，几十年的中国南传佛寺建筑研究主要集中于以下几个方面：佛寺的选址、布局、建筑结构、细节处理、内部陈设、屋面装饰，以及中国南传佛寺与泰、缅佛寺建筑的渊源，滇南与滇西佛寺建筑风格比较，外来文化对佛寺建筑的影响等。而佛塔研究方面，主要集中在佛塔的选址、造型、装饰、分类、建材、历史源流、宗教象征、地区性差异等方面。二者都基本覆盖了南传佛教建筑研究的相关领域。尽管如此，我们不得不承认，多数研究成果都只是短篇论文，受篇幅所限，多数论文停留于表面的描述与泛化的讨论，缺乏深入细致的剖析和解构，缺乏对整个中国南传佛教建筑细致深入的把握和整体的学科规范与建构。中国南传佛教建筑研究期待一位乃至数位大师，站在建筑学、人类学、宗教学、民族学等多学科交叉的高度，写出几部有分量的作品，全面整合、统构学科结构，整体提升中国南传佛教建筑研究水平。

（本文属 2005 年度国家社会科学基金资助项目"中国南传佛教文献资料收集整理"成果之一，批准号：05BZJ004）

参考文献：

[1] 邱宣充：《云南小乘佛教的建筑与造像》[J]，载《云南文物》1954年第 17 期。

[2] 郭湖生：《西双版纳傣族的佛寺建筑》[J]，载《文物》1962 年第2 期。

[3] 李伟卿：《傣族佛寺中的造型艺术》[J]，载《美术研究》1982 年第2 期。

[4] 江晓林：《关于〈滇西摆夷之现实生活〉》（代序），引自江应樑著，江晓林笺注《滇西摆夷的现实生活》[M]，德宏民族出版社，2003 年版。

[5] 邱宣充:《西双版纳景洪县傣族佛寺建筑》[A]，原载《西双版纳傣族小乘佛教及原始宗教的调查材料》（内部发行），云南省历史研究所 1979 年 1 月编印。后收入《云南民族民俗和宗教调查》[C]，云南民族出版社，1985 年版。

[6] 邱宣充：《沧源广允佛寺调查》[A]，载《云南民族民俗和宗教调查》[C]，云南民族出版社，1985 年版。

[7] 刀述仁：《南传上座部佛教在云南》[J]，载《法音》1985 年第1 期。

[8] 周浩明：《云南傣族小乘佛教建筑研究》，东南大学建筑研究所 1988

年硕士学位论文，载《中国佛教学术论典》第75辑，台湾佛光山文教基金会，2003年。

[9] 邱宣充：《傣族地区小乘佛教的建筑与造像》[A]，载王懿之、杨世光编《贝叶文化论》[C]，云南人民出版社，1990年版。

[10] 颜思久：《耿马县小乘佛教》[A]，载云南省编辑组编《云南少数民族社会历史调查资料汇编》（五）[R]，云南人民出版社，1991年版。

[11] 颜思久：《景谷县小乘佛教调查》[A]，载云南省编辑组编《云南少数民族社会历史调查资料汇编》（五）[R]，云南人民出版社，1991年版。

[12] 杨昌鸣：《东南亚与中国西南少数民族建筑文化探析》[M]，天津大学出版社，2004年版。

[13] 黄夏年：《云南上座部佛教研究四十年》[J]，载《佛学研究》1992年第1期。

[14] 徐伯安：《我国南传佛教建筑概说》[J]，载《华中建筑》1993年3期。

[15] 罗廷振：《西双版纳佛寺及其附属建筑的民族特色》[J]，原载《云南民族学院学报》1994年1期，另收于秦家华、周娅主编《贝叶文化论集》[C]，云南大学出版社，2004年版。

[16] 冯炜青：《建筑·宗教·文化——论我国南传佛教建筑文化》，清华大学建筑系1994年硕士学位论文，载《中国佛教学术论典》第75辑，台湾佛光山文教基金会，2003年。

[17] 卢山：《云南傣族小乘佛教建筑比较研究》[J]，载《华中建筑》2002年第4期。

[18] 肖永明：《云南上座部佛教巡礼》[J]，载《法音》2006年第1期。

[19] 江应樑著，江晓林笺注：《滇西摆夷的现实生活》[M]，德宏民族出版社，2003年版。

[20] 杨玠：《西双版纳的佛塔》[J]，原载《云南民族学院学报》1988年第2期。另载王懿之、杨世光编《贝叶文化论》[C]，云南人民出版社，1990年版。

[21] 颜思久：《景洪地区佛教调查》[A]，载云南省编辑组编《云南少数民族社会历史调查资料汇编》（五）[R]，云南人民出版社，1991年版。

[22] 杨昌鸣：《云南傣族佛塔与泰缅佛塔的比较》[J]，载《东南亚》

1992 年第 2 期，同时收录于《东南建筑文化研究》(下)。后收入单行本《东南亚与中国西南少数民族建筑文化探析》[M]，天津大学出版社，2004 年版。

[23] 罗廷振:《西双版纳佛塔的类型及其源流》[J]，载《东南文化》1994 年第 6 期。

[24] 临沧县文体局民族文化调查组、伍琼华:《临沧几所宗教寺庙调查》[J]，载《民族艺术研究》2003 年增刊。

[25] 王晓帆:《中国西南边境及相关地区南传上座部佛塔研究》，同济大学 2006 年博士学位论文，载中国知网（www. cnki. com）。

[26] 王晓帆:《南传佛教佛塔的类型和演变》[J]，载《建筑》2006 年第 4 期。

[27] 李晓珏:《西双版纳景洪地区傣族佛塔信仰研究》[A]，载秦家华、周娅、岩香宰主编《贝叶文化与民族社会发展》[C]，云南大学出版社，2007 年版。

挖掘、研究、弘扬古老贝叶
文化之我见

艾 鹰[*]

摘　要：根据贝叶经中有关语言、文字、数学、医药等类别典籍的探析，试图解开"信仰面纱"背后文字与数字的相互支撑关系以及其中的奥妙，有助于我们去认识傣族祖先们所创造的贝叶文化这一财富资源，重视并应用一切可以应用的科学文化知识造福于人类。

关键词：贝叶文化　文字　数字　科技　信仰

翻开傣族社会历史长卷我们发现，傣文的产生与佛教的发展一路上结伴同行。弥勒佛整理成《威乃洛泐》①、《冈毕拉善达摩诃宾图》② 等佛经向世人讲述了傣文的 41 个声母，并为此费尽心思，用每一个声母与释迦牟尼幼儿时咿呀学语声中相对应的来历关系，启示人们学习傣文好比幼儿学语一样重要，因而佛教思想、佛经、佛寺即傣文学校就这样逐渐走进了傣家人的村村寨寨，古老的贝叶文化也因此盛行起来。然而，素有博大精深之称的贝叶经原只属于僧侣文化领域，它的博大和精深不为常人所解，因此它并没有因为傣文化的盛行而向普通人开放。故而凡人读不懂经书，从而把"经"推入了一种高深莫测的境界。我们不妨去查看傣语中的"坦"原本有多少种意思。"坦"本意有经

---

*　作者简介：艾鹰，傣族，男，1966 年生，云南省西双版纳州少数民族研究所研究人员，主要研究方向为贝叶经翻译，傣族文化挖掘、传承与应用。

①　《威乃洛泐》：即《傣文基础教材》。该经书里有这样的陈述：释迦牟尼涅槃之前的最后一节课就将傣文口授于其弟子，后来由其弟子弥勒佛整理成《威乃洛泐》这部经书。

②　《冈毕拉善达摩诃宾图》即傣语经书的名称，是用巴利文和傣文双语陈述傣文和数字的相互转换演绎规律及语法等的一部经书。据经书记载，有关傣族的语言文字多出自佛祖的弟子弥勒佛整理成经书。

书、自然界之意。佛经之译有：1. 达摩，法，佛法，道法；2. 善，善行，善事；3. 道，道行，正道；4. 理，真理，公理，佛理，道理；5. 德，德行，德性，功德，美德；6. 义，正义，道义，信义；7. 律，法律，法典，法规，规章；8. 公，公平，公正，公道；9. 正，正当；10. 感情，情绪，观念；11. 行为，义务；12. 物体，物质；13. 人世，世间；14. 现状，状况，真实，真相；15. 涅槃，善终。可见"坦"或者"坦兰"的含义之广，你的悟性越高就越发觉它深奥无比。

一、数字文化

《孟腊甘达莱》中有这么一则故事：帕雅维沙利想给孟腊甘达莱的父王出难题，他拿来45个鹦鹉蛋，分别把它们包成9个包，每个包里蛋的数量与蛋包的依次排列序数相符，并说：贵国之内是否有人能把这9包蛋分成三等分？解答对了，寡人愿意每年将以黄金十万向贵国献礼。国王与大臣们商议后决定让王子孟腊甘达莱去解答，果然他不负众望，圆满解决了"难题"。帕雅维沙利也只好年年去献礼了。孟腊甘达莱的答案即：（1）＋（6）＋（8）＝（2）＋（4）＋（9）＝（3）＋（5）＋（7）＝15。这道题，对数学一窍不通的人来说，只有上天无路、入地无门而感慨的份；能够做到无师自通的只有极少数有天赋奇才的那一类人。在这里，它给人们展示的是贝叶经中最博大精深的内涵之一：数字的应用。

众所周知，各民族文化的真正内涵是它的语言文字，在傣民族文化中，文字的产生一直与数字紧密地联系在一起。《冈毕拉善达摩诃宾图》这部经书就详细地阐述了傣文与数字相互对应演算规律。

贝叶经中人们依据其属性把它划分为多种学科，有"冈毕坦"、"冈毕善达"、"冈毕祜腊"等。

（一）"冈毕坦"、"冈毕善达"

据有识的傣家老人们讲，"冈毕坦"共由八册组成，即"冈毕坦"有八"冈毕"；"冈毕善达"有几册已无人记得。非常遗憾的是这些书籍已无人能说清其书名，笔者是在翻译《冈毕拉善达摩诃宾图》过程中，因需要解释原文的词组、词汇而请教于老人时才开始接触到这些问题。整体概括起来，这两门学科讲解的内容广泛而交错，大体有：一是梵文、巴利文与傣文的对照，二是基础傣文及其发音和书写演绎，三是文字与数字的对应转换关系，四是语法，五是佛与文字产生的"辩证关系"等。总之，它的主题自始至终都以佛法的

291

"真理"贯穿于原文当中，即"涅槃"的真谛。用原文的说法来表达就是"所有的'真理'都贯穿于八万四千册经书中"。

学习"冈毕坦"和"冈毕善达"的要求很高。其一，它要求学者要熟记大量的巴利语单词以及佛经俗语，否则就无法理解原文。其二，到了近代的土司王朝统治后期，由于文字职能的重要性受到了统治阶级的高度重视并加以限制，不是王族子弟或达官贵族，像《冈毕拉善达摩诃宾图》这样的理论知识是不传授的。其三，过去在傣族土司王朝里，文化水平高的人才并未普遍地受到重视或重用，像"冈毕坦"、"冈毕善达"这一类课程，通常情况下也要以"波顺"①为单位才开课。所以不是所有的"冈毕坦"、"冈毕善达"都普遍流传于各村各寨的寺庙中。

（二）"冈毕祜腊"

即"祜腊"学科共由七册组成，分别有《苏顶》、《细炭》、《南宛》、《哈拉闷琅》、《珠腊摩尼衫》（《珠腊摩尼衫甘列》）、《法帝象》、《苏黎然》②。关于这些"祜腊"的具体内容非常广而深，笔者在这里只从现实与传说两方面作简单的论述。

1. 傣语现实中的"祜腊"不但囊括天文历法和地理，还包含算术在内。笔者以为，把"祜腊"意译为推算、测算是最为准确不过的了。首先，傣族是世界上能够应用科学原理推算出日食、月食时间的民族之一，单凭这一点就足以说明，傣家人很早以前就已经掌握着完整的一套天文历法理论知识。而用"冈琅片领"③、佛历或傣历与"襄勐"④三者相结合推算，据称可预测出该地区某月某日是否将发生地震以及地震的轻重程度；以"冈琅南、冈琅湃、冈琅竜"和相关的数据来推算、可预测该年份的降雨量、干旱度、风力等状况。在傣民族文化"祜腊"学科中分别讲解了这些一系列推算理论知识。可以说，在这个理论的倡导之下，因地制宜，才有了我们今天仍然能够看到竹楼、木楼这样抗震性特别好的房屋杰作，只是由于地震并未能给傣家人民带来太多的伤亡与损失，因而在人们的记忆中便淡忘了本民族的地震学以及气象学等的重要性。其次，加减乘除乃算术的基本概念，傣家人的"祜腊"始终贯穿着对数字

---

① 波顺为傣语，即由三五个寺院联合成的单位组合名称。

② 《苏定》、《细炭》、《南宛》、《哈拉闷琅》、《珠腊摩尼衫》（《珠腊摩尼衫甘列》）、《法帝象》、《苏黎然》：这七部书为傣语音译书籍名称，号称傣族天文历法地理学，即"祜腊"学科。

③ 冈琅片领：冈琅片领为傣语，它与"冈琅南、冈琅湃、冈琅竜"共同组成气象四大能量体系，冈琅片领即地质能量系数为240 000，冈琅南即水能量系数为480 000，火能量系数为920 000，风能量系数为980 000。

④ 襄勐为傣语，即地名。"祜腊"中使用的"襄勐"指的是傣文地名开头的第一个声母。

的演算，是用数字结果来说明问题的一门理论知识。新生的婴儿要记"载达"①；丢失的失物能否找回，在何方位，从仓库中取谷物要选什么时间最佳，从外面买回来饲养的小猪、牛、马等家畜什么时间、何种方式入门院都大有讲究；还有盖房子、婚配等等，傣家人应用"祜腊"来说明和解答人们生活方方面面的问题，无所不及，甚至连战争都离不开"祜腊"。据曼听村的老人们讲：从前，勐阿汝提然长有一枝三年未伸展开的贝多罗叶，人们去把它取下来后打开一看，发现里面藏有七个傣文声母字迹②，便拿给"么祜腊"测算得知详情，勐阿拉维（即景洪）多处藏有镇国之宝。于是就发生了'联军掠夺勐阿拉维财宝之战'，即傣语称"瑟国聋"。结果"瓦帕亢"③的大鼓被切换；"瓦坝介"④的一根大柱被偷换；流沙河上游的"大象石压宝"和澜沧江上游有一洞中藏有"弓塔弄"⑤遭遇塌毁之灾；最后联军去挖"轰恩玉布竜纳勐"⑥时几乎全部人被淹埋而身亡，'联军坟地'的说法就这样流传至今。

"祜腊"在傣家人眼里意义可见一斑，统治者自然要对它有所约束，限制它只流传于"勐乃"⑦之内，不准许它外传。事实证明，在贝叶文化区域内顶级"祜腊"⑧也只有在版纳地区才有，其他地方的"祜腊"无法与它比拟。这些"祜腊"书籍都有一个共同点：第一，属于笔记本式而不是教材式。这些书籍的编写水平只达到巩固和加深"祜腊"传人们的记忆，却达不到教会人的目的，就是说有了"祜腊"书籍并不等于可以自学成才，必须有人教才行得通，所以它很难外传。第二，"祜腊"书籍中许多常用数据来历记载不明确。在漫长的流传过程中，由于种种原因许多常用数据如今已根本无人能说明其来历，如前面我们提到的"冈琅片领"为240 000、"冈琅南"为480 000、"冈琅湃"为920 000、"冈琅竜"为980 000，还有地质的年龄有540 001、水的年龄有400 001、风的年龄有960 001等等，这些数据不像圆周率 $\pi \approx 3.14$ 或重力加速度 $g = 9.8$ 那样有依据可推算。又如：佛历年的期限为5 000年，是个永恒不变的数据，公元2007年的佛历年为2551年，它是由 $560 + 622 + 1369$（为傣历年，即公元2007年）$= 2551$ 得来，却不是常规意义上从一开始算起至今有2 551年的概念。有意思的是，佛对这些数据来历的解释就像傣文41个声母的

---

① 载达为傣语，相当于一个人的出生证。
② 勐阿汝提然为今泰国北部古时的一个地名，故这里的傣文当为泰文。
③ 瓦帕亢：即原勐泐大寺院的傣语名称。
④ 瓦坝介为傣语，寺庙的名称，即现州办佛学院内的寺庙。
⑤ 弓塔弄为傣语，意为宝箭。
⑥ 轰恩玉布竜纳勐：该地位于今版纳乐园内，有人称"联军坟地"，实为同址异称。
⑦ 勐乃是傣语，广义为都城、首都之意；狭义指景洪本土村寨。
⑧ 文中所用的"祜腊"为傣语。这里的"祜腊"应为"么"的误用。

语音那样,由释迦牟尼降生后开始咿呀学语时便把它们带到了世间。因为有这么多来历不清晰的数据的存在,使"祜腊"变得越发深不可测。

由上述可见,语言文字作为贝叶经文化的真正内涵,是人类文化赖以形成和发展的重要因素,傣家人的数字既能与文字相通,还能加减乘除借以解答天文地理现象,以至于应用它来解答人们生活中存在的方方面面的问题,傣民族文化博大精深的贝叶经竟可融合于在数字演绎当中。"祜腊"与佛教一样原本都是外来,但傣泐人的祖先非常有智慧,他们把原始"祜腊"与中原汉文化的天干地支融为一体,使之得到升华,脱颖而出,成为贝叶文化圈中赫赫有名的顶级"祜腊",因此也把版纳傣民族的文化推向了贝叶文化之前沿。令人惋惜的是,新中国成立以来,傣家人的文化同其他兄弟民族文化一样经历了"文化大革命"的打击,目前,版纳地区傣民族文化应当说恢复得很慢,跟不上时代的步伐,加之人们对新、老傣文使用的看法不一,重视不足,投入不够,缺乏科学的认识感和紧迫感,使得曾经为我们贝叶经文化博大精深引以为自豪和赢得荣誉的"祜腊"却已面临着失传的尴尬境况,形势可危,老一辈傣家"祜腊"传人留给我们的时间非常有限!

笔者以为,贝叶文化是因为有了贝叶经才如此博大精深,而傣泐人却因为掌握着顶级"祜腊"才无可争议地被世人授以贝叶文化先驱者之桂冠。当今,整个版纳地区却只有区区一个民研所,怎能承担得起贝叶文化研究中心之重任?我们暂且撇开"经文"不论,只对"祜腊"而言,傣泐人的祖先们付出了上千年的文化知识积累才掌握了日食月食理论、地震学、气象学等,这是一笔巨大的财富,特别是地震学理论,我们完全有理由试着应用它来造福于人类。当然,做研究是全人类必须共同努力的伟业,可是傣泐人的"文化"与其他民族文化有所不同,外人除了语言文字的障碍,还难以突破本民族的传统信仰壁垒,因此"祜腊"的命运只能是掌握在傣泐人自己的手中。

2. 传说中的"祜腊"非常神奇,原意为顺风耳一词,顾名思义就是耳闻八方,能听懂它物之语。传说一:学"祜腊"到一定程度的人就能够具备某种特异功能,能听懂动物的语言,并从动物的"谈话"中捕捉到许许多多意外的信息;或是夜间有人来托梦,传其先知的"情报"。关于这样的故事在民间有着许多传说,当然这些故事和传说是不足为信的。传说二:关于"祜腊"的起源,传说从前有一位名叫帕雅捧的天神,它嘱咐自己的属下帕雅宾扎努演化做一位帕腊茜①下到凡间居于深山丛林中。有一位国王爱好打猎,一天,国王带

294

---

① 帕腊茜为傣语,译为道士、道人。

着属下一批人上山打猎，帕雅捧自己便化做一只马鹿来引诱他。国王不知情，他丢下随从独自追逐马鹿深入林中，于是国王便无意中闯入了帕腊茜的栖息地，帕腊茜见了他就问道："客官如此不顾远途之疲劳地急于奔往此地，不知有何需求？"国王回答道："本人没有什么需求。本人是个爱好打猎之人，刚才只顾专心追逐一只马鹿而已，还望帕腊茜勿见怪！""哦！原来如此。依老道之见您整天就是打打杀杀的太没意思了，不如我传授'祜腊'于您如何？"帕腊茜说。国王就说："我出门打猎身上没带银两，如何拜师于您？"帕腊茜又问："那您现在随身带些什么？"国王抽出身上所带之物后回答说："除了枪支弹药之外还有烟草、象牙器和茶，就这些了。"帕腊茜说："有这些东西就足够了。"于是帕腊茜就取后三样物品做祭品，设祭收徒，开始传授"祜腊"给国王。国王向帕腊茜学成"祜腊"后便返回城府，世世代代传承于子孙，这样"祜腊"才得以在凡间流传。"祜腊"在人间传承了几代人之后的一天，另一位名叫因陀罗的天神想试探"祜腊"的底子，他化做一位老人后，到人间来拜访么祜腊①。他问："你能否凭'祜腊'测知现在的因陀罗天神是否在天宫？"么祜腊拿出书籍，拨着自己的手指头数一数、算一算，又在小黑板上画几个符号，过一会儿回答说："现在的因陀罗天神不在天宫，已下到凡间来了。""哦！是吗？你再好好算一下，他来凡间的哪里了？"老人又接着问。么祜腊又继续推算了一会儿，忽然他惊喜地发现，说："天神因陀罗下凡间已经来到我们的村庄了。"么祜腊再进一步推算片刻，然后他抬起头来，指着老人说："您就是天神因陀罗！"此时此刻，天神因陀罗被么祜腊当场指认，他倍感吃惊，心想："祜腊"如此了得，让它在世间流传下去，那天机不可泄露不就成为一句空话了吗？于是天神就抢了他的"神腊"书籍扔进火中而去。么祜腊无奈，唯有从烈火中抢出自己的书籍，被烈火烧过后的"神腊"书籍残存才得以流传至今，可惜它的准确率已大打折扣。

3. "么"、"么祜腊"。这个问题本是题外话却又不得不谈。提起"祜腊"人们往往就会联想到"么"，并把它们当做孪生兄弟一样地紧密联系在一起，贯之于"么祜腊"之称，使得"么"、"祜腊"、"么祜腊"三者间的概念变得模糊不清。其实不然，如果就它们的"实用目的"和"解决生活中方方面面的问题"而言，笔者没有任何异议，如果就它们的起源来讲恐怕就不是那么一回事了。我们知道"祜腊"是建立在一定的唯物理论基础上的一门学科，具备一定的"科学性"。"么"却是傣文化中纯属于神学派的代表之作，实属"祜

295

---

① 么祜腊：这里指人的名称，即占卜师，又有精通"祜腊"者之意。么为傣语，是精通、熟练之意，被引申为占卜、解测。

腊"之外，它有"么咩买"、"么革亥"、"么南奔腮"、"么丁"① 等。大科学家牛顿试图从科学的角度去探索神学之奥秘，耗尽了自己宝贵的后半生却无果，美国人从大量的例子和表象中撰写并出版了《人的第六感官》，《聊斋》的神奇古怪在汉文学中的影响力等，这些在全世界众多民族文化中无疑添加了许许多多浓厚的神学色彩。傣民族文化也不例外，"么"被贯之于"祜腊"之前是可想而知其影响之深，之所以许多"不持科学道理者"常常以迷信的眼光去看待傣民族文化，正是因为"祜腊"被人们"无意"中给它披上了"么"的神学面纱，被混淆成为"么祜腊"之称的结果，因而它们的存在也不分界线地交错共存。所以，自古以来傣家人的科学知识也因此而受到神学的束缚与制约，以至于像"祜腊"这样的文化知识到了后期就很难再提升，基本上处于停顿的状态。

二、信仰文化

傣家人对万物有灵的观念远在原始宗教时代里就已经确立，可以说是根深蒂固，就连佛祖都无法战胜它。最具有说服力的要数"丫欢好"② 出走的故事：一天，佛祖与"丫欢好"偶然相遇，佛祖见"丫欢好"并未向自己行跪拜之礼，心中不悦，问："吾乃三界之尊，你见了如来为何不拜？""丫欢好"未语，即刻化作云烟消散，远去他乡。过了一段时间，天降灾，百姓无收，饥民饿死者随处可见，民不聊生。如此一来，佛祖才意识到如来能够成为众生的精神支柱，却不能够拯救信徒们摆脱饥饿之痛苦，深感愧疚。于是如来便亲自出马，去邀请"丫欢好"还乡，赐之平席而坐，在人间传为佳话。于是才有了"丫欢好"面带羞涩，以"扇"遮脸而回仓的招谷魂习俗。傣家人信仰原始宗教的万物有灵也好，佛教的灵魂永远轮回于三界间之说也罢，其实二者之间不属于排斥异己的矛盾，上述故事只能说明原始宗教与佛教之间曾经发生过"战争"，但最终它们携手走上了求同存异之路，二者的结合也圆了傣家人的信仰理念。古老的文化存在着许多不科学的东西，有些现象我们目前的科学还暂时无法去解释它，如神学、符咒、魔术之类，它让人们似是而非地仿佛感觉到它的存在，就像看大卫表演魔术时穿过长城、火车与飞机突然间在你面前消失那样不可思议，正因为如此，傣家人对神灵之说才更加坚信不疑，傣家人的全民

---

① "么咩买"、"么革亥"、"么南奔腮"、"么丁"：这些词语为傣语音译，是部分"么"的种类名称。

② 丫欢好为傣语，意译即谷魂奶奶。

信仰才虔诚而至高无上，以至于人本身的智慧都被忽略了的地步，像"祜腊"这样的科学知识之所以难以再提升自然就在情理之中。

在充满信仰的文化圈里，傣家人古老的贝叶经文化其传承也有着独特的方式：（1）使用贝叶刻写经文；（2）寺庙既是佛教活动的场所，也是学习文化知识的学校；（3）传男不传女。傣家人全民信仰佛教，在过去的时代里，生产劳动主要依赖于体力，男人自然处于社会的主导地位。傣家妇女出家做尼姑是不被接纳的，社会有分工，生儿育女才是妇女的本分。家有男性贵客时，妇女一般不与同桌共餐。妇女月经期间被视为不洁净之身，须禁入佛寺圣地。傣家妇女与文化知识基本上是无缘。通常情况下，男孩到了七八岁就要到佛寺里做三个月的"伽勇"①，还须请"波厄"②，否则就无资格烧香磕头做和尚。只有做过僧侣的男人才算得上是有教养的男人，才会被全社会所尊重。那些未当过和尚的男人们也可以烧香磕头拜他人为师，父教子学也不例外，但未入过佛门的男人无论学识多么渊博却没有教育"资质"，不被社会所看重。"艾卯弥波厄"③ 成了无教养的代名词。因此，贝叶文化真正的内涵即文字文化只属于那些大男子汉们的文化圈，这样的文字文化其传播面相对狭隘，传授方式也相当保守而固执，所以在老一辈坚守信仰的傣家"文人"眼里，"师生"永远替代不了"师徒"。纵观傣族社会，"么"有男性也有女性，却从未有懂"祜腊"的女性。时至今日，挖掘、研究、学习傣民族古老文化之精华依然要面对这严肃的传统信仰，殊不知傣家人饭前要敬酒（有酒为前提）三滴以感恩，恩师乃其中之一也。可以说"祜腊"未能普遍流传和当今面临着绝传之命运与本民族传统信仰壁垒脱不了干系。

在这里我们暂且不论谁是谁非，总而言之，有了信仰，有了文化知识，人才不断地发展进步，才有了文明社会的今天。信仰无论是在过去还是现在，是对个人还是对社会都有着极其重要的意义。试问，一个没有信仰的人将会是怎样的人？没有信仰的人就等于是不受任何约束的人，说重了就是六亲不认，我行我素之人。换一句话说，没有信仰的人是社会安定的不利因素。过去的傣家人，离家务农无须锁门，四海皆兄弟，有尊老爱幼之美德，整个社会都非常安定，人与自然和谐相处，才营造出神奇而美丽的西双版纳，很大程度上要归功于全民族的信仰。因为有了信仰人才会有理想、有愿望，人的一生才会有追求

---

① 伽勇为傣语，即预备僧。

② 波厄为傣语，是入教的启蒙师之意。做和尚所受的第一课戒律就是走路迈步不得超出另一只脚指头，此情之下，路途远时常由波厄背着走。

③ 艾卯弥波厄为傣语，即无启蒙老师者之意。

与奋斗的目标。笔者经常回乡下看望父母，曾多次听到这样的话题：某家的孩子讨钱不成抢父母，某家的孩子身上带有两三个手机，某家的孩子感叹自己的零花钱不能随心如意，某家的孩子飙车肇事等等。社会前进的步伐越来越快，人民生活是越来越好，而眼下有相当一批我们新一代的年轻人受汉文化教育学识不深、素质不高，本民族的传统文化信仰又抛之于脑后，势必将成为社会不稳定的又一个因素，很令人担忧。

傣家人的祖先就是因为创造出自己的文字文化才把傣民族推上了拥有古老文明民族之列，不是所有的民族都拥有这笔财富。身为傣族应当为之感到自豪，更没有理由抛弃它，包括信仰。于丹读《论语》的心得既然会深受广大群众认同，贝叶文化素有绿色文化之美誉，何不去粗取精以弘扬这一古老民族文化之精华，以利国利民？

尽管释迦牟尼所创立的佛教信仰是面向男女老少的，傣家人全民信佛、拜佛，但就像佛教徒们在叩拜佛祖的同时心底里还默默立着"丫欢好"的身影一样，傣民族独特的文化依然占据着核心地带的佛寺，在其传承的保守、固执而又狭隘中生存发展；傣民族文字文化与它依存并发展的信仰文化，二者之间是矛盾共存关系，并不是单纯信仰表象中村村寨寨有佛寺所概括那样的开放性文化。综观全文，我们也可以这样说：如果把"冈毕善达"、"冈毕坦"当做是傣语的语文，那么"祜腊"就等于是数学，值此，文字与数字相互渗透统一而形成的傣民族文字文化成为贝叶文化的主要内涵之一，它的发展、应用形成独特的文化领域，并产生了巨大的社会效应。也正是因为如此，它成为非常值得我们挖掘和研究的一个领域。

南传上座部佛教佛事活动与
傣族的节庆活动

甘友庆[*]

摘　要：从浴佛节、雨安居、赕白象、堆沙节、赕塔等南传佛教节日的内容来看，这些佛事活动有明显的与民俗节庆活动相互融合的特征，这一独特现象的形成是南传上座部佛教的教理教义、原始宗教思想、岁时节令、政治因素等共同影响的结果。

关键词：南传上座部佛教　佛事活动　节庆活动

一、南传上座部佛教的佛事活动与傣族节庆活动相互融合的情况

中国南传上座部佛教中的佛事活动按时间划分可分为定期、不定期和日常活动。定期活动每年都在固定的时间举办，活动有：浴佛节（泼水节）、入雨安居节（关门节）、出雨安居节（开门节）、在雨安居内的十一次戒日、干朵等。不定期活动，即可在一定时间范围内选择进行的活动，包括赕佛塔、赕广母赛、赕佛经、赕袈裟、烧白柴（摆松落）、晋升活动、诵寨心和佛像、各种佛教建筑的开光法会等。日常活动指随时都可能发生的活动，如家人过世、生病、做事不顺，上新房时邀请僧人到家中为其诵经、拴线等，到佛寺赕毫布伽、毫伦火、毫估比、毫高崩、毫翁伽达，放生。如担心婴儿长不大，可到佛寺里做毫茫贺或毫割。谁人被认为鬼缠身、家庭祸害重重，担心人、牲畜、房子、田地等会被雷劈时，要请僧人"苏团"。亲人死去，后人可拿要送给他的

* 作者简介：甘友庆，男，1975 年生，云南大学公共管理学院讲师，主要研究方向为地方文献。

衣物、食品等到佛寺里为他滴水，这才表明他可收到这些物品。或为死去的人赎佛经，傣语叫"旦庄批呆"。每年或两三年一次邀请僧团给寨心诵经（Mangala）。

所有的这些活动都明显地表现出与民俗节庆活动相互融合的特征，南传佛教的佛事活动已不仅是一个佛教法事活动，还具有浓厚的民间节庆色彩。如在云南省佛教协会《关于云南省南传佛教情况的调研报告》中记述道："解夏法会系列活动中，既有纯粹佛教色彩的放生和礼诵、滴水、秉烛绕佛仪式，又有民间节庆色彩浓厚的焰火晚会和傣族歌舞表演，更有场面宏大、庄严隆重的出雨安居托钵活动，信众人山人海、夹道布施的场面令人动容。"笔者于2007年有幸参加了勐泐大佛寺的开光仪式，亦亲历了这种佛教活动与民间节庆活动的密切联系的情景。那天除了寺院内108位高僧诵经、举行滴水活动，为居士、广大信众"滴水祈福"等佛事活动外，寺外早早挂起了热烈欢庆的条幅、彩旗，虽零星地下着雨，但临时形成的、长约1公里的街市热闹非凡，有卖各种民间小吃的，有卖各种民俗服饰、用品的，有各种民俗歌舞表演，更有来自各地、排着长长队伍的信众虔诚地跪拜礼赕。

下面通过一些典型的佛事活动来进一步说明这种神圣与世俗相互结合的特征。

（一）浴佛节

时间大约在傣历的六月份即公历的4月中旬，又称供佛节或佛诞节，目的是为了纪念释迦牟尼佛和他创立的佛教，因此在所有佛教节日中最为隆重。例行的宗教活动是礼敬供养佛祖，听僧人讲经，绕佛塔做礼拜等。又时值傣族新年，民间活动丰富多彩，举行盛大的泼水节活动，佛事活动与宗教活动相互融合，难分彼此。

版纳傣族的泼水节大抵是这样度过的：清晨，人们到河边挖取洁净的河沙，堆成沙塔，再插上鲜花、纸旗。青年们排着队向佛寺奉献鲜花。此时有长老和尚现场诵经，大众合十俯首而听。然后即开始隆重的浴佛仪式。小卜哨（姑娘）们挑来洒满花瓣的清泉水，在僧侣主持下在寺内为佛像洒香水洗尘。然后人们用菩提树叶蘸上清泉水互相洒在身上，这是最美好、最崇高的祝福。人们由寺内至寺外，由乡村至城镇，万众欢庆，互相泼洒。下午，青年们聚集在大青树下"丢包"，在佛祖的保佑下祈求美好的姻缘。与此同时，村民们还举行盛大的"赛龙舟"、"赶摆"、"跳象脚鼓舞"、"跳孔雀舞"、"礼花车"、"放高升"（焰火、孔明灯）等喜庆活动。往往自晨至夜，通宵达旦。过去，泼水节要过七日，20 世纪 50 年代起改为三天①。

德宏傣族的泼水节大抵是这样度过的：第一天和尚参加游行，抬着一些宗教用品和旗子，不准戴帽打伞，几个老人在前面领路，敲着"姐偕"（韵板，似等腰三角形，底椭圆，伸出两边向上翘起的铜片钟），边走边同和尚一起诵经。和尚后面是一长串男女老少，女的挑水桶，男的扛旗，拿着青松柏枝，抬花轿游寨子一遍求雨。第四天在佛寺旁边建起浴佛亭，盛装的男女青年挑着水桶，排成队在象脚鼓、铓锣和钹组成的乐队带领下，不断地到井里、河里挑水到浴佛亭，把水倒进木龙槽，由龙嘴流淌进竹制的骨形喷水管，管即旋转，水花四射，状如细雨，喷洗各家搬来的佛像。洗过佛，开始互相泼水，祝四季平安无恙。节日七天，前三天是上山采花、搭花轿的求雨节，也叫采花节；后四天泼水，叫洗佛节②。

（二）雨安居

巴利语称 vassa，意为：安居、夏安居、雨季、雨安居等。雨安居也叫坐夏，始谓结夏，终谓解夏。傣语称"毫瓦萨"（Hao vassa，入安居）"奥瓦萨"（Ouk vassa，出安居）③。傣族地区雨安居宗教活动的中心是"持戒"或称"禁戒"（Sila）。傣语称"敖星"（Ao sin），"西腊星"（Sila sin）都是"持戒"、"禁戒"之意。又称"赕星"（Dan sin）谓对持戒者的布施。

傣族佛教徒把三个月的雨安居时间平均划分为十二个七天，每七天举行一轮"赕星"活动。雨安居的第一个赕星日，即雨安居开始的第一天，实际上是一次全民参加的以村寨为单位的祭祀先祖亡灵的民俗活动。当日黎明前杀猪宰牛，家家户户做好丰盛的菜饭，备下各种各样的水果，花样繁多，琳琅满目，于清晨齐集佛寺斋僧献佛，敬奉天神，各户将礼品一人一份地献给亡灵先祖。还要浴佛堆沙，比丘诵经，最后行滴水礼，表示对死者的追荐，中午活动完毕。是日大宴宾客，整天欢乐。

传闻傣族先民不祀先不扫墓，迄今仍然如此。但傣族已将先祖亡灵的追忆寄托于雨安居的第一日，这是民俗活动之一例。

悼念亡灵活动以后。每七天举行一轮"赕星"。全体村民被编为若干小组，每一小组的居民轮流担负一次斋僧布施，傣语称"多星"（Do sin），直到雨安居结束为止④。此后，佛教徒进入禅定修习的阶段，僧侣必须遵守传统佛制和

---

① 王海涛：《云南佛教史》，云南美术出版社，2001 年版，第 469 页。
② 刘扬武：《云南德宏傣族南传上座部佛教的教派和节庆》，载《贝叶文化论》，云南人民出版社，1990 年版，第 430 页。
③ 刘岩：《南传佛教与傣族文化》，云南民族出版社，1993 年版，第 151 页。
④ 刘岩：《南传佛教与傣族文化》，云南民族出版社，1993 年版，第 152 页。

各自受持的戒律，于雨安居结束之前举行比丘自恣仪式，比丘们集合于布萨堂（波苏）进行忏悔，并请求别人宽恕自己在安居期间所犯的过失。最后一日举行"迦稀那衣"（Kathnia，功德衣）仪式，这是一种袈裟衣，由施主做成赠送给比丘，一直分配到比丘个人使用。

雨安居是佛教一年一度重要的宗教生活内容，而又往往全民参加，成为全民性的宗教节日。除纯粹为佛教活动外，老年人有住进佛寺持戒、听经、坐禅等活动，信众一般就不出门，娱乐和婚恋活动一律停止。在雨安居后期又插入一个规模盛大的"赕萨腊"的民俗活动（每数年举行一次），其内容仍然是追荐亡灵。在勐海还有雨安居初迎天神，终了时送天神的仪式。这些都属于民间习俗活动的渗入，并不属于佛教活动本身。

（三）赕白象

傣族地区泼水节以版纳最盛，而赕白象则以耿马、景谷最盛。每年一二月份的农闲时期，是大众赕白象的时候。

傣地白象节一般为三天。人们用竹篾编扎成象征吉祥的白象，浑身贴棉花以状其白，配以金鞍及饰物。头两天人们齐集佛寺，听长老、和尚诵经，内容有《维先达腊本生》、《转法轮经》等。第三日则换上最好的衣服，抬着竹篾白象，并配备纸糊的鹿、牛、神像走村串寨大游行。象队后面尾随大队村民，边走边喊"撒！撒！撒！"，于是大把大把的米花抛向空中。游行队伍有化装成神的，有持彩旗鲜花的，有敲打象脚鼓的，大家载歌载舞、欢声动天，最后将白象送进寺庙，进献给佛祖。这一天村民们宰牛杀猪，大宴宾客。佛教徒以平生能出资主办赕白象一次为荣，并载入家谱中。

（四）堆沙节

傣地奉塔如奉佛，且认为沙是最洁净的，沙塔在则神灵在，奉塔能祈求佛祖保佑。除了堆沙节，凡逢重大节庆，如泼水节之类，人们也堆沙塔敬佛，但规模、数量则没有堆沙节那样盛大。

堆沙节堆沙傣语称"广姆赛"，傣历一月十五日（农历十月十五日）寨里的男女老幼都到河边搬运沙子，然后由老妇人在佛寺院场里精心堆砌沙塔。他们有的筛沙，有的和白胶泥，有的搬来几块土墼砌成塔基，随之往塔基上抹白胶泥，并用白胶泥塑一座高约一米、底座周长三米的主塔，四角再塑小塔四座，然后搬上密密麻麻的细沙。接着以主塔佛寺为中轴留出"十"字走道，将地面划为四块。老头们在一旁破竹编篱笆和制作彩纸塔帽；老妇们则手持事先做好的长约尺余的笋壳塔模，先往模子里填些潮湿的细沙，然后脱在有细沙的地面上。每块地面脱小沙塔250座，共1 000座。脱足数字后，男女老人便同心协力地为主塔带塔帽，用篱笆将塔群围在正方形的篱堵内，并在主塔中央和四根篱墙角柱上悬挂五彩纸旗，每根篱墙角柱上都捆着一株芭蕉树和一根带叶的甘蔗，以象征丰收和日子的甜美。同时还绑着一个竹制托盘，供有糖果米花等。清场后老妇们点燃主塔佛龛里的四盏香油灯，然后关门封场。篱堵下放置竹槽若干，以供香客点蜡烛和烧香。一切就绪，才请长老念经。晚上是节日高潮，万人空巷，围集塔场，鼓乐震天，众人起舞。节期三日内，全寨在佛寺打平伙（聚餐）。每日早晚僧侣皆为沙塔诵经约半小时。第三日下午清理沙塔，小孩们以取得塔心钱为吉祥。

（五）赕塔

堆沙节是村民亲手用沙堆塔，而赕塔是向舍利佛塔作奉献。傣地视佛塔如佛祖，崇敬备至，赕塔如赕佛。赕塔期间亦是民间节庆之时，有祈求风调雨顺、五谷丰登之目的。

赕塔一般在春秋两季举行。傣地供养佛塔为一年一小赕，三年一大赕。小赕二天，大赕三天。小赕一村一寨，全体村民参加；大赕一勐一州，甚至东南亚各国信徒都来跪拜。节日之前，要先将塔前后左右的杂草、荆棘除去，并将损坏的塔身、塔基进行修补，还要在塔周围搭棚子，供佛教信徒、来往行人及做买卖的人乘凉休息之用。节日当天，男女老少从各地赶来，围绕佛塔跪拜。各级佛寺的长老比丘也要向自己辖区内的佛塔行跪拜，如村寨佛寺的比丘要跪拜村寨里的塔，中心佛寺的长老、祜巴要跪拜中心佛塔，总佛寺、大佛寺的长老、祜巴、比丘要跪拜总佛寺、大佛寺的佛塔。此外，低级别佛寺的僧侣还要到高级别佛寺去跪拜佛塔。村民和僧侣绕塔跪拜后，要念经、祈祷，向塔泼水洗尘。然后敲起铓锣和象脚鼓，翩翩起舞。最后，赕塔节在放高升的高潮中结束。赕塔期间，村民们纷纷布施，各村寨丰俭不一，视贫富而定。集资的钱财或以粉刷佛塔，或为佛塔彩绘贴金，或作局部维修。村寨的塔，均由一村一寨村民供养、维修；勐里的塔，由数村数寨甚至十几个村寨共同供养、维修。有些地方会当场拍卖民众向塔所献的手帕、毛巾、金银首饰等物，然后和钱一起，或者交给白塔所在村寨的头人掌管作为修塔的费用，或者送给佛寺。

（六）烧白柴节

每年正月十五为烧白柴节，事先由信众砍来白柴，堆至寺中备用。节日之夜，将白柴堆架如亭，各寺比丘、沙弥集中念经，最后由长老点燃柴亭，一时间鞭炮大作，烈焰冲天，围观者人山人海，彻夜辉煌。集中念经的比丘、沙弥由长老率至村外林中修行七日。白天在树下念经，夜晚在树下露宿。七日期满，又汇集广场念经，通宵达旦。日出后节日结束，比丘、沙弥各回佛寺。

二、南传上座部佛教的佛事活动与傣族节庆活动相互融合的原因

南传上座部佛教传入我国傣族地区后，与傣族人民的思想文化、生产生活相互影响，在长期的发展过程中，形成了佛事活动与节庆活动交流融合的独特现象。这种现象的出现应该说是政治、历史、文化、教理教义、岁时节令等因素共同作用的结果。

（一）南传上座部佛教的教理教义的影响

南传佛教与别的宗教并无不同，也确定了道德完善与最终的自我改造的理想目标，规定了达到这种目标的途径。与此同时，南传佛教也给普通人提供了应付日常生活问题的手段，为他们求财求子、消灾除难提供希望和理由。实际上，这两者在佛教巴利文佛经——上座部的经典理论形式中都是有据可寻的。佛陀在成道后首次说法《转法轮经》中就谈到了离苦得乐的八正道法，其中也包括对出家比丘和在家居士的教诫，前者要修习禅定，除生死惑，后者要过"正命"的生活。简单地说，佛教规定了终极的和现实（接近终级）的目标，前者是涅槃，后者是清冷的然而富足舒适的生活，它包括来生转世时生于富足人家或生在天上，也包括更迫切的今生今世得丰衣足食或有钱有势，在一般情况下，两个目标是结合在一起的①。

正是为达到以上两个目标，傣族百姓积极地参与佛事活动。他们有的到佛教圣地去参拜，如朝山进香，或往某个有佛遗迹的地方去礼拜；有的向称有佛舍利的塔或佛像作供奉以及在附近坐禅默想，逢农历四月佛诞日作浴佛的礼敬。平日，信众还可以向某位高僧去求护身符，如其中装有这位僧人的几根头发或他的相片，或由他祝祷过的护符；谋取特殊超自然力的方法还包括在像成年、婚娶、生产、本命年等人生的关键时期（宗教人类学称之为"危机时刻"），信众会求寺庙或僧人举行相应的法事，或者要向四方上下的鬼神作供养，绥靖它们求得保护。所有这些仪式最终联系到佛陀或别的圣灵鬼神具有的特殊力量，而交换的成分是无法回避的，献一份礼，作一次供养，送一笔钱，供养人一方期待的是或眼下或久远的好处，或物资的增进，或健康的改善，或精神层次的提高。②

① 宋立道：《传统与现代：南传佛教在当代社会中的调适》，中国社会科学出版社，2002年版，第33页。

② 宋立道：《传统与现代：南传佛教在当代社会中的调适》，中国社会科学出版社，2002年版，第50页。

在佛事活动中，僧人向大众宣传了佛法，增强了佛教的影响，而百姓获得了心理的满足、精神的寄托和社会的认同。僧侣和信教群众认为通过赕佛可以得到佛祖保佑，消灾免难；赕佛可以超度家中亡人，可祈得来世幸福生活，子孙后代繁荣昌盛；赕佛者受人尊敬。反之，若不赕佛，会使自己和家庭人口生病、遭灾或死亡；不赕佛死后将堕地狱受苦受难，子孙也不得昌盛；不赕佛者受社会上的歧视。

（二）南传上座部佛教与原始宗教思想的相互影响

傣族从原始宗教的全民信仰，过渡到对人为宗教——佛教的信仰，在信仰佛教的同时，又完整地把原始宗教保存下来，形成一个多元的宗教信仰的局面。事实上佛教是在与原始宗教的反复斗争中争取到自己的地位的。傣族的许多民间传说都有关于佛教与原始宗教发生激烈斗争的记录，《谷魂奶奶》的故事就是一例。佛教在傣族社会的传播，并非一成不变，它必须通过自身的异化来扩大佛教与傣族社会各个方面的连接点。一般来说，佛教中佛教徒追求的主要是精神方面，寻求精神希望和寄托，而原始宗教尽管内容繁多（有巫术、咒语、生殖崇拜、植物崇拜、猎神崇拜、祭谷魂、祭祀祖先等等），但其核心思想是通过祭祀来祈求神灵保佑生活中的方方面面：如保佑人和牲畜、家禽平安无事，祈求农业生产丰收，社会生活和平安宁等。这些祈求的内容比较具体、实在，侧重于物质方面。事实上，我们可以看到，为了吸引更多的信众，南传佛教作出了相应的改变，无论在教理教义还是在佛事活动中都在极大地满足着傣族人民受原始宗教影响而产生的种种具体需求，如人们会在佛教的雨安居节中纪念祖先、追荐亡灵；在赕白象活动中祈求年年丰足，国泰民安；在赕塔活动中祈求风调雨顺、五谷丰登；在堆沙节中加入祈求生活甜美、庄稼丰收的内容等等。这种世俗化的改变，使得南传佛教的佛事活动具备了广泛的民间基础，与民间节庆活动相互融合也就不足为奇了。

（三）岁时节令的影响

南传佛教的许多节日与民间传统节日在时间上重叠，佛事活动与民间节庆交织在一起，难分彼此。如上文提到，浴佛节与傣族新年在时间上刚好重叠。

南传佛教社会的节日有两类，一种与佛教历史事件相关，如以上提到的浴佛节；另一种则是时令节气性质的，与耕种稼穑的传统农业活动相联系，雨安居便是如此。傣族聚居地区在气候上受到热带季风气候的影响，分为凉、热、雨三季。一般来说，傣历九月十五至十二月十五（约为公历7月至10月之间）雨季比较集中，佛教节日雨安居于此时举行。在傣历九月十五日左右，刚好夏种完毕，这时便进入雨安居，雨安居终了，稻谷成熟，开始收割。据说这一节日之所以叫雨安居是因为印度僧徒于雨期三个月间禁止外出，说此时外出易践踏庄稼，伤害草木、小虫，而在家致力于坐禅修习。而雨安居在德宏、保山有些地区要提前一个月左右，更说明了南传佛教佛事活动与岁时节令相结合的特点。正因为这一节日在雨季，客观上为民间广泛参与佛事活动并使之融合大量的民间节庆活动提供了充裕的时间。又如，盛行于耿马、景谷的赕白象活动于每年一二月份的农闲时期举行，保证了民众能有更多的时间来参与。

在中国，时令节气一般都会进行必要的节庆活动，这时佛教活动与民间活动便又自然地交织在了一起。

（四）政治因素的影响

历史上，南传佛教在傣族地区的传播和发展与傣族上层大力支持分不开，他们会利用手中的权力要求全民参与佛事活动，在为其谋利的同时，客观上亦会促使佛事活动演变成民间的节庆活动。如赕白象活动，在德宏的瑞丽（勐卯）又叫大象摆。过去勐卯土司规定每年一次的大象摆必须集中在城内司署衙门举行。届时，司署即通知下属四区各扎白象、虎、鹿等动物形象，抬至土司署表演舞蹈。舞蹈完毕，众人还必须去朝拜土司才告结束。又如摆寓是瑞丽一带的一种大规模的赕佛活动，过去由土司和头人承头，全县百姓都来参加，相邻各县甚至缅甸曼德勒、南坎等地的官家也有前来参加的。每次摆寓需时10～15天，购置佛像和赕佛用品，备办饭食等开销由全县百姓分担。由于这种活动过去是土司、头人主持，规模盛大，所以群众称之为官家摆。

（五）节日由来传说的影响

在傣族地区流传着许多关于南传佛教节日由来的故事，这些故事兼具宗教和民间特性，具有广泛的民间基础，是傣族人民在长期的生产生活过程中形成的精神、心理、感情等的综合反映。

如赕白象节源于一个佛本生故事。据傣文佛经《维先达腊本生》所载，古代印度某富国有一头白象，吉祥神奇，能降福人类，瑞应无穷。该国因为拥有此象，年年丰足，国泰民安。后来邻国发生旱灾，饿殍遍野，危急中恳求富国王子将白象赠与，以求降雨。王子慨然允诺，将白象送给了邻国。此事遭大臣们反对，进谗国王。王子终于被逐出宫门，带着妻儿入山修行。修行中又遭受婆罗门的百般残害。王子反而以德报怨，先后将妻儿都布施给婆罗门。他的慷慨布施感动了天神，天神帮助他与妻儿团圆，并复国为王，婆罗门受到应有惩罚。王子名叫维森达腊，即释迦牟尼前生。《维先达腊本生》主要内容是讲述佛陀成佛的经历故事，实际上是搜罗民间故事加工形成的，它不仅是一部宗教典籍，而且是一部时间古老、规模庞大、流传极广的民间故事集。这也就不难理解为什么赕白象这样一个佛教节日会有那么广泛的民间影响了。

参考文献:

[1] 刘岩:《南传佛教与傣族文化》[M],云南民族出版社,1993 年版。

[2] 王海涛:《云南佛教史》[M],云南美术出版社,2001 年版。

[3] 张公瑾、王锋:《傣族宗教与文化》[M],中央民族大学出版社,2002 年版。

[4] 杨光远:《德宏傣族的佛教和原始宗教》[J],载《云南民族学院学报》(哲学社会科学版),2002 年第 1 期。

[5] 胡绍华:《傣族风物志》[M],中央民族大学出版社,1995 年版。

[6] 王懿之、杨世光编:《贝叶文化论》[C],云南人民出版社,1990 年版。

[7] 傣族简史编写组:《傣族简史》[M],云南人民出版社,1985 年版。

[8] 宋立道:《传统与现代:南传佛教在当代社会中的调适》[M],中国社会科学出版社,2002 年版。

中国南传佛教发展进入一个新时代

杨文伟[*]

摘　要： 随着中国宗教政策的进一步贯彻落实，中国南传巴利语系上座部佛教正以其特有的，面向社会和人民生活的时代精神，在当今构建和谐社会的社会进程中，从人民思想和民族文化心理的深层，以一种比较入世的心态和自成特色的方式，进入了一个快速发展的新时代。

关键词： 中国　南传巴利语系上座部佛教　发展　新时代

一、关于中国南传巴利语系上座部佛教

南传佛教是佛教最基本的三大派别之一（另两派分别是汉传佛教、藏传佛教），是佛学界对流行于东南亚和我国云南部分地区的佛教主流形式的称呼。

南传佛教在东南亚各国和南亚斯里兰卡又称为上座部佛教，欧美也用这一名称。南传上座部佛教在中国曾被称为"小乘佛教"，但这一名称略有贬义。日本学术界称南传上座部佛教为南方佛教。佛教从印度向国外传播发展时分为北传、南传两大系统：向北流传到中国内地及西藏，再传到韩国、日本、越南等地，属于北传大乘佛教；由印度恒河流域向南流传到斯里兰卡，然后再传到印度以东的东南亚的缅甸、泰国、柬埔寨、老挝及中国云南西南部等地区，属于南传佛教。就所属部派来区分，凡信仰上座部佛法及皈依教团的，都可称为上座部佛教或南传佛教。南传佛教因其三藏及注释使用巴利语，故又称巴利佛教。云南傣族等少数民族佛教，属巴利语系，亦即南传上座部佛教，它区别于北传的

* 作者简介：杨文伟，1967 年生，云南个旧人，昆明市宗教事务局公务员，昆明佛学研究会主任，昆明佛乐团副团长，现主要研究方向为宗教事务管理、佛教文化、媒体研究等。

汉语、藏语大乘佛教，在教义、学说上都有不同的发展而各具特色。所以，南传巴利语系上座部佛教的说法则比较客观全面。

其实，南传巴利语系上座部佛教比较固守释迦牟尼佛的本意，有观点认为，释迦牟尼创立的佛教和西方宗教不同，是属于主观唯心主义的，佛教不求助于神，认为神和人的区别只在于生命长短，同样得落于轮回。人的解脱在于自我的修炼，最终达到涅槃，由此逃脱轮回，解脱痛苦。而特别之处是，南传巴利语系上座部佛教根据自己的经典不允许设立佛像，而是用脚印、法轮等象征物来表示佛陀，并进行礼拜。这样的画面在《中国贝叶经全集》的《佛祖巡游记》连环画里我们就可以看到，这似乎传递了略显矜持的南传巴利语系上座部佛教的风格特点。只不过，受大乘佛教的影响，南传巴利语系上座部佛教后来也开始修造佛像。现在，在西双版纳和德宏以及临沧等地的南传巴利语系上座部佛教寺院和新近开光的大小佛寺里，我们除了看到大量壁画之外，就是当下流行的修造佛像。这也给我们这样的思考和揣测：是不是南传巴利语系上座部佛教的发展日渐明显地进入像法时代而不是到了末法时代呢？

二、南传巴利语系上座部佛教传入云南的情况

（一）南传巴利语系上座部佛教传入云南沿革

佛教什么时候传入中国，历来说法很多并有神话色彩，很难稽考。有说是大约在两汉之际，即公元 1 世纪前后，印度佛教开始通过西域逐渐传到我国内地。也有学者认为佛教不是经由中亚从陆上传来，而是经南海从海上传来的，至迟在后汉初年即汉光武帝之子楚王英信佛之前就由海路传入江淮，等等。但就南传巴利语系上座部佛教的传入而言，有关文献记载，南传佛教于隋唐时由缅甸传入云南西双版纳，在今天景洪市建立了第一座佛寺——瓦坝洁佛寺，后改名为"八吉寺"。唐开元十二年（公元 724 年），缅甸景栋土司派比丘西维苏坦麻书那到景洪宣扬佛法，自此，南传巴利语系上座部佛教由缅甸传入云南以傣族为代表的少数民族地区并形成全民和部分信教的格局得到奠定。上座部佛教保持了较多原始佛教的特色和内容，与大乘佛教略有区别。上座部佛教以达到涅槃为修行目标，着重自我解脱，大乘佛教则追求成佛，着重自利利他，普度众生。千百年来，云南省内全民族信奉南传上座部佛教的有傣族、布朗族、德昂族、阿昌族，部分信奉南传上座部佛教的还有佤族、彝族。南传上座部佛教对这几个少数民族的语言文字、文学艺术、文化教育、生活方式、礼仪习俗、节礼祭祀、审美价值、民族心理，建筑、服饰、医学、饮食、生态、农

耕等等方面一直产生着巨大的影响。

南传佛教传入的初期，一般都未立塔寺，经典亦只口耳相传。约11世纪前后，因战事波及和人员流散，南传佛教也随之隐匿。战事平息后，佛教由勐润（今泰国清迈一带）经缅甸景栋传入西双版纳，并随之传入用泰润文书写的佛经，形成现在傣族地区流布的润派佛教。

此外，另有缅甸摆庄派佛教传入今德宏州等地。至南宋景炎二年（公元1277年）傣文创制后，就开始用傣文刻写贝叶经文。明隆庆三年（公元1569年），缅甸金莲公主嫁与第十九代宣慰使刀应勐时，缅甸国王派僧团携三藏典籍及佛像随行赴景洪传教。在景洪兴建大批塔寺后，缅僧还将佛教传至德宏、耿马、孟连等地，于是，上座部佛教经过长期与地方传统宗教融合，逐渐兴盛起来。现在，我们仍然可在德宏看到这样的文化景观——傣汉式奘房（佛寺）。德宏位于华夏黄河文明与印度恒河文明的交汇之地，傣汉式奘房便是黄河文明、恒河文明以及傣族传统文化相互融和的产物。这些奘房一般出现在交通沿线，傣汉式奘房的大门往往有门神把守，门神关公、秦琼，是汉族家喻户晓的传奇性历史人物；大殿内端坐着佛祖释迦牟尼，却是印度恒河文明的代表；而奘房的建筑又保留着傣族的传统风格。汉式奘房完全借用汉族建筑风格建造，从基础、墙体、屋顶到梁柱、门窗等都表现出汉族宗教建筑的特点。这种奘房的数量不多，以芒市五云寺、佛光寺和瑞丽芒约佛寺为代表。五云寺因门前有五棵大青树，树上常年栖息着许多白鹭，远看犹如五朵白云，寺因此得名。傣族称为"奘罕"，意为"金寺"。始建于清康熙四年（公元1665年），是芒市坝现存建立最早的奘房。

南传巴利语系三藏典籍有巴利语的傣文音译本、注释本和部分重要经典的傣语译本，还有大量的傣族、布朗族的著述。除经典注释外，还有天文、历算、医药、历史、诗歌、传说及佛经故事等。

现在南传上座部佛教教派都产生于缅甸和泰国，按其名称可分为润（又再分润坝，意为山林派；润顺，意为园林派）、摆庄、多列、左底（一作抵）四派（一作五派），有的学者又细分为八个支派。主要分布在云南的西双版纳、德宏、普洱、临沧和保山等地，信教的民族有傣族、布朗族、德昂族、阿昌族、彝族和佤族等。信教人数108万余人。恢复开放佛寺1 702所。除以上地区广布南传佛教寺院外，在昆明圆通寺铜佛殿、云南民族村、云南佛学院也有南传佛教寺塔和宗教活动与教学场所。详细情况见康南山《云南南传佛教现状》一文。

（二）南传巴利语系上座部佛教在云南的民族化、世俗化表现

宗教是一种特殊的道德资源，在各民族文化系统中具有价值根基的作用。

宗教不但在现代世界继续存在和发展，而且构成了广大信徒道德生活的基点，它是社会道德建设必须面对的一个基本的文化背景，一个可资借鉴的价值参照系统，一种丰富的不可或缺的重要道德资源。

南传巴利语系上座部佛教传入云南后，在这些地区呈现出本地化、民族化、世俗化的特色。像佛教传入中国后与中国的汉文化儒、道教相融一样，不可避免地与当地少数民族文化发生了密切交流与融合，彼此间有着很深的渊源。

至今，西双版纳是南传上座部佛教盛行的地区，佛教文化在傣族多元文化中占据着主导地位。新中国成立前曾形成政教、教教相结合的制度，出现了一村一寺或几村一寺的格局。男孩子年满七八岁就要剃度出家进寺庙当和尚，学习佛教礼仪和傣族传统文化。因此，佛寺不仅是傣族人民进行宗教活动的场所，同时也是学习傣族传统文化的学校。

学者们研究发现，汉地戒律与南传戒律在教义方面也有很多共同的内容。资料表明，中国出家尼众的得戒最初是由师子国比丘尼铁萨罗等十余人前来传授的。而在南传三藏中《小部》的《本行藏》即集录各种波罗蜜行之中，南传佛教承认佛道不与声闻道共，则为大乘理论之先河。其所主张的"心性本净，客为尘染"思想，也符合南天竺一乘宗的"含生同一真性，客尘障故"的初期禅宗根本思想。

近代研究发现，达摩的壁观，也可能与南传定学从地遍处入手应用地色曼荼罗有关。可见南传巴利语系佛教与汉传大乘佛教有着深厚错综的关系。

佛教学习生活是傣族人民现代生活中不可缺少的一部分。南传佛教的傣族佛寺中一直保持注重思想道德教育，对入寺沙弥设立诸多严格规定的优良传统，也无疑是顺应以戒为师、顺应时代、与时俱进大潮的。

"沙弥"和"沙弥尼"是巴利语 Sāmanera 和 Sāmaneri 的音译。在南传佛教国家和我国傣族地区，指七八岁以上至十九岁以下受过沙弥十戒的出家男子和出家女性，俗称"小和尚"和"小尼姑"。现在，在许多南传佛教国家，儿童一般在入学前都要到寺院出家或参加佛教文化培训班的学习。这样的情况对于过去的中国傣族男童也一样，他们达到入学年龄时也必须出家为僧，在寺院中学习文化知识，接近成年时再还俗。个别优秀者则可继续留寺深造，并按僧阶逐步升为正式僧侣。现在的情况则因现行国民教育体制和义务教育法的有关规定及社会现实而有所变化，不是所有适龄儿童都必须要到寺院里学习了。只有部分保持传统习俗或有个别需求的家庭才把孩子送到寺院或佛学院学习。其中的原因很多，有时代潮流的影响，有地方佛化氛围和家庭与个人因素等等。但在汉地回归重视传统蒙学和国学的潮流影响下，南传佛教流布地区已出现部分

311

家庭愿意把孩子送到寺院进行短期培训或出家了。

关于僧人来源，一般来说，傣族儿童，其在未成年的受教育过程通常都是通过皈依佛教，以"沙弥"的身份在佛寺中学习以佛教经典为主的综合文化知识来完成的。在傣族现实社会里，寺院学童多数为"沙弥"，仅在德宏有一些"沙弥尼"。关于戒律，沙弥入寺后的第一门"必修课"就是接受"三皈依"和"十戒"的教育。"三皈依"即皈依佛、皈依法、皈依僧。"十戒"按巴利原文直译即离杀生（不杀生）、离不与取（不偷盗）、离非梵行（不淫邪）、离妄语（不妄语）、离饮酒（不饮酒）、离非时食（过午不食）、离歌舞伎乐（不视听歌舞）、离鬘香涂饰（不涂饰香鬘）、离宽广高床（不卧高广大床）、离接受金银（不接受、不积蓄金银）。这十戒中，前四戒为根本戒，绝不能开戒。关于教育，佛寺里十分重视对沙弥文化知识的教授。学僧不仅要学习傣文和巴利语，刻写贝叶经，抄经文，还要学习算术。闲暇时间可以阅读文学作品。天资聪颖者，长老还会传授天文历法和医学等知识。此外，沙弥有使用巴利语与傣语对照背熟并认识人体生理结构中 32 个部位名称的"必修课"，这主要是为了理解坐禅和禅思做准备。

其实，在傣族社会，无论是短期或长期在佛寺学习和生活的"沙弥"、"比丘"，还是在家居士，在其一生中都渗透着佛教思想。佛教思想在每一个佛教徒的心灵深处潜移默化，并指导着他们的思维和行为。傣族沙弥正是在这样独特的文化环境下得以健康成长。这种初级精神教育方式，同时也间接地起到了维护社会稳定秩序的作用。

在全国佛教界提出"和谐社会，从心开始；与时俱进，以戒为师，与社会主义社会相适应"的当今社会，南传上座部佛教也积极重视自身的教育、发展和与时俱进等现实问题。

较之汉族社会和以汉族儒学文化为主导的一些少数民族社会的学校教育，傣族的这种"教育体制"以其独特的方式为本民族培养了一批批优秀的、身心兼修的宗教型和社会型人才，对地区的和谐发展起到了积极的推动促进作用。

当代南传佛教主要以斯里兰卡所传的上座部佛教为代表。云南省佛教协会曾经于 2005 年代表中国南传佛教界去斯里兰卡迎请过菩提树。迎请菩提树之前，双方就在不同层面进行了广泛深入的交流，中国的国家级省级佛教媒体已经作过系列报道，并引起广泛的关注。两国的佛教友好往来也一直保持并继续得到发展，由云南省佛教协会会长刀述仁亲自选派的中国留学生至今还有在斯里兰卡学习的。

（三）南传佛教弘法现状

目前，我们在国内大多数城市所看到的僧侣大部分是汉传和藏传佛教僧侣。即便是在三语系部派佛教齐全的云南省会城市昆明也大抵这样。虽然万法平等,佛教徒和老百姓一直有这样的感觉:南传佛教的僧侣不大到汉地,尤其是藏地弘法。人们在东南亚国家旅游得到的印象和在云南傣族地区的印象又似乎不同,表现在:(1) 东南亚国家的佛教僧侣要托钵化缘,而云南傣族地区的南传佛教的僧侣已经按照中国佛教的通则不进行托钵化缘。(2) 藏传佛教僧侣几乎在南传佛教流布的云南傣族地区之外的所有地区弘法,而南传佛教的僧侣仅限于在本地区和东南亚等国家交流。(3) 不知究竟者往往以为密宗才流行,并认为南传佛教的僧侣保守,不习惯走出去把佛法传扬到别处。其实,这也给南传佛教留下空间。民间有这样的说法,南传佛教在秦朝时曾到中原传教,但僧侣在未开始传教之前,就在"焚书坑儒"时被秦官府拘捕。之后就很少有南传佛教僧侣到汉地传教和弘法至今。现在,即便是在三语系佛教齐全的云南省会城市昆明,也只有圆通寺、云南佛学院、云南民族村、世博园几个地方有南传佛教的活动场所和偶尔有南传佛教僧侣在活动。

南传佛教在传入中国之前,也已先后传至南亚和东南亚。现在,斯里兰卡、泰国、缅甸、老挝有很多南传上座部佛教教徒,其中,泰国的上座部佛教徒占该国佛教徒的 90%。在越南南部地区也流行对上座部佛教的信奉。事实上,南传佛教与大乘佛教同期传入中国。公元 1 世纪开始,佛教由印度向东方传入。中国开始有大量由梵文译为中文的佛经,其中以安世高所译的大量上座部佛经,对魏晋南北朝佛教在中国的传播有着重要的影响,但其后上座部佛教在中国的地位被大乘佛教所盖过。

佛法是平等的,法门也是平等的。在新的世纪,人们对佛教的语系和部派信奉的兴趣与日俱增并呈现多样化需求。许多到过东南亚国家旅游的信徒和普通人群随着对柬埔寨吴哥窟、缅甸蒲甘、曼德勒、泰国、斯里兰卡、印度那烂陀寺等大小佛寺的观光和见识,也逐渐对南传佛教产生了兴趣。目前就有部分国内的僧人和信徒到缅甸、泰国和斯里兰卡等国家进行短期禅修或长期的留学与修学,虽然比起其他国家的南传佛教来说,中国南传佛教的影响和地位有一定差异,但中国佛教徒们对中国南传佛教的传扬还是充满期待的。

三、云南南传佛教进入一个新的发展时期

313

(一) 政策支持

云南是中国的一个门户,也是南传佛教在中国流布的特色边疆地区。西双版纳、德宏、临沧、保山等中国南传佛教流布地区各民族与境外的民族同祖同

宗，同根同源，语言相通，信仰相同。南传上座部佛教虽然严守党音时代传下来的那一套巴利文三藏经典，有其完整的礼仪和制度，其宗教活动绝对不允许原始宗教干预，被认为是一个相对保守的佛教部派，但同时它又是一种比较入世的宗教，绝大多数僧侣都要还俗，他们在佛寺学到的东西，最终都要带到社会生活中去面向社会和人民。在千百年的傣族历史发展过程中，佛教文化就已经浸透到傣族社会生活的方方面面，植入到人民群众的思想深层，形成了一种特殊的民族文化心理。随着《宗教事务条例》以及党的十七大关于"促进政党关系、民族关系、宗教关系、阶层关系、海内外同胞关系的和谐"等一系列精神的贯彻落实，中国南传佛教正以其特有的地缘优势、民族认同、文化习俗、宗教地位、区域作用、国际影响等等，在宗教与社会主义社会相适应，促进经济发展、边疆稳定、睦邻友好、社会和谐当中发挥出不可替代的作用。

（二）人才储备

云南南传佛教涌现出一批像刀述仁、祜巴龙庄勐、伍并雅·温撒、伍巴地亚、提卡达西这样的代表性人物和康南山这样精通傣、汉、英、泰四种语言，又曾出家为僧，对佛教事务较为精通的代表性学者。他们在忧患中国南传佛教何去何从的同时，或身体力行、大声疾呼，或孜孜以求、埋头耕耘，或建立联系机制，或成立相关机构，或搭建学术平台，从无到有，责无旁贷地承担起中国南传佛教的领头人和学术脊梁应该肩负的历史使命和责任。

（三）机构建立

经由国家宗教局、云南省委省政府批准建立的云南佛学院，以及后来增设的西双版纳分院是目前我国唯一传授南传佛教教义教规的佛学院，成为培养南传佛教僧才的重要基地。在这个层次之下，根据部派特点和地域特点即将创办的简易佛教学校或简易佛学班也列入议事日程。学院与分院至今已招收僧侣学生400多名，已毕业200多名。另外，到内地、国外学习深造130余名。大多数学僧都表示学成归来还要回到云南工作，为振兴中国南传佛教事业作贡献。僧才队伍的不断扩大也是中国南传佛教的希望所在。

（四）典籍出版

过去，从事南传佛教研究的人员并不多，20世纪50年代，国内仅有少数文章涉及。中国佛学院的叶均、李荣熙等人也翻译或介绍过南传佛教的历史著作和经典。对云南上座部佛教僧伽的研究始于无忧的《我国傣族和布朗族僧阶名称语源》一文。60年代初，无忧系统介绍云南上座部佛教典籍，还引起相关问题的讨论。虽然邓殿臣、赵桐和郭良鋆先生的研究较有成就，虽然近十年来南传佛教研究已有些成果，但尚称不上有突破性。2000年1～2月，云南大学 140 多名师生进行了"跨世纪云南民族调查",其田野调查内容涉及了南传佛教。2006 年 4 月,由西双版纳州人民政府、云南大学贝叶文化研究中心共同组织翻译整理编辑的《中国贝叶经全集》由人民出版社出版发行,这是中国南传上座部佛教,是云南和云南各族人民,是整个贝叶文化圈,是云南乃至中国出版界、佛教界的一件大事。到 2007 年,《中国贝叶经全集》1 至 30 卷采用原件扫描、新老傣文、国际音标、汉文直译意译"六对照"的编辑方式出版,十分方便僧人和普通读者阅读,也有利于国内外专家学者、高等院校进行研究和教学,不愧为傣族文化的艺术瑰宝。它使掩藏在民间的许多宝贝和老艺人得到发现。傣族贝叶经的保护和整理发掘,也和藏传佛教贝叶经的保护整理与发掘遥相呼应,成为中国南传佛教进入一个新的历史时期的重要标志性内容之一。

（五）场所建设

据《西双版纳傣族自治州民族宗教志》记载,西双版纳总佛寺——瓦坝洁始建于公元 615 年,先后经历四次重修,已有一千多年的历史,是西双版纳最早的一座佛寺。最近的一次重新修复始于 1989 年 2 月 14 日,由西双版纳州人民政府和云南省佛教协会共同投资动工修复。1990 年 5 月 6～8 日举行隆重的开光法会,有全州佛教界人士及一万余名信徒群众参加,泰国佛像安奉团也前来参加安奉仪式和朝拜活动。

总佛寺现有僧侣 110 名（其中祜巴 1 名,比丘 31 名,沙弥 78 名）,佛寺占地面积约 3 000 平方米,建筑面积约 1 000 平方米,主体建筑由大殿、戒堂、学僧宿舍楼即教学楼、长老寮、吉祥佛、学僧食堂组成。占地面积 650 亩,建筑面积 24 000 平方米的"西双版纳南传佛教文化苑"含勐泐大佛寺的建设,历史性、标志性地使中国南传佛教进入了建设发展的新时期。

勐泐大佛寺被广大信众誉为"南传佛教的布达拉宫",具有"世界南传佛教文化中心"的地位。勐泐大佛寺大殿开光大典,标志着勐泐大佛寺宗教活动开始启动。从西双版纳总佛寺到勐泐大佛寺,从 615 年到 2007 年,千百年的积淀和新时期的量变,标志着中国南传佛教与国内外友好平等地开展宗教文化交流有了新的平台,也为保护和发展当地少数民族传统文化,促进西双版纳旅游经济发展注入了新的活力,这是中国南传佛教界的一件历史性盛事。

（六）对外交往

早在新中国成立初期,周恩来、陈毅、贺龙等老一辈革命家就对东南亚国家的睦邻友好和文化交流等定下国策并亲自到过南传佛教流布的云南。20 世纪 90 年代,西双版纳就举行过中老缅泰四国艺术节,德宏通过具有佛教和民族与国际性的泼水节，在政治、经济、文化、民族、宗教等各方面进行胞波友好交流。近年来，云南南传佛教的领袖人物、代表人士等，代表中国和云南南传佛教积极投身对内对外的友好交往，在佛教界和全社会展示了自己的风采，树立和提升了南传佛教的新形象。

（七）南传佛教节日的国际化、综合化

傣族和布朗族全民信仰南传上座部佛教，这两个民族的泼水节、关门节和开门节均有浓郁的南传佛教气息。此外还另有献经节、赕星节、赕岗节、水灯节等多种节日和堆沙等活动。三大节庆都起源于原始宗教并随后渗入佛教色彩，至今逐步形成复合型节庆。泼水节是三大节日中最盛大，传说最多的节日，是将佛教传说和傣族的神话故事融合在一起，再加上浴佛礼仪和傣族对涂炭百姓的恶魔仇恨结合起来而产生的。在这些传说中，最有代表性的为七女智斗魔王的传说。另一种传说是根据佛教"佛生时龙喷香雨浴佛"的神话传说而来。据传，当年释迦牟尼在河里洗澡，洗净身子后身体感到格外爽快，精神特别豁达，从而获得了彻底觉悟。佛的信徒们为了成佛，就在佛祖洗礼之日互相泼水"洗礼"，所以，泼水节也叫做"浴佛节"。随着经济社会和文化宗教的发展，泼水节的功能和效应已经得到逐步放大并日益显现出自身的无限魅力，成为国际性、宗教性、综合性节日。

（八）在致力于有益社会的各种活动中体现出独到的张力和不可替代的作用

以中国南传佛教为主体，在南传佛教流布的德宏和西双版纳两个代表性区域，由云南省佛教协会（慈悲关怀办公室）、昆明佛学研究会（慈悲关怀委员会）、西双版纳州佛教协会具体组织实施了"云南省佛教团体参与艾滋病关怀综合干预项目"、"联合国儿童基金会/云南西双版纳傣族自治州佛教协会'希望与帮助'艾滋病预防与关怀合作项目"，设立了"慈爱园"、"佛光之家"，种下了"关爱林"，实实在在体现了佛教的慈悲关怀、利乐有情。

南传佛教通过参与艾滋病关怀国际行动，加强了对外交流，使人们对中国南传佛教有了新的认知和理解，展示了中国南传佛教的形象。

中国南传佛教的组织、寺院、僧侣，用与时俱进、以戒为师的实际行动和慈悲喜舍等，从教理和修行等多方面，逐步扭转了过去人们对南传佛教只为"自了"，只达"小乘"等片面认识。

316

参考文献：

[1] 云南省佛教协会：《彩云法雨》，总第 1 期至总第 8 期。

[2]《云南民族调查与研究丛书》，云南大学出版社，2001 年版。

［3］昆明佛学研究会编：《佛教与云南文化论集》［C］，云南民族出版社，2006 年版。

［4］康南山：《云南南传佛教现状》［J］，载《彩云法雨》总第 5 期至总第 8 期。

［5］秦家华、岩温扁、周歆红、周娅：《贝叶文化概论》［A］，载《贝叶文化论集》［C］，云南大学出版社，2004 年版。

［6］周娅：《贝叶经——承载西双版纳南传上座部佛教思想的经典》［A］，载《佛教与云南文化论集》［C］，云南民族出版社，2006 年版。

［7］赵朴初：《云南地区上座部佛教》，中国佛教信息网，China Buddhism Information Network.

［8］云南省佛教协会慈悲关怀办公室、昆明佛学研究会慈悲关怀委员会：《中英性病艾滋病防治合作项目结题报告》"慈爱园"项目资料，昆明佛学研究会。

［9］《我省将建艾滋病关爱中心》，云南日报网 2005 年 12 月 1 日，http://www.yndaily.com.

［10］商浩：《记中国佛教协会副会长刀述仁》［J］，载《人物》1999 年第 10 期.

［11］《祈佛教三派和谐发展：访祜巴龙庄勐长老》，2006 年 4 月 12 日，佛教在线。

［12］《祜巴龙庄副会长接受专访 谈版纳教界参与艾滋病防治》，2005 年 8 月 18 日，佛教在线。

［13］《祜巴龙庄勐：中国南传佛教首座大佛爷》，载 2007 年 10 月 18 日香港《文汇报》。

［14］西双版纳傣族自治州佛教协会、西双版纳傣族自治州艾滋病防治办公室：《"佛光之家"项目资料》。

［15］《西双版纳傣族自治州民族宗教志》，《勐海县曼刚寨傣族调查》，《勐海县布朗山乡新曼峨村布朗族调查》，《瑞丽市弄岛乡等嘎村景颇族调查》。

［16］秦家华、周娅、岩香宰主编：《贝叶文化与民族社会发展》［C］，云南大学出版社，2007 年版。

贝叶文化与傣族文学

泰－傣民族民间故事若干母题比较研究

赵　瑛[*]

摘　要：流传在泰－傣民族地区的民间故事，在故事形态、主题类型，特别是在文学传统母题的选择上有着许多相同或相似之处。本文选取了七个较具代表性的母题进行专题研究，进一步阐述泰－傣民族民间故事的异同及其特点，从而印证了泰－傣民族同根同族的民族关系和相同的文化渊源。

关键词：泰－傣民族　民间故事　母题

泰国是今日东南亚地区的一个现代化佛教国家，在地理环境上具有非常重要的战略位置，是东南亚与南亚、东方与西方文化的交汇点。生活于泰国境内各部的泰人与中国的傣族、老挝的老族、缅甸的掸族、越南的泰族和印度阿萨姆邦的阿洪姆人同属古越人后裔，他们是同源共祖的兄弟民族。在漫长的历史长河中，泰－傣民族创造了灿烂的民族传统文化，形成了独具特色的泰－傣民族文化圈，有着许多共同的文化要素，主要表现在民族认同感、分布地域、语言文字、社会制度、宗教信仰、文化艺术、社会习俗、经济基础等方面。但由于泰－傣民族在不断的迁徙过程中，除了发展壮大自身以外，他们在保存基本的文化要素的同时，也形成了各具特色的文化特点，在文化上表现出某些差异性。正是此种差异性，使得泰－傣民族的文化呈现出多样性和多元性的特征，表现在文学艺术方面亦不例外。

据国内学者研究，泰国文学可分为古代文学（公元 1257—1868 年）、近代文学（公元 1868—1928 年）和现代文学（1928 年至今）。古代文学受到了印

* 作者简介：赵瑛，女，1963 年生，傣族，云南勐腊人，文学硕士，云南民族大学云南省民族研究所研究员，主要从事傣－泰语言文化及布朗族历史文化研究。

度文学、高棉文学、爪哇文学及中国文学的影响，尤其是印度文学从内容和形式上均对泰国古代文学产生了巨大而深刻的影响。由于泰民族创立文字的时间为公元 1283 年，因此，古代口头文学的形成应在尚未创制文字之前。从目前整理和出版的泰国民间故事来看，除了本地学者搜集和出版了大量的泰国中部、北部、东北部及南部的民间故事集外，泰国及其他国家的许多学者也将泰国民间故事编辑和翻译成英文。可以说，泰国的民间故事浩如烟海，内容广泛，大致可分为幻想故事（民间童话）、动物故事、社会故事、民间寓言、民间笑话、传奇故事、佛祖故事及神的故事等。而从我国傣族的民间故事类型来看，主要分为神话、历史故事、风物传说、动植物故事、药物故事、生活故事、英雄传奇、幻想故事、机智人物故事及童话寓言等。它们与泰国民间故事的主题类型大体相似，包含着十分丰富而广阔的内容。充分展现了泰－傣民族的社会生活，反映了人们对生活、劳动、斗争的认识、体验、思考和憧憬以及社会风尚、伦理道德、宗教观念、社会制度和社会的发展。通过对泰－傣民族民间故事仔细比较分析后发现，故事形态大同小异，尤其在文学传统母题的选择上有着许多相似的类型，较为典型的有复仇母题、智慧母题、神奇宝物母题、狡诈母题、人兽婚母题、禁忌母题和善良母题等，这是由泰－傣民族相似的文化背景所决定的。因此，本文将列举一些较典型的泰－傣民族民间故事，对其文学传统母题进行比较研究，深入探讨泰国民间故事与我国傣族民间故事的异同及其特点，现分述于下。

一、复仇母题

在泰－傣动物故事中，复仇母题是民间故事中的一个传统母题，故事所讲述的大多是弱小战胜强大，依靠群体力量惩治对方而最终复仇。其中，泰国民间故事《绿豆雀与象》就是一个较为典型的故事：

大象外出觅食时，总是非常莽撞，要么踩到路上的绿草，要么绊倒路边的灌木丛，甚至还会踩到诸如癞蛤蟆、青蛙和小田鼠这类小动物。

有一只绿豆雀，在灌木丛中筑巢建窝，下了许多蛋，最后精心孵出了数只幼雀。

一天，一只大象横冲直撞穿过森林，一不小心就把灌木丛中的雀窝踩得个稀巴烂，所有的幼雀都葬身在他的脚下。

绿豆雀悲伤至极，盛怒之下，便去找青蛙、乌鸦、苍蝇和甲壳虫讨教如何报复大象。最后，他们都一致同意帮忙，为绿豆雀报仇雪恨。于是，乌鸦把大象的眼睛啄了出来，甲壳虫在大象的鼻孔中产卵，苍蝇带来了许多细菌，使得这只笨拙的大象变成了瞎子。

大象饥肠辘辘，口干舌燥，来到了一个又大又深的池塘边。此时，青蛙在呱呱地叫。听到这一叫声，这只庞然大物断定这是泥塘边的青蛙发出的声音，于是他便跟随着蛙鸣声走去，一不小心跌进了泥塘中，被泥水淹没至死。

在我国傣族地区流传的《绿豆雀与象》与之十分相似，故事梗概如下：

有一对绿豆雀，在草坝上的草丛里做窝。春天，它们日复一日地孵蛋，眼看着小绿豆雀快要出世了。

一天，一群大象从树林闯了出来，正对着绿豆雀的家走来，它们要到湖边去喝水。这可吓坏了绿豆雀，忙飞到大象面前请求它们绕道而行，以免未出世的儿女被踩死。可大象不理不睬，鼻子一翘，扇扇耳朵，说："你这小绿豆雀，竟敢来我面前指挥我！我只知道走路，哪管你家死活。让开！滚开！要不，我就先将你踩死！"

大象甩甩鼻子，迈开阔步，一直向前走去，踩毁了绿豆雀的家，踩碎了绿豆雀的蛋。绿豆雀发誓要报仇。她飞到啄木鸟叔叔的家里寻求帮助。啄木鸟飞到河边唤来了点水雀，大家一起飞去找大象报仇。啄木鸟啄破了大象的眼睛和鼻子，大象眼睛看不见，想找水喝也找不到。这时，点水雀在前面叫了起来。大象心想："点水雀生活在水上，点水雀叫，前面肯定有水了。"它高一脚低一脚地向前走去。最后，在点水雀的误导下，大象跌下了石崖……

从以上两个故事来看，结构和情节单元基本相同，只是细节上出现了地域化的变异。帮助绿豆雀的小动物也不尽相同，分别为青蛙、乌鸦、苍蝇、甲壳虫或啄木鸟、点水雀等，但故事情节、大象的结局及主题却是一致的。故事中的小动物虽然单个力量弱小，与庞然大物大象形成了鲜明的力量反差，但他们却能发挥各自特长，团结一致，最终战胜了大象。为了增强说服感染力，故事还在结尾处，用一两句话画龙点睛地将主题揭示出来，如泰族的"给别人带来痛苦的人必将得到报应"，傣族的"绿豆雀能战胜大象，是依靠朋友的友谊和团结的力量"。两者都简洁而深刻地概括了故事所包含的富有哲理性的主旨，它们"形似"动物世界，却"神似"人间百态，是对人类社会生活的折射。值得一提的是，这两个动物互助型的故事，几乎都脱胎于印度书面文学《五卷书》中的《绿豆雀和象》，应是泰－傣民间故事中遗留下来的最古老的形式之一，说明泰－傣民族很早便受到了印度文学的影响，这与佛教传入泰－傣地区不无关系。

二、智慧母题

智慧故事，也是泰－傣民间故事中频频出现的一个传统母题。故事中的主角除了以人为主外，还有许多是以动物为主的。其中，尤以兔子为代表的智慧角色最具特点。

有关兔子的故事在不同国家、不同民族中都能随处找到，而大部分故事里的兔子都是机智聪颖、抑强扶弱、专打抱不平的典型形象。就泰－傣民族而言，兔子被塑造为机智、敏捷而又善良、友好的性格亦在民间故事中大量出现，人们赋予了它特有的文化内涵。一般而言，较常见的动物故事都是讲述动物之间的一些矛盾纠葛，但流传于泰国的《兔子与水蛇》却让动物与人直接发生冲突，讲述了一只兔子用自己的智慧和胆略营救朋友的故事：

很久以前，兔子和水蛇因食物匮乏难觅，双方结成搭档，共享所找到的食物。前提是：谁较机灵，谁就享有优先权，另一个只能退居第二。水蛇凭借它的智慧，常常鬼鬼祟祟地趁渔夫走后溜进捕鱼筐，大吃筐里的鱼，并把吃剩的鱼带给兔子。渔夫最终发现了它的劣迹。由于损失惨重，他重新制作了一个坚固的捕鱼筐，水蛇最后被困在筐中无法脱身。为救朋友，兔子让水蛇张嘴灌满了它的屁，并要求水蛇装死。渔夫返回后一见此状，以为是一条死蛇便伸手拉水蛇出筐。殊不知，兔子的屁慢慢地从水蛇的口中溢出，臭气熏天，农夫闻到后深信水蛇已死了一段时辰。此时，兔子开始大显身手，为引开渔夫，它用树枝作拐杖，一瘸一拐地走出灌木丛。农夫为了抓住"受伤"的兔子便放了蛇。可是兔子却似梭镖一头窜到路旁，径直溜到森林中去了。与此同时，水蛇意识到渔夫已弃他去追兔子，便乘机溜回河中。渔夫既失掉了水蛇又无法逮到兔子，而那两个生灵却摆脱了危险。

与上述故事相比，智慧母题在我国傣族民间故事中也是很多的，如《聪明的小兔》、《小白兔断梦》等，其中，《小白兔断梦》讲道：

老虎与黄牛本来是一对朋友，一次老虎梦见自己吃黄牛，醒来后要兑现梦境，并以虎族规矩作解说。无奈它们找到树、水、人王，然而这些评判者都从各自利益出发竟同意老虎吃掉黄牛。最后找到小白兔，小白兔假装睡了一觉，伸伸腿，对人王说："我做了个美梦，梦见你的王后成了我的妻子，你就把王后嫁给我吧。"人王怒气冲冲喝道："混账东西，简直是胡言乱语。梦见的事，怎么能作数！"白兔顺势说："梦见的东西不作数，老虎就不应该吃黄牛。"经兔子这样一说，就把黄牛从危险中拯救出来了。

这些故事把聪明可爱的小兔子形象刻画得栩栩如生，虽然情节结构不复杂，但都以热情的笔调，极力赞美兔子的智慧和品德。在它身上寄托着弱小动物的期望，寄托着劳动人民的美好愿望。除此之外，《聪明的小蛤蟆》、《虎蚌相争》等故事，也高度赞扬了弱小动物以智慧战胜了傲慢强大的老虎等。这些角色的设置，暗示了泰－傣民族对强大狂妄者的蔑视和对弱小者的同情，体现了他们共同的伦理道德观。总之，兔子的形象在泰－傣民间故事里尤其引人注目，它同其他动物形象与印度文化中的类似形象是一脉相传的。

三、神奇宝物母题

《猫和狗的故事》是一个在泰－傣民族中常见的故事类型，主要讲述猫和狗在主人丢失宝物后，为报答主人的恩情联手寻宝。当宝物找回之后，由于主人听信了猫的谗言，使狗得到了不公正的评价和待遇。这类故事的一个重大母题——神奇宝物支撑着故事前半部分的内容结构，即人搭救动物，动物报恩献宝物。故事的后半部分则集中体现了另一母题——"狗上猫的当"。流传在泰－傣地区的文本之间虽无较大差异，但仍有一些不同之处。以流传于泰国南部《猫和狗的故事》为例，其情节单元为：

1. 饥饿难耐的秃鹫吃了一名青年男子捡回家中的死蛇，为报恩，秃鹫赠宝石予青年。

2. 神奇而超凡的宝石，能使年轻人想要什么便拥有什么。年轻人的富有和地位引起了一名富翁的嫉妒。为此，富翁设计将女儿嫁给年轻人。

3. 宝石被富翁及其女儿里应外合偷走。

4. 猫狗为报恩出走寻宝：A. 猫胁迫老鼠找回宝石；B. 归途中，狗嘴里衔着宝石，过桥时因看到自己的影子而松口，宝石不慎落入水中；C. 猫狗齐心协力复得宝石，狗将宝石交还主人，得到了主人的称赞，猫狗为此争功利；D. 猫向主人讲述了寻宝经过，主人非常生气，责罚狗在楼下吃食，而猫依然在楼上与主人共享美味佳肴，猫狗从此结仇如同死敌。

流传在傣族地区的《猫和狗的故事》则由以下一组主干情节构成：

1. 一只老鹰用宝石向一个穷人交换死蛇。

2. 得到宝石的穷人，需要什么便让宝石变出任何想要的东西和财物。穷人将财物分发给邻居，小猫有鱼吃，小狗有肉吃。

3. 贪心的帕雅召勐骗走了穷人的宝石。

4. 猫狗为报恩潜入王宫寻宝：A. 猫利用老鼠用辣椒面迫使帕雅召勐喷出

含在口中的宝石，宝石失而复得；B. 小狗争着要衔宝石，狗将猫驮在背上过河；C. 猫叮嘱狗叼紧宝石，狗为了咬住捣蛋的秧鸡，宝石失落水中；D. 猫命令鱼鹰打捞宝石；E. 猫抢先叼着宝石向主人报功，诉说小狗的许多不是之处；F. 由于猫从中挑拨是非，主人责打小狗，罚其住在楼下吃残羹剩饭，而小猫因寻宝有功，主人对其宠爱有加，让其围在饭桌前吃鱼吃肉。从此猫狗便成了冤家。

从故事情节和叙述方式来看，这两个故事明显出自一个版本，虽然细节已发生了一些变异，但所要表达的主题却是相同的。这类故事借助猫狗之间发生的纠葛，将猫描写为贪功妒能之徒，演绎了人是如何偏听偏信猫的谗言，对猫万分宠爱，对忠犬怒骂责打、冷落不公的世俗相，从而折射出人类生活中世俗结怨的寓言性质，暗喻着人世间结仇争宠的世俗性主题，意在提醒人们待人处世要公正公平，且不可赏罚不明，忠奸不分。故事的喻世、醒世、警世寓意极为突出。

四、狡诈母题

在泰-傣民族民间故事中，狡诈母题多出现在动物故事中，这实际上是人们通过讲述动物之间的恩怨情仇，折射出人类社会同样存在着欺骗狡诈。尽管故事中主角的做法并非光彩，也不是人们所提倡的，但有时却赢得了胜利，达到了目的。像泰国民间故事《十二生肖的来历》，傣族民间故事中的《猫为什么捉老鼠》、《公鸡为什么天不亮就叫》、《虎王、牛王为什么被狐狸吃掉》等都生动地描述了动物之间为了自身利益而相互争斗。其中，《十二生肖的来历》和《猫为什么捉老鼠》尽管故事情节不同，但都共同讲述了老鼠和猫为争夺十二属相的位置而发生的冲突，老鼠最终以狡诈取胜。《十二生肖的来历》的内容梗概如下：

很早以前，因为缺少一种判断究竟谁先来到世界的方法，人们常常为此而争吵不休。为解决这个问题，狮王召集所有的动物开会。并决定年的顺序以十二生肖作为一个轮回。每年都有一个专门的名字，名字的顺序则按动物前来参加会议的先后次序来确定。动物们听到狮王宣布的决定后，都纷纷准备好在同一天夜里动身。老鼠住地离狮子最近，故最先到达。没过几分钟，牛也来了，紧接着老虎、兔子、龙、蛇、马、羊、猴、鸡、狗、猪先后到达。第二天早晨，老鼠远远看见水牛驮着猫前来参加这次会议。为了保住自己在十二生肖中理应得到的荣誉和地位，老鼠咬碎桥桩，致使猫不能准时到达。当他们赶到开会地点时，狮王已经开始按照动物到达的先后顺序给十二生肖命名。猫失去了自己的位置，可心里明白，这准是老鼠之为。从此，猫鼠成了天敌，而人类每一年都按一种动物名称来命名。

《猫为什么捉老鼠》的故事情节则与此有不同：

为了给人类方便记忆，掌管天地的神指派老鼠传旨召集十二种动物，以确定十二属相名称。老鼠领旨后，马上通知了猪、鸡、牛、羊、马、老虎、猴子、小兔及老龙等，却故意不告知平日与它为争夺食物而有过节的猫。神认为老鼠办事得力，便封它为第一属相，接着按动物到来的先后一一安排了属相。当猫知道真相后，已为时过晚。从此，猫只要见到老鼠就捉，捉到就吃。

不难看出，这两个故事所要表达的主题是一致的，尽管狡诈能一时得逞，但却告诫人们此种做法有违做人的准则！

五、人兽婚母题

人兽婚母题是泰－傣民族乃至世界各国民间故事中常出现的一个母题，泰国民间故事《大象王子》、《香发姑娘》，傣族民间故事《象的女儿》、《龙女神》、《四脚蛇阿銮》、《玉南妙》、《神牛之女》、《鸟姑娘》、《雀姑娘》等都叙述了人与大象、龙、蛇、猫、神牛、鸟雀等动物婚配的故事。与流行于世界各地的异类婚相比，这些故事有其独特的研究价值。其中，流传于泰国民间的《大象王子》的情节单元为：

1. 一位妇人在林中拾柴火，因喝了大象脚印中的积水而怀孕，十月后产下一个小女孩。

2. 女孩长大后，因没有父亲，流言飞语四起，母亲将其父是大象王子这一真相告知女儿。

3. 女孩到林中找到了亲生父亲，父女相认。父亲为女儿盖了一座宫殿，让她过着舒适豪华的生活。

4. 女儿与迷路的王子一见钟情，在征得父亲的允许后，双双结为夫妻，后生有两个小孩。

5. 全家在探母途中，大象的女儿被水怪拉进湖中溺死，后投生成母猴。而水怪摇身变成了小孩的母亲。

6. 小孩的父亲知道事实真相后，杀死了水怪，全家团圆。

此类型的故事在泰国东北部也有另外一种异文，如《香发姑娘》：

1. 一位公主在林中喝了大象脚印中的积水而怀孕，十月后产下一对女儿。

2. 女儿长至 13 岁，被同伴羞辱没有父亲，母亲将事实真相告诉女儿们。两个女儿不听母亲劝阻，执意要到森林中寻找父亲。

3. 两个女儿在寻找到大象父亲时，其中一人被大象吃掉。大象将另一个女儿带回密林深处，为她提供各种舒适的生活。

4. 女儿长到 16 岁欲寻偶，将头发放到金盒中顺水漂流。金盒被王子捡到，王子被盒中香气袭人的头发所吸引，遂告别父母找到了大象之女，并与其成婚。

5. 王子想念父母，携妻子趁大象外出觅食时逃走，大象悲痛欲绝，临终前嘱咐他们将自己的一对象牙带走。

6. 象牙变成的船载着夫妻俩行驶在河面上，大象的女儿被水怪拖进水里，水怪瞬间变成了大象女儿的模样，王子浑然不知。

7. 巫师告诉王子真相，王子将水怪杀死，最后与妻子团聚。

在我国傣族地区，类似于《大象王子》的故事也一直在民间流传，如《象的女儿》，其情节结构如下：

1. 一位妇人喝了大象脚印中的水（一说为象尿）后便有了身孕，十月后生下一个女儿，取名"象姑娘"。

2. 象姑娘长大后被同伴嘲笑没有父亲，母亲将怀孕过程告诉女儿。

3. 象姑娘到林中寻找神象父亲，父女相认。父亲用象牙搭成一间房子，让女儿住在里面。

4. 象姑娘与猎人成亲。因思母心切，请求神象准许探望。临行前，神象送给女儿一对象牙，里面存有世间的所有一切。从此，夫妇俩在人间生儿育女。

以上三个文本的基本情节和重要母题有着许多相似之处，尽管因国家、地域的不同发生了一些变异，甚至增加了一些情节，但它们最初应是同一个版本。在泰－傣民族中产生如此有趣的人象婚故事，是与他们的图腾崇拜及原始的生育观分不开的。首先，泰－傣民族是一个崇拜象的民族，至今仍保存着丰富多彩的象文化，视象为吉祥幸福的象征。从故事中妇人误吮象尿而受孕生子，并在文中略去了妇人与神象同居婚配的细节来看，实际上反映出了泰－傣先民的一种观念：认为自己的氏族与神象有着某种血缘关系，这显然是古代泰－傣先民崇象的最好例证。既然泰－傣先民有过象的图腾，以为妇女感应怀孕能够生下"象女儿"，也就是顺理成章的事了。其次，远古时代，处在原始社会初级阶段的人们"知其母不知其父"，对女人为什么会生孩子一无所知，只好把生育现象的存在附会到动植物乃至星星和月亮身上，从而产生了感植物而生、感星星而生、感宝石而生以及流传于傣－族民间的"九隆"神话故事中的"触沉木有感，因怀孕"等例子。这种先交感而孕的无性生殖，实际上是图腾崇拜的产物。于是，生育观的无知，造成了感生习俗的流传。虽然感生的对象不同，却有着异曲同工之效。当然，在泰－傣民族地区产生上述三种同型故事，除了上述两个因素外，还与大象曾经是农耕助手、运输工具和战争工具等有着直接的关系，同时也说明了《大象王子》、《香发姑娘》及《象的女儿》等都是泰－傣民族最为古老的故事之一，具有重要的历史价值，是研究人类婚姻制度的绝好佐证材料。

六、禁忌母题

禁忌母题是泰－傣民间故事中的一个频发性母题，同时也是一个较为重要的内容。从流传于泰－傣地区不同版本的《召树屯》和《召树屯和兰吾罗娜》来看，虽然传播的空间不同，故事中的具体细节亦有差异，但在主要情节的设置上表现出相似之处，如"得妻"、"失妻"、"寻妻"、"团圆"。现以傣族民间故事《召树屯》为例，其情节结构主要是：

1. 猎人帮助召树屯王子盗取孔雀衣与孔雀公主结合。

2. 召树屯带兵御敌，国王忧虑战况，星相家占卦欲杀孔雀公主兰吾罗娜。

3. 刑场上，兰吾罗娜以跳舞为由，巧妙穿上孔雀衣飞返故乡，途中将信物金手镯托付给仙人帕腊西。

4. 寻妻路上，召树屯遇到帕腊西。帕腊西将金手镯交给召树屯，并赠送宝刀、弓箭、剪子和带路的猴子。

5. 召树屯克服各种困难，用宝刀劈河，弓箭射山，飞越蟒蛇脊梁，剪断怪鸟羽毛，历经艰辛，通过金手镯夫妻得以相见。

6. 兰吾罗娜的魔王父亲设置各种难题——凿巨石、识饭盒、辨手指等，企图阻止女儿女婿相见。

7. 公主与王子杀死魔王，夫妻团圆，重返召树屯的家乡。

流传在泰国南部的《拍素吞》则是此类故事的另一个版本，除了文本中没有"盗取羽衣"这个情节外，其他的情节大体相近，即：

1. 猎人在那伽王的帮助下捉到南诺拉献给王子拍素吞，王子与公主南诺拉结婚。

2. 王子带兵抵御敌人，王后做梦，梦见儿子的肠子被人掏出缠绕在城里，星相家则占卜说王子将死，为此要焚烧公主。

3. 公主请求王后允许她跳舞告别，南诺拉穿上羽衣边舞边飞向天空。

4. 飞在空中的南诺拉看到凯旋的丈夫。此时，神仙变成榕树，停歇在上面的南诺拉对丈夫说，如果真爱妻子的话，就到遥远的地方来寻找。

5. 拍素吞寻妻途中得到妻子留给隐士的戒指，神奇的戒指能使山让路，蟒蛇不挡道。他不畏艰难，藏在翱翔的老鹰翅膀下到达妻子的故乡，并通过戒指夫妻相认。

6. 岳父设置各种难题考验拍素吞，让他辨手指，开垦森林，烧林子，播种芝麻籽，但在象王、乌鸦王、鸟王、鱼王的帮助下，他顺利通过，岳父最终为他们举行婚礼，拍素吞携妻子返乡。

上面的两个版本中，故事情节基本上都是围绕着禁忌、难题考验这两个母题而展开。上半部分的情节，隐含着这样一个禁忌母题，即孔雀衣不能为凡人所触摸，它是孔雀公主上天的"翅膀"。人间男子召树屯通过触犯异类的禁忌，即藏匿孔雀公主的"外衣"，阻断了她复原为"孔雀"的路径。失去了"外衣"的帮助，孔雀公主便无法飞翔返回家乡，从而促使他们得以结合。与此同时又潜藏着另一个更为重要的禁忌："外衣"绝对不能为孔雀公主所获取。因为"外衣"是人兽互变的唯一载体。脱去"外衣"，异类浑身便充满着人性，变成了美丽的仙女，可以说人话做人事，而一旦穿上"外衣"，便成为灵气十足的精灵。所以，当孔雀公主这个具有变形神力的动物再次穿上孔雀衣后，便能展翅飞翔躲过杀身之祸。在这里，人与兽之间已没有多大区别。

下半部分的情节结构是围绕各种复杂的难题考验展开的，两个版本的考验方式既独特也不尽相同，但主人翁得到了人和动物的帮助，在历经磨难后最终都能化解，重新找回失去的爱情。整个故事情节起伏跌宕，委婉动人，既讴歌了忠贞、纯洁的爱情，又反映了泰－傣民族坚强的民族性格以及追求美好生活的愿望。

除了上述羽衣型禁忌母题外，言语式禁忌母题在泰－傣民间故事里亦频频出现，如泰国《世外桃源》（或《神秘的地方》）两次出现了言语式禁忌母题，其主要情节如下：

1. 世外桃源是一个不为世人所知的地方，这里的人们拥有一种神奇的东西能够帮助他们隐身，凡人根本无法看到。

2. 一名小伙子在林中拾柴火时，偷窥一群拿着各种器皿的姑娘，看见她们进洞前总要寻找所藏之物，然后便消失得无影无踪。

3. 小伙子发现姑娘们藏东西的地方除了树叶，什么也没有，而正是由于这神奇的树叶，她们当中的一个姑娘无法隐身返家。小伙子帮助姑娘找到树叶，后与姑娘成亲。

4. 妻子让丈夫发誓,无论在什么情况下都不许撒谎,否则只能离婚,被赶出世外桃源。

5. 丈夫哄骗小孩时违背誓言,被赶出神秘之地。临行前,妻子送他一个行囊,反复叮嘱绝对不可在途中打开。

6. 丈夫在途中偷看行囊,看到的只是姜黄,气愤之余扔掉了大部分姜黄。回到家乡,剩余的姜黄变成了金子。为此,他后悔莫及,痛不欲生。

在此类故事中,"不许撒谎"、"不许在途中打开行囊"的禁令是由妻子发出的,可丈夫却"撒谎"、"偷看",违背了禁忌,把妻子的直言相告当儿戏,从而导致被扫地出门并失去大部分金子的惩罚。设禁、违禁及惩罚的三个环节十分突出。透过禁忌母题,我们仍可以追寻原始宗教及民间神秘巫术的遗迹。守禁便会给自己带来好处,获得幸福和财富;违禁则会受到惩罚,无一例外要遭殃。因而,只有从诚信出发,才能赢得他人的尊重和信任,这既是构成泰 - 傣民族价值观的重要内容,也是泰 - 傣民族几千年来一直所提倡和推崇的。为此,故事在结尾处告诫人们:如果不懂得珍惜有价值的东西,当你意识到它的价值所在时,却错过了机会,只能事后空悲伤。

七、善良母题

美国作家马克·吐温曾经说过:善良是一种世界通用的语言。所以,善良这一母题普遍存在于世界各地的民间故事当中。泰国民间故事《"贤妻"与良母》讲述了一位善良母亲的高尚品德,其故事情节如下:

1. 儿媳趁丈夫下地干活后栽赃诬陷婆婆,婆婆默默地忍受着。

2. 丈夫在她的挑唆和策划下,欲把母亲活活烧死,而母亲却默默而平静地接受这一厄运。

3. 母亲高尚的德行、宽大的胸怀和对子女的真情感动了护林神,护林神帮她逃过了这场劫难,并赠送她一大袋金子和银子。

4. 儿媳因贪财,最终丢了性命。

5. 母亲向儿子讲述事情真相,为帮助儿子醒悟,让他用金子去买一位新的母亲,遭到世人唾弃和嘲笑。

331

故事中的母亲虽被诬陷,险遭杀身之祸,但她的善良和无私的母爱,使她获得了神的帮助,不仅没有被烧死,还得到了许多金子和银子,而那贪婪负义、毫无人性的儿媳也得到了应有的报应,善良仁慈最终战胜了邪恶。"恶有恶报，善有善报"的人间善恶观在母亲和儿媳的身上可谓得到了淋漓尽致的体现，它对导人为善、净化人心起着潜移默化的作用。故事最终还告诫人们：世上没有比亲生母亲更为珍贵的，母亲是不能买卖的！最为重要的是，母亲对子女的爱是无私的，为了孩子甚至可以牺牲生命。

在傣族众多的民间故事中，"善良"始终是一个反复吟咏的母题。《粘巴西顿》（《四棵缅桂花树》）讲述了一个母亲与四个儿子悲欢离合的故事，故事上半部分的主干情节是：

1. 召勐救了公主南光罕后与之成婚。

2. 数月后，南光罕生下四个小孩便昏厥过去，大老婆南翁姐偷偷用四只小狗换走了四个小孩。南光罕因此被贬为养猪的奴仆。

3. 四个小孩被装入瓦坛扔进河里，顺水漂流到花果园附近时被一对老花奴夫妻救起，他们像对亲生儿女那样精心养育这些孩子。

4. 南翁姐发现四个小孩未死，设计用毒粽子害死了小孩。小孩化做四株鲜嫩的粘巴花，后又被南翁姐将四棵小树投进河里。

5. 帕拉西以起死回生秘诀救活了再次受难的四个小孩，教导他们学文练武修炼法术。

6. 拜认母亲路上，四兄弟先后战胜了三个魔王。帕拉西向四兄弟的父母揭开他们的身世之谜，全家团圆。作恶多端的南翁姐被贬为奴隶。

此类型的故事与流传在泰国东北部的《粘巴西顿》如出一辙，其主干情节为：

1. 国王救出躲在鼓中的芭图玛并与之成婚。

2. 王后嫉妒怀有身孕的芭图玛，在芭图玛分娩时，设计用狗崽替换四个小王子。

3. 芭图玛被贬为养猪的女仆。

4. 扔到河中的小王子被一对老花奴救起精心抚养。

5. 王后用点心毒死四个小王子。

6. 四兄弟化作香气袭人的四棵缅桂花树。

7. 狠毒的王后将缅桂花树再次抛进河中。

8. 隐士救活四兄弟，教导他们学习各种法术及战术。

9. 寻母途中战胜魔王，将真相告知父母，全家团聚。王后被贬为奴。

从以上故事的内容来看，主人公虽然多次遭受苦难，但都能逢凶化吉，起死回生，最终好人得到好报，坏人受到惩罚，这类大团圆式结尾具有相当的普遍性和代表性，同时也是泰－傣民族善恶观的具体表现。在行善积德观念的支配下，他们面对要杀害自己的人，并非不会自卫和抗争，只是不滥用这种"正当防卫"的权利罢了。相反，却采取了温和的惩罚方式——贬为奴，这是由泰－傣民族温和而善良的民族性格所决定的。

综上所述，我们以七个母题对泰－傣民族民间故事进行了梳理，对情节结构等方面的异同进行了比较研究，虽然它不能涵盖民间故事中的所有母题，但却能以一斑而窥全豹，具有较强的代表性。从故事所含母题来解析，有的故事由单一母题构成单纯故事，有的由两三个甚至更多的母题按一定的序列组合成复合故事，其故事形态就是一个又一个"母题链"，而这些母题各自均能独立存活，在许多故事中反复出现，自由流动。并且，这些母题大都有着丰富的文化内涵，如"人兽婚"这一母题，从文化人类学的视角来看，它渗透着原始先民的祖先观念和生育观念。再则，从叙事艺术上看，母题的选取和排列组合，具有连锁、反复、对比、升级这样的多重效果。

总之，通过对文学传统母题的比较分析，我们可以看到，泰－傣民族的民间故事，尤其是早期的民间故事表现出更多的一致性，这是由于他们共处于相同的文化圈的缘故，说明这些民间故事具有强大的生命力，它在民众当中的传承并未受到时空的限制。但是，由于地理环境不同，受周边民族影响的不同以及外来文化的不同影响等诸多因素，导致了泰－傣民间故事在代代相传的过程中不断产生了一些变异，有的则已完全不同，即他们在各自的生存土壤上汇集了一些不同的文化因子，创造出了一些独具本土特色的民间故事，从而使得泰－傣民族的民间故事表现出"同中有异，异中有同"的特点，这也正是我们对它进行研究的意义所在。

参考文献：

[1] 克里斯汀·威尔德、卡德里·A.威尔德：《泰国民间故事》（英文版），泰国白莲花出版社，2003年版。

[2]《泰东北古代民间故事》（泰文版），泰国八仙出版社，2002年版。

[3]《泰北民间故事》（泰文版），泰国儿童集团出版发行，2002年版。

[4]《泰南民间故事》（泰文版），泰国儿童集团出版发行，2001年版。

[5] 西双版纳州民委等编：《傣族民间故事集成》，云南人民出版社，1993年版。

[6]《西双版纳傣族民间故事》，云南人民出版社，1984年版。

[7] 岩峰等著：《傣族文学史》[M]，云南民族出版社，1995 年版。

[8] 刘守华主编：《中国民间故事类型研究》[M]，华中师范大学出版社，2002 年版。

[9] 斯蒂·汤普森：《世界民间故事分类学》[M]，上海文艺出版社，1991 年版。

[10] 栾文华：《泰国文学史》[M]，社会科学文献出版社，1998 年版。

[11] 万建中：《日本民间故事中的三种禁忌母题的解读》[J]，载《北京师范大学学报》2003 年第 4 期。

中国南传佛教地区傣族古籍中的诗歌

——以西双版纳为例

周　娅[*]

摘　要：记载在贝叶、绵纸上的傣族诗歌是傣族社会历史发展的产物，是我国民族文学艺术的重要表现形式之一，在中国民族文学史上创造了辉煌的艺术成就。西双版纳贝叶、绵纸等古籍中记录的傣族诗歌包括歌谣和诗歌两种基本类型。根据它们创作的时期、艺术手法、题材类型及创作目的等的不同，又可以把歌谣划分为古歌谣和生产生活歌谣两种具体表现形式；把诗歌具体划分为史诗、叙事长诗和情诗三种具体表现形式。

关键词：中国南传佛教地区　古籍　贝叶经　傣族　诗歌

傣族传统文化源远流长，在文学艺术方面的成就十分突出。西双版纳古籍中发现的属于文学艺术类的作品数量丰富，形式多元，主要有神话传说、民间故事、诗歌、歌谣、谚语、音乐、舞蹈、绘画等几个亚类。这些代表着傣族先民文学艺术造诣的作品通过刻写在一片片贝叶或绵纸上而得以较为完整地保存和传承。其中，傣族诗歌的成果丰硕，表现形式多样，文学艺术成就较高，在整个傣族文学中占有极其重要的地位，从而成为傣族文学艺术的杰出代表之一。

西双版纳古籍中的傣族诗歌可划分为歌谣和诗歌两类。尤其是记载在贝叶上的诗歌类型作品中的叙事长诗，代表了傣族文学艺术创作的最高成就。即便

* 作者简介：周娅，女，1975 年生，云南大学贝叶文化研究中心助理研究员，云南大学国际关系研究院东南亚、南亚国际关系专业博士研究生，主要从事傣－泰民族贝叶文化研究。

在源流博大精深、内涵丰富多元的中国文学史上，傣族诗歌的文学艺术价值也占有一席之地。家喻户晓的《召树屯与喃穆诺娜》、《葫芦信》等，就是以贝叶经叙事长诗《召树屯》和《葫芦信》为蓝本，经过艺术加工再创作后搬上现代电影银幕和舞台的。

根据傣族诗歌创作的时期、艺术手法、题材类型以及创作目的等的不同，我们可以把傣族传统歌谣划分为古歌谣和生产生活歌谣两种具体表现形式；把傣族诗歌具体划分为史诗、叙事长诗和情诗三种具体表现形式。

一、歌　谣

傣族历史上最早产生的一种文学形式是歌谣。它在早期的傣族社会发展阶段中一直是口耳相传，直到"绿叶信"时代发现了树叶的文字载体功能、创造了文字之后，才得以以文字形式记载保留下来。它们是傣族最早的文学作品，反映出了傣族先民在原始社会时期的生产生活风貌，对研究傣族古代社会具有重要价值。

傣族的歌谣按产生时间的先后，大致可以分为原始社会采集狩猎时期形成的古歌谣和农耕生产时期形成的生产生活歌谣两类。

（一）古歌谣

傣族古歌谣产生于蒙昧的原始社会采集狩猎时期①。那时的傣族先民居住在山洞里，靠采集野果和围狩猎物为生。由于生产力水平低下，人们的喜怒哀乐几乎全部以是否能顺利采摘到新鲜、甜美、数量众多的野果，或是否捕捉到猎物为中心。每当出去采集的人们采摘到野果或围捕到猎物顺利返回时，人们便会高兴地叫喊，嘴里发出最原始的音调；而如果没有野果和猎物吃，必须忍饥挨饿或是出去采集、狩猎的人受伤而返时，人们就会发出悲伤的哀鸣声。这些感情和原始的音律，随着时间的推移慢慢积累下来，就成为傣族先民最初表达感情的古诗歌。因创作年代久远且长期通过口耳相传，大部分古歌谣都失传了，贝叶记载流传下来的反映采集经济时期的古歌谣仅有《摘果歌》、《找水歌》、《过河歌》、《关门歌》、《虎咬歌》、《拔刺歌》、《睡觉歌》、《哭哀歌》等十余首；反映渔猎和狩猎经济时期的十余首古歌谣则以《打鱼歌》、《欢乐歌》、《出猎歌》为代表。例如又被称为《猎歌》的《欢乐歌》是傣族先民们在狩猎中和狩猎归来时唱的歌：

---

① 早期傣族社会从采集时期到狩猎时期经过了较长的发展阶段，此处简化合并论述。

森林里/野兽多/有麂子/有马鹿/有老虎/有黑熊/还有野猫和刺猪/……人心齐/棒棒多/打死虎/打死鹿/分骨肉/分肠肚/饱饱吃/啾啾啾

（二）生产生活歌谣

傣族社会进入到农耕时代后，生产力迅速地发展起来。农耕经济的出现不仅为傣族文学的发展奠定了物质基础，还为傣族文学打开了更宽阔的创作天地。许多新的创作素材源源不断地涌现出来。但总的来说，这一时期产生的歌谣仍多以表达傣族先民对生产丰收、生活安定的渴望为主要目的。根据所反映的具体内容的不同，这一时期的歌谣又可以划分为生产歌谣、习俗歌谣和爱情歌谣三种。

1. 生产歌谣

傣族的生产歌谣创作自劳动生产过程中。水稻种植过程中人们欢快的心情、对丰收的期盼、田间地头那牧歌式的优美景色，无不激发出人们的创作热情。就像《播种歌》里唱到的"小斑鸠，站在地头咕咕叫"、"小秧鸡，谈情说爱在田边"……"风吹芒果阵阵香，正是播种好时光"。

在水稻种植发展起来后，傣族的手工业特别是以家庭为单位的纺织生产也慢慢发展起来。《纺线歌》、《纺车歌》、《织布歌》、《攀枝花歌》等描写傣族妇女从事纺织生产的歌谣也随之创造出来。拿傣族妇女几乎人人都会唱的《纺线歌》来说，在创作中就包含"压棉花"、"弹棉花"、"纺棉花"三方面内容，这其实也就是纺织技术的三个组成部分。

生产歌谣的创作者还把自己悟到的一些关于生产的技术、道理融入歌谣的创作中。例如，歌谣《十二马》[①] 中唱道："四月雨水到/青蛙呱呱叫/声声催人忙/忙把秧来泡。"歌谣就是在告诉人们，四月是播种的最佳时令，误了时间，收成就会受到影响。这些道理也随着歌谣的传唱在傣族民众中广为传播。

2. 习俗歌谣

农业生产的迅速发展使傣族的生活日益安定，并且逐渐形成了傣族地区一些特有的风俗习惯。傣族人民也将这些习俗创作成歌谣广泛流传。其中，以反映傣族祭祀、盖房、婚嫁、丧葬和节庆等习俗内容的歌谣为最多。例如，为了表达对大自然的敬畏之情，傣族人民经常举行祭祀活动，许多歌谣便从中创作出来，如反映傣族人民原始宗教习俗的《祭寨神、家神歌》、《祭树神歌》、

337

---

① 傣语称为《西双麻》，这是一首将生产和爱情两种歌谣的风格融为一体的作品。它的主要内容是关于当地一年十二个月气候变化影响下的农事活动。这部作品可以说是一部用文学形式写成的农业知识书籍，在傣族地区流传甚广，民间也有多种傣文手抄本。

《祭猎神歌》、《祭雨神歌》、《叫谷魂歌》、《叫牛魂歌》、《叫谷仓魂歌》，等等。

傣族历来有"一家盖房，全寨帮忙"的传统习俗。因此，盖新房成为傣族人民进行劳动聚会的一种主要场合。"盖房习俗歌"就是在盖新房的场合、或是在盖好房子后的庆祝活动中唱的歌谣。这一类歌谣中最有代表性的有《伐木歌》、《抬木歌》、《破篾歌》、《洗房柱歌》和最著名的《贺新房长歌》等。

此外，在节日、喜庆的场合，为了表达人们欢喜之情的节庆习俗歌谣也非常之多。例如，反映傣族婚嫁习俗的有《说亲歌》、《许配歌》、《迎亲歌》、《婚礼歌》等。而每逢傣历新年，傣族都要举行放高升、赛龙舟、浴佛等各种庆祝活动。活动持续的三天里，你会听到无数的歌谣，但其中以《新年宴席歌》、《拜年歌》、《泼水歌》、《放高升歌》、《赛龙舟歌》和《祝福歌》传唱最多。

3. 爱情歌谣

早期的傣族婚配制度经历了从采集狩猎时期的群婚到农耕时期相对固定的对偶婚，再到一夫一妻制的漫长发展历程。爱情歌谣是傣族社会进入对偶婚时代之后的产物。这时的婚配对象相对固定，青年男女对彼此的爱慕之情需要得到表达，于是无数甜蜜、浪漫、充满激情的情话、情歌便化做了动听的爱情歌谣。伴随着傣族社会婚姻制度的不断发展，傣族人民对纯美爱情的追求成为爱情歌谣绵延不断的创作素材。无论是甜蜜浪漫的"求爱歌谣"，还是辛酸悲恻的"失爱歌谣"[1]，无不在《赞花情歌》、《串寨情歌》、《鹦鹉情歌》、《凤凰情歌》等歌谣形式中得到淋漓尽致的展现。例如：

金色的糯亮花啊／你生长在小河旁／河水天天为你歌唱／阿哥多想变成小河／将激荡的水花／溅进你的心房……（赞花情歌中的求爱歌谣）

你慢慢地走吧／令阿哥留恋的人／你带走了我的心／我也保留着你的笑影／我要把你送过草地／我要把你送过森林／……如果听到斑鸠在树上叫／那是我的灵魂在为你送行……（凤凰情歌中的失爱歌谣）

《鹦鹉情歌》和《凤凰情歌》是傣族歌谣发展较高水平阶段的产物。就其形式而言，从较早时期仅为了抒发情感的零星情歌，发展到后来每篇一般两三百行规模容量的情诗[2]，且有人物、有情节，叙事与抒情相结合，已经具有叙

---

① 傣族男女的爱情会受到战争、生离死别、阶级和经济利益等因素的影响，使得有些爱情无法美满，因此产生了"失爱歌谣"。

② 本文后面情诗部分将进一步介绍论述。

事长诗的雏形。其歌诗一体的特征，"在傣族诗歌发展史上别具一格，占有重要的位置"①。

需要说明的是，傣族歌谣尤其是爱情歌谣在历史上曾受佛教思想的排斥而很少载入贝叶经，大都记录在绵纸抄本上并广泛流传于民间。但可以推断的是，在傣族会造纸之前，傣族地区长期以树叶（包括早期的普通树叶和后来更广泛使用的贝叶）为文字载体。因此可以推测，傣族歌谣在佛教大规模传入并占领傣族地区主要宗教地位前，应该一直是记录在贝叶之上的。只是因为年代的久远以及傣族有不保留过于老旧的贝叶典籍的习俗，才逐渐从贝叶典籍中消失了它应有的身影。

二、诗 歌

傣族的诗歌艺术较为发达。其中，叙事长诗是傣族文学作品中最具有代表性、最能体现出傣族传统文化精髓的文学样式，堪称傣族文学艺术之精华。据傣族高僧，著名的文学家、文学评论家，贝叶经《论傣族诗歌》、《宛纳帕》等的作者祜巴勐所述，"傣族叙事长诗共有四百五十部"，他"用了三十年的时间，看了三百六十五部"②，可见傣族叙事长诗之丰富。比较著名的有：《相勐》、《厘俸》、《召树屯》、《千瓣莲花》、《阿銮》、《松帕敏》、《三牙象》等。其中的佼佼者是傣族人民引以为豪的五部长诗——《巴塔麻嘎捧尚罗》③、《粘巴西顿》④、《乌沙麻罗》、《兰嘎西贺》⑤ 和《粘响》。这五部诗作气势磅礴，每部篇幅逾万行，被奉为傣族的"五大诗王"，堪称傣族文学史上的巅峰之作。

傣族叙事长诗的产生背景时段跨度较大，应始于公元 2 世纪傣族地区早期部落政权或部落联盟政权"勐"的建立，并经历了其整个发展和衰亡阶段⑥。这些叙事长诗也是以该阶段早期形成的神话传说为母体，并经过长期充实加工后形成诗歌体的。大量叙事长诗的创作完成则既经历了傣族地区早期阶级社会（或可称为家长奴隶制社会）末期向封建领主制（也有学者称为封建农奴制）社会转型的阶段，又经历了封建领主制社会（西双版纳）和封建地主制（德

---

① 岩峰、王松、刀保尧著：《傣族文学史》，云南民族出版社，1995 年版，第 313 页。
② 祜巴勐：《论傣族诗歌》，中国民间文艺出版社，1981 年版，第 16 页。
③ 汉译名《创世史诗》，已由岩温扁翻译成汉文，于 1989 年由云南人民出版社出版。
④ 汉译名《四棵缅桂花树》。
⑤ 汉译名《十头王》。
⑥ 即 9 世纪末勐泐王国衰落后至公元 1160 年帕雅真统一各部落建立景龙金殿国之间的 250 余年各勐部落纷争时期。

宏、耿马等地）的漫长发展阶段。叙事长诗的记录需要以相对发展了的文字为载体，因而这时的傣族社会应已有傣泐文。但因为这期间的时间跨度较大，且涉及南传上座部佛教传入的具体时间，所以对这时的傣泐文情况仅作两种可能的推测①：其一是初步发展形成的傣泐文，即在佛经传入傣族地区前傣族已经在使用的原始字母"多蒙嘎端"（虫蛀叶文字）和"多广抱"（吹火筒文字）基础上，结合公元 1 世纪传入的 41 个巴利文辅音字母而初步发展形成的傣泐文；其二是公元 1277 年，随南传上座部佛教的传入，高僧阿雅坦孙洛增创了15 个傣文辅音字母和 11 个元音符号后最终充实完善而形成的傣泐文。

据目前西双版纳州民族研究所、州古籍办等单位搜集到的 160 余部诗歌作品的内容和题材类型，又可以将其分为史诗和叙事长诗两种。

（一）史 诗

依据内容的不同，史诗可分为创世史诗和英雄史诗两类。

1. 创世史诗

傣族创世史诗有各种不同的版本：流传于西双版纳、孟连、景谷等地区的有《巴塔麻嘎捧尚罗》、《英叭开天造地》；流传于德宏、耿马等地区的有《变扎贡帕》②；傣族其他地区还流传着《细木过》③、《天地万物的来历》等。这些版本繁简有别、长短不一，但内容都是讲述天地万物和人类的来历。由于抄写的年代太久，大多数版本都残缺不全，只有西双版纳留存的《巴塔麻嘎捧尚罗》较为完整。④

《巴塔麻嘎捧尚罗》是傣族"五大诗王"之首。全书分"开天辟地"、"天地形成"、"众神诞生"、"谷子诞生"、"人类大兴旺"等十四章，汉译本长一万三千余行。这部作品内容包罗万象，叙述繁而不乱。整部史诗以创世神"英叭"为核心，以天地、人类、世间万物的产生发展为线索来展开一幅完整的神话传说画卷。这部作品不仅创作形式独树一帜、语言文字气势恢弘，而且在思想意识上蕴藏着"天地万物都是由物质变化而来"的朴素唯物主义思想。因此"它不仅是一部艺术作品，还是研究傣族古代哲学思想的珍贵资料"⑤。

2. 英雄史诗

傣族部落和部落联盟时代频繁发生的部落间的战争、兼并，为英雄史诗的

---

① 这两种推测基于华林教授对傣文历史档案的形成及傣族地区巴利文的引进的研究成果。参看华林《傣族历史档案研究》，民族出版社，2000 年版，第 10 页。
② 汉译名《古老的荷花》。
③ 汉译名《天地万物的来历》。
④ 岩峰、王松、刀保尧著：《傣族文学史》，云南民族出版社，1995 年版，第 347 页。
⑤ 岩峰等编著：《傣族文化大观》，云南民族出版社，1999 年版，第 251 页。

产生提供了丰富的素材和现实基础。"波澜壮阔的战争场面，人与人之间的复杂关系，为英雄史诗的产生提供了丰富的描写内容；战争中的杰出首领和英雄人物，成了英雄史诗的主要描写对象……"①

最著名的几部傣族英雄史诗是描写傣族古代部落战争的《厘俸》和《粘响》，以及反映后期部落联盟战争的《相勐》。两者所描写的故事发生在不同时代，却表达了大致相似的主题思想，即阶级分化、权力割据等状态只会引发争夺财产、土地、权力的战争，使老百姓的生活动荡不安。只有当善良战胜邪恶、傣族成为一个统一的民族时，才能使人们生活安定祥和。这一思想表达和反映出了当时傣族先民期待和平、安宁祥和的社会生活的共同愿望。值得注意的是，傣族贝叶典籍中英雄史诗的发现，证明了英雄史诗这一文学形式不仅存在于中国北方，南方地区也是它产生的沃土。

（二）叙事长诗

西双版纳贝叶典籍中所发现的叙事长诗数量众多②，文学成就引人注目。长诗中所叙述的"事"主要集中于三种题材类型：神话题材、爱情题材和悲剧题材。

1. 神话题材叙事长诗

傣族神话题材叙事长诗中最杰出、最具代表性的作品主要有《乌沙麻罗》、《粘巴西顿》、《兰嘎西贺》和《粘响》，它们也是除了《巴塔麻嘎捧尚罗》之外，傣族的另外"四大诗王"。这也足以证明傣族创作神话题材叙事长诗的文学造诣之高深。这四部长诗的内容都以各种激烈的矛盾斗争为主线。例如《乌沙麻罗》的主要情节表面上是叙述"丑王乌沙"和"象王召掌"争夺美丽女子"麻罗"的矛盾斗争，但实质上却是揭露"丑王乌沙"所代表的西双版纳原始宗教势力和"象王召掌"所代表的佛教势力在西双版纳地区宗教主导权上的激烈争夺。又如《粘巴西顿》分为上下两篇。上篇主要反映傣族先民为了生存与大自然所作的抗争，下篇则描写战胜大自然、建立封建领主制后统治阶级内部所发生的以争夺王位继承权为主线的矛盾斗争。《粘响》表现的是傣族古代的统一战争，所颂扬的主人公，是力图通过征战统一傣族的杰出人物。《兰嘎西贺》则是另一部反映傣族佛教传入西双版纳地区时和当地原始宗教发生的激烈矛盾斗争的作品，它不论是从内容上还是从篇幅上看，含量都十分厚重。

341

① 秦家华：《简论傣族英雄史诗》，载于王懿之、杨世光编《贝叶文化论》，云南人民出版社，1990年版，第340页。

② 一说有550部。参看杨寿川主编《云南民族文化旅游资源开发研究》，中国社科出版社，2003年版，第142页。

这部作品被认为与印度的贝叶经叙事长诗《罗摩衍那》有取材和创作手法上的众多相似之处。虽然《兰嘎西贺》内容中明显的傣族地方特色可以说明它的确是西双版纳傣族的本土创作作品，但这也从一个侧面反映出西双版纳与印度古已有之的文化交流与融合。经过广大群众特别是文化工作者在艺术手法上不断地丰富和加工，这部根据 22 册贝叶经书改写而成的长诗成为傣族文化史上的文学珍品。

2. 爱情题材叙事长诗

傣族的爱情题材叙事长诗通常都以温婉细腻、优美动人的语句，表达傣族人民对男女之间坚贞不渝的爱情的歌颂和对自由恋爱、美满婚姻的渴望与追求，体现出当时的傣族人民对压迫人性的封建旧礼教的憎恨和无畏抗争。

在傣族地区广为传颂的《召树屯》是傣族爱情题材叙事长诗的典型代表，它已被改编为大型舞剧和电影等艺术形式，搬上电影银幕和舞台。根据它改编的电影《召树屯与喃穆诺娜》（又名《孔雀公主》）在 20 世纪 80 年代成为最经典的反映少数民族对坚贞爱情的追求的电影作品之一。此外，这部长诗还被广泛地移植为壁画、歌舞、傣剧等傣族传统艺术形式。它不仅在傣族文学史上占有重要地位，在中国文学史上也占有一席之地。

另外，《松帕敏》①、《三牙象》、《三尾螺》、《玉喃妙》、《波荒版嘎》等贝叶经作品，都属于此类题材的叙事长诗作品。

3. 悲剧题材叙事长诗

目前发现的西双版纳贝叶典籍中的悲剧题材叙事长诗有：《喃波冠》、《宛纳帕丽》、《海罕》、《线秀》、《娥并与桑洛》、《叶罕佐与冒弄养》以及《葫芦信》、《喃窝妮》等。这些作品具有以男女主人公的爱情悲剧来控诉封建社会对人性的摧残以及对群众的剥削和压迫的共同特征。

这一类型叙事长诗与爱情题材叙事长诗的根本区别主要有两点：一是悲剧题材叙事长诗产生时间较晚，大量产生于 14 世纪至 17 世纪初傣族社会商业资本萌芽和民族意识兴起时期。由于这一时期存在着商业资本萌芽与陈旧的封建领主传统势力、傣族民族意识与封建制度礼教等的矛盾，一些傣族民众为了实现自由经商、自由婚配的理想，向封建领主制度和封建礼教的枷锁发起了反抗，因这些零星的抵抗多以失败告终，因而充满了令人同情的悲剧色彩。二是爱情题材叙事长诗的矛盾集中于男女主人公之间的爱情发展情节过程，它自始至终贯穿于整部作品中，而对干扰主人公之间爱情发展的各种因素，如封建旧

342

---

① 后经云南民族民间文学调查组重新翻译整理后，书名改为《松帕敏与嘎西娜》。

礼教制度、统治阶级的意志等因素的揭露并不深刻；而悲剧题材叙事长诗作品却通常有两条情节发展主线：一条是男女主人公从认识到恋爱再到结合的爱情主线，另一条则是基于封建旧制度（尤其是封建领主制末期）与傣族民众之间难以调和的尖锐矛盾而激发的矛盾主线，且爱情主线稍短，而封建礼教、王权间的争夺与男女主人公的爱情命运为矛盾对立面的矛盾主线往往较长。矛盾主线中的压迫与抗争的激烈情节、尖锐矛盾，无不悲剧性地、充分、深刻地反映出了傣族封建领主制末期尖锐的社会矛盾，诉说了当时的傣族民众凄惨、悲凉的现实生活。

以流传甚广的《葫芦信》为例，长诗的故事情节是这样的：勐遮王的儿子召拉罕和景真王的公主喃慕罕一见钟情，在双方父王的同意下结成夫妻。然而，勐遮王的野心使他总想吞并对方，双方为自己的利益经常打仗。一天，勐遮王派人去暗杀景真王，被王子召拉罕知道了。他跪劝父王不要这样做，但勐遮王不听。为了防止走漏消息，他还将召拉罕扣押起来。后来，这次暗杀没有成功。勐遮王恼羞成怒，准备调集军队，向景真国发起进攻。在万分紧急的关头，为了营救全勐百姓，喃慕罕决心冒死也要将这一消息告诉父王。可是城门和沿途都被封锁了，没法派人去送信。她急中生智，将密信放进一只葫芦里，让葫芦随着河水成功地漂到景真国。景真王接到葫芦信送来的情报，事先做好准备，打败了勐遮王军队的进攻。为了发泄心头不快，勐遮王最后残忍地处死了泄密的王子和公主。

贝叶典籍中悲剧题材叙事长诗的另一部代表作是《喃波冠》。这部长诗叙述了一对坚贞的男女青年为了爱情不惜与封建旧制度作血与泪的斗争的凄惨故事：美丽的女主人公喃波冠是穷人家的孩子，靠给富人家放牛为生。后来她偶遇了勇敢勤劳的青年猎人宰坝，两人一见钟情，打算结为连理。就在他们成婚前夕，外出游玩的国王召果腊遇见十分美丽的喃波冠，便阴谋拆散了这对恋人。勇敢的宰坝冒死将喃波冠从王宫救了出来。无奈国王召集人马四处追捕这对可怜的情侣。宰坝和喃波冠走投无路，只好逃到原始森林。在那里他们以草地为新床，结为夫妻。国王派出的人马还在四处搜寻他们，而森林里的喃波冠夫妇迎来了寒冷的冬天。这时的喃波冠已快要分娩了。但他们赖以取暖的火塘的火苗却熄灭了。宰坝不能看着爱妻和即将出生的孩子挨饿受冻，便决定到河对岸去寻找火种和食物。谁知，他才离开一会儿，喃波冠就分娩了。这时，一场瓢泼大雨倾泻下来。大雨一边挡住了大江边宰坝的去路，一边侵凌着刚刚来到世间的脆弱幼小的生命，而虚弱的喃波冠此时已躺倒在血泊里。等宰坝寻找火种和食物回来时，喃波冠早已停止了呼吸，婴儿也冻死在母亲的血泊中。宰坝悲愤万分，埋好妻儿后，自己也跳进了浓雾弥漫的深谷随亲人而去。

343

（三）情 诗

情诗也是贝叶典籍中比较突出的一种文学表现形式。根据它所表现的内容和思想感情，可以判断情诗这种文学表现形式是在傣族农耕经济社会发展到一定阶段①，傣族民众的生活比较安定的社会环境中产生的。傣族把情诗这种文学体称为"叁"。在西双版纳贝叶典籍中发现的"叁"中，有六部最为著名，它们是《叁敦浴》、《叁嗡》、《叁丢勐》、《叁帕》、《叁诺列》和《叁烘》②。这六部作品被傣族称为"六大情诗"。

这些情诗通常由一些较为零星的情歌发展而来。在流传初期，零星情歌大都借助口头传唱的形式来获得在民间的广泛传播。一直到佛教的传入和傣族文字形成并逐步推广使用之后，才得以用正规的文字记录下来，并且从内容、规模和艺术表现形式上不断得到丰富和提升发展。西双版纳保存的这"六大情诗"，从创作至今，应已有数百年。但其文字传抄本仅有百余年历史而已。

《凤凰情诗》是傣族特有的一种表达爱情的诗歌，也是"六大情诗"中文学艺术造诣最高的作品。傣族青年男女为了赢得心上人的爱，将自己的爱慕之情，以诗歌的形式写在绘有凤凰图案的纸上寄给对方，以物传情。③ 除了优雅华丽的诗句、深奥含蓄的感情、令人回味无穷的韵味和引人遐想的美感之外，凤凰情诗还有着很独特的表现形式："它以凤凰为图案，将 31 个傣文字母绘于图案不同部位，每一个字母代表一个意思或代表一行诗，如同电报密码一般，让人去揣测，去理解，具有扣人心弦的魅力。"④

体态袅娜的凤凰啊/请你展翅飞翔吧/迎着绚丽的霞光/快快拍开你那色彩缤纷的羽翎/让你的翅膀披上白云/让你的身影伴着清风/请衔着我这封圣洁的情书/……带去献给我思念的情人……

我国南传佛教地区的傣文古籍所记载的傣族诗歌文学是傣族社会历史发展过程中的产物，它不仅形象地记录了傣族社会各阶段的发展情况，还反映和体现了各个历史时期傣族人民的精神诉求和审美情操。以傣族诗歌为代表的傣族

---

① 有学者认为情诗应该是在农耕经济社会中期产生的。参看岩温扁等编著《贝叶文化》，四川民族出版社，2001 年版，第 19 页。

② 这六部情诗的汉译名分别为《花卉情诗》、《隐语情诗》、《韵律情诗》、《转行情诗》、《鹦鹉情诗》和《凤凰情诗》。情诗也经常被作为情歌的创作素材加以引用，所以也经常以情歌的形式出现。如《凤凰情歌》、《鹦鹉情歌》、《花卉情歌》等。

③ 《鹦鹉情诗》是同类习俗的另一种表现形式。参看岩峰等编著《傣族文化大观》，云南民族出版社，1999 年版，第 219 页。

④ 秦家华等：《贝叶文化概论》，载秦家华、周娅主编《贝叶文化论集》，云南大学出版社，2004 年版。

文学艺术与我国其他民族的文化艺术一起，成为中华民族传统文化不可剥离的有机组成部分。它也是连接东南亚、南亚等国家和地区的桥梁，为东方的人类文明史写下了永恒而辉煌的篇章。这些留在贝叶经等古籍上的字字句句，都在记述着傣族人民深切的感情。它们是傣族人民创造的辉煌的精神财富，会世世代代传承在每个傣族子民的心间。

（本文属 2006 年度国家社会科学基金资助项目 "中国南传佛教地区贝叶经典籍调查研究" 成果之一，批准号：06CZJ003）

傣族神话的思维特征

高徽南*

摘 要：研究傣族神话的思维特征，对了解傣族文化有着深远的意义。傣族神话起源于原始宗教，其思维特征集中表现为具体形象、由此及彼的类比、以我观物的"我向性"、象征性和便于说唱性。

关键词：傣族神话 思维特征 具象性 我向性 象征性

每个民族都有自己的神话。傣族是中华民族大家庭中的一员，傣族先民不仅拥有自己的语言文字，还留下了丰富多彩的神话故事。傣族文化的突出特征之一是宗教信仰，而大量的神话故事对傣族宗教信仰的发展起到了巩固和推动的作用。所以，研究傣族神话的思维特征，对我们了解傣族文化有着深远的意义。

一、傣族神话的起源

要了解傣族神话的起源，必须先了解傣族的原始宗教。

（一）傣族原始宗教的萌芽

在人类社会早期，傣族先民不同程度地体验到自身的存在不能不受制于某种异己的力量。这种力量使傣族祖先感到它的神秘，由神秘而崇高，由崇高而神圣，由神圣而导致普遍而久远的崇拜，于是出现了对命运的不自觉思考及企图改变命运的一些巫术手段。那时由于生产力水平的极端低下，每个氏族成员

* 作者简介：高徽南，男，1965 年生，云南省西双版纳职业技术学院副教授，主要研究方向为少数民族文化。

只有在氏族集团之中方能生存，因此人们不具备对未来的自觉思考。但人是一种最具有自我意识的生物，人最关心的事情莫过于自身的生存。为了安全地生存，人们关心现在的存在，同时还想到明天以及未来的生存。于是，形形色色的占卜术、图腾崇拜引导着傣族先民的思维，占卜术、图腾崇拜的活动成了傣族先民生活中最早的宗教形态。从保存至今的咒语巫术来看，这时期的傣族先民"在一定程度上已具有原始宗教的萌芽，已出现了幻想靠特定主观行动来影响或支配客观事物的现象的准宗教现象的法术行为。傣族将它称为'煞'"[1]。

"煞"是傣语，即咒语巫术。咒语巫术的内容非常丰富，如《狗不会咬的咒语》、《不会从树上掉下来咒语》、《狩猎咒语》、《求爱咒语》等，这些咒语从多方面反映了原始先民的社会生活。需要强调的是，施行这里所说的咒语法术，其实是比较简单的，只要施咒语的本人口念咒语，再加上特定的动作，法术基本就算完成了。如使用《狗不会咬的咒语》时，只要祈祷者央告狗道："嗡！狗啊，我走过你面前，你别叫，你别咬！因为我们早就有缘。耶！列！"祈祷者口念三遍，再比出要与狗博斗的动作，并对着狗弯下腰，法术就算完成了[1]。除咒语外，傣族原始宗教的萌芽形式还有一种表现——咒符。傣族男子文身和女子的饰齿就是这种咒符巫术的表现，人们认为咒符具有一种神秘的力量。咒语咒符的产生标志着傣族原始宗教的萌芽，也为后来神话的产生提供了素材。

（二）傣族原始宗教的发展

傣族的原始信仰萌芽于原始社会的采集经济末期。根据傣文史籍《沙都加罗》记载，那时有个年轻的氏族部落首领叫沙罗，他在野外觅野果、野菜时，看到一只野狗在追逐一只麂子，追到山谷里终于抓到并把它吃了。沙罗得到了启示，用树藤绊在路上，把野兽赶到绊有藤子的地方，捉住麂子、马鹿，抬回山洞和大家一起吃。从此，傣族先民便学会了打猎。过了若干年，沙罗老了，临死前对大伙说："我活着，你们拿最好的里肉给我吃；我死后，我的魂还在，我的魂就是你们的鬼神，你们仍然要送肉给我的魂吃。我会帮助你们拴住马鹿，我会给你们撵来麂子，我会给你们驱散灾难。不管什么人打得野兽，都要分给大家吃，拿最好的里肉来祭我的魂。"沙罗死后，人们尊他为猎神。这个神话故事不仅详细地叙述了猎神的产生过程，还表明了傣族原始宗教就是从英雄的灵魂崇拜萌芽、产生的。这个神话故事同时也反映了先民创神思维的过程：即由近及远，由跟自己关系最密切的对象，逐渐扩大到更远更宽的领域。那时候，跟傣族先民的生存最直接也最密切的是狩猎，猎神必然是人们崇拜的首要对象。

347

沙罗猎神的诞生是傣族先民的原始思维从一般的"万物有灵"进入图腾崇拜和祖先崇拜的开端。从这时起，傣族先民便从野兽的死亡和祖先的死亡现象中创造出一系列神、鬼，如白勒（风神）、蛇裴（火神）、披藤（山鬼）、披派（女鬼），以及管树林的树鬼、管河水的河鬼、管土地的地鬼、管房子的房鬼等等。随着鬼神逐渐多起来，祭祀这些鬼神的活动也相应产生，这些活动将傣族原始宗教向前推进了一大步。

（三）原始宗教与傣族神话的关系

正如袁珂先生所说的那样："有了萌芽的原始宗教信仰，然后才有根据这些信仰而创造的神话；神话兴起来了，对于宗教信仰，也起着巩固和推动的作用。"[2]这话道出了傣族原始宗教与神话的关系：先有原始宗教，后有傣族神话。神话依托原始宗教的活动而创造、产生。傣族神话虽然与原始宗教有着渊源上的密切关系，但神话属于艺术和美学的范畴，是傣族先民智慧的结晶。事实上，傣族原始先民的造神过程，也就是创造神话的过程。

傣族神话种类较多，按内容可以分为创世纪神话、自然神话、图腾神话、祖先神话、谷物神话及其他神话等。

1. 傣族创世纪神话包含造天造地和造人造物两部分。造天造地主要是解释天地的来源，有三种神话，即《英叭开辟天地》、《混散造天造地》、《玛哈腊造天造地》。造人造物主要是解释人类的起源，常见的有三种神话，即《污垢泥人》、《人类果变人》、《金葫芦创人》。

2. 自然神话主要有太阳神话。傣族关于太阳的神话主要由造太阳神话《太阳七兄弟》、射太阳神话《惟鲁塔射太阳》、吃太阳神话《顾京宛》（意为"顾神吃太阳"）三个部分组成。

3. 傣族图腾神话中的图腾，均与傣族的狩猎生产和农耕生产有直接的关系。傣族至今还保存着一些图腾神话，如《鸟姑娘》、《雀姑娘》、《象的女儿》、《神牛之女》等。

4. 所谓祖先神就是家神、家族神、寨神和勐神。家神指本家祖先的灵魂；家族神指本家族祖先的灵魂，包括父系祖先家族和母系祖先家族；寨神大都是村寨里的首领或英雄的灵魂；勐神泛指全勐的首领或为保卫勐而死的英雄的灵魂。傣族原始宗教发展到了成熟阶段，便以祭家神、家族神、寨神和勐神为主要内容。祖先神话就是解释家神、家族神、寨神和勐神的来历，以及歌颂它们的功绩的神话。傣族祖先神话繁多，最典型的是《桑木底》，里面包括《竹楼的由来》、《寨心的由来》、《向鼠王讨谷种》等篇。桑木底是古代先民的首领，在开创农耕生产和建寨建勐之中建立了卓著功勋。他教会傣族先民如何盖傣族楼房，如何种稻，还告诉人们为什么要建立寨心等等。他是人神结合的象征，因为他有"定居建寨，开地种瓜"的壮举，所以被尊立为寨神。

5. 傣族的谷物神话反映了傣族是较早进入农耕社会的民族之一。谷物神话故事主要有《雀谷与鼠谷》、《谷神》和《谷魂奶奶》。

傣族先民创造的这些神话，在今天的人们看来有的是虚幻的，有的是巧合的，有的是荒诞的，但在傣族先民眼中却是十分真实的。在那个特殊的时期，唯有这些神话能激励他们应对自然的挑战，并顽强地生存下去；唯有这些神话能帮他们理解或认识大自然的种种现象。所以，他们对神话中的诸神顶礼膜拜。

傣族神话种类多，数量大，故事情节各异，但作为神话，它们都具有共同的思维特征。

二、傣族神话的思维特征

从以上分析中，我们不难看出：傣族神话的产生是傣族先民对自然界认识和理解的表现，是求生的一种反映，是傣族原始先民的群体意识或不自觉行为。当人类社会发展到一定的程度时，同世界其他民族一样，傣族先民也在思考：我们是从哪里来的，要到哪里去？我们所依赖的大地又是从哪里来的？万物是怎样来的？这些问题困扰着傣族的祖先们，同时又吸引他们去解答。于是他们凭着当时生产力发展的水平和意识形态能够关照的程度，对自然界一些未知的事物进行猜测、想象和主观臆断，并采用象征、比喻、夸张等修辞手法进行描述，于是，不同民族、不同地域的人们拥有了体现各自特色的神话故事。傣族神话故事的创作必然要打上其先民审美心理的烙印。

（一）具体形象的思维特征

高尔基说："神话是一种虚构，虚构就是从既定的现实的总体中抽出它的基本意义而且用形象体现出来"。想象是神话的翅膀，但是任何奇特的想象，又总是要以现实生活为基础，是人类现实生活的投影。如傣族创世纪神话《英叭开辟天地》，里面描绘的天神英叭是由烟雾、气体和泡沫搅拌在一起，最后凝结成一个大圆体。若干年后，这个在太空中漂浮的大圆体，最后竟然变成了有耳、有眼、有鼻，手脚齐全的创世神王。英叭神的形象就是模仿"人"这个具体形象创造出来的，它反映了傣族先民具体形象的思维特征。这是由于原始先民的抽象思维能力还处于最初的发展阶段，所以思维还不能脱离具体的物象——人。同样，英叭神造出大地，但不稳定，为了稳住大地，他又用污垢捏成

349

有四脚四梁的架子，样子跟我们的屋架一样罩在大地上，这样大地稳定了。为了形象说明架子为何能稳定，神话里说，由于英叭有无限的神力，污垢架一落到水中，就变成一头大象……大象站在水中稳如泰山，从此大地就稳定了。大象是傣族人民熟悉的动物，不仅体壮力大，而且为傣族人民所非常喜爱。由大象的四肢支撑着庞大的身躯而想象到大地也被神象"章月郎宛"支撑着，这也是傣族神话具体形象的思维的表现。

(二) 由此及彼的类比思维特征

在自然神话《惟鲁塔射太阳》中，惟鲁塔能用石箭射下太阳吗？这个我们看来十分荒诞的事，在傣族原始先民那里却不是问题。因为在他们的观念中，天和地、人和神是没有区分的，自然界的一切动物、植物以至太阳、月亮、星辰都和人有着种种神秘的亲族关系。这绝不是夸张，因为"一个建立在整个原始观念体系上'真实'的想象问题，是一个原始人类以类比心理为基础的认识世界的思维方法问题。原始人类正是以这样一种思想方式来认识世界的，因而，它丝毫不给人以任何做作的、夸张的印象，而给人一种将新奇、宏丽含孕在天真、自然中的特殊的美感。"[3] 所以，傣族先民用这种人与自然物混沌一片的类比手法，创造出种种奇异变幻的神话。

葫芦作为孕育生命的载体，不仅汉族神话故事中有这样的思维（如《金刚葫芦娃》），傣族神话也有，如《金葫芦创人》。这有可能是从葫芦鼓圆的外形像孕妇的肚子，由形似而产生由此及彼的类比思维。

西双版纳自古以来是傣族聚居生活的地方之一。这里土地肥沃，原始森林面积广袤，没有大涝大旱，土壤大多黝黑。原因之一是在漫长的岁月里，森林里的树叶周而复始地生长、凋零，腐烂的树叶层积在地表，形成一层黝黑的腐殖质土壤。这黝黑的土壤在采集狩猎时期的傣族先民心中，留下了深刻的印象。所以，英叭神开天辟地的材料是污垢，他用一双巨大的手搓下身上的污垢，污垢像山崩地陷一样滚落下来。他又用手捧来水拌污垢，然后把污垢泥糊在那圆圆的物体上……他们看到黝黑的土壤就联想到身上搓出的污垢的颜色，于是，由两者的相似点，自然地臆断地球上土壤是英叭神的污垢。这种类比思维源于傣族生活的地方炎热潮湿，上山采集或是狩猎必然要出很多的汗，擦汗或轻搓皮肤都会有污垢，污垢与土壤与傣族先民的生活联系紧密。于是，污垢创世纪的思维就水到渠成地产生了。这是生产力最原始的情况下的一种正向思维迁移。

后来，随着生产力的发展，人们学会陶艺，傣族先民的思维又向前发展。比如，英叭造了天地之后，觉得田地间空荡荡的，又搓下污垢捏了一男一女两个污垢人,男的叫布桑嘎,女的叫雅桑嘎,吩咐他俩到大地上开创人类。他们虽然是一男一女,但却不会繁衍后代,于是他们去挖来黄泥巴,按照自己的模样捏成一男一女,吹口神气,泥人活起来了,让他们结为夫妻,繁衍起后代。黄泥造人与英叭污垢造地都表现了傣族原始先民的类比思维。这种思维在我们看来似乎不可思议,但它真实地反映了傣族先民确实有一种天地和人类都来自于某种物质的朴素认识。这些朴素的认识体现了傣族神话由此及彼的类比思维特征。

(三)以我观物的"我向性"思维特征

瑞士心理学家让·皮亚杰在《发生认识识论原理》中称原始人的心理为"自身中心化","它实际上是以'我'为核心的最初级的类比推理过程"。"我"是认识事物的基准和出发点,通过事物与"我"的关系来认识事物。这种"我向性"的思维形式正是神话产生的源泉。"我向性"的思维方式决定了傣族神话的形式。如图腾神话集中反映了这种思维的特点。

图腾崇拜是古代社会的一种普遍现象,为此也就产生了图腾神话。图腾崇拜神话的核心都是叙述人与图腾崇拜对象的婚配,这说明傣族祖先的认识观:人与图腾崇拜对象具有某种血缘关系,并且这些图腾崇拜对象大都是动物。为了征服自然,为了氏族的生存和发展,他们不得不搬出"象征超自然力"的某种动物,充当自己女始祖的配偶和氏族的旗帜。如《鸟姑娘》、《雀姑娘》、《象的女儿》、《神牛之女》等,讲的都是人与鸟、雀、象、牛婚配的故事,故事里的这些动物全都人性化了。以《象的女儿》为例分析:当神象女儿长大知道自己是神象的后代时,十分思念父亲,就去森林找父亲。神象看到女儿很高兴,用象牙为女儿搭成一间房子,让她过着不愁衣食住行的日子。后来女儿与一个年轻的猎人相遇,产生情感,大象克服自己的私念,让女儿回到母亲身边,与年轻猎人成婚。在这里,我们看到的大象对远道而来的女儿先是小心呵护,后来独自拥有,最后让女儿如愿以偿地成婚的复杂内心活动。故事以"我"的感知关照"动物"的思维,赋予大象人的性情,生动地再现了人类美好动人的亲情和爱情。这种将人自身属性不自觉地移到动物身上,形成了以我观物,以我体验为主的"我向性"思维特征。

在四季由来的神话故事里,叙述了风神与雾神生下"遍地花开"的春天,风神与太阳神生下"热得喘不过气"的夏天,风神与月亮神生下"结满果实"的秋天,风神与雨神生下"冷得发抖"的冬天。这里,不仅四季被拟人化了,连自然景色也拟人化了。这说明傣族先民对风进行了长期的观察,已朦胧意识到风跟气候、农作物有关,但又不能科学地解释,于是只能借助幻想,采用拟人的手法来表达对大自然的理解和认识。

神秘莫测的大自然引起先民的恐惧、敬畏或惊喜等情感，于是，他们认为自然万物都是有神灵的。如鸟图腾神话中的鸟，它不仅能飞，还飞得快。所以，傣族先民很崇拜鸟，认为是这个能飞的使者给"氏族带来食物"；象图腾神话中的象力大无比，在原始先民的眼中，象是强大生命力的象征，在那个生产力极其低下的特殊时期，像大象一样具有强大生命力和超人的力量是人们梦寐以求的。于是，他们对大象的情感从恐惧到敬畏。所以，才有大象送给它的氏族女儿"一只象牙，吃的，住的，穿的，人类需要的一切都在里面"的生动的故事情节。这里带有傣族先民对自然的一份强烈的情感——从崇拜到美化再到物我融合，这是渴望战胜自然（如征服大象），又向往自然伟力（如象力大，能披荆斩棘；小鸟能自由飞翔）的复杂心理的表现。我们还发现，在每一个图腾神话中，图腾都尽自己的能力在帮助它的崇拜者发展最原始的生产，这是建立在"我"认识事物的心理基础上的。这正如王国维《人间词话》中说的"以我观物，故物皆著我之色彩"。这虽然是在讲诗词的"境界"，但用来表达原始人以我观物而创造神话的过程也很是贴切。"我向性"的思维方式赋予了神人、神事多姿的人性色彩，因此，傣族先民创造这些图腾神话，不仅是精神需要，同时也是物质的需要，更是一种"我向性"追求的情感体验。"我向性"把万物人格化，神话因此受到人们的热爱，得以流传。

（四）象征性或隐喻性的思维特征

有关谷神的故事，是傣族谷物神话中最有风趣和最引人注目的部分。从谷神撒下会飞的谷种，到懒女人打断了谷子的翅膀，构成了一组较为完整的傣族谷物神话。"谷神撒下谷种"，是傣族先民学会种植稻谷的开端。可是，先民们并没有掌握种植技术，还缺乏种植经验，更没有抗拒和战胜自然灾害的能力，一遇到山洪、山火、旱灾、兽灾便颗粒无收，因而又产生懒女人打断了谷子的翅膀，使人得不到谷子的幻想。"懒女人"在神话里是恶劣而又残酷的自然灾害的象征，是人格化了的自然灾害。

《寨心的由来》叙述了傣族先民刚建寨的时候，由于过惯了满山跑的游猎生活，很不习惯定居。聪明的桑木底想了一个办法，将一个石头埋在中间，"立为寨心"，叫大伙围着"寨心"盖房子，然后对大伙说："这寨心就是人类的定心柱，是寨子的心脏，它会保护寨子里的每一个人。大伙都不能离开它，离开了它就得不到神的保护，就会死。"人们听后就不再东奔西跑，都安安稳稳地住在寨子里。这里把寨心比喻为人的心脏，很生动也很形象。寨心隐喻着一种权力——神权。

352

（五）便于说唱的思维特征

傣族是一个诗的民族，拥有多达550部的叙事长诗。他们时时处处都离不开诗歌。"贺新房的时候，用诗歌来表达祝贺；结婚的时候，用诗歌来表达喜悦；遇到不幸的时候，用诗歌来表达苦衷；过年的时候，用诗歌来表达平安；上山劳动的时候，用诗歌来表达欢乐。"[4]这是由于他们观察生活、认识生活、表现生活的时候，总是充满一种诗的感情、诗的意境、诗的语言。用诗歌来再现生活，是傣族人民的一种精神气质，也是傣族先民创作神话的一种思维特征。傣族民间叙事长诗，按照产生的各个不同历史时期及其内容，大体可以划分为创世纪史诗、神话史诗、英雄史诗和悲剧叙事诗四大类，其中以神话史诗和英雄史诗最为浩大。如诗歌体《巴塔麻嘎捧尚罗》，原傣文版本有一万八千余行，1989年整理出版的汉译本压缩为一万三千余行。它的内容和篇幅，在中国56个民族的创世史诗当中最为浩大。因而它刚一出版，就引起国内外艺术界、哲学界、文学界的极大关注。

傣族创世纪史诗《巴塔麻嘎捧尚罗》的开篇写道：

相传在远古的时候/太空是茫茫一片/分不清东南西北/四周也没有边沿/它没有天地/没有日月星辰/没有鬼和神/只有烟雾在滚动/只有气浪在升腾/只有大风在逞能/只有大水在晃荡……

长诗内容博大精深，包括有创业神话、自然神话、万物起源神话、人类起源神话、谷类起源神话、祖先神话等方面的大小神话五十多个，语言简朴，含义深邃，想象丰富。

用便于说唱的诗歌形式来讲述傣族神话，体现了远古时代的特定思维模式。因为那时傣族先民还没有创造出文字，神话只能靠口耳相传得以传承。只有诗歌这种分行、有节奏的语言形式，最便于人们传唱。另外，诗歌复沓的章法，不仅便于记忆和传诵，而且还在艺术上有充分抒情的作用，给傣族神话增添一种回旋跌宕的艺术效果，反映了用诗歌形式创作傣族神话的审美思维。

总之，傣族原始先民的心智还处在一个比较低级的阶段，在他们眼中，自然万物与自己一样，拥有活生生的灵魂，人与自然万物都能够进行神秘的交往。这种思维方式是傣族原始先民认识神秘世界的最主要的方式，是神话产生的土壤，是一种不自觉的行为。通过对傣族神话的解读，我们不仅看到傣族先民从幼年逐步走向成熟时期的历史行程，同时，还感受和领悟到了傣族神话鲜活的审美情感和深厚的哲学思想。

参考文献：

[1] 岩香宰主编，西娜撰文：《说煞道佛：西双版纳傣族宗教史研究》，云南人民出版社，2006年版，第3页，第7页。

[2] 袁珂：《中国神话传说》[M]，中国民间文艺出版社，1984年版，第12页。

[3] 王钟陵：《中国前期文化——心理研究》[M]，上海古籍出版社，2006年版，第12页。

[4] 岩温扁、杨胜能等编著：《贝叶文化》[C]，四川民族出版社，2001年版，第21页。

浅析贝叶经《娥屏与桑洛》的
思想艺术特征和时代精神

依艳坎[*]

摘　要：《娥屏与桑洛》（又名《织女与牛郎》）是一部在傣族民间广泛流传的、脍炙人口的长篇情诗，它由星空中的牛郎星与织女星引申出牛郎与织女在人世间时的感人故事。作品以鲜明的主题思想，生动细腻、鲜活多变的人物描写，优美、生动的景物描写，细腻委婉、幽雅华丽的诗句，讴歌了傣族人民对真、善、美的理解和追求。

关键词：贝叶经　《娥屏与桑洛》　思想艺术特征　时代精神

用傣文刻写的贝叶经除了佛经外，还包含有大量的世俗文学，内容丰富，卷帙浩繁。笔者有幸翻译的长篇情诗《娥屏与桑洛》，可以说是傣族文学作品中表现得最为优秀的作品之一。

《娥屏与桑洛》（又名《织女与牛郎》）生动地描写了召桑洛为寻找美好的爱情，不顾母亲的反对，翻山越岭到勐畏追求娥屏公主，当他娶到美丽的公主并带着她返乡，要开始幸福的生活时，恶毒的母亲却极力反对他们的婚姻，并残忍地杀害了善良的儿媳妇，企图以此来斩断桑洛对娥屏的挚爱之心。桑洛得知此事后用殉情的方式追随娥屏而去，以示他对妻子至死不渝的爱。作品歌颂了傣族人民崇尚婚姻自由、崇尚真挚爱情、向往美好生活的追求。

一、故事梗概

景栋城有个大富翁，富翁的小老婆生育有两个儿子，大儿子名叫召桑洛，

355

＊作者简介：依艳坎，女，1982年生，傣族，西双版纳州民族研究所研究人员，主要研究方向为傣族历史、文化、语言文字。

小儿子名叫么赛。在桑洛还没长大成人时，老富翁已撇下妻儿西去了。

当桑洛十六岁长成一个英俊的小伙子时，母亲就到处去为他说媒，成天催他成亲。可是桑洛对本地的姑娘一个都看不上，当他听说遥远的勐垦有位美丽善良的公主时，便决定离开家乡，去追求娥屏公主。

桑洛不顾母亲的反对，带着亲弟弟和随从们踏上了遥远的征途，翻山越岭，穿过莽莽的大森林，来到美丽繁荣的勐垦。桑洛终于找到了他思念已久的心上人，他和公主俩人一见钟情，并喜结良缘。

婚后不久，桑洛和公主在勐垦大臣官员的护送下，回到景栋。就在幸福甜蜜的生活刚刚开始时，桑洛的母亲却不满意儿子娶了异乡的姑娘，决心要拆散他们。尽管美丽善良的公主像一般百姓妇女那样勤劳持家，体贴入微地侍候丈夫和照顾婆婆，还是没有换来婆婆的一丁点儿疼爱，反而遭到婆婆的百般刁难与折磨。比如，当娥屏把屋子和庭院打扫得干干净净时，婆婆却把草渣子撒得满地都是，还到寨中传播谣言，咒骂儿媳妇懒惰不做事；当儿媳妇上山砍来粗壮的好柴火时，婆婆却到寨外拾来细树枝换走儿媳妇的柴火，然后冷嘲热讽怪儿媳妇不会干活；当儿媳妇到河边挑来干净清凉的水时，婆婆又把灰尘和泥土洒进水缸里，怪罪儿媳妇虐待年迈的婆婆，故意去挑路边的臭水塘里的水来给她喝；当儿媳妇做新衣讨婆婆欢心时，恶毒的婆婆要么怪儿媳做的新衣太薄，成心想冻死她，要么就怪新衣太厚不透风，成心想闷死她……恶毒的婆婆总想方设法通过生活中的种种琐事来刁难和折磨善良的儿媳妇。不管婆婆怎样地在小两口之间挑拨离间，娥屏总是时时记住丈夫对她的鼓励和支持，以宽广的心胸包容婆婆对她所做的一切，从不和婆婆计较，反而更加反省自己，努力地做一个贤惠的妻子和儿媳。

尽管如此，恶毒的婆婆仍不善罢甘休。她用调虎离山计，把两个儿子派去探望远方的亲人，然后开始了她最狠毒的行动。

在儿子离家之后的一天，娥屏正在为装病在床的婆婆准备午饭时，狠心的婆婆从屋里悄悄走出来，用菜刀狠狠地割破了娥屏的喉咙。娥屏顿时倒在地上，挣扎着晕死过去。

也许是娥屏命大，不该就此死去，在她慢慢地苏醒过来以后，忍受着伤口的疼痛，挣扎着拖着沉重的脚步艰难地向勐垦逃去，她要在死之前与父母见最后一面。就在娥屏伤痕累累地回到勐垦，如愿以偿地见到日夜思念的父王与母后之时，她念着桑洛的名字永远地离开了人世。

当桑洛拜访了亲人，带着思念爱妻的急切心情赶回家时，美丽的妻子早已不知去向。没有人告诉他娥屏去了哪里，黑心的母亲骗他说，他妻子早已趁他不在家时，跟别人私奔了，叫他死了心。可桑洛并不相信这是真的，他苦苦把妻子寻觅，最后发现了厨房里火塘边地板上的血迹。在他苦苦追问下，母亲一口咬定那是她熬红苏木水，起锅时不小心洒在地上的，并不是什么血水。桑洛不相信母亲的话。他心中有一种不祥的预感，他痛苦万分，急忙带着弟弟么赛，一路追寻而去。当他们精疲力竭地赶到勐艮时，映入他眼前的却是一具公主的金棺材，整个勐艮都沉浸在失去公主的悲痛中。

在桑洛的苦苦哀求下，勐艮国王终于答应开棺，允许桑洛看公主最后一眼。桑洛对公主情深意重，当人们把棺材打开后，桑洛看了爱妻最后一眼，便掏出匕首刺向自己的胸口，追随公主西去，实践了他和公主海誓山盟，生死与共的誓言。人们无不为他们的真挚感情震撼着，他们的爱情深深地打动了国王。国王只好把桑洛和娥屏合葬在一起，让他们长相厮守。桑洛的灵魂升天后化为星空中的牛郎星，娥屏即化为织女星。

桑洛和娥屏去世后，桑洛的母亲也因失去儿子，悲伤过度而死去。她死后没有亲人肯为她送葬，人们把她的尸体丢到荒郊野外喂乌鸦和老鹰。然而，她死后仍不肯善罢甘休，变成了一条银河隔在牛郎星与织女星中间，不让他们相会。

二、思想艺术特征

在傣族民间广为流传的描写爱情的诗歌中，长篇叙事诗《娥屏与桑洛》可以说是家喻户晓，是一部影响广泛的文学作品，它与《线秀》、《叶罕佐与冒弄养》共同被称为傣族叙事诗中的"三大悲剧"，被许多赞哈（歌手）在群众中反复演唱，并在民间广泛流传的过程中被不断演绎。在版纳、景谷、耿马、德宏等不同的地区就有许多不同的版本，在内容上也有较大的差异。

笔者有幸翻译的这部《娥屏与桑洛》，全诗以优美生动的比喻、细腻委婉的语言和诗歌所特有的美感来塑造人物形象，以真挚的感情、细腻的笔触有声有色地描绘了曲折离奇的故事。作品具有强烈的感染力和长久的生命力，称得上是傣族民间文学的一朵奇葩。

笔者在对这部作品进行了翻译之后，感到它至少有以下几个方面的特点，现作一粗浅的分析。

（一）鲜明的主题思想

追寻美好爱情，反对家长专制行为，对爱情坚贞不渝是《娥屏与桑洛》一书的鲜明主题，也是酿成悲剧的主要因素。故事一开始就点出了桑洛是个勇敢、善良、诚实，肯为了心中的幸福勇敢地去追求的青年形象。诗中写道：

"桑洛十六时，长得英俊又潇洒，姑娘谁见了都爱。阿妹为了要见他，故意从他门前过，从早到晚在等待。""那时候的姑娘们，见到英俊的桑洛，就像蜜蜂见花丛，为赢得桑洛喜欢，打扮得花一样美。""远近的姑娘们哟，为赢得桑洛的爱，用贵重的金银盆，装上心爱的礼物，送到小桑洛家中……"可见，桑洛在景栋这个地方，是一个人见人爱的英俊小伙子，但是面对姑娘们对他热情的爱恋，桑洛委婉地拒绝了。因为在这些姑娘当中，没有能令他心动的适合做妻子的贤惠姑娘。

而桑洛的母亲，为了桑洛的婚事瞎操心，勐里什么样的姑娘她都要去说亲。如诗中说："爱操心的桑洛妈，要为儿子找对象，又走遍整个城市，哪个地方有姑娘，她就会往那里走，哪家姑娘长得俊，她就要问哪个去。""一位姑娘哟，她的名字叫喃约，是她的一个远亲，眉清目秀长得俊，声音甜美又动听，她轻轻走起路来，就像飞舞的凤凰，嘴巴又甜又礼貌，可就有一样不好，只会爱美懒干活。""一位姑娘啊，名字就叫喃金欢，是富家的小千金，长得漂亮美如画，可是这小姑娘哟，娇生惯养不听话，只会闲逛家不归。""一位姑娘啊，名字就叫喃应双，长得丑陋又难看，她的皮肤黑又黄，只爱闲逛夜不归，行为放荡偷汉子，搅得别人妻离子散。""一位姑娘哟，是官家的美小姐，身上穿戴很讲究，结婚离婚两三次，每次结婚没多久，人家嫌她就离开，因为这个小美女，纺线织布都不会，不会用刀和锄把。"可见桑洛妈为了儿子的婚事，只要是勐里的姑娘，她都要去了解，好让儿子在她挑出来的亲戚家的女儿中挑一个他自己满意的，可是桑洛却一个都没有看中，反而委婉拒绝了母亲。桑洛没有让母亲如愿，他的这种叛逆的行为，给后来的悲剧播下了种子。

当桑洛听说遥远的勐艮有位美丽贤惠的姑娘时，他不顾母亲的反对，以出门做生意为由，约上几十个伙伴毅然离家，为了心中美好的爱情，直奔勐艮而去，并在未经母亲同意的情况下，就自作主张把娥屏娶回家。这惹怒了这个专制霸道的母亲，但她的怒气不是直接针对儿子，而是把所有的怨气转移到儿媳妇身上，她以侮辱、责骂、刁难和折磨儿媳的方式发泄心中的不满。如娥屏准备饭菜时，她不是嫌菜太咸就是嫌菜太淡，怪儿媳妇故意气她；娥屏打扫庭院时，她就在干净的地面上撒上草渣子，骂儿媳妇是勐艮来的懒虫，不做家务如此等等。想用这种方式来逼走娥屏。她还常常在众亲戚和儿子面前造谣，挑拨离间，她说："勐艮美丽的姑娘哟，懒惰又笨拙，配不上我儿桑洛，她被魔鬼附身，是我们家的祸根。""我的好儿子桑洛啊，天底下好姑娘多的是，要是你跟娥屏离婚，阿妈满意的姑娘，她的名字叫兀丙罕……"不管母亲怎样说谎造谣，桑洛对娥屏的心从不动摇，因为他知道，从一开始母亲就反对他娶娥屏，他十分清楚母亲的想法，现在唯一能做的，就是他和娥屏必须经得起考验，以宽广的胸怀去包容年迈的母亲。

为了让桑洛对娥屏死心，母亲趁桑洛出门时，竟拿起菜刀割破娥屏的喉咙，尚存一息的娥屏逃回勐艮去。当桑洛回到家里，追问娥屏的下落时，母亲对他说："阿妈我命苦啊，自从你动身去远方，儿媳妇天天骂母亲，每每从我面前走过，用脚把阿妈踢倒。""趁阿妈卧病在床时，她天天往外跑，到城边的山脚下，去勾引别的男人。"桑洛根本不相信美丽的娥屏会变心，当他看到厨房的地板上有血迹时，他似乎已经明白发生什么事了。当他和弟弟马不停蹄地追到勐艮时，他看到的却是公主的金棺材。他和娥屏已阴阳相隔，他苦苦央求国王，希望开棺看公主最后一眼，国王被他的真情感动，答应了他的请求。

桑洛如愿以偿看到公主后，掏出匕首自尽，追随公主西去，就像他对娥屏的誓言那样"即使是阿哥我死去，变成僵硬的死尸身，阿哥也不会丢下你，若是阿哥离开人世，也要把你带在身旁"，这些誓言，至诚至真，字里行间都充满了对爱情至死不渝的情感。

在这里，笔者不是褒扬和提倡有情的人都要向桑洛那样殉情，只是被桑洛对娥屏刻骨铭心的爱所深深打动，同时，也明白了一个道理，在家庭关系中，良好的婆媳关系是维系完美婚姻和永恒爱情所不可或缺的。

（二）生动细腻、鲜活多变的人物描写

在《娥屏与桑洛》这部长诗中，描述的人物并不多，但文章所刻画的人物生动细腻，极富个性。就以桑洛的父亲波些涕、母亲咪些涕、桑洛和娥屏等为例。

富翁波些涕在桑洛很小的时候就去世了，作者对它的描写非常少，但却把富翁的形象刻画得活灵活现，非常生动。

波些涕是勐景栋最富有的大富翁，同时又是宫中的大臣，他"荣华富贵享不尽，山珍海味任意享，金银首饰随意戴"。他有个美丽贤惠的妻子，可惜夫妻多年苦无子，富翁心里担心又苦闷，于是他"每天一吃好了饭，就要出门去游逛，富翁他在外面哟，就像一个小伙子，卷起了那长手袖，嘴里还含着槟榔，油头粉面真潇洒，缠着头巾插着花，身上披着花格毡，披毡边角随地拖，见到姑娘就尾随，设法接近献殷勤"。富翁看上了一位小姑娘，他就娶回家中来，"大小老婆同床睡，身边的两个老婆，任他搂抱任他亲……"作者寥寥几笔就把富翁的形象描写得淋漓尽致。

在描写富翁的妻子咪些涕年轻之时"年纪轻轻正当年，就像春天的柳芽，更是貌美使人爱"。写她在饭桌上为难儿媳："那恶婆婆啊，菜一送进口里，就噘起嘴往上翘，拉耷的脸似虎精，怒骂道，这哪是人吃的菜，全部都是盐太咸啦,真是个愚蠢的儿媳妇。"写咪些涕的丑恶心灵:"心像乌鸦一般黑的恶母,像饿鬼一样凶残,儿子娶了漂亮媳妇,她气得像地狱中的饿鬼。"写她的凶残行为:"鬼迷心窍的恶婆婆,突然从里屋走出来,一手拎起刀割破儿媳的脖子,狠狠地说,去死吧你这个家伙,我看你还怎么来当我的儿媳妇……"看了让人痛恨不已。

写桑洛不见娥屏时的焦急:"他心乱如麻,哭着要找妻子,静静躺在床中,茶不思饭不想,他的心就像檀香花和金兰花,被风儿吹动枝摇叶摆,像河岸边低垂的芦苇叶,随着风儿在水中,永无止境地摆来摆去。""不知爱妻身在何处,桑洛心急如焚,热泪滚滚而下,泪水像汹涌澎湃的波涛,两眼通红哭出血和泪。""他跟跟跄跄跑到村寨外的小河边,他见谁就把谁问,可否看见过我的爱妻。"

写娥屏的勤劳贤惠:"她找来螃蟹和鱼虾,做成美味可口的佳肴,献给婆婆和丈夫享受;每天晚睡早起,起来挑水和舂米,打扫楼上楼下和庭院,把垃圾和灰尘扫进箩筐,干干净净收拾整洁。"娥屏勤劳、善良、温柔、美丽、贤惠,真是人见人爱。

写寨子里的女人们知道桑洛要出远门时,慌忙跑来送行的情景:"寨子里的女人们,她们听到消息说,召桑洛要出远门,纷纷朝桑洛家跑。有的人呀,不顾赤身丢脸面,抓起衣裳跑出家;有的人,已是身为他人妻,家中孩子不去管,匆匆直奔桑洛家;有的人,破衣烂裳穿在身,口子开得见了底,身子脏得难入眼;有的人,头发从来不清洗,长着虱子臭难闻,披头散发也跑来。"还有桑洛路过某村庄,女人们为他着迷时的情景:"年轻女人们,纷纷跑出寨子来,有的背起了行装,跟在桑洛后面跑,她们那痴迷的心,难于控制难自拔,就像那发情的猫,羞耻之心抛脑后。有些女人哟,不顾自己有丈夫,也跟人们后面跑,胸前挂着是背包,背后背着她孩子,孩子在哭她不知,只顾自己去赶路;有些女人哟,也不照镜子,看看自己有多丑,黑不溜秋像木炭,乳房干瘪又下垂,也跟着去凑热闹;有些女人哟,怀孕挺着大肚子,分娩在即,也忙着梳妆又打扮,身穿盛装头戴鲜花,赶去献媚凑热闹。"这种大胆的想象和夸张,把人物塑造得活灵活现,体现了傣族文学特有的朴实、善用比喻、联想自然的语言内涵。

(三)优美生动的景物描写

傣族文学有着鲜明的地域特色和清新的热带丛林乡土气息,傣族人民对大自然十分热爱,对大自然有一种强烈的感受力。诗中对事物、景物的描写也十分生动细腻,既给人以美的享受,又使人增长知识。例如,通过对桑洛穿越茂密大森林中的树木、奇花异草、飞禽走兽等的描写，使我们仿佛置身于奇异的热带丛林中："树梢上成双成对的凤凰鸟，悠悠地唱着歌儿"，"林中有一群群斑鸠鸟，有鹞鹰和铁连鸟，还有成群的画眉鸟"，"莽莽的森林呵，只有觅食的野兽，有野鸡、马鹿和麂子，有大象和犀牛"，"高大挺拔的树木下，老鼠、松鼠、老鹰和鹞鹰，它们在追逐鸟儿，可怜的小斑鸠它飞得慢，被鹞鹰追上去逮住，顺着风儿飞向远方"，"梨树上的画眉鸟，欢喜鸣叫，山谷中的鹌鹑鸟，欢快觅食飞虫，成群的鹦鹉，在枝头吃野果，小小的纺织鸟，飞到远处，衔来茅草，忙着编织巢窝"。"驿站边的大湖里，百花齐放，就连湖边上，也开满各种鲜花，池水中的甲鱼，爬到岸上产卵，鱼儿在欢乐地戏水"，"路两旁有盛开的鸡冠花，有刚刚发嫩叶的帕梯棕，有高大挺拔的长叶黄麻树，有开满花儿的三丫果树，有刚刚发芽的柳树，还有刚刚长绿叶的绿荚迷"，"潮湿的小溪边，七叶莲丛生，小溪两旁绒花盛开"，"熟透了的人面果挂满枝干，有酸酸的'麻哈果'和'麻蒿弄'果，有垂挂叶子底下的'麻兴哈'"，"微风轻轻吹过，芦苇叶和毛草叶随风飘扬，小紫株树和'洛冠'也盛开……"让人读了有一种身临其境的感觉。

（四）细腻委婉、幽雅华丽的诗句

这篇长诗运用优美生动的比喻、细腻委婉的语言来展现人物性格、表达思想感情。

例如，桑洛出远门感到寂寞时，他就歌唱："人生好比林中鸟，不会总是待原处，总要飞出那林子，去看多彩的世界。家乡里的好山水，最让阿哥我留恋，家乡里的好姑娘，最让阿哥我惦记。"

桑洛刚离家去勐景时，他不敢肯定他是否能追求到娥屏，心中有一种失落的感觉。他在心里对娥屏说："阿哥是一只小小的斑鸠鸟，独自在枝头欢唱。"

桑洛在穿越茂密森林的路途中感到忧伤时，他就会想起离开家乡时，众姑娘送他的情景，忍不住轻轻把歌唱："请听吧，鲜花般的阿妹们，你们美丽的芳容，像鲜艳的缅桂花，如今你们在家乡，是否还会想着我，漂泊他乡的阿哥。"

桑洛初到勐景时，受到许多姑娘的热情问候。姑娘们唱道："我可爱的小阿哥，您那可爱的面貌，像美丽的缅桂花，亮得就像金粉涂。阿妹想请阿哥您，到家里去歇一歇；阿妹想请阿哥您，到家里去坐一坐；请阿哥去尝一尝，妹家中的瓜果甜不甜。阿妹想请阿哥您，到家里去歇一歇；阿妹想请阿哥您，到家里去坐一坐；请阿哥去喝碗水，请阿哥去吸吸烟。"忙着赶路的桑洛委婉地谢绝了姑娘们的心意，他唱道："美丽姑娘多动人，黑黑眼睛圆又亮。多谢

361

阿妹好心意，今天天色还很早，不是停歇好时机，阿哥真是太可惜，没有时间多停留，品尝妹的好饭菜。来日时间还很长，下次阿哥路过时，定到阿妹家来歇。"

桑洛在勐艮街上第一次与娥屏相遇时，他赞美娥屏时说："你就像冬天里的温泉，又像盛开的白檀花，芬芳而娇艳。"他向娥屏表达爱意时说："洪福齐天的阿妹哟，谁能成全我，让我把花儿采下，戴在阿妹的头上。"桑洛对娥屏表达他在家乡没有情人时说："不是阿哥的心中，思念着家乡的檀香和花草，而是异国他乡的鸡蛋花，比家乡的更芬芳娇艳。勐艮的鲜花，不会被风吹过，就凋谢无芳香。"

桑洛夜晚在娥屏的小楼外，想去看望娥屏，就抱着木琴轻轻唱："请听吧，苗条婀娜的姑娘哟，早早地就睡着了吧。难道是心爱的姑娘，已和别人同床共枕？难怪阿哥早早在外等，楼上却静悄悄。现在啊，叶子上的露水已蒸发，若是妹妹不想见阿哥，阿哥将到哪里睡？夜如此深，可惜阿哥没有被子盖，等待到天明也没有家，只有睡在夜空下，与星星和月亮共相伴，睡在不毛之地上，真是苦了阿哥呀！如果妹妹爱阿哥，就请拉开蚊帐的一角；如果妹妹爱阿哥，就请掀开妹妹的被窝，起来见一见丑陋的阿哥。"作者通过艺术形象的描绘，使诗句饱含真情、立意新颖、联想自然、意境优美，构成一种情景交融，形神兼备的艺术境界。

三、时代精神

《娥屏与桑洛》共有二十八章，每一章的开头和结尾都有说理的部分，告诫女人们怎样做一个贤惠的妻子和好儿媳。

例如第二十二章的开头部分中说道："请听吧，像压在箱子底的一块麝香的妹妹啊，你们的丈夫，都没有像这样骂过你们吧？只有那些懒惰不做家务的女人，还没等到丈夫责怪，就已经离家出走，而像娥屏这样的姑娘啊，恐怕天底下也难找。阿哥见过的女人啊，夫妻关系不和睦，不懂得勤俭持家的女人啊，请向娥屏姑娘学习吧，要把心胸放宽广些，默默忍受着婆婆的百般刁难，就算是这样死去，也会觉得光荣。要不然死后啊，就会像魔鬼般的恶婆婆，压迫儿媳妇娥屏，死后被人们唾弃万年。"

诗篇把娥屏的形象塑造得非常完美。娥屏不仅长得漂亮，而且温柔善良、勤劳贤惠，最难能可贵的是，无论婆婆怎样刁难和折磨她，她始终以宽广的胸怀去包容和忍受，并努力地去改变自己，使自己成为一个好儿媳。甚至在遭到婆婆割喉，拼死逃回勐艮见父母最后一面时，在闭上眼睛前，她还在请求父母亲和族人们不要怪罪景栋的亲人，更不能因此而中断了勐戞与景栋之间的友谊，她相信这是她命中注定必须承受的业报，不能怨任何人，她把自己的死当成是"脱离了人间的苦难，要到天上去享福，要在天上静静地等待，守望我的亲爱的夫君"。

长诗中与娥屏形成鲜明对比的咪些涕，无疑是残暴的典型，丑恶的象征。她不仅反对儿子的婚姻，还残忍地杀害儿媳。她死后，人们把她的尸体丢在荒郊野外喂乌鸦和秃鹰，没有亲人肯为她收尸，最终留下的是被人唾骂"心像乌鸦一般黑的老恶魔"的臭名。

通过塑造恶毒的咪些涕的形象，更加衬托出了善良勤劳的娥屏的美好形象，成功地表达了傣族先民们"厌恶战争，仇视残暴，渴望安宁"的意识。由于佛教的传入，傣族人民都信奉佛教，反对杀生，提倡慈善，认为残暴是恶，忍让是善，即"忍就是善，善就是美"，换言之，善良者必须具有忍让精神，具有忍让精神就是具有崇高的美德。因此，长诗总是在适当的地方告诫妇人们，要向娥屏学习，不要像咪些涕老恶魔那样，认为只有像娥屏这样的女人，才称得上是品德高尚的人。

长诗没有像其他故事中那样描写战争的轰轰烈烈的场面，也没有企图用武力夺取政权的描写，而是以生活中的家庭矛盾为题材，使得作品更贴近现实，深刻地揭示了傣族封建家长制下的种种矛盾。故事不仅以其丰富的社会生活内容，展现了傣族古代社会生活的历史画面，同时以傣族传统文学的独特、优美的艺术手法，讴歌了傣族人民真、善、美的精神境界，表达了傣族人民美好的生活愿望和人生理想。

参考文献：

[1] 云南省西双版纳州贝叶文化研究中心、西双版纳州少数民族研究所编：《首届全国贝叶文化学术研讨会论文集》（内部资料），2003 年 3 月。

[2] 秦家华、周娅、岩香宰主编：《贝叶文化与民族社会发展》[C]，云南大学出版社，2007 年 1 月版。

[3] 岩峰、王松、刀保尧：《傣族文学史》[M]，云南民族出版社，1995 年 10 月版。

《召树屯》（孔雀公主故事）
跨汉语际流变研究

陈孟云[*]

摘　要：《召树屯》（孔雀公主故事）是傣族南传佛教典籍《贝叶经》里文学艺术性较高的一部作品。新中国成立后，被搜集、整理和翻译成汉译本，以谷青的《孔雀姑娘》和白桦的《孔雀》影响最广。本文论述了该作品由傣语佛经故事进入汉语世界的历程以及故事跨汉语际流变的得失，认为融合了少数民族文学因素的新形态汉语文学在中国当代文学史上颇为独特。

关键词：佛经故事　跨汉语际　流变

《召树屯》（孔雀公主故事）是一个在傣族民间广为流传的佛经故事，新中国成立前，其传播文本一种是民间艺人"赞哈"的说唱韵文手抄本，另一种是记录在贝叶上的经文体文本，均用傣文记载。新中国成立后不久，该故事就被翻译为汉译本，主要有《孔雀姑娘》和《孔雀》两个版本，前者是谷青等人在西双版纳和思茅地区搜集、整理和翻译的文本，后者是著名作家白桦根据傣族"赞哈"唱本《召树屯》创作的现代抒情长诗。这两部取材于同一题材的汉语作品与读者见面后，引起了广大读者浓厚的兴趣。此后，该作品又以不同的艺术表现形式被多次演绎，20世纪50年代，著名民族舞蹈家刀美兰将该故事改编成舞剧进京献演，受到好评；60年代，上海美术电影制片厂将其改编成动画片《孔雀公主》，深得广大观众的喜爱；70年代，云南省歌舞团和西双版纳州文工团改编创作了大型民族舞剧《召树屯与婻穆诺娜》，在国庆三十

364

---

　* 作者简介：陈孟云，女，1970年生，云南昆明人，云南财经大学东盟学院副教授，华东师范大学文学硕士，主要研究方向为中国现当代文学、对外汉语教学等。

周年献礼演出中获奖；80 年代，作家白桦本人将长诗《孔雀》改编成电影剧本《孔雀公主》并搬上了银幕。至此，《召树屯》这一傣族南传佛教世俗经典故事，历经跨汉语际、跨媒体的流变，最终在全体国人心目中塑造了一个美好的"孔雀公主"形象。

一、新中国成立后孔雀公主故事的翻译、整理与改编

"对少数民族文学的收集、整理与翻译以及少数民族作家的创作是 1949 年以后中国文学中非常重要的内容。"① 作为少数民族文化资源丰富的云南省，在开展搜集整理少数民族文学工作方面不仅起步早而且卓有成效。1956 年，云南省召开了全省民间文学工作者会议，会后的成果之一就是搜集、整理出了傣族文学汉语本《孔雀姑娘》。

《召树屯》（孔雀公主故事）有两个汉语版本和两个电影版本，按公开发表时序，第一个版本刊载在 1956 年 12 月 15 日的《思茅报》上，题为《孔雀姑娘》，副标题为傣族民间传说：召树屯与婻穆诺娜，署名为傣族召存智等十余人译述，嵩山收集重述，谷青初步整理，傣族英达翁校勘。该作品后被收入《云南民间故事选》、《中国民间故事精选》、《中国民间爱情故事》及谷青本人编印的《谷青文存》。第二稿刊载于 1957 年的《新观察》上并连载了两期。第二个版本是 1957 年中国青年出版社出版的长诗《孔雀》，署名为白桦。电影版本分别是 20 世纪 60 年代上海美术电影制片厂改编的木偶片《孔雀公主》和由白桦在其长诗《孔雀》基础上改编成电影剧本，北京电影制片厂、上海美术电影制片厂 1982 年摄制的故事片《孔雀公主》。

《孔雀姑娘》、《孔雀》汉语本的出现具有划时代的意义，它标志着傣族文学跨入了汉语文学领地，是 20 世纪中国文学值得关注的事情。新中国成立之前漫长的中国文学史历程中，傣族文学与汉族文学之间缺乏有组织、有成效的相互交流和相互借鉴。历史上民族差异、地域距离、心理隔膜、文化屏障等因素，阻碍了傣族文学与汉族文学间的交流和良性互动。新中国成立后，这些屏障在不断削减，新型民族关系迅速形成，为傣族文学进入汉语世界创造了有利条件。对新中国成立后傣族文学及其他少数民族文学在这一时期进入汉语文化圈并被接受的过程，著名学者李鸿然是这样评说的："说到国内各民族文学关系，人们总认为汉族文学给予少数民族什么，少数民族从汉族文学获取了什

---

① 陈思和著：《中国当代文学史教程》，复旦大学出版社，1999 年版，第 124 页。

么。其实，在文学交流过程，双方都有'取'有'予'，彼此优势互补，构成双赢格局。"①

二、谷青《孔雀姑娘》——宗教意识的链接与傣族文学的选择

谷青（1927—2004），云南巍山人，中国民间文艺研究会会员，云南作协成员。著有诗集《花开两朵配成双·滇南情歌》、《云南民歌》、《傣族情歌》，电影文学剧本《战火中的女兵》，电视剧本《南天风雷》（又名《佤山抗日游击队》），小说《新居》，散文《寄语海外游子》，民间传说《孔雀姑娘》、《长工和地主的故事》、《勐马的雾霭与河流》等作品。

谷青是最早让傣族文学作品进入汉语文学世界的作家。傣族文学在汉语化过程中，由于执笔者是汉族作家，进入汉语文化圈时面临的最大困惑是如何处理傣族文学作品中的宗教意识问题。由于受儒家传统思想的影响，汉族作家在思维方式、思维路径方面都往往受到儒家的亲情观念、家族意识和立德、立言理想等儒家文化的"政教合一"思想体系的左右。然而，身为汉族作家的谷青在处理傣族文学《孔雀姑娘》时采取的态度与整理方式是难能可贵的，作为孔雀公主故事的第一个汉文整理者，他基本上是忠实于傣族文学原作的。

（一）宗教链接傣族"恋乡情节"文化品格

"文艺的民族和地区特色与地理环境的关系更为直接和密切。地理环境和气候特点通过人的心理性格长期地、执著地影响着文学艺术。"② 傣族的文化传统意识是南传佛教意识下建构的乡土观念与家园意识。西双版纳流传的孔雀公主故事，不可避免地也打上了家乡的深刻烙印。谷青整理本就有这样的词句：

"这儿哪儿有千瓣莲花——嫡波欢版嘎，或是香闻数百里外的嫡金欢版嘎那样的人品和花儿呢？这里的花儿啊，打朵的时候低着头，开花的时候怕人笑话。"

句中的嫡波欢版嘎是世俗经典故事《千瓣莲花》中的一位女主人公的名字，意思大致是一朵具有千瓣、芳香艳丽的莲花最终变为一位艳丽多姿的小姐。"金欢"是一种花的名字，这种花也有一千瓣花瓣，即西双版纳傣族南传佛教象征的"五树六花"中六花之一——地涌金莲。传说这位小姐讲起话来有花的清香，在数百里外都可以闻到、听到。佛经故事里又套用佛经典故的手

366

---

① 李鸿然著：《中国当代少数民族文学史论》，云南教育出版社，2004年版，第73页。
② 王国祥著：《诗歌与自然·贝叶文化论》，云南人民出版社，1990年版，第290页。

法，在《孔雀姑娘》中多达十余处。故事的空间设置已经与生活的空间发生了置换，呈现出宗教意识链接下的艺术化的佛经故事。谷青对孔雀公主故事的再创作，动态地还原了傣族信仰南传佛教的历史真实和生活真实。换言之，傣家山水已经被作家在故事中赋予了丰富的想象，进行了艺术提升。对傣家山水田园的痴迷与眷恋，成为建构故事空间的心理基础；对傣家山水的艺术提升，衍生出美丽动人的故事。

（二）宗教链接傣族原始宗教精神和神幻色彩

《孔雀姑娘》不仅淋漓尽致地表现了傣族民间朴素的爱情观和婚姻观，以及傣族民间对自由自在的生活和自由爱情的向往与追求，而且最具价值的是真实展示了傣族原始宗教精神生活风貌。《孔雀姑娘》故事的结尾处孔雀姑娘帮助王子杀死了自己作恶多端的父亲魔王匹丫这一情节，恰是汉民族正统文学难以直面的、甚至是故意回避人生的方面。再如对原始宗教的真实再现，故事开头有个不容忽视的情节：召树屯出生时，为了孩子的命运，国王请来了"摩古拉"（卜卦算命的人）卜卦。国王还做了一个梦："梦见他的肠子从肚子里飞出来，绕着城池转了三转，他坐着肠子，在上空游转，然后肠子又回到他的身上。"国王做了噩梦之后请"摩古拉"来释梦等等。这些情节反映了一个真实的社会发展过程，即当时外来的南传上座部佛教在傣族全民信仰中还未占主导地位，因而以"摩古拉"为代表的原始宗教还占据着精神领域的主导地位并发挥着重要作用，在一定程度上也反映出南传上座部佛教刚传入时与当地原始宗教间的矛盾和斗争。

《孔雀姑娘》在神幻色彩中融入了傣族人民的理想和意志，浓重的神话色彩增强了故事的可读性。它的艺术魅力在一定程度上体现为奇特想象、大胆虚构和神话色彩。"故事情节神奇古怪，曲折动人，富有传奇性和神话色彩，很像汉族的唐宋传奇。"[①] 故事女主人公本身就是带有神话色彩的人鸟合一的形象。鸟崇拜往往产生于稻作农业发达地区。傣族拥有发达的稻作技术和由此产生的稻作文化，因而鸟文化审美观让故事增添了神秘色彩。故事中描绘了这样的情节：七只孔雀脱去羽衣就不能在天空中飞翔，召树屯受神龙点化，拿走羽衣，留住了嫡穆诺娜。在"寻妻"情节中，夸张和想象的神话成分更浓重：召树屯凭着神龙赠予的两种神药和一只神箭，搭巨蟒渡天险，支开了"像风车一样地旋转"的奇怪石山，借助吃人怪鸟摩哈西里林的翅膀飞越千山万水，来到了妻子居住的勐哈庄。在"得妻团圆"情节中，召树屯又经历了"三道石墙"、

---

① 刘守华：《纵横交错的文化网络中的〈召树屯〉》，载《民间文学研究》1990年第1期。

"平棚辨妻"等种种艰难考验。因此,浓厚的神话色彩使《孔雀姑娘》具有强烈的感染力和吸引力。

(三) 宗教链接傣族水崇拜与水文化

谷青整理本还有一个探索性的努力,表现在对民间文化的利用方面。孔雀公主故事情节扣人心弦的地方还与水的意象场景设置有关。水的场景设置为故事展开搭建了平台,水是故事艺术结构的两个对称点,故事的开端和结尾都是在与水有关的情景中发生的。英俊的男主人公召树屯就是在朗丝娜湖边邂逅孔雀姑娘嫡穆诺娜的。猎人哥哈甘告诉召树屯:

离这儿不远,有一个朗丝娜湖,碧蓝的湖水清澈如镜,每隔七天,便有七位美貌非凡的孔雀姑娘飞来游泳。她们像七束鲜艳透明的花朵,特别是年纪较轻的七姑娘,她会使你亲切地体会到什么是花容月貌,什么是智慧和伶俐。

召树屯在湖边躲起来。

这一天终于来到了,太阳挂在当空,召树屯清楚地看到,天边出现了七颗钻石般晶莹的圆点,迎面飞翔过来,渐渐露出七只孔雀身影,落在朗丝娜湖边,变成七个少女去游泳……

傣学学者高立士称"傣族与水,有不解之缘"①。傣族最隆重的宗教节日是"泼水节"。在这个节日,人们通过互相泼水"洗尘"互致祝福。傣族认为水是"吉祥的水",泼了可以冲走一年中的疾病和灾难,给人以吉祥和幸福。傣族崇尚水,生产、生活、习俗都离不开水,他们傍水而居,从事水稻种植,傣族喜居低海拔坪坝,气候湿热,"一日十浴"并不夸张。女主人公在水中出场,并在水边邂逅男主人公,既符合傣族生活习俗又充满浪漫情调。

另一个水的场景设置是在夫妻失散后,召树屯千里迢迢寻妻。孔雀姑娘嫡穆诺娜被驱逐回家后,其父为之洗尘祝福,因为水具有净化和重生的双重功能。召树屯悄悄将定情之物金手镯放在侍女挑水的桶中,侍女告知嫡穆诺娜,最终失妻团圆。男女主人公皆与水有缘,这种设计符合傣族的审美心理,也洋溢着傣家生活习俗的情趣美。谷青整理本在叙事手段上,尽量保留了原傣族文学的叙事韵味,这也是该作品受到欢迎的原因之一。这充分说明,凡是尊重民族文化的文学作品,其生命力必然是旺盛的。

三、白桦《孔雀》——用现代启蒙主义的视角解构傣族传统文学

白桦(1930—),河南信阳人。1949 年随军进入大西南。著有诗集《金

---

① 高立士:《傣族的水崇拜与水文化》,载《边地论坛》,第48页。

沙江的怀念》、《热芭人的歌》，长篇叙事诗《鹰群》、《孔雀》、《白桦的诗》、《情诗》等。另著有电影文学剧本《山间铃响马帮来》、《曙光》、《今夜星光灿烂》和多部长篇小说。白桦创作的《孔雀》是在现代意识影响下，对傣族文化进行批判、反思和重读的产物。这与作家的生活经历、思想意识密切关联。他的诗歌具有地域性特点，善于借鉴、挖掘少数民族文学资源。他的诗有明显的叙事性，还有意将小说和电影的表现技法移植进诗里，自称是诗体故事。作家用汉语创作了充满现代气息的抒情长诗《孔雀》。诗歌内容虽然取材于《召树屯》，说是翻译、改编之作，实际上是再创作。由于受到当时时代的影响，在录取了故事主干的同时，清理了故事中所谓不健康的东西，剔除宗教成分，突出主题思想，提炼故事艺术。作品的思想意识和艺术审美均符合当时主流意识，但无论是诗歌的表现手法还是内容都与故事原型出现了一定的差距。

（一）与时代共鸣的"纯化"创作

由于作家所处的时代限制，白桦的《孔雀》在创作时不免与傣族文化失之偏颇。佛教是傣民族的精神家园，赕佛、浴佛、诵经是傣族信仰的南传上座部佛教的重要宗教活动，贝叶经上的《召树屯》故事就表现出了浓厚的佛教色彩。例如，故事中有这样的情节，"他（召树屯）也按照风俗，领着百姓赕佛，祈求'灭巴拉'（管理雨水的神）给勐板加带来风调雨顺。"又如嫦穆诺娜被迫离开勐板加之前，在痛苦和失望中飞到佛寺，把金手镯交给叭格纳西，请他转交给召树屯。在这个情节中，佛寺是嫦穆诺娜唯一可以停留的处所，佛爷叭格纳西是女主人公唯一可以信任的人。在这儿并不是抒写人间亲情所至，而是显现了佛教的慈悲和关爱众生的宗教思想。王子召树屯历尽千辛万苦终于寻得妻子，从某种意义上说，王子召树屯正是佛祖形象的化身，人们对他坚毅执著、英勇无畏等美好品德的着意刻画与渲染，也正是佛教徒对佛陀的崇拜和礼赞。但白桦在《孔雀》重版后记中却这样写道："这个传说靠口头和手抄本广为流传，大都以佛经的形式对这个民间传说进行了改造，但仍不难看出被宗教说教遮盖了的本来面目。表面上它是尊佛劝善的故事，实际上它却充满了强烈的非神的光辉。"[1] 傣族是全民信仰南传上座部佛教的民族，与其他信仰佛教的民族不同的是，南传上座部佛教思想又与傣民族固有的原始宗教思想相结合，他们既崇拜佛教神灵同时也崇拜自然神灵，因而民众中信奉万物有灵，比如村寨有"寨神"、勐有"勐神"等。佛教对傣族的文学、艺术、教育等都产生过巨大的影响，无论是民间故事、诗歌、风物传说等等都带有佛教的烙印。

369

怎么说是"它却充满了强烈的非神的光辉"呢？白桦正是受到当时时代的影响，用唯物主义的思想来对待傣族文化，有意识地作了符合时代思想的改造。将赕佛祈雨、"摩古拉"释梦、魔王匹丫等人物情节剔除掉，这就违背了故事原型的精神诉求。作品剔除了傣族信仰的内容，故事情节被嫁接到现代社会，男女主人公不受传统习俗束缚，理智并且思想，这种为迎合时代共鸣而"拔高"的做法影响了作品的艺术感染力。

（二）以二元对立的思维模式解构傣族原生态诗歌

白桦是用知识分子启蒙主义的立场和视角去创作《孔雀》的。由于受"五四"启蒙主义影响，加上以解放者的身份来到少数民族地区，所以，白桦用犀利的笔触揭露傣族中的一些文化"怪现象"，如对"琵迫"现象持深刻的文明批判。他带着启蒙主义的立场去表现傣族文学，在作家眼中，美丽的西双版纳却长期处在迷信和愚昧的阴影下。白桦的知识分子启蒙主义立场和视角，在当时是有进步意义的。但是由于作家过分地强调了对"琵迫"迷信思想的批判，在写作中不自觉地形成了"二元对立"的思维模式，因而又影响了文学作品的艺术性。具体表现在艺术作品里，就形成了对立的语言系统组群：觉悟的与落后的系统、迫害的与被迫害的系统、科学的与迷信的系统等。由于作家带着启蒙主义的文化背景去表现傣族文学，这种二元对立的思维模式在作品中得到了强化。主人公孔雀姑娘和傣家王子召树屯是正义、智慧的象征，召树屯英勇善战、不畏艰险、浑身是胆，且年轻英俊、高大威武；巫师被塑造为夺人财富、贪婪邪恶、阴险狡诈的恶人，且长相丑陋、行为猥琐。故事结局以正义战胜邪恶而告终，英雄主义、乐观主义成为创作的基调，这样的审美模式破坏了傣族文学中的原生态韵味。对异族文化的美好与缺失的深刻理解，使白桦对傣族文化表现出既有向往的热情，又不得不带着批判的态度和审视的目光。白桦的创作立场使得《孔雀》一诗格调积极、高昂，这与傣族的文化性格是不太一致的。傣族是善良温和的民族，诗歌重感伤情调，而白桦的二元对立思维模式消解了傣族爱情诗歌的哀怨风格。

（三）被汉族意识形态化约的原生态民间经验

白桦改编的版本淡化了民族、宗教色彩。他的这种改编、创作，表现了"当代文学"在处理民间文学遗产时的那种"程序"：思想艺术的提炼，考虑的主要是如何根据当代政治意识来确定诗的主题，并对"杂糅"于其中的"消极思想"加以辨识、剔除，进而发掘、彰显其"积极因素"①。白桦的《孔

370

---

① 洪子诚、刘登翰著：《中国当代新诗史》，北京大学出版社，2005年版，第68页。

雀》呈现出被汉族意识形态化约的原生态的民间经验。傣族民间叙事诗中常常出现一些正统文学难以容纳的因素，在整理本中流失了这一无法被意识形态化约的原生态民间经验。孔雀公主这个形象是魔王匹丫的女儿。魔王匹丫作恶多端，最终召树屯在孔雀公主的帮助下将其杀死。但作品中并未对婻穆诺娜作出道德谴责。相反，人们同情这对历经磨难的爱侣。这种将故事人物置于超出伦理道德范围之外，借以传达出故事人物某种激烈的境况与感情，这常常是民间想象的特点，也是特别真实感人之处。但这正是汉族正统文学难以直面，甚至是故意回避的地方。白桦的版本将其改编为汉族模式的"大团圆"结局，损伤了原民间传说的民间精神与原型思维方式。在傣族地区流传的孔雀公主故事中带有"尊佛劝善"和"万物有灵"的叙事内容。而整理、改编者尤其是汉文化底蕴深厚又受到当时政治主流意识影响的白桦，在改编故事时把这个带有民俗特色和宗教色彩的故事，看做是充满了非神光辉的作品，是在说明"阴谋借助愚昧和迷信才能轻易施展，勇敢和坚定才能获得幸福和爱情"①。整理、改编者白桦在创作过程中有意识地以时代共鸣作为整理的标准，尽管这种以文明对抗迷信的主题在当时是有进步意义的，但我们也应该看到，它在一定程度上扭曲了傣民族的生活真实和历史真实。

四、结　语

新中国成立后，傣族民间文学作品的重要代表——《召树屯》（孔雀公主故事）在一批汉族文人的努力下，借鉴汉族文学的表现手法，以新的文学形式出现并进入汉语世界，这是傣族文学现代性的发生。傣族文学作品经整理、翻译进入汉语文学圈，这是 20 世纪中国文学的一大收获。谷青的民间故事《孔雀姑娘》和白桦的抒情长诗《孔雀》等文学作品，揭示了这类新形态文学艺术作品的文化与艺术特色。尽管谷青、白桦等作家对傣族民间文学的现代化进程作出过积极贡献，但是傣族文学在实现现代性转型时一直处于被言说的地位，它的主体性未能得到充分的尊重。《召树屯》（孔雀公主故事）跨语际流变的过程，显示了少数民族文学与汉语文学之间极富弹性的互动关系：一方面，傣族原生态的民族文化和民间文学进入了当代文学版图，丰富了人们对"中国文学"的理解；另一方面，汉语文化和文学在与傣族文化和文学的交流中，有可能使得现代化因素（如长诗和电影）介入到少数民族文化和文学的再

371

① 白桦著：《孔雀·重版后记》，中国青年出版社，1979 年版，第 148 页。

生产中，从而产生中国当代文学史上颇为独特的、融合了少数民族文学因素的某种新形态的汉语文学。

参考文献：

[1] 刘禾著：《跨语际实践》[M]，三联书店，2002 年版。

[2] 王懿之、杨世光编：《贝叶文化论》[C]，云南人民出版社，1990 年版。

[3] [美] 本尼迪克特著：《想象的共同体》[M]，上海世纪出版集团，2005 年版。

[4] 南京大学主编：《中国现代文学传统》，人民文学出版社，2002 年版。

[5] 陈思和著：《中国当代文学史教程》[M]，复旦大学出版社，1999 年版。

[6] 高立士：《贝叶文化浅析》，载《首届全国贝叶文化学术研讨会论文集》（内部资料），2003 年。

[7] 李鸿然著：《中国当代少数民族文学史论》[M]，云南教育出版社，2004 年版。

[8] 洪子诚、刘登翰著：《中国当代新诗史》[M]，北京大学出版社，2005 年版。

[9] [英] 詹·弗雷泽著：《金枝精要》[M]，上海文艺出版社，2001 年版。

[10] 陈勤建著：《中国民俗》[M]，北京民间文艺出版社，1989 年版。

略论《召相勐与喃宗布》的人物形象

玉康龙[*]

摘　要：《召相勐与喃宗布》是贝叶经中的重要著作之一，反映了傣族人民的精神追求。《召相勐和喃宗布》通过对召相勐和萨瓦利两个不同人物形象的刻画，表现了正义战胜邪恶，善良战胜残暴的美好愿望。

关键词：《召相勐和喃宗布》　召相勐　萨瓦利　人物形象

《中国贝叶经全集》第十五卷故事《召相勐与喃宗布》共有二十章，内容梗概为：勐贺傣国有一个美丽绝伦的公主叫喃宗布，一百零一个国家的大王争相向这位公主求婚。但是其兄萨瓦利大王自作主张，将喃宗布许配给相貌丑陋的梭来大王。尚未举行婚礼，喃宗布便被一山魔掳去关在山洞里，后来被到森林中云游的勐威咋龙国的王子召相勐救出。召相勐和喃宗布一见钟情，相亲相爱，一起返回勐贺傣国去。狠毒的王兄萨瓦利将召相勐抓捕关押准备处死，所幸被天神因陀罗得知后前来相救，他们二人才得以返回勐威咋龙国。召相勐的哥哥召捧玛大王得知其弟弟被萨瓦利关押后非常气愤，率领军队攻打勐贺傣国，双方进行了激战。最后勐贺傣国战败求和，召捧玛率领军队进城受降，并为召相勐和喃宗布举行了隆重的婚礼。在召捧玛率领军队返回勐威咋龙国的途中接到勐贺傣国的信使来报，勐贺傣国大王萨瓦利亡故，请求召相勐回去继任国王。召相勐担任了勐贺傣国的国王并举行了七天的大布施，然后精心治理国家。后来喃宗布生有一子，长到十六岁后继任了王位，治理着勐贺傣国，召相勐与喃宗布则相约前往勐威咋龙国探望父母和哥嫂，共叙别后之情。

373

＊　作者简介：玉康龙，女，1962年生，傣族，云南省西双版纳报社编辑，主要研究方向为傣文数字化技术和傣族语言文学。

一、召相勐——傣族人民的英雄形象

召相勐是故事中的主要人物，作者把他描述成傣族人民心目中的英雄，把他描绘为一个森林之王，让他与大自然完全融为一体。召相勐是勐威咋龙国的第三个王子，大王子召捧玛娶了宰相的女儿为妻，当上了另一个勐的国王。喜欢周游各国的二哥召满塔也当上了勐达嘎西腊国的国王。只有召相勐手中没有掌握任何权力，但他热爱养育自己的这片土地和茫茫的森林，被傣族人民当成国宝。"相勐"是傣语，"相"就是宝石之意，"勐"过去指一个国家，意思是一个伟大国家像光芒四射的宝石。《召相勐和喃宗布》第八章讲述召相勐救喃宗布的经过。召相勐喜欢漫游森林，天黑就歇息，天亮就出发，连续走了七天以后，在太阳即将落山时来到一棵大青树下歇息。那天晚上，召相勐无意中听到大青树上的一对鸟儿在谈"有一个少女被山魔掳去关在山洞"的事，听了后对这位美丽的少女产生了怜悯之心，想着少女的遭遇连觉也睡不着，盼望着天早点亮。黑夜过后黎明来临，召相勐收拾好行装，朝着鸟儿所说的方向走去。连续走了三天，终于见到了那座石头山和山洞。召相勐用老婆罗门送给他的宝剑把堵在洞口的大石头砍碎。他走进洞里，只见洞中灯火明亮，宝石闪光，一个少女端坐在卧室的床上。正在伤心哭泣的姑娘，看见身挎弓箭的英俊小伙子闯进洞里来，顿时惊呆了。两人相视一会儿后，互相叙述了身世和遭遇。召相勐得知眼前这位姑娘就是被魔鬼劫持到洞里来的勐贺傣公主，下决心要救出姑娘。召相勐领着喃宗布离开山洞，来到一个神奇美丽的湖泊边时，遇上正要返回山洞的山魔。召相勐与山魔展开了英勇的搏斗，最终战胜了山魔，带着姑娘一起回到了勐贺傣。一对年轻人相爱了，却遭到了喃宗布的哥哥萨瓦利的阻挠。萨瓦利吩咐众官员和武士，将召相勐捆绑起来，拴在马厩里，准备杀死他。召相勐受尽了侮辱和折磨，直到天神因陀罗把他从马厩里救出，送回到勐威咋龙。这一段曲折的经历，刻画了傣族的性格特征。《召相勐和喃宗布》故事反映了傣族是一个热爱和平的民族，为了和平安宁，让百姓过上平静幸福的生活，宁肯自己忍辱也不愿打仗。召相勐用礼让、宽容的方式来对待无理、残暴的萨瓦利，以求得和平，让一百零一个国家的人民都过上和平幸福的生活。召相勐的行动证明了傣族是一个向往和平、安宁，追求幸福生活的民族。召相勐的性格体现出了傣族人民礼让、向往和平的美德。傣族有一句谚语是这样说的："忍三次可当召，忍九次坐得金宝座。"不了解傣族的人，也许会认为召相勐的行为反映了傣族的懦弱、胆小怕事的性格。可是人的忍耐性是有限度的，到了忍无可忍的时候，傣族人民也会起来反抗的。在萨瓦利出兵攻打勐威咋龙时，召相勐率领兵将英勇奋起出手反击。英勇的召相勐很快就打到了勐贺俸，对勐贺俸提出了百姓和平的愿望，并请求让喃宗布公主嫁给他，但遭到萨瓦利和梭来的拒绝。于是在勐贺俸展开了一场大战。召相勐第一回合就把梭来杀死了，接着他完全可以杀死萨瓦利，但他没有这么做，而是当着国王的面把萨瓦利放了。

最令人感动的是，老国王把萨瓦利痛骂一顿之后，准备废除萨瓦利的王位，同时宣布召相勐和喃宗布结为夫妻，并让召相勐当勐贺俸的国王。而召相勐只答应和喃宗布结为夫妻，却婉言谢绝做勐贺俸国王，他甚至苦口婆心地对国王说：打仗不是为了王位而是为了正义，为了让百姓都能过上和平、安宁的生活。最后甚至恳求老国王让萨瓦利继续当勐贺俸的国王，他相信萨瓦利一定会改过自新，让一百零一个国家的百姓过上和平安宁的生活。召相勐唯一的愿望就是和喃宗布公主一起回到勐威咋龙国。

《召相勐和喃宗布》中的主人公——召相勐是傣族民间文学人物画廊里一个性格鲜明、光彩照人的形象。非常具有个性特征，是傣族人民理想中的英雄形象。这是傣族人民根据自己长期的经历、感受和理想，塑造出的人物形象，召相勐代表着正义，代表着善良，他的胜利是人民的胜利，是人民劳动智慧、斗争精神和强大威力的胜利。读完《召相勐和喃宗布》以后，故事中所描绘的人物就像活人一样，其容貌、言谈和举止都一一显示在你的面前，印在你的记忆中。召相勐这种仁慈宽大的胸怀和高尚的精神，是傣族人民宝贵的精神遗产，也是搜集整理、翻译出版《中国贝叶经全集》第十五卷《召相勐和喃宗布》的价值所在。

二、萨瓦利——野蛮、残暴的形象

"真的、善的、美的东西总是在同假的、恶的、丑的东西相比较而存在、相斗争而发展的。"[①] 各民族总是按照自己的理想来塑造自己心目中的英雄人物形象，憎恨黑暗、邪恶，凶恶和残暴。故事《召相勐和喃宗布》中的召相勐和萨瓦利是两个完全不同的人物形象，这两个截然相反的典型人物形象给读过《召相勐和喃宗布》故事的人留下很深的印象。萨瓦利是勐贺俸国的王子，他性情暴烈，什么都不怕，喜欢展示自己的力量，经常与随从和伙伴们比高低。萨瓦利王子长到二十岁时，勐贺俸国王为他娶亲并让他继承王位，这样萨瓦利

375

---

① 毛泽东：《关于正确处理人民内部矛盾的问题》，见《毛泽东选集》第五卷，人民出版社，1977年版，第390页。

就成了一百零一个国家的大国国王，享受着至高的权力和荣华富贵，各国的官员不断前来供奉朝拜。但是萨瓦利并不满足，他妄想统治一百零一个国家的茫茫森林和广阔的土地，梦想把一百零一个国家的人民都当成自己的奴隶。萨瓦利有一个妹妹叫喃宗布，"喃"即傣语的公主，"宗布"的傣语含义就是南赡部洲，喃宗布就是南赡部洲的公主。美丽绝伦的喃宗布，年满十四岁时就远近闻名了，一百零一个国家的大王都带着礼品来向她求婚。但是喃宗布的哥哥萨瓦利却违背了傣族的婚姻习俗，背着老国王和母后把喃宗布许配给相貌丑陋年纪又大的勐答它拉踏大王——梭来，以达到他当统治者的目的。萨瓦利心目中不但没有勐贺傣的百姓，就连他的父亲老国王和母后都不放在眼里。不仅如此，萨瓦利还把自己的亲妹妹喃宗布也当成他统治一百零一个国家的筹码。可是，梭来和萨瓦利都是没有本事的人，萨瓦利连自己的妹妹被劫持到魔窟里都没有能力救出来，却梦想统治全世界。

《召相勐与喃宗布》作品之所以被众多的读者所喜爱，具有旺盛的生命力，在于作品通过对正反人物形象栩栩如生的刻画，真实、形象地彰显了傣族刚柔相济的性格特点。

从近代文献看傣族传统的审美意识

毛 艳[*]

摘 要: 二十世纪初以来,不少学者深入傣族地区调查研究并对部分傣文古籍进行翻译整理,形成许多至今仍具学术价值的论文、著作。通过这些文献,我们能够进一步了解傣族传统社会精神活动中的审美意识,本文从其审美意识中人与自然和谐共融的美、个体生命的诗意美以及社会习俗对其审美意识的规范作用等方面进行考察,以便为当今的和谐社会建设提供有益的参考。

关键词: 傣族 传统 审美意识

审美意识是人类所特有的一种精神现象,是人类在欣赏美、创造美的活动中所形成的思想、观念。审美意识是广义的"美感",包括审美中意识活动的各个方面和各种表现形态,如审美感受、审美体验、审美认知、审美观念、审美兴趣、审美态度、审美理想、审美能力、审美判断、审美价值取向等。处于一定时代的人类群体,其审美意识必然受到该时代社会状态、社会结构、经济发展状况、思想意识、文化潮流的影响。生活于具有共同语言、共同文化和共同心理素质的同一民族群体,在诸多共同因素影响下自然形成与其他民族不同的审美传统,具有审美意识上的民族特性。在特定时间、特定群体中形成的审美意识,我们可以在那个时期遗留下来的诸多文献中追寻到。对于 20 世纪上半叶傣族审美意识的传统,当时的不少调查报告、游记等文献中均有记录,从中我们可以认识傣族传统审美意识的基本轮廓,能够在"他者"的目光下,回溯傣族社会文化的一个侧面,进一步认识傣族传统的精神风尚,引发我们今天

---

* 作者简介:毛艳,女,1967 年生,云南思茅人,云南大学职业与继续教育学院副教授,博士,主要研究方向为民族文化、艺术研究。

对傣族社会和谐文化建设的思考。

20 世纪初以来，不少学者深入傣族地区调查研究并对部分傣文古籍进行翻译整理，出版的学术著作包括：李拂一的《车里》、《泐史》，方国瑜的《滇西边区考察记》，田汝康的《芒市边民的摆》，陶云逵的《车里摆夷的生命环》，姚荷生的《水摆夷风土记》，江应樑的《摆夷的生活文化》等等。发表了《车里宣慰司世系考》、《滇边摆夷民族概况》等关于研究傣族种族、社会、经济、宗教、文化、习俗、历法等方面的学术论文。英国人杜德曾在泰国北部地区传教，在 1910～1918 年间，到中国的南方各省进行实地调查，特别是对傣族的考察与研究在西方具有一定的影响。他写成《中国人和暹罗人的关系》、《泰族——中国人的兄长》等。上述文献的一大特点，是它们都由非本民族的作者写成，这些作者都有在傣族地区生活、调查的经验，这些文献向我们展示了近代傣族地区傣族人民生活的各个方面，便于我们了解傣族社会传统的审美意识。

一、人与自然和谐共融的美

西双版纳地区自然生态的美和傣族人民历史上对自然环境的人文拓展形成了傣族传统的和谐审美观。版纳的美首先是它地理环境的优势所决定的——北纬 21°10′～22°40′，东经 99°55′～101°50′，世界上北回归线附近保存最为完好、面积最大的热带雨林，这样的地理条件，决定了它是一个天然的森林公园，而傣族人民传统上对这种自然生态的开发利用，形成人与自然和谐共融的美。姚荷生先生的《水摆夷风土记》较为真实地记录了近代傣族社会的这一特点。

1915 年，姚荷生出生在江苏省丹徒县姚家桥。小学毕业后考入镇江中学，1934 年考入清华大学，1937 年 7 月抗日战争全面开始，他随校迁到长沙，再迁昆明。1938 年 8 月，他从西南联合大学生物系毕业，留在西南联合大学农业研究所工作。1938 年冬，华侨巨商胡文虎向云南省政府提议，他愿出资建设边疆。于是，云南省建设厅组织一个"边疆实业考察团"到西双版纳进行实地考察。西南联合大学农业研究所派姚荷生参加。他们 20 余人，越高山，过索桥，沐雨栉风，中间过匪区，经虎窟，历瘴乡，渡弱水，出生入死，历时 72 天才抵达西双版纳的首县——车里。他们在车里、佛海、南峤三县作了两个月的调查，同行者在"淫雨将至，瘴烟欲起"的时候纷纷返回昆明。姚荷生却"年轻好奇，被这里神秘的森林、奇花异草、淳朴好客的傣族人民的奇风异俗深深迷恋着了"（姚荷生自述）。他决定一个人留在这里，继续做一些调查工作，直到 1939 年深秋旱季开始时才回到昆明。他在西双版纳，以科学家的求实精神，"常往来各地，投宿夷家，衣其服，甘其食，听传闻于乡老，问民俗于土酋"，精细考察西双版纳的方方面面，历史、社会、政治、经济、民族、宗教、风俗习尚、文学艺术，无不涉及。他称道"白夷（傣族）聪颖纯朴，实优秀之同胞"，把自己看成傣族的朋友，客观地描绘出 20 世纪 30 年代傣家人的生存状态。费孝通先生在论及《水摆夷风土记》时，说它是"近代中国少数民族社会调查之首创"，从中人们能够体味到原汁原味的傣家风情。

在《水摆夷风土记》中的《车里一瞥》，作者写道：

车里位于回归线以南，已经在亚热带内，而且地势很低，海拔只有四五百公尺，所以气候温和多雨……这个四季温和，雨量充沛，土地肥沃的区域，自然极适于植物的生长。所以一眼看去，简直是一个绿色的世界。周围的丘陵长满了长绿阔叶树，高山顶上则有大片的松林。

在村落附近还可以看到和夷人生活有重大关系的三种有用的树和二种神树。这三种经济植物一是高大的攀枝花树（即木棉），开着很大的鲜艳的红花。土人采其种子来填枕头和被褥。二是粗矮的黑心树，它的主干在离地五六尺处就分成无数的枝子，好像一个触手伸张的大水螅，这是夷人的主要燃料。三是瘦长的槟榔，它的果实是夷人的嗜好品，采下和着石灰包在蒟酱的叶中，放在嘴里，慢慢咀嚼，后二种植物常成大片的人造林。二种神树是榕树和菩提树……矗立在村头路边，树大叶密，荫广数亩，是行人憩息和乘凉的好处所。

特定的自然生态环境为傣族人民的审美形成提供了物质基础。正如经典的《论傣族诗歌》中讲到的："傣族为什么会以花草、动物、星月、风云、山水来比喻？"其原因是"傣族的祖先生长在野外，以森林为家，以花草树叶为衣服，他们的眼见和感受，首先接触到的就是大自然的山山水水"。"要是我们的祖先是出生在无花无树的沙漠里，那么我们的歌，也一定是风沙之类的比喻。"其文学也就充满一种浪漫、柔美的风格，想象瑰丽，纤巧委婉，具有一种田园牧歌式的味道。

傣族在这样的自然环境中生活，便把这样的环境赋予了美。就像贝叶经《丘夏》的民间故事《维先达腊》中对森林中动植物的描写："松树叶如针，鹿耳树叶茂盛；沙垦树叶青嫩，兰莱树花开紫；桑科树皮带斑，望天树高出众；芒果树叶茂，麻给树果子小；菩提树阴宽，歇凉力气增……"而贝叶经书的制作过程本身也正是这方面的一个有力范例。

379

二、个体生命的诗意美

在傣族社会中，个体生命所经历的生、老、病、死等过程是和整个族群的生活方式密不可分的。生活方式是不同社会成员、群体和个人，在一定的社会条件制约和价值观念的引导下，在生活过程中形成的，为了满足自身生活需要的稳定活动形式及行为特征的社会活动体系。在近代傣族社会特有的生活方式中，形成了个体生命诗意美的审美意识。

1936 年人类学家陶云逵在车里调查时完成的《车里摆夷之生命环》，其自序中写到："本文主要是叙述摆夷自生至死，一生中生活的各方面，即所谓'生命环'。以生命环为经，以生活的各方面为纬。……本文仅将所看到的听到的（而认为可靠的）事实，叙述出来……仅为保存一个摆夷生活的忠实记录。"这份调查报告，一部分是作者的亲自观察，一部分是作者访问的结果。真实记录了近代傣族社会生活中，在整个族群的生活方式之下的个体生命的诗意美。比如在傣族的恋爱习俗中，爱有美的形态和理想，美有爱的情感和内涵。在第四章"婚姻制度与婚嫁仪式"中，作者记述了傣族姑娘的"纺线房"，为我们展现了一幅极具诗意的傣族青年男女的社交画面。傣族青年男女在群体中通过对歌说笑寻觅伴侣，这种恋爱方式强调美的氛围，表现出傣族人民诗意的人生和"爱与美"统一的意识。江应樑在《僰夷民族之家族组织与婚姻制度》中也写到男子向女子求爱时的一个优美的场面：

在广大平原阡陌交错的农田之间，丛生着绿荫的修竹，竹丛中便隐蔽着那高矮竹屋的僰夷村寨。每当夕阳西下或月白清风之夜，常可于竹丛之中，隐约地听到一种柔和的、拉长了的音调，富有刺激性的乐器吹奏声，这便是最能打动少女心弦的葫芦笙的吹奏。葫芦笙是用一个葫芦装上三个竹管而成的一种专给青年男子向少女求爱时而吹奏的乐器，笙上的三枝竹管，每一竹管虽都能发音，然只有中间一管上凿七孔能有音律的变换，两边两管只能发出一种和声，吹时用鼻孔换气使乐声不间断，故声调悠长而韵永；在静夜的旷野中吹起来，别有一种最易挑动少年情感的声调，僰夷中每个青年男子到了青春期，必得学会吹奏葫芦笙的特技。于意有所属的时候，便乘静夜中携笙走到伊人的村寨中，低徊于竹篱茅舍之傍，而呜呜地吹奏起来。倘使这竹篱茅舍中确住着这么一位待字的淑女，那做父母的，便须依照习惯，闻笙而自知回避，好让他们的女儿寻声而往，和吹笙的男子相遇于溪边林下，浅诉低语，或踏月而行，或吹笙对歌，须到夜色深沉时，男子始慢吹葫芦笙，送着女郎回返家下[1]。

这段优美的文字，反映出傣族在沟通人与人之间关系时的审美观。傣族生活是从容而有风格的，这种诗意的"栖息"方式，早在近代就吸引了外面的人群：

这是一个最温柔最愉快最有趣的民族。我虽然只和他们相处了几个月，但是我很了解他们天性中的许多优点，因此我很喜欢他们。我也知道他们天性中的缺点，因此我更喜欢他们，可惜我不懂老庄的哲学，不是老庄的信徒，否则的话，我或许终老斯乡不再回到昆明了[2]。

三、社会习俗对审美意识的规范作用

在传统的傣族社会，社会标准影响着社会成员个体审美价值观的形成，社会习俗约束也成为传统审美意识的一个重要的传承方式。在近代傣族社会，较为同一的审美价值观，成为规范人们行为的一个重要场域。比如对于服饰美："衣着和审美的观念密切相关，民族之间的审美观是由经验养成的，各民族彼此不一样。人类的衣着上表示着他自己的人格，性情和地位，他也在衣着上表示他对社会已成标准的顺从。假如一个摆夷女子换上了一套汉人的近代装束在芒市的大街上走来走去，她一定会感觉一种不安宁而自愿恢复原来的装束，因为她和其他的人太远殊太不相似了。"[3] 又如文身出现的动机虽不是审美的，但它一经产生就和其他原始艺术一样作为一种审美存在刺激人们的感官，文身的形象性埋下了民族审美的种子。近代有未曾文身的男子在江河洗澡，露出白腿杆，妇女会讥笑："婆娘腿！有啥子瞧场嘛？"由此可见在传统的傣族社会人们存在趋于一致的审美价值观。

"成年礼"是婚恋的前奏，表现出对生命的爱和尊重生命的意识，也起着规范社会成员的作用。江应樑的《僰夷民族之家族组织与婚姻制度》中也曾提到："在僰夷民族中，男子文身，女子墨齿，是他们的成年仪式。据作者在夷地中访问所得，僰夷之文身，目的是在表示自己是一个男子，而且是一个已成年的男子；僰夷自己说：要是一个男子到了已经可以和女人相爱的时候尚不刺花在身上，那必被人耻笑为不是男子，同时也便不能求得女人的爱。"[1] 由此可见，社会的审美价值观成为个人行为规范的标准。这样反过来也维护了傣族社会整体的美感。陶云逵在《车里摆夷的生命环》第四节"从早到晚"中写道：

381

我们到摆夷地方，给我们的第一个印象就是清洁。无论是街道，是房屋，是室内布置与用具，以及衣服、人、大人小孩，都是干干净净。街道的清洁自

然是因为村镇有专人负责打扫清除，房屋及室内一切的清洁大部分是要归于主妇，以及年纪稍长的女孩们。……至于个人方面，无论冬夏都到河流中去洗澡，夏日天热，每天要洗两三次。衣服更是常常洗涤，所以大人小孩都穿得很洁净。

近代傣族社会是一个相对封闭的社会环境，每个家庭对后代的有规律的教育，也是这个社会的精神生活的一个重要方面，因此，社会的美得以规范和标榜。陶云逵在《车里摆夷的生命环》第四节"从早到晚"中写道：

入晚，天气渐寒。大家，连妇女、小孩，都围着火塘向火。不久，婴儿们就在母亲怀里入睡。设如父兄们兴致好，便把那佛教故事搬出来，讲给大一些的孩子和妇女们听。妇女们一边听，一边就趁着灯光在那做点细小活计。佛教的知识和道德观念，藉此便传到妇女们中间。摆夷看书，必得高声朗诵，夜静，那种从容不迫、抑扬有调的朗诵，听得格外清晰，字句深深印入听者心底。好学的女孩们或兴致浓的父兄们，便在这个时候传授和学习识字。

随着中国传统生活方式的改变，民间的审美标准、审美判断、审美理想等等也产生了一定的变化。然而对于良好的传统，人们不应把它随意摒弃。

参考文献：

[1] 江应樑：《㤚夷民族之家族组织与婚姻制度》［J］，载《西南边疆》1938 年第 2 期。

[2] 姚荷生：《爱笑爱花的民族》，载《水摆夷风土记》［M］，云南人民出版社，2003 年版。

[3] 赵晚屏：《芒市摆夷的汉化程度》（续）［J］，载《西南边疆》1939 年第 7 期。

傣汉双语文课堂教学中对译的
方法与技巧

岩香伦[*]

摘　要： 由于各民族的社会历史、风俗习惯、心理素质、宗教信仰等方面的不同，民族语言体系的差异性会表现在语音、语法和词汇上。在傣汉双语文教学中，利用相关语言的成语、谚语及傣语言的"四音格"词汇进行对译，能使课堂教学更为生动形象，有利于提高傣汉双语文的教育教学质量。

关键词： 傣汉双语　课堂教学　对译技巧

作为思维工具的语言是有民族特色的，不同民族语言体系有较大的差异性，这不仅表现在语音、语法和词汇上，而且由于不同民族的社会历史、地理环境、生活习惯等方面的差异而导致了概念系统的不同。在实施傣汉双语文教学过程中，对相关语言的语法、谚语、成语等词汇的差异性进行研究，是提高双语文教学的重要手段。例如：傣语里形容人会偷盗、手脚不干净的为"手尖"（ᦙᦵᦟᧃ 音"麦莲"），汉语为"三只手"，而维吾尔语中则称之为"手弯"。正是基于这样一些因素，重视傣汉双语文教学翻译方法与技巧的研究，是非常必要的。

一、傣汉双语文课堂教学中的习语对译

在这里所研究的习语包括成语、谚语及广泛流传于群众口头上的一些惯用

383

---

* 作者简介：岩香伦，男，1960 年生，傣族，西双版纳州勐海县教育局，主要研究方向为民族语言学。

语等。

熟语是各民族在长期的生产、生活实践中逐渐形成的语言精华。它富有鲜明的民族色彩和浓郁的乡土气息,千百年来深深地根植于它所产生的社会中,成为广大人民群众喜闻乐见的语言形式。有些成语可以说是家喻户晓、妇孺皆知。熟语的一个突出特点就是生动形象、语言简练。相关的两种语言表达同一含义,有时所用形象截然不同,我们在课堂教学的双语对译时切不可简单地取甲代乙,否则结果会不伦不类、非驴非马。

(一)傣汉双语言的熟语内涵相同,但使用不同的形象语言

1. 挥金如土—— ᧚ᦰᦰᦰᦰ（再嗯闷外迈）用钱像用树叶子一样;如果把"挥金如土"译成᧚ᦰᦰᦰ（再嗯闷林该）是不恰当的。

2. 水火不相容—— ᦰᦰᦰᦰ（闷麻张妙),像狗讨厌猫一样;如果把"水火不相容"译成ᦰᦰᦰ（南瓦面派）是不恰当的。

3. 得意忘形—— ᦰᦰᦰᦰ（奇张瓦果吗火),骑着大象不怕狗咬;如果把"得意忘形"译成ᦰᦰ（来再冷哆）是不恰当的。

(二)傣汉双语言中的熟语,形象语相同或相近,内涵完全相同

1. 骑着马找马—— ᦰᦰᦰ（节鲁哈鲁),背着孩子找孩子;如果把"骑着马找马"译成ᦰᦰ（奇吗哈吗）是不恰当的。

2. 颠倒黑白—— ᦰᦰᦰ（改兰瓦兵改班),把黑水牛说成是白水牛;如果把"颠倒黑白"译成ᦰᦰ（纠朗瓦兵纠靠）是不恰当的。

3. 水落石出—— ᦰᦰᦰ（南华呀鲜汗内答布),水干涸了见到螃蟹眼睛;如果把"水落石出"译成ᦰᦰ（南千汗吗行),词汇太生硬、不生动形象,显然是不恰当的。

(三)傣汉相关语言,一个用了形象语言,另一个不用形象语言

1. 早出晚归—— ᦰᦰᦰ(摆然麻马然幸),走时踩着狗,归时踩着青蛙。

2. 真相大白—— ᦰᦰᦰ（派买把汗纳奴),火烧森林露出了老鼠的脸。

3. 好吃懒做—— ᦰᦰᦰ（京闷别行闷怀),吃起来像鸭子,干起活来像螺蛳。

(四)傣汉双语形象语与内涵都相同

1. 眼大肚子小—— ᦰᦰᦰ（嗒呀勒短),眼睛大于肚子。

2. 头晕眼花——ငဟၚ�711ၜ（贺办嗒来），头晕眼睛花。

二、傣汉双语文课堂教学对译中的词义分析

（一）傣汉双语言词汇并行

两种语言以不同的方式表达同一事物的现象。

1. 汉语中形容路窄，用"羊肠小道"，而傣语则用"窄小的麂子路"——ၵၩ�526ၶ（专因当返）。

2. 汉语中"拥挤"常用"水泄不通"作比喻，傣语则用"像甑子里插着的笋子"——ၒၩၗၦ（庭干闷糯行嗨）。

3. 汉语中用"胆小如鼠"比喻胆子小，傣语则用"胆小如鸡"——ၟၩ（再囡闷该）。

4. 汉语中用"家徒四壁"比喻贫穷，傣语则用"比野猫还要穷"——ၬ（哆勒幸）。

5. 汉语中用"自食其言"来形容说了做不到，傣语则用"嘴说脚踩"——ၱၩ（学挖华然）。

（二）傣汉双语言词义偶合

由于人们对客观世界有相同的感受或者是具有近似的生活经验，因此不同语言中也存在词义偶合的现象。

1. 汉语的"头"傣语是"ငဟ"（合），在汉、傣两种语言中都是用它代表人体的最上部或动物的最前部分。例如：

①鱼头——ငဟ（合巴）　　②山头——ငဟ（合莱）

③头目——ငဟ（合奈）　　④斧头——ငဟ（合敢）

⑤人头——ငဟ（合滚）　　⑥带头人——ၮ（服弯合）

再如："心"一词，在东方人的观念里，心之官则思，所以思考、怀念、喜怒哀乐等情绪都与"心"相关联。

①考虑——ၹၥ（访再）　　②悲伤——ၹ（满再）

③高兴——ၹ（仁再）　　④任意——ၹ（但再）

⑤内心——ၹ（奈再）　　⑥放心——ၹ（弯再）

（三）傣汉双语言在对译中的词汇空缺

由于客观环境的不同或者由于传统文化的差异等等，在傣汉对译中存在词

不达意的现象，即词汇空缺。例如：

1. 在汉语中受封建礼教的影响，有"节烈"、"殉节"等词语，在傣语中则找不到与之相应的词汇，在对译中只有寻找相近的词汇或者进行意译。

2. 在汉语中"狗叫"、"猫叫"、"青蛙叫"都可用"叫"，但在傣语中不统称为"叫"。例如：

①狗叫—— ဗ္ဘာကၠၝ （麻毫）　　②猫叫—— လၡၠၠၛ （妙黄）

③青蛙叫—— ၯၣၝၜၝ （幸哦）

（四）傣汉双语言词汇冲突

语言中存在的矛盾现象，不仅表现在词的含义上，也表现在词的使用上。

"鹰"这一动物，在空中盘旋，常常以捕小鸡为食，所以傣族人民用它来比喻凶狠残暴的人，可是擅长于狩猎的民族，则喜欢用"鹰"来形容勇敢和强悍的人。因此，教师在傣汉双语课堂教学对译中，必须慎重对待类似词语的对译，选择最适合的词语来进行教学，否则就可能会产生不良后果。

三、傣汉双语文课堂教学中利用傣语"四音格"词汇进行对译，有利于提高教学质量

傣语中的"四音格"结构十分丰富，使用率很高，其"四音格"词汇都由"二二并列"结构所组成，是傣语中的一个重要特点。在句子里"四音格"的作用相当于汉语的一个复合词，但它有自己的特点。主要的格式有：动宾并列式、动补并列式、偏正并列式、主谓并列式、单词并列式。利用傣语"四音格"词汇在教学中进行对译，使课堂教学更为生动形象，学生乐意接受，有利于提高傣汉双语文教学质量。

（一）动宾并列式

在动宾并列式中，有同一动词带不同宾语的并列式和不同动词带不同宾语的并列式。

1. 同一动词带不同宾语的并列式。例如：

①买布—— ၝၛၜၝၣၛ （司兵司些）

②上街—— ၝၣ∞ၝၣ∞ （毫干毫里）

③有声有色—— ၝၝၜၝ ၝ （咪修咪返）

2. 不同动词带不同宾语的并列式。例如：

①鼓舞—— လၝၜၛၝၛ （铁瓦添行）

②劳动—— ၯၣၛၝ (幸银边敢)

③成家立业—— ꪖꪸꪵꪱꪍꪸꪖ (当呀兵肯)

（二）动补并列式。

在动补并列式中，又可分为两种类型。

1. "动词＋形容词补语"并列式。例如：

①安康—— ꪉꪺꪱ (如里京万)

②粉碎—— ꪉꪺꪱ (滴彭滴然)

③仔细询问—— ꪉꪺꪱ (谈坦谈梯)

2. "动词＋动词补语"并列式。例如：

①吃光—— ꪉꪺꪱ (京散京行)

②能说会道—— ꪉꪺꪱ (巴来瓦兵)

③指手画脚—— ꪉꪺꪱ (极摆产吗)

（三）偏正并列式

在偏正并列式中，又可分成两种类型。

1. "名词＋定语"并列式。例如：

①学业—— ꪉꪺꪱ (敢汉敢行)

②食物—— ꪉꪺꪱ (荒来荒京)

③劳动人民—— ꪉꪺꪱ (付行滚散)

2. "状语＋动词或形容词"并列式。例如：

①可爱—— ꪉꪺꪱ (利汉利扁)

②不好—— ꪉꪺꪱ (瓦利瓦敢)

③真好—— ꪉꪺꪱ (利滴利纳)

（四）主谓并列式

在主谓并列式中，又可分为两种类型。

1. 动词作谓语的并列式。例如：

①看望—— ꪉꪺꪱ (答鲁巫付)

②满面笑容—— ꪉꪺꪱ (纳尊答碗)

③耳闻目睹—— ꪉꪺꪱ (巫付答汉)

2. 形容词作谓语的并列式。例如：

①天气晴朗—— ꪉꪺꪱ (法莲劳利)

②眉清目秀—— ꪉꪺꪱ (纳灵答丙)

③丰年—— ꪉꪺꪱ (毫拿巴图)

（五）单词并列式

单词并列式由四个同一个词性，各自独立的相关词语结合。名词、动词、形容词都有这种类型的并列式。

1. 名词并列式。例如：

①岁月—— ပါစက္ခဳပိစုဝဂ္ယမ္ဖ（笔冷弯然）

②前辈—— ပါပု ဧောဇဧောတ္တၣၟ（布呀答奶）

③枪炮—— ဟဂၣဧၣၣ္ပုဧမ္ဖဂ္ဂဳ္ဂၢ（烘兰蒙南）

2. 动词并列式。例如：

①谈笑—— ၉ဘ္ၣဧ္ဂၢ္ပုၕၣဇ္ဂ၉ၣ（窝吴祝合）

②背（小孩）—— ၣဧၣ္ဂ္ဂၣၣၣဃၣၣဧၣ（杰巴拉怀）

3. 形容词并列式。例如：

①光辉灿烂—— ၣ္ၣဧ္ၣ္ပိၣ္ၢ္ၣၣ္ဂ္ၣ္ၣဒ္ၢ（黑肯奔赛）

②深更半夜—— ဂ္၉ၣ္ဂ္ၣၣ္ၣဃ္ၣၣ္ၣၣ္ၢ（冷朗汉肯）

4. 双音节词并列式。例如：

①生命—— ၣၟဝၣ္ၣၣဃ၉ၢ（极云赛在）

②服侍—— ပါၣၣၣ္ဂ၉ၣ္ဂဧၣ္ၣ（兵波论拉）

语言是民族特征之一，各种语言都有其语音、语法、词汇上的特点，这是由于各民族的心理素质、宗教信仰、生活习惯等方面的不同所造成的。作为傣汉双语文教师要了解、研究相关民族语言的特点，在傣汉双语文教学的对译中才能做到"教正确，讲明白"，提高傣汉双语文的教育教学质量。

贝叶文化与西双版纳旅游业

贝叶文化开发与曼听公园建设

杨寿川[*]

摘　要：贝叶文化是我国傣族传统文化的百科全书，具有丰富的内涵、鲜明的特征和重要的价值。贝叶文化是西双版纳州发展民族文化产业、实施旅游"二次创业"的核心资源，也是景洪市曼听公园二期建设的特色资源。在曼听公园的建设中，要深度开发贝叶文化资源，强力打造贝叶文化旅游产品，将曼听公园建成"净化灵魂的胜境，休闲度假的乐园"。

关键词：贝叶文化　开发　曼听公园　建设

贝叶文化是以贝叶经为载体的傣族传统文化的一种象征性概括，是傣族社会历史和文化的统称，它代表了整个傣族社会的全部历史和文化。贝叶文化内涵丰富，特征鲜明，具有重要的历史价值、科学价值以及开发利用价值。贝叶文化资源是西双版纳发展文化产业、旅游业"再创辉煌"的核心资源，也是景洪市曼听公园建设的最佳资源选择。本文对贝叶文化开发与曼听公园建设展开论述，并提出一些关于开发建设的建议，供有关方面讨论、参考。

一、关于贝叶文化及其开发构想

（一）贝叶文化的内涵、特征和价值

1. 贝叶文化的内涵

贝叶文化博大精深，内涵十分丰富，民族学家们有多种分析和归纳。云南

391

---

* 杨寿川，男，1940 年生，云南大学发展研究院西南民族研究中心教授、博士生导师，主要从事中国经济史和少数民族经济、文化的研究。

大学贝叶文化研究中心的秦家华研究员，经过多年研究，分析和归纳了贝叶文化的基本内涵，颇有创新之意。他认为贝叶文化的内涵包括六个方面，即：

贝叶文化是一种绿色文化、一种农耕文化、一种信仰文化、一种和谐文化和一种柔情文化①。

2. 贝叶文化的特征

贝叶文化具有鲜明的特征：主要有五个方面，兹简要概述如下：

（1）民族性

贝叶文化在我国主要是傣族特有的一种文化，集中分布在西双版纳、德宏两个自治州以及景谷、孟连、耿马、新平、元江、金平、双江七个自治县的傣族聚居和杂居的地区。此外，信仰佛教的藏族、布朗族等少数民族，也收藏和诵念贝叶经。

（2）地域性

贝叶文化主要分布在南亚、东南亚和我国云南省的南部地区，地域性特点十分突出。原因是：一、这些地区同属于南传佛教圈，贝叶文化是其文化纽带；二、这些地区同属于热带气候，都生长贝多罗树，能以贝叶来刻写各种典籍和传承贝叶文化。

（3）持续性

傣族刻写贝叶经的历史至今已有大约两千年。第一个刻写贝叶经的人叫布塔果沙听，他刻写的《惟苏拉麻嘎》就是傣族的第一部贝叶经。自此以后，傣族人民世代刻写、从未中断、持续至今。两千年来，持续不断刻写贝叶经，一代又一代传承贝叶文化，显示了傣族持之以恒的坚韧毅力。

（4）原生性

贝叶典籍中保存了傣泐文和印度巴利文等古代文字，还保存了许多傣族古代神话、传说、寓言、民间歌谣、创世史诗、英雄史诗等。这一原生性的特征，体现了贝叶文化珍贵的历史价值。

（5）完整性

傣族贝叶经从第一部《惟苏拉麻嘎》开始，世代刻写，至今大约已有数万部，其数量巨大、卷帙浩繁。迄今业已搜集到的贝叶经有三千余部，可分为佛经类和世俗类两大类和十五目，即哲学历史、政治经济、生产生活、民风民俗、文化艺术、宗教信仰、佛教经典、天文历法、法律法规、礼仪章程、伦理道德、农田水利、医理医药、书画艺术和建筑工艺。这些贝叶典籍代表了整个

---

① 详见杨寿川主编《云南特色文化》"贝叶文化专题"，社会科学文献出版社，2006 年版，第 532 ~538 页

傣族社会的全部历史和文化，堪称傣族传统文化的百科全书。对于一个少数民族来说，拥有如此丰富而完整的文献典籍，在中国乃至世界并不多见。

3. 贝叶文化的价值

贝叶文化具有重要的历史价值、科学价值和开发利用价值，具体表现为六个方面。兹分别简述于下。

（1）贝叶文化是中华主流文化的一个组成部分

傣族是先秦时期居住在长江流域的百越民族的一支。他们西迁进入云南南部地区以后，适应和利用这里的自然条件，发展水稻农耕，同时也创造了以贝叶经为核心的贝叶文化。贝叶文化在形成和发展中，虽然受到外来上座部佛教的强烈影响，但从文化渊源上说，它源于我国古代的百越文化，是百越文化的"流"，有人甚至认为是百越文化的"真传"。因此，作为与百越文化一脉相传的贝叶文化，同长江流域文化、北方草原文化、黄河流域文化共同构成中华主流文化。可见，贝叶文化在中华文化发展史上占有重要地位。

（2）贝叶文化是一份珍贵的历史遗产

傣族贝叶文化历史悠久、内涵丰富、特色鲜明、保存完整，经过长期搜集、整理，一部宏大的百卷本《中国贝叶经全集》现已陆续问世。贝叶文化作为我国傣族的一份珍贵的历史遗产，是毋庸置疑的。因此，将"傣族贝叶典籍"作为世界记忆遗产来进行申报，是完全应当的，也是可行的。

（3）贝叶文化是历史学和民族学研究的宝库

贝叶文化是傣族传统文化的集中代表，是傣族历史和文化的百科全书。历史学研究中的一些重大问题，诸如"亚细亚生产方式"、西周"井田制"之谜等，均可在贝叶文化中找到类似的答案；民族学研究中关于文化变迁、文化整合、文化适应以及文化永续性等诸多理论问题，亦可在贝叶文化中得到相应的诠释。正因如此，一直以来，许多历史学家和民族学家都将西双版纳州、德宏州等傣族聚居地区，作为其学术研究的"田野"，纷纷前来考察和体验。

（4）贝叶文化是发展文化产业的重要资源

贝叶文化内涵丰富，具有重要的开发利用价值。在傣族分布的广大地区，完全可以深入挖掘贝叶文化的内涵，进行文化创新，发展文化产业，开发出诸多新的文化产品，从而促进地方经济社会的发展。

贝叶文化又是傣族地区开展精神文明建设和新农村建设的重要资源。它作为一种历史文化遗产，具有了解历史、教育后人、凝聚民众、鼓舞人心、陶冶情操、净化灵魂的功能。因此，贝叶文化又可以成为傣族地区进行精神文明建设和新农村建设的极好的乡土教材。

（5）贝叶文化是开发旅游业的特色资源

贝叶文化是我国傣族特有的一种文化，其民族属性和文化异质性的特点十分鲜明。因此，贝叶文化应成为傣族地区旅游业的真正灵魂。傣族地区开发旅游业，一定要以贝叶文化作为核心资源；在主要景区、景点的开发中，充分挖掘贝叶文化内涵，精心打造贝叶文化旅游产品，使贝叶文化成为留在广大游客心中永远的记忆。

（二）贝叶文化的开发构想

如上所述，贝叶文化是傣族地区发展文化产业和开发旅游业的重要资源和特色资源。对怎样以贝叶文化作为资源来发展文化产业和开发旅游业，笔者提出以下基本构想。

1. 文化产业方面

笔者认为傣族地区以贝叶文化作为文化产业的重要资源，可以开发如下一些主要的文化产业项目：

其一，出版"贝叶文化系列丛书"。继出版《中国贝叶经全集》之后，还应出版一系列有关贝叶文化的图书。如：《贝叶佛经故事》、《贝叶谚语图集》、《贝叶寓言故事》、《贝叶神话图说》、《贝叶爱情故事选》、《贝叶医药集萃》、《贝叶绘画图录》、《贝叶文化研究论集》等，从而将贝叶文化强力推向全国和世界。

其二，建立"中国傣族贝叶文化博物馆"。在景洪市新建一座气势恢弘、新颖美观而又体现本土民族风格的贝叶文化博物馆，搜集省内外以及南亚、东南亚地区有代表性的贝叶经，采用现代高新技术手段，向世人充分展示博大精深的贝叶文化。

其三，建立"西双版纳影视拍摄基地"。西双版纳以其秀丽的自然风光和多姿多彩的民族风情而享誉世界。贝叶文化中的创世史诗、叙事诗、民间故事、神话传说以及佛教音乐等，都是影视创作取之不尽的资源。因此，在西双版纳建一个影视拍摄基地，将是其发展文化产业的重要选择。

其四，举办"中国傣族赞哈节"。赞哈是傣族民间艺人，赞哈演唱是傣族喜闻乐见的文艺形式。这种乡土味极其浓重的艺术表演形式，具有强烈的文化异质性特点，必将吸引众多的旅游者前来观摩、欣赏。故此，我建议景洪市可每年举办一次赞哈节，开展赞哈演唱比赛，奖励优胜者。这不仅可以丰富文化娱乐活动，也可以保护赞哈演唱这一珍贵的传统文化资源。

2. 旅游业方面

笔者认为，西双版纳州旅游业要"再创辉煌"，必须以贝叶文化为核心资源和特色资源，建设一个贝叶文化旅游圈，大力发展以贝叶文化为特征的文化旅游。这样的文化旅游项目，主要包括下列八项：

其一，"晚间秀"——"浪漫版纳"（详见下文）。

其二，"国际生态保健养生园"。西双版纳是一个绿色的世界，又是一个和谐的社会；贝叶文化是一种绿色文化，贝叶典籍中有许多医疗保健方面的记载。基于这些特点和优势，西双版纳完全可以建一个"国际生态保健养生园"，开展休闲度假和保健康体服务。其市场指向是：春夏避暑，以东南亚市场为主；秋冬避寒，以我国东北、华北市场为主。

其三，宗教旅游。西双版纳拥有极其丰富的南传佛教文化资源，佛寺、佛塔、佛亭等佛教建筑遍布各地，群众性的赕佛活动也经常开展。精心开发一条宗教文化旅游线路，让游客充分领略南传佛教的丰富文化意蕴，将具有巨大的吸引力。

其四，节庆旅游。进一步提升原有的"泼水节"品位，开发成"中国傣族泼水狂欢节"。此外，开发新的"中国傣族赞哈节"（见前述）。节庆旅游应是版纳之旅不断推出的新产品和新亮点。

其五，茶文化旅游。西双版纳拥有十分丰富的普洱茶文化资源，应进一步开发茶文化旅游项目，叫响"品版纳佳茗，享人生清福"的口号（详见下文）。

其六，乡村旅游。西双版纳有许多很美的傣族村寨，环境优美，民风淳朴，文化底蕴深厚，饮食颇有特色，竹楼民居风格别致，傣家人十分热情好客。因此，应选择一些保存较好而又交通便利的村寨，按文化体验型模式进行开发，打造成傣族乡村旅游精品。这也是版纳之旅的重要产品。

其七，刻写贝叶经，开展傣文文身（详见下文）。

其八，旅游购物。贝叶典籍中记载了许多傣族特有的传统工艺品，如：傣锦、傣伞、傣纸以及傣画等。这些工艺品至今仍在生产、销售，但制作不够精美，包装也不够精致。在发展旅游业中，应进一步开发具有傣族特色的工艺品，使其制作精美并改进包装，让游客慷慨解囊，满载而归，这将会给版纳带来更多经济效益。

二、关于曼听公园的建设

如上所述，贝叶文化具有丰富的内涵与鲜明的特征，具有重要的历史价值和开发利用价值，它是西双版纳发展文化产业和旅游业的特色文化资源，是"十一五"期间西双版纳旅游业二次创业、再创辉煌的最重要的文化资源，当然也是曼听公园深度开发、提升品质、打造为旅游精品的最佳资源选择。

曼听公园从建成至今已有十余年，其旅游产品老化、活动内容单一、文化氛围疏阔、基础设施简陋等，已是不争的事实。作为景洪市的一个重要景点，曼听公园的深度开发和强力打造，自然成为西双版纳旅游业再创辉煌的一个重大规划项目。

关于曼听公园的二期建设，笔者提出如下一些建议：

（一）关于曼听公园的性质定位

曼听公园，傣语称为"春欢"，意即"灵魂之园"，是西双版纳最古老的林园，新中国成立前专供封建领主召片领以及达官贵人欣赏游览，故当地学者称之为"傣王的御花园"。公园内古木参天、绿树成荫、花卉繁茂，花坛、草坪、山冈、小桥、水池，在蓝天白云下格外明媚；还有广场、茶肆以及伟人雕塑等，也吸引游客驻足观赏；更有佛塔，佛亭以及毗邻的佛寺、傣寨，更增添了公园的人文意蕴。显而易见，曼听公园是一个自然与人文相兼相融、有机结合的旅游景点，充分体现了中国传统文化中"天人合一"的生态观。

基于上述分析，曼听公园的性质定位是：依托公园的自然景观和人文意蕴，挖掘贝叶文化的内涵，将其打造成一个集观光、休闲、度假、娱乐、体验为一体的精品旅游景点。

（二）关于曼听公园的主题形象

曼听公园的主题形象可从下列三个方案中选择：

1. 昔日傣王御花园，如今大众休闲地；

2. 休闲度假的乐园；

3. 净化灵魂的胜地。

（三）关于曼听公园深度开发的主要文化项目

1. 贝叶文化

贝叶文化是傣族传统文化的核心，是傣族文化的精粹，也是傣族文化中最具特色的一种。贝叶文化是西双版纳旅游业"再创辉煌"的重要人文资源，它将在丰富旅游产品的文化内涵、提升旅游形象、营造独特氛围以及开发旅游商品等方面，发挥重要而巨大的作用。在曼听公园的开发建设中，一定要深入挖掘贝叶文化的内涵，将其中一些具有代表性和吸引力的文化事象，加以具象化和精包装，并辅之以现代科技手段，打造成文化旅游产品，一一展示给旅游者。如此，即可大大增加公园的活动内容，增强其文化氛围，提升其文化品质，让游客边观赏优美的自然景观，边体验博大精深的贝叶文化，从而使游客产生一种"生活在异境"的感觉，感受到一种异质文化的冲击，对曼听公园留下深刻的印象和永远的记忆。

2. 佛教文化

傣族全民信奉南传上座部佛教，南传佛教大约在公元 5 世纪至 6 世纪期间从印度和东南亚传入今西双版纳，至今已有1 500余年。南传佛教宣扬苦、集、灭、道四谛，将人的生老病死都说成是"苦"，主张自我解脱，自我拯救，通过"赕"也就是布施来积个人善行，修行而达到涅槃境界。它宣扬人生有生死轮回的三世说，即过去前生、现在今生、未来来生；如果今生不修行积善，死后就要入地狱受煎熬，而来世就只能转生为饿鬼或畜生。南传佛教深深根植于西双版纳傣民之中，村村有佛寺，寨寨有佛塔，人人皆赕佛，佛教文化与傣族民众结下了深深的情缘。在曼听公园的开发建设中，如果忽略了佛教文化，公园也就失去了灵魂。因此，不仅要十分关注园内佛教建筑的整修、维护，更要关注和整合毗邻的总佛寺的丰富的文化资源。

总佛寺，傣语为"瓦坝洁"，始建于公元 6 世纪以前，是西双版纳最早的佛寺。20 世纪 80 年代末重建之后，已成为今天西双版纳佛教信徒拜佛朝圣的中心，并在东南亚各国有广泛影响。在曼听公园的开发建设中，要充分整合总佛寺的资源（包括大殿、僧舍、佛亭以及佛学院等），依靠州市政府相关职能部门，正确处理佛教与旅游、寺庙与公园的关系，达到共同发展、互利双赢的目的。

3. 村寨文化

曼听公园紧邻曼听寨，这是一个傣族聚居的村寨。过去村寨与公园本来就合为一体，在曼听公园的开发建设中，也要对曼听寨加以整合，开展乡村旅游，从而形成公园、寺院、乡村三位一体的综合旅游格局。

曼听傣寨具有优美的自然环境和田园风光，积淀了丰富的佛教文化和民族文化，包括民居、民俗以及农耕、工艺文化等。在该村寨开发旅游，主要采取文化探访模式，即让游客在这里亲身感受傣族风情，体验傣族文化。具体内容有：观赏傣家竹楼与庭院，体会傣族柔情似水的性格，访谈傣族婚姻家庭，体验傣族火塘文化，参观傣族农事和工艺活动，品尝傣家风味，采摘傣家鲜果，购买傣族手工艺品，学习几句傣族日常用语。实际上，这些文化活动已构成了一个鲜活的文化博物馆，旅游者可在此获得许多直观而生动有趣的知识，加深对傣族文化的认知。

4. 茶文化

西双版纳是名满天下的普洱茶原产地，境内有历史悠久的六大茶山（倚邦、曼专、革登、莽枝、攸乐、曼撒）。西双版纳又是"茶马古道"的起点，自明清以来，普洱茶通过这条古道源源不断地销往西藏、南亚、东南亚以及我国中原内地。如今，勐海、勐腊以及景洪均种植和烘制产量甚丰的普洱茶，各种名牌产品远销国内外，已成为西双版纳州和云南省对外贸易的重要名特产品，"品版纳佳茗，享人间清福"已成为广大民众的共识。

（四）关于曼听公园开发的重点文化旅游产品

基于上述主要文化项目，在曼听公园的开发建设中，笔者建议重点开发如下 7 个文化旅游产品：

1. 赞哈演唱

赞哈是傣族民间歌手艺人，赞哈演唱是傣族民众最喜闻乐见的文艺表演形式之一，也是傣族文化中最具特色的一种艺术形式，具有广泛的群众基础和吸引力。傣家人认为"没有赞哈，就像菜里没有放盐巴，生活里没有糯米一样"。因此，在西双版纳每逢节庆、升和尚、贺新年以及婚丧嫁娶等重要场合，都要请赞哈来演唱。

赞哈演唱的唱本主要是傣族传统文化中的史诗、传说、故事、佛经和典故等，如《召树屯》、《葫芦信》、《新房落成歌》等。赞哈们以一把纸扇、一支竹笛，将许多优美的传说、故事演唱得美妙、动听，引人入胜，富有感染力。因此，赞哈演唱是西双版纳傣族贝叶文化中一个最具开发潜质的文化旅游产品。

在曼听公园的开发中，笔者建议：①建一个"赞哈演唱厅"，开展经常性的赞哈演唱活动，每天演唱一小时，分别演唱不同的曲目；②每年举办一次"中国傣族赞哈节"，开展赞哈演唱比赛，奖励优胜者。如此，不仅丰富了旅游活动内容，而且保护了赞哈演唱这一珍贵的传统文化资源。

2. "晚间秀"

"晚间秀"（Evening Show）旅游产品至今在国内外均已开发了一些，如泰国普吉的"幻多奇"、我国桂林的《印象刘三姐》、昆明的《云南映象》等。这些舞台艺术作品创意新颖、感染力强，均成为游客在旅游地逗留期间首选的晚间节目。西双版纳属于热带气候区，白天炎热，晚间凉爽。景洪的夜晚，江风轻拂、月影朦胧，迷人的月色和凉意，不禁令人无限遐想。这正是打造"晚间秀"产品的最佳舞台空间。因此，创作一个不仅充分反映傣族人文风情，而且独具魅力的"晚间秀"艺术作品，这应是曼听公园深度开发的首选项目，它将成为曼听公园的新亮点和引爆点。

在曼听公园的开发建设中，笔者建议：①建一个曼听公园"晚间秀厅"，表演傣族晚间秀作品；②傣族晚间秀作品可命名为"浪漫版纳"，请当地知名作家以贝叶典籍中的爱情故事为素材，以傣族的柔情文化为主题，创作一个

"浪漫版纳"作品。该作品一定要同现有的"勐巴拉娜西"（歌舞晚会）和"澜沧江—湄公河之夜"（篝火晚会）有根本的区别：其一浪漫，其二柔情，即充分反映傣族多情、柔情的心理特征和民族性格。

3. 傣文文身

傣族是我国古代南方百越民族的后裔，至今仍然保留着其先民文身的习俗。傣族男子常在腿、胸、背、臂等处用针刺出各种纹饰，再涂以蓝靛或胆汁等青色，伤口愈合后即终生不褪。将傣族文身的习俗开发为旅游产品，将会受到省内傣族、东南亚以及欧美男性旅游者的认同和青睐。

笔者建议在曼听公园内建一"贝叶文身室"，聘请傣族有文身知识和经验的人员，为自愿文身者实施文身。"文身室"提供多种贝叶经中具有吉祥如意等含义的傣文和图案，供游客文身者选择。"文身室"有严格的消毒设施，确保文身者不会受到任何感染。此外，针对广大游客的需求，可开展非永久性的文身服务，即用一支软笔在游客指定的身体部位，绘出图案或写上傣文，再用一种从植物中提取的深色颜料涂在图案和文字的线条上，大约四十分钟后，颜料即可浸入皮肤表层，其效果犹如真正的文身。这种方法不会伤害皮肤，也不会有切肤之痛，文身图案或文字会在十天左右自动脱落。文身产品若能切实确保安全、设计精美、服务周到，也会成为曼听公园一个新的旅游亮点。

4. 刻写贝叶经

在贝叶上刻写经文是傣族僧众的一种传统习俗。这种习俗也可开发成为又一文化旅游产品。笔者建议：在公园内建一别致的"贝叶经刻写室"，请身着袈裟的和尚为游客或指导游客刻写贝叶经。先从贝叶经中选出一些富有哲理的箴言和祈求佛祖保佑的短句，写成巴利文或老傣文，提供给游客选择和仿照刻写，并教会游客诵读。现场刻写而成的一小片贝叶经，将成为旅游者永久的纪念品，并成为他们认知贝叶经、体验贝叶文化和认同傣族文化的物证。

5. 茶 苑

曼听公园现有的茶楼、茶肆都很简陋，规模也不大。笔者建议：基于上述西双版纳茶文化的重要地位和深厚底蕴，应建一个颇有规模且较为豪华的茶苑，可命名为"版纳佳茗苑"。该茶苑的功能不仅是品茶，还应包括表演茶道、茶歌、茶舞等。

"版纳佳茗苑"应有浓郁的茶文化氛围。如何营造这样的文化氛围，笔者提出如下建议：①请书法家题写楹联；②请画家作画；③陈列并销售中外茶具；④陈列并销售各类茶书；⑤陈列并销售西双版纳出产的各种品牌茶叶等。此外，茶苑的所有服务人员，均应身着傣族服饰，并能解说版纳的茶文化。营造这样的文化氛围不仅可以招徕更多的游客，更重要的是让游客在这里得以充分领略茶文化的意蕴，真正享受人间清福（鲁迅先生曾说喝茶是一种清福），从而彰显曼听茶苑的品位，体现其与众不同的特质。

6. 寺　院

西双版纳总佛寺与曼听公园整合开发后，其旅游产品主要有：①瞻仰大殿；②参观佛学院；③游览僧舍；④观赏赕佛活动等；⑤聆听和尚诵经；⑥欣赏佛教音乐等。

7. 村　寨

曼听寨与曼听公园整合开发后，其旅游产品主要有：①游览竹楼与庭院；②参观织锦；③探访民俗；④品尝傣味；⑤学习几句傣语等。

以上所述，是笔者对曼听公园深度开发提出的一些建议，涉及性质定位、主题形象、文化项目和旅游产品等四个方面。这些建议是在查阅了一些历史文献和近人著述的基础之上，经过认真思考而形成的。当然，这些建议只是引玉之砖，仅供有关方面参考。

参考文献：

[1] 杨寿川主编：《云南特色文化》[M]，社会科学文献出版社，2006年版。

[2] 杨寿川主编：《云南民族文化旅游资源开发研究》[M]，中国社会科学出版社，2005年版。

[3] 黄惠焜主编：《傣族文化志》[M]，云南民族出版社，1997年版。

（本文为笔者为景洪市曼听公园二期建设规划提供的专题研究报告，现稍作调整、修改后发表）

西双版纳傣族园居民对活态文化
利益感知研究

陈　瑾[*]

摘　要： 本文以西双版纳傣族园为例，通过对居民进行问卷调查和访谈，以及居民对活态文化利益的感知分析，了解居民的真实愿望与存在问题，在此基础上提出解决实际问题的建议。为旅游管理人员或旅游经营业主采取正确的决策行动提供依据，有利于保护民族濒临消失的活态文化，也对推动民族地区旅游业的发展有着重要的现实意义。

关键词： 西双版纳傣族园居民　活态文化　利益　感知

一、引　言

活态文化是传统文化、民俗，或者是与"地方"、"民族"密切相连的，不需要复杂技术即可进行表演或开展的通俗文化。诸如民间各种艺术，民间口头文学的各种样式，民间各种风情习俗、工艺及建筑技术等等。由于活态文化其表现形式和传承方式的非物质性或无形性，故而活态文化在国外被称为"非物质文化遗产"。这个概念最早是 1972 年联合国教科文组织在"保护世界文化和自然遗产公约"（Convention for the Protection of the World's Cultural and Natural Heritage）中作为世界遗产的一部分提出的，其表述、界定较为抽象。1977 年，联合国教科文组织在有关遗产保护的第一个中期计划（1977—1983）中，第一次提到文化遗产由有形和无形两部分组成，包括以下几个方面：①口头传说和

* 作者简介：陈瑾，女，1977 年生，河南开封人，开封旅游学校教师，云南大学旅游管理专业硕士，主要研究方向为旅游文化学和旅游资源开发与保护。

表述，包括作为非物质文化遗产媒介的语言；②表演艺术；③社会风俗、礼仪、节庆；④有关自然界和宇宙的知识和实践；⑤传统的手工艺技能。在 20 世纪 50 年代，日本政府颁布的《文化财保护法》中给"非无形文化财"下了定义，被称为"人间国宝"。

我国第一个提出"活态文化"概念的是乔晓光。乔晓光于 2002 年提出非物质文化遗产又称为无形文化遗产或活态文化，主要指非文字的、以人类的方式为主的、具有民族历史积淀和广泛突出代表的民间文化（艺术）遗产。向云驹（2004）把活态文化（非物质文化遗产）的概念分为三个层次：①广义的与物质遗产、遗址、遗迹、文物、典籍等对应的无形遗产、口头遗产、非物质遗产；②狭义的以民间文学、民间文艺、民俗文化，传统的表演艺术、民间科技、民间技艺、民间知识、民间工艺等为内容的口头和非物质遗产；③以狭义的口头和非物质遗产之精华为主体，以广义但处于濒危的口头和非物质遗产为补充。

在本文里、活态文化指的是在民族文化旅游活动中能吸引旅游者的非文字的、以人类的方式为主的、具有民族历史积淀和广泛突出代表的民族传统口头文学、民族艺术、民族传统风俗与节日等带有民族特色的非物质文化遗产。

二、西双版纳傣族园概况

西双版纳傣族园位于云南省西双版纳州景洪市勐罕镇（橄榄坝），距州府（景洪市）27 公里。傣族园占地 336 公顷，主景区由曼将、曼春满、曼乍、曼嘎、曼听五个保存完好的傣族自然村寨组成，共有村民 316 户，1 503 人，是西双版纳傣族自然村寨民族文化特色保护比较完好的民族文化旅游景区之一。在经营模式上，傣族园以"公司加农户"的方式，让农户与公司的利益深深捆绑在一起，以双方共同利益为纽带，互惠互利，相互依托，共同走旅游致富的道路。力求旅游资源保护与旅游经济发展实现良性循环，最终走可持续发展之路。选择这里做调查点，是基于该园开发时间较长，知名度较高，能够比较全面地获得居民在旅游活动中对具有民族特色的活态文化所带来的利益感知的资料。

三、研究方法

笔者于 2007 年 4 月 11～25 日和 2007 年 5 月 16～25 日在傣族园对居民进行面对面问卷调查并及时回收，同时辅以与居民的访谈。其中，第一次发放问卷 200 份，回收问卷 170 份，有效问卷 170 份（占发放问卷总数的 85%）。第二次发放问卷 170 份，回收问卷 150 份，有效问卷 145 份（占发放问卷总数的 85%）。

问卷内容借鉴国内外相关研究成果，结合当地居民总体经济发展水平、文化水平和生活方式等进行设计，包括三大部分，共 37 项。第一部分是对居民的社会亚文化特征的调查，第二部分是居民对民族文化旅游所带来的利益感知调查，第三部分是居民对保护其文化利益而期望相关政府职能部门和旅游企业采取的管理措施的重要性评价。主要项目等级按照完全同意（非常重要）、同意（比较重要）、不同意也不反对（中立）、反对（不太重要）、强烈反对（不重要）划分为 5 级，用 5 分制依次给这些选项赋值打分。在接受问卷调查时，被调查者根据自己的实际情况选择其中一个等级，以表达他们对这些陈述的赞同程度。然后运用 spss 分析软件对调查问卷进行统计分析。

四、西双版纳傣族园居民对活态文化利益感知实证调查结果分析

（一）西双版纳傣族园居民基本信息调查分析

表 1　西双版纳傣族园居民基本信息调查表

社会亚文化特征		百分比（%）	社会亚文化特征		百分比（%）
性别年龄	男	39.8	旅游收入比重	0	28.9
	女	60.2		5%	42.7
	18~28 岁	30.8		6%~10%	14.7
	29~39 岁	15.6		11%~15%	5.7
	40~49 岁	31.8		16% 及以上	8.1
	50~59 岁	11.8	是否本地出生	是	88.6
	60 岁及以上	10.0		否	11.4
职业	学生	3.8	居住时间	10 年	8.1
	旅游管理人员	3.3		11~20 年	13.3
	旅游企业一般职员	15.2		21 年及以上	78.7
	务农	39.3	受教育程度	初中及以下	87.2
	旅游私营业主	27.0		高中及中专	9.5
	其他	11.4		大专	3.3

续　表

社会亚文化特征		百分比（%）	社会亚文化特征		百分比（%）
有无家人在旅游部门工作	有	65.4	与游客接触次数	0~2次	23.7
	无	34.6		3~4次	4.7
月平均收入	800元及以下	25.6		5次	3.3
	801~2000元	51.7			
	2001~3000元	15.2		6次及以上	68.2
	3001元及以上	7.6			

被调查居民中，因为男性居民多在外做生意、种橡胶树，所以女性居民比重略高于男性居民，男性居民约占 40%，女性居民约占 60%。年龄主要以中年和青年居民为主，集中在 29~50 岁年龄段。职业分布相对较分散，从事与旅游有关工作的占 18.5%，旅游私营业主占 27%，务农居民约占 40%，被调查居民有家人或亲戚在旅游部门工作的约占 65%。被调查居民户的月平均收入水平中等，月平均收入在约 801~2 000 元的占 51.7%。旅游收入在家庭总收入中所占的比重大多是 5%，占 42.7%；没有从事旅游营利活动的占 28.9%。绝大多数居民是在本地出生，有约 79% 的居民已经在傣族园居住超过 21 年，被调查居民的受教育程度不高，有约 87.2% 的居民受教育程度只有中小学水平，高中及大专以上学历的居民仅占 12.8%。被调查居民大部分与游客接触是比较频繁的。

（二）西双版纳傣族园居民对活态文化利益感知调查结果的分析

可信度分析是用于衡量每一潜在评价因子与总体的相关度及总评价要素的可信。如果某项目与总体的相关度小于 0.7，那就应当被删除，但一般认为如果项目与总体的相关度小于 0.7 的项目被删除后，Alpha 系数大于该评价要素的整体 Alpha 系数，那该项目应被删除。如果小于该评价要素的整体 Alpha 系数，那该项目视为可信，在相关度分析中是不可删除的。如果在没有项目被删除的情况下，Alpha 系数大于 0.7，那该整体评价要素是可信的。如果 Alpha 系数小于 0.7，在不可信项目被删除后升至 0.7 以上，则该评价要素变为可信，或者为不可信评价要素。

本调查中，"居民对民族活态文化社会方面、经济方面的利益感知"评价要素 Alpha 系数为 0.868，大于 0.7，可信；除项目 12、13、16、22、23 为不可信评价项目，其余各项均为可信评价项目。在分析时依然对这些不可信的评价项目进行了简要分析。"为了保护居民的民族活态文化利益，一些管理措施的重要性评价感知"的整体评价要素 Alpha 系数为 0.868，大于 0.7，可信；所有项目的相关度均大于 0.7，所以评价项目均为可信评价项目。

    1. 对社会利益的感知

表 2　西双版纳傣族园居民对活态文化利益的感知

(Alpha = 0.868)

对社会及经济方面利益的感知	衡量变量的名称与描述			
	均值	方差	项目-总体相关度	如果项目被删减的Alpha值
1. 旅游活动提高了各方对当地民族传统文化的重视度，并鼓励发展旅游业	4.87	0.340	0.333	0.867
2. 对本民族活态文化有了一定的了解	4.17	0.443	0.395	0.867
3. 认识到本民族的活态文化价值	4.30	0.610	0.318	0.866
4. 看到旅游者源源不断地来观赏民族文化景观感到非常兴奋	4.50	1.048	0.555	0.861
5. 为本民族丰富的文化和悠久的历史而感到自豪	3.66	0.898	0.696	0.859
6. 更喜欢外来游客带来的文化	2.66	1.354	0.361	0.866
7. 本地区的文化旅游开发吸引了很多旅游者	4.90	0.350	0.335	0.867
8. 日常生活不穿戴民族服饰，更喜欢便装或牛仔裤	2.77	1.646	0.386	0.867
9. 很高兴参加民俗表演文化活动，喜欢民族传统表演胜过内地电视剧和外国电影大片	4.13	1.100	0.305	0.867
10. 因为旅游的发展，感到参与当地的民族文化活动更加困难	1.24	0.853	0.339	0.867
11. 旅游的发展为我们提供了更多的文化休闲活动	2.06	1.218	0.305	0.867
12. 旅游者的观念和理念使本民族传统生活方式和价值观发生了改变	3.53	1.075	0.312	0.871
13. 开展旅游活动后，仍能保持有民族特色的街道、建筑和民俗	3.50	0.902	0.396	0.876
14. 旅游活动促进了不同地区人们之间的文化交流，增进了民族团结	4.76	0.620	0.377	0.868

续　表

对社会及经济方面利益的感知	衡量变量的名称与描述			
	均值	方差	项目－总体相关度	如果项目被删减的Al-pha值
15. 文化旅游的发展弘扬了当地优秀的民族文化	4.81	0.460	0.572	0.868
16. 旅游使民族传统手工艺术得以保留	2.34	0.803	-0.103	0.873
17. 旅游促进了当地经济的增长	4.76	0.429	0.467	0.865
18. 旅游引起了物价和地价上涨	3.10	1.406	0.287	0.867
19. 由于游客的到来，导致许多文化场景被破坏	1.21	0.650	0.332	0.866
20. 民族传统文化经过包装就成了可以出售的商品，这里到处都充满了商业化气息	1.18	0.637	0.337	0.866
21. 旅游的发展导致当地环境状况恶化	2.54	0.880	0.479	0.867
22. 旅游者很欣赏舞台文化表演和民族手工艺品	4.60	0.912	0.122	0.870
23. 对旅游者到家里拜访（后台区域）感到很反感	1.39	0.962	0.277	0.878
24. 民族文化旅游只给一小部分居民带来经济利益	4.69	0.837	0.301	0.867

　　感觉"本地区的文化旅游开发吸引了很多旅游者"的均值最高为4.90，方差为0.350；"旅游活动提高了各方对民族传统文化的重视度，并鼓励发展旅游业"的均值是4.87，方差0.340。这两项均值最大而方差最小，可以说明居民对这两项认可度比较高，差异小，意见最为统一，当地居民同意本地区的文化旅游的开发吸引了很多旅游者，并提高了各方对民族文化的重视度，鼓励发展旅游业。"对本民族活态文化有了一定的了解"的均值为4.17，方差0.443；"认识到本民族的活态文化价值"的均值为4.30，方差为0.610；"旅游活动促进了不同地区人们之间的文化交流，增进了民族团结"的均值是4.76，方差是0.620；"文化旅游的发展弘扬了当地优秀的民族文化"的均值是4.81，方差是0.460；"旅游者很欣赏舞台文化表演和民族手工艺品"的均值是4.60，方差是0.912。以上说明居民对这几项的认可度高，差异小，大部分居民是同意对民族活态文化有了一定的了解，认识到本民族的活态文化价值，旅游活动促进了不同地区人们之间的文化交流，增进了民族团结，文化旅游的发展弘扬了当地优秀的民族文

化，旅游者很欣赏舞台文化表演和民族手工艺品。

"旅游促进了当地经济的增长"的均值是 4.76，方差是 0.429；"民族文化旅游只给一小部分居民带来经济利益"的均值是 4.69，方差是 0.837。这可以说明居民对这两项认可度比较高，差异小，意见最为统一，当地居民同意本地区开展旅游活动促进了经济的增长，文化旅游只给一小部分居民带来经济利益。"旅游引起了物价和地价上涨"的均值是 3.10，方差是 1.406，说明居民态度分歧较大，有一部分居民赞同旅游引起了物价和地价的上涨。

2. 为了保护居民的活态文化利益，一些管理措施的重要性评价

表3 为了保护居民的活态文化利益，一些管理措施的重要性评价感知

（Alpha = 0.868）

对一些管理措施的重要性评价感知	衡量变量的名称与描述			
	均值	方差	项目－总体相关度	如果项目被删减的 Alpha 值
1. 加强对当地民族活态文化的保护	4.06	1.196	0.734	0.855
2. 对已消失的民族传统文化进行恢复与关注	3.71	1.199	0.772	0.854
3. 培育当地年轻人的强烈的民族文化认知度与责任感	3.61	1.109	0.630	0.859
4. 一些主要的传统民族建筑的保持与修复	3.82	1.239	0.872	0.851
5. 提高居民的文化自豪感与文化认同感	3.50	1.148	0.779	0.851
6. 保留当地一些传统民族村寨的活态文化氛围	3.83	1.165	0.835	0.853
7. 减少对民族文化及宗教地的掠夺式开发	4.79	0.583	0.364	0.866
8. 保持当地的一些原有的生活方式	3.79	1.162	0.820	0.853
9. 提高居民对旅游发展带来的负面影响的理解能力	3.50	1.281	0.711	0.856
10. 文化旅游开发可以提供更多的工作机会	4.32	0.827	0.545	0.862
11. 文化旅游改善了当地的公共基础设施	4.36	0.789	0.703	0.859
12. 改善当地的基础设施建设对于民族文化节庆活动相关联的基础设施的投资、成本核算、使用与保持加强政府调控与管理	4.54	0.751	0.620	0.861
13. 对活态文化最好的保护措施是不进行旅游开发	1.81	1.074	0.543	0.868

"减少对民族文化及宗教地的掠夺式开发"的均值最大，是4.79，方差最小，是0.583，说明大部分被调查居民认为减少对民族文化及宗教地的掠夺式开发非常重要，意见最为统一。"改善当地的基础设施建设对于民族文化节庆活动相关联的基础设施的投资、成本核算、使用与保持加强政府调控与管理"、"文化旅游改善了当地的公共基础设施"、"文化旅游开发可以提供更多的工作机会"、"加强对当地民族活态文化的保护"这几项的均值仅低于"减少对民族文化及宗教地的掠夺式开发"，说明大部分的居民认为这几项比较重要。"对已消失的民族传统文化进行恢复与关注"、"培育当地年轻人的强烈的民族文化认知度与责任感"、"一些主要的传统民族建筑的保持与修复"、"提高居民的文化自豪感与文化认同感"、"保留当地一些传统民族村寨的活态文化氛围"这五项的均值与方差居中，说明居民认可度不高，分歧不大，态度保持中立。"对民族活态文化最好的保护措施是不进行旅游开发"的均值最小，为1.81，方差是1.074，说明居民的意见分歧比较大，一部分居民认为对民族活态文化最好的保护措施是不进行旅游开发，一部分居民对此不赞同。

五、研究结论

1. 开发活态文化资源对吸引旅游者有利，旅游能使傣族园居民获得社会利益和经济利益；

2. 影响西双版纳傣族园居民对活态文化利益感知的因素有社会人口特征、个人与旅游业经济联系程度、与旅游者的接触频度及对社区的归属感；

3. 目前，傣族园居民对文化旅游发展的态度总体上处于观望阶段，但是大部分居民对发展旅游还是支持的；

4. 开展旅游活动可以促进活态文化的发展，提高当地居民对活态文化的保护意识；

5. 随着傣族园的发展规模越来越大，居民与傣族园公司之间的矛盾以及保护活态文化之间的矛盾可能会日益凸现，傣族园公司与居民经济利益分配不均衡、管理弊端突出等种种原因可能会导致双方关系日益不协调；

6. 开发旅游与活态文化保护和传承之间是能够找到平衡点的，旅游就是对活态文化的经济价值和社会价值的开发利用，不应低估旅游对活态文化的保护作用。

六、管理建议

针对西双版纳傣族园居民对活态文化利益感知的实证研究分析，为了提高居民参与旅游、保护活态文化的积极性，以促进民族地区旅游的可持续发展，提出以下建议：

（一）重视居民意见，采用科学合理的利益分配方式

忽视居民参与往往会成为各种关系不协调的诱因。因此，在决策中应充分听取居民的意见，创建居民参与利益分享的机制，使居民真正成为旅游发展的受益者。具体措施为：景区内的服务工作尽量由社区居民担任；旅游服务设施对社区居民开放，并给予一定优惠；把开展旅游活动获取的利润抽一部分用在传统民族特色建筑的保护和维修上；居民亲属进傣族园不收门票等。

（二）加强文化和职业培训，提供更多的就业机会，转变居民思想观念

因为当地居民的文化素质普遍偏低，要提高当地居民对旅游发展中的地位和作用的认识，提高他们的综合素质，培训他们的旅游从业技能。方式可以灵活多样，如定期开座谈会、参观学习、办讲座、电视教学等。加强对当地村民有关文化和旅游职业的教育培训，能够提高村民对旅游发展的了解、承受和适应能力，进而有助于改善村民的态度和行为。另外，村民文化水平的提高也有助于思想观念的改变，让村民认识到经商、做小生意、开三轮车接送游客并不是耻辱的事，学会利用良好的旅游条件，努力去丰富自己的经济头脑，发家致富。

（三）提高政府工作人员及旅游经营管理人员的综合素质

在民族文化旅游发展中，也应提高政府工作人员及旅游经营管理人员的综合素质，使他们能充分认识到居民利益与旅游发展的重要关系。加强和社区居民的信息沟通，取得社区居民对政府各项工作的理解和支持，提高居民对政府和旅游经营管理部门或企业的信任度，妥善解决好旅游发展中出现的各种问题和矛盾。

（四）对傣族园居民感知实施跟踪调查，有利于文化旅游的可持续发展

要时刻注意居民态度的新动向，通过问卷调查、访谈等方式了解居民对旅游业的支持力度，了解开展民族文化旅游给他们带来的种种不便和不满。审视旅游发展中存在的问题，并深入去分析居民对活态文化的保护与传承和对旅游发展所持的态度。根据居民的反馈意见和建议，相关部门应及时采取针对性的措施，不同阶段采取不同策略，与居民进行交流沟通，形成一个"发现问题—

409

解决问题"的沟通反馈机制，尽量消除当地居民所持有的成见，使他们能以更积极的态度投入到文化旅游的发展中来，从而推动当地民族文化旅游的可持续发展。

（五）建立活态文化传承的机制

活态文化重在一个"活"字，是在不断发展前进的历史长河中流传下来的。它不仅仅代表的是民俗和文化，还包括展示这些活态文化的"活的人"，体现着一个民族的智慧和精神。当地政府、傣族园公司、当地居民应重视对活态文化的传承，建立相应的传承机制，使活态文化在传承的过程中呈现出稳定、延续、再生的特点，最终表现为模式化发展的有机体。传承活态文化可以借鉴国外的先进经验并结合实际情况，例如建立傣族活态文化中心、文化博物馆等等。

[本文基金项目：国家社科基金资助项目"活态文化的保护、传承和发展"（04BJY071）]

参考文献：

[1] Doxey, G. V. A Causation Theory of Visitor – Resident Irritants [Z], Proceedings of the Sixth Annual Conference on Travel and Tourism Research Association, San Diego, 1975：195 – 198.

[2] Lankford, S. V&D. R. Howard, Developing a Tourism Impact Attitude Scale [J]. Annals of Tourism Research, 1994, 21（1）：121 – 139.

[3] Ap, J. &J. L. Crompton, Developing and Testing a Tourism Impact Scale [J], Journal of Travel Research, 1998, 37（2）：120 – 130.

[4] Antonia Besculides, Martha E. Lee, Peter J. McCormick，Residents´ Perceptions Of The Cultural Benefits Of Tourism [J], 2002（2）：303 – 319.

[5] 朱路平译：《文化旅游与文化遗产管理》[M]，南开大学出版社，2006 年版。

[6] 向云驹：《人类口头和非物质遗产》[M]，宁夏人民教育出版社，2004 年版。

[7] 卞显红：《城市旅游空间分析及其发展透视》[M]，中国物资出版社，2005 年版，第 255 ~ 263 页。

[8] 李伟：《民族旅游地文化变迁与发展研究》[M]，民族出版社，2005

年版，第 125～134 页。

[9] 王莉、陆林：《国外旅游社区居民对旅游影响的感知研究综述及启示》[J]，载《旅游学刊》2005 年第 3 期。

[10] 赵玉宗、李东河、黄明丽：《国外旅游地居民旅游感知和态度研究综述》[J]，载《旅游学刊》2005 年第 4 期。

深入挖掘贝叶文化价值
提升西双版纳旅游品牌

王海玲*

摘　要： 要使西双版纳旅游业的发展走出低谷，就必须深入挖掘贝叶文化的价值，以贝叶文化为载体，形成一系列独具特色的富有生命力的旅游产品，提升西双版纳旅游品牌，从而为当地旅游业的发展创造新的契机。

关键词： 贝叶文化　旅游业　发展　民族文化与特色

西双版纳作为云南省开发最早的旅游接待地之一，在我国旅游业几十年的发展历程中创造了无数的辉煌。但自 1998 年上半年以来，西双版纳旅游业出现了滑坡。面对国内外旅游市场的竞争压力和本地旅游业发展的相对滞后，如何在未来的旅游业发展中引领鳌头，成为摆在西双版纳州各级政府和人民面前的重要问题。近年来，西双版纳州委、州人民政府从本州实际情况出发，科学地提出了"文化立州"的战略思路。那么，"文化立州"要从何处着手呢？笔者认为，"文化立州"的关键是要加大民族文化在旅游业中的含量。

旅游实际上是人的一种精神、心理需求，在新、奇、乐中充分体验异文化。旅游业的生命力在于特色，而特色不仅包括自然景观之特色，更重要的是民族文化之特色，这是旅游开发之魂。西双版纳不仅拥有迷人的热带风光，珍奇的动植物资源，还拥有以傣族贝叶文化为代表的丰富精深的民族文化。但许多到过西双版纳的人根本不知道"贝叶文化"为何物，就连西双版纳本州的不少人也把"贝叶文化"等同于"贝叶经文化"、"佛经文化"，这其实是对"贝叶文化"的误解。事实上，贝叶文化的内容要广泛得多，其底蕴也更为深厚。

412

---

* 作者简介：王海玲，女，1983 年生，云南大学公共管理学院 2006 级社会学硕士研究生。

笔者认为，深入挖掘贝叶文化的价值，以贝叶文化为载体，将其作为西双版纳的旅游品牌推向全国和世界，必定能使西双版纳旅游业走出低谷，迎来曙光。

一、挖掘贝叶文化价值对于提升西双版纳旅游品牌的必要性

纵观国内外旅游业的发展历程和未来发展趋势，现代旅游已从单纯的观光游览型旅游向参与体验型旅游发展，它打破了以往旅游业狭隘、僵化的模式，形成了融科技、文化教育、休闲于一体的旅游新类型。参与体验型旅游最大的特点是文化的含量较高，要求旅游目的地有深厚的文化底蕴和密集的文化资源。

不过，凡是到过西双版纳的游客都有一个同感：西双版纳旅游文化含量偏低，民族特色不足。不少游客被西双版纳的高知名度和神秘感吸引到西双版纳后，才发现与想象中的神奇美丽相差甚远，难怪有人发出"西双版纳名不副实"，"除了自然风光外，和内地差不多"的感叹。而事实上，西双版纳有着极具特色的民族文化。西双版纳世代居住着十多个少数民族，在漫长的历史进程中，各民族相互学习，共同发展，形成了以傣族贝叶文化为主体的民族文化，它是西双版纳旅游业开发取之不尽的人文资源。这样丰厚的文化底蕴可以说占据了现代旅游业发展的先机。但西双版纳并没有把傣族所保有的个性鲜明、璀璨夺目的贝叶文化与旅游业相连接，没有把贝叶文化的内涵呈现给游客，其旅游业的发展至今还停留在观赏自然景观的层面上，民族风情旅游产品也只停留在让游客走马观花似的"吃傣饭、穿傣衣、看傣寺、跳傣舞、听傣乐"的初级水平上，当游客想更进一步去"体味版纳"、"触摸版纳"进而"理解版纳"时，却摸不着门道。正是这种与整个旅游业发展趋势相脱节的模式，才导致了近几年西双版纳旅游业发展的相对滞后。

反观丽江和大理，两地的旅游发展连年趋热，其旅游业的年均增长率甚至远远超过了西双版纳。究其原因，乃是丽江、大理注重把当地的民族文化特色与旅游开发结合起来，打响了其文化旅游的品牌。游客一到丽江就马上感受到浓浓的东巴文化，四方街的古朴，纳西古乐的悠扬，具有东巴象形文字特征的壁毯、挂盘、布料等无不给游人留下纳西东巴文化的深刻印象。而到了大理，独特的白族三道茶，装饰典雅的白族民居和满街摆放的别致扎染布，以及扎染布料做成的服装和纪念品，也令游客流连忘返。参照丽江、大理旅游发展的成功模式，再次验证了文化含量越高越有利于旅游发展的现代旅游发展经验。

事实上，贝叶文化对于傣族人民，正如东巴文化对于丽江纳西族人民一样，是民族传统文化的精髓，是反映该民族地域特色和民族灵魂与智慧的结

晶。立足于西双版纳旅游业的发展，笔者认为，要提高西双版纳旅游业的竞争力，关键是要深入挖掘傣族传统文化的集中代表——贝叶文化的内涵和价值，把它同旅游业相连接，并通过旅游业的开发利用，把民族特色、文化优势转变为经济优势，形成一系列独具特色的富有生命力的旅游产品，开拓一条旅游发展的新路子。

二、将贝叶文化作为西双版纳旅游品牌的可行性

傣族"贝叶文化"的称谓，是因为其文化主要是由贝叶经具体承载和反映的。贝叶经是傣族千古流传的最有价值的古籍之一，在傣族地区，凡是珍贵的书都要刻写成贝叶经，佛寺、民间多有收藏。傣族民间传说贝叶经有八万四千部，绵纸书写的叙事长诗有 550 卷。卷帙浩繁的贝叶经典籍不仅丰富了中国古代文字宝库，而且丰富了世界古代文化宝库。

贝叶文化的外延比贝叶经更为宽泛。贝叶文化是对我国西双版纳、德宏等傣族聚居地传统文化的一种生动而形象的象征性称谓，它代表整个傣族社会的全部历史和文化，是傣族人民在漫长的历史实践过程中所创造的物质文明和精神财富。对于傣族人民来说，贝叶文化几乎代表了他们全部的人文精神，随着南传上座部佛教在傣族民间的流传，贝叶经所承载的文化精神也从佛寺中走向民间，通过傣家人的发扬光大，它的通俗性、普及性得到了充分发展。贝叶文化涉及政治经济、伦理道德、礼仪章程、佛教经典、宗教文学、民情民俗、书画艺术、建筑雕塑等，生动地反映了自古至今傣族人民生活的方方面面。

所以说，贝叶文化既是保存在贝叶经里的"化石文化"，又真实地体现了傣族人民的日常生活场景。而贝叶文化中反映的尊老爱幼、与人为善等的传统道德规范和良好的生育观等，对建立社会主义物质文明和精神文明，营造良好的旅游环境有深刻的意义。同时，丰富多彩的民风民俗、传统体育活动、文学艺术、宗教信仰等，又是旅游业开采不尽的宝库。因此，要把以贝叶文化作为旅游品牌提高到"文化立州"、"建设民族文化大省"、"西部大开发"的高度来认识，把贝叶文化的精华介绍给游客，从而带动西双版纳民族文化和旅游业的新发展。

三、深入挖掘贝叶文化价值以提升西双版纳旅游品牌的策略

第一，以贝叶文化为特征，创新民族文化产品。可以把反映贝叶文化的诗歌、音乐、绘画、经文、文学作品、服饰等作为旅游商品来开发。还可以开发

以贝叶经文为题材的木雕、陶制工艺品，甚至开发用贝叶经文书写的装饰品和纪念品。针对许多游人甚至一些导游对贝叶文化一知半解或一无所知的情况，还可以制作图文并茂、解说性强的小册子，加大对贝叶文化经典的宣传。

第二，围绕贝叶文化开发旅游新景点，推出贝叶文化精品旅游线路。贝叶文化历史悠久，遗迹众多，但能够集中体现和展示其悠久历史、传统民风民俗、生态文化的精品旅游景点不多。因此，要尽快修复历史遗迹勐泐故宫，建立传统傣族村落文化。勐泐故宫（建于公元1160年）是贝叶文化悠久历史的实物见证，而掩映于绿树丛中的傣族村落，可以集中体现傣族的生活习俗、宗教信仰、稻作文化等，能让游客"睡傣家帕垫，穿傣家衣服，吃傣家菜肴，做一天傣家人"，最深切地感受到传统贝叶文化的神韵，得到高层次的精神享受。

第三、深层次挖掘贝叶文化中多姿多彩的民俗，增加西双版纳旅游业的地方特色和民族特色。事实上，现代旅游者除了对自然景观、历史遗迹感兴趣外，最感兴趣的就是一个民族独特的风俗习惯和浓郁而神秘的异域情调。用文化人类学的理论和方法对文化旅游需求进行分析，可以将对异地或称异文化的追求归结为人类文化好奇、文化求知的天性。西双版纳傣族在社会历史的进程中，形成了独具特色的民俗文化。由于信仰原始宗教和南传上座部佛教，其民俗活动无论是婚丧嫁娶、农耕饮食、节日庆典等都贯穿着浓郁的宗教色彩。如果西双版纳在发展旅游业的过程中，能够把诸如拴线、丢包、放高升、赕佛、泼水等独具特色的民俗活动纳入其中，使游客在参与过程中领略傣族柔情似水而又热情奔放的民族个性心理及贝叶文化中水文化的神韵，对于促进西双版纳旅游业的蓬勃发展必将大有助益。

第四、突出贝叶文化中"人与自然和谐发展"的亮点，使西双版纳从当今千篇一律的旅游景点中脱颖而出。西双版纳属热带地区，阳光充足，雨量充沛，森林密布，河流纵横，民族众多，文化各异。贝叶文化作为傣族适应这种生存环境的能动结果，首先维系、调试人与自然生态的适应，解决人与自然的矛盾。傣族古训里反复强调："有林才有水，有水才有田，有田才有粮，有粮才有人"，这其中包含了傣族先民对生态环境的正确认识。正是这种认识，使傣族自古就自种铁刀木供薪炭之用，不滥砍伐森林。傣族的很多舞蹈则直接反映或间接折射出傣族热爱森林、热爱动物等独特的生态美学观念，如"孔雀舞"、"白象舞"、"金鹿舞"等。这种"人与自然和谐发展"的文化观念的结果，使西双版纳成为同纬度的"唯一绿洲"，"动物王国"、"植物王国"、"物种基因库"。在当今千篇一律的旅游景点中，西双版纳要通过展示贝叶文化这一绿洲文化、生态文化，让游人体会到"西双版纳是人与自然和谐发展的地方"这一最深层次的文化价值、学术价值，唤起人类对保护生态环境的意识，吸引更多的学者研究傣族传统的"生态文化",促进西双版纳生态旅游、文化旅游的发展。

参考文献:

[1] 秦家华:《贝叶文化的内涵和特点》[J],载《思想战线》2006年3期。

[2] 秦家华、岩温扁:《傣族贝叶文化与西双版纳旅游业》[J],载《思想战线》2000年6期。

[3] 谢念亲:《贝叶文化的现代价值与西双版纳旅游业的发展》[J],载《学术探索》2006年5期。

[4] 周娅:《贝叶文化的社会经济价值》[J],载《思想战线》2006年3期。

贝叶文化综合研究

老挝老族的寨神勐神崇拜考察

高立士[*]

摘　要：老挝老族与我国傣族，史同源；老族与傣族历史上均崇拜"竜林"，表面看是原始宗教祖先崇拜的产物，实质是纯朴的自然生态观的具体体现，传统的环保经验，传统的民族生态文化，均值得弘扬和借鉴。

关键词：老族　傣族　"竜林"文化　民族生态

我国傣族与老挝老族均为水稻民族。语言文字、风俗习惯、宗教信仰大同小异，均信仰南传上座部佛教，均祭祀祖先，崇拜神林"竜林"，边民互市、互迁，互相通婚，基本处于同一生态环境、同一生产力水平。今天，双方政府都在实行改革开放，发展民族市场经济，改善人民生活水平，对历史上共同的"竜林"崇拜，双方在实施现代化进程中，如何在开发自然资源的同时，又不以破坏传统生态环境为代价等，均可相互借鉴，进行对比研究。笔者为了使正在进行的傣族"竜林"文化研究成果更具科学性、准确性，更具广泛代表性，对中国的傣族，对东南亚的泰、老、掸族均有普遍的学术价值和现实意义，应老挝琅勃拉邦省外事办主任坎平·玛尼基的邀请，于2001年冬赴该省农村作傣－老民族传统"竜林"文化的比较研究。11月8日由昆明出境，12月6日返回昆明，历时一个月。

一个月来，住在琅市，早出晚归，到农村调查访问，近则8~10公里，远则40~50公里。重点访问了三个村子，足迹踏遍十余个老族村寨，点面结合，以便验证。通过一个月的田野调查，对老族传统"竜林"文化的历史与现状有

* 作者简介：高立士，男，白族，1934年生，云南元江县人，云南民族大学民族研究所研究员，曾任中共云南省民族研究所支部书记、民族学研究室主任，近年从水利、水稻的新视角，进行民族生态学研究。

了较系统的了解。

一、老族与傣族，史同源

(一) 老族源于云南哀牢人

老挝的主体民族老族，是东汉时期云南哀牢人，于公元 6 世纪前迁入老挝北部的，老族民间传说与中国史籍《华阳国志·南中志》及《魏书·僚传》记载相吻合。在部分老人中听到这样的传说：老族原住在"勐贺勐金"（泛指中国）南咪匡（湄公河即澜沧江）上游的一个河谷平坝，住有很多人家，靠打猎、采集及捕鱼为生。一天，有一妇女在河中捕鱼时，触到一根顺水漂来的木头而孕，十个月后，一胎生下九子。后来，木头化为龙，当孩子长到七八岁时，有一天她领着孩子在河中洗澡，龙便问她："我的儿子在哪里？"该妇女与八个儿子闻声，均被吓跑了，唯有第九子不仅不畏避，反而向龙奔去，让龙舐他的背，后来干脆骑到龙头上，双手紧握龙角，乘龙腾飞，与龙嬉戏，亲密无间。后来九个儿子均成了家，因第九子最聪明，又乘过龙，英雄胆大，被推选为该地首领。这九个儿子便是老族人的祖先，并由此被称为"艾老（哀牢）、艾农"，直译为"我们老族兄弟"。不知又过了多少年、多少代，由于人丁兴旺，才顺江河而下，迁入老挝。

中国史籍最早见于汉杨终《哀牢传》，晋常璩《华阳国志》、南朝宋范晔《后汉书》均有记载，现引《哀牢传》：

> 哀牢夷者，其先有妇人名沙壹（又写作壶），居于牢山，常捕鱼水中，触沉木，若有感，因怀孕，十月产子男十人。后沉木化为龙，出水上。沙壹忽闻龙语曰："若为我生子，今悉何在？"九子见龙惊走，独小子不能去，背龙而坐。龙因舐之。其母鸟语，谓背为"九"，谓坐为"隆"，因名子曰"九隆"。及后长大，诸兄以九隆能为父所舐为黠，遂共推为王。后哀牢山下有一夫妇，生十女子。九隆兄弟皆娶以为妻，后渐相滋长，种人皆刻画其身象龙文，衣著尾。[1]

"哀牢"一词虽在东汉时始见于史书，但至迟在西汉时期即已出现。哀牢由滇越而来，为百越的一支，哀牢国即滇越国。哀牢人后来演化为僚、金齿、百夷。东晋以后不再见诸史书的哀牢，南北朝时即出现在老挝地区。老挝的起源传说也指出其来自中国的哀牢。牢、僚、老、寮是不同时期对同一民族的异写及不同历史发展过程的称呼。留在中国云南的哀牢人，后来主要演化成为傣、壮诸族；迁到老挝的哀牢人，后来演化成为今天老挝的主体民族——老族。

（二）西双版纳傣族有一支是从老挝迁来的

这与《帕雅阿腊峨追金鹿》的故事及景洪"傣勐"（本地人）源于"老敢南姆"（败于洪水的老族人）的传说相吻合。

贵族等级"孟"、"翁"及农奴等级"傣勐"的来源，普遍认为源于《帕雅阿腊峨追金鹿》的传说。

相传很久以前，在东方，有一个国王名叫帕雅阿腊峨。有一天，他带了"倒昆当来"（群臣）及"滚咖"（随员）出外打猎，看到一只金鹿，他一箭射中金鹿后腿，金鹿带箭而逃。帕雅阿腊峨带着人马随后追了好久，追到澜沧江边的景洪时，天刚亮（景洪的意译就是黎明城，其名据说就是由此而来），这时金鹿失踪，要回去又迷失了归途。帕雅阿腊峨见景洪坝子很大，就决定在此住下。白天派他的群臣及随员到各处查看土地，各人所到之处，即认为己有，以大树、巨石、水沟、土丘等为界（至今的村界、田界还有此遗迹）。大臣们所占的封地都是坝子中间的大块好田，随员占的份地大都在坝子边、大山脚或山箐沟（如陇洒的曼达，陇东的曼纽、火勐，陇会的曼姐、曼打纠等，多是坝子延伸的山箐，田地较差），又从大臣和随员所认下的田内，抽出一部分献给帕雅阿腊峨。随后又跟踪来了一群人马，这些都是和帕雅阿腊峨一起出来打猎的，因为追金鹿掉了队，帕雅阿腊峨对他们说："你们来迟了，坝子的土地都已认好了，还有一条山箐，给你们这条山箐的土地耕种，为我把守好勐景洪的大门。"这就是今天的"陇会"（"会"即"山箐"）。今天的"孟"级贵族就是帕雅阿腊峨的后裔，今天的"翁"级贵族就是"倒昆当来"（群臣）的后裔，今天的"傣勐"就是当时跟帕雅阿腊峨来的"滚咖"（随员）。

景洪坝子"滚很召"等级的"领囤"村寨流传着"老赶难"（直译是"被洪水战败了的老族人"）的传说。传说勐老（即老挝）有一个坝子，坝子中间有个湖，湖水满了，人就要染上瘟疫，湖水泛滥，就要淹没地方。有一年雨季，该地召勐土司照例强迫农民将湖水撤干，但是雨下不停，湖水撤不干，反而一天天地往上涨。农民一方面受不了土司的压榨、鞭打，另一方面又怕水淹，所以就纷纷逃到西双版纳境内，由内议事庭总管召竜帕萨安置，为召片领宫廷服专业性劳役。

容纳百川，始成大江。每个民族的形成也是多元的，不能以一两个历史传说就断言帕雅阿腊峨未进入景洪以前，景洪就没有傣族。同样也不能断言，云南哀牢人未进入老挝以前，老挝就没有老族。在景洪的夏栋一带，流传着《咪呀坝玛赖》的故事。"咪呀"为祖母,"坝"为带或带领,"玛赖"为花狗,即《祖母与花狗》的故事。据说,古老的年代,全景洪坝子还未开发以前,只在戛栋一带有人烟,但全是女人,没有男人。在今曼贺勐寨头,有一石祖,傣称"骂帕糯贺勐","骂帕"为石头,"糯"为笋,"贺勐"为坝子头,即景洪坝头之石笋。从石笋下流出一条河,因故而得名"南溪",直译为"阴河",此河名沿袭至今,凡当地傣族不分男女老幼,均知此河名及内涵。据传,引此河水灌溉之农田,特别高产,因此,人们在河头堵坝,挖了一条大沟,灌溉11寨农田,召片领的私庄田曼景兰"纳永"也是引"南溪"河水灌溉的。

在这女人王国,来了一只花公狗,妇女生育女婴,受到它的保护,生出男婴,便被它咬死,因此,这个女人国仍只繁衍女人。后来,从西边来了一个名为召奔邦的男人,他身怀绝技,武艺高强,准备杀死这只花狗,让男人也像女人一样,享有平等繁衍的权利。召奔邦进入景洪后,得知花狗下勐罕去了(据说当时勐罕也是女人国),召奔邦在花狗返回景洪必经之道埋伏。花狗在勐罕事毕,顺江而上,从江中一巨石准备跳上岸时,被召奔邦所杀。至今那巨石还在,傣称"骂兴玛水","骂兴"为石头,"玛"为狗,"水"为跳,即"狗跳石",因此故名。自召奔邦以后,男人才获得与女人一样自然平等的发展。20世纪50年代以后,我读过傣文手抄本"咪雅坝玛赖"(祖母与花狗)的叙事长诗,并多次听过赞哈歌手的演唱,内容均大同小异[2]。从这个故事可知是母系社会的传说,当早于帕雅阿腊峨追金鹿的父系社会狩猎农耕时代。

(三)老、泐贵族联姻,亲上加亲

琅勃拉邦省辖11县,均有"泐人"(版纳傣族)分布。据传,召勐老即老挝王传至召温罕,娶五妻,小妻生一子名召法翁姆。此子一出世即是满口利牙,32颗,一颗不少。按老俗,认为是魔王来投的胎,不吉,将给家庭和地方带来灾难,其父按古规,将婴儿放在筏子上,顺湄公河漂流而下,此去是死是活、一生是穷是富,将听天由命。筏子漂流至柬埔寨国境,婴儿后被柬埔寨国王抚养长大,招为驸马,与公主喃金娇结婚,生一子名召温勐三线泰,三线泰长大成人,其岳父柬埔寨国王派其回勐老继承王位。并精铸一金质大佛名隆帕邦给老挝国王,老挝即以此佛名"隆帕邦"为古都城名,汉文记音为"琅勃拉邦"。

后来,老挝王三线泰娶召景洪召孟玛哈宰之公主名喃娇蒂啦为后,召景洪在各勐选了童男、童女各一百(也有三百、五百之说)陪嫁。其中仅琅市城郊及巴乌县即有西双版纳迁入的傣泐15寨,相传系陪嫁公主的童男、童女的后裔。此段姻缘,西双版纳傣文《泐史》李拂一译本也有记载:十二世奢陇法于祖噶七九〇年戊申（公元 1428 年，明宣德三年）继位……卒于八一九年丁丑（公元 1457 年，明天顺元年），在位三十年。"奢陇法有九子六女……次女名喃倭钪斐，嫁南掌酋叭宰牙松钪。"[3]《泐史》的另一手抄本《西双版纳召片领四十四世始末》载："十六世奢陇法登宝座于傣历八〇八年丙寅（明英宗正统十一年，公元 1446 年）……奢陇法有九子六女……次女名喃窝罕裴，嫁与叭兰掌名宰牙松，是为老挝的勐龙帕邦，即今天的琅勃拉邦，……从那时起，蚌西利（即今老挝的先西里省）、勐温勒、勐岳才属勐老（老挝），是陪嫁出去的，时为傣历八二三年辛巳（明天顺五年，公元 1461 年）"[4]。距今已有 547 年了。

五十年前，泐人与老族不通婚，他们说：泐人种田，勤于耕耘，如水牛；老族经商，懒，如黄牛，水牛与黄牛不能通婚。在泐人内部讲版纳方言，用版纳傣文，对外讲老语用老文。笔者这次进村访问，由于祖先认同，加之语言文字相通，倍感亲切，临别还为笔者举行隆重"拴线"礼，祝福之词与版纳同，已录音纪念。

二、老族与傣族历史上均崇拜"竜林"

寨有寨神（傣、老语均称"社曼"），勐有勐神（均称"社勐"），寨神、勐神神灵所在的森林均称"竜社"（神林）。严禁入林内砍伐、狩猎、开垦、大小便。他们认为若犯禁，不仅会给违者个人或家庭带来疾病、灾难，并将祸及全村人畜、农舍、农作物，除每年定期祭祀外，还要另行专祭，以示赔礼道歉，乞求宽恕。主祭人傣语称"波摩"，老语称"管站姆"即祭司。祭司只能由老户男性继承，外来户及入赘女婿不能担任。老族的"竜林"崇拜，与西双版纳傣族一样，在历史上对当地生态环保均作出了有益的贡献，并且还跨越时间、空间，传承了祖先认同感，从而增强了民族的向心力和内聚力。以老族曼孔姆匡为例：其寨神、勐神均为已故老挝国王三线泰，每年祭一次，两年小祭杀肥猪，三年大祭杀水牛，时在傣历 7 月下弦月 7 日（即 7 月 22 日）。是日，王宫派出主管祭祀的大臣玛哈利，带着大红公鸡、糕点甜食、水果、香蕉、甘蔗及鲜花等祭品，代表国王来祭，并派出皇家卫队到现场维持秩序。勐神宫是一栋 4 米宽，12 米长的平房，管理神宫、管理祭祀的"管贺"、"管占姆"，身着祭司专用服装红长袍，杀鸡时，将鸡毛染鸡血粘到"达寮"上，抬去插在大桥头及北门口，未将"达寮"放倒时，村内人不许出，村外人不能进，并派专人守候，违禁者罚，按惯例一般罚鸡一只或钱 2～3 元。祭一天，吃喝玩乐三天，赌博，跳南娇舞等娱神、娱人活动，通宵达旦，热闹非凡。寨神林、勐神林视为祖先神灵居住的家园，严禁砍伐、狩猎、垦荒、耕种，谁犯禁，将受到祖先神灵的惩罚。有一老族校级旧军官在神林附近种果园，此人太贪心，为了扩大园地，侵占了勐神召三线泰的地盘，其妻得了半身瘫痪的疾病，但群众却认为是受到神灵的惩罚，到处求医无效，卧床三年不见好转，只好背井离乡去了美国。

又以老族曼仑寨为例：该寨位于勐神山名丁普松山脚，80 余户，400 余人。距寨约 5 公里的普松山上有一洞，传说过去有人往洞里丢椰子，这椰子会从旧河道的深潭中冒出来，因而此潭得名"网抱"，傣语"网"为潭、"抱"为椰子，直译为椰潭。过去水有 8 人深（8×1.6 = 12.8 米），现还有 4 人深（6.4 米）。寨上水田种稻谷，旱地种蔬菜、水果（香蕉、菠萝等），寨神林叫"坝贺"，直译为神宫林，面积约 1 公顷（15 亩）。每年祭一次，时在傣历 12 月 1 至 15 日中选一天均可。两年小祭，杀鸡；三年大祭，杀猪。无论大祭或小祭，每年每户均得出鸡一只、酒一瓶、糯米饭一盒、蜡条十对、"考冬"（粽子、年糕之类）、香蕉、甘蔗及鲜花。祭日中午 12 时，祭司（名先冒，1950 年病故；女巫咪底南名南巴坦，于 1960 年病故），率男户主带祭品进神宫林（妇女不进神林），即杀鸡、插"达寮"、封路口，本寨人不能出，外寨人不能进，违者按惯例处罚。下午 4 时祭祀结束，但要到第二天早晨撤达寮、始放人通行。每次祭祀历时三天，白天在神林中喝酒，举行打陀螺、拔河比赛；晚上赌博。过去，一寨分三寨，今天三寨并一寨，即：曼仑揉、曼光团、曼纳利。合并为曼仑沙凹。三寨合祭一寨神。

又以傣泐曼帕侬寨为例：曼帕侬距省会琅市约 2 公里，临河而居，因寨头河对岸的石岩上有一对丰满的石乳而得名曼帕侬即"石乳寨"。系西双版纳陪嫁公主的一百童男、一百童女的后裔，当年与公主陪嫁到老挝王宫，老挝国王划地界给他们去建寨，让他们每户五天轮流到宫廷服役，每寨均有专业性劳役，如养牛、养象、贡鱼、狩猎、打扫宫廷卫生、铲草、割马草、舂米、挑水等。曼帕农的劳役是为宫廷铲草、舂米，与哈待醒、回恩、帕侬等三寨傣泐及曼披、曼仑等两寨老族合作承担。曼帕浓村界的划定，还有个有趣的故事：老挝王到曼帕侬划界时，遇到一头马鹿到"奔东"水塘饮水，王室卫队开枪射击，虽未打中，却受惊吓狂奔，上帕卡扑千崖子、上丁普松神山、下到回蒙罕箐、顺箐跑到南坎姆河，又到回康蚌箐，上红岩子帕良，下到回英箐，到喃坎河，又上坦姆娇洞，终因疲劳过度而倒在瓦坝牙待佛寺旁，君臣百姓，大饱口福。老挝王说："就以马鹿跑的这一圈为曼帕浓的地界吧。"曼帕浓的四至村界是：东至曼仑 4 公里，南至曼纳尚威 2 公里，西至曼金勒 2 公里，北至纳浓囷 2 公里。现有 198 户，1 170 人。寨神名"布社曼"直译为"寨神爷"。祭祀地点在寨中的一株酸角树脚，临时搭供台，每年祭一次，时在傣历 7 月 14 日。每户出鸡一只，蜡条 4 对，甘蔗、香蕉等水果祭品，最后一位祭司名岩宛利，于 1984 年病故，最后一位女巫咪底南名咪涛摩恩利，于 1947 年病故。该寨不仅传承了"竜林"崇拜，还传承了叫牛魂、叫谷魂等习俗。叫牛魂：傣历 9 月，插秧结束，选属牛日各户给家牛叫魂，牛主须备鸡一只，酒一瓶，糯米饭一盒、鲜花两串，挂在两支牛角上，杀鸡、滴酒、祝祷毕，主人还用栽剩的秧苗喂牛。叫谷魂：于傣历 12 月至 1 月与秋收同步进行，在打谷场的竹席四角，插四枝开黄花的黑心树枝，打谷场正面载一树桩，上插"达寨"，下挂一箩新谷，叫谷魂毕，将一箩新谷及南瓜抬回谷仓，预示谷魂在谷仓，永远吃不完。

泐人善织锦，当地政府将该村组织开发为生产、销售旅游工艺品的专业村。早晨 9 时许，笔者在老籍华人翻译花先生的陪同下，考察了这个旅游市场。约 1 000 平方米的商场，柜台如相连的木板床，沿墙一周四方均为铺面，中间再设两排木板床，业主背靠背而坐，变成四排铺面，每户业主占铺面 1.5 ~2 米，商场可容纳约 200 个摊位。举目望去，没有空位，摆满了自织自染的手工艺品：男人的衣裤、女人的衣裙，头巾、围巾、披肩，提包、通巴（挎包）、手提包、钱包等，质料有蚕丝、麻、棉、金丝、银丝、化纤单纺混纺的，琳琅满目、应有尽有，东西方游客均要选上几件，绝不会空手而归的。旅游业给该村带来实实在在的好处。通过几代人的辛勤耕耘，傣泐的生活比周边老族的生活略胜一筹。全寨有手扶拖拉机 1 台，打谷机 1 台，农用小车 6 部，运输用大车 3 部，自行车 500 多部，摩托车 300 多部，手机 10 余部；50% 的户有电冰箱，70% 的户有彩电。以上机械、车辆、电器多为中国制造。

三、老挝"竜林"文化的现状

对老挝生态环保作出了巨大贡献的"竜林文化"，如此杰出的自然景观和人文景观，近百年来却遭受了严重破坏。19 世纪末，老挝沦为法国殖民地，殖民统治者认为，这种祖先崇拜的祭祀活动，有聚众谋反之嫌，借口属封建迷信，为提倡科学而加予取缔，城镇及交通沿线村寨神林为军事及市镇建设而被砍伐；20 世纪初，老挝国王将佛教定为国教，只准敬奉佛祖，不准再供奉祖先及其他神灵，而将寨神、勐神祭坛拆除烧毁；1975 年，废除王制建立共和国后，认为寨神、勐神之祖先崇拜属封建迷信，不倡导也不强令取缔，顺其自然。但"竜林"文化有很强的生命力。相对而言，经百年折腾，老族相对淡化，泐人村寨仍严禁砍伐"竜林"神林；坝子中心地带，老族村寨已不祭祀寨神，并砍了神树，但坝子边缘山脚村寨，仍严禁砍伐"竜林"神林；组成琅市

425

的 39 个村寨，随着市镇建设的发展，大部"竜林"被毁，原址建了民居或机关、商店、学校，但在访问中发现由版纳迁入的傣渌村寨，虽然寨神祭台被拆烧，不再杀猪宰牛祭祀了，但对祖先神灵的崇拜，对保护"竜林"神林的意识仍很强烈，无人敢砍伐开垦。例如曼裴村的村长涛南翁于 1955 年带领村民砍伐"竜林"中的大树来做佛寺的柱子，砍倒的大树还未加工成材，村长 14 岁的长子就得了怪病，眼睁着不省人事。涛康于 1992 年想去开发勐神林"竜贺"，计划挖鱼塘养鱼，种菜、种水果，据说赕佛"毫扳贯"（一千坨饭）、作巫术咒语"奔玛哈刹"，即可战胜鬼神。地未开一亩，孙子已病倒，症状与村长的儿子一模一样，按风俗备鸡一只、蜡条十二对、酒一瓶、鲜花一束，请村长、涛吉、祭司一起到"竜贺"神林，向寨神、勐神赔礼道歉，认错赎罪，请求宽恕，孙子才逐渐好转。1953 年以前，法国殖民统治时期，来了一队矿产资源勘探队，在法国专家带领下，进了"竜林"，上了神山，抬着十字镐乱挖，安装钻探机乱钻，把"竜林"神林搞得到处有坑有洞，"体无完肤"。探矿还未果，法国专家却病死了，法国人说是得了恶性疟疾，而当地群众却普遍反映是因破坏"竜林"神林，而受到祖先神灵的惩罚。1972 年，中国帮助老挝修公路，直线测量，要通过"竜贺"神林。在施工中，有一老年村民的手不慎被铁锤砸伤，村民认为是冒犯神灵所致，要求改道。中国工程队也尊重老挝民族风俗信仰而绕过神山。这件事已过去三十多年了，至今在老挝村民中仍传为一段佳话。就在市中心的老族曼阿丕村，至今每年仍在用猪、鸡祭祀勐神"丢无拉龙"及勐心"拉勐"。通过对老挝考察所取得的第一手资料，笔者的"竜林"文化研究将更具科学性、准确性，也更具广泛性。

参考文献：

[1] 宁超主编：《滇国滇越国哀牢国掸国八百媳妇国史料汇编》[C]，云南民族出版社，1996 年 4 月版，第 103 页。

[2] 高立士著：《西双版纳傣族传统灌溉与环保研究》[M]，云南民族出版社，1999 年 2 月版，第 19 ~ 20 页。

[3] 李拂一编译：《泐史》[M]，十二版纳全书馆印行，1947 年 2 月版，第 10 页。

[4] 高立士著：《西双版纳傣族的历史与文化》[M]，云南民族出版社，1992 年 10 月版，第 135 页。

西双版纳傣族与基诺族关系略论^①

朱映占[*]

摘　要：在中华民族的大家庭里，各个民族之间的相互关系是随着历史的发展而不断演变的。本文通过对二十世纪五十年代以前和当代傣族与基诺族间相互关系的历时性分析，表明在不同的历史时段，两个民族在政治、经济及文化等各方面相互关系的具体表现有不同的特点，并预测了未来关系发展的走向。

关键词：傣族　基诺族　民族关系

在中华民族多元一体的格局中，不仅存在着各个少数民族与汉族之间的文化交流与影响，也存在着少数民族之间的文化交流与互动，特别是在多民族地区更是如此。本文拟通过对云南西双版纳傣族与基诺族之间相互关系演变情况的剖析，探讨少数民族之间关系演变的实质，从而加深我们对当代民族关系的认识，促进多民族地区的民族团结和友好往来。

傣族与基诺族关系的起点无疑产生于两个民族的首次接触之时，然而对此问题的探究，由于史料的稀缺和族群自身发展演变的复杂性，决定了研究分析只可能从相互关系产生的相对时间上入手。基于此，本文对傣族与基诺族相互关系的探讨主要涉及以下几个问题：

（1）两个民族的族源。这往往影响相互交往的可能性和密切程度。

（2）两个民族的地域分布。历史地来看，相互间地域的远近是影响族群交往的主要藩篱，即使到今天也是影响族群交往的重要因素。

427

---

① 本文所涉及的傣族主要指西双版纳的傣族即傣泐，基诺族主要指基诺山基诺族乡的基诺族。

* 作者简介：朱映占，男，1977年生，云南沾益人，民族学硕士，云南大学民族研究院（暨西南边疆少数民族研究中心）宗教文化研究所讲师，主要从事西南民族文化与宗教的研究。

（3）相互交往的主要内容和形式。前两个问题决定族群关系产生的历史前提、可能性和广泛性，而后一个问题决定着相互关系的性质和表现。下面分别从历史、现实和未来三个面向来展开对其关系问题的分析。

一、相互关系的历史呈现

（一）相互关系的起源及性质

1. 两个民族概说

傣族①自称"傣泐"、"傣雅"、"傣那"、"傣绷"等。汉晋时称之为"滇越"、"掸"、"擅"、"僚"或"鸠僚"；唐宋时称"金齿"、"黑齿"、"茫蛮"、"白衣"等；元朝时"白衣"又写作"百夷"、"白夷"、"伯夷"等；清以后称之为"摆夷"；20世纪50年代以后，根据本民族的意愿，定名为傣族。傣族主要分布在云南省西双版纳傣族自治州、德宏傣族景颇族自治州和耿马傣族佤族自治县、孟连傣族拉祜族佤族自治县、景谷傣族彝族自治县、双江拉祜族佤族布朗族傣族自治县，其余散居云南省的新平、元江、金平等30余县。一般居住于亚热带气候的山间平原地带。根据2000年第五次全国人口普查统计，傣族人口数为1 158 989人。使用傣语，属汉藏语系壮侗语族壮傣语支。本族有拼音文字，但各地不尽相同。20世纪50年代进行了文字改革。

傣族具有悠久的历史和灿烂的文化。文献方面有贝叶经、傣历、叙事长诗等；艺术方面有民间歌手赞哈的演唱，有优美的孔雀舞，动听的象脚鼓；主要传统民族节日有泼水节、关门节、开门节等；宗教方面，一般认为，10世纪后南传上座部佛教逐渐传入傣族地区，15~16世纪时，被普遍信仰。但同时仍保留信仰万物有灵和多神崇拜的原始宗教；在物质文化方面，傣族在服饰、饮食、建筑等方面都独具特色，同时傣族以种植水稻为主，有较完整的耕作体系，耕作技术精细。

基诺族②：基诺族自称"基诺"或"基诺册饶"等，意为"舅舅的后代"或"基诺人"。他称"攸乐"、"卡诺"等。基诺族的主要聚居区位于北纬21°59′~22°12′，东经101°04′~101°08′的西双版纳傣族自治州景洪市基诺山基诺族乡，该乡南为勐罕乡，西为勐养乡，北部与大渡岗乡相接，东连勐腊县的勐仑镇。全乡总面积599平方公里，共有45个寨子。小腊公路自西向东穿境而

---

① 主要参考了江应樑《傣族史》，四川民族出版社，1983年12月版。
② 主要参考了杜玉亭调查整理《基诺族社会历史综合调查》，载《基诺族普米族社会历史综合调查》，民族出版社1991年12月版。

过，乡府距景洪 53 公里。基诺山区处于无量山山地，全为山区，最高海拔 1 691 米，最低海拔 550 米。气候属北亚热带高原季风气候，历年最高气温 39℃，最低气温 5.8℃，平均气温 20.8℃，年降雨量1 100毫米。根据 2000 年第五次全国人口普查统计，基诺族人口数为20 899人（此数据包括基诺族乡以外的人口数，到 2001 年基诺族乡的人口为10 160人①），基诺山周边地区主要生活着傣、汉、哈尼等民族或族群。

基诺族人民在独特的生态环境和与周边民族的长期交往、共存过程中创造和发展了独特而丰富多彩的民族文化：

（1）有形文化方面。为与亚热带山地林业生态系统相适应，基诺族创造和发展了"刀耕火种"农业及采集、狩猎等生计形式，形成了独特的山地农业文化体系。从生产工具、狩猎工具到培育的陆稻品种，从日常生活用具到手工艺品，从纺织、刺绣到穿耳、嚼槟榔，都丰富多彩，自成体系。

（2）无形文化方面。基诺族有自己的语言；有丰富多彩的神话、传说故事和寓言；有自己的歌谣，如催眠曲、儿歌、情歌、礼俗歌、哀歌等；有独特的音乐、游戏和舞蹈等；有自己的人生礼俗，如生育礼、成年礼、婚礼和二次葬礼等；有独特的食物获取方式的礼俗——农耕礼仪和狩猎仪式，主要表现在一年四季的山地轮作农业与狩猎过程当中；有自己的长老和长老制，是基诺族人民的权威和伦理中心；有自己的巫师、祭司等非凡人物及一套与他们相关的信仰体系和仪式活动等。

2. 从族源来看相互关系

从语言学角度来看，基诺族属于汉藏语系藏缅语族彝语支民族②，这也是基诺族属于古代氐羌民族后裔的重要依据。而有学者认为基诺族就起源于今天所居住的基诺山，其重要依据是基诺族人死后的送魂路线和创世神话传说；当然还有观点认为基诺族是古代从北向南而来的氐羌民族与基诺山地区的土著融合而产生的。而傣族则属于汉藏语系壮侗语族壮傣语支民族③。对于傣族，虽然在其迁徙的时间方面至今还有争论，但其属于古代百越民族的后裔则已成定论。可见，在族源上基本可以确定傣族与基诺族分属古代不同族群的后裔，这就决定了傣族与基诺族之间的相互关系是两个不同族群之间的关系，这是相互关系的历史前提。

---

① 纳培：《统一认识 坚定信心 转变作风 扎实工作 努力促进经济健康发展和社会全面进步》，在基诺族乡第四次人民代表大会第一次会议上的报告，2002 年 1 月 24 日。

② 盖兴之编著：《基诺语言简志》，民族出版社，1986 年版，第 2 页。

③ 喻翠容、罗美珍编著：《傣语言简志》，民族出版社，1980 年 8 月版。

3. 从地域分布来看

汉文献对基诺族和基诺山最早的明确记录在清雍正七年（1729年）①，清王朝在基诺山设立攸乐同知开始。"攸乐"即为其他民族对基诺族的他称，而基诺山也称为"攸乐山"。据雍正《云南通志》卷五《疆域·普洱府》载，当时攸乐同知管辖的范围：

> 府南六百五十里为攸乐，东至南掌界七百五十里，西至孟连界六百里，南至车里界九十里，北至思茅界四百四十里。"道光《云南通志》卷一百三十六《秩官志·普洱府》载："思茅厅攸乐土目案册管村寨三十二东至蛮海一百二十里；南至思通六十里；西至蛮撒三十里；北至孙牛四十里。雍正十年裁撤普安营，汛兵公举叭龙横管理附近村寨，传至刀直乃，乾隆四十五年袭。思茅厅攸乐山朴蛮土目案册管理蛮费、蛮谦、蛮秀、蛮控、蛮窝、空格六寨。雍正十年喇乍匾充土目死，小头目先阿袭。

而在上述这些山寨之外即基诺山的四周都为傣族聚居区，这样的分布格局，为相互关系的产生提供了空间上的可能性，同时也可以明确相互间的关系至迟在清朝初期已经存在。

4. 从相关文献来看

傣族民间故事《西双漂》与基诺族的民间传说《扫基与召片领》② 都讲述了基诺族姑娘嫁给召片领刀坎，并生子继承了召片领之位的故事③。这个故事在《泐史》中也有曲折的反映④，而《泐史》的记录为明朝洪武年间。如果这个故事是事实，那么傣族与基诺族的接触交往就不会晚于明朝，但由于从明至清雍正七年这段时间相关史料的缺乏，我们仍然无法将此时段及以前两个族群的关系进行明确的呈现，因此，关于两个族群关系开始的起点，目前我们只能从清雍正年间开始。

（二）相互关系的主要形式

1. 政治关系

在20世纪50年代以前，基诺族在属于中央政权之下的一边地族群的同时，更直接地隶属于傣族地方政权。傣族召片领在建立十二版纳的同时，还建立了十二"火西"⑤，专门对其下的其他族群进行统治，据此，傣族政权在基

---

① 杜玉亭：《基诺族简史》，云南人民出版社，1985年5月版，第41页。
② 刘怡编著：《基诺族民间文学集成》，云南人民出版社，1988年11月版，第129~133页。
③ 朱德普：《泐史研究》，云南人民出版社，1993年12月版，第392~393页。
④ 李拂一编译：《泐史》，复仁书屋印行，第7~8页。
⑤ 朱德普：《泐史研究》，云南人民出版社，1993年12月版，第389页。

诺山设立了两个金伞大叭，分别对前后半山进行统治。而且在各个互不统属的村寨设立了叭、咋、先村寨管理人员，负责征收门户款、催派贡纳劳役、调解纠纷等。可见从政治关系上看，历史上基诺族和傣族是被统治与统治的关系，因而才会产生汉译为"卡倮"、"卡罗"、"卡乐"① 或 "卡诺"② 的蔑称。这也从总体上决定了相互关系的不对等性和不平衡性。

2. 经济关系

基诺山作为西双版纳六大茶山之一，茶叶无疑是基诺族对外经济往来的主要内容。然而傣族与基诺族的经济关系并不以此为要，而主要体现为单向的进贡关系，即基诺族群众要么被傣族封建领主或其代理人驱使劳作，要么无偿贡献自己的物产作为贡物上缴封建领主③。可见，在 20 世纪 50 年代以前，基诺族在经济上处于从属或依附的地位。

3. 文化关系

在长期的接触交流中，傣族与基诺族之间文化的交流是在所难免的，然而由于经济、政治关系的性质决定了相互间文化交流主要表现为基诺族借用傣族的文化因子。

（1）物质文化方面。傣族的干栏式建筑为基诺族所采用，与傣族临近的基诺族寨子的一些妇女日常穿着傣族筒裙。另外，基诺族从刀耕火种过渡到犁耕，生产工具的改变一方面是由于环境的改变而不得不改变，另一方面也是受到傣族水田牛耕影响所致。而且基诺族在从事山地农业的同时，在寨子周围的河流、箐沟旁的平地上也开挖少量的水田进行耕种，这更直接地是受傣族稻作农业影响的结果。

（2）社群文化方面。傣族叭、咋、先的村寨管理模式被移植到基诺山，与基诺族的传统组织形式即长老制同时发挥作用，对基诺族的社会制度的建构影响深远，以致到今天，基诺族村寨的村干部的设置形式仍多少受其影响。另外，基诺山各个寨子的寨名除了有基诺语的名称外，相应的还有一个傣语的寨名，如巴卡、巴朵、巴亚对应着傣语名为曼卡、曼朵、曼亚，以致今天基诺族村民在称自己的寨名时往往还习惯于用傣语名，这也是傣族文化影响基诺族文化的重要表现。

（3）精神文化方面。基诺族在语言上借用了一些傣语的词汇，与傣族接触较多的寨子的基诺族群众还能够说傣语，彼此交流时所用语言为傣语；另外傣

① 李拂一编著：《十二版纳纪年》，1949 年成于昆明，1984 年台北重刊，第308 页。
② 景洪市政协文史资料委员会编：《基诺族》，成都科技大学出版社，1994 年12 月版，第19 页。
③ 杜玉亭：《基诺族简史》，云南人民出版社，1985 年5 月版，第52 ~ 53 页。

族的传说诗歌和宗教巫术也给基诺族许多影响。

总体上看，傣族与基诺族的文化交流与接触，在物质、社群文化层面比较广泛，而在精神或表达层面则相对较少，这主要是以下几方面原因所致：

（1）基诺族所分布的地域虽然在傣族的包围之中，但这片地域由于地势险峻、山高谷深，傣族很少直接进入，这就使得傣族文化不可能直接而深入地传入基诺山区。

（2）基诺族散布于基诺山上，对外交通不便，只有少数基诺族人偶尔到平坝地区的傣族村寨或集市赶集，大多数基诺族一生足不出山，过着自给自足的生活，因而对外界的文化缺乏基本感性认识，更不用说借用。

（3）两个民族的文化交流首先出现在基诺山的边缘地带，那些与傣族毗邻的基诺族寨子，而这些村寨只是基诺族文化的向外延伸，其文化的根在基诺山的深处，因而外部文化交流的广度和深度由山外向山内呈递减的走势。

（4）由于历史上基诺族在政治、经济上的从属地位，加上人口较少等原因又很难把自己的文化传播出去，因此，傣族与基诺族并没有在宗教信仰、节日、仪式活动、语言等文化深层上形成太多的共有、共享的文化因子，可以说傣族与基诺族在民族文化交流上更多地表现出单向化和浅显化。

以上是对傣族与基诺族相互关系的历史性表现作的简要分析，在此，我们要明确傣族与基诺族在中央王朝的华夏—边缘格局中，虽然在本地区有统属关系，但其相互关系是跳不出两个族群都是中央王朝的化外之民这个大前提的，在这个前提下，傣族与基诺族在民间的直接交流与接触是有限的，相互间所具有的关系主要体现于傣族地方政权与其在基诺山的代理人之间，至于相互间联姻通婚的传说，只不过是关系不对等的两个族群，向上攀附与向下怀柔的愿望反映。

二、当代关系的实情

20 世纪 50 年代以后，随着中华人民共和国政权在各民族地区的确立，特别是随着民族识别的开展，以及相关民族政策的落实，在政治上和法律上各民族实现了平等。这是傣族与基诺族当代关系的大前提。在此前提下傣族与基诺族相互关系具体表现如下：

（一）政治关系

傣族与基诺族同为西双版纳傣族自治州内的民族，虽然傣族是本地区的主体民族，但在州市两级政府中，基诺族也得到了平等的参与权，如基诺族人曾经出任景洪市市长、州人大常委会主任等职，在基诺山成立了基诺乡等。两个民族改变了过去被统治者与统治者的关系而具有平等的政治权利，人民共同成为中华人民共和国的公民。

（二）经济关系

由于傣族与基诺族的分布格局与前一时期相比基本上没有太大变化，基诺族仍然分布在基诺山的山林之中，傣族仍然居住在平坝地区。平坝地区是市镇、集市集中的地区，而基诺山仅在乡政府所在地有一个集市，由于基诺山各寨到此集市交通不便，路途遥远，因此许多寨子的村民经常去的集市往往是基诺山周围傣族聚居区的集市，如勐仑、勐养等。无疑，两个民族借助集市等共同活动的场域加深了交往。除了固定的集市之外，不定期的村内交易形式也是相互间经济交往的重要形式，傣族村民经常到基诺山买牛、买猪或卖酸鱼、卖熟猪肉等。另外基诺族在建盖房屋时，经常把建盖工程承包给傣族人，出现了新型的暂时雇佣关系，这在20世纪50年代以前是难以想象的。

（三）文化关系

1. 物质文化方面

生产方面，基诺族的山地刀耕已基本被牛耕取代，水田数量也有了增长，一些傣族的生产工具被基诺族所采用；生活方面，由于傣式女装简便易制、易穿，越来越多的基诺族妇女在日常生活中穿着傣式筒裙；饮食方面，傣族与基诺族逐步趋同，而且基诺族一直食用的旱稻由于种植越来越少，正逐步退出基诺族的日常生活，取而代之的是水田稻米。集市上可以买到的傣味食物很多，基诺族群众在享受着这些食物的同时，也开始学会制作，这在一定程度上正改变着基诺族人的口味；傣族与基诺族的住房在规模和陈设方面有一些差别，但在样式、构造和风格方面则已经基本一致。

2. 社群文化方面

两族通婚在50年代之前也许只是一种传说，而在今天却是事实。基诺族姑娘嫁给傣族，傣族小伙子到基诺族村寨上门，基诺族小伙子娶傣族姑娘都已成为现实①，通婚带来了相互间生活、生产方式和习俗的深度交流。

在日常的交往和接触中，部分傣族与基诺族同龄人相互间结下了友谊，成了朋友，彼此之间经常互通有无，不定期登门拜访，称为"打老庚"。当然，这种情况在基诺山边缘的村寨较常见，大山深处的寨子则比较少见。

3. 精神文化方面

随着科学文化的传播，基诺族传统的巫师已经基本消失，长老的作用也逐

433

---

① 上述几种通婚形式，在笔者调查的基诺山巴卡小寨都存在。

渐丧失，基诺族村民在遭遇病魔久治不愈或因财物的丢失而产生纠纷时，往往会到傣族村寨求助于傣族巫师，请其治疗或裁决。

另外，在生日、上新房、婚丧嫁娶等庆祝活动场合，彼此的朋友都会到场送礼祝贺。特别在节日庆祝方面，彼此相互庆贺，别开生面。如基诺族过春节时，附近傣族村寨的"老庚"、亲友会不请自来，并会带着一些青枣、啤酒、葱蒜等，一般早上来到，并一起准备午饭，往往共饮至傍晚才逐渐离去，并且在离开时会用芭蕉叶包着一些猪肉、牛肉和糯米粑粑带走。同样，当傣族过泼水节时，基诺族也会不请自到，同样畅饮后带物而归。

还有，"解放前基诺族语言音译词是多向的，主要是从傣语、汉语中借入，解放后音译词逐渐发展为单一的向汉语借词"①。今天能够说傣语的基诺族比以前减少了，彼此间交流时所用的语言变成了汉语。

总体来看，在当代，傣族与基诺族之间的接触与交往同20世纪50年代相比都更广泛而深入。当然，在交往增多的同时，相互间也会产生一些矛盾和纠纷，例如在田地界线划分、牲畜放牧、撵山（狩猎）等事务中也曾出现过一些摩擦，但通过调解都能很好地解决。

三、未来关系的发展

随着市场经济的兴起和全球化时代的到来，今天傣族与基诺族之间相互关系的决定因素，已不在于这两个民族，而在于他们都共同面对一个无比强大的市场和现代文化。也就是说傣族与基诺族相互间影响的范围和深度，以及彼此政治、经济和文化的变迁往往都取决于其民族在面对外来的市场经济和现代文化的调适方面。傣族由于人口众多，分布地域广泛，同时又有南传上座部佛教作为信仰支撑来发挥凝聚作用，因而其面对外来文化的冲击时还显得从容一些；而基诺族由于人口较少，分布相对集中，又没有系统的信仰体系来凝聚，使得传统文化的许多因子在屡经社会政治运动后消失得很快，即使勉强存留下来也已变得羸弱不堪了，因而对现代文化和市场的冲击难以形成有效的抵御机制，其文化变迁比较迅速。同时，傣族与基诺族各方面趋同的情况也越来越多，他们都在看着电视，抽着过滤嘴香烟，喝着啤酒，年轻人还经常到迪厅唱唱歌、跳跳舞，很显然，这些都是现代文化的产物。

可以想见，在未来，在生产、生活的各个方面，两个民族的交往会变得更

---

① 盖兴之编著：《基诺语言简志》，民族出版社，1986年8月版，第32页。

加频繁而广泛，在此过程中也难免产生这样那样的摩擦和矛盾，但是在时代的大背景下，在民族文化与现代化的调适过程中，如何在保有自身民族文化传统的同时与对方平等交往，共同促进该地区社会、文化、经济、生态的和谐发展，是两个民族目前共同面临的问题。

参考文献：

[1] 杜玉亭：《基诺族简史》，云南人民出版社，1985 年 5 月版。

[2] 杜玉亭调查整理：《基诺族社会历史综合调查》[A]，载《基诺族 普米族社会历史综合调查》[R]，民族出版社，1991 年 12 月版。

[3] 江应樑：《傣族史》[M]，四川民族出版社，1983 年 12 月版。

[4] 盖兴之编著：《基诺语言简志》[M]，民族出版社，1986 年 8 月版

[5] 喻翠容、罗美珍编著：《傣语言简志》[M]，民族出版社，1980 年 8 月版。

[6] 朱德普：《泐史研究》[M]，云南人民出版社，1993 年 12 月版。

[7] 李拂一编著：《十二版纳纪年》[M]，1949 年成于昆明，1984 年台北重刊。

[8] 李拂一编译：《泐史》[M]，复仁书屋印行。

[9] 景洪市政协文史资料委员会编：《基诺族》[M]，成都科技大学出版社，1994 年 12 月版。

[10] 刘怡编著：《基诺族民间文学集成》[C]，云南人民出版社，1988 年 11 月版。

[11] 吴应辉：《当代基诺族社会研究》[M]，云南大学出版社，2000 年 6 月版。

[12] 费孝通等：《中华民族多元一体格局》[M]，中央民族学院出版社，1989 年 7 月版。

[13] 尹绍亭：《森林孕育的农耕文化——云南刀耕火种志》[M]，云南人民出版社，1994 年版。

[14] 王文光、龙晓燕、陈斌：《中国西南民族关系史》[M]，中国社会科学出版社，2005 年 3 月版。

[15] 李晓斌：《历史上云南文化交流现象研究》[M]，民族出版社，2005 年 12 月版。

[16]《景洪县志》编纂委员会：《景洪县志》[M]，云南人民出版社，2000 年 6 月版。

论贝叶文化传承和发展的人才开发

杨红英　和　晶*

摘　要：贝叶文化和其他少数民族文化一样，在全球化浪潮的冲击下，流失速度正在加快，它的传承和发展受到严峻挑战。在市场经济条件下，要开发贝叶文化资源，推动当地民族经济社会发展，应加快贝叶文化传承和发展的人才开发，其主要途径：一是依靠家庭传承，构建贝叶文化传承和发展的自然基础；二是通过丰富多彩的村社活动，促进贝叶文化传承人才的成长；三是借助宗教教育的独特作用，促进贝叶文化传承人才的培养；四是加大学校教育中地方课程资源开发，促进贝叶文化传承；五是多渠道合作，拓展贝叶文化人才开发。

关键词：贝叶文化　传承　人才开发

一、贝叶文化传承和开发的人才现状

贝叶文化是以贝叶经为核心的傣族传统文化的总称。和其他少数民族文化一样，在全球化浪潮的冲击下，贝叶文化的流失速度正在加快，精通贝叶文化的人才随着时间的流逝越来越少，其文化传承和发展受到严峻挑战[1]。要充分挖掘贝叶文化资源，带动当地民族文化产业和旅游业的发展，促进民族经济社会繁荣，必须加大贝叶文化传承的人才开发力度。目前，贝叶文化传承和开发主要缺乏相应的研究型人才和实用型开发人才，具体表现为：

* 作者简介：杨红英，女，1962 年生，云南景洪人，云南大学工商管理与旅游管理学院教授，主要研究方向为民族经济、人力资源开发；和晶，女，纳西族，1980 年生，云南丽江人，昆明医学院人文学院讲师，主要研究方向为民族理论与民族政策。

（一）缺乏贝叶经的翻译人才

近年来，经过大量基础性研究和抢救工作，贝叶文化的保护和开发取得了较大进展，一批有质量的研究成果不断涌现。至 2007 年 11 月，《中国贝叶经全集》前 83 卷已经翻译完成并陆续出版，这是贝叶文化研究和开发的一个标志性成果。其中第一卷至第三十卷历经数载搜集、整理、翻译、编纂，最终以贝叶经原件扫描、老傣文、新傣文、国际音标、汉文直译、汉文意译六对照的形式出版发行[2]。实际上，在西双版纳、德宏、孟连、景谷等傣族地区都有大量的贝叶经典籍，一部分为文化档案机构和研究机构收藏，一部分则收藏于佛寺中，但大量的还流散于民间，其数量有数千卷之多。绝大部分贝叶经典籍都是用傣文或巴利文写成的，单是翻译的工作量就很大。而目前的翻译队伍还很薄弱，有的汉语水平较高但傣语水平较低，有的傣语水平较高而汉语水平又较低，年富力强，精通贝叶文化，又具备较高傣、汉语水平的翻译专家尤为缺乏。这些都影响了贝叶经的翻译、整理和抢救工作。

（二）缺少贝叶文化研究的高级专家

傣族传统社会中人才培养主要靠宗教教育，研究贝叶文化的专家主要集中在宗教界。由于历史和社会变迁的影响，自新中国成立以来，现代学校教育的普及和"文化大革命"期间佛寺教育的中断，以及现代化浪潮对传统文化的冲击，加之边疆少数民族地区人才培养基础薄弱，人才开发的投入不足，以及长期以来有关部门对少数民族传统文化保护的重视程度不够等原因，随着时间的推移，现在精通贝叶文化的老专家已经寥寥无几，而年青一代的学者和宗教界人士对贝叶文化有精深造诣的不多，研究贝叶文化的各族中青年学者无论数量和研究水平都不足，贝叶文化研究人才断层现象比较严重，特别缺乏既精通傣语，又有较高汉语水平，对贝叶文化有深入研究的高级专家。目前，西双版纳贝叶文化研究中心专职研究人员仅 6 人，从职称来看，拥有副高级职称 2 人，中职 3 人，初职 1 人；从学历来看，仅 1 人具有研究生学历，3 人本科学历，2 人专科学历；加上合作单位云南大学贝叶文化研究中心有 6 名专职研究人员（高级职称 5 人，中级职称 1 人），再加上各个渠道的兼职研究人员，也就几十人，研究队伍中大部分专家不懂傣语，西双版纳当地贝叶文化专职研究队伍的学历和职称层次有待提升。

（三）缺乏贝叶文化开发的实用人才

贝叶文化作为一种宝贵的民族文化资源，是支撑当地民族文化产业、旅游业和其他特色产业发展的内涵和特质，是当地民族不可多得的独特的资源优势。但由于长期以来，少数民族地区的教育开发和人才培养模式过于"汉化"

和"标准化",没有充分考虑当地民族的实际需求和文化多样性特点,因地制宜地实施多元文化教育开发模式,在地方性课程设置和教材开发方面,缺乏民族文化资源的利用和"地方性知识"的学习与传承,更缺乏以民族文化和地方特色为依托的职业教育和培训。在这一大背景下,贝叶文化传承和开发的实用型人才显然满足不了当地民族文化产业、旅游业和其他特色产业发展的需要。如目前贝叶文化传承和开发中仍然缺乏所需的高技能人才和各种能工巧匠、身怀绝技的傣族艺术人才、既熟悉贝叶文化又精通文化产业运作的复合型人才和营销人才等等,可以说实用型人才是制约贝叶文化资本化运作的瓶颈。

二、贝叶文化传承的人才开发途径

(一)依靠家庭传承,构建贝叶文化传承和发展的自然基础

家庭是最基本的文化传承场,是一个民族传承本族文化、习得"地方性知识"和技能的重要渠道。家庭的自然传承主要以言传身教、耳濡目染和心灵感受为主,无论是日常生活知识的培育,劳动技能的训练,还是伦理道德品质的养成,以及民族风俗习惯的传承,都与家庭教育和传承息息相关,是一个人完成社会化过程并融入社会的主要途径之一。家庭教育对每个民族来说都是重要的教育开发方式,它对于本民族文化传承和民族素质与能力提升,起着基础性作用。从家庭做起是少数民族保持自身传统文化的根本,也是民族文化力成长的起点和基础[3]。现代条件下,家庭仍是最重要的文化传承场,通过家庭的自然传承获得本民族的"地方性知识"和技能,是民族特色人才资源开发最基本的途径,也是现代市场竞争中少数民族所拥有的难能可贵的竞争优势。应通过多种方式宣传、引导、鼓励家庭传承的作用,提高少数民族保护和传承本族文化的自觉意识,通过家庭传承和文化传人的培养,促进优秀传统文化发扬光大。

基于此,贝叶文化的传承应充分重视家庭自然传承的作用,尤其是藏于傣族民间的各种"地方性知识"和各种传统科技、工艺技术与技巧的传承方面,家庭的自然传承仍起着十分重要的作用。如傣族的制陶、土法造纸、傣锦制作等民族工艺技术以及丰富精深的傣医傣药知识等,仍以家庭传承为基础。应对各种具有特殊技艺并乐于传授的文化传人给予相应的鼓励政策,如对一些掌握濒危技艺的文化传人可以由政府部门适当发放津贴或传授技艺的劳务补贴;有关部门应采取优惠政策措施积极鼓励和支持贝叶文化传人创办家庭式传习馆、所或传习班;对于一些运用传统技艺从事特色产品生产的经营户给予一定的扶

持；特别是从事人员少、传承方式特殊、濒临失传的技艺，更要加大保护力度。应积极申报并加强非物质文化遗产的保护，通过加大宣传和投入力度，鼓励家庭传承在贝叶文化传承中的特殊作用，促进贝叶文化传人的成长。

同时，在当前傣族地区的社会主义新农村建设及和谐社会构建中，应把贝叶文化所蕴涵的合理的传统道德规范作为家庭道德教育的极好材料，巧妙运用贝叶文化中所包含的人与自然、人与人、人与己和谐的文化元素，积极营造良好和谐的现代家庭氛围和人际关系，使傣族优秀传统文化发扬光大。

（二）通过丰富多彩的村社活动，促进贝叶文化传承人才的成长

村社活动包括村社范围内各种群体性的生产、村社公共事务、宗教祭祀、节日庆典、人生礼仪等民族群体活动。村社活动不仅对民族成员相互交流并增强凝聚力、建立民族认同感有着重要作用，也是民族成员集中学习和传承前辈知识经验以及互相学习交流、传承本族文化的主要途径。许多少数民族的节庆活动本身就是民族历史知识、生产生活经验、民族艺术等"地方性知识"和技能传承的重要形式。人们在节日活动中通过讲述、吟诵、演唱等多种形式，把本民族的来龙去脉、建寨安家、开荒垦田、民族迁徙以及有关生产生活方面的知识经验传授给参加活动的人们。如傣族的"赶摆"、"赕佛"等各种村社活动都包含着丰富的文化传承内容，各级政府和有关部门应积极引导保护和传承贝叶文化的村社活动，使其以活态方式存在于广泛的村社活动中，并吸引更多的年青一代积极参与，保证贝叶文化传承和发展的人才基础。

这方面可以借鉴丽江东巴文化传承人才开发的经验。其具体做法是：在纳西族村落选择传统文化保存较好，既有东巴在世又有群众基础的 2～3 个点，建立东巴文化保护村，以点带面，推进东巴文化人才开发，对其文化传承和发展起到了积极作用。如丽江大东乡竹林村一直较好地保存着纳西族民俗，村中有两位大东巴，一位已年逾九旬，另一位也近古稀之年，有关部门采取了文化抢救措施，积极鼓励这两位老东巴培养小东巴，通过教东巴文、读东巴经、画东巴画、跳东巴舞、主持东巴仪式等活动，使年青一代的东巴文化传人较快成长起来。在两位老东巴的影响下，村中不少年轻人对学习东巴文化兴趣浓厚，村里还成立了东巴文化传习组，现在，传习组成员已学会 4 种东巴舞蹈，并开始学习东巴经书。与此同时，丽江有关部门还十分重视在纳西族乡村举行定期和不定期的东巴仪式，把民间的东巴文化搞活，让东巴文化传人在村社活动中较快成长起来。当地还用特殊的"学院加民间"的方式培养新一代东巴，让东巴在学院进行学术研究的同时，能积极参与各种村社活动，东巴文化研究院的小东巴们经常参与周边村寨的祭祀和民间节日活动，东巴文化的传承和发展有

了基本的人才保障，尤其随着丽江旅游业和文化产业的发展，在意识到传统文化带来的巨大价值后，珍贵的文化遗产在当地民众心目中的分量越来越重，在发展中保护，用发展来促进保护和传承已经日益成为当地民众的自觉行动。

贝叶文化的传承也可以借鉴东巴文化传承的经验，通过开展丰富多彩的传统村社活动培养贝叶文化传人，尤其应把贝叶文化的保护和开发与当地文化产业和旅游业发展结合起来，以特色产业发展的利益驱动强化人们对贝叶文化的自主保护和传承意识，使贝叶文化在最广泛的民众活动中成为当地民族发展的内在力量。

（三）借助宗教教育的独特作用，促进贝叶文化传承人才培养

西双版纳傣族是全民信仰南传上座部佛教的民族，以佛寺教育为主的宗教教育一直是傣族传统教育的主要方式。傣族传统社会中，男童都要接受佛寺教育，即使现在，许多傣族民众仍然乐于接受宗教教育，但按国家的义务教育法，适龄儿童必须按规定的入学年龄，接受现代学校的义务教育。现实中，傣族民众的宗教信仰和习俗与国家法律有一定的冲突，尽管法律的强制性必须执行，但在实际操作中有关部门应多采取疏导式举措，处理好宗教教育和现代学校教育的关系，缓解二者矛盾。尤其应从民族文化传承和发展的战略高度去认识这一问题，给宗教教育应有的空间。既然宗教信仰和宗教教育在少数民族社会中是一个客观存在的事实，就应该正视这一事实，政府在制度安排上应更多地关注信教民族的特殊需求，使其有更多选择教育的权利。特别在宗教文化传人的培养方面，政府应给予更为宽松的政策，允许少数有志从事宗教事业和贝叶文化传承的优秀青少年专门接受宗教教育，成为宗教文化的传人。同时，应从宗教教育中寻求积极因素，控制消极因素，努力寻求宗教教育和学校教育的结合点，使贝叶文化传统知识的学习和传承与现代科学技术知识的学习相结合。如在傣族聚居区可形成一定的工作机制，聘请宗教界人士到学校给学生介绍贝叶文化知识和一些实用的地方性知识，充分利用宗教教育的独特作用促进贝叶文化传承人才的开发。

（四）加大学校教育中地方课程资源的开发，促进贝叶文化传承

学校教育是现代社会人才培养的主要途径。"一个多民族国家在担负人类共同文化成果传递功能的同时，不仅要担负传递本国主体民族优秀传统文化的功能，也要担负起传递本国少数民族优秀传统文化的功能。"[4]多民族国家在少数民族的学校教育中实施多元文化教育是保持其优秀传统文化，实现民族文化传承的重要方面。但由于目前我国教育仍以城市和精英为中心来安排，教育理念过于强调标准化、国际化和应试性，少数民族学校教育也主要关注以主体民

族为对象的内容体系，与少数民族自身生产生活及文化发展相脱离，使少数民族学校教育丧失了丰富、提高、创造和更新民族文化的功能，不利于少数民族年青一代对本民族优秀传统文化的继承和发展，也不利于民族素质与能力的提升。

因此，西双版纳在推进贝叶文化传承和发展的过程中，应加大地方课程资源开发力度，特别是民族中小学和具有地方特色的职业院校，在地方课程设置和教材开发方面，应突出当地特色，重视贝叶文化资源的开发和利用，逐步实现从单一的汉化课程体系向多元化课程体系转化，课程知识应充分体现主流文化知识与当地以傣族为主的少数民族优秀传统文化、地方性知识的有机结合；课程内容也应考虑到当地民族的身心特点和实际需求，有助于其正确理解本民族文化和其他民族文化的特点，培养跨文化的适应能力和技能，促进当地民族年青一代多元文化素养和价值观的形成，使其能够获得适应本民族文化、主流文化及全球文化所必需的知识、技能和态度，使年青一代既认同主流文化，又能够保持本民族的文化个性，促进其提高融入主流社会的能力，同时在回到民族社区后也有良好的生计能力。实际上，反映民族神话传说、文学创作、节日庆典、服饰礼仪、音乐舞蹈、工艺美术以及各种传统技艺等丰富的民族特色乡土课程和地方性知识体系的学习，是现代条件下传承和发展当地民族优秀传统文化的关键。贝叶文化涵盖了哲学、法学、文学、艺术、语言、文字、历史以及农业、历法、医药、建筑等博大精深的内容，是西双版纳地方课程开发中最有价值的资源，对于当地少数民族年青一代了解、传承和发展贝叶文化有着重要作用，应充分挖掘和利用这一宝贵资源。

（五）多渠道合作，拓展贝叶文化人才开发

再以东巴文化传承人才开发为例，丽江东巴文化研究院 2002 年就与云南民族大学民族文化学院共同开办了"纳西族语言文学和东巴文化方向"本科班；2003 年又与西南师范大学文献研究所合作，共建了"中国少数民族语言文学"硕士学位授权点。丽江有关部门对纳西族东巴文化的保护和人才开发作出了积极的努力和探索，如纳西族东巴文化博物馆积极利用自身条件，创办了教授东巴文的学校，已培训了一大批纳西族青年；大研镇的纳西古乐团则通过开办古乐传习馆，招收中外学员，使濒临失传的音乐奇葩后继有人，弦歌不绝；同时，中外人才的培训促进了东巴文化的传播。丽江的经验无疑对贝叶文化传承和拓宽其人才开发思路具有很好的借鉴价值。

笔者认为，贝叶文化传承的人才开发应重视两类人才，即研究型人才和实用型人才的开发。就研究型人才而言，可以通过多种渠道，采取多种形式，加强与国内外高校、科研部门、宗教机构等合作，联合培养贝叶文化研究方面的博士和硕士等高级人才；同时，以合作研究方式引入人才，通过研究项目带动人才开发。目前，西双版纳州与云南大学合作开展贝叶文化研究就是一个很好的开端，应以此为契机，选拔一批有研究潜力的中青年贝叶文化学者到国内外进行深造或交流访问，提升研究水平，促进贝叶文化高级研究人才的成长。就实用型人才而言，可以凭借更广泛的渠道和形式进行开发，应充分发挥具有地方特色和民族特色的高等院校、职业学校和培训机构的作用，同时还应鼓励各种民间传承机构和家庭传习方式，培养贝叶文化开发的实用人才和能工巧匠，为民族文化产业、旅游业等特色产业提供充足的人才支撑，使当地特色经济发展与贝叶文化传承人才的开发相互促进，实现民族经济社会的和谐发展。

参考文献：

［1］秦家华、周娅、岩香宰主编：《贝叶文化与民族社会发展》［C］，云南大学出版社，2007 年版。

［2］杨燕、万迎春：《抢救民族民间文化刻不容缓》，http：//www.yunnan.cn 2004 - 02 - 20.

［3］杨红英：《论异质性人力资本开发》［J］，载《思想战线》2008 年第 2 期。

［4］哈经雄、滕星：《民族教育学通论》［M］，教育科学出版社，2001 年版，第 580 页。

略论佛教社会资本的作用与保护

孙健灵*

摘　要：佛教社会资本的实质是受佛教文化熏陶的社会成员之间的信任与合作，它对佛教影响深远的地区具有促进经济发展与社会和谐等重要作用。但在社会转型时期，佛教社会资本可能会由于外来文化的影响、或者经济利益的驱动而遭到侵蚀，故应从西双版纳经济社会发展的长远利益着想，注意保护佛教社会资本。

关键词：佛教社会资本　作用　保护

社会资本是当今社会学、经济学、人类学、政治学、历史学等学科共同关注的一个问题，学术界从宏观层面到微观层面、从定性分析到定量分析都进行了大量研究，先后提出了"资源说"、"能力说"、"功能说"、"网络说"、"文化规范说"等观点。尽管这些研究的观点各异，但普遍指出了社会资本之所以被称为一种"资本"，就在于通过信任与合作能为其成员带来"收益"或说"利润"。本文将这个概念引入佛教研究，认为"佛教社会资本"乃是以佛、法、僧为核心，以寺院为依托，以信众为延伸的特殊社会网络，其实质是受佛教文化熏陶的社会成员之间的信任与合作，其基础则是佛教的业报思想与慈悲精神，它存在于佛教长期流行的地区，特别是几乎全民信教的南传佛教和藏传佛教地区。至于汉传佛教地区，历史上从来就没有形成过全民信教乃至政教合一的格局，而且在儒、释、道三教并存中始终以儒家文化为主干，其佛教社会资本远不如南传佛教和藏传佛教地区那样普遍。因此，佛教社会资本作为傣族

---

* 作者简介：孙健灵，男，1965年生，云南曲靖人，云南大学文化产业研究院博士生、副教授，主要研究方向为宗教经济学研究。

等各民族长期积淀的文化遗产和精神财富，它在发展民族经济、构建和谐社会中具有不可替代的作用，应该大力加以保护。

一、佛教社会资本对经济发展、社会和谐具有重要作用

（一）佛教社会资本能够促进经济发展

佛教社会资本属于当代西方新制度经济学所界定的"制度"要素之一。新制度经济学中的"制度"包括三大要素：一是非正式约束，如价值信念、伦理规范、风俗习性等；二是正式约束，如政治规则、经济规则、契约等；三是实施机制，即正式约束与非正式约束相容而能进行实施的一套机制。新制度经济学的代表人物之一，1993 年诺贝尔经济学奖获得者诺思教授曾说过："自由市场制度本身并不能保证效率，一个有效率的自由市场制度除了需要一个有效的产权和法律制度相配合之外，还需要在诚实、正直、合作、公平、正义等方面有良好道德的人去操作这个市场。"[1] 笔者认为，佛教社会资本对于经济发展至少具有两方面的促进作用：

首先，它可以增进经济合作，降低交易成本。佛教是追求断除人生烦恼和解脱生死痛苦的宗教，但佛教在家弟子和大量虽非信徒却受佛教影响的民众也要参与经济活动，他们不同程度地奉持"五戒"、"十善"等佛教伦理，有助于消解非合作的"囚徒困境"。"囚徒困境"的版本很多，可随意设计，但含义相同。其中一个版本是：警方抓到两名非法携带枪支的罪犯，按此轻罪将要判刑一年，但警方还怀疑这两名罪犯曾合伙抢劫银行，只是缺乏有力的证据来证明，于是警方将其隔离审讯，并向两人分别提出从重处罚或从轻处罚的交易，其可能的结果有四种：两人都抵赖，将各判刑 1 年；甲坦白而乙抵赖，甲将获得自由，乙将被监禁 20 年；乙坦白而甲抵赖，乙将获得自由，甲将被监禁 20 年；两人都坦白，将各判刑 10 年。囚犯在两难困境中的最佳策略是两人都抵赖，但最可能的结果是两人都坦白，这是一个稳定的"纳什均衡"。因为双方都不知对方会作出何种选择，将都会遵循"优势策略"而选择坦白，说得尖刻一点，就是"每人都担心对方出卖自己而抢先出卖对方"。经济学家指望市场经济参与者在"重复博弈"中认识到"爱比恨好，合作比不合作好……在任何一个时点看来，可能带来暂时利益的不合作策略，就会受到道德的抑制，从而使合作得以实现"[2]。然而问题在于，近 300 年来的市场经济历程并未能有效地促进经济合作。因为市场主体追逐自身利益所遵从的是个人理性，经济合作有利于社会整体利益所要求的是集体理性，如果缺乏道德约束，个人

理性与集体理性的目标很难达成一致，市场机制这只"看不见的手"就不会像亚当·斯密所说：当每个人追求自身利益时反而能更有效地促进社会的利益[3]，因而马克思曾说："每个人都妨碍别人利益的实现，这种一切人反对一切人的战争所造成的结果，不是普遍的肯定，而是普遍的否定。"[4]为保证社会不至于崩溃，就需要包括道德在内的种种制度约束，而道德往往与宗教密不可分，所以宗教伦理始终是社会团结的一个重要保障。作为世界三大宗教之一的佛教，其因果业报思想具有极强的威慑力，它在全民信仰佛教的地区更能促使经济活动当事人避免坑蒙拐骗，坚持诚实守信，增进经济合作，增强经济合约签订与履行的可预见性，降低交易活动中法律控制和政府监管的大量费用，从而有助于减少整个市场运作的"交易成本"。

其次，它还能弥补市场缺陷，约束经济运行。发展市场经济是大势所趋，但市场经济本身也存在宏观经济失衡、收入分配不公、外部不经济、行为短期化等缺陷。市场缺陷需要政府通过经济政策（如财政政策、货币政策）和法律手段来弥补，但仅靠这些"正式约束"并不能完全解决问题。例如，"外部不经济"的典型事例是环境污染、生态失衡，无论是征收排污费的经济政策还是产权明晰化的法律界定，都很难彻底抑制私人（包括企业）成本收益和社会成本收益极不对称的"公地悲剧"。"公地悲剧"是"囚徒困境"的扩展，即当参与者超过两人时，"囚徒困境"就演化为"公地悲剧"。其原始含义是：众多牧民在一块共有地上放牧，如果大家没有约束，每个牧民都想增加自己放牧的数量，最后导致过度放牧。其引申含义是：共有财产或生态环境等没有私人产权边界，个人可以从中受益却不支付成本，但若每个人都这样做，则将损害共同利益。可以说，任何一个社会的"正式约束"都不可能尽善尽美，它对社会经济秩序的维系作用也不可能总是有效，当法律制度难以缓解"公地悲剧"时，也意味着世俗伦理的约束力已经大大下降，这就应该发挥以信仰为依托的宗教伦理的积极作用。世界各大宗教都具有丰富的伦理思想和广泛的社会影响，并且在当代形成了宗教与生态学的对话与互动，宗教伦理不仅影响着生态保护的理念，也促使很多人参与了生态保护的实践。当宗教的生态伦理成为人们对待大自然的一种精神指南时，不仅可以节约环境保护的法律操作成本①，而且能够弥补"正式约束"不可避免的制度缺陷。在内蒙古地区，一位经济学家从"敖包"作为一种类似于"灯塔"却又高于"灯塔"的现象中领悟到：借助于藏传佛教的神灵观念让每位受益者都自愿地为公共产品的提供作出贡

---

① 法律成本问题是当代"法和经济学"的研究主题之一，该学科的代表人物是芝加哥大学法学院教授科斯和美国联邦上诉法院法官波斯纳。

献，因为"没有信仰，制度便形同虚设"[5]。在云南南传上座部佛教地区，佛教生态伦理也造就了傣族等少数民族敬畏自然、尊重自然、爱护自然的心理特质，并通过"神山"理念保护着大量森林，因而傣族"生态文化"成为"贝叶文化"的一个重要内容[6]。

（二）佛教社会资本能够增进社会和谐

"和谐"理念本身不是什么新东西，而是中国传统文化的本色，但在当今社会转型时期重提"和谐"理念，却有着新时代的意蕴。"社会主义和谐社会"的基本内容是民主法治、公平正义、诚信友爱、充满活力、安定有序、人与自然和谐相处。其中，至少诚信友爱、充满活力、安定有序、人与自然和谐相处等四大特征都可以，而且必须从传统文化中吸取营养，才有可能把中国真正建设为一个国泰民安的社会。

导源于欧洲的市场经济以一波又一波的浪潮冲击着各个民族的经济活动，它使物质财富前所未有地增长，使部分民族的生活水平率先得以极大地提高，也使人类打破了血缘限制、地缘限制而走向更广泛的交流与融合，使民主、平等的理念更容易在全球范围内传播，从经济生活到政治生活的质量都已得到较大的改善。但是，在这个物质产品丰裕的时代，精神体验却未能走向充实，人的尊严和价值越来越不取决于人自身，而是依赖于物的数量和价值，收入分化与财富攀比的并存使利益冲突越来越大，人类对自然的掠夺又使生存环境不断恶化。经济理性与科技理性相结合，正左右着滚滚红尘中的芸芸众生；自然生态与社会生态的双重失衡，正撕扯着人类的前途和命运。人与人之间的信任感下降，社会不和谐的因素在增多，这些现象在汉族地区已经充分显现，以致有学者说："市场经济在中国实际上已经呼唤出了一群'人妖'：他们在日夜不停地靠撒谎和害人成一己之私利。这样的市场经济自然运行成本高昂。而造成这样高昂的经济运行成本的原因当然是因为中国人普遍缺乏来自一整套市场伦理的自我约束。而凡是缺乏自我约束，完全靠外部高压来运转的市场经济，必定是世界上最昂贵的市场经济。"[7]

西双版纳能在多大程度上避免"现代化的陷阱"，一个重要方面就是利用好佛教社会资本这份精神财富。刀承华、蔡荣男认为，上座部佛教传入傣族社会以后，傣族原有道德观念受到佛教思想的深刻影响，形成了别具特色的"勐历板"（天堂）和"莫阿乃"（地狱）的说法，傣民对"勐历板"的无限向往和对"莫阿乃"的无比惧怕，使"傣族人一般都自觉自愿地奉佛入教，大家安其业而守其职，循规蹈矩，与人为善，团结互助，尊重长者，偷盗行为极为少见，傣族社会内部一般处于相对平和稳定的状态"[8]。云南大学"傣族调查

446

组"对西双版纳州勐海县勐遮乡曼刚寨的调查也显示，傣族的"找钱观"就体现着佛教伦理的潜移默化的影响。曼刚人对"找钱"的一个认识是："找钱"要路子正，要凭劳动，不靠违法犯罪。自1981年以来，曼刚寨基本没有人犯过罪，寨里正气树立得很好，凭劳动找钱是基本的共识[9]。它反映着求财不做"非佛法所许"、"非国法所许"的事情，这就是上座部佛教伦理影响傣族村民行为的结果。

佛教因其浓郁的"出世"色彩而被不少人或者误以为不食人间烟火，或者误以为阻碍经济发展。其实，佛教并不否定功利追求而直倡悟道成佛，它只是反对因追求功利而迷失心性。正如四川大学陈兵教授所说，撇开佛家的宗教色彩，其伦理观有着独特而积极的作用：首先，佛家因果说的着眼点是个人损益、苦乐的利害关系，由此推及于社会群体和生存环境的损益，这很容易同现代人多从自身利害关系出发来考虑问题相契合，更能为各种人所接受；其次，佛家因果说倡言自作自受，把行为的责任承担者归之于行为者自身，肯定人的自由意志，鼓励人做自己的主人，行善积德，提高精神境界和生命层次，不但极具理性色彩，而且精神颇为积极[10]。我们探究佛教伦理对于发展民族经济、构建和谐社会的意义，似乎会在一定程度上把佛教从"神圣"降低到"世俗"的层次，即将佛教伦理视为人们获取好处的一种手段。讲道德也要看对自己有没有好处，这是现代经济学惯常使用的成本收益分析的必然结果，但经济学从功利角度鼓噪道德建设，比起那些"手电筒式"的虚伪说教来，对于巩固道德成果更具有真实性和可行性。因此，佛教伦理对当代世俗社会发生作用的前提在于其道德实践的"收益"，即人们在作出行为选择时总要趋利避害、趋乐避苦；践行佛教教义越是能够为现世和来世创造收益，那么佛教伦理就越是能够被世人所接受。而要充分发挥佛教伦理的积极作用，有赖于维持和提高佛教信仰的影响力，通过整合与强化佛教社会资本，使佛教在"化世导俗"中促进经济发展与社会和谐。

二、保护佛教社会资本，以发挥其持续的精神支撑作用

（一）社会转型正使佛教社会资本受到侵蚀

西双版纳作为云南上座部佛教信仰的主要地区之一，利用佛教文化资源推动经济增长，是一件顺理成章且利国利民的事，若民族经济能够进一步发展，也更容易弘扬贝叶文化。但是，其中可能存在一些或隐或显的"宗教搭台，经济唱戏"的做法，这又容易损害佛教社会资本。笔者最初思考这个问题，是在

447

汉传佛教和藏传佛教地区看到、听到一些利用佛寺骗取信众钱财的情况。比如，在那些所谓"免费"或"赠送"的寺院景点内，往往由工作人员（有时是僧人打扮）"热情迎接"，然后由"和尚"看相算命，或由"上师"讲经说法，"点化"你"烧高香"、"请佛像"以解三灾八难、或求荣华富贵，游客们大都会少则几十元，多则上千元地慷慨解囊。然而，离开寺院那种"宗教氛围"的熏陶后，游客们多半都会发现上当受骗，只不过极少有人知道这并非佛门所为，所以感到困惑、失望甚至愤怒。而据中国佛教协会和云南省宗教局的调查，这种现象已经开始蔓延到南传佛教地区。比如由汉人来承包寺院，其目的当然是利润而非信仰，这种经营活动所依赖的并非自己的才干，而是傣族等各民族长期积淀的佛教社会资本及其所包含的信任资源，它可能给当地人带来一些眼前的利益，但却是自毁长城的做法。据《西双版纳傣族自治州佛教协会第六届二次理事会的工作报告》所述：佛寺承包，公园、景区乱设功德箱等现象时有发生，特别是勐腊县勐仑镇曼边村，佛协多次向承包商及村领导指出其违法违规行为，但仍未能制止[11]。另据《西双版纳傣族自治州民族宗教志》记载，其他地方的一些村寨佛寺也曾经被外地人承包，只是民众和政府都认识到它的危害，所以有关部门已经予以制止。如果说承包佛寺乃是直接盗用佛教社会资本的行为，那么，有的地方出现外地人假冒傣族村民以骗取游客钱财的现象，则是一种间接盗用佛教社会资本的行为。傣族村民的身份也能被人假冒而获益，恰在于游客相信傣民在佛教文化熏陶下的诚实无欺。正如复旦大学王雷泉教授所说：随着法制建设的逐步完善，在政治上压制佛教的极"左"做法的负面影响之比重正在下降，而在经济上利用佛教的极右做法的负面影响之比重正在上升[12]。因此，防范经济利益对佛教社会资本的侵蚀，仍将是一个长期而艰巨的任务。

同时，当前正处于社会转型时期，包括佛教信仰在内的整个社会资本，其社会影响似乎正在下降。"非佛法所许"、"非国法所许"已经不再能约束所有人的行为，有些傣族村寨中也出现了偷盗、斗殴、吸毒，甚至强奸、杀人、贩毒等现象。笔者在西双版纳做田野调查时还获悉，一对"长过见识"的傣族夫妇曾以非法集资手段骗取傣、汉民众高达一千多万元的钱财，以致受害人联名要求省公安厅经侦处出面调查。这类现象让傣族地区不少有识之士感到痛心疾首。社会总要变迁，文化总会融入一些新的因素，但可能的结局不只一个，关键在于本土文化对外来文化的调适能否导向有利的方面。若不良因素占据上风，傣族村寨也将重蹈某些汉族社区之覆辙，变得崇尚金钱和暴力，以致鸡犬不宁、人人自危。某地一个汉族村寨，同一天从外地回来两个人，一个是从部队转业的退伍军人，一个是从监狱释放的黑社会头子。当这个转业军人进村时，正遇上黑社会大队人马在迎候他们的"老大"，别人不得在"老大"进村之前走村口大路，这个转业军人只好灰溜溜地绕小路回家。村支书为了回避"黑老大"回来后大宴宾客时"去还是不去"的难题，也只好借口上级通知开会而躲到外地去。但愿这样的现象永远不会发生在傣族村寨，而这需要傣族社会资本、特别是佛教社会资本得以保护和增殖。毕竟，对西双版纳等信奉上座部佛教的地区来说，佛教社会资本不仅是应对社会转型的独特资本，也是增大发展潜力的文化资源。

（二）保护佛教社会资本，以发挥其持续的精神支撑作用

关于传统文化的保护问题，学术界有一种观点认为，需要保护的文化往往是没有生命力的文化。但佛教社会资本之所以应该保护，恰好在于它能为信仰佛教的民族带来好处，否则某些人还何必想方设法盗用这份资本？所以，从西双版纳经济社会发展的长远利益着想，应注意防范佛教社会资本的滥用与流失，以发挥其持续的精神支撑作用。笔者注意到学术界在旅游研究中概括"宗教资源"时，通常只讲"人文资源"和"自然资源"两个方面，但宗教资源与其他文化遗产所带来的资源不同，它还包含着一份独特的、以信仰为纽带的"信任资源"。这种信任资源是长期积淀的结果，要毁灭起来很容易，而毁灭之后要想重建就很艰难。汉族地区在儒、释、道思想的熏陶下，其信任资源也很丰富，但在极"左"思想的冲击和市场经济发展过程中，这种资源已经逐步耗散，因而经济学家才会担忧，缺乏信仰和信任的中国市场经济将可能成为在世界上最昂贵的市场经济。对于"贝叶文化"熏陶下的西双版纳来说，信任资源比汉族地区保留得较为完好，为尽量避免市场经济发展所带来的一些负面效应，理所当然要注意保护佛教社会资本，这就是为增殖而保护，而不是为保护而保护。为能使西双版纳佛教对内对外都具有吸引力，一方面需要对佛、法作出适应新的社会环境的阐释，另一方面需要加强和改进寺院教育，才能使佛、法传承不绝。既然佛教社会资本以佛、法、僧为核心，而传"佛"之"法"尚需"僧"来主持，僧人的教育和培养也就成为重中之重。

在西双版纳等上座部佛教地区，村寨佛寺曾是男性社会化的主要机构，男性儿童从8岁左右入寺，大多数人到15岁乃至20岁左右陆续还俗回家，在相当于现在小学或初中毕业的时段内，完成了从"生人"到"熟人"的过渡；而这种从自然人向社会人的转变之所以能够实现，在于他们入寺以后并不仅仅学习上座部佛教的经典，同时还要接受天文历法、农业知识、医药卫生、体育锻炼、历史文化、文学艺术、法律法规等诸多方面的教育；20岁以后留在寺院继续修持者，往往是以研究上座部佛教经典为己任者，大多数此前还俗回家

449

者，则可以凭借在寺院中学到的世俗文化知识立足于社会。在欧美式的学校教育兴起以前，整个上座部佛教地区的国民识字率大大高于其他地区，就在于寺院便是当时的国民教育机构，它也成为佛教社会资本得以传承和增殖的保障。近代"西风东渐"以来的全球化过程，使东方民族和国家都不可能仅仅依靠"传统教育"来应对经济竞争和社会变迁，因而"现代教育"必然越来越占据主导地位。然而，"传统"与"现代"并非天然对立，只要有利于民族的发展，没有的"传统"都可以"发明"，别人的"传统"也可以"借鉴"，自己长期积淀的"传统"岂能轻易抛弃？

中央政府制定了民族文化传承与保护的政策和法律，但执行起来仍然面临一些矛盾，其中一个问题就是学校教育和寺院教育的矛盾。20 世纪 80 年代以来，不少傣族家庭从适应社会现实的需要出发，不论男孩女孩都欣然地送入学校接受现代教育，但也有一些家庭从本民族的文化传统出发，只把女孩送到学校接受教育，仍然把男孩送到佛寺接受教育，以致在西双版纳出现傣族适龄男童入学率不及基诺族等少小民族的现象。为此，州政府依据《义务教育法》作出规定，在初等义务教育阶段，男童不得入寺当和尚。这就使傣族男性社会化面临两难选择："如果按照民族传统将男孩送入缅寺接受教育，显然违背了宗教不得妨碍国家教育制度的有关法律规定；如果按照国家的有关法律规定把男孩都送入学校接受教育，那法律赋予少数民族的相关权利和民族文化的传承又得不到合理的保护"；另一方面，尽管自 1988 年以来，西双版纳的寺院教育也已大为加强，"但值得注意的是，在缅寺的宗教文化教育迅速发展的同时，缅寺的傣族世俗文化教育则没有得到同步发展。……某种程度上甚至可以说，如果缅寺不加强傣族世俗文化的教育，不仅到缅寺当和尚的傣族男性不能受到传统意义上的缅寺教育，而且傣族传统文化也得不到有效传承"[13]。因此，新时代的寺院如何发挥佛教社会资本传承主渠道的作用，还是一个值得深入研究的问题。

"佛教社会资本"是以佛、法、僧为核心，以寺院为依托，以信众为延伸的特殊社会网络，只有僧人的数量和质量能够满足信众的需要，佛法才能继续流布，佛教社会资本才会继续保持。然而，目前云南上座部佛教的寺院教育不仅难以维持历史上的通才教育，而且很多村寨佛寺已经没有僧人住持，与泰国、缅甸高僧林立、人才济济的境况反差巨大。佛教协会也在政府支持下做了很多工作，如云南佛学院西双版纳分院 1995～2006 年已毕业学僧 596 名，并选送部分优秀学僧到国内外佛学院继续深造，"截至目前选送到斯里兰卡留学 4 人，泰国 10 人，福建佛学院 4 人，江西佛学院 33 人，广州南华佛学院 8 人，上海华林佛学院圆明讲堂 29 人（11 人毕业，18 人仍然在读），云南省佛学院

23人";但问题依然不少,如西双版纳"全州虽然有4 000多名僧人队伍,但受过比丘戒的只有600多人,而且在600多名比丘队伍中,年龄在30岁以上的只有40多名,受过正规教育的还不足一半,造成了主持年轻,文化素质偏低,持戒不严等"。[11]为此,应在稳定生源的同时,不断提高教育质量,适时扩大办学规模。此外,还必须认真贯彻好宗教政策,通过佛协与政府、村寨的合作,规范寺院管理,严格僧人纪律,维护寺院形象。当今旅游产业化下的佛教寺院必然遭受种种冲击,包括经济利益驱动可能对佛教精神造成的损害,但其中也存在一些佛教发展的新机遇,如旅游活动提高了南传佛教的知名度,并增加了部分寺院的收入,这又能改善寺院条件和僧人待遇。僧人能否持守戒律,既需要"国法"之约束,更需要"佛法"之熏陶,现时代的佛寺教育只能是以宗教文化为主的教育,其成效很大程度上依赖于僧人群体对佛法的阐释、理解和信仰。

参考文献:

[1] 张军:《道德:经济活动与经济学研究的一个重要变量》("关于经济哲学的笔谈"之一)[J],载《中国社会科学》1999年第2期。

[2] 盛洪:《为万世开太平——一个经济学家对文明问题的思考》[M],北京大学出版社,1999年版,第138~139页。

[3] 亚当·斯密:《国民财富的性质和原因的研究》(下卷)[M],商务印书馆,1974年版,第27页。

[4]《马克思恩格斯全集》(第46卷上册)[M],北京:人民出版社,1979年版,第102页。

[5] 张宇燕:《"敖包"经济学》[J],载《读书》2003年第5期。

[6] 黄惠焜:《"贝叶文化"十论》[J],载《思想战线》2000年第5期。

[7] 赵晓:《市场经济的局限与信仰的价值》,学术中国网,2005年3月17日。

[8] 刀承华、蔡荣男:《傣族文化史》[M],云南民族出版社,2005年版,第217页。

[9] 张晓辉主编:《傣族——勐海勐遮乡曼刚寨》[M],云南大学出版社,2001年版,第78~80页。

[10] 陈兵:《生与死——佛教轮回说》[M],内蒙古人民出版社,1994

年版，第 73~74 页。

[11] 祜巴龙庄勐：《西双版纳傣族自治州佛教协会第六届二次理事会的工作报告》，2006 年 12 月 19 日。

[12] 王雷泉：《世纪之交的忧思——"庙产兴学"百年祭》[J]，载《佛教文化》1998 年第 1 期。

[13] 韩忠太：《缅寺与傣族男性的传统社会化》[J]，载《云南民族大学学报》（哲学社会科学版）2007 年第 5 期。

贝叶文化研究综览

甘万莲[*]

摘 要：贝叶文化在中国的影响日益深远，人们对它的认知逐渐深化，贝叶文化中有利于民族团结和发展的特质在流动，对它的研究推动着更多方位的文化认同。在社会发展的进程中，贝叶文化必将绽放出夺目的光彩。

关键词：贝叶文化　研究进程　成果精要　贝叶经　翻译与出版

贝叶文化是傣－泰民族的传统文化。它以南传佛教贝叶经典为核心，其生存理念和哲学思想贯穿于傣－泰民族社会生活的方方面面，表达和传承着傣－泰民族的生活观念、历史轨迹和文化元素。

贝叶文化是古老的，又是活态的；贝叶文化是传统的，又是现代的。它是人类社会最宝贵的文化资源之一，在中国的西双版纳以及整个东南亚、南亚次大陆地区，目前还有上亿人在传承和使用着这种文化。它丰富的文化内涵，一直影响和规范着人们的思想和行为，同时还传输着一种稳定、和谐和温馨、开放。

在中国境内，贝叶文化以西双版纳的积淀最为深厚，传承最为规范，影响最为深远，研究最为深入。

2000 年以来，在西双版纳傣族自治州州委、州政府"文化立州"和"旅游兴州"宏观策略的引导下，贝叶文化的研究取得了实质性的进展。

一、贝叶文化研究进程回望

以"贝叶文化"冠名的研究始于 1990 年。由王懿之和杨世光编撰，云南

453

---

* 作者简介：甘万莲，女，1952 年生，云南大学《思想战线》编辑部副研究员，主要研究方向为民族经济文化与旅游文化。

人民出版社出版的有关傣族社会、经济、文化、历史研究的论文集，首先以《贝叶文化论》这一鲜明的特质在中国学术界亮相，当即反响四起，颂词不断。编者和出版者把对傣－泰民族的研究，形象地概括为贝叶文化研究。对于这个创新命题，我们应当永远记住。

以"贝叶文化"为主题的研究始于 2000 年。由岩温扁、杨胜能、吴胜能、罗庭振、李青编著的《贝叶文化》由四川民族出版社于 2001 年 3 月正式出版。西双版纳州老州长召存信在《贝叶文化》序言中说：这是西双版纳傣族自治州出版的第一本较为全面系统地介绍和研究贝叶文化的书，它将会引导和推动贝叶文化研究的深入开展，对西双版纳社会经济文化事业的发展产生积极的影响。……过去讲贝叶文化的人不少，但真正进行研究的人却不多；或有研究，也只属零散的个人行为。这本《贝叶文化》则是由西双版纳傣族自治州贝叶文化研究中心组织力量，进行较为系统、全面地研究贝叶文化所获得的一个成果。……贝叶文化的研究和开发，对贯彻西双版纳傣族自治州州委、州政府"文化立州"和"旅游兴州"的决策，将会产生一定的推动作用。

2000 年第 5 期《思想战线》，何明主编推出了云南民族大学黄惠焜教授的《"贝叶文化"十论》，2000 年第 6 期又推出了云南大学秦家华研究员和西双版纳傣族专家岩温扁撰写的《贝叶文化与西双版纳旅游》，"贝叶文化"概念在国内学术界产生了较大影响。首先，由中华人民共和国教育部委办的《高等学校文科学术文摘》2000 年第 6 期摘编了《"贝叶文化"十论》，强调博大精深的"贝叶文化"还等待着一种框架性的描述和恰如其分的定位。然后，由中国社会科学杂志社主办的《中国社会科学文摘》2001 年第 3 期又摘编了《"贝叶文化"十论》，将贝叶文化的 10 种特质作了全面阐述："贝叶文化"是一种"跨国文化"，是一种"中华主流文化"，是一种"功能文化"，是一种"生态文化"，是一种"农耕稻作文化"、"板块文化"、"兼容文化"、"开放型文化"、"世俗文化"、"道德文化"和一种"稳定型文化"。

2001 年 4 月，"首届全国贝叶文化研讨会"在西双版纳州景洪市召开，由西双版纳州少数民族研究所和云南西双版纳贝叶文化研究中心编的《首届全国贝叶文化学术研讨会论文集》在会议期间推出，总共汇集研究文章 122 篇，涉及的内容有基本理论、语言文字、文学艺术、伦理道德、风俗习惯、科学技术、教育、法律、宗教、历史、建筑、旅游、交通等等。全国各地的专家学者对"贝叶文化"的研究各抒己见，并倾注着极大的热情和人文关怀。西双版纳州现场采集了贝叶文化传承的种种精华，充分展示贝叶文化存在于生活、存在于社区的艺术表达和话语表达。会议期间，西双版纳州委、州政府还与贝叶文化研究中心和出版社对《中国贝叶经全集》的翻译和出版问题进行了详细论证和探讨，并达成了初步协议，拟投资 500 万元，筹备出版《中国贝叶经全集》100 卷。首届全国贝叶文化研讨会在研究问题和办理实事方面真可谓气势恢弘。

2004 年 7 月，云南大学贝叶文化研究中心、云南大学出版社编辑出版了《贝叶文化论集》，选登文章 41 篇。

2006 年 4 月，"第二届全国贝叶文化研讨会"在西双版纳景洪召开，由刀林荫主编的《中国贝叶经全集》第 1～10 卷正式发行。中国佛教协会副会长刀述仁对《中国贝叶经全集》的翻译整理和出版作了讲话，云南大学贝叶文化研究中心秦家华研究员就贝叶文化研究的进展及存在的问题作了专题报告。来自教育部、人民出版社、北京大学、云南大学、云南省社科院、云南省民委、云南民族大学以及西双版纳州有关部门的专家学者，对"贝叶文化"研究的诸多问题进行了深入的探讨，联合国教科文组织项目官员罗杰·卡萨斯也参加了讨论。会议闭幕式上，西双版纳总佛寺的佛爷和僧侣为《中国贝叶经全集》第 1～10 卷开光祈福。

2006 年第 3 期《思想战线》又推出了"贝叶文化研究"文章 3 篇，其中，云南大学贝叶文化研究中心研究员秦家华撰写的《贝叶文化的内涵和特点》被《高等学校文科学术文摘》2006 年第 4 期摘登，文摘浓缩了文章的要点：贝叶文化是指以贝叶经为核心的傣族传统文化，贝叶经是傣族传统文化的百科全书；贝叶文化的内涵和特点主要表现在绿色文化、农耕文化、信仰文化、和谐文化、开放文化、柔情文化等 6 个方面。

2007 年 1 月，云南大学贝叶文化研究中心、西双版纳州贝叶文化研究中心集结出版了《贝叶文化与民族社会发展》一书，推出研究文章 59 篇，中国佛教协会副会长刀述仁在序言中说："经过大家这几年的共同努力，贝叶文化的研究得到了深入和发展，贝叶文化本身的价值也不断显现出来。""通过对以南传佛教文化为核心的贝叶文化的研究，不但可以澄清误见，而且可以增进我国各民族的团结，为国家稳定和谐作贡献；同时也可以促进世界上佛教两大部派的团结，为世界发展作贡献。可谓功德无量！"

2007 年 11 月，"第三届全国贝叶文化研讨会"在西双版纳景洪召开，由刀林荫主编的《中国贝叶经全集》第 11～30 卷正式发行。

会议期间，西双版纳州州长刀林荫以《弘扬傣族生态文化观，建设生态文明的和谐家园》为题在大会上作了专题发言，她指出："傣族的生态文化是西双版纳的民族文化的重要组成部分，傣族认为人类与自然是相互依存、相互联系的整体，人是自然的一部分，人离不开自然，依赖于自然。傣族谚语说，'森林是父亲，大地是母亲，天地间谷子至高无上'，'有树才有水，有水才有

455

田，有田才有粮，有粮人类才能生存'。这种朴素的生态观，铸就了傣族敬畏自然、尊重自然、爱护自然的心理特质和文化，使其能够在长期的历史发展中，始终与自然和谐相处，使得西双版纳这片热带雨林得以保存，西双版纳森林覆盖率达 67.7%，1993 年被联合国教科文组织列入世界生物多样性保护圈，2004 年被国家批准命名为国家级生态示范区，2005 年被评为'中国最美十大森林'之一，享有'植物王国'、'动物王国'、'物种基因库'和'森林生态博物馆'的美誉。长期以来，西双版纳各族人民为保护西双版纳这片人类共有的绿色家园作出了巨大贡献，我们将继承以傣族为主的各民族生态保护的优秀传统，并使之不断发扬光大，为把我州建设成为天更蓝、水更清、山更绿、人与自然更加和谐的美丽家园而不断努力。"

来自全国各地的专家学者与西双版纳的专家就"贝叶文化"研究的 57 个选题展开了热烈讨论。云南大学何明教授对"贝叶文化"的概念作了更加精确的阐释。

从 2001 年"首届全国贝叶文化研讨会"的召开至 2007 年"第三届全国贝叶文化研讨会"的举办，关于"贝叶文化"研究的文章已有 230 余篇相继发表，有近 60 篇研究文章正在修改完善，由人民出版社出版，以"六对照"形式编纂结集的《中国贝叶经全集》已有 30 卷问世。这样浩大的书卷工程，凝聚着西双版纳傣族自治州州委、州政府以及组织者、翻译者、研究者、出版者许许多多的艰辛和执著。

二、贝叶文化研究成果精要

（一）贝叶文化的内涵特质和潜力

中央民族大学教授张公瑾认为，傣族的贝叶经已经成为傣族文化的一种象征，其中包括了丰富的宗教内容和文化思想，傣族人民于是也把傣族文化叫做贝叶文化。如今的贝叶已经成为傣族民族文化的象征。贝叶经本身轻盈坚韧，自然清雅，非常精确地反映了傣族人的一种文化气质。佛教里有一句话说"一花一世界"，而傣族文化是"一叶一世界"。这就是说，贝叶能反映出傣族整体的文化特征。从宗教意义上说，贝叶经是中国佛教文化的一个组成部分，它有着南传佛教的独特特征，它的研究价值是非常高的。而贝叶经作为傣族文化的象征，它与一个民族的历史和精神世界相联系，是我们应该特别珍视的。

云南大学教授高发元认为，贝叶文化是一种跨国家、跨地区、跨民族的覆盖亿万人的世界文化。文化的亲缘和认同，可以产生很大的亲和力。研究贝叶文化，可以加强各个国家、地区、民族之间的友好关系。贝叶文化是扩大我国对外开放的一条重要纽带，特别是对加强我国与东南亚、南亚、中亚国家的友好合作具有重要的作用。

云南大学教授李子贤认为，贝叶文化是傣族人民在传统农业社会中创造出来的古典型和谐文化，即人与自然、人与人、传统与现实的和谐。这种文化的指归，是热爱自然、尊重自然，热爱人类、尊重他人，既热爱传统、又力求创新。贝叶文化的这一内核或人文精神，应当永远不会过时，因为它是人类必须守望的家园。

云南大学贝叶文化研究中心研究员秦家华，对贝叶文化的特质提出了六点概括性意见，他认为，贝叶文化是一种绿色文化，是一种农耕文化，是一种信仰文化，是一种和谐文化，是一种开发文化，是一种柔情文化。这些鲜明的贝叶文化特征，应是西双版纳的魅力所在。

云南省社会科学院研究员郑晓云认为，傣族社会中以村社为核心的社会资本使傣族社会稳定、团结，形成了人们之间的和睦相处与社会的和谐，形成了人们之间相互帮助的机制，增强了人们的生存安全感。傣族的社会资本使养老、贫困、社会能力与经济能力不足等风险得到了降低。傣族传统的社会资本使人们能够团结一致，对公共的事务尽责任以达到社会发展一致的目标。傣族的社会资本总体上来说是一种良性的社会自我控制、维持生存与发展的体系。

云南大学国际关系学院教授赵伯乐认为，贝叶文化之所以被看做傣族文化的标志和象征，是因为它是外来文化移植的一个成功范例。历史证明，一个有生命力、有影响力的文化，应该同时具有本身根基牢固、内涵丰富，又具包容性和开放性，能不断适应发展需要的特点。傣族人民在接纳佛教文化影响的同时，并没有丧失自己的源远流长的文化传统根基，而是将传统文化中最有活力的那些部分与佛教文化中的精华连接在一起，经过不断的充实、创造和发展，最终形成一种极具特点的贝叶文化。

云南省民族研究所副研究员伍琼华认为，由于傣文及其所记录的南传上座部佛教经典及历史文化更多的是借助宗教文化的传播而深入傣族社会生活的各个领域，因而那些以佛教文化为特征的傣族文化同无数宗教经典一起被概括为"贝叶文化"，其特点是：第一，流传地域广，其使用地域包括了整个东南亚地区；第二，具有文化的连续性，与整个东南亚南传上座部佛教流行地区在文化上有一致性、连续性；第三，具有全民性与性别性，凡入寺为僧皆可接触、学习到这一文化，同时又因只有男子可以为僧，导致了这一文化具有强烈的性别色彩；第四，具有现实性，贝叶经中所反映的傣族社会生活知识更多的是穿插记录在一部部的佛经之中，其中所记载的内容至今仍与傣族的社会生活密不可分。

（二）贝叶文化的资源价值和开发优势

西双版纳州政协副主席征鹏认为，以贝叶经为代表的傣族贝叶文化，是目前正在应用的活的文化，其内容十分广博、丰富，应用的范围也很广泛，目前世界上起码有五千万以上的人口接受和应用贝叶文化。贝叶文化不仅是傣族人民的宝贵财富，也是中华民族文化宝库的一个重要组成部分。认真挖掘、整理和研究贝叶文化，对于从事文学艺术创作，古为今用，构建社会主义精神文明大厦，是大有裨益的。

云南文化产业研究院院长施惟达，从文化资源学的角度看贝叶文化，认为贝叶文化作为一种文化资源，有着很强的生命力，尤其是其环境友好型和宽厚包容型的文化特征或文化精神，在今天的社会发展和社会转型中具有很强的调适性。它使人们在技术条件有较大改变的情况下，仍旧能够继续保持合理开发和利用自然资源，发展绿色经济、循环经济、节约经济，建设与环境友好的关系。它宽厚包容的文化精神，也使人们以一种开放的心态对待外来文化，汲取外来文化的优长为我所用。

西双版纳州民族宗教事务局局长岩香宰和西双版纳州民族研究所翻译李传宁认为，贝叶文化不仅是保存在贝叶经里的"化石文化"，而且是在西双版纳、德宏、普洱、孟连等傣族居住地区，以及整个东南亚地区及南亚次大陆地区，还在传承和使用着的，具有世俗性、普遍性和全面性的活文化。经济发展本身需要有一定的文化底蕴作支撑，贝叶文化作为西双版纳地区各少数民族传统文化中的主体，对西双版纳社会经济发展起着举足轻重的作用。随着改革开放的深入，贝叶文化成为我们建设民族文化大州，科教兴州、旅游强州的宝贵资源。保护和开发贝叶文化资源，不仅对我们坚持先进文化的前进方向，而且对西双版纳州大力发展文化事业和文化产业具有深远的意义和影响。

云南大学贝叶文化研究中心副教授郭山认为，贝叶文化作为傣族人民悠久而多彩的民族文化传统的象征，既反映了傣族人民长期以来创造的独特而富于哲理的世界观，也透射出傣族人民恬静淡雅、田园牧歌般的生产、生活观。要将这种观念融入文化旅游产品中，让游客除了受到视觉上的冲击之外，还能享受到心灵的洗濯、净化之美。

西双版纳州民族研究所翻译朱继英认为，要围绕贝叶文化开发旅游景点，推出贝叶文化精品旅游点。贝叶文化历史悠久，遗迹众多，但能够集中体现和展示贝叶文化悠久历史、传统民风民俗、生态文化的精品旅游景点不多。因此，要尽快修复历史遗迹勐泐故宫，建立传统傣族村落文化。因为勐泐故宫是贝叶文化悠久历史的实物见证，而掩映于绿树丛中的傣族村寨，可以集中体现傣族的生活习俗、宗教信仰、稻作文化等，能让游客最深切地感受到传统贝叶文化的神韵，得到高层次的精神享受。

西双版纳州民族研究所助理研究员岩温叫认为，贝叶文化是西双版纳重要的旅游资源。发展贝叶文化旅游，正是要把那些落后的愚昧的东西逐步消除掉，我们应站在时代的高度，用前瞻性的眼光，借助科学的理论知识和研究方法，对贝叶文化进行全方位的再认识并加以科学的扬弃。要科学合理地开发和利用贝叶文化，大力推进西双版纳地区贝叶文化旅游业的发展。

西双版纳州傣医药研究所所长吴锦华认为，弘扬贝叶文化、开发傣药特色产业的当务之急，首先要发掘研究傣医药文化经典，通过全面、系统的翻译整理和科学研究，形成以傣医"五蕴四塔"理论为核心，以《傣医基础理论》、《傣医诊断学》、《傣药学》、《傣医治疗学》、《傣医方剂学》、《傣医临床学》等分类学为支撑的《傣医药学》，以指导傣医临床，为傣药商品产业开发提供可靠而翔实的依据，使竹楼医药文化映照着贝叶文化的光彩弘扬发展。

浙江省烟草文联会员、中国烟草在线特约信息员李骏认为，开发利用贝叶文化必须借助新世纪新阶段的时代特征，在保留原汁原味的基础上，以创新的科幻手段，利用光、电、影等现代传媒及公众广告艺术、计算机辅助手段，坚持高雅与大众化结合的原则，充分利用百越民俗风情，借俗生景，贴近游客，建成世界一流、富有民族特色的个性主题公园，避免"主题公园"千人一面的弊病。

（三）贝叶文化的保护和传承

云南大学贝叶文化研究中心教授杨寿川认为，傣族贝叶典籍是当之无愧的世界记忆遗产。因为傣族贝叶典籍历史悠久、内涵丰富、保存完整、兼容面广、覆盖面大、独特性强，具有十分重要的价值。将傣族贝叶典籍申报为"世界记忆遗产"，对于增强傣族传统文化的世界影响力，促进傣族地区的文化建设及经济社会的发展，将产生不可估量的积极作用。

云南民族大学教授赵世林认为，傣族文化传承与社会组织结构之间自始至终存在着一种互相支撑的动态平衡关系，傣族社会群体集团文化传承具有持续的稳定性，傣族的文化传承促进了社会群体集团的完善和社会发展，傣族集体协作的力量可以使个人无法完成的事情成为可能，人们往往结成业缘集团，互帮互助，从而促进了村落经济的发展。

西双版纳州少数民族研究所艾鹰提出建议，要"营造贝叶文化新农村"，社会主义新农村的规划应该考虑到傣族传统文化，保持其特色，例如竹楼建筑特点的保护。贝叶文化包含在傣家人生产生活的各个领域之中，农村又是贝叶文化的"第一战线"。现阶段，农村住房正面临着建筑材料变革的挑战，应该发挥政府职能，统一思想认识，做好指导工作，该保留的特色特点就一定要保留，不足的要采取补救措施，努力去完善它。应着手引导农民科学种植，科学养殖，教导农民朋友重视知识、学习知识、使用知识，以谋求地方经济持续快速发展，进而全方位地营造出我们贝叶文化的社会主义新农村。这虽然任重而道远，却势在必行。

原西双版纳傣族自治州文联副主席冯晓飞，论述了第一批国家级非物质文化遗产保护项目——傣族泼水节的保护。泼水节是一年一度定期展示傣族独特的水文化、歌舞文化、服饰文化、宗教文化、饮食文化、礼仪文化、传统工艺和风情民俗的内涵丰富的文化空间，具有长期稳定的空间性和时间性；是西双版纳各民族同欢共庆的经典节日，是各民族团结友爱、文化交融的纽带，是体现中国特色新型民族关系和构建全面和谐小康社会的基础平台；是显示西双版纳民族文化兼收并蓄的开放性和博采众长的包容性的最佳场合；是弘扬民族传统美德的大舞台，也是展示西双版纳文化生态的动感平台。同时还提出了傣族泼水节的保护计划，并建议在《西双版纳傣族自治州自治条例》中增加傣族泼水节非物质文化遗产保护的具体条文。

云南大学工商管理与旅游管理学院讲师、博士研究生光映炯运用旅游人类学理论分析了泼水节的现代含义，并提出泼水节是时空文化连续体的观点。她认为"神圣"与"世俗"创造了"公众时间与个体空间"的融合，"真实"与"舞台"为"仪式时间与旅游空间"提供了条件，"娱乐"与"商业"构筑了传统个体空间与现代大众文化。泼水节的"神圣时间既是一种永恒，也是一个真实的世界"。2005 年，西双版纳傣族泼水节被批准列为首批国家非物质文化遗产，这进一步提示人们要强化保护和发展的意识。如今，泼水节不仅属于傣族文化生活的维持体系，也属于人类文化认同的维持体系。在西双版纳，通过节日文化的载体，民族文化的空间得到更大的拓展，它不仅仅属于乡村和村民，更属于全人类。

云南省社会科学院少数民族研究所副研究员岩峰认为，贝叶文化中用以刻写上万卷贝叶经所使用的铁笔，有力地证实了傣族的冶炼技术有悠久的历史。同时他建议，建立贝叶文化研究基金会，建盖贝叶文化研究资料馆或贝叶文化博物馆，将分散在各地的成千上万卷贝叶经搜集在一起，陈列于馆内，这不仅便于长期保存和供学者研究，同时也是一大文化景观，可促进旅游业发展。

三、贝叶经的翻译与出版

原云南省新闻出版局副局长兼云南人民出版社社长胡廷武认为，出版《中国贝叶经全集》，有利于中华文化的整体建设，有利于建设云南民族文化，有利于研究历史，有利于宗教研究和贯彻执行国家的宗教政策，有利于研究生态保护的经验，有利于研究社区教育的经验，有利于继承道德教育的优良传统，有利于对外文化交流，有利于推进西双版纳地区旅游业的发展，有利于进一步提高西双版纳在国内外的知名度。

西双版纳州民族宗教事务局局长岩香宰认为，贝叶文化的开发与利用是一项"功在当代，利在千秋"的伟业。州委、州政府审时度势，提出了"文化立州，文化强州"的目标。为了挖掘、弘扬贝叶文化，2005年4月，西双版纳州人民政府与昆明汉慧有限公司签署合作协议，决定用三年的时间投资600多万元，收集、整理、翻译、出版《中国贝叶经全集》100卷，这是西双版纳州创建民族文化之州的一个重要标志。目前，收集到经书350部，《中国少数民族古籍目录提要》傣族卷2 600多条，由人民出版社出版《中国贝叶经全集》30卷，第31～50卷正在翻译之中。

云南佛学院西双版纳分院岩罕恩参与了《中国贝叶经全集》的翻译工作，到目前为止已经独立翻译完成了《嫚嫡》、《嘎鹏》、《佛陀教语》、《九尾狗》四部傣文贝叶经。经过实践他才知道，《傣汉词典》无法满足翻译中的需求，无法查阅傣文贝叶经中所涉及的巴利语、梵语借词和古傣语的关键词汇，还要借助《泰汉词典》、《巴－泰－汉南传佛学词典》、《老挝语汉语词典》、《佛学常见词汇》、《佛学词典》等相关工具书，才能完成每部经文的翻译。贝叶文化博大精深，贝叶经典语言深奥，如果在翻译中不能准确地弄清楚每一个词语的意思，就不能理解它的真正含义，翻译出来的作品就会与原文的内容不相吻合，无形中就会贬低贝叶文化的价值。

云南省西双版纳州少数民族研究所所长、西双版纳州贝叶文化研究中心主任岩香在贝叶经翻译中深刻体会到：在贝叶经中无论是傣语还是巴利语，一词多义的现象都是很普遍的，这是贝叶经翻译中的难点之一。要使翻译准确无误，避免出现语义错误，就要看它的具体使用环境，看它所表达的确切意义是什么，力求做到翻译不走样，准确表达原义。他深有感触地说：在傣译汉的翻译实践中，要做到信、达、雅，首先要读懂原文的含义，正确把握原文所表达的中心思想，掌握原文的写作特点和风格；其次要勤翻词典，勤查资料，多请教老师；三要读懂全文，根据上下文来推断词语的确切含义，不要望文生义想

461

当然，也不要一个词义译到底。只有这样，在翻译实践中才能不断提高翻译水平，成为翻译的行家里手。

云南省西双版纳州少数民族研究所、西双版纳州贝叶文化研究中心翻译岩贯认为，一千多年来，勤劳智慧的傣族人民把本民族所有的历史和文化都记录在一片片贝叶上世世代代相传下来。傣族的前辈们虽然没有留下自己的名字，却给后代留下了无穷的智慧和精神财富，汇集成浩瀚的贝叶典籍，创造了博大精深的贝叶文化，成为中华民族文化中一种极具特色的地方性民族文化。通过贝叶经的翻译、整理，才懂得这些刻在贝叶上、写在绵纸上的最古老的经文才是傣族文化的核心，是傣族文化的根。

云南大学发展研究院博士研究生、贝叶文化研究中心助理研究员周娅在《中国贝叶经全集九大问题述略》一文中说：《中国贝叶经全集》的翻译，是在准确对照、力求忠实贝叶经原文的基础上，以当地人最朴实的语言和最真切的感悟来翻译的，这最大限度地避免了翻译过程中"文化转换"、"加工创造"的情况，此是为"忠实原著"；而"以信为本"，是指一般翻译工作应遵循的"信、达、雅"三大标准，由于一些因由，使《全集》目前的汉文翻译水平，尤其是佛经类典籍的翻译水平，离"达"尚有一定差距，更遑论追求"雅"的境界，但他们至少做到了"信"。而"信"本身，对于当前这项意义重大的开创性工作来说，是最重要、最应该坚持的。周娅还生动地描绘了《中国贝叶经全集》翻译工作的真实情景：译者主要是西双版纳州贝叶文化研究中心的专家和当地十数位傣族学者，他们中的大部分年轻人都在佛寺出过家当过小和尚，学习过傣文、接触过巴利语，了解一些基本的南传佛教知识。而年长的傣族专家大都是年轻时出家当过和尚升至比丘僧阶后又选择还俗的"康朗"，他们具有扎实的傣文功底，能用傣文熟练地拼写巴利语，对南传佛教知识和仪轨也更为了解。在翻译时，他们是在《中国贝叶经全集》专用的稿纸上，一边读贝叶经原件，一边一字一句地用老傣文誊写，然后注音、直译成汉文，最后完成汉文意译部分的。虽然其中的一部分人，汉文水平和佛教背景知识并不高，使翻译出的有些深奥的佛经类卷本汉译文读起来有些吃力，但大多数译稿，读起来无不浸透着傣族轻松、有趣、真实的语言表达习惯和特点。与汉传佛经相比，这或许不够严肃、精深，但就是这种语言表达方式，最真切地反映了我国傣族地区佛教信仰的世俗化特征，是最真实、原态的。

为保证《中国贝叶经全集》高质量出版，西双版纳州贝叶文化研究中心与云南大学贝叶文化研究中心紧密合作，前者负责前期的卷本甄选和翻译，后者组成专家组承担汉文校勘工作，校勘后送北京编辑出版。

云南大学贝叶文化研究中心秦家华研究员提出了"宜宽不宜严"、"读得通（懂）为原则"、"可改可不改就坚决不改"三条校勘和编辑工作原则。秦家华研究员举过一个例子：他在《全集》翻译工作刚开始时，就负责汉文翻译部分的校勘指导。当时，在一部贝叶经中有一段话，傣族译者将其翻译为"这个小孩非常淘气，不论父母怎么说，他都不听"。后来有编辑将其改为"这个小孩非常淘气，从不听从父母的教诲"。乍一看，也没有什么问题，但仔细考虑就会发现，前者准确地反映了傣族地区生动的语言习惯，而且是从"小孩"的角度来描述；后者却带上了成人的本位思维方式，是在用大人的语气、从"父母"的角度去描述，这就变换了原文的语气和角度。似乎追求了"雅"，但却放弃了最基本的"信"。这个例子也正好说明了对于《全集》中大量出现的本生经类卷本，我们要把握好上述三个基本原则，以保证对贝叶经原文最大程度的忠实。

2005 年初，昆明汉慧经贸有限公司受西双版纳州政府的委托，联系出版并投资印制《中国贝叶经全集》。公司经理郎云川认为：《中国贝叶经全集》的出版工作是一项浩繁的系统工程，是西双版纳傣族自治州政府和社会各界人士对此倾注了多年的精力和心血的成果。为了使《中国贝叶经全集》的出版任务顺利地、出色地完成，他们矢志不渝地坚守自己的使命，以"支持文化、投资文化、经营文化、发展文化"为宗旨，致力于文化产业的投资和开发。

郎云川说：我相信这是佛的意志，我们感到莫大的光荣。昆明汉慧经贸有限公司积极联系出版部门，人民出版社，这个国家级出版社独具慧眼，主动承担起《中国贝叶经全集》的出版重任，使《中国贝叶经全集》的出版得到了最出色最有力的保证。时至 2007 年 11 月，《中国贝叶经全集》已正式出版30 卷。

四、贝叶文化在中国的影响

近几年，我们看到对贝叶文化的研究和传播正一步步推进，贝叶文化多层面多角度的展示和表达，在国内外产生了一定影响。查询互联网，可以看到许多令人欣喜的信息，现略举数例，与大家分享。

（一）研究者的范围在扩大

1. 2004 年 5 月，《澳门佛教》双月刊第 42 期发表了韩金彪先生的《贝叶文化在中国》。韩金彪先生认为，贝叶经最早时是古印度佛经的一种主要形式，佛教传入中国已有两千年的历史，而与印度相邻的西藏地区应是我国最早接触贝叶经的地区，我国早已有用藏文写成的梵夹装贝叶经存世。在西藏萨迦县的萨迦寺中，藏有 20 函，计 3 636 页贝叶经；另外，在甘肃、陕西、浙江等地的寺院也多有保存。

贝叶经在云南傣族地区发展得蔚为壮观，形成了地域性、民族性非常强烈而又多彩多姿的贝叶文化。在西双版纳勐海县景真地区的流沙河畔，有一座景真八角亭。据说是仿照佛祖的金纱台帽而建造。亭中建有专门珍藏贝叶经的经库，经库中大量的贝叶经整齐有序地摆放在那里，已经有几百年的历史了。据说这里的贝叶经加上一些其他的纸质经书共有 84 000 部，这是傣族人民流芳千古的珍藏。

可以说，贝叶记载了傣家人的全部历史，其本身又成了傣族文化的一大特征。

毫无疑问，贝叶作为存在于我国傣族社会历史文化的一种主要载体，在广博浩繁的整个中国文化典籍中独树一帜。傣族人民通过贝叶将他们的全部的人文思想尽纳其中。纵观浩繁的贝叶典籍，内容包括了大量的伦理道德、宗教教义、礼仪形制、哲学、历史民俗、政治与军事、经济与生活、天文历法、时令节气与农业、医学理论和医疗知识、工艺美术与书画知识、水利与工程建筑、文学艺术、自然科学知识、传统武术及体育运动等等方面的内容，简直是包罗万象。可以说，傣族文化传承的所有方面都在贝叶上面得到了全面的表达，那泛着清香的片片贝叶，就是傣家人的大百科全书。

国家图书馆善本特藏部收有约 19 世纪的贝叶经作品《论藏·舍利偈颂》，它的特点是，贝叶侧口不是刷通常的金粉，而是银粉漆边；另有一部珍贵的作品，初步被认为是斯里兰卡用自己的文字拼写的僧伽罗文贝叶经。

在新世纪之初（2001 年）的第一个夏天，云南省西双版纳自治州政府与云南大学联合组建成立"贝叶文化研究中心"。他们有组织地系统整理翻译、研究贝叶经，发掘贝叶文化的历史和艺术价值，使这一奇特文化能在新时期得以妥善保存并发扬光大。他们从国内外广泛收集到三千多卷贝叶经，计划翻译出版"贝叶经译文丛书"。另外，一部《中国贝叶经全集》被列入云南省重点图书出版工程项目。计划出版 100 卷，需两年时间。一幅完整生动的社会历史画卷将展现在我们面前。

2. 2006 年 11 月 16 日，Echo 在博客中写到：如果这世界上还有伊甸园，那一定是神秘的西双版纳；如果这世界上还有神的子孙，那一定是善良的傣族人民；如果神真的曾经在他所创造的世界上不经意地留下指纹，那一定是风雨中飘舞的贝叶树。婆娑多姿的贝叶，傣语称作戈兰叶，被誉为运载着傣族历史和文化走向光明的神舟。它记录了泉水一般空灵、舞蹈一般轻盈、斜阳古塔一般神秘的傣族文明。古代傣族的社会生活刻录在西双版纳的佛寺和民间中保存的五千余部贝叶经文中，包括哲学、历史、宗教、天文、医药、文学、艺术、音乐、书画甚至体育，堪称贝叶文化百科全书。贝叶文化不仅是一种记载于典籍中的文化，更是一种至今存活于民间的活形态的文化。每当夕阳西下，劳作了一天的人们从田野里归来，晚饭后围坐在火塘边，或听赞哈（歌手）演唱的长诗，或听老人讲述古老的神话故事，历史与现实仿佛凝结在一起。

3. 2007 年 6 月 20 日，在读书网 dushu. com 上，我们看到了这样的介绍：贝叶文化是一笔宝贵的文化遗产，也是巴利语系南传佛教文化的核心组成部分。随着时代的演进和变化以及社会科学研究思路的不断开阔，研究者更加解放思想，逐渐敢于接触佛教的核心部分。贝叶文化就是通过记载在贝叶上的巴利语系南传佛教经典，展示了它的主张、哲理和内涵这些南传佛教最核心的部分，这比僧团制度、寺院管理这些问题重要得多。贝叶文化这一国际性的文化形态和现象正日益成为我国社会科学研究关注的一个新领域。它内涵丰富，具有国际性的研究价值。（www. dushu. com/book/11713923/ 11K 2007－6－20 －百度快照）

（二）新闻媒体的报道在增加

1. 2005 年 3 月 13 日，《人民政协报》发布了政协第十届全国委员会第三次会议专题报告《要保护发展西双版纳贝叶文化》。针对目前对贝叶文化资源研究开发投入不足、人才严重缺乏的现状，全国政协委员征鹏提出，珍贵的民族文化是不可再生的资源，必须加以抢救和保护。建议吸取前人重开发、轻保护，重自然资源开发、轻人文资源开发的教训，充分利用贝叶文化的资源，突出地方特色，正确处理经济建设与保护发展民族文化的关系。要认真组织开展贝叶文化资源的调查、评估，及时加以抢救和保护，切实解决好民族文化的传承问题；在摸清家底的基础上提出规划，做到突出特色，发挥优势，对生态文化资源和建筑民居等文化资源，进行统一规划，立法保护；加强对贝叶文化研究人才的培养，建立培养人才、引进人才、留住人才、利用人才的机制，形成结构合理、特色鲜明的民族文化研究人才队伍，培养和造就一大批民族文化优秀人才，来促进贝叶文化的研究和开发；积极开发、培育和发展民族文化产业，打开民族文化市场；加强贝叶文化产业与旅游业合作协调，让优秀民族文化资源为旅游业服务。

2. 2005 年 9 月 27 日，新华网发布了《中国着力保护"树叶上的文明"——贝叶文化》。文章指出，在云南省西双版纳傣族自治州景洪市章朗村的一座寺庙院落内，18 岁的僧侣岩猛从一个双层楼龛中取出一个布包，抖落尘灰之后，现出一叠长条型的册本，泛黄的叶纸上书写着盘旋的傣族文字，岩猛告诉记者，这就是在当地民间广为流传的"贝叶经"。"贝叶经"虽然浩繁，广布民间，但是由于保存条件、贝叶纸本的脆弱以及时世沧桑，不少珍贵经本已经散佚。正是出于这个原因，云南省西双版纳州的有关部门开始对这些贝叶经广泛搜罗，并试图编撰《中国贝叶经全集》。西双版纳傣族自治州民族宗教事务局局长岩香宰说，据 2004 年统计，西双版纳的佛寺有 577 所，保存的贝叶经多达 5 万册以上，当地政府精选了 46 名专家，对搜罗而来的经文精心整理和翻译。岩香宰说，由于西双版纳的傣族与泰国的泰族、老挝的老族、缅甸的掸族均为百越族群，语言相通，共尊南传上座部佛教，居住地山水相依，自古以来纵横交错的茶马古道把"贝叶文化"传播到这些地区，客观上形成了一个"贝叶文化圈"。

3. 2006 年 4 月 6 日，中国西部网发布重要消息——《中国首次大规模抢救"树叶上的文化"——贝叶经》。记者杨跃萍、白旭报道，由近 50 名傣族学者、高僧及中文造诣较高的汉族学者联袂整理、翻译为汉文的《中国贝叶经全集》前 13 卷目前已付梓出版。这表明中国首次大规模抢救"树叶上的文化"——傣族贝叶经已硕果初现。记者从云南省西双版纳傣族自治州贝叶文化研究中心了解到，《中国贝叶经全集》共 100 卷，将收集 130 部有代表性的贝叶经。除目前已经出版的前 13 卷外，还有 27 卷也将于年内出版。贝叶经是刻写在经过特殊工艺处理的热带植物贝多罗树叶上的佛教经文。贝叶经是傣族文化的"根"，据文献记载，贝叶经最早起源于印度，公元 7 世纪前后随南传上座部佛教传入斯里兰卡，再经缅甸、泰国传入中国云南省西南边疆傣族聚居地区。傣文贝叶经是中国珍贵的文化遗产，它除了记载佛教经典外，还囊括了傣族的天文历法、社会历史、哲学、法律、医药、科技等诸多方面内容。傣族民间传说贝叶经有 8.4 万部，目前西双版纳州收集到的 3 000 余部仅是其中一小部分，大量贝叶经流散于民间，"十年浩劫"的"文化大革命"期间，成堆的贝叶经在熊熊大火中化为灰烬。随着时光流逝，这些宝贵的文化遗产可能逐渐消失，对它的抢救保存迫在眉睫。

2001 年中国首家贝叶文化研究中心在云南省西双版纳州成立，州政府决定拨出 500 万元支持整理、翻译、出版《中国贝叶经全集》。西双版纳州贝叶文化研究中心主任岩香介绍，为翻译、出版《中国贝叶经全集》，西双版纳州有关部门还专门开发了傣文录入排版电脑软件。（来源：新华网云南频道，编辑：朱鸿瑜）

4. 2006 年 6 月 2 日，新华网（中国政府网）发布消息，在中国公布首批国家级非物质文化遗产名录中，西双版纳傣族自治州的"傣族赞哈"、"傣族慢轮制陶技艺"、"泼水节"等 3 项日常生活化的文化活动均被列入。

5. 2007 年 6 月 7 日，华赛网 huasainet. com 发布了《逐水而居的云南傣族人民创造了悠久而独特的"贝叶文化"》一文，文章介绍了逐水而居的傣族人民生活在西双版纳这块神奇、美丽、富饶的土地上，创造了悠久而独特的"贝叶文化"。

贝叶属于棕榈科，是生长在热带、亚热带密林中一种贝叶棕的叶子。把贝叶裁剪整齐，压平，用水煮，然后将它晒干，这时碧绿的叶子就会变成淡黄色，像一片片平整的厚纸片一样，就能在上面刻写文字了。贝叶经上的文字，是铁笔刻写的，刻写好后，涂上植物油，叶片上就会出现清晰的字迹，装订成册后，就是贝叶经。贝叶经是随着佛教传入而出现的。贝叶经被誉为傣族社会的百科全书。这种以贝叶来承载的文化，就被称为"贝叶文化"。

6. 2007 年 9 月 5 日，《香港文汇报》发布消息，2007 年 10 月 31 日第三届全国贝叶文化学术研讨会将在西双版纳州景洪市召开。消息中强调贝叶文化是傣族历史文化的总称，同时介绍《中国贝叶经全集》已正式出版发行 20 卷。为深入推进贝叶文化的研究，广泛宣传西双版纳，提高西双版纳的形象，促进西双版纳民族文化的传承与发展，会议期间将举行《中国贝叶经全集》21 至 30 卷发行仪式。

7. 2007 年 10 月 12 日，云南网 http：//www. yunnan. cn 报道了云南省人民政府新闻办公室举办的新闻发布会，题目是《"二次创业"助推西双版纳旅游》。文章指出，胡锦涛总书记在 2006 年视察西双版纳时赞叹道："过去就听说西双版纳很美丽，来了一看果然名不虚传！"西双版纳凭借着得天独厚的人文资源和旅游资源优势，经过多年的培育和发展，已经在全国乃至世界树立起良好的品牌形象，如今要动员全州力量把贝叶文化和旅游产业作为加快发展的重大工程来抓，叫响"文化兴州"、"二次创业"的口号。西双版纳葱翠的热带雨林、多彩的民族风情、丰富的民俗活动、博大精深的贝叶文化，经过多年的传播和培育，已经具有比较广泛的市场认知度，已经得到周边民族的文化认同。西双版纳州委、州政府制定出台了《关于进一步加快旅游产业发展的决定》和《西双版纳旅游再创辉煌行动计划》，为旅游业发展提供有力的政策支持和保障；为旅游行业开展了提质增效工作，完善了旅游市场管理的长效机制，强化旅游市场整治，旅游发展环境得到进一步优化。

（三）区域之间的合作在推进

1. 2007 年 5 月 24 日，抚顺新闻网 http：//fushun. nen. com. cn 发布《沈阳市与云南西双版纳推介旅游资源》，披露在 2007 年中韩（沈阳）旅游大会举办之际，云南西双版纳傣族自治州旅游代表团也来沈参加大会，在 5 月 20 日上午的开幕式上，以歌舞表演等形式一展云南民族风情，并与参加大会的国内外旅游业人士相互交流，建立友谊与合作关系，受到广泛关注和欢迎。云南西双版纳傣族自治州旅游代表团团长、州政府副秘书长、州委宣传部副部长、州文化旅游产业办公室主任罕兴华向沈阳市旅游界介绍了西双版纳旅游业的基本情况，并播出了风光宣传片。西双版纳旅游主题——热带雨林、和谐家园、避寒胜地、神秘风情，旅游品牌——美丽神奇的西双版纳，展现给旅游者的是热带雨林风貌，野生亚洲象繁育基地，傣族贝叶文化和普洱茶文化。西双版纳勐巴拉娜西表演队再次向参会人员展示了精彩的、具有浓厚民族风情的云南少数民族歌舞。

2. 2007 年 8 月 29 日，奇创旅游咨询运营机构 kchance. com 发布了"走进西双版纳，共创民族旅游文化新时尚——西双版纳曼听公园、嘎洒温泉旅游发展战略规划咨询成果汇报会"消息。整个战略规划立足于西双版纳打造国际旅游目的地、景洪市创建中国最佳旅游城市的总体目标，以西双版纳、景洪市的旅游二次创业为契机，对曼听公园、嘎洒温泉进行旅游发展战略及规划咨询，在尊重发展现状和已有规划设计成果基础上，注重策划的前瞻性、科学性和可操作性：确定曼听公园在西双版纳景洪旅游目的地系统中的战略地位——曼听公园将依托皇室文化、贝叶文化及总佛寺，以多层级的文化演绎和深度体验旅游产品的延展为依托，发展成为景洪深度观光休闲特色基地，并成为景洪市的城市名片和城市客厅，全新打造成傣王御花园；确定嘎洒温泉在西双版纳景洪旅游目的地系统中的战略地位——依托嘎洒温泉度假小镇的打造，成为景洪休闲度假第一品牌，在澜 - 湄次区域中成为热带特色民族风格的国际休闲度假旅游区，引领景洪旅游产业化跃升。

3. 2007 年 9 月 30 日大公·东北亚网 www. dagongya. org 东亚北亚论坛直播了云南省西双版纳傣族自治州州长刀林荫的发言，题目是《西双版纳与沈阳的优势互补共同发展》。同时，中俄区域合作网和 www. crrcf. com/dybyzbContent. asp 125K 百度快照也作了详细报道。刀林荫州长认为，西双版纳是国家级风景名胜区，是中国—东盟自由贸易区和大湄公河次区域经济合作的前沿，有很多方面可以与沈阳及东北地区实现优势互补。并阐述了资源互补、区位互补、经济互补、文化互补、旅游资源互补等重要思路，进一步指出加强西双版纳与沈阳及东北地区的文化交流与合作，对于发展文化产业、弘扬和传承优秀民族传统文化具有十分重要的意义。刀林荫州长还向东亚北亚论坛的各方代表发出邀请：热忱欢迎各位领导、国内外朋友参加西双版纳的活动，到西双版纳旅游观光，到西双版纳居住生活，到西双版纳投资兴业。

五、结　语

综上所述，贝叶文化在中国的影响日益深远，人们对它的认知逐渐深化，贝叶文化中有利于民族团结和发展的特质在流动，对它的研究推动着更多方位的文化认同。在社会发展的进程中，贝叶文化必将绽放出夺目的光彩。

关于贝叶文化的研究，我们已经开始了贝叶文化基本问题研究、贝叶文化与和谐社会构建研究、贝叶文化与傣族地区社会发展研究、贝叶文化与傣－泰民俗研究、贝叶文化与傣族语言文字研究、贝叶文化与南传佛教、贝叶经研究、贝叶文化与东南亚研究，同时还关照着贝叶文化与产业化开发研究、贝叶文化与西双版纳旅游业发展研究。

今后，我们将更加关注贝叶文化的文化本质研究。准确把握贝叶文化的本质，需要借助人类学家的研究成果。在人类学家那里，文化的基本核心由两部分组成，一是传统即从历史上得到并选择的思想，二是与人有关的价值。准确把握贝叶文化的本质，还需要借助经济学家的研究成果。在经济学家那里，文化的本质是价值观体系，无论行为规范还是器物工具，都是某种价值观体系的利用与实现。我们期待着学界新秀进入跨学科领域，深度发掘贝叶文化的深层思想和宝贵价值。

我们还将关注贝叶文化艺术特质的研究，以艺术人类学的视野来关照贝叶文化。贝叶文化中存在着许多艺术人类学研究领域的"艺术"事项，傣族古乐演绎、象脚鼓与嘎光都浸润于日常生活，泼水祝福、龙舟竞渡都推动着仪式进入高潮，傣族宫廷舞、"召树屯与楠木诺娜"作为展演的艺术，也时刻净化、陶冶着民众的心灵。我们期待着更多的杰作问世，期待着贝叶文化的光彩更加夺目。

表层与深层：贝叶文化研究的研究

——第三届全国贝叶文化研讨会的阐释

何　明[*]

禅宗的典籍《坛经》中有一个传播很广的故事，说六祖慧能到广州法性寺时恰巧遇上印宗法师讲解《涅槃经》。这时，一阵风来，吹动了经幡。两个僧人就此讨论，一个僧人说"风动"，另一个僧人说"幡动"，二人争论不休。慧能见此状，插口说："不是风动，不是幡动，仁者心动！"（见宗宝本《坛经·般若品》）这个故事隐喻着人们的认识与思维的不同走向和阐释视角，很耐人寻味。

我想沿着这条路径，从表层描述和深层描述两个视角，也就是说，既"风幡动"又"心动"地对第三届全国贝叶文化研讨会作一解读。

一、内涵、论题和观点：贝叶文化研讨会的表层描述

一个成功的学术研讨会，宽广的论域、多样的论题和创新的观点是其不可或缺的构成要素。以此评估本届贝叶文化研讨会，无论是参与作者、研讨内容的范围，还是所提出的观点和得出的结论的新颖程度，可以说均达到了成功的标准。

什么是贝叶文化？按照我的理解，它有广义和狭义两种含义。广义的贝叶文化，是指全球范围内南传佛教传播区域的文化，其范围覆盖了南传佛教的所有传播区域，包括东南亚、南亚和中国云南省南部的部分区域；狭义的贝叶文

---

* 作者简介：何明，男，1959 年生，云南大学西南边疆少数民族研究中心主任，教授，博士生导师，主要研究方向为民族学。

化，则指中国的南传佛教文化传播区域的文化，其范围主要集中于云南省的西双版纳傣族自治州、德宏傣族景颇族自治州以及临沧市、普洱市等部分区域。无论是广义的贝叶文化还是狭义的贝叶文化，均由两个主要部分构成，一方面是以贝叶经为象征符号的南传佛教文化，另一方面是南传佛教传播区域的民族文化和区域文化。而这两个贝叶文化的部分之间，是一个相互渗透和互动的关系，从而建构起贝叶文化的基本主干。

以此为基点，我对本届研讨会的研讨成果作一个归纳。

（一）贝叶经及南传佛教

以贝叶经为标志的南传佛教是贝叶文化研究的核心部分，当然也是贝叶文化研究的重要内容。一般来说，宗教由阐述宗教信仰思想或哲学的经典、宗教活动场所、宗教实践即仪式活动、宗教组织及其人士等要素构成，因而本届研讨会对南传佛教的研究可以分为以下几个方面：

首先是贝叶经研究。贝叶经既是南传佛教的载体，也是南传佛教思想和哲学的表达。在本届研讨会上，学者们从宗教学、语言学、哲学、文学等不同学科和视角对贝叶经作了阐释。有的参会学者探讨了贝叶经的语言表达方式，如云南大学人类学博物馆助理研究员姚珏在论文中分析了巴利语在贝叶经中的解读方法、作用和地位。更多的学者则就贝叶经所表达的内容作出阐述。贝叶经是典籍浩繁，可以称得上贝叶文化的百科全书，涉及社会生活的方方面面。本届研讨的内容主要包括以下三个方面：一是阐述贝叶经的伦理道德思想和法律思想。社会是由人构成的，两个人之间就形成了社会关系，就需要调节社会关系的工具，硬工具就是法律，软工具就是伦理。贝叶经提出了许多行为规范和伦理道德的教诲，也体现在特有的宗教戒律上，其中包含着许多对现代社会建设具有启迪价值的精华，因此，一些参会代表就此作了有益的探讨。二是解读贝叶经里的传说和故事。与其他宗教经典一样，贝叶经中保留着许多宗教传说故事。学者们对这些传说故事的流变，与其他宗教、传播地的本土文化及其原始信仰之间的故事之间的关系等作出探讨。三是探讨贝叶经的世界观和宗教观。贝叶经是南传佛教哲学观念和世界观的集中体现，故有的学者们对贝叶经的哲学观和世界观作了研究。

其次是南传佛教仪式研究。如果说宗教是宗教思想的表达，那么宗教仪式则是宗教的行为实践。在本届研讨会上，学者们从仪规和仪式音乐两个方面对南传佛教仪式作了探讨，其中，中央音乐学院杨明康教授和云南艺术学院黄凌飞副教授运用人类学方法对南传佛教音乐作出了较有深度的研究。

最后是南传佛教寺庙研究。宗教建筑是宗教的活动场所和重要组成部分，体现了宗教特有的哲学理念、审美思想及其传播区域的文化特征。有学者对南传佛教的建筑进行了探讨，力图阐释其中蕴涵的文化意义。

（二）傣族及其社会文化

作为中国接受南传佛教的主体民族，傣族是研究贝叶文化尤其是研究中国贝叶文化不可或缺的重要组成部分。为此，本届研讨会就傣族及其社会文化作了较多的研讨，并呈现出多学科、多视角、静态研究与动态研究并重的特点。

在本届研讨会上，参会学者的研讨涉及人口及生育问题、民族关系、民间信仰、语言、天文历法、价值观、伦理道德等傣族社会文化的各个构成方面。更可贵的是，参会学者具有很强的学术敏感性，高度关注傣族社会文化的当下变迁态势。文化是一条河。没有静止不动的文化，只有处于不断变迁中的文化。在现代化和全球化进程不断加快的今天，傣族毫无例外地卷入了现代化和全球化的浪潮之中。20 世纪 90 年代以来，傣族社会驶入了发展的快车道，经济、社会、文化的各个方面呈现出历史上前所未有的急速变迁进程。因此，今日之贝叶文化和傣族社会文化的研究者，无疑会把学术视野和关注焦点聚集到当今傣族社会文化的变迁上来。参会学者对当下傣族生计模式的变化、生活方式的改变、传统技艺和艺术的流变以及现代性的出现和扩散等作了调查分析，展示出贝叶文化研究和傣族研究的现代气息、当代话语和研究进展。

（三）南传佛教与傣族社会文化之间的互动关系

宗教信仰与其接受者之间存在着相互信赖、相互渗透、相辅相成的关系。贝叶文化是南传佛教文化与其传播区域的地域文化、信众的民族文化整合而成的，那么南传佛教文化与其传播区域的地域文化和信众的民族文化之间是什么样的关系呢？本届研讨会对此作了研讨，其内容主要体现在以下两个方面：一方面是南传佛教仪式与傣族社会生活仪式之间的比较研究，如丧葬仪式与升和尚仪式的结合、傣族节日与南传佛教的关系等；另一方面是傣族社会文化对南传佛教影响研究，如云南大学贝叶文化研究中心的郭山博士分析了南传佛教对傣族生育行为的影响。

（四）贝叶文化的现代境遇

学术研究不是学者在书斋里孤芳自赏或自娱自乐的私人性活动，也不能满足于只为人数有限的学术圈小群体进行知识话语生产，其更高的境界和目标应该是为改善研究对象甚至是全人类的生活提供有益的思想智慧和知识灵光。

在漫长的历史上，贝叶文化曾为中国云南和东南亚、南亚众多民族的生存和福祉提供了重要精神力量。在现代化和全球化呈席卷之势的今天，贝叶文化面临着前所未有的传承危机与发展契机并存的现代境遇。由此，贝叶文化的保护、弘扬、创新、开发等问题成为本届研讨会关注的另一个焦点。参会代表重点研讨了以下几个重要问题：

其一是贝叶文化的和谐思想如何为社会主义和谐社会建设服务问题。"和谐"，是本届研讨会的一个重要关键词，许多参会者的学术报告均围绕着这一问题展开。云南大学的秦家华研究员在大会所做的主旨发言是其中的代表，他从道德观、生态观、礼仪观、戒律观"四观"的角度，就贝叶文化对建设社会主义和谐社会的价值和意义进行了较为全面而深入的探索。

其二是贝叶文化的生态观如何为社会主义生态文明建设服务问题。西双版纳傣族自治州州长刀林荫在大会上所作的主旨报告就此作了专题阐述，她以党的十七大关于生态文明建设的思想为指导，阐发了贝叶文化的生态文化观为西双版纳的生态保护和社会经济发展所发挥的重要作用，并提出弘扬贝叶文化的生态文化观、构建生态文明的和谐版纳的发展思路。

其三是贝叶文化的传承保护问题。在现代化和全球化浪潮汹涌而至的当今世界，贝叶文化与世界范围内众多的文化多样性家族成员一样，面临着被吞噬和被同化的严峻挑战。因为贝叶文化是一种区域性文化和民族文化，与以同质化、效率和利益最大化为特征的全球化之间存在着对立和冲突，它必然面对全球化的冲击、吞蚀。全球化是以利益最大化、传播的区域最大化为宗旨，因为一个产品只有传播的领域越大，它的经济利益才越高，传播领域大的东西，它往往是同质化的同样的东西。在这样的情况下，它就和多样性之间面临着冲突和矛盾，我们的贝叶文化同样面临着这样的冲突和挑战。云南民族大学伍琼华副研究员调查与分析了南传佛教宗教人士流失、信众对南传佛教的信仰程度降低等贝叶文化的变化态势，急切呼吁对贝叶文化及南传佛教采取保护措施。

其四是贝叶文化的开发问题。参会代表从经济开发、文化产业建设、人力资本开发等视角对贝叶文化的开发问题作了探讨。

此外，还有代表提出，把贝叶文化作为一种社会资本和文化资本，推动中国与东南亚、南亚的经济文化合作以及大湄公河次区域建设的建议。

二、价值、空间和警示：贝叶文化研讨的深层描述

不仅如此，一次成功的学术研讨会还应该促使人们"心动"，让人透过直接呈现于眼前的论题和话语，思索与探究潜藏于其后的逻辑和意义，收获"一咏三叹"的不绝启迪。

首先是确认了贝叶文化的重要现代价值和弥久弥新的顽强生命力。本届研

讨会进一步强化与深化了贝叶文化的价值，让人们深刻地认识到，贝叶文化不仅在漫长的历史上为其传播区域的人民和社会创造了丰富的成果和无尽的福祉，是人类创造的宝贵的历史资源和弥足珍惜的智慧结晶，而且作为人类社会多样性的文化之一，贝叶文化是人类社会未来可持续发展不可或缺的珍贵资源。虽然现代遗传学目前还未能完全说明各种濒危物种的价值，但其初步的研究证明，生物遗传基因的多样性是生物维持较强的环境适应能力的重要根源。与此极为类似的是，人们现在还无法令人信服地充分说明贝叶文化等多样性文化对人类社会文化的价值和意义，但已获得的共识是，文化多样性是人类保持较强的社会适应能力和创造能力的重要基础，是人类社会可持续发展的文化资源。人类社会需要多样性的文化，无法忍受文化的"寂静的春天"，色彩斑斓的文化给人们不断带来生机活力和无穷奥秘，激发起人们永不枯竭的创造激情和灵感。曾经走在当时世界的最前列的古埃及文化和古巴比伦文化的衰落历程表明，任何一种文化都不可避免地存在这样或那样的缺陷，都有创造力枯竭的时刻。古人云：以铜为鉴，可以正衣冠；以人为鉴，可以明得失；以史为鉴，可以知兴替。文化多样性的存在，可以为文化反思或"文化批评"提供参照，以发现各种文化的不足和弱点，进而为文化间的互相学习、取长补短、修正纠偏提供条件，保证人类社会的可持续发展。

其次是揭示出贝叶文化的无限广袤的学术研究空间。尽管贝叶文化研讨会已举办了三次，但每次研讨都无法穷尽其内容和论题，让人体悟到"沧海一粟"的无助、无奈与无能，犹如一座横无边、纵无底的学术富矿，或难以度量高度和体量的冰山，每一次研讨仅能掘出其一层、揭开其一角，而且每一次研讨都暴露出不断跟进的难度和挑战。贝叶文化所涉及领域和学科之多，贝叶经内容之博大精深和研读之艰难，南传佛教之源远流长，传播区域的地域文化和民族文化之丰富多彩，绝非开几次研讨会、出版几部学术著作、设立几个研究机构、培养几个研究者、制定几个"五年计划"就能完成"攀登珠峰"使命的，它需要有一大批和若干代经过专业训练、具有系统而扎实的语言基础和学科知识的学者，坚持不懈地投身于此项研究之中，那时或许可以说：我们探到了贝叶文化的一点瑰宝！

最后是只有坚持科学发展观才能科学地推进贝叶文化的研究、保护与开发。在现行知识评价体系和政绩评估制度的背景下，"竭泽而渔"、"乱砍滥伐"的急功近利风气甚嚣尘上，浅尝辄止、一蹴而就甚或欺世盗名的所谓"学者"屡见不鲜，制造出诸多以讹传讹的虚假知识，而利令智昏、急切攀升直至涂炭生民的官员时时作怪，导演出一出又一出炮制政绩的闹剧，破坏了学术生态、生存与发展生态，危害巨大、流毒甚深。为此，无论染指于贝叶文化研究的学者还是在贝叶文化传播地区从政的官员，都需认真学习、领会与践行党的十七大提出的"科学发展观"思想精髓，以之为指导开展研究和管理，唯此，贝叶文化研究才能获得真知识，贝叶文化开发才能给当地人民又好又快地带来实惠。

图书在版编目（CIP）数据

贝叶文化与傣族和谐社会建设/郭山，周娅，岩香宰

主编．—昆明：云南大学出版社，2008

ISBN 978 - 7 - 81112 - 611 - 2

Ⅰ．贝…　Ⅱ．①郭…②周…③岩…　Ⅲ．傣族—民族文化—

中国—文集　Ⅳ．K285.3 - 53

中国版本图书馆 CIP 数据核字（2008）第 095724 号

策划编辑：蔡红华

责任编辑：周元晖

装帧设计：丁群亚

傣文书法：岩　捧

贝叶文化与傣族和谐社会建设

郭　山　周　娅　岩香宰　岩　香　主编

出版发行：云南大学出版社

印　装：昆明市五华区教育委员会印刷厂

开　本：787mm×1092mm　1/16

印　张：31.75

字　数：620 千

版　次：2008 年 7 月第 1 版

印　次：2008 年 7 月第 1 次印刷

书　号：ISBN 978 - 7 - 81112 - 611 - 2

定　价：68.00 元

地　址：云南省昆明市翠湖北路 2 号云南大学英华园内

　　　　（邮编：650091）

发行电话：0871 - 5031071　5033244

网　址：http：//www.ynup.com

E - mail：market@ynup.com